D1937996

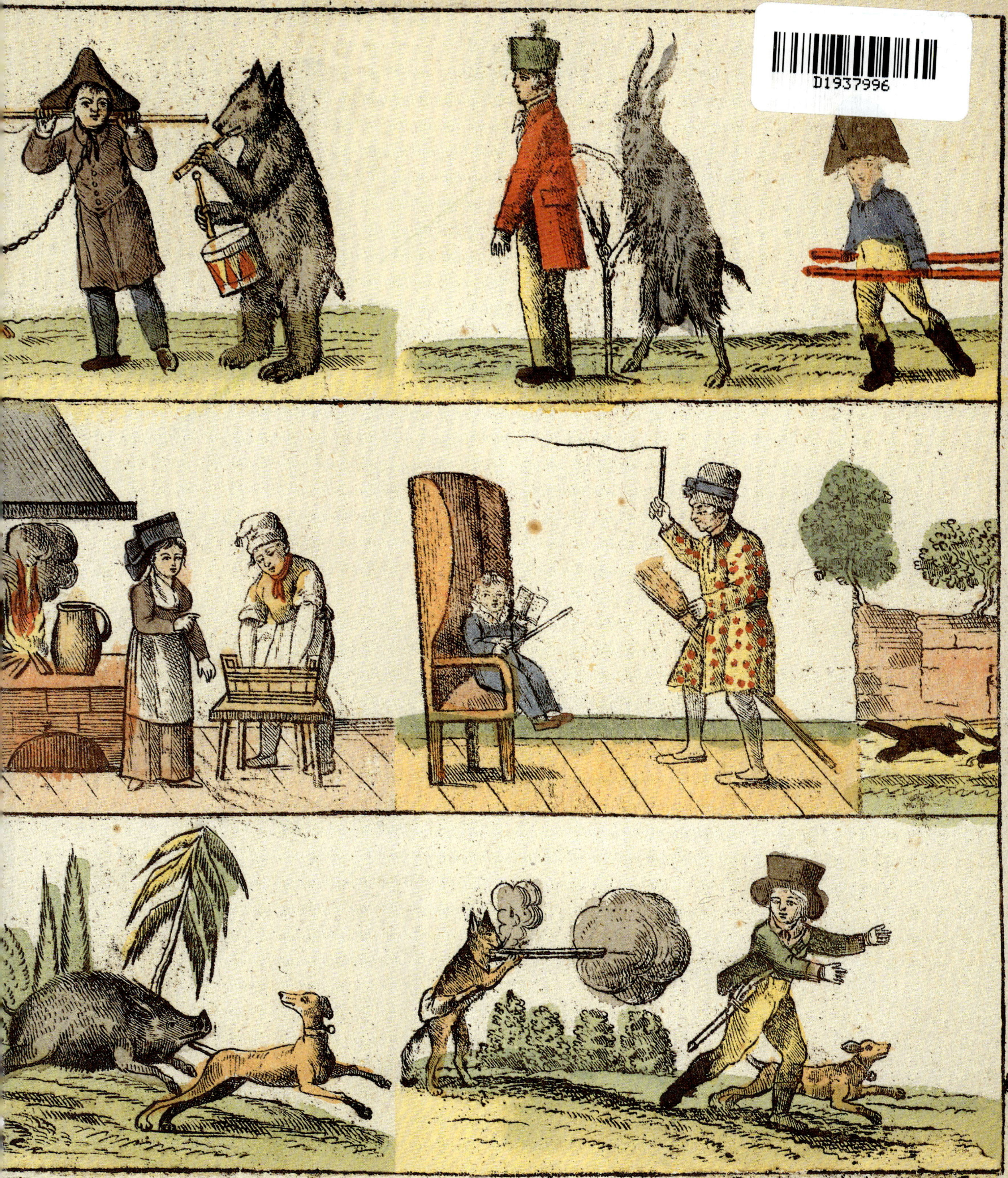

Nürnberg bei Joh. Raab.

Karikatur & Satire

Fünf Jahrhunderte Zeitkritik

Kunsthalle der Hypo-Kulturstiftung München
5. Juni bis 9. August 1992

KunstHausWien
20. August bis 18. Oktober 1992

Wilhelm-Busch-Museum Hannover
Deutsches Museum für Karikatur und kritische Grafik
8. November 1992 bis 17. Januar 1993

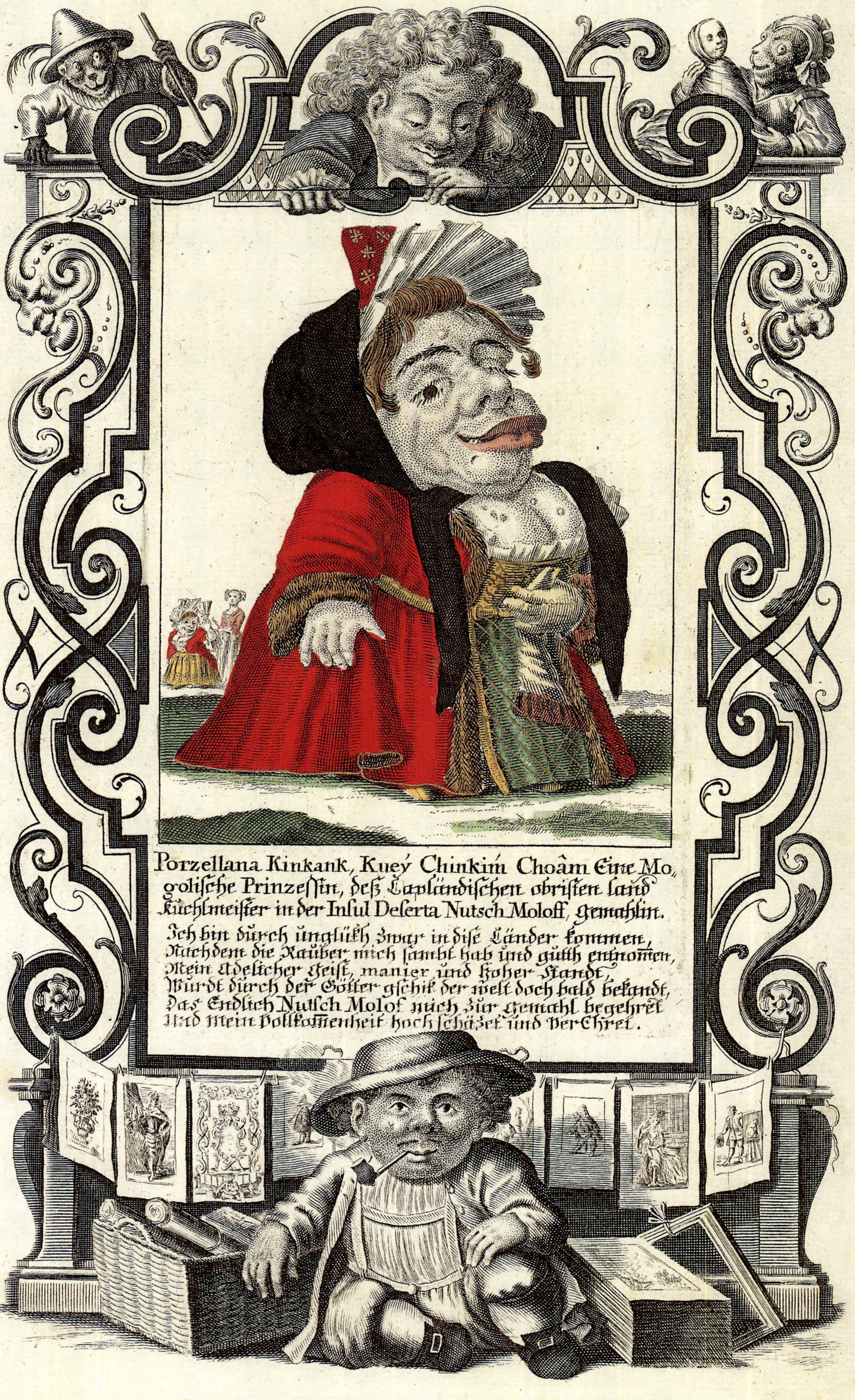
Porzellana Kinkank, Kueÿ Chinkim Choâm Eine Mo„
golische Prinzessin, deß Capländischen obristen land
küchlmeister in der Insul Deserta Nutsch Moloff, gemahlin.
Ich bin durch unglükh zwar in dise Länder kommen,
Nachdem die Räuber mich sambt hab und güth entnomen,
Mein Adelicher geist, manier und hoher Standt,
Würdt durch der Götter gschik der welt doch bald bekandt,
Das Endlich Nutsch Molof mich zur gemahl begehret
Und mein Vollkomenheit hoch schäzet und verEhret.

Karikatur & Satire

Fünf Jahrhunderte Zeitkritik

Bearbeitet von Walter Koschatzky

Mit Beiträgen von Helmut Grill,
Carla Schulz-Hoffmann,
Martin Schawe, Gisela Vetter

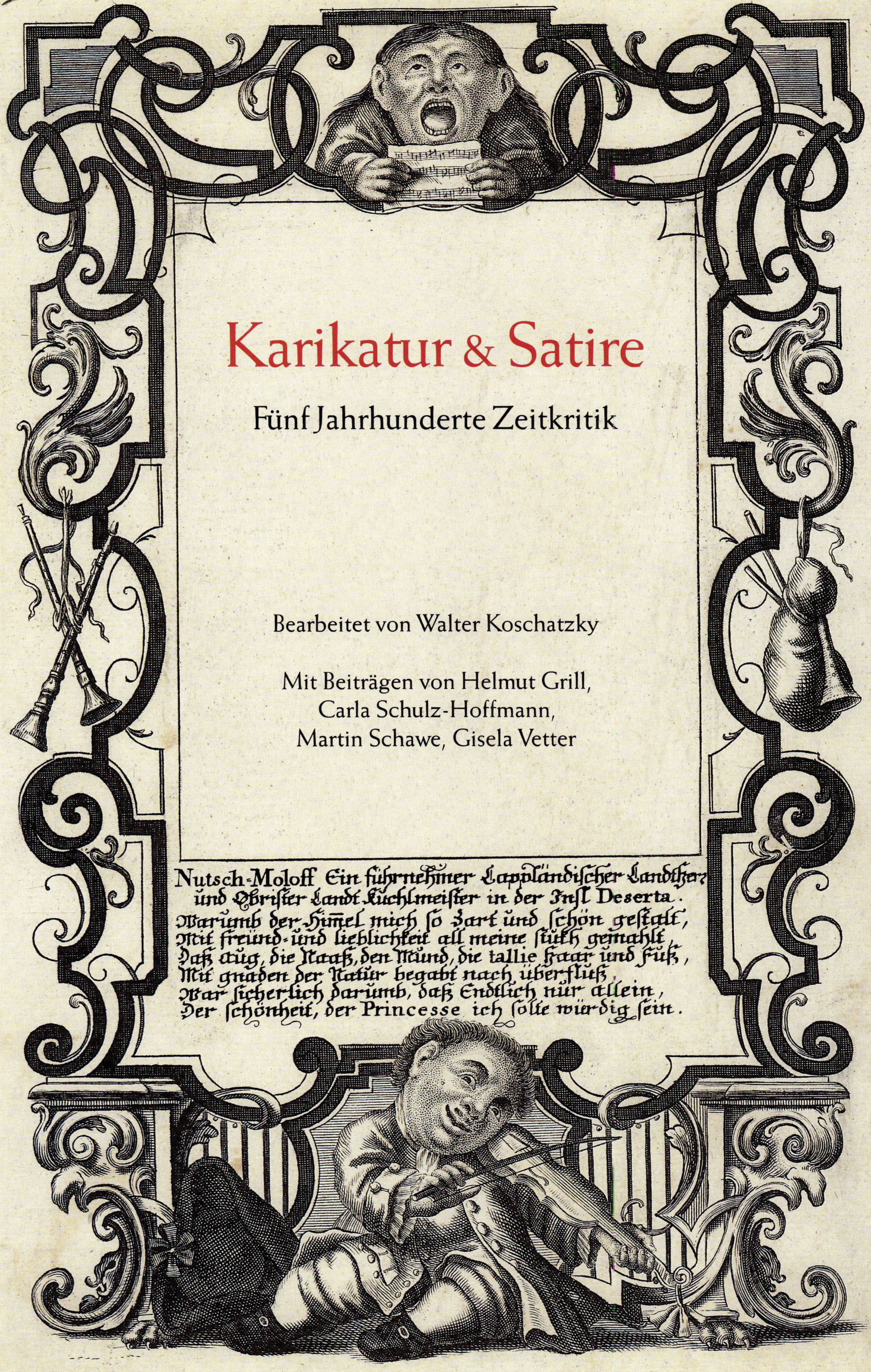

Die Ausstellung wird veranstaltet von der Kunsthalle der Hypo-Kulturstiftung München, dem KunstHausWien und dem Wilhelm-Busch-Museum Hannover.

Konzeption:
Prof. Dr. Walter Koschatzky in Zusammenarbeit mit:
Helmut Grill, Dr. Herwig Guratzsch, Dr. Martin Schawe,
Dr. Carla Schulz-Hoffmann, Gisela Vetter M. A.

Auf dem Umschlag: André François, Pfeffer und Salz, 1971. Kat. 156
Rückseite: Vignette von Olaf Gulbransson
Auf dem Vorsatz: Anonymer deutscher Künstler, Die Verkehrte Welt, um 1830. Kat. 246
Frontispiz: Anonymer deutscher Künstler, Porzellana Kinkank, ... Kat. 239

Die Deutsche Bibliothek – CIP-Einheitsaufnahme

Karikatur und Satire : fünf Jahrhunderte Zeitkritik ;
[Katalog
zur Ausstellung in der Kunsthalle der Hypostiftung,
München, 5. Juni – 18. Oktober 1992] / bearb. von Walter
Koschatzky. Mit Beitr. von Helmut Grill ... – München :
Hirmer, 1992
* ISBN 3-7774-5900-3
NE: Koschatzky, Walter; Hypo-Kulturstiftung / Kunsthalle

© der abgebildeten Werke: VG BILD-KUNST, Bonn
Die Bildrechte aller Künstler, die nicht durch die oben genannte Institution vertreten werden, bleiben gewahrt.
© 1992 by Kunsthalle der Hypo-Kulturstiftung
und Hirmer Verlag München
Lithos: Brend'amour, Simhart & Co., München
Satz: Setzerei Vornehm, München
Druck und Bindung: Passavia Druckerei GmbH, Passau
Printed in Germany
ISBN 3-7774-5900-3

Leihgeber

Die Veranstalter danken den nachstehend genannten Museen, Galerien und privaten Sammlern für die freundliche Überlassung von Leihgaben:

Museen und Galerien

Bålsta, Skoklosters slott
Berlin, Akademie der Künste
Berlin, Galerie Laqua
Bremen, Kunsthalle
Brüssel, Fondation Hergé
Coburg, Kunstsammlungen der Veste Coburg, Coburger Landesstiftung
Essen, Deutsches Plakat Museum
Genf, Blibliothèque Publique et Universitaire de Genève
Hamburg, Kunsthalle
Hannover, Wilhelm-Busch-Museum · Deutsches Museum für Karikatur und kritische Grafik
Köln, Käthe Kollwitz Museum, Träger: Kreissparkasse Köln
München, Bayerische Staatsbibliothek
München, Bayerische Staatsgemäldesammlungen
München, Die Neue Sammlung, Staatliches Museum für angewandte Kunst
München, Staatliche Graphische Sammlung
München, Stadtmuseum
München, Städtische Galerie im Lenbachhaus
München, Galerie Bartsch & Chariau
München, Galerie Etcetera
Nürnberg, Germanisches Nationalmuseum
Paris, Musée Picasso
Wien, Graphische Sammlung Albertina
Wien, Österreichische Galerie
Windsor Castle, The Royal Collection

Private Sammler

Fritz und Hans Arnold
Vicco von Bülow, Ammerland
Manfred Deix
Jean Dubout, Paris
Editions Albin Michel, Paris
Helmut Grill, München
Gerhard Haderer, Linz
Gottfried Helnwein, Burgbrohl
Janine Kertesz, Wien
Rudolf Koch, München
Haug von Kuenheim, Hamburg
Josef Mikl, Wien
Luis Murschetz, München
Prof. Josef Oberberger
Gustav Peichl, Wien
S. K. H. Dr. Dr. h. c. Louis Ferdinand Prinz von Preußen, Berlin
Borislav Sajtinac, München
Erich Sokol, Wien
Prof. Dr. Otto Staindl, Salzburg
Ralph Steadman, Maidstone/Kent
Ivan Steiger, München
Hans Traxler, Frankfurt
Emma Wirth, Utting

sowie Leihgeber, die nicht genannt werden möchten.

Inhalt

Vorwort

Im Rahmen unserer Ausstellungsprogramme nimmt die lang gehegte Absicht, eine Schau von kritischen Darstellungen aus Vergangenheit und Gegenwart zu erarbeiten, einen besonderen Rang ein. Es ist deutlich erkennbar geworden, daß sich Künstler immer mehr und immer ernsthafter mit solcher Aufgabe befassen und somit »Karikatur und Satire« einen neuen Stellenwert geben. Daß aber auch das kritische Bewußtsein der bedeutenden Meister der Vergangenheit – Daumier, Hogarth oder Goya, Busch, Kollwitz oder Grosz – von uns heute anders gesehen wird als bisher, nämlich keineswegs bloß als unterhaltendes Zerrbild, vielmehr als sehr wirkungsvoller Beitrag zur Veränderung einer Zeit, mag dies erst recht verdeutlichen. Das Öffnen der Augen der Mitmenschen, das Hinführen, ja Zwingen zum Nachdenken erweist sich als sehr wichtige Aufgabe von Kunst. Daß darüber hinaus eine solche Ausstellung, die von dem seit der Wende zur Neuzeit erkannten Kontrast zwischen Ideal und Wirklichkeit ausgeht und die sich in die verschiedensten Angriffsziele von Kritik auffächert, Vergnügen bereiten soll, tut dem wohl keinerlei Abbruch.

Am Zustandekommen dieser Ausstellung waren viele Personen beteiligt, denen wir an dieser Stelle unseren Dank aussprechen möchten.

Unser besonderer Dank gilt Herrn Hofrat Professor Dr. Walter Koschatzky, der freundlicherweise die wissenschaftliche Bearbeitung der Ausstellung und die Redaktion des Katalogs übernommen hat.

Weiterhin danken wir Herrn Hofrat Prof. Dr. Oberhuber und seinen Mitarbeitern von der Graphischen Sammlung Albertina in Wien sowie Herrn Dr. Guratzsch vom Wilhelm-Busch-Museum Hannover, die sich alle um das Zustandekommen der Ausstellung sehr verdient gemacht haben. Dies gilt ganz besonders für Frau Gisela Vetter, die zusätzlich Texte für den Katalog erarbeitete.

Schließlich ist all denen zu danken, die an der Gestaltung des Kataloges mitgewirkt haben: Helmut Grill, Dr. Martin Schawe und Dr. Carla Schulz-Hoffmann für die Textbeiträge, Horst Haub für die Herstellung der zahlreichen Lithos, und nicht zuletzt gilt unser Dank dem Hirmer Verlag und seinen bewährten Mitarbeitern, die diese Publikation mit besonderer Sorgfalt und großem Einsatz betreut haben.

München, im Mai 1992 — DIE VERANSTALTER

WALTER KOSCHATZKY

Die Kunst der Karikatur

Es dürfte nur von wenigen bezweifelt werden, daß Karikatur auf einer niedrigeren Ebene rangiert als die hohe Kunst. Mir ist es eine große Freude, mich zu diesen wenigen zu zählen. Natürlich weiß auch ich um Distanzen, ist auch mir nicht unklar, daß ein Konzert der späten Klaviersonaten Beethovens sich unterscheidet von vielbejubelten Auftritten sogenannter Volksmusik. Und ich weiß auch, daß nicht jedes Alltagsthema, rasch spöttisch hingekritzelt, künstlerische Bedeutung besitzt. Aber ich bin überzeugt, daß es sie besitzen kann. Doch darum kann es ja zunächst noch gar nicht gehen. Es gilt vielmehr sich klarzumachen, ob Arbeiten von Künstlern, deren Botschaften und Ziel es war und ist, Kritik an Zuständen der Zeit, an der Mangelhaftigkeit der Menschen, vor allem ihrer mißbrauchten Macht, sichtbar zu machen, allein deswegen in einer subalternen Rolle gesehen werden müssen und man sie schlechthin in einen Topf mit allerlei angewandten Kunstfertigkeiten zu werfen hat, weil ihre künstlerische Aussage nicht dem heute und Jahrzehnte schon gehuldigten Ideal der Zweckfreiheit der Künste, um nicht zu sagen der Zwecklosigkeit unterworfen ist.

Die Frage, was Kunst sei, weiß offenbar ein jeder leichthin zu beantworten. Was auffällt ist, daß dies um so leichter geschieht, je weniger einer darum weiß. So scheint schließlich die große Fülle von Äußerungen, wie sie einem alltäglich begegnen, in großer Mehrheit auch ziemlich sinnlos; von den einen wird es so, von den andern wieder nicht so behauptet, von den Künstlern wieder anders und gar von den Gelehrten am liebsten so, wie es der Gegenspieler ableugnet. Jeder aber weiß lapidar zu sagen: Kunst ist doch, wenn… usw. Es ist daher alles eher als verwunderlich, daß sich eine gewisse Resignation breitmacht, manchmal schon gar mit dem Schluß, auf diesen so strapazierten und in seiner Vieldeutigkeit bereits nahezu nichtssagenden Begriff Kunst überhaupt zu verzichten. Das ist Unsinn. Kunst ist und bleibt ein unverlierbarer und wesentlicher Teil menschlicher Kreativität und Kommunikation, besteht aus Nehmen und Geben von Aussagen, von Einsichten und Botschaften, die zu einer humanen Existenz unerläßlich sind.

Denn es ist dem Menschen eine Reihe von Fähigkeiten gegeben, die ihn von allen anderen Lebewesen unterscheiden. Die Welt sich gegenüber zu erkennen, zu begreifen und zu ergründen, ist eine davon. Und die Welt in sich zu erkennen, zu begreifen und zu ergründen, eine andere. Beides wird möglich durch die Gabe des kritischen Bewußtseins, dem das tertium comparationis, das Setzen eines Vergleiches und das daraus folgernde schlüssige Urteil zugrundeliegen.

Solche Schlüsse folgen Gesetzen der Logik, sind verbal zu formulieren und in Worten, Schriftzeichen, Begriffen, Sätzen mitzuteilen. Alle diese ungemein komplizierten und bedeutsamen Vorgänge, die den homo sapiens zum zoon politikon, zum Gemeinschaften bildenden Wesen machen, betreffen lediglich die eine Seite des Menschen, seine sogenannte cognitive Erkenntnisfähigkeit. »Aber der Mensch«, drückte es J. W. von Goethe aus, »ist nicht bloß ein denkendes, er ist zugleich ein empfindendes Wesen. Er ist ein Ganzes, eine Einheit vielfacher, innig verbundner Kräfte, und zu diesem Ganzen des Menschen muß das Kunstwerk reden, es muß dieser reichen Einheit, dieser innigen Mannigfaltigkeit in ihm entsprechen.« (Der Sammler und die Seinigen; IV. Brief)

Der Mensch ist damit auch der Ahnungen, der Visionen fähig, mit denen er sich sogar einen ungleich weiter und tiefer ausgreifenden Raum des Erkennens eröffnet, als es die nur intellektuelle Analyse vermag. Einen Raum eben, der sich rationaler und damit verbaler Erfassung entzieht. Und dieser Raum ist der Bereich der Kunst.

Dem Künstler stehen – so läßt sich am Lauf der europäischen, sagen wir ruhig abendländischen Kunst ablesen – zwei grundverschiedene, ja geradezu entgegengesetzte Wege offen. Man kann diese mit den Erkenntnisvorgängen des induktiven Denkens auf der einen, des deduktiven auf der anderen Seite vergleichen. Auf dem einen Weg sucht man die Wirklichkeit zu übersteigen, um vom Besonderen der einzelnen Realität zur Wahrheit des Ganzen zu gelangen; auf dem anderen wird man von einer ungreifbaren, aber vorgestellten Wahrheit ausgehen, um die gültige Wirklichkeit sichtbar zu machen (vgl. Erwin Panofsky, Idea: Ein Beitrag zur Begriffsgeschichte der älteren Kunsttheorien, Berlin 1975).

Es heißt eigentlich Binsenweisheiten aussprechen, das zu betonen, und bedarf auch kaum der Ausführung, ist doch solcher Gegensatz, wie er dialektisch die Kunst der Jahrhunderte durchzog, völlig evident. Leider ist es uns hier auch versagt, der dann so spannungsreichen Geschichte zu folgen, wie sich diese Grundrichtungen mit dem wechselnden Verlauf der Polaritäten, jenen Gegensatzpaaren also verbinden, die Heinrich Wölfflin ehemals in seinen Kunsthistorischen Grundbegriffen so prinzipiell am Beispiel von Renaissance und Barock beschrieben hat. Solche Pendelschläge zu beobachten, ist seither zum selbstverständlichen Instrumentarium jeder Betrachtung geworden, wie immer man die Rhythmen und auslösenden Ursachen auch ansetzen mag. Konrad Oberhuber hat die außerordentlich wertvolle Einsicht Rudolf Steiners eingebracht, daß es eigentlich drei Kategorien sind, von denen die Wandlungen bestimmt werden; sie sind in Einheiten von siebenjährigen Perioden erkennbar, die auf einem biologischen Rhythmus beruhen; Wandlungen, die sich in der Bedeutung des Raumes für den Menschen ablesen lassen: Wille, Gefühl und freies Denken ergeben jeweils ein anderes Ausdrucksmittel. (Raphael, Die Zeichnungen; Stuttgart 1983, S. 114 f.). Auch das verdeutlicht: die Wege verändern sich mit den Zielen.

Von einem solchen Gegensatz haben wir auszugehen. An einem solchen Wendepunkt setzt auch unser Thema ein. Geistesgeschichtlich liegt dem allerdings schon jener Grundkonflikt der klassischen griechischen Philosophie als der Wiege allen Denkens zugrunde, in welchem der Ideenlehre Platons mit ihrer Vorstellung des über allen Einzeldingen existierenden Vollkommenen der Idee (und dem daraus abgeleiteten Ideal) von seinem Schüler Aristoteles die Theorie der Wirklichkeit des Einzelnen als dem ersten Seienden entgegengehalten und die Empirie, die Erfahrung des Wirklichen, als Prinzip des Erkennens festgestellt wurde. In breitem Strom erfüllt von da an dieser Gegensatz das Denken der europäischen Jahrhunderte, und es zeigt sich ein geradezu erregendes Zusammenspiel mit den politischen und kulturellen Geschehnissen, in denen Ursachen und Wirkungen immer wieder so geheimnisvolle Verkettungen zeigen, indem nämlich offenbar immer genau dann, wenn eine Zeitlage es erfordert, auch die entsprechende geistesgeschichtliche Gegebenheit zur Verfügung steht. Wie wir sehen werden, trifft dies selbst für die materiellen Voraussetzungen zu.

Die Spannung zwischen Idealismus und Realismus jedenfalls ist ein faszinierendes Element. Da setzt sich die eine antike Gelehrsamkeit im arabischen Kulturbereich fort, dort wiederum die andere im griechisch-byzantinischen Teil des Römischen Reiches. Ströme des Neoplatonismus fließen in das europäische Mittelalter ein; Scholastik und Nominalismus bestimmen aber die christlichen Denker weit mehr, und als dann die nach dem Fall von Byzanz nach Italien flüchtenden Philosophen die neuen entscheidenden Denkanstöße bringen, entstehen unabschätzbare Auswirkungen auf Religion, Politik, Gesellschaft, deren Leitbilder in geradezu dramatischer Verdichtung in den italienischen Zentren wie Ferrara und Florenz, Siena und Venedig, Mantua und Urbino wie schließlich in Rom entstehen. In all dem spielen Platonismus und Aristotelismus entscheidende Rollen. Bezeichnend genug, daß es 1438 sogar zu einem öffentlichen Disput zwischen Hugo von Siena und griechischen Philosophen kommt, um die Gegensätze Platons und Aristoteles' zu verdeutlichen (so berichtet Aeneas Silvius in »De Europa«, Kap. 52). Von größter Bedeutung war, daß sich Cosimo Medici so eindeutig für Platon entschieden hatte, wobei die Platonische Akademie von Florenz überhaupt zur bestimmenden Kraft wurde. Dennoch war es zuletzt die aristotelische Denkweise, die Analytik, die immer stärker das Bild der Zukunft bestimmte.

Worum ging es? Bei diesen beiden Wegen um sehr Grundsätzliches. Eigentlich muß man sagen, um nichts Geringeres als das entscheidende Fundament der Weltsicht überhaupt. Der Mensch findet sich doch von vornherein in einer Welt der Wirklichkeiten, der Gegenstände, der Begriffe. Es geht aber gar nicht um deren Existenz oder Leugnung als vielmehr um die Frage, welche Bedeutung die Wirklichkeit für den Menschen besitzt. Nun hat man kaum je bezweifelt, daß allem Wirklichem Unvollkommenheit anhaftet. Ist es etwa so, daß über allem Unvollkommenen eine Welt des Vollkommenen besteht, daß jedem realen Gegenstand ein idealer Begriff übergeordnet ist, eine ideale Wahrheit, kurzum die Idee, wie sie Platon verstand? Das wäre um so naheliegender, als man sich sonst von einem Vollkommenen wohl keine Vorstellung machen könnte. Und jedem von uns kommt doch in aller Wirklichkeit der Gedanken, wie dies und jenes vollkommener sein könnte, sein sollte oder gar müßte. Ist es nicht überhaupt so, daß eben dies eine der Antriebskräfte dieser Welt schlechthin ist? Oder ist es vielmehr so, daß wir nur durch genaues Erheben, Erforschen, Erkennen der einzelnen Wirklichkeiten, das heißt der unvollkommenen Fakten, zu allgemeingültiger Feststellung eines Metabegriffs, eines übergeordneten Allgemeinen also, gelangen können? Dann wäre der Weg genau umgekehrt: Aus dem vielen Unvollkommenen ließe sich das Wesentliche, das Vollkommenere herausfiltern, abstrahieren, konstruieren und zum Ziel setzen.

Wäre es wie im ersten Falle so, daß uns die Gegebenheit einer bestehenden und dem Menschen vorstellbaren Vollkommenheit (= als Ideal) über uns aufgegeben und erreichbar ist, dann bestünde wohl auch die Verpflichtung, diese (in möglichster Annäherung) als Vision, als Leitbild einer überirdischen Eingebung in die Welt zu übertragen. Ist es jedoch umgekehrt, dann hieße es, durch Feststellen, Festhalten, Darstellen des tatsächlich Vorhandenen ein höheres Allgemeines anzustreben, das aus Einsicht und Erkenntnis, der Grundlage allen Forschens und wissenschaftlichen Denkens, für eine vollkommenere Wirklichkeit gewonnen werden könnte.

Es ist deutlich, daß auf beiden polaren Wegen den Künstlern größte Aufgaben zufallen. Im Geiste der Ideenlehre ist es der Künstler, der durch die Vision des Überwirklichen, durch höhere Eingebung sozusagen, zur reinen Idee vorzudringen, dem Vollkommenen sich mehr als jeder andere zu nähern und damit dem göttlichen Wollen auf Erden Form und Gestalt zu geben vermag. »numine afflatu« heißt es in einer der Stanzen des Raphael, »von göttlicher Allmacht berührt«, und man muß es eingestehen, daß wahrhaft vollkommene Schönheit von den Größten erreicht wurde. Ein solcher Künstler, der seiner höheren Eingebung, seinem Genius folgt und selbst damit zum Genialen und von göttlicher Kraft erfüllten »divinus« wird, trug wesentliche Verantwortung für die Veredelung der Menschheit und Erhöhung der unvollkommenen Welt. Dem entsprach seine Stellung als »vir illustris« und »uomo universale« nicht allein in der Renaissance. Sucht man nach Beispielen, wird man nicht fehlgehen, solche in die Welt gebrachte Idee des Vollkommenen geradezu wie in einem Inbegriff personifiziert in der Gestalt des David von Michelangelo in Florenz zu sehen.

Aber die aristotelische Wirklichkeitssicht ließ an all dem immer mehr Zweifel aufkommen. Schon in vielen Denkschulen des Mittelalters sprach man davon, daß Künstler in solcher Weise doch eigentlich nur Abbilder von Abbildern herstellen, die ihrerseits ja auch nur im ewigen Reich der Idee wirklich existieren, daß in der Weise also lediglich ein Schein des Scheines zustandekomme; ja, sogar bei Platon selbst fand sich – im »Sophisten« – der wunderliche Gedanke, daß es überhaupt kein Schaffen von Künstlern gäbe; Maler wie Dichter gehörten vielmehr in die Kategorie der Gaukler, weil sie nur Scheinbilder produzieren, die vielleicht manchmal anmutige Spiele bilden, aber »nicht einmal ein so wirkliches Dasein haben wie ein handfester Stiefel«. Und im Neoplatonismus betonte man schließlich, daß jedes Kunstwerk ja nur ein Abfall von der vollkommenen Idee in eine schlechte Materie sein könne.

So war die von Aristoteles herkommende Definition vom Wesen der Kunst und die neue, diametral entgegengesetzte Aufgabe des Künstlers immer gewichtiger hervorgetreten. Dessen Prinzip ist nun das Hervorbringen einer Realität, in welcher die Persönlichkeit des kreativen Subjekts entscheidet. War der Kernbegriff des Aristoteles jene Mimesis gewesen, dessen wörtliche Übersetzung »Nachahmung« allerdings zu endlosen Mißdeutungen geführt hatte, so hatte man darunter das innerliche Mitwirken des Schaffenden zu verstehen, der die Wirklichkeit nachschafft. Nicht also geht es ihm um das Abbilden, sondern um das Deutlichmachen; Kunst ist Ausdruck, das war der eigentlich konsequente Schluß dieses Gedankens. Und man vermag die von da an unendlich lange Linie zu verfolgen, die bis zu den bahnbrechenden Gedanken eines Konrad Fiedler führt, der 1875 in der Schrift »Über die Beurteilung von Werken der bildenden Kunst« gesagt hat: »Kunst ist ein Mittel, wodurch sich Dinge ausdrücken lassen, die eben in nichts anderem einen Ausdruck finden können.«

Wenn man sich nicht scheut, noch weiter zu gehen, so wäre es sogar durchaus zutreffend, zuletzt Paul Klees zeitloses Wort zu zitieren, daß »Kunst nicht das Sichtbare wiedergibt, sondern daß sie sichtbar macht« (Schöpferische Konfession, Berlin 1920). Der Beispiele sind auch hier genug: Leonardos faszinierende Zerrbildnisse, Dürers realistisches Portrait der Mutter, der Carracci Zeichnungen bis hin zu Berninis oder Ghezzis schonungslosen Übertreibungen.

An solchem Wendepunkt vor etwa fünf Jahrhunderten setzte die Geschichte neue Aufgaben. Mittelalterliche Kollektive, Todessehnsucht, verschlüsselte Geheimnisse der Mystik, das Erleben religiöser Gemeinschaften überhaupt, aber ebenso die willenlose Hinnahme von übermächtigen Gegebenheiten in Staat, Gesellschaft, Politik, das alles machte nun dem individuellen Menschen Platz, der Persönlichkeit, dem Suchenden, Untersuchenden, Forschenden, der fragt und wertet und in seinem Mündigwerden sich seiner Fähigkeit zur Kritik besinnt. Es war eben, wie es Jakob Burckhardt ausgedrückt hat, die »Entdeckung der Welt und des Menschen«. Mit der Kritik erst wird der Einzelne zum Menschen im vollen Sinn. Die Kunst aber war es, die ihm dazu neue Mittel in die Hand gab.

Es sei einleitend zunächst mit solcher Andeutung über geistesgeschichtliche Wurzeln Genüge getan, die indes bei aller Unzulänglichkeit unerläßlich erscheint, will man den Anstoß, den Impuls zu einer kritischen Zeichenkunst aufspüren, die jenem schönen Ideal einer erreichbaren Vollkommenheit mit ihrer Utopie vom »divinus«, vom göttlich berührten und geleiteten Künstler, nun zur Seite und entgegentrat. Man konnte es nicht leugnen, es war an der Zeit, nun mit Begeisterung die Wirklichkeit zu fassen, sie durch das Abstruse, das Überhebliche, den Schein, die Lüge, die Dummheit und Bosheit bis hin zur Unmenschlichkeit zu enthüllen, durch Überbetonung aufzudecken, was es zu verändern galt. Und eine der eigentümlichsten menschlichen Fähigkeiten bot dazu die überraschende Voraussetzung.

Eine materielle Voraussetzung gab es zuvor zwar auch: Der Stoff, auf dem sich zeichnen läßt, das Papier, stand schon zur Verfügung; seit dem 14. Jahrhundert wurde es in Europa produziert. Doch das bestätigt ja lediglich, daß die Mittel dann vorhanden sind, wenn sie gebraucht werden. In Wahrheit aber ging es um etwas ganz anderes.

Das Zeichnen überhaupt, vor allem aber die Möglichkeit solcher künstlerischer Aussage im besonderen, entspricht einer sehr merkwürdigen Fähigkeit des Menschen, nämlich Linien auf einer Fläche derart anzuordnen, daß sie als Zeichen aufgefaßt und in einem unterlegten Sinn, in der Art einer Chiffre, begriffen werden können. Dieses Vermögen, solche Zeichen in einer Weise, die wir künstlerisch nennen, zu schaffen und eben diese Lineamente assoziativ zu erkennen und erlebnishaft wahrzunehmen, ist zu den höchsten menschlichen Gaben zu zählen. (Vgl. W. Koschatzky, Die Albertina in Wien, Salzburg 1971 S. 95 ff. und ders., Die Kunst der Zeichnung, Salzburg 1977, S. 11 ff.)

In der Umsetzung zwischen Linie und Begriff läßt sich ein Abstraktionsvorgang sehr bedeutsamer Art feststellen: Gibt es doch in der greifbaren Welt der Wirklichkeit, in der sichtbaren Natur so gut wie ausschließlich Farbflächen, Raumtiefen und Körpermodellierungen; niemals besitzt aber ein Körper, ein Gegenstand, jene konturierende Umrißlinie, mittels derer er in der Linienzeichnung begriffen werden soll. Und doch fällt es keinem Menschen, und zwar von frühester Kindheit an, nur im geringsten schwer, daran den dargestellten Gegenstand zu erkennen. Schon Leonardo hat die Körperlosigkeit der Linie beschäftigt: »...non ha in sè materia o sustantia alcuna...« heißt es da, und Heinrich Wölfflin hat es in unserem Jahrhundert präzisiert: »In der Natur gibt es keine Linien« (Dürerzeichnungen, München 1919, S. 2), und er meinte, daß es trotzdem möglich sei, der Wirklichkeit einen linearen Ausdruck abzugewinnen, wäre überaus merkwürdig. Eben seine Einsicht war wichtig: Es gibt zwei grundsätzlich voneinander verschiedene Linien der künstlerischen Zeichnung: jene, die modelliert, auch Binnenzeichnung genannt, und jene, die umgrenzt, Umrißzeichnung oder Kontur. Dem entsprechen zwei Fähigkeiten, die jeder Linie innewohnen, nämlich darstellen zu können und Ausdruck zu tragen. Beides spielt in unserem Zusammenhang eine besondere Rolle.

Daß die Linie ihren eigenen Mitteilungswert besitzt, hatte bereits John Ruskin 1857 in seinen Lehrbriefen »The Elements of Drawings« mit einigen Eigenschaften charakterisiert, so als Zu- oder Abneigung, als Bewegung oder Ruhe. Seit Wassilij Kandinskys Farb- und Formanalysen (»Über das Geistige in der Kunst«, München 1912) mit den Darlegungen der »inneren Klänge« und Paul Klees Formanalysen ist dies zur Selbstverständlichkeit geworden: Formelemente der Graphik sind Punkte, lineare, flächige und räumliche Energien; sie mit dem Auge zu verfolgen, läßt die spezifische emotionale Erregung entstehen: »Dem gleich einem weidenden Tier abtastenden Auge des Beschauers sind im Kunstwerk Wege eingerichtet« (P. Klee w. o.).

Aber neben dieser spontanen Emotion, dem Angesprochen-, Angepackt- und Berührtwerden durch Lineamente, »tut«, wie es Goethe von der Farbe sagte, das Kunstwerk noch etwas ganz anderes: Es läßt – eben weil der Beschauer die skizzierte, andeutend hingeworfene Darstellung wie oben gesagt so erlebnishaft aufzunehmen vermag – in der Identifikation durch den Beschauer auch einen intellektuellen Bezug entstehen, das sogenannte »Aha-Erlebnis« also, das die Augen in einem sehr viel weiteren und tieferen Sinn zu öffnen vermag. Genauso spontan, wie der Künstler die Zeichnung schafft, so weit und so tief, genauso unmittelbar vermag der Betrachter alles das aufzunehmen. Und diese Unmittelbarkeit ist das nächste Phänomen: G. W. Hegel formulierte es am eindrucksvollsten in seiner Ästhetik: »... haben gerade Handzeichnungen das höchste Interesse, indem man das Wunder sieht, daß der ganze Geist unmittelbar in die Fertigkeit der Hand übergeht, die nun mit der größten Leichtigkeit, ohne Versuch, in augenblicklicher Produktion alles, was im Geiste des Künstlers liegt, hinstellt. Einfall und Ausführung erscheint als ein und dasselbe, während man bei Gemälden die Vorstellung nicht entfernen kann, daß hier die Vollendung erst nach mehrfachem Übermalen, stetem Fortschreiten und Verbessern geleistet sei« (Ausg. Berlin 1955, S. 763).

Ein Betrachter wäre gut beraten, sich dieser Spontaneität zu öffnen; er wäre dem Künstler damit so nahe, wie es in keinem anderen Medium möglich ist, auch dessen kritischer Sicht. Kritische Zeichnungen, die Karikatur und die Satire, sind eben Kunstwerke sui generis.

Geschichte und Begriffe von Karikatur und Satire haben im Lauf der Zeit eine beträchtliche, inhaltsreiche Erforschung und Publikation erfahren, auch wenn mit gewissem Recht beklagt wird, daß dies noch keineswegs der Bedeutung dieses historisch wie kulturell so vielsagenden Phänomens voll und ganz entspricht. Insbesondere die wissenschaftliche Untersuchung durch die Kunstgeschichte selbst ist bruchstückhaft, zumal man sich mit weit mehr Gewicht von seiten der Sozialwissenschaften, Gesellschaftskritik und Psychoanalyse dem Phänomen genähert hat (z. B. Severin Heinisch, Die Karikatur: Über das Irrationale im Zeitalter der Vernunft, Wien-Köln 1988). Die Klagen blieben darum nicht aus. Georg Piltz zum Beispiel (Geschichte der europäischen Karikatur, Leipzig 1976, S. 5) meint: »Es ist erstaunlich, wie selten bisher der Versuch unternommen wurde, die Geschichte der europäischen Karikatur ... darzustellen«, und »Diese Unterschätzung der Karikatur ist auch heute noch nicht restlos überwunden.« Auch Heinisch stellt fest: »Die Karikatur hat bisher nicht Eingang in den klassischen Quellenkanon der Historikerzunft gefunden« (w. o., S. 19). So zutreffend das sein mag, so erschreckend läßt uns aber auch schon ein erster Blick in die Literatur begreifen, wie ungemein vielfältig, ja grundverschieden die Ansatzpunkte zu unserem Thema sind. Dies macht zwar um so deutlicher, wie stark und untrennbar das kritische Verhalten des Menschen im Werden unserer Welt integriert war und ist und welche Vielfalt von Rollen es zu erfüllen wußte, könnte man doch die Phänomene sonst nicht so unterschiedlich interpretieren. Die stark subjektiven und ideologisch bestimmten Interpretationen (wie etwa bei Piltz) zeigen aber auch die Gefahren sich im Hintergrund verbergender Interessen, indem nämlich Fakten einfach dahin interpretiert, besser gesagt ausgedeutet und ausgebeutet werden, wo sie einem in den Kram passen. Heinisch erinnert in solchem Zusammenhang an die Forderung Max Webers nach Werturteilsfreiheit der Wissenschaften (w. o., S. 10 f.): »Weltanschauung soll nicht in den Mantel wissenschaftlicher Objektivität gekleidet sein.« Die Alltagspublizistik macht es sich einfacher und damit dem Leser leichter: Sie täuscht ihn und verfälscht dabei in beängstigender Weise.

Das erforderliche Wegräumen von viel geistigem Schutt also macht die Behandlung unseres Themas nicht gerade leichter, wenn auch um so interessanter. Fest steht, daß der historischen Forschung kaum andere Dokumente von solcher Aussagekraft und Unmittelbarkeit zur Verfügung stehen wie die kritischen Bildkunstwerke. Es werden sich in ihnen nämlich immer wieder – auf der Suche nach den Denkanstößen, den Impulsen, Zielen und Absichten solcher kritischen Kunstwerke – Aussagen über eine Zeit entdecken lassen, die ganz ohne Vergleich sind. Die Enthüllung der Wirklichkeit ist eben ein mehr als gewichtiges Thema, in Form der Zeichnung sogar der spontanste und daher unverfälschteste Ausdruck einer Zeit. Eine bedeutende Aufgabe also für Künstler aller Zeiten. Wenn man so will, ist aber gerade die Enthüllung der Wirklichkeit die eigentliche Aufgabe des Historikers, und so hat eben ihm die Karikatur besonders viel zu sagen. Das beschränkt sich nicht auf jene, die in Hausers Gefolge (Arnold Hauser, The social history of Art, 2 Bde., London 1951) und im Sog verschiedener universitärer Tendenzen Kultur lediglich als soziales Phänomen des bürgerlichen Kapitalismus sehen wollen und Kunstwerke allein auf ihre dokumentarische Aussage hin eiskalt sezieren, noch dazu in einer willkürlichen Auswahl, die der Weltsicht des Autors eben genehm ist. Die wirkliche Bedeutung ist weit umfassender. Kunst andererseits allein in ästhetischen Kategorien verstehen zu wollen, ist indes ebenso unzureichend; sie als Zeugen der verfallenden Zeiten aufzurufen, Verluste aller Art zu beklagen schon gar falsch. Kunst ist mehr; indem sie zu jeder Zeit die Wirklichkeit unverfälscht spiegelt, ist sie Ausdruck der Probleme des Menschseins schlechthin. Es wäre daher auch der Kunstwissenschaft gut geraten, diesem Phänomen der Karikatur mehr Augenmerk zuzuwenden. Wenn Heinisch davon ausgeht, daß die Funktion der Karikatur darin besteht, einem unterdrückten Wunsch einen Weg zu öffnen (w.o., S. 14), »der sich im Lachen oder Lächeln, jedenfalls aber in einer emotiven Reaktion zur Entladung bringt«, wobei er auf Lucien Febvres Forderung nach einer Geschichte der Mentalitäten, der »sensiblités«, verweist, so betrifft das genauso die Kunstwissenschaft, in der »sensiblités« noch mehr als anderswo eine Rolle spielen.

Ein wahrer Strom kommt einem entgegen, wenn man sich diesen Zeugnissen zu stellen beginnt, ein Strom der Überfülle und Verschiedenheit: als Auflehnung gegen Macht und Waffe gegen Überwältigung zunächst einmal, dann als Aufschrei gegen Unmenschlichkeit, erschütternde Ohnmacht, Anklage von Schein und Trug; bald geht es darum, den Verfall der Sitten und Unmoral offenzulegen, dann die Winkelzüge der Politik zu demaskieren, soziales Elend anzuprangern, aber nicht minder Dünkel und Dummheit bloßzustellen, die Torheit bornierter Menschen und deren Mißgeschicke schonungslos dem Gelächter preiszugeben. Doch auch wenn es nur darauf zielt, befreiendes Lachen zu wecken, ist schon viel getan. Aber damit bei weitem nicht genug, die Vielfalt ließe sich noch in alle Richtungen verzweigen. Da ist die kulturhistorische Rolle des Grotesken und des Absurden, die Jahrhunderte durchzieht und immer wieder die Vorstellung der »vanitas vanitatum«, der Nichtigkeit allen menschlichen Treibens spiegelt. Ähnlich wurde auch die »verkehrte Welt« mit ihren Parabeln zum Verhalten der Menschen, die man durch die Tierwelt ausdrückt, zum unerschöpflichen Thema. Bedenkt man noch die reiche Entfaltung der Cartoons und Comics, deren Bildfolgen geradezu unauslöschlichen Eindruck machen – Max und Moritz oder die fromme Helene mögen als Beispiele genannt sein –, und gar die Fülle an kritischen Zeitschriften von »La Caricature«, »Punch« bis zum »Simplicissimus«, dann beginnt sich die Rolle dieser Kunst in ihren Dimensionen und Bedeutungen überhaupt erst abzuzeichnen.

Zum Begriff Karikatur hat sich immerhin eine bereits umfängliche Forschung geäußert (am profundesten: Gerd Unverfehrt, »Karikatur – zur Geschichte eines Begriffes«, in: Ausst. Kat. Hannover 1985, Bild als Waffe, S. 345 ff.). Grundsätzlich läßt sich das Wort auf das italienische *caricare* zurückführen, was soviel wie überladen, übertreiben bedeutet und schon darin auf das wesentliche Gestaltungsmittel hinweist, nämlich einzelne Charakteristika einer Person oder Sache so hervorzuheben, daß eben ihre Übertreibung die Aussage zwingend bis zur Lächerlichkeit führt und somit auf den Punkt bringt. Es kann um die Verdeutlichung der vom Ideal so weit abweichenden realen Erscheinung des Menschen gehen, um dessen Grimassen und oft abstruse Kuriosität, um die Schwächen, Laster, Triebe, um den Geizigen, Höhnischen, Prahler, Dummen oder Hochmütigen, all das, was etwa ein Franz Xaver Messerschmidt um die Mitte des 18. Jahrhunderts mit seinen Bildnisköpfen so einzigartig vorzuführen wußte (Kat. 3). Aber es gibt auch szenische Aussagen, wie die groteske Schilderung des »Vorher« und »Nachher« in Liebe und Ehe, wobei der Konflikt von Ideal und Wirklichkeit nicht minder schonungslos ausgemalt wird (Kat. 6, 7). In »Zerrbildern menschlicher Torheiten« bringen Künstler die so ausufernden menschlichen Narreteien und Leidenschaften durch zeichnerische Übertreibung erst recht ans Licht: den Säufer, den hemmungslosen Fresser, die Hundenärrin, den Eifersüchtigen, die Putzsüchtige, die Modenarren, den betrogenen Ehemann usw. Der Mensch also steht von Anfang an im Mittelpunkt.

Die Aufgabe, einen von dort ausgehenden Strom maßloser Überfülle in das Bild einer Ausstellung zu bringen, hat uns versuchen lassen, die so unterschiedlichen Werke kritischer Kunst aufzugliedern und in Gruppen zusammenzufassen, um sie überschaubar zu machen, ihre kulturgeschichtliche Rolle erkennen und, bei aller notwendigen Einschränkung, in ihrer Überfülle begreiflich werden zu lassen. Es galt zunächst, die Zielrichtung grob zu umreißen: Gewiß geht es vor allem um den Menschen selbst, um sein äußeres Bild, um seine innere Haltung, um sein Verhalten anderen gegenüber;

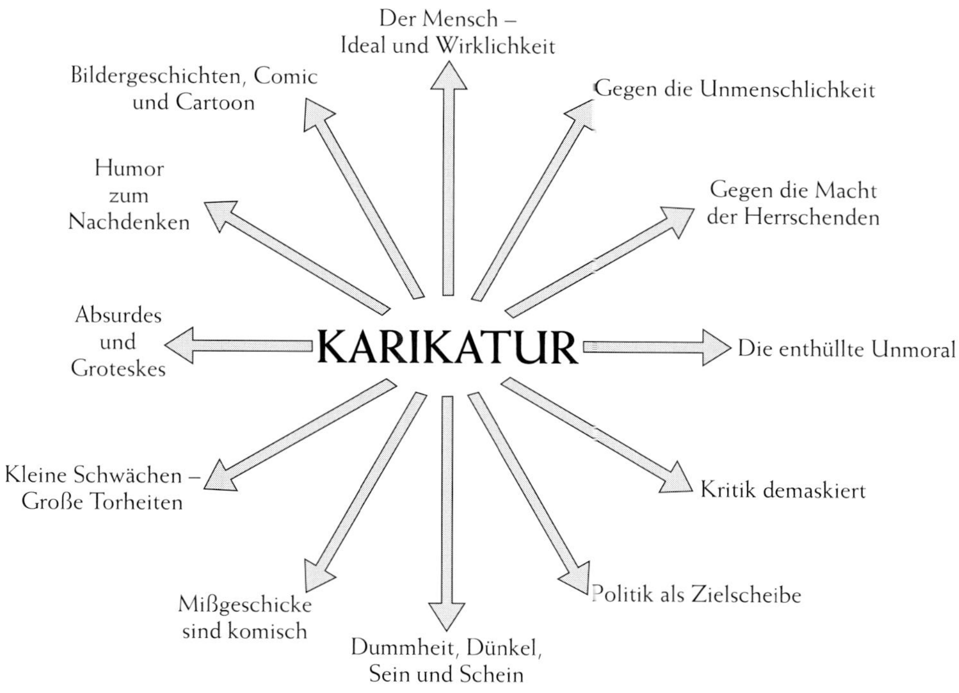

historisch bot sodann die Auflehnung gegen den von Rom beherrschten Katholizismus durch die Anhänger der Reformation den ersten massiven Anstoß zu karikaturistischen Flugblättern; aber auch später gaben die dominierenden Gesellschaftsschichten eine Zielscheibe ab. Scheinmoral, Überheblichkeit und Exzesse, Grausamkeiten oder unmäßige Lebensführung ließen sich in Spottbildern und Bildpamphleten wirkungsvoll attackieren; erst recht natürlich die Politik durch die Jahrhunderte: man klagte an, entlarvte, verhöhnte und zeigte durch die Lächerlichkeit des Gegners eigene Überlegenheit an. Auch die moralisch-pädagogische Belehrung ging aus dem Spätmittelalter hervor und behielt lange Zeit als wichtigste Aufgabe, in Bildfolgen Tugenden und Laster darzustellen; die Geißelung der Mißstände sollte zu einer Besserung führen. Daß dies bis zu sehr galanten Darstellungen ging, lag nahe, der parodistischen Übertreibung waren kaum Grenzen gesetzt. Aber gerade die Satire fand daneben ihr wesentliches Feld in dem Ziel, zum Nachdenken zu führen, Lebensweisheiten bildmäßig zu verankern, zu verbreiten und etwa Sprichworte in der Art einer Biblia pauperum für des Lesens Unkundige zu verdeutlichen. Der Welt des Irrationalen, in der sich der Mensch mit seinen Ängsten, seiner Ungeborgenheit und Schutzlosigkeit so ausweglos, so verstrickt erkennt, setzte man die Phantasie, die bannende Kraft des Bildes entgegen, was im besonderen in den skurrilen Phantasmagorien des Manierismus und im späteren künstlerischen Höhepunkt, den *Desastres, Caprichos* und *Disparates* eines Goya die faszinierendste Form gefunden hat und sehr bezeichnenderweise wieder auftaucht im Surrealismus des 20. Jahrhunderts, als Aufschrei der Wehrlosigkeit gegen die zerstörende Macht der technologischen Rationalität unserer Zeit. Und schließlich, unübersehbar, die künstlerische Aufgabe, Menschen einfach mit den Mitteln zeichnerischer Ausdruckskraft zu unterhalten, indem ihnen ihre Schwächen oder Mißgeschicke, Dümmlichkeit und Gutgläubigkeit vorgehalten werden. Es steckt allerdings zumeist eine gehörige Portion Hintergründigkeit, blanker Spott oder entlarvende Enthüllung dahinter, so daß dem Betrachter nicht selten das erste Lachen rasch wieder gefriert.

Wir haben daraus zwölf Gruppen formiert, die im Durchschreiten der Ausstellung und in der Dokumentation des Kataloges in ihrer Abfolge von Beispielen anregen sollen, sich des gesamten Bogens der Jahrhunderte bewußt zu werden. Sie lauten: Der Mensch – Ideal und Wirklichkeit; Gegen die Unmenschlichkeit; Gegen die Macht der Herrschenden; Die enthüllte Unmoral; Kritik demaskiert; Politik als Zielscheibe; Dummheit, Dünkel, Sein und Schein; Mißgeschicke sind komisch; Kleine Schwächen – Große Torheiten; Absurdes und Groteskes; Humor zum Nachdenken; Bildergeschichten, Comic und Cartoon.

Über den innersten Anstoß zur Karikatur gibt es eine besonders aufschlußreiche Stelle in den Erinnerungen von Ernst H. J. Gombrich, in denen er seine Begegnungen mit Ernst Kris im Wien der Dreißigerjahre schildert (E. H. J. Gombrich, »Wenn' euch ernst ist, was zu sagen«, in: Kunsthistoriker in eigener Sache, hrsg. von Martina Sitt, Berlin 1991, S. 74 ff.). Ihre gemeinsamen Überlegungen, berichtet er (Kris war damals am Wiener Kunsthistorischen Museum tätig und Gombrich nach der Promotion ohne Anstellung), gingen dahin, sich mit dem menschlichen Gesichtsausdruck zu befassen; daraus wurde allerdings nichts, da Kris eines Tages sagte, er habe ein viel größeres Projekt, das er mit ihm, Gombrich, zusammen machen wolle, und zwar die Geschichte der Karikatur. Freud habe über den Wortwitz geschrieben, und er wolle nun über den graphischen Witz schreiben, was um so näher lag, als er ja eine große Arbeit über die Charakterköpfe von Messerschmidt geschrieben hatte. Gombrich wurde Kris' Mitarbeiter und bearbeitete die bestehende Literatur. Kris ging es dabei um den Zusammenhang der Karikatur mit der Bildmagie, um den stufenweisen Ablauf bis hin – als dritte Stufe – zur echten Karikatur, »jener witzigen Entstellung der Züge des Opfers, die dennoch ähnlich wirken«. Allerdings kam es nicht mehr zu dem gemeinsamen Werk. Die Grundgedanken von Ernst Kris traten indes später an mancher Stelle, so in dem unter »Phänomene der Kunst in der Sicht der Psychoanalyse« (Frankfurt/M. 1977, S. 145 ff.) abgedruckten Aufsatz bedeutsam genug in Erscheinung; jene von Gombrich nicht minder, so in dem Aufsatz »Das Arsenal des Karikaturisten«, in: Meditationen über ein Steckenpferd. Von den Wurzeln und Grenzen der Kunst (Wien 1973, S. 195 ff.).

Nun haben wir einen zweifellos sehr aufschlußreichen Schlüssel zum Verstehen solcher Werke in dem zu sehen, was sie auslösen. Die Wurzeln der Karikatur lassen sich doch gewiß in dem allen gemeinsamen Ergebnis auf seiten des Betrachters suchen, in dem Lachen, das sie zu bewirken vermögen. Nicht, daß das Lachen das eigentliche Ziel wäre. Dieses liegt vielmehr in den verschiedenen genannten Richtungen, denen allerdings wiederum gemeinsam ist, im Hintergrund durch Entdecken, Enthüllen zum Denken, zum Verändern, zur Besinnung aufzurufen. Aber Lachen ist das sichtbare Ergebnis, das doch so unterschiedlich sein kann wie eben die Zielrichtung des Werkes selbst. Boshaftes Lachen wird durch andere Auslöser geweckt als ein befreiendes Lachen; das Lachen über die Pointe einer Verwechslung ist anders als das über die Dummheit eines Einfältigen. »Vom stillen Lächeln aus einem inneren Gefühl der Überlegenheit gegenüber einem Souverän bis zum aggressiven Triumph über eine erniedrigte Minderheit reicht die Bandbreite der vorstellbaren Reaktionen«, stellt Heinisch fest (w. o., S. 34), der sich auch auf Charles Baudelaires so grundlegende und (neben aller sprachlichen Schönheit) so geistreiche Untersuchung »De l'essence du rire« beruft (Vom Wesen des Lachens, übers. von W. Fraenger, Erlenbach-Zürich 1922). Lachen zu können, ist eine besondere menschliche Auszeichnung, stellt Baudelaire darin fest (w. o., S. 12), weil es immer vom Bewußtsein eigener Überlegenheit herkommt (w. o., S. 16), obwohl das Komische, der Lachenszwang, in dem Lachenden selbst liegt und keineswegs im Gegenstand des Gelächters (w. o., S. 18). Denkt man zum Beispiel an den bei Glatteis ausgleitenden eleganten Herrn, dem selbst alles andere zumute ist als hellauf zu lachen, läßt sich erkennen, wie sehr das zutrifft (Kat. 177). Und welch unwillkürlichen Lachzwang löst doch solcher Vorfall beim Beschauer aus! Man sollte sich angesichts der Karikaturen solcher sehr unterschiedlichen Motivationen unbedingt bewußt sein, um die Werke würdigen zu können. Falls man dabei aber sogar etwas Zusätzliches gewinnen wollte, wäre die Gelegenheit ziemlich günstig, sich selbst nämlich dabei ein wenig genauer zu beobachten, besser zu erkennen, sich eigentlich selbst kennenzulernen.

Unternimmt man es, in aller gebotenen Kürze den so gewaltigen historischen Bogen der kritischen Kunst, der gezeichneten wie der gedruckten, zu überschauen, bedarf es vorweg vielleicht noch eines Wortes zum Druckwerk. Kaum in einem anderen thematischen Bereich der Kunst (von Portraits mancher Herrscher und der kirchlichen Glaubensverbreitung in Bildern abgesehen) bestand ein so grundsätzlicher Wunsch nach Verbreitung wie in der kritischen Äußerung. Das liegt nahe, wendet sich Kritik doch an viele, kann sie doch nur dann ihre gewollte Wirkung erreichen, wenn sie von vielen Menschen wahrgenommen wird, also ist Vervielfältigung eine Grundabsicht. Seit dem ausgehenden 14. Jahrhundert war dies in zunehmendem Maß möglich geworden, indem sich die großartigen manuell graphischen Techniken des Holzschnittes und Kupferstichs entfalteten und bald auch – mit dem 17. Jahrhundert – die weit beweglichere Radierung aufkam. Die Erfindung der Aquatinta läßt dann gegen Ende des 18. Jahrhunderts völlig neue Möglichkeiten zu; was sie zu erreichen vermochte, ist untrennbar mit dem Namen Goya verbunden. Aber auch die Punktiermanier oder »manière criblée« eröffneten dem Zeitgeist entsprechendere künstlerische Gestaltungen. Und gar als sich dann seit den ersten Jahrzehnten des 19. Jahrhunderts die Lithographie als großartigste aller Entdeckungen um die ganze Welt zu verbreiten beginnt, Aloys Senefelders geradezu phantastische Einsicht, daß bestimmte Steinsorten mit Fett gezeichnete Werke festhalten und abdrucken können, begann ein neues Zeitalter der menschlichen Information und Kommunikation durch künstlerische Aussagen. Das Problem allerdings bestand ja immer noch in der nicht druckbaren Farbigkeit, wozu nach wie vor langsame und mühsame Bemalung von Hand notwendig war. Als dann in den dreißiger Jahren die Erfindungen von Nièpce und Daguerre bekannt gegeben werden: die mechanische Aufzeichnung von Helligkeiten und Dunkelheiten auf einer lichtempfindlichen Schicht, die Lichtaufzeichnung, Photographie = phos – graphein, ist rasch unsere technisch dominierte Welt im Entstehen; Buchdruck und Offsetverfahren entfalten sich, das Massenmedium auch im Mehrfarbendruck ist möglich geworden.

Wir haben die Spannweite dieses Bogens auch im Zusammenhang mit der Verbreitung und gesellschaftlichen Bedeutung der Karikatur zu sehen und vor allem von einer Feststellung auszugehen: Die Kunst der gedruckten Graphik hat mit »Reproduktion« durch all die Jahrhunderte nichts zu tun gehabt, ist originales Kunstwerk wie jedes gemalte oder gezeichnete Werk. Erst die phototechnische Verbreitung dann hat neue Maßstäbe gesetzt, die allerdings auch so gesehen werden müssen, daß eigentlich erst durch Zeitschriften oder Bilderserien das ersehnte Ziel, an viele, ja an alle Menschen heranzukommen, voll erfüllbar geworden ist.

Versucht man den historischen Verlauf in der hier vorgegebenen Kürze zu skizzieren, wird man wenig, gewiß allzu wenig aussagen. Mehr als eine Skizze kann und soll es an dieser Stelle gar nicht sein, nicht zuletzt, weil wir davon überzeugt sind, daß ein Ausstellungskatalog nicht der geeignete Platz für eine weitläufige wissenschaftliche Ausbreitung ist, sondern in seinem Umfang immer noch dem Besucher als Begleiter zu dienen hat. Die Große Kunstgeschichte der Karikatur muß also anderswo zustandekommen. Hier seien aus der Fülle der Erscheinungen lediglich jene Zeitbilder erwähnt, die den Wandel der politisch-historischen Konstellationen charakterisieren, und als Leitbilder jene Künstlerpersönlichkeiten hervorgehoben, denen man die entscheidenden Schritte verdankt. Man muß dabei sogar einiges abwägen: Wer nichts als die Figuren und Szenen, ihre Komik und gesellschaftspolitische Aggressivität sehen möchte und bewerten will, der wird dem künstlerischen Phänomen keineswegs gerecht. Es geht nämlich um mehr als nur einen aktuellen, kurzlebigen Witz, der, indem er seine Lacher findet, seinen Zweck erfüllt hat. Man muß ihn vielmehr als Zeitzeugen, also in seinem bleibenden Charakter begreifen. Jede noch so aktuelle Formulierung taugt dazu. In einem tieferen Zusammenhang kann nämlich ein solches Werk, selbst die kleinste und spontanste Äußerung, von allgemeiner, humaner und damit zeitloser Gültigkeit sein. Und genau da setzt die künstlerische Bedeutung ein. Piltz (w. o., S. 6) fordert zwar mit einem gewissen Recht: »Wer eine Karikatur beurteilen will, muß die Grenzen der ›reinen‹ Kunstgeschichte überschreiten«, greift dann allerdings Hofmann (Werner Hofmann, Die Karikatur von Leonardo bis Picasso, Wien 1956) mit der Behauptung an, daß diese »spätbürgerliche Kunstwissenschaft sich bemühe, den Tatbestand zu verschleiern, indem sie das Formale in den Vordergrund rückt«, und er betont dabei, daß sich »Karikaturen stets auf die Gesellschaft beziehen, unabhängig von den künstlerischen Mitteln, die der Karikaturist verwendet«.

Dem sei sehr entschieden widersprochen. Zwar wird man die beiden Gewichte, die inhaltliche Aussage und die künstlerische Erfindung, getrennt voneinander betrachten können, in Wahrheit aber sind sie eine Einheit. Allein was künstlerisch adäquat ausgelegt wird, hat Bedeutung, denn wie in aller Kunst müssen Form und Inhalt auch hier völlig identisch sein; da geht es nicht um die Kunstfertigkeit, um das technische Raffinement, sondern um Dichte und Tiefe. Und das vermag der einfachste Federstrich wie die verfeinertste Malerei zu gestalten. Wer das nicht sehen will oder kann, wer künstlerische Gestaltungskraft als etwas »Formales«, wie es Piltz machte, ansieht, dem fehlen die Augen für das eigentlich Wesentliche. Mag sein, es war bei diesem Autor in der DDR nur ideologische Verblendung oder irgendein übermächtiger Auftrag »von oben«. Leider ist aber auf diese Weise die so inhaltsreiche »Geschichte der europäischen Karikatur«, auf die man in der Tat schon lange gewartet hatte, durch solche Prämissen nahezu wertlos geworden.

Zurück zum Ansatzpunkt. Im Phänomen Karikatur haben wir grundsätzlich zwei Positionen zu sehen, wie es schon Baudelaire (w. o., S. 22 f.) sehr deutlich gemacht hat: Es gebe, sagt er, die »karikaturistische Komik«, die Naturgegenstände nachäfft und vordergründig bleibt; »Inhaltskomik« nennt er sie. Dann aber gebe es die »groteske Komik«, die Neuschöpfung etwas bisher noch nie Dagewesenen, künstlerische Erfindung, die nur durch Intuition erfaßt wird; man solle sie »absolute Komik« nennen.

Ob es einen ersten Karikaturisten, einen tatsächlichen Erfinder sozusagen gegeben hat, mag sehr umstritten bleiben. Daß es schon im tiefen Mittelalter auf sakralem Gerät oder in der Bauplastik Drolerien gibt, die sich kritisch interpretieren lassen, sagt dazu nicht viel aus. In Pompeji – also in römischer Zeit – findet sich Kritisches und Komisches zur Genüge, wie überhaupt in der Spätantike dann mancherorts. Die Karikatur in dem von uns verwendeten Sinn setzt aber erst mit dem Papier, mit der graphischen Kunst ein, mit dem Zeichnen und dem Drucken von Bildkritik, und besitzt ihre Voraussetzung wie schon ausgeführt in der klassischen Formulierung jener Vollkommenheit und Schönheit, die man in der Kalokagathie erblickte, der Verschmelzung des Guten, Wahren und Schönen, das jenseits über der Welt steht und vom Künstler in die Welt gebracht werden kann. Diesem Ideal wird auf der anderen Seite zunächst als philosophische Kontraposition die schonungslose Wirklichkeit entgegengehalten. Der Ansatzpunkt W. Hofmanns ist unbestreitbar zutreffend (w. o., S. 358): »Die Karikatur kann erst begriffen werden, wenn wir sie als Partner eines Dialoges betrachten, in dessen Verlauf sie die Rolle des Fragenden, des Behauptenden und Provozierenden zu spielen hat«, des Dialoges also zwischen Zerrbild und schönem Ideal. Ohne Frage sind die grotesken Physiognomien, die Leonardo im Sinne solchen Dialoges zeichnete, ein erster und kaum jemals mehr erreichter Höhepunkt. Er verstand die Malerei – wie er selbst schrieb – als »eine Wissenschaft und rechtmäßige Tochter der Natur« (M. Herzfeld, Leonardo da Vinci, der Denker, Forscher und Poet. Aus seinen veröffentlichten Schriften, Jena 1926, S. 135). Das heißt: den Gegebenheiten der Natur zu folgen, also auch den absurd mißgestalteten Physiognomien der Mitmenschen nachzuspüren und sie festzuhalten, ist eine Art wissenschaftliche Aufgabe. Das berühmte Blatt der Albertina, das Giorgio Vasari mit solchen grotesken Köpfen des Leonardo montiert hatte (Albertina, Inv. Nr. 1765, Scuola Romana Nr. 78), mag neben den Blättern in Windsor oder jenem in Oxford (University Galleries) genug darüber aussagen. Was allerdings Karikatur genannt werden darf im engsten Sinn von »caricare«, findet sich fraglos dann erst bei den Brüdern Carracci, deren Beispiel allerdings rasch Schule machte. Von Domenichino weiß man, daß er solche Darstellungen schuf, ebenso Guercino, Mola und Maratta, bis dann schließlich die allbekannten Zeichnungen Lorenzo Berninis einen ganz bestimmten Akzent setzten: der Feldhauptmann Papst Urbans VIII. (vor 1644, Rom, Corsiana), Kardinal Scipione Borghese (um 1650, Rom, Vatikanische Bibliothek) und schließlich der schonungslos und respektlos charakterisierte Papst Innozenz XI. (1676/80, Leipzig, Museum der Schönen Künste) können als großartige Beispiele gelten. Besonderes Interesse verdient das 28 Seiten starke Skizzenbuch (Taccuino) des Baccio del Bianco (Biblioteca Nazionale Firenze, Magliabechiano CLXVIII, Cod. 6, Nr. 2159), das als Kronzeuge der karikaturistischen Entfaltung angesehen werden kann.

Die verschiedenen europäischen Länder zeigen im nun einsetzenden weiteren Verlauf naturgemäß ein sehr unterschiedliches Bild. In Italien dominiert zunächst mehr und mehr die Lust am Mißgestalteten, am Spott und oft grausamen Spaß, an der witzigen Gestik – man vergleiche Jacob Burckhardts Darlegungen in der »Kultur der Renaissance« (Leipzig, 18. Aufl. 1928, S. 143 ff.) über die überschäumende Freude der Florentiner an Witz, Wortspiel und Körpersprache –, insbesondere an Auswüchsen der Natur, eben dessen, was »als boshafte Spielerei der Natur aufgefaßt wird und als solche Spott, Mitleid oder Faszination hervorruft« (Heinisch, w. o., S. 55). Der Reiz der in »Anamorphosen« bis zur Unkenntlichkeit verzerrten Bilder und Menschendarstellungen führte zu Phantasiegebilden, die den »disegno fantastico« ins äußerste Extrem trieben, wie die »Bizarrie di varie Figure« eines Giovanni Battista Bracelli, der sich mit seinen in Florenz im Jahr 1624 erschienenen manieristischen Konstruktionen an die Kunstlehren Zuccaris und die Metamorphosen Arcimboldos anlehnte. Das Vorbild des aus Mailand stammenden Giuseppe Arcimboldo (1527–1593), Hofmaler am Kaiserhof in Wien und Prag, blieb allerdings unerreicht. Mit seinen aus phantastischen Objekten, aus Obst, Pflanzen und allerlei Geräten zusammen-

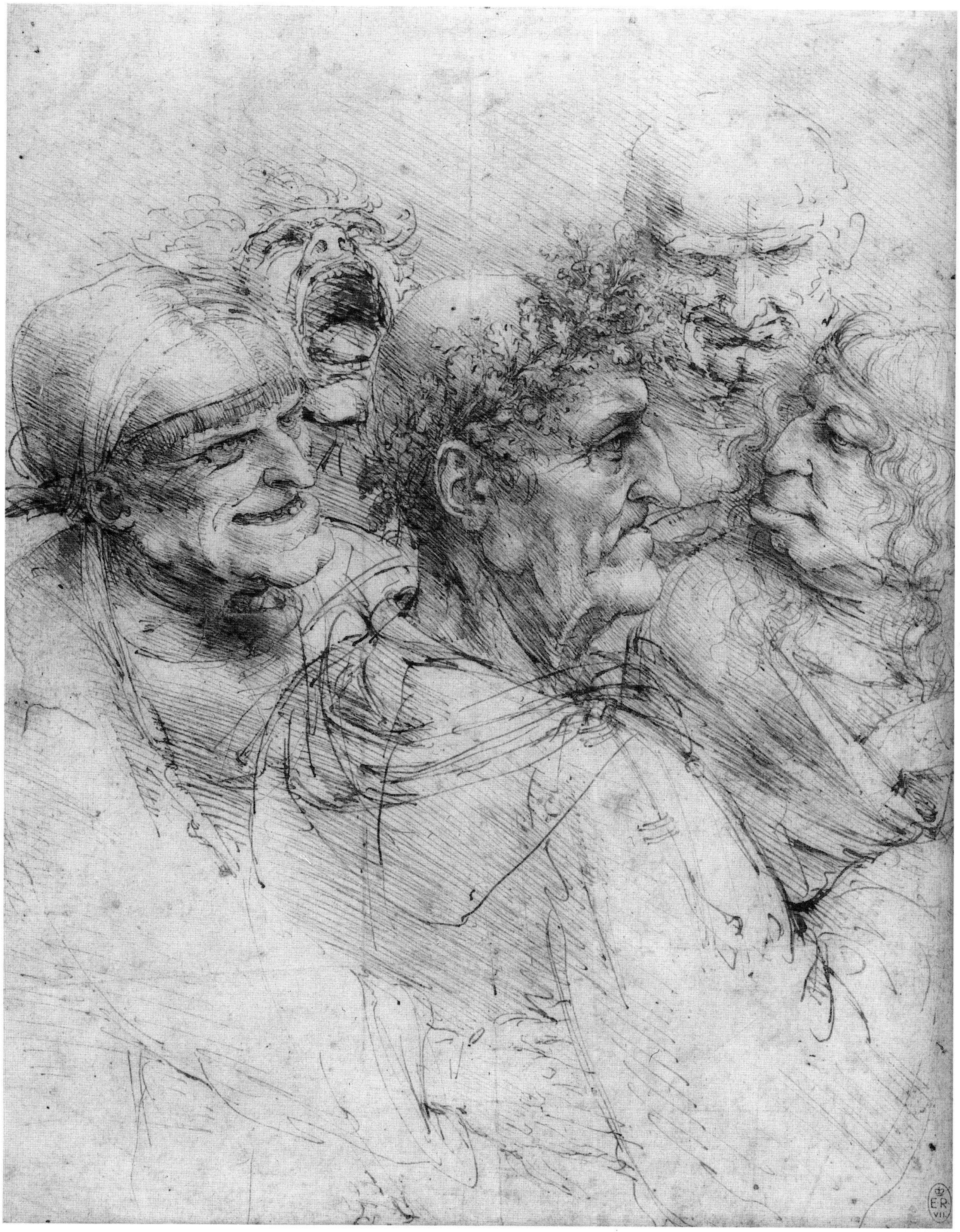

Oben und folgende Seiten:
Leonardo da Vinci (1542–1519), Groteske Köpfe. Windsor Castle, Royal Library

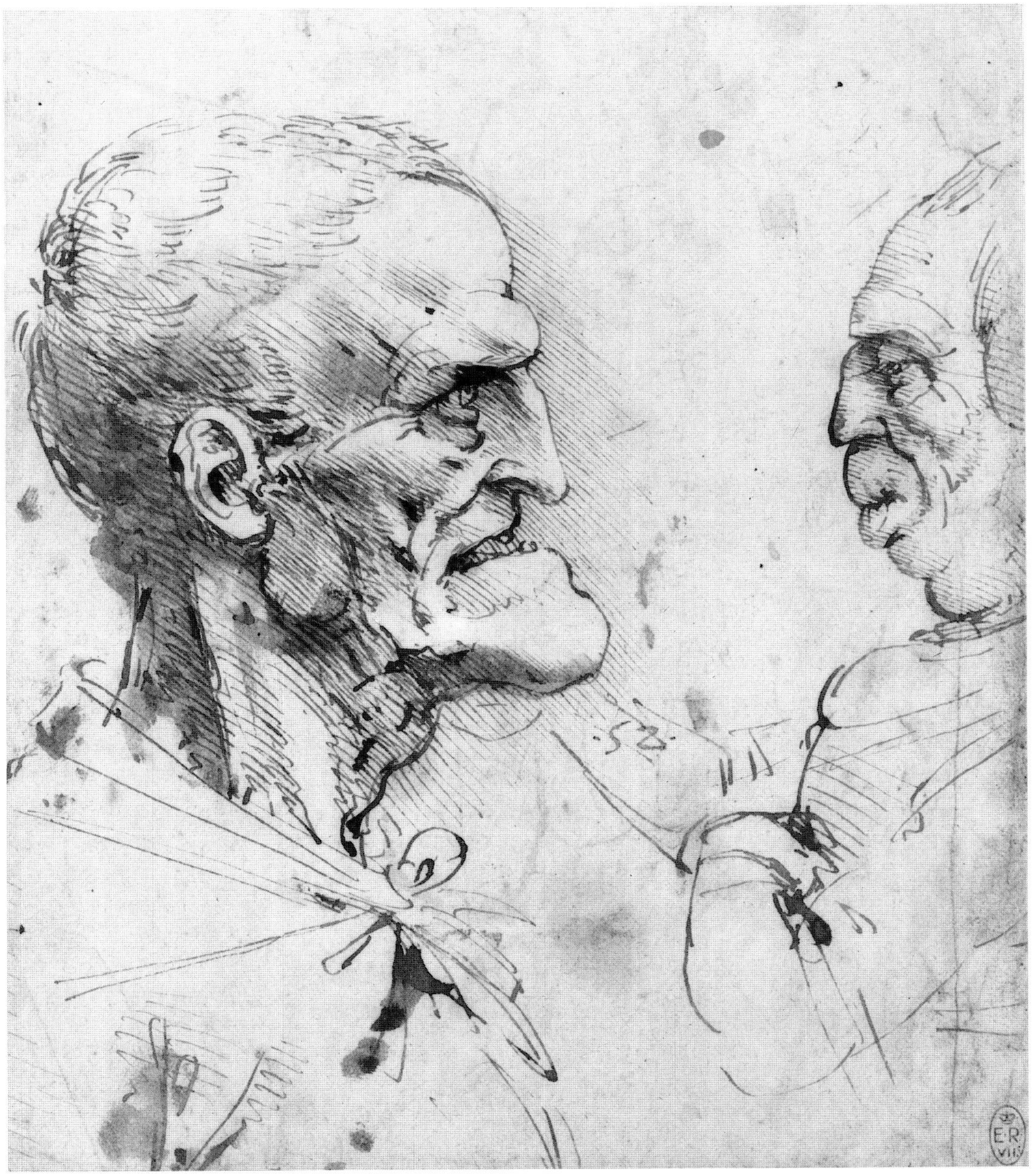

gesetzten Menschen, Figuren und Bildnissen beflügelte Arcimboldo nicht nur seine Zeit, sondern die Phantasie von Generationen (Kat. 232).

Gleichzeitig entstand völlig entgegengesetzt die Kunst eines Jacques Callot (1592/93–1635), die alles, was es bisher an anklagenden Flugblättern gegen Unmenschlichkeit, Unterdrückung und Not gegeben hatte, weit überstieg. Mit den »Varie figure gobbi« (Kat. 235), die um 1622 erschienen – eine Fülle buckliger Zwerge, wie sie der aus Nancy stammende Künstler, der zwischen 1612 und 1620 in Florenz lebte, im dortigen Zwergentheater erlebt haben mochte – noch weit mehr mit der 1633 erschienenen großen Folge »Misères de la guerre« wirkte Callot bahnbrechend (Kat. 29 f.). Ihm geht es hier keinesfalls wie sonst in der Kunst mit ihrer allgemeinen Glorifizierung von Herrschern und Siegen um die Schilderung von Schlachten und Taten, triumphierenden Helden und gedemütigten Unterlegenen, sondern – man stand mitten in den Wirren des Dreißigjährigen Krieges – darum, wie die gepeinigte Bevölkerung das alles erlebt, mit all den Grausamkeiten, Verbrechen, Plünderungen, Raub, Notzucht und Mord, und das war eine radi-

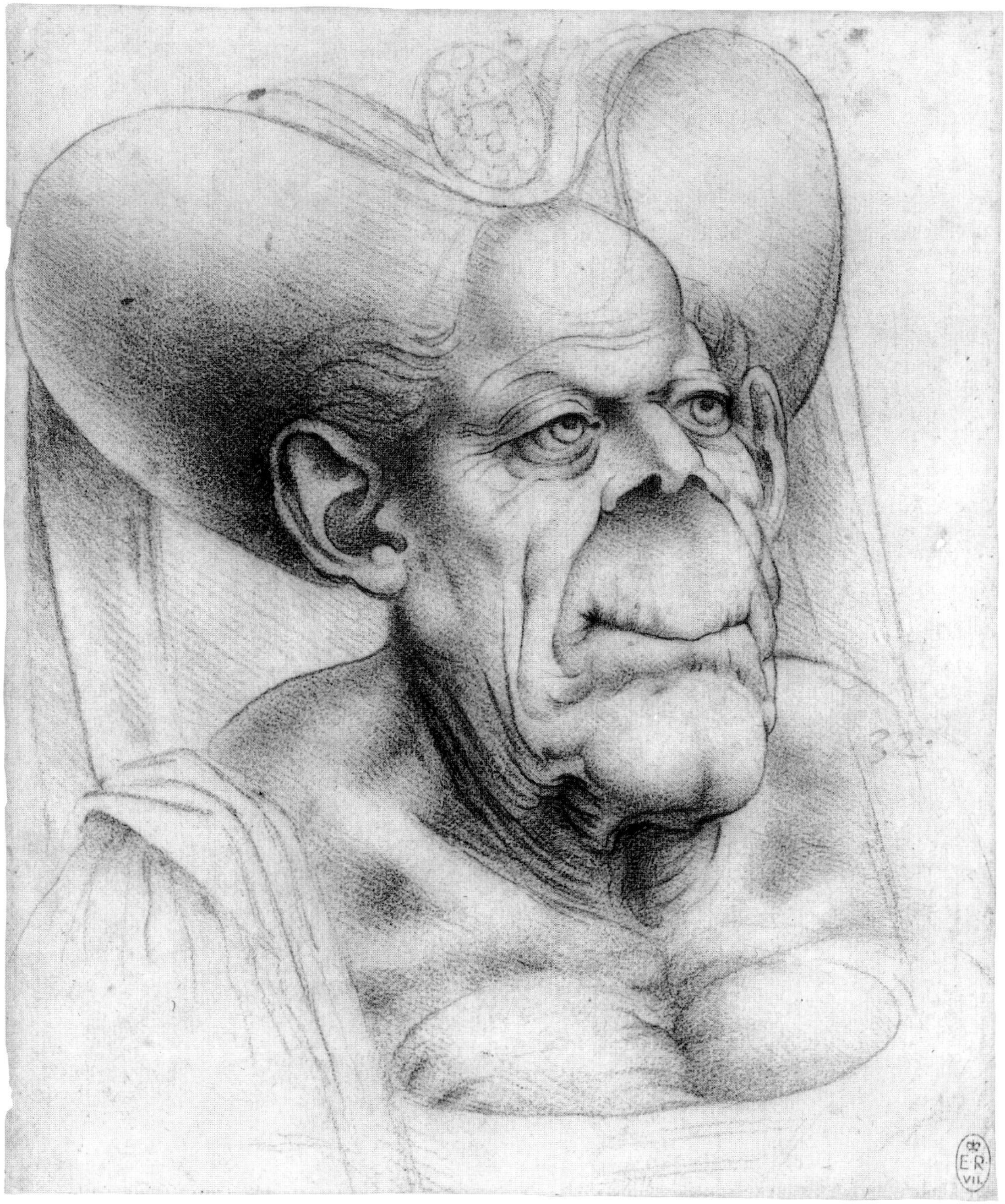

kale Neuerung (vgl. Piltz w. o., S. 47 ff.). Die zeichnerischen Köstlichkeiten eines Pier Leone Ghezzi (1674–1755) lassen uns bereits wieder in ein anderes Zeitalter blicken; ihm geht es um die sarkastische Entlarvung der oft grotesken höfischen Gestalten seiner Zeit, vielfach abgelesen an Geistlichen der römischen Stände, was ihm in Zeichnungen von großem und sehr persönlichem Reiz gelang (Kat. 4, 5).

Währenddessen hatte sich in England ein völlig anders gearteter Höhepunkt entwickelt: in der Künstlerpersönlichkeit eines William Hogarth (1697–1764): ein durch und durch bürgerlicher Künstler, der seiner Zeit den Spiegel vors Gesicht hielt, der sich zwar ein Leben lang wehrte, als Karikaturist zu gelten (was damals als herabsetzend verstanden wurde), aber dennoch oder gerade darum diesem Medium die höchste Bedeutung verlieh. Seine satirisch-moralischen Zyklen, »A Harlot's Progress« aus dem Jahr 1732, »A Rake's Progress« von 1735 oder die »Marriage à la Mode« von 1745 sind von zeitloser Ausdruckskraft (Kat. 76). Doch schon bald darauf ergab sich erst recht eine andere, eine tiefgreifende Wende: jene zur unerbittlich drastischen politischen Karikatur. Diese in den beiden Hauptmeistern James Gillray (1757–1815) und George Cruikshank (1792–1878) gipfelnde Entwicklung war allerdings auch besonders »begünstigt« durch virulente politische Ereignisse; solche Kritik war überhaupt nur durch die in England herrschenden demokratischen Freiheiten möglich (Kat. 32 f.). Zunächst gab es in England selbst genügend Parteienzank und alltägliche Dinge, die mit erstaunlich freizügiger Verhöhnung der Gegner behandelt und angeprangert wurden. Als es dann um die Greuel der Französischen Revolution ging, wandte sich die Schärfe der Anklagen vollends dorthin, um schließlich in Napoleon Bonaparte, im »Little Boney«, den klassischen Zielpunkt zahlloser Attacken zu finden (Kat. 113 ff.). Erst der greise Gillray, an einem eher elenden Lebensabend angelangt, fand zum milden Lächeln in der Schilderung menschlicher Schwäche (Kat. 90, 91, 177).

Auch mit Frankreichs kriegerischer Macht, wenngleich in einer ganz unvergleichbaren Weise, befaßte sich Francisco de Goyas graphischer Zyklus »Desastres de la guerra«, der die abscheulichen Unmenschlichkeiten der Kämpfe in Spanien nach Napoleons Einfall im April 1807 schildert (Kat. 34 ff.). In einer kaum jemals dagewesenen und wohl auch nie mehr übertroffenen künstlerischen Leistung klagt der Künstler die Greuel dieses wilden und unerbittlichen Krieges an. Man wird diese Radierungen gewiß nicht zu Karikaturen in einem engeren Sinn zählen dürfen; verstehen wir aber darunter in einem weiten Sinn die harte, in aller unerbittlichen Schonungslosigkeit den Menschen die Augen öffnende Kritik, dann werden diese Meisterwerke sehr wohl in solchem Rahmen ihren Platz haben. Es wird überliefert, daß Goya am Tage nach den fürchterlichen Erschießungen des 2. Mai 1807, dem Ausbruch der Rebellion, mit diesen Darstellungen begonnen habe; von seinem Diener gefragt, warum er diese gräßlichen Dinge, diese Barbareien festhalte, habe er geantwortet: »Um die Menschen für ewig zu mahnen, nie mehr Barbaren zu sein.« Welche große Hoffnung er doch in die Kunst setzte! Und wie vergeblich war sie bislang gewesen!

Die 1799 fertiggestellten »Caprichos« und die letzte seiner Folgen, »Disparates«, die wohl knapp vor 1819 entstanden ist, führen den Begriff der Satire auf die höchste Ebene künstlerischer Möglichkeiten und die Graphik auf einen Zenit (Kat. 252 ff.); so werden die hier gezeigten Blätter wie etwa der »Erzdummkopf« (Bobalicon) genannte, menschenverhöhnende Unhold auch als einer der Höhepunkte dieses Themas anzusehen sein (Kat. 256).

Die Revolution in Frankreich hatte die Zeit gewendet, und dabei entstand eine Fülle von propagandistischen Flugblättern. Schon knapp vor der Jahrhundertwende zog man mit Spott über die »arrivierten« Sansculottes her, über diese – wie so oft – rasch zu Genuß und Übermaß neigenden Revolutionäre (Kat. 199). Doch es ging erst so recht los mit dem sehr wechselvollen Bild Napoleons, der als Imperator, als Usurpator, als Held oder Unterdrücker gezeigt wird, auch als einer, der Europas Herrscher »verschaukelt« (Kat. 117). Und vollends als der schon besiegt Geglaubte den Wiener Kongreß durch seine Wiederkehr aufschreckte, begleitete eine Überfülle von Karikaturen diese dramatischen »100 Tage« in einem Propaganda-Feldzug ohnegleichen (Kat. 116 ff.).

Es war die Generation danach, die mit Honoré Daumier (1808–1879) einen Gipfel erreichte. Durch ihn wurde die politische und die menschliche Karikatur unzweifelhaft auf eine neue künstlerische Stufe gehoben. Wohl hatte sich eben dazu durch die Erfindung der Lithographie eine vollkommen veränderte technische Voraussetzung ergeben: die Möglichkeit des blitzschnellen Zugriffs der zeichnenden Künstlerhand und der sofortigen Veröffentlichung des aktuellen Bildes. Die Zeitschriften »La Caricature« und »Le Charivari« wurden Daumiers Basis und leiteten eine weltweite Entfaltung kritischer Illustrationen ein. Hier ging es um sehr Unterschiedliches: um die schonungslose Bloßstellung von Politik und Politikern in ihrer bösen Lächerlichkeit und Maskerade, nicht minder um die Pose, den Schein, die Mache des Alltagsbürgers, seine Schwächen und auch rührenden Hilflosigkeiten. Sei es, daß Daumier dies mit der erfundenen Gestalt des Robert Macaire in dessen Alltag darstellt (Kat. 168) oder daß er die grotesken Geschehnisse eines Ausflugs in der Eisenbahn vorführt (Kat. 184 ff.) – immer ist er hinreißend. Gewiß stellt sein großformatiges Blatt des »Ventre legislatif« einen unübertroffenen Höhepunkt dar (Kat. 57). Diese Darstellung der Abgeordneten des Parlaments während einer Sitzung ist ein Blatt, das der Künstler so umsichtig wie keines sonst vorbereitet hatte: er formte nämlich sämtliche Portraits zuerst in kleinen Skulpturen, ehe er sie zeichnete (Kat. 58). Daß er damit Zeitloses gesagt hat, mag seine Meisterschaft um so mehr bestätigen.

Von den lithographierenden Zeitgenossen hat man den nicht minder tätigen und erfolgreichen

Paul Gavarni (1804–1866) hervorzuheben; spöttisch, köstlich und reizvoll kommt er – und kam er im Blick seiner Zeit – vielfach Daumier nahe; an künstlerischer Kraft indes, an schonungsloser Schärfe, erreichte er ihn nie, wohl auch schon deshalb, weil er sich betont unpolitisch gab (Kat. 182). Aber die Lithographie hatte überall ihren Siegeszug angetreten. Die satirischen Darstellungen schossen nur so aus dem Boden: In Wien vergnügte man sich mit heiteren Szenen aus dem Theaterleben in Bäuerles Theaterzeitung und ebenso mit kleinen Montagen von Figuren, die man aus dem »Mandelbogen« ausschnitt und mit einem Faden bewegte, damit sie ihre komischen Verbeugungen machten. In deutschen Landen entstand lithographisch das andere, vielfältigere Bild des Vor-März, bürgerlich, politisch, spöttisch. Überhaupt spannte sich hier ein sehr weiter Bogen etwa von Wilhelm Kaulbachs nach 1840 entstandener Illustrationsfolge zum »Reinecke Fuchs« bis zu den von Campe verlegten »Krähwinkliaden« (Kat. 215 f.). In der Schweiz war es Rodolphe Toepffer (1799–1846), Professor der Rhetorik in Genf, der in Bilderfolgen beißende Zeitkritik formulierte, was er zunächst allein für sich selbst tat, bevor er dann mit Goethes (!) Zuspruch (Eckermann hatte diesem seine Zeichnungen mitgebracht) seit 1830 an die Öffentlichkeit ging (Kat. 329 f.).

Alles das drängte insgesamt zur Gründung kritisch-sarkastischer und unterhaltender Zeitschriften mit Illustrationen. Inzwischen aber war auch – 1839 – das zweifellos die Welt von Grund auf verändernde Ereignis eingetreten: Frankreich präsentierte die Erfindung des Jacques Louis M. Daguerre, die zwar weit weniger auf diesen als auf den kurz zuvor verstorbenen Nicéphore Nièpce zurückging, wenn man nicht überhaupt sagen muß, daß alles an Voraussetzungen auf den mehr als ein Jahrhundert Zug um Zug erwachsenen chemischen und optischen Entdeckungen beruhte. Die Technik, durch eine Linse die Abbildung von Helligkeiten und Dunkelheiten auf einer lichtempfindlichen Schicht zustandezubringen, nannte man zunächst Daguerreotypie, bald Photographie. Die gewaltige, überall ausgelöste Entwicklung optischer und chemischer Erfindungen (vgl. W. Koschatzky, Die Kunst der Photographie; Salzburg 1984) ermöglichte rasch eine objektive (eben durch das »Objektiv« aufgenommene) Erfassung der Wirklichkeit, was nicht minder die bisher gar nicht vorstellbare perfekte Reproduktion von Vorlagen anbahnte. Es ist hier nicht der Orte, von dem fesselnden Verlauf aller dieser Schritte der Kulturgeschichte zu sprechen, die zu Heliographie, Hochätzung, Rasterdruck, Heliogravure und Lichtdruck führten, aber man muß es im Auge behalten, will man die geradezu explosive Ausbreitung von Zeitschriften mit Künstlerillustrationen begreifen. Daß es dabei sofort zu Auseinandersetzungen zwischen Künstlern und Photographen kam, was nun Kunst sei, was Original, was Reproduktion, ist nicht verwunderlich; schon mehr die Frage, ob Photographen Anspruch besäßen, als Künstler zu gelten oder nichts wären als bedeutungslose Handwerker. Letzteres vertrat niemand anderer mit mehr Heftigkeit als unser so verdienstvoller Professor der Rhetorik Rodolphe Toepffer im Jahr 1841.

Die Geschichte der Zeitschriften geht natürlich viel weiter zurück. Als erste politisch satirische Zeitschrift kann die bereits 1701/02 in Holland gegründete Folge »Äsop in Europa« gelten, was gewiß mit der hochentwickelten bürgerlichen Freiheit in diesem blühenden Land zu tun hatte; aber auch die seit 1781 im Verlag Löschenkohl in Wien erscheinenden Bilderbogen mit dem Titel »Gelegenheitsbilder« hängen natürlich mit den von Kaiser Joseph II. angestrebten und gewährten Freiheiten zusammen. Die »Neuruppiner Bilderbogen« folgen 1825, »Münchner Bilderbogen« und »Krähwinkliaden« bald darauf. »La Caricature« wurde von dem wagemutigen Verleger Charles Philipon 1830 ins Leben gerufen, und gewiß zu Recht kann man ihn als Schöpfer der modernen satirischen Presse (Piltz w. o., S. 114) ansehen. 1832 trat »Le Charivari« an die Seite der von der Regierung durch Verbote gefährdeten »Caricature«. 1841 gründete Henry Mayhew den »Punch«, wurde allerdings durch Mark Lenon als Herausgeber bald abgelöst, der von da an die liberal-bürgerliche Linie des Blattes bestimmte. 1844 entstanden die Münchner »Fliegenden Blätter« durch den unternehmenden Buchhändler Friedrich Schneider, der sich zwar den Spott über den deutschen Alltag und die kleinbürgerliche Verzopftheit zum Ziel setzte, ohne jedoch die aggressive politische Schärfe der französischen Blätter je zu erreichen. Dennoch finden sich die köstlichsten Darstellungen, auch wahrhaft meisterliche, sei es von dem exzellenten Dilettanten Franz von Pocci, im Beruf kein Geringerer als der Zeremonienmeister König Ludwigs I. von Bayern, oder von so berühmten Künstlern der Zeit wie Moritz von Schwind oder Karl Spitzweg. Die »Fliegenden Blätter« erfuhren durch Jahrzehnte eine Popularität ohnegleichen, was ich um so mehr begreife, als ich selbst ein ehrwürdiges, gebundenes Exemplar meiner Großeltern zu den geliebtesten und ersten Kinderbüchern meines Lebens zähle.

Daß das Sturmjahr 1848 zu den Höhepunkten politischer Bildpamphlete für und gegen die Revolte führte, liegt auf der Hand. Das Medium gezeichneter Attacken mit der Möglichkeit der Bildreproduktion war zu einem Instrument der Agitation ohnegleichen geworden. Das brachte Massenware mit sich, aggressiven Dilettantismus, Qualitätsabfall und künstlerischen Ansehensverlust der Karikatur schlechthin.

Und eben da tritt einer der Bedeutendsten in das Geschehen ein: der unübertroffene satirische Zeichner und kritische Denker seines Genres Wilhelm Busch (1832–1908), dessen Anfänge (nach Studien für den Ingenieursberuf und Besuch der Kunstakademien von Düsseldorf, Antwerpen und München) eben mit den »Fliegenden Blättern« zusammenhängen, für die er 1859 die ersten Bilderbogen zeichnete. In seiner autobiographischen Skizze von 1886 schilderte er: »Vielfach wie's die Noth gebot, illustrierte ich dann neben eigenen auch fremde Texte. Bald aber meinte ich, ich müßte alles halt selber machen. Die Situationen geriethen in Fluß und gruppierten sich zu kleinen Bildergeschichten, denen größere gefolgt sind. Dann habe ich sie laufen lassen auf den Markt, und da sind sie herumgesprungen, wie Buben thun, ohne viel Rücksicht zu nehmen auf gar zu empfindliche Hühneraugen...« So einfach ist das (Kat. 333 ff.).

War in Deutschland mit »Kladderadatsch« und dessen politischem Gegner im »Wahren Jakob« schon Wesentliches vorangegangen, so kam es zu dem wichtigsten Schritt doch erst mit »Jugend« und »Simplicissimus«. Beide 1898 gegründet, beschäftigten bald Künstler großer Meisterschaft, die sich in einem durchaus neuen Stilbild an die Spitze der europäischen Entfaltung setzten. »Rire« (1894), »Nebelspalter« (1874) und »New Yorker« (1925) mögen nicht weniger den bedeutenden politischen Horizont umreißen, den sie in ihren Einflußbereichen zustandebrachten. Denn es ist gar nicht möglich, die Geschichte der neueren Karikatur zu sehen, ohne zu bedenken, welch dramatische Zuspitzung der sich schon durch das ganze 19. Jahrhundert in Europa immer bedrohlicher fanatisierende Nationalismus erzeugte. Der Karikatur fiel dabei eine in Selbstüberschätzung aufhetzende wie aus einer höheren humanen Sicht anklagende Rolle zu. Dazu trat die beide Jahrhunderte geradezu überwältigende soziale Problematik: das Aufsteigen des Kapitalismus mit einem explosiven Anwachsen der Spannungen zwischen arm und reich, mit Ausbeutung, Wehrlosigkeit, Hunger, Elend und mit den Proletariern aller Länder eine erlösende Zukunft verheißenden Ideologien.

Die Ereignisse in Europa und besonders in Deutschland mit dem Aufstieg Preußens zum Kaiserreich, der Sieg in Frankreich 1870/71, die politischen Zusammenhänge und Emotionalisierungen, wobei Bismarcks dominierende Erscheinung auch in der Karikatur (»... der Lotse geht von Bord...«) eine geradezu klassische Rolle einnahm, kurzum alle diese Ereignisse ließen eine Überfülle an Themen entstehen.

Waren die Zielpunkte vor 1914 noch aristokratischer Standesdünkel, nasaler Offiziersjargon, studentische Saufkumpanei oder dümmlich-schlüpfriger Salontratsch gewesen, so geriet alles in der Zeit nach dem Ersten Weltkrieg zu einer erschütternden und oft haßerfüllten Dramatik. Man meint geradezu zu spüren, wie die zwanziger Jahre den Spielraum bereitmachen für den Aufstieg der Diktaturen, den Nährboden herankommender Katastrophen. Die große Herausforderung, gegen die Macht des Nationalsozialismus und Faschismus anzutreten, wurde von vielen Künstlern im Osten und Westen angenommen; nicht immer künstlerisch bedeutend gelöst zwar, was aber um so mehr den Rang der wirklich Bedeutenden unterstreicht, eines George Grosz (1893–1959) etwa oder John Heartfield (1891–1968) (Kat. 62, 45–48). In dem 1936 nach England emigrierten Walter Trier, Viktor (»Vicky«) Weiß oder Carl (»Bö«) Böckli gipfelte die gegen Hitlerdeutschland gerichtete Karikatur im Westen.

Inzwischen hatte auch die gesamte Weltkunst und in ihr die Graphik eine tiefgreifende Wandlung durchgemacht. Die graphischen Künste erhielten überhaupt eine neue Funktion: es wurde sozusagen aus »einer Kunst der Mappe eine Kunst der Wand«. Das sollte nicht ohne Folgen auch für die Karikatur nach 1950 sein. Die ihr zugefallene Rolle ist neu und großartig. Ich bin überzeugt, daß nun der kritischen Kunst eine so bedeutende Aufgabe wie noch niemals zuvor gegeben ist.

Es lag in der programmatischen und philosophischen Theorie der Künste, daß sich die neuesten Schöpfungen, wie sie die Meister der Nachkriegszeit hervorbrachten und wie man sie etwa und vor allem auf den Biennalen von Venedig vorgeführt erhielt, selbst in den Zentren – Ecole de Paris, Pacific School, Deutsche Kunstszene – von den Begriffen und Erwartungen der großen Öffentlichkeit immer weiter entfernten. Es war ein sehr kleiner Teil der Kunst überhaupt wahrnehmenden Menschen (vielleicht ein eben darum um so wichtigerer allerdings), der zu Tachismus, Informel oder selbst zum Surrealismus Beziehung fand. Es gelang nur schrittweise, dem Tun dieser Künstler Ansehen zu schaffen. Dabei kam der nun großformatig und farbig zu druckenden Graphik eine immer wichtigere Schlüsselrolle zu; aber auch sie einigermaßen zu etablieren, gelang erst durch Erfolge von Ausstellungen, Museen, Galerien und Kunstzeitschriften. In diesem Umfeld vollzog sich auch auf dem Gebiet der kritischen Bildkunst ein einschneidender Wandel. Neben der aktuellen politischen Karikatur, wie sie bald in den großen Tageszeitungen ein Flora, Murschetz, Lang oder IRONIMUS (Peichl) so bestechend vor Augen führten, und neben den immer populäreren Figuren von Fortsetzungsgeschichten wie der Detektiv Nick Knatterton oder der kleine König und manche andere, trat das durch seine Ironie, seinen oftmals sehr hintergründigen Humor zum Nachdenken motivierende Bild von immer eindrucksvolleren Künstlern mehr und mehr in Erscheinung. Doch das ist schon ein neuer Abschnitt des Themas.

Fünf Jahrhunderte Kulturgeschichte durch das Bild der Zeitkritik im Rahmen dieser Ausstellung zu verfolgen, sollte vergnügen, berühren, erschüttern, vor allem aber eines tun: vielleicht doch eines Tages die große Hoffnung Goyas erfüllen helfen, daß die Menschen eigentlich nicht immer und für alle Zeiten Barbaren bleiben.

Auswahl der benutzten Literatur

Jean Adhémar, Honoré Daumier, Paris 1954

Karl Arnold, Galleria Henze, Campione d'Italia (Lugano) 1990

Manfred Deix, Augenschmaus, das neue Tagebuch mit einem Vorwort von Billy Wilder, Zürich 1989

Lionel Feininger, Karikaturen, Comic Strips, Illustrationen 1888–1915; Museum für Kunst und Gewerbe, Hamburg 1981

Wilhelm Fraenger (Übers. u. Hrsg.), Charles Baudelaire. Vom Wesen des Lachens, Zürich, München, Leipzig 1922

Herwig Guratzsch (Hrsg.), George Cruikshank, 1792–1878, Karikaturen zur englischen und europäischen Politik und Gesellschaft im ersten Viertel des 19. Jahrhunderts, Stuttgart 1983

Herwig Guratzsch (Hrsg.), James Gillray 1757–1815, Meisterwerke der Karikatur, Stuttgart 1986

Herwig Guratzsch u. a., Ralph Steadman, Visagen und Visionen, Wilhelm-Busch-Gesellschaft, Hannover 1989

Herwig Guratzsch und Gisela Vetter, Von Callot bis Loriot, Stuttgart 1991

Severin Heinisch, Die Karikatur, Über das Irrationale im Zeitalter der Vernunft, Wien, Köln, Graz 1988

Werner Hofmann, Die Karikatur von Leonardo bis Picasso, Wien 1956

Ironimus, Architekten sind auch nur Künstler, Einführung Ingeborg Flagge, Berlin 1989

Gerhard Langemeyer u. a. (Hrsg.), Bild als Waffe, Mittel und Motive der Karikatur in fünf Jahrhunderten, Ausst.Kat. mit div. Beiträgen und Essays, München 1984/85

James A. Leith and Andrea Joyce, Face à Face, French and english Caricatures of the French Revolution and its Aftermath, Toronto Ontario 1989

Life Style, Karikaturen zum Zeitgeist, Ausst.Kat. mit Beiträgen von H. A. Albers, H. Guratzsch u. a., Hannover 1989

Georg Piltz, Geschichte der europäischen Karikatur, Berlin 1976

Hans Ries, Zwischen Hausse und Baisse, Börse und Geld in der Karikatur, Stuttgart 1987

Sokol, Kopfsalat, Jugend und Volk, Wien–München 1987

Steinberg (Saul), Kunsthalle Nürnberg, Curt Heigl (Hrsg.) Ausst. Kat., 4. Internationale Triennale der Zeichnung 1988

Hans Wichmann (Hrsg.), Ernst Maria Lang, Bayern und Ereignisse der Welt, Karikaturen der Süddeutschen Zeitung, Basel–Boston–Berlin 1990

HELMUT GRILL

Der gestrichelte Weltschmerz

Spiegelbilder des Zeit-Geistes

Die Satire der Neuzeit, wie sie sich von der Mitte des 20. Jahrhunderts an wahrnehmen läßt, hat sich gewandelt im Kontext mit der Kunst. Sieht man die Entwicklung im Zusammenhang von Gesellschaft, Kunst, Literatur, Musik, Architektur, kann man den Aufbruch, wie es ihn ab 1950 gab, rückblickend als die Manifestation eines neuen Zeitalters postulieren. Grenzen wurden gesprengt wie noch nie. Undenkbares wurde gedacht, Tabus wurden überrannt im antiautoritären Streben nach grenzenlosen Möglichkeiten.

Die Satire hat sich in dieser Zeit weltweit zu einer eigenen Kunstform entwickelt. Ihr Problem, ohne das informelle und symbolistische Element auskommen zu müssen, da sie verstanden werden muß und nicht bloß Stilmittel sein kann, zwang die satirischen Zeichner, neue Ausdrucksmittel zu finden. Die Rede ist hier von den Großmeistern der Zeichenkunst, die sich der tagesaktuellen Karikatur häufig enthalten.

Die neuen satirischen Zeichner werden gerne »Schriftsteller mit dem Zeichenstift« genannt. Sie treten in der Presse als Titel-Zeichner oder als visualisierende Begleiter schöngeistiger und wissenschaftlicher Artikel auf. Nicht selten finden wir sie auch als Autoren selbständiger Geschichten und Bücher. Mit kurzen, abgeschlossenen Moritaten in Wort und Bild (zum Beispiel Sempé), mitunter als politische oder umweltpolitische Mahner aus höherer Warte begleiten sie unübersehbar die Medienlandschaft. Den uralten Sinngehalt der Karikatur, zu übertreiben oder lächerlich zu machen, haben sie verfeinert. Sie wollten und wollen Zeitzeugen sein und die Patina der Zeit mit ihren Stilmitteln mitschreiben.

Zeitgenössische Satire ist deshalb oft objekt- oder situationsbezogen und nicht so sehr an Personen oder Zeitgeschichte orientiert. Dessen ungeachtet sind ihre Exponenten kritisch. Zu den satirischen Zeichnern (so nennen sie sich selbst am liebsten) gehört sehr wohl der Anlaß – das Ziel.

Die alten Begriffe Karikatur und Satire wurden ab 1950 durch neue ergänzt wie zum Beispiel »Comic strip«, »Cartoon«, »Graffiti«. Die Grenzen sind fließend, genau wie in der modernen Kunst, bei der es keine Schubladen mehr gibt. Maxime ist das Ausleben des Individuums. Keith Haring, der anfängliche Graffiti-Schmierer, wurde in kürzester Zeit ein musealer, hochbezahlter Künstler. Zahllose Performance-Künstler oder Objekt-Künstler bedienen sich der Humor-Komponente. Erinnert sei nur an die Klangobjekte von Tinguely oder die Skulpturen von Miró. Auch junge Künstler wie Johannes Muggenthaler (»Kann man Gedanken heilen« als Schriftbild) geben Anlaß zum Lachen wie zum Nachdenken.

Es ist gut vorstellbar, daß manches seinen Ursprung im Dadaismus hatte, Schwitters war da ein guter Vordenker. Die Entwicklung, die damals die Satire beeinflußte, ist durch den unseligen World War II buchstäblich abgerissen. Als dann der Neubeginn einsetzte, war Amerika maßgeblich beteiligt. Hier gaben nicht zuletzt die Emigranten eine neue Richtung an. Ihr Forum war schon in den vierziger Jahren Amerikas wichtigste Stadtzeitschrift, der »New Yorker«. Ihre Erfindung in der Satire, die »One Line Drawing«, kam oftmals ohne Worte aus. Die Exponenten dieser Zeichenkunst hatten dennoch unterschiedliche Stilmittel. James Thurber gab ein Thema vor, das in den folgenden Jahrzehnten viele Zeichner beschäftigen sollte: der Kampf der Geschlechter (bei dem häufig die Frau siegt!) – eine Erscheinung, die zu diesem Zeitpunkt in Europa und anderswo noch nicht zur gesellschaftlichen Thematik zählte. Thurber, der virtuos die fließende Linie aus dünner Feder beherrschte, gehört zu den frühesten Mitarbeitern des »New Yorker« bereits in den dreißiger Jahren. Er begann als Schriftsteller, der seinen Manuskripten erläuternde Skizzen oder Illustrationen beilegte. Das ist einer der vielen unorthodoxen Wege zum professionellen Zeichner. Sein Kollege Peter Arno, der ebenfalls zu den frühesten Mitarbeitern der Zeitschrift zählte, wurde von seinem Umkreis als sophisticated eingestuft. Der »Snob« taucht häufig in seinen helldunkel kontrastierenden Blättern auf. Sein prägender Einfluß lag in den Inhalten, weniger im Stil.

Der wichtigste und für die Nachkriegsgeneration prägende Mitarbeiter des »New Yorker« war der Zeichner Saul Steinberg. Der gebürtige Rumäne studierte in Mailand Architektur und begann in Italien als Zeichner, bevor er nach New York ging und beim »New Yorker« landete. Steinberg ließ nichts unversucht, was mit dem Zeichnen zusammenhängt, und gleicht in seinem Experimentierdrang dem großen Picasso. Er erfand die abstrakten oder surrealen Symbole, die Stempelmethode, die »One Line Drawing« ohne Worte. Sein Stil erinnert oftmals an die Art Deco-Epoche, die Zeit, in der er studierte. Sprechblasen ersetzt er durch Girlanden oder sachliche Ornamente, so daß jeder weiß, was die betreffende Person ausdrücken will. Sein Stil ist überaus anspruchsvoll, manchmal sogar schwer verständlich, und gleicht einem Code für eine Situation und eine Zeit. Viele New Yorker kennen Steinbergs zeichnerische Kürzel. Wer aber die Bowery-Street nicht kennt, dem wird auch so manches Blatt von Steinberg verschlossen bleiben wie ägyptische Hieroglyphen. Genau das ist das Dilemma der Codes in der Satire: Man versteht eine Papst-Karikatur aus der Reformationszeit nur, wenn man um die »essentials« dieser Zeit weiß. So war auch manche Zeichnung aus der russischen satirischen Zeitschrift »Krokodil« nur dem verständlich, der in die Hintergründe der sozialistischen Planwirtschaft eingeweiht war.

Während die sogenannte Hochkunst nach 1950 langsam aus dem Schatten von Picasso und Dalí heraustrat und mit explosivem Selbstbewußtsein, großen Visionen und Formaten in noch nie gekanntem Umfang den Weg in Museen und Privatsammlungen fand, trat die satirische Zeichnung den Weg in die große Öffentlichkeit an. Ihre Pinakothek war die breite Skala der Presseerzeugnisse, in denen – je nach Niveau – von der Witzzeichnung bis zu den Geniestreichen der Feder Platz war. Zunächst noch zaghaft und in kleinen Formaten, allmählich großformatig bis zur Farbseite mit wöchentlicher Rubrik (Stern, Spiegel, Zeitmagazin, Profil in Österreich, FAZ Magazin, SZ Magazin etc.), gestaltete die satirische Zeichnung das Bewußtsein der Öffentlichkeit mit. Das zeugt von der Wertschätzung der Satire und ihrem Ansehen, was gelegentlich noch der Anerkennung durch die graphischen Sammlungen in Deutschland bedarf. Mit Ausnahme des Wilhelm-Busch-Museums in Hannover haben sich die Museen mit Ankäufen bei satirischen Zeichnungen bisher eher zurückgehalten.

Die breite Publizität der Satire war nicht gerade vorteilhaft für die satirischen »Fachzeitschriften«. Den Zeitgeist der sechziger/siebziger Jahre repräsentierte im Gleichklang mit der Lach & Schießgesellschaft unangefochten die satirische Zeitschrift »Pardon«. Als deren Verleger Bärmeier & Nickel das Handtuch warfen, folgte dem tränenreichen Begräbnis nach angemessener Wartezeit die äußerlich schrille und inhaltlich gutartige »Titanic«. Auf »Punch« in England traf eineinhalb Jahrhunderte lang das Mahler-Bonmot zu »Tradition ist Bewahrung des Feuers und nicht Anbetung der Asche« – nun wird »Punch« doch zur Historie. In Frankreich profitiert »Harakiri« von der großen Beliebtheit der Comics, deren bedeutendste Zugnummer Asterix von Uderzo und Goscinny ist. Den »Nebelspalter« in der Schweiz halten erfreulicherweise unsichtbare Kräfte am Leben. Und »Eulenspiegel« aus DDR-Zeiten probt immer unerschrockener das Überleben.

Die satirischen Zeichner begleiten die Zeitläufe mit wachem Kopf und sicherer Hand, die virtuos umsetzt. Sie erleben die schwere, aber von Zukunftsvisionen strotzende Nachkriegszeit. Von 1950 an rücken allmählich die Nebenerscheinungen des Wirtschaftswunders und des American Way of Life in ihr Blickfeld. Noch etwas später schießen sie sich auf den Vietnam-Krieg ein und müssen die 68er-Bewegung in Deutschland und Frankreich zeichnerisch aufarbeiten. Wichtiges neues Thema wird nun die Umwelt. Immer grimmiger werden die Umweltzerstörung, die Betonarchitektur und die Autoflut angeprangert.

Die Beendigung des Kalten Krieges mit allen Folgen sowie die Asylantenthematik waren und sind ein Muß für die Gladiatoren des bösen Striches oder Pinsels. Dabei haben sie sich im Ausdruck verschiedenen Formen der Kunst angenähert. Da gibt es die Vertreter des sparsamen Striches ohne Farben. Daneben erleben wir die Experten der Federschraffur mit und ohne Farben (Paul Flora beherrscht beides perfekt). Dann staunen wir über den bösen Strich, für den besonders Ungerer steht, und seit Deix gibt es noch satirische Gemälde zumeist mit Wasserfarben fast ohne Wasser.

Was kennzeichnet die Epoche? Zumindest, was Europa betrifft, konnte man ohne einen wirklichen Konflikt leben. Es waren Friedenszeiten auch im sozialen Bereich. Das sieht man den Zeichnungen nach der Jahrhundertmitte an. Ihnen fehlen die Bitterkeit und weitgehend die Schärfe früherer Zeiten. Der Gegensatz von Arm und Reich, wie er noch bei Zille, Grosz und mehreren Simplizissimus-Zeichnern hervortrat, wurde zugunsten anderer Themen zurückgenommen. Golo Mann sagte über die satirische Schrift »Kladderadatsch« von 1848: »Dessen früheste, schwerste Zeiten waren alsbald seine besten.« Damals wurden Karikaturen von der Zensur erbarmungslos behindert und eingeengt. Heute geht es den Zeichnern wie den Kabarettisten: Wenn nichts verboten ist, dann darf wenigstens gelacht werden.

Stilistisch hatte bereits der »Simplicissimus« den Akademismus des 19. Jahrhunderts überwunden. Ab 1950 ging die satirische Zeichnung noch einen Schritt weiter. War vorher noch ein halbwegs einheitlicher Stil unverkennbar, so wurde nun der »Crawl«, wie Sempé die persönliche Handschrift des Zeichners nennt, zunehmend wichtiger. Das war das Startsignal für die großen Individualisten: Jeder mußte einen einzigartigen »Crawl« haben. Für den Kenner liegt darin der ungeheure Reiz der satirischen Zeichnung.

Bosc und Chaval (Paris Match), die zwei großartigen französischen Zeichner, erfanden zum »Crawl« die Bildgeschichte. Von ihnen wiederum lernten Desclozeaux und Sempé, die diese Kunst weiterreichten an die Frankfurter Schule mit ihren wichtigen Exponenten Friedrich Karl Waechter, Hans Traxler und Robert Gernhardt: eine Ideenschmiede für gezeichneten Humor auf höchstem Niveau. Während dieser Blütezeit der intelligenten Satire explodierten förmlich die Talente, so daß es fast unmöglich ist, eine Reihenfolge einzuhalten. Einige waren jedoch so verblüffend anders, daß sie sich in dieser Betrachtung unweigerlich vordrängen. In New York machte der Straßburger Tomi Ungerer mit dem bösesten Strich aller Zeiten von sich reden. Egal, ob es sich um die Gesellschaft handelte oder um Frauen (women's lib), den Vietnam-Krieg oder den Konsumwahn, Tomi Ungerer schockierte in allen Medien, bis er 1970 aufs Land zog, eine Familie gründete und das Landleben als heilsame Lebensform zeichnerisch aufarbeitete.

Vor dieser Zeit gingen in Deutschland und Österreich die Ausnahme-Zeichner Alfred Kubin und A. Paul Weber dem Ende ihrer Schaffensperiode entgegen. Ihre surrealen, düsteren Bilder mit visionären Inhalten waren nicht für die breite Medienwelt gedacht. Sie wirken noch heute nach und haben ihrerseits wieder Anregungen weitergegeben. Bei Paul Flora, der mit Kubin befreundet war, scheint manchmal ein wenig durch von der Kubinschen Helldunkel-Schraffur und den düsteren Erscheinungen in seinen großartigen Feder-Gemälden von untergegangenen Welten und theatralischen Auftritten. Flora hat sehr früh zu einem Stil gefunden, den es vorher nicht gab und den viele seiner jüngeren Kollegen auf unterschiedlichste Weise variierten.

In Frankfurt exponierte sich vor und nach 1970 die linke Studentenszene um den Philosophen Markuse. Ihr Zeitzeuge war Kurt Halbritter, der viel zu früh verstorbene virtuose Künstler. Er konnte sich ausdenken, was er wollte, seine Feder gehorchte exakt seinem Willen.

In Frankreich reiften zur gleichen Zeit (sechziger/siebziger Jahre) erneut große Talente heran. André François, der später viele »New Yorker«-Titelseiten produzierte und noch später zur schieren Kunst überwechselte, war mehr satirischer Maler. Roland Topor, des Enfant terrible der Gilde und seltenes Multitalent, brachte seine Tagträume zu Papier, die aus dem Gruselkabinett Freudscher Tiefenpsychologie zu stammen scheinen: Meisterzeichnungen, geistig verwandt den Höllenvisionen des Hieronymus Bosch. Sein Œuvre ist häufig durch Einzelausstellungen bedeutender Museen gewürdigt worden.

Paris ist in diesem Jahrhundert ein Zentrum für die besten satirischen Zeichner geblieben. Es wirkt dort der Engländer Searle, Extraklasse als Zeichner mit einer Vorliebe für Katzen. In Paris leben und zeichnen der Belgier Folon, der Spanier Puig Rosado, der Rumäne Tudor Banus, der Pole Jan Lenica, der Deutsche Wilhelm Schlote und der Holländer Willem Holtrop.

Das nächstwichtige Kraftfeld in Europa dürfte Wien sein. In Wien und um Wien herum gedeiht besonders gut das Böse, das Schonungslose bis mutwillig Demaskierende. Die weithin bekannten Experten kennt man im gesamten deutschsprachigen Raum: Manfred Deix und Gerhard Haderer. Beide arbeiten mit dem trockenen, feinen Pinsel, weshalb ihre Arbeiten zuweilen wie Fotografien wirken. Jedoch, die Wirklichkeit kennt nicht den schaurigschönen Surrealismus dieser Kompositionen. An Deix und Haderer mag man den Weg der Satire von morgen erkennen. Als nicht direkt lieblich und trotzdem ziemlich kritisch könnte man die ebenfalls im Dunstkreis von Wien angesiedelten Zeichner Erich Sokol und IRONIMUS (Gustav Peichl) einordnen, gemessen an den erstgenannten schon beinahe fromme Zeichner.

München mit seiner hochkarätigen »Simplicissimus«-Tradition konnte auch nach 1950 die satirische Führungsrolle im halben Deutschland behaupten. Maßgeblichen Anteil hatte die »Süddeutsche Zeitung« mit ihrem Vorzeichner Ernst Maria Lang und seinen wöchentlichen gezeichneten Leitartikeln (mit und ohne Gedicht). Lang kann als politischer Karikaturist aus höherer Warte gelten, wie auch seine Münchner Kollegen Murschetz, Gottscheber, Steiger, Benedek, Haitzinger, Hanitzsch und Birg. Nahe bei München, in Ammerland am Starnberger See, residiert Loriot, der Oberzunftmeister des deutschen Humors. Ihn regiert die Lust an der Normalität des Lebens und den verblüffenden Pointen. Zeichnungen sind bei ihm Piktogramme des Normalverbrauchers ohne künstlerische Attitüde. Seine Qualität des Humors in allen Medien verhalf der deutschen Satire zu einer internationalen Neubewertung.

Unter den selbstbewußten Zeichnerfiguren auf Münchner Boden spielt der Ex-Münchner Janosch, der in den Frühlingsmonaten regelmäßig von Teneriffa mit den Zugvögeln einfliegt (Janosch: ich habe keinen Wintermantel) die schillerndste Rolle. Janosch, der das alternative Leben ohne bürgerlichen Habitus praktiziert und philosophisch untermauert, gilt weltweit als bedeutendster Kinderbuchzeichner und Autor neben dem Amerikaner Maurice Sendak. Genausogut wie »Karikaturen« für Kinder malt er Illustrationen und Bücher für Erwachsene (Bukowsky), schreibt Bestseller und Theaterstücke und betätigt sich als Märchenerzähler.

Unter all den Österreichern, Neubayern und Altbayern gibt es in München noch den Kosmopoliten Borislav Sajtinac, der wohl als bedeutendster Vertreter der satirischen Zeichenkunst im weiten Umkreis gelten kann. Von allen verachtet er den Malkasten der Schönfärberei am meisten und treibt in brillanter Technik sein Spiel mit den Mächten des Bösen in Gestalt von scheinheiligen Teufeln, erzkatholischen Bischöfen, lasterhaften Politikern und bürgerlichen Wüstlingen.

Vom Kraftfeld München nicht mehr berührt ist Nürnberg, wo einer der eigenwilligsten Zeichner seine ganz persönlichen, geschichtsträchtigen Satiren halb malt, halb zeichnet und mit gekonnten Fingerabdrücken vollendet: Michael Matthias Prechtl. Keine Pressepublikation und keine Verkaufsausstellung hat je sein Werk profanisiert. Wie schon Dürer arbeitet er nur im öffentlichen oder musealen Auftrag. Altmeisterliche Technik im Dienste von querdenkerischem Zeitgeist. Er ist der lebende Beweis, daß ein satirischer Zeichner fast gänzlich ohne Medien auskommt.

Noch etwas weiter weg von München und trotzdem noch in Deutschland arbeiten und denken Zeichner, die jeder kennen muß, der schon einmal gelacht hat. In Heidelberg eine Frau mit Rang und Namen und Mut: Marie Marcks. In Köln, wo sonst die sachlich distanzierte neue deutsche Kunst ausgelotet wird, leben und zeichnen unerschrocken die Soziologen der heiteren Feder Peter Gaymann und Manfred von Papen (Papan) wie auch die engagierte Franziska Becker. In Hamburg schreibt und zeichnet der Kriminalist Peter Neugebauer für den »Stern« und in Worpswede der engagierte Filigran-Zeichner Hans Georg Rauch, ein Aufrichtiger, dem es gegeben ist, ein Federbild »Politische Landschaft« so zu komponieren, daß unter großen, alles verbergenden Leintüchern Dürerhände mit originalgetreuen, perspektivischen Geldscheinen sichtbar werden. Im thüringischen Schwarzenberg malt sich in aller Stille Ralf Alex Fichtner niveauvoll in den Vordergrund. Und Berlin weist mit Michael Sowa einen satirischen Maler auf, der Magritte nicht nachsteht. Er zeigt auf, wie breit die Skala heute ist und was man morgen sammeln wird.

Um nicht den Eindruck entstehen zu lassen, als wären Deutschland, Frankreich und Österreich das satirische Mekka und Medina, sei noch im europäischen Uhrzeigersinnn auf einige der Wichtigsten und Besten hingewiesen: Ralph Steadman in London, der mit seinem Leonardo ein Hauptwerk der zeitgenössischen Satire geschaffen hat. Zymunt Januszewski in Warschau, Oto Reisinger in Zagreb, Tullio Pericoli in Mailand, Christoph Gloor und Martial Leitner in der Schweiz.

Das sind also die Vertreter der Hochkomik, wie sie Loriot im Wilhelm-Busch-Museum zur Unterscheidung von der Hochkunst titulierte. Sie, die Hochkomik, ist Bestandteil unserer Kultur geworden und heute zumeist in Stil, Inhalt und Form eine Symbiose eingegangen, woraus sich ihre unbedingte Qualität ableiten läßt. Während die einen noch auf dem Weg zur absoluten Reduzierung waren, sind andere aufgebrochen zur satirischen

Malerei. Beides kann man nicht mehr locker aufs Papier bringen, und bei nicht wenigen erfordert eine satirische Arbeit einen Aufwand wie ein 3 x 3 m großes Acrylbild. Man sieht, hier hat sich etwas verschoben. Das sind keine Druckvorlagen mehr, eher wird hier Kulturgeschichte mit anderen Mitteln geschrieben. Noch sind wir zu nah am Geschehen dran, als daß die Kunstkritiker etwas merkten.

Einer von denen, die es lange schon vorausgesagt haben, ist der Journalist und Schriftsteller Manuel Gasser. Zitat von 1980: »Es ist nicht ausgeschlossen, – ja, sogar wahrscheinlich, daß unsere Gegenwart als die Epoche der Karikaturisten in die Kunstgeschichte eingehen wird. Daß künftige Kritiker darlegen werden, wie sich das zeichnerische und malerische Genie in den Großmeistern der ersten Jahrhunderthälfte erschöpft habe, um dann in ironisierter Gestalt bei Künstlern wie Steinberg, Searle, Flora, Ungerer und so fort wiederaufzutauchen. Wobei man nicht verfehlen wird, die Anfänge dieser Entwicklung im Werk von Picasso, Miró und anderen nachzuweisen.«

Was geschieht also mit all den tragischen, den anklagenden, den heiteren oder den bitterbösen Kompositionen der neuen satirischen Zeichner oder der zeichnenden Schriftsteller und Märchenerzähler? Sie werden in Sammlungen eingehen und von dieser Epoche künden als Zeitzeugen von starker ethischer Mahnkraft. Die satirische Kunst kann nicht in Frage gestellt werden, indem man sie verteidigt. Sie ist. Was also soll sie anderes sein als Kunst.

CARLA SCHULZ-HOFFMANN

»N' guter Logenplatz und die Revolution auf der Bühne, da sag' ick blos: vive la republique.«

Der Simplicissimus und die politische Karikatur in Deutschland

Zwei feiste, glatzköpfige Neureiche flankieren eine blasierte, puppig geschminkte Schöne – eine Szene, mit der Karl Arnold treffsicher das kritische Potential des Emporkömmlings der Weimarer Republik umreißt. Wie der Ausruf »Hoppla, wir leben!« und das Entstehungsdatum der Karikatur zu erkennen geben, sind die drei Theaterbesucher Premierengäste der Uraufführung des gleichnamigen Dramas von Ernst Toller, mit dem am 3. September 1927 die Piscator-Bühne am Nollendorfplatz in Berlin eröffnet wurde. Toller war 1919 als Mitglied der Münchner Räteregierung zu fünf Jahren Festungshaft verurteilt worden, ein probater Nervenkitzel mehr, der seinen revolutionären expressionistischen Dichtungen in den zwanziger Jahren zu großem Aufsehen verhalf. Eine kulturbeflissene Oberschicht – mehr reich als gebildet – genoß das prikkelnde Gefühl, aus sicherer Entfernung »die Revolution auf der Bühne« hautnah und doch sehr fern mitzuerleben. So durfte man sich ungestraft in Verbotenem ergehen und dem Schauer der Anarchie ausliefern, um später darüber mit Champagner und Kaviar fachmännisch zu plaudern!

Obwohl 1927 entstanden, zu einer Zeit, als der Simplicissimus seinen Zenit bereits überschritten hatte, umreißt diese prägnante Karikatur eines ihrer herausragenden Protagonisten indirekt auch das kritische Selbstverständnis der Zeitschrift, die selten die Grenzen des Erlaubten überschritt und eher aus der abgeschirmten Distanz des »guten Logenplatzes« argumentierte.

Dennoch nimmt der »Simpl« in der spärlich bestückten Landschaft der politischen und gesellschaftskritischen Karikatur und Satire in Deutschland eine herausragende Stellung ein, ein Phänomen, das nur aus der Entwicklung dieses Mediums in einem selten durch aufreizenden Widerstand gekennzeichneten Umfeld erklärbar wird. Blättert man heute im »Simpl«, so wird man weniger die kritische Schärfe als vielmehr den elegant-witzigen oder auch bayerisch-gemütlichen, manchmal ein wenig derben Humor als bestimmende Qualität wahrnehmen. Zudem überwiegt im Betrachter die Freude an der bravourösen Zeichnung, die das Blatt in weiten Bereichen auszeichnet, die Bewunderung für eine kritische und konsequente Standortbestimmung. Dies hängt zum einen mit der historischen Entfernung zusammen, die uns in vielen Fällen den aktuellen tagespolitischen Bezug nicht mehr unmittelbar erschließt, die das, was seinerzeit bissig war, als harmlosen, der Pointe beraubten Witz erscheinen läßt. Aber dieses Unverständnis für die kleinen Tagessticheleien, das nur bei fundierter historischer Detailkenntnis vermeidbar wäre, erklärt nur zum Teil das auf den heutigen Beobachter relativ freundlich wirkende Gesicht der Zeitschrift. Wesentlicher erscheint mir ein Phänomen, das aus der spezifischen Entwicklung der Satire in Deutschland resultiert: Gemessen an dem bis dahin geläufigen kritischen Niveau des Mediums, erscheint der »Simpl« geradezu revolutionär, während er sich im europäischen Vergleich weit eher als gutes Mittelmaß ausnimmt. Das hängt damit zusammen, daß dieses literarische und bildnerische Medium in Deutschland keine wirklich tragfähige Tradition hatte und sich eher im Belanglos-Unverbindlichen bewegte. Von daher wurden auch schon gemäßigt fortschrittliche Versuche bereitwillig aufgenommen, und wenn es zudem jemand wie der »Simpl« verstand, unterschiedlichste Vorbilder aus dem gesamten europäischen Bereich in ein nur für ihn typisches Gesamtkonzept einzubringen, so war der Erfolg nahezu vorprogrammiert. Und ohne Zweifel beherrschte der »Simpl« diese Gratwanderung mit allergrößter Perfektion. In unnachahmlicher Weise adaptierte er eine Fülle verschiedener literarischer und bildnerischer Muster, denen er durch oft spektakuläre Erstveröffentlichungen wichtiger zeitgenössischer

Autoren und insbesondere seine qualitativ bestechende Zeichnergarde ein eigenständiges Gepräge verlieh.

Die politische und gesellschaftskritische Satire hatte im Deutschland des 19. Jahrhunderts nie so recht Fuß fassen können. Im Vergleich zu Frankreich und England war die Karikatur hier zumeist freundlich und ohne politisch-emanzipatorischen Charakter. Amüsant-beschauliche Bildergeschichten, die in ihrer Harmlosigkeit kaum zu überbietenden »Krähwinkliaden« (Kat. 215 f.) unterschiedlichster Provenienz und die biederen Bilderbögen mit moralisierender oder erbauender Tendenz, wie sie u. a. die Neuruppiner Bilderbogenfabrik vertrieb, erfreuten sich größter Beliebtheit. Sozialkritik und politische Satire hatten in dieser verschmitzt lächelnden kleinbürgerlichen Welt kaum Platz; zuweilen drohte man vielleicht mit erhobenem Zeigefinger, jedoch nur selten, um Bestehendes in Frage zu stellen. Dies mag z. T. mit den strengen Zensurbestimmungen als Folge der Karlsbader Beschlüsse von 1819 zusammenhängen, die zu einer rücksichtslosen Unterdrückung aller freiheitlichen Bestrebungen führten, jedoch scheint die liebenswürdige und unaggressive Karikatur, wie sie in Deutschland gepflegt wurde, auch einer besonderen Veranlagung entgegenzukommen. Unterbrochen wurde diese Idylle durch ein kurzes Aufbegehren in der Zeit der März-Revolution von 1848, in der durch die Aufhebung der Zensurgesetze kurzfristig eine freiere Meinungsäußerung möglich wurde. Im deutschen Vormärz gab es einige Versuche, sich mit den politischen Tagesereignissen kritisch auseinanderzusetzen, so z. B. in den »Düsseldorfer Monatsheften«, den »Münchner Leuchtkugeln« und dem »Kladderadatsch«. Diese Ansätze blieben jedoch in ihrer Wirkung auf ein vergleichsweise kleines Publikum beschränkt und verliefen nach der 48er Revolution, die neue und stärkere Beschränkungen zur Folge hatte, im Nichts.

Die Atmosphäre allgemeinen Wohlverhaltens und beschaulicher Zurückgezogenheit, wie sie die Zeit nach der März-Revolution in weiten Bereichen wieder bestimmte, spiegelt sich deutlich in der populärsten deutschen Witzzeitschrift des 19. Jahrhunderts, den »Fliegenden Blättern«. Der im Titel bewußt aufgenommene Bezug auf die Flugblätter der Reformationszeit findet inhaltlich nur in Ausnahmefällen eine Entsprechung. Die »Fliegenden« sind bezeichnendes Beispiel für den harmlosen, nur am Rande vorsichtig kritischen Humor, wie er in all seiner Beschränktheit und auch Liebenswürdigkeit wohl nur in Deutschland gedeihen konnte. 1844 von Kaspar Braun und Friedrich Schneider in München gegründet, avancierte die Zeitschrift nach zögernden Anfängen bald zum erfolgreichsten deutschen Witzblatt und erreichte das hohe Alter von 100 Jahren. In der vormärzlichen Aufbruchstimmung waren auch in den »Fliegenden Blättern« Ansätze engagierter Satire zu spüren, die jedoch sehr bald verkümmerten. Nach der Ernüchterung, die auf die 48er Revolution folgte, richteten sie sich – wie es scheint problemlos – in einer Atmosphäre allgemeiner kleinbürgerlicher Heiterkeit ein. Der Erfolg wuchs mit der Harmlosigkeit. Schon die Namen, die die »Fliegenden« ihren Helden gaben und die sie in zahllosen Bildergeschichten populär machten, kennzeichnen das Biedermeierlich-Verschmitzte dieser Zeitschrift, die ihr Publikum auf unverfängliche Art freundlich zu unterhalten verstand. Da gibt es die »Bildungsreisen des Baron Eisele mit seinem Hofmeister Beisele«, den »Kornwucherer«, »Heulmeier« und »Wühlhuber« und nicht zu vergessen den unsympathischen »Meister Vorwärts«, mit dem die Zeitschrift nur zu deutlich die engen Grenzen ihrer Duldsamkeit bezeichnete. Der volkstümliche Charakter der »Fliegenden«, der ihren außergewöhnlichen Erfolg begründete, war von den Herausgebern geschickt kalkuliert: Die Bildeinfälle ließ man sich überwiegend »aus dem Volk« zusenden (eine Methode, die später auch der »Simplicissimus« häufig anwandte), sie wurden von den Mitarbeitern lediglich in die künstlerische Form gebracht. Als Technik bediente man sich meistens des populären Holzschnittes, der die bewußt vereinfachende und naive Tendenz des Blattes optisch unterstützte. Nicht zuletzt waren es jedoch die volkstümlichen Künstler, die den jahrelangen Publikumserfolg garantierten: Graf Pocci, Moritz von Schwind, Carl Spitzweg, Wilhelm Busch und in den späteren Jahren Adolph Oberländer bestimmten das Niveau der Zeitschrift mit. In ihren Beiträgen äußert sich der »zwecklose« Humor in seiner liebenswürdigsten und künstlerisch hochstehendsten Form.

Demgegenüber nahm der 1884 in Stuttgart gegründete »Wahre Jakob« einen betont politischen Standpunkt ein; er machte sich zum Sprecher einer offenen Klassengesellschaft und kritisierte unverblümt die imperialistischen Bestrebungen und die Kolonialpolitik des Deutschen Reiches. Außenpolitisch wandte er sich – wie auch der »Simplicissimus« – gegen England und den russischen Zaren. Künstlerisch vermochte sich die Zeit-

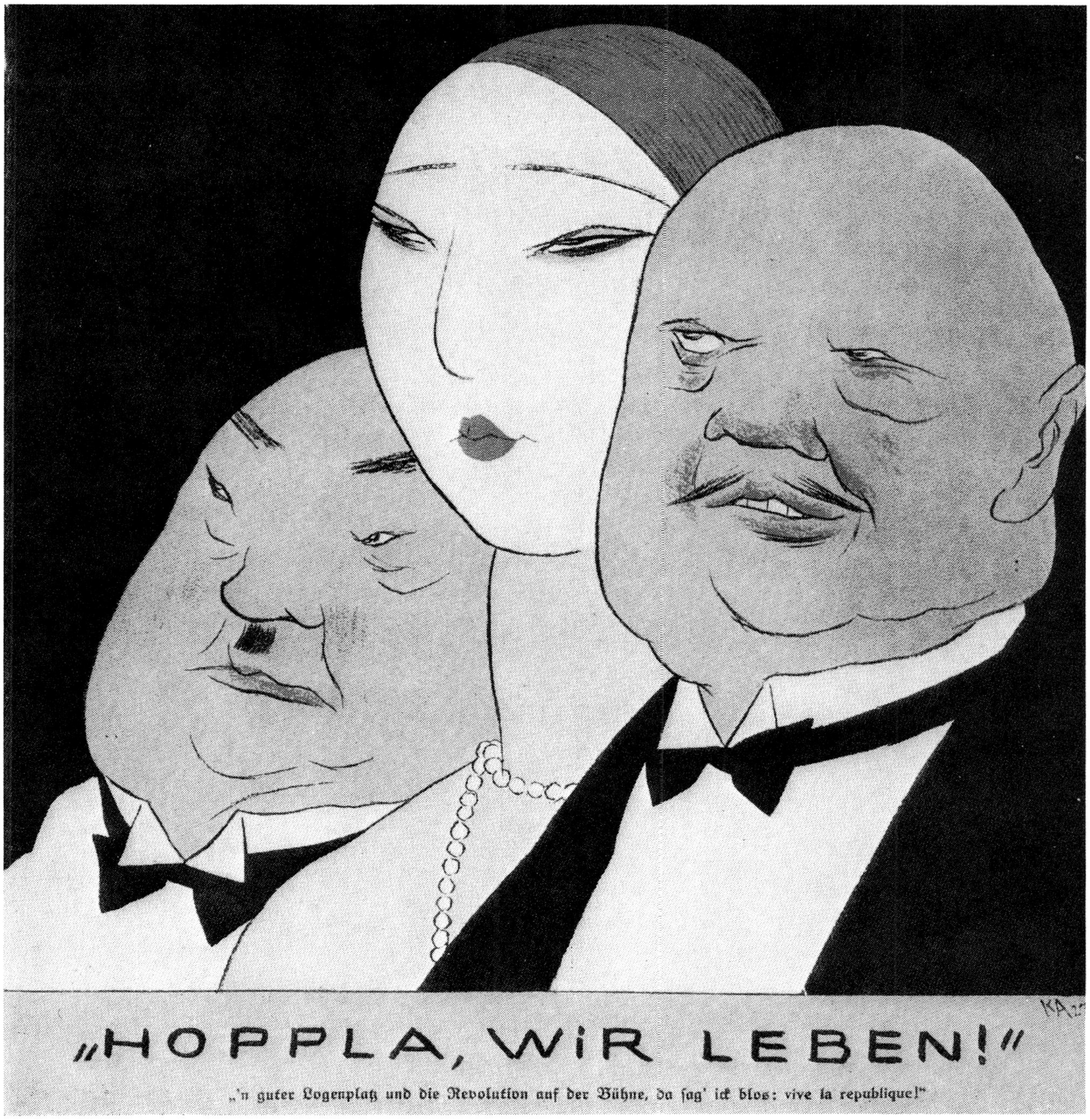

Karl Arnold, »Hoppla, wir leben!«, 1927

schrift jedoch nicht zu profilieren. Die Redaktion hatte nicht das Geschick und auch nicht das Glück, bedeutende Künstler an sich zu binden.

Das hier knapp umrissene Spektrum satirisch-literarischer und karikaturistischer Zeitschriften macht deutlich, daß es zwar nicht an Menge, wohl jedoch an übergreifender Qualität fehlte. Es gab kein Blatt, bei dem Aufmachung, Illustrationsstil und Gehalt der Karikaturen und Texte auf einem gleichermaßen überdurchschnittlichen Niveau standen. Irgendwo fehlte es immer, sei es an der formalen, stilistischen oder inhaltlichen Qualität, und nur damit wird auch verständlich, daß der »Simplicissimus« trotz zahlreicher Konkurrenzblätter bereits nach kurzer Zeit die in diesem Medium unbestritten führende Rolle übernehmen konnte.

Albert Langen, ein begüterter Verleger, der 1896 den »Simplicissimus« in München gründete, hatte sich in Fachkreisen bereits durch die Herausgabe avantgardistischer, insbesondere skandinavischer und französischer Literatur einen Namen gemacht. So war der »Simpl« zunächst auch als literarisches Blatt geplant und sollte einem gehobenen Publikum Gesellschaftskritik und Satire durch Literatur vermitteln. Langen erkannte jedoch sehr bald, daß die Zeitschrift vornehmlich aufgrund ihrer humoristischen Zeichnungen und bissigen Karikaturen gekauft wurde und Erfolg hatte. Deshalb gewannen die Zeichner allmählich das Übergewicht, obwohl im literarischen Teil weiterhin bedeutende Namen standen wie Thomas Mann, Knut Hamsun, August Strindberg, Frank Wedekind, um nur einige zu nennen. Mit sicherem Gespür für Qualität verstand es Langen, hervorragende Zeichner als Mitarbeiter zu verpflichten, die dem »Simpl« über die Grenzen Münchens hinaus schnell zu Ruhm und Ansehen verhalfen. Karl Arnold, Olaf Gulbransson, Thomas Theodor Heine, Bruno Paul, Ferdinand von Reznicek, Erich Schilling, Wilhelm Schulz, Eduard Thöny und Rudolf Wilke prägten das »Gesicht« der Zeitschrift. Als freie Mitarbeiter lieferten später so bedeutende Künstler wie Ernst Barlach, George Grosz, Käthe Kollwitz und Alfred Kubin häufig Beiträge. Stilistisch entstand die Simpl-Karikatur aus unterschiedlichen Malschulen: Jugendstil und Nachimpressionismus, Symbolismus sowie eine frühe Form des Expressionismus verbanden sich mit einem guten Teil akademischer Tradition des späten 19. Jahrhunderts. Neuen, progressiven künstlerischen Entwicklungen wie Futurismus, Kubismus, Dadaismus und Surrealismus standen die Simpl-Künstler teilnahmslos und zum Teil sogar ablehnend gegenüber. Aus diesen allgemeinen Voraussetzungen entwickelte jeder Mitarbeiter bald seinen ganz unverwechselbaren Stil und häufig auch ein seiner Veranlagung besonders entsprechendes Spezialgebiet. Die meisten arbeiteten in einer Mischtechnik aus Bleistiftzeichnung, Tusche und Deckfarben, einer Technik, die auf gute Reproduktionen abgestimmt war. Die Farbe kam häufig erst im Druck dazu oder wurde durch den Druck entscheidend verändert, so daß zwischen Original und Druck immer wieder extreme Unterschiede bestehen.

Mit Ironie und oft beißendem Spott attackierte der »Simpl« die politischen und sozialen Mißstände der Zeit und entwickelte sich so bald zum wichtigsten und gefürchtetsten Oppositionsblatt im wilhelminischen Deutschland. Prozesse und Verbote wegen Majestätsbeleidigung oder angeblicher Verstöße gegen die Sittlichkeit konnten die Popularität der Zeitschrift nur steigern und wurden vom Verlag geschickt zu Publicityzwecken ausgenutzt. Diese Popularität basierte entscheidend auf einer gekonnten Mischung aus boshafter Satire, Gemüt, Erotik und bayerischem Lokalkolorit, das außerhalb Bayerns als »exotisch« empfunden wurde. Mit Einfallsreichtum und Witz wurden die politischen Tagesereignisse und allgemeinen Themen, die in breiten Bevölkerungskreisen Unbehagen erregten, ironisch karikiert: Kaiserkult, Militär und Oberschicht, Großindustrie, ostelbisches Junkertum, Korpsstudenten, Polizei und Justiz, Klerus etc. Weltliche und geistliche Obrigkeit, Innen- und Außenpolitik waren ebenso die Zielscheibe des Spottes wie der bürgerliche Mittelstand, der in der Figur des »Spießers« zahllose Angriffspunkte bot. Entscheidend für den Erfolg war jedoch in den ersten achtzehn Jahren bis zum Ersten Weltkrieg, die die eigentliche »Blütezeit« des »Simpl« bedeuteten, daß der Witz bei aller Boshaftigkeit nie bitter war, daß man herzhaft über ihn lachen konnte – zumeist auch das jeweilige Opfer. Der »Simpl« vertrat dabei eine grundsätzlich überparteiliche, bürgerlich-liberale und nationale Position süddeutscher Prägung. Einheit und Freiheit nach innen und außen waren bis zum Ersten Weltkrieg die Grundanliegen. Diese sah man insbesondere durch Kaiser Wilhem II. und die preußische Administration gefährdet. Daraus resultierte einerseits die Verherrlichung Bismarcks, der zum Garanten von Freiheit und Einheit und damit zum Gegenspieler des wilhelminischen Systems wurde, und andererseits bis zu einem gewissen Grad die Unterstützung eines süddeutschen Partikularismus. Immer wieder äußerte sich in diesen Jahren die Angst vor Krieg und Revolution; man beschwor deshalb stets die positiven Möglichkeiten von Reformen und einer revolutionären Entwicklung.

Unter dem Eindruck der Ereignisse von 1914 entwickelte sich der »Simpl« zu einem Propagandablatt der deutschen Außenpolitik. Diese Reaktion wurde häufig als politischer »Umfall« der Redaktion des »Simpl« gewertet. Aus der Entwicklung der Zeitschrift bis 1914 wird jedoch ersichtlich, daß das nationale Element entschieden zur Kritik an den bestehenden Verhältnissen beigetragen hatte. »Im Simplicissimus sind wir alle für die Erhaltung des Friedens eingetreten, wir haben ohne ängstliche Rücksichten das pesönliche Regiment mit seinen schädlichsten Begleiterscheinungen... angegriffen... aber als der Krieg da war, gab es nichts mehr als das Schicksal des eignen Landes« (Ludwig Thoma). Die Kritik an innenpolitischen Zuständen beschränkte sich während des Krieges weitgehend auf Kriegsgewinnler und Wucherer.

Nach 1918 bemühte sich die Redaktion zwar, das verlorene Profil wiederzugewinnen, was aber nur zum Teil gelang, weil sich die Situation grundlegend geändert hatte. Viele der Themen, die das Gesicht der Zeitschrift in der wilhelminischen Ära geprägt hatten, entfielen oder verloren an unmittelbarer Bedeutung – allen voran natürlich des »Simpl« liebstes Opfer, Kaiser Wilhelm II., und die eng mit dem monarchischen System verbundenen Erscheinungen. »In beiden Epochen war das Blatt ein treuer Zerrspiegel von Menschen und Stimmungen. Da aber das Kaiserreich lustiger war als die Republik, welche die mit dem Kriege hereingekommene vulgäre Düsternis nie ganz los wurde, so mußte auch der Spiegel der Kaiserzeit Lustigeres übermütiger wiedergeben. Im Krieg, in der Inflations- und Besetzungszeit, der Wirtschaftskrise ging Deutschland die Heiterkeit verloren« (Golo Mann). Der Witz wurde bitterer, unversöhnlicher.

Die bereits in der Vorkriegszeit bestimmende antipreußische Einstellung konzentrierte sich jetzt deutlich auf Berlin, das dem übrigen Deutschland konfrontiert wurde: hier das reiche, tonangebende und gleichzeitig »degenerierte« Berlin, dort die arme, politisch unbedeutende und aufrechte Bevölkerung des übrigen Deutschland. Kritisch stand man dem parlamentarischen System der Weimarer Republik in der Form des Parteienstaats gegenüber, das die stets erhoffte nationale Einheit zu gefährden drohte und statt dessen kleinliche Gruppeninteressen zu begünstigen schien. Wie in der Vorkriegszeit fürchtete man alle linken Kräfte, wandte sich jedoch auch zunehmend gegen die Nationalsozialisten, die in unnachahmlicher Weise lächerlich gemacht wurden, ohne jedoch deren Wirkungsmöglichkeiten richtig einzuschätzen.

Außenpolitisch verschärften sich die seit dem Ersten Weltkrieg bestimmenden antiwestlichen Tendenzen; dem entsprach nach innen deutlich die Betonung der kulturellen Eigenart Deutschlands und einseitig nationaler Belange.

Nachdem Redaktion und Verlag 1933 der nationalsozialistischen Regierung gegenüber »loyales Verhalten in bindender Form« zugesichert hatten, siechte der »Simplicissimus« in geduldeter Belanglosigkeit und auch als Aushängeschild der neuen Machthaber dahin, bis er 1944 endlich infolge des allgemeinen Papiermangels sein Erscheinen einstellte.

Dieser grob skizzierte Aufstieg und Niedergang des »Simplicissimus« spiegelt sich auch in den Beiträgen der festen Mitarbeiter, die, überwiegend politisch nur wenig interessiert, ihren spezifischen Stil unabhängig von den wechselnden historischen Bedingungen entwickelten und den unterschiedlichsten Themen überstülpen konnten. Die wenigsten machten zudem ihre Texte selbst, sondern »liehen« gewissermaßen ihre Karikatur einem vorgegebenen Thema.

Die Simpl-Zeichner verstanden sich trotz des Mediums, in dem sie arbeiteten, wohl zu Recht in erster Linie als Künstler. Ihr unnachahmlicher Stil, ihre zeichnerische Bravour machen sie über ihren zeitgeschichtlichen Stellenwert hinaus zu ebenso liebenswerten wie genialen Könnern ihres Faches. Das Spektrum reicht von den elegant-schmissigen Zeichnungen Ferdinand von Reznicеks, die nur durch von der Redaktion hinzugefügte Texte karikaturistische Züge erhalten, über die ebenso glänzend und treffsicher wie inhaltlich maßvoll gearbeiteten Beiträge von Olaf Gulbransson, Bruno Paul, Eduard Thöny und Rudolf Wilke bis hin zu den bissig-scharfen Karikaturen Heinrich Heines, Karl Arnolds und z. T. Erich Schillings. In diesem Rahmen mag es genügen, zwei für den »Simpl« ebenso symptomatische wie unterschiedliche Künstler etwas genauer zu betrachten: Eduard Thöny und Karl Arnold, der eine Protagonist der wilhelminischen Ära, der andere der Weimarer Republik.

Thönys eigentliche Domäne waren ohne Zweifel säbelrasselnde Militaristen, arrogante Offiziere und Adelige und damit im weitesten Sinne die Bereiche, an denen das kritische Niveau des »Simpl« in seiner Blütezeit meßbar ist. Die Auseinandersetzung mit dem Problem der Unfreiheit und hierarchischen Ordnung des wilhelminischen Staates wird in den Karikaturen zu diesen Themen besonders deutlich: Die Vorherrschaft der Uniform im öffentlichen Leben, der Anspruch ihrer Träger auf höhere soziale Stellung, die dümmliche Arroganz des adeligen Offizierskorps mußten den Widerspruch des »Simplicissimus« herausfordern. Der Geist von Unterordnung, Drill und Gedankenarmut, die innere Klassenstruktur des Heeres und die Gefahr seines Einsatzes im Innern wurden zu ständigen Themen.

In engem Zusammenhang mit der Kritik am Militär steht die des Adels; besonderer Unwillen galt den ostelbischen Junkern. Selbstherrlich auf ihren Gütern residierend, reaktionär und fortschrittsfeindlich, sah man ihre einzigen Ideale im Eigennutz. Gleichermaßen bissig war der Kampf gegen das Großbürgertum. Der »Kapitalist« erscheint als ein wahres »Untier« von beispiellosem Zynismus gegenüber den Arbeitern, ihrer materiellen und seelischen Not.

Profitgier, Verantwortungslosigkeit und Willkür sah man als hervorstechende Merkmale der Unternehmer. Spott und Unwillen erregte deshalb auch immer wieder der Korpsstudent, der sich aufgrund seiner Herkunft und sozialen Stellung eine Rolle anmaßte, die in völligem Widerspruch zu seinen Leistungen stand. Das Studium der zukünftigen Elite der Nation wird in ironischer Weise als eine endlose Folge von Trinkgelagen dargestellt und der halbmilitärische Geist der schlagenden Studentenverbindungen der Lächerlichkeit preisgegeben.

Wenngleich Thöny in diesen »Sujets« den entlarvendsten und pointiertesten Strich zeigte, so gab er sich thematisch doch nicht mit diesem Problem zufrieden. Es war ihm stets auch Bedürfnis, die »andere Seite« darzustellen. Auch hier traf er sich nahtlos mit einem Grundanliegen des »Simpl«, der diesen anderen, unverdorbenen Gegenpol immer wieder mit der Figur des Bayern identifizierte, ein Phänomen, das erklärt, warum im »Simpl« der Gegensatz zwischen Bayern und Preußen nahezu identisch werden konnte mit dem Gegensatz »arm – reich« und »positiv – negativ«. Die Redaktion ironisierte einerseits das nach ihrer Ansicht ungerechtfertigte Übergewicht preußischer Vorstellungen im Deutschen Reich, andererseits zeigte sie bestimmte, angeblich lokalspezifische Eigenarten auf, die nur zu oft Vorurteile bestätigen und verhärten. Trotz der »Verpreußung« der Redaktion – die wenigsten Mitarbeiter waren Bayern – ist dabei deutlich eine positive Einstellung zugunsten Bayerns festzustellen. Zwar wird auch der Bayer an altbekannten Klischeevorstellungen gemessen: Er ist ein wenig dümmlich und rauft gerne, im Vergleich zu Preußen erscheint er jedoch als der offenere und glaubwürdigere Charakter. Der preußische Beamte und das preußische Militär, der preußische Großgrundbesitzer, Industrielle und Adelige verkörpern all die negativen Eigenschaften, gegen die der »Simplicissimus« anging. In der Weimarer Republik wurde Preußen durch Berlin ersetzt; in Berlin als Babel der Verkommenheit sammelte sich der Abschaum der menschlichen Gesellschaft. Im Vergleich zu Bayern, wo es geringere Klassenunterschiede gab und wo der reiche Bierbrauer und arme Kleinbauer ähnlich »g'schert daherredn«, war in Berlin der Abstand zwischen Reichen und Armen unüberbrückbar groß. In der Weimarer Republik traten diese einseitigen Vorstellungen aufgrund der veränderten politischen Situation zwar nur noch in gemäßigter Form auf; man kritisierte jetzt auch deutlich den bayerischen Durchschnittsbürger und seine »Biertisch-Philosophie«.

Weil Thöny diese für den »Simpl« zentralen Themen zu seinem eigentlichen Anliegen machte, vermittelt sein Werk ein besonders dichtes Bild der Zeitschrift insgesamt.

Karl Arnold karikiert demgegenüber die geistigen und sozialen Gegensätze der Weimarer Republik. In diesem aggressiven Umfeld traf der Stil von Arnold stets ins Schwarze. In der Serie »Berliner Bilder«, die 1938 auf die Liste des »schädlichen und unerwünschten Schrifttums« gesetzt wurde, zeigt Arnold treffende Charakterbilder einzelner Gesellschaftsgruppen, die das Bild Berlins in der Weimarer Republik mitprägten: Emporkömmlinge und Plutokraten, Gesellschaftslöwen und degenerierte Snobs, Zuhälter und Rauschgiftsüchtige. In diesen Blättern hat Arnold bereits seinen unverwechselbaren, ebenso sparsamen wie treffsicheren Stil entwikkelt. Wirkten seine frühen Beiträge oft noch sehr malerisch, in toniger Manier mit Schraffuren gezeichnet, begann er ab 1913 mit zunehmenden Abstraktionen. Die Bildmittel werden knapp, auf wenige bezeichnende Linien beschränkt. Ohne Strichel, ohne Schraffuren sind seine Figuren jetzt aus klaren, feinen Umrissen gebildet, die Umgebung ist oft ausgespart. Sie leben ganz aus der Linie – die häufig mit der Tuschfeder gezogen ist – und sind meist flächig, ohne Schattenbildung in den Raum gestellt. Typisch, insbesondere in der Darstellung der Oberschicht, sind immer wiederkehrende Merkmale: weiche, weibische Männergesichter, degeneriert in Ausdruck und Erscheinung, puppenhaft und dümmlich wirkende Frauenköpfe, oft mit großen Kulleraugen und überschminktem Kirschenmund. Bezeichnend ist auch, wie Arnold durch einfachste zeichnerische Mittel und durch Weglassen von Einzelheiten Oberflächlichkeit und Geistlosigkeit auszudrücken vermag. Oft ersetzte er auch Einzelelemente durch die ganze Gestalt charakterisierende Symbole: Besonders treffend sind die Hakenkreuzembleme anstatt der Pupillen bei Hitler-Karikaturen, die stärker als jede beschreibende Darstellung ironisieren. Eine wichtige Rolle kann auch die Farbe übernehmen, die Arnold manchmal zur Verstärkung oder auch zur Charakterisierung einer Aussage verwandte. Kräftiges Orangerot für den Kopf des »Münchners« oder für Hitler in »Heil Preußen!« betont nochmals den verbohrten, jeglicher Logik fernen Fanatismus dieser Figuren. Hin und wieder aquarellierte Arnold auch mit süßlichen, nahezu kitschigen Farben, die die spießig-kleinbürgerliche Attitüde der Dargestellten unterstreichen. So wird in Blättern wie »Armut, die große Mode« und »Was ist Mode« (Kat. 268) die behäbige, ehemals revolutionäre Kleinbürgerfamilie in ein überladenes, verschnörkeltes Wohnzimmer gesetzt, das in lieblichen Farben förmlich schwelgt. Die Farbigkeit wird hier zum bezeichnenden Attribut, das die ironische Aussage der Zeichnung verstärkt: So harmlos verschroben endet der Revolutionär im »gemütlichen« Bürgertum! Und da flaniert die blasierte Berliner Gesellschaftsclique gelangweilt und von dämlicher Arroganz gezeichnet im »Luxusbad«, und der stiernackig-feiste Kriegsgewinnler mit der mondän überschminkten Modepuppe ruft in »Hoppla, wir leben!« den bezeichnend entlarvenden Satz aus: »N' guter Logenplatz und die Revolution auf der Bühne, da sag' ick blos: vive la republique.«

Auffallend und für das Weltbild des Künstlers bezeichnend ist dabei, daß es keine thematische Fixierung gibt. Arnold äußert sich zu aktuellen tagespolitischen Problemen, wie er auch unterhaltende Blätter ohne betont kritischen Anspruch zeichnete. Besonders typisch sind jedoch sicher die zahlreichen Karikaturen auf den Bayern und den Berliner, in denen bestimmte lokalspezifische Konflikte der Zeit verdeutlicht werden. Bis 1933 veröffentlichte Arnold immer wieder treffende, oft entlarvende Karikaturen auf den Nationalsozialismus. Insgesamt bilden seine Zeichnungen eine satirische Chronik der Weimarer Republik, ihrer Degenerations- und Abnützungserscheinungen. Damit wurde Arnold über seine zeitunabhängige Bedeutung als großer gesellschaftskritischer Zeichner hinaus zum Reflex einer Welt, die – so fern sie an Jahren sein mag – nichts an Gegenwärtigkeit verloren hat.

Beides, wilhelminisches Deutschland und Weimarer Republik, wurden dem »Simplicissimus« zum eigentlichen Brennspiegel, in dem die jeweilige Zeit mit all ihren kleinen und großen Problemen facettenreich, treffsicher, aber auch einem breiten Geschmack kongenial zusammenfloß. Der Erfolg der Zeitschrift war so lange verbürgt, wie sich die Zeit, wie sich Gesellschaft karikaturistisch fassen ließen, ohne deshalb rigorose Positionen und Stellungnahmen zu erfordern; er war gefährdet, sobald harte Standpunkte nötig gewesen wären, die weder den Simpl-Künstlern lagen noch einen fruchtbaren Boden für die Form von Karikatur boten, der das Erfolgsrezept des »Simplicissimus« ausmachte.

GISELA VETTER

Von der Bildergeschichte zum Comic

»Man kann Geschichten schreiben in Kapiteln, Zeilen, Wörtern: das ist Literatur im eigentlichen Sinn. Man kann Geschichten schreiben in Folgen graphisch dargestellter Szenen: das ist Literatur in Bildern. Man kann auch keines von beidem tun, und das ist manchmal das beste.«[1] Mit diesen Worten und dem abschließenden ironischen Ratschlag leitet Rodolphe Toepffer seinen 1845 erschienenen »Essai de Physiognomonie« ein. Dieser Essay ist der erste Versuch, sich theoretisch mit der Bildergeschichte, dem Erzählen in Bildern auseinanderzusetzen. Doch Rodolphe Toepffer steht nicht nur am Anfang einer theoretischen Beschäftigung mit der »Literatur in Bildern«. Mit ihm, gefolgt von Heinrich Hoffmann und vor allem Wilhelm Busch, beginnt die eigentliche Entwicklung der Bildergeschichte bis hin zum Comic.

Der Hintergrund für diese Entwicklung ist eine lange Tradition des Erzählens in Bildern, die zurückverfolgt werden kann bis zu den Höhlenbildern in Altamira. Zu ihr gehören die ägyptischen Papyrusrollen, die als Grabbeigaben über den Verstorbenen berichten, die griechischen Vasenmalereien, der mittelalterliche Wandteppich von Bayeux, die »Armenbibeln« des 13. und 14. Jahrhunderts sowie die zahlreichen neuzeitlichen Flugblätter und Moritatentafeln der Bänkelsänger. Diese Tradition der Bildergeschichte nimmt einen enormen Aufschwung durch drucktechnische Neuerungen und Weiterentwicklungen: Die Erfindung der Lithographie Ende des 18. Jahrhunderts ermöglicht sehr bald eine massenhafte Produktion der beliebten Bilderbogen, die auf die Bedürfnisse einer wachsenden Käuferschicht aus dem aufstrebenden Bürgertum abgestimmt sind.

Anfang des 19. Jahrhunderts nehmen Karikatur und Satire großen Einfluß auf die Ausformung der Bildergeschichten. Für Rodolphe Toepffer sind vor allem die Bilderfolgen von William Hogarth prägend. Aufgrund eines chronischen Augenleidens kann sich Toepffer seinen Berufswunsch, Maler zu werden, nicht erfüllen. Er wird Lehrer für alte Sprachen, eröffnet 1824 in Genf ein Pensionat und lehrt seit 1832 auch als Professor für Rhetorik an der Genfer Akademie. Schon in seiner Jugend hat Toepffer durch seinen Vater Radierungen von William Hogarth kennengelernt. Ihn begeistern die moralisierenden, gesellschaftskritischen Bilderfolgen des Engländers: »A Rake's Progress« (»Der Weg eines Liederlichen«) von 1735 oder »Marriage à la Mode« (»Heirat nach der Mode«) von 1745. In seinem Essay würdigt er den schon von Georg Christoph Lichtenberg geschätzten englischen Graphiker so: »... ein, zwei Bände, selbst wenn sie Richardson verfaßt hätte, würden schwerlich mit der gleichen Ausdruckskraft dieselben Dinge ausdrücken, wie die zehn oder zwölf Stiche von Hogarth, die unter dem Titel ›Un Mariage à la Mode‹ uns das traurige Schicksal und erbärmliche Ende eines Verschwenders vor Augen führen.«[2] Der Vergleich mit dem berühmten englischen Schriftsteller Samuel Richardson beweist, wie hoch Toepffer die Bilderfolgen von William Hogarth einschätzt.

Neben Toepffers Tätigkeit im Pensionat und an der Akademie entstehen die Bilderromane, die ihn berühmt machen sollen. 1833 erscheint als erster »Monsieur Jabot«. Ermutigt zu der Veröffentlichung wird er durch keinen Geringeren als Johann Wolfgang von Goethe. Weitere Bilderromane Toepffers sind: »Monsieur Crépin«, »Monsieur Vieux Bois«, »Monsieur Pencil« (Kat. 330), »Aventures du Docteur Festus«, »Monsieur Cryptogam« und »Histoire d'Albert«.

In seinem »Essai de Physiognomonie« betont Rodolphe Toepffer als wesentliches Merkmal der »Literatur in Bildern«, »daß man wirklich irgendeine Handlung erfindet, deren Teile sich sinnvoll zu einem Ganzen zusammenfügen«; also »nicht nur einen Witz gezeichnet oder einen Refrain in Verse gebracht« haben darf.[3] Ganz bewußt und sehr bestimmt grenzt Rodolphe Toepffer damit seine Bilderromane von den eine groteske Idee oder ein politisches Thema aufgreifenden Karikaturen ab.

Bemerkenswert und wegweisend ist die Art, wie Toepffer den Gang einer Erzählung bildhaft wiedergibt: geradezu filmisch wirkt die Beschleunigung oder Verzögerung des Handlungsablaufs. Er variiert die Breite der Bildkästen, indem er die Bilder in hohe, schmale Bildstreifen zusammenzieht oder sie über eine ganze Seite ausdehnt, um damit Tempo zu verdeutlichen und inhaltliche Akzente zu setzen. Ans Kino erinnert auch, wie er manchmal sprunghaft den Ort des Geschehens wechselt, so, als ahnte er bereits die Möglichkeiten von Schnitt und Montage. Manche Passagen seiner Bilderromane wirken fast wie Material für Zeichentrickfilme. Dieser Eindruck wird durch die Spontaneität der Zeichnung, ihre Skizzenhaftigkeit, unterstützt. Gerade die Leichtigkeit, mit der Toepffer es versteht, den Figuren und ihren Bewegungen Ausdruck zu verleihen, beweist sein hohes künstlerisches Können.

1845, als Toepffers Bilderromane »Monsieur Cryptogame« und »Histoire d'Albert« erscheinen, veröffentlicht der Frankfurter Arzt Dr. Heinrich Hoffmann sein erstes Kinderbuch unter dem Titel »Lustige Geschichten und drollige Bilder mit 15 schön kolorierten Tafeln für Kinder von 3–6 Jahren«. Als »Struwwelpeter«, wie das Buch ab der 3. Auflage heißt, wird es zu einem der populärsten Kinderbücher (Kat. 331 f.). Bis dahin gab es für Kinder belehrende Anschauungsbücher oder moralische Geschichten, in denen das Bild eine illustrative Rolle spielte. In ihrem Mittelpunkt stand das gute, immer gehorsame, so gar nicht kindliche Kind. Im »Struwwelpeter« wird das »unartige« Kind als Held des Kinderbuchs geboren. Hoffmanns »Zappel-Philipp«, »Hans-Guck-in-die-Luft«, »Daumen-Lutscher« oder »Suppen-Caspar« sind weder brav noch folgsam. Sie handeln den Befehlen und Aufforderungen der Erwachsenen zuwider. Hoffmann zeigt die Folgen dieses kindlichen Eigenwillens, doch ohne die Kinder am Schluß durch Gegenbilder des Gehorsams erzieherisch zu belehren.

Hoffmann hat die Bildergeschichte für das Kinderbuch entdeckt: »Das Kind lernt einfach nur durch das Auge, und nur das, was es sieht, begreift es. Mit moralischen Vorschriften zumal weiß es gar nichts anzufangen. Die Mahnung: sei reinlich! sei vorsichtig mit dem Feuerzeug und laß es liegen! sei folgsam! – das alles sind leere Worte für das Kind. Aber das Abbild des Schmutzfinken, des brennenden Kleides, des verunglückten Unvorsichtigen, das Anschauen allein erklärt sich selbst und belehrt. Nicht umsonst sagt das Sprichwort: »Gebrannter Finger scheut das Feuer.«[4] Die Bilder im »Struwwelpeter« erzählen die Geschichte und machen die Handlung so auch für Kinder, die noch nicht lesen können, verständlich. Denn der Text wiederholt nur den Handlungsablauf der Bildergeschichte in Reimen.

Zwei Jahrzehnte nach dem Erscheinen des »Struwwelpeter« treten zwei böse Buben ins Rampenlicht, die dem Klischee des artigen Kindes noch nachhaltiger entgegentreten: Max und Moritz. Ihr »Vater«: Wilhelm Busch. In sieben Streichen erzählt er seine »Kinder-Epopoe« – deren Beliebtheit bislang über 190 Übertragungen in Fremdsprachen und Dialekte bezeugen (Kat. 333).

Als Wilhelm Busch »Max und Moritz« 1865 dem Braun & Schneider Verlag in München anbietet, ist er gerade 32 Jahre alt. 1859 erscheinen erste Zeichnungen von ihm im gleichen Verlag: in den »Fliegenden Blättern« und den »Münchener Bilderbogen«. Eigentlich wollte Wilhelm Busch Maler werden. Er besucht 1851 die Kunstakademie in Düsseldorf und geht im Frühjahr 1852 nach Antwerpen an die Königliche Akademie für Schöne Künste. Dort sieht er zum ersten Mal die Werke der niederländischen Maler des 17. Jahrhunderts. Er ist voller Bewunderung, zugleich aber auch voller Selbstzweifel. In seiner Autobiographie »Was mich betrifft« von 1886 schreibt er über seine Eindrücke und ihre Konsequenz: »...und gern verzeih ich's ihnen, daß sie mich zu sehr geduckt haben, als daß ich's je recht gewagt hätte, mein Brot mit Malen zu verdienen, wie manch anderer auch.«[5] Dennoch arbeitet Wilhelm Busch im Stillen weiter und schafft unbemerkt von der Öffentlichkeit ein malerisches Werk sowie Zeichnungen nach der Natur, deren Bedeutung noch heute von dem Ruhm des Bildergeschichtenerzählers überlagert wird.

Auf Wilhelm Buschs ersten »Münchener Bilderbogen« von 1859 mit dem Titel »Die kleinen Honigdiebe« folgen bis 1871 weitere 50. »Die Brille« erscheint 1870 als »Münchener Bilderbogen« mit den Nummern 527 und 528 (Kat. 334). Jede einzelne Bildszene des Ehedramas wird von einem zweizeiligen Text begleitet, der das bildlich Dargestellte in Worte faßt. Im Gegensatz dazu enthält die Handschrift nur einen Vorspruch, der vermuten läßt, daß sich Wilhelm Busch die Bildergeschichte zunächst ohne Text gedacht hat. Buschs Zeichenstift weidet sich mit höchster Virtuosität an jeder neuerlichen Bosheit im ehelichen Zwist: bis hin zur schmerzhaften Niederlage des Mannes und dem Triumph der Frau. Mit einfachen, locker hingesetzten Strichen verleiht er selbst kleinen Gesten einen entsprechenden Ausdruck. Darin liegt seine große zeichnerische Kunst: mühelos und wie selbstverständlich fängt er mit knappen Strichen eine komplexe Seelenlage ein, erzählt mit wenigen Strichen eine an sich »wortreiche«, lange Geschichte. »Die Brille« ist ein gutes Beispiel dafür, wie die Komik die schadenfrohe Bosheit und den physischen Schmerz auf eine Ebene hebt, auf der beides nicht mehr weh tut, so daß dem Vergnügen am komischen Gehalt der Szene nichts im Wege steht. Busch wußte sehr wohl: »Dummheit, die man bei andren sieht, / Wirkt meist erhebend auf's Gemüth.«[6] – Und, wie seine Bildergeschichten zeigen: nicht nur die Dummheit, auch sämtliche Untugenden und Ungezogenheiten.

Wilhelm Busch hat sein Bildergeschichtenwerk 1884 abgeschlossen. Zu den wichtigsten Geschichten neben »Max und Moritz« zählen: »Hans Hukkebein« (1867), »Der heilige Antonius von Padua« (1870), »Die fromme Helene« (1872); die »Knopptrilogie«; »Abenteuer eines Junggesellen« (1875), »Herr und Frau Knopp« (1876) und »Julchen« (1877); danach »Fipps der Affe« (1879), »Plisch und Plum« (1882), »Balduin Bählamm« (1883) und »Maler Klecksel« (1884).

Mit »Max und Moritz« wird Wilhelm Busch ein Vorbild des amerikanischen Comic. Diese Lausbubengeschichte, in der die Bosheit nicht kindliche Auflehnung und Trotz, sondern willentliche »Übelthäterei« ist, bildet die Vorlage für einen der ersten und zugleich erfolgreichsten Comics, »The Katzenjammer Kids« von Rudolph Dirks.

Der amerikanische Comic ist ein Kind der Zeitung. Im 19. Jahrhundert entwickelt sich in den Vereinigten Staaten ein über das ganze Land verbreitetes Zeitungswesen, mit dessen Hilfe Nachrichten auch in die entlegensten Teile des Landes gelangen konnten. Auf den sonntäglichen Unterhaltungsseiten dieser Zeitungen wurden Cartoons und Bildergeschichten abgedruckt, die den Kaufanreiz beträchtlich erhöhen sollten. Im Konkurrenzkampf um höhere Auflage spielen sie eine entscheidende Rolle. Dieser Konkurrenzkampf erreicht seinen Höhepunkt im Zeitungskrieg der beiden New Yorker Pressegiganten William Randolph Hearst und Joseph Pulitzer. Seit 1895 erscheint in der Sonntagsausgabe von Pulitzers »New York World« die Bilderserie »Down Hogan's Alley« von Richard Felton Outcault. Eine Serie, die 1896 in »The Yellow Kid« umbenannt wird, nachdem es möglich wurde, auch die Farbe Gelb zu drucken. Die Serie spielt in den Elendsquartieren von New York. Hauptfigur ist ein kleiner Gassenjunge, der durch seine abstehenden Ohren und sein langes, bis zum Boden reichendes Hemd auffällt. Die Serie mischt auf merkwürdige und unverwechselbare Weise oft überzogen wirkende Streiche mit detailgetreuen, geradezu naturalistischen Milieuschilderungen; Schilderungen aus dem Alltag der kleinen Leute, durch die sich besonders auch Einwanderer angesprochen fühlen konnten.

Der Erfolg von »The Yellow Kid« ruft Pulitzers Konkurrenten Hearst auf den Plan: Im Dezember 1897 erscheint im »New York Journal« die erste Folge von »The Katzenjammer Kids« (Kat. 342). Die Idee zu diesem Comic stammt von Hearst selbst, der Wilhelm Buchs »Max und Moritz« entweder als Kind auf einer Europareise oder in einer der seit 1871 herausgekommenen amerikanischen Übersetzungen kennengelernt hat. Als Zeichner für diesen Strip verpflichtet er den erst neunzehnjährigen Rudolph Dirks, der mit sieben Jahren aus Deutschland nach Chicago gekommen war. Hans und Fritz, die »Katzenjammer Kids«, ähneln ihren deutschen Vorbildern Max und Moritz bis in die Friseur und in die Kleidung hinein. Vor allem aber stehen sie ihnen in ihren Streichen in nichts nach. Auch ihre böswilligen Späße gelten den Erwachsenen: bevorzugt der Mutter, dem Stiefvater »Captain« und dem Schulinspektor. Der Erfolg der »Katzenjammer Kids« ist groß. Als sich Dirks 1912 mit Hearst überwirft und zu Pulitzer wechselt, entbrennt ein heftiger Streit um die Rechte am Originaltitel. Den von Dirks angestrengten Prozeß gewinnt Hearst, für den nun der Zeichner Harold H. Knerr »The Katzenjammer Kids« weiterleben läßt. Dirks setzt seinerseits die Geschichte unter dem Titel »The Captain and the Kids« in Pulitzers »New York World« fort. Dieser Streit zeigt die Problematik, die sich für die Zeichner durch die vertragliche Bindung an die Zeitungen ergibt.

Der Vertrieb der Comis erfolgt bis heute zu einem großen Teil durch Syndikate. Diese erwerben die Rechte an den Strips und verkaufen sie weiter. So haben auch kleinere Zeitungen, die keinen eigenen Zeichner beschäftigen können, die Möglichkeit, Comic strips zu veröffentlichen.

»The Katzenjammer Kids« von Rudolph Dirks sind der erste eigentliche Comic strip, der alle typischen Elemente vereint: in der Aneinanderreihung der Bildfelder, dem Text in Sprechblasen, den feststehenden Figuren und einer kontinuierlich erzählten Geschichte.

Nachdem »The Yellow Kid« nach der Jahrhundertwende an Popularität einbüßt – mit dem wachsenden Wohlstand der Bevölkerung schwindet die Begeisterung für das soziale Milieu dieses Comic –, erfindet Richard F. Outcault eine neue Serie. Ihr Titel: »Buster Brown« (Kat. 343). Sie erscheint ab 1902 im »New York Herald« und wird zu einem der größten Comic-Erfolge. Im Samtanzug, begleitet von seinem Hund, heckt Buster Brown, der kleine Strolch aus gutem Haus, seine Untaten aus. Streiche, die seine elegante Mutter und ihre Umgebung in Schrecken versetzen. Die Popularität dieses Comic strip in Amerika ist an der Vermarktung der Buster Brown-Figur abzulesen: es gibt sie – wie »Max und Moritz« – nicht nur als Spielzeug, sondern auch in der Werbung.

Die Entstehungsbedingungen der Comic strips, die sie von Anfang an von der Gunst der Leser und Verleger abhängig machen, haben nicht dazu beigetragen, daß künstlerische Qualität eine große Rolle bei ihren Erfolgen spielt. Vielleicht haben deshalb die ungewöhnlichen Comic-Zeichner Winsor McCay und Lyonel Feininger auch keine Nachfolger gefunden.

Die berühmte Geschichte von »Little Nemo in Slumberland«, die Winsor McCay ab 1905 in der Sonntagsbeilage des »New York Herald« veröffentlichte, ist ein Meisterwerk in der Geschichte des Comic strip (Kat. 344). Beeinflußt vom Jugendstil, den phantastischen Zeichnungen Grandvilles und angeregt durch Lewis Carrolls »Alice in Wonderland«, erfindet McCay die unglaublichen und unwirklichen Traumabenteuer eines kleinen Jungen. In seiner Traumwelt ist alles möglich: da lädt König Morpheus zu einem Dinner, bei dem mit Pasteten geworfen und ein Truthahn aus Gummi zur Waffe wird. Am Schluß jeder Geschichte wacht Little Nemo in seinem Bett auf, durch den Wecker oder einen Zuruf seiner Eltern aus dem Schlaf geholt.

1906 verpflichtet die »Chicago Tribune«, die sich in Europa auf die Suche nach neuen Zeichnern begeben hat, den in Berlin lebenden Lyonel Feininger. Er erfindet im gleichen Jahr zwei Comic strips für diese Zeitung: Von Ende April an erscheinen »The Kin-der-Kids« und von Mitte August an »Wee Willie Winkie's World«. Nach nur wenigen Monaten, im November 1906, bricht Lyonel Feininger nach einer Auseinandersetzung mit der Zeitung seine Arbeit jedoch schon wieder ab.

Auch bei Feininger stehen Kinder als Helden im Mittelpunkt. Den oft derben Aktionismus anderer Comics, in denen wild gerauft und geprügelt wird, ersetzt Feininger durch phantasievolle und phantastische Handlungen. In »Wee Willie Winkie's World« erwachen die Sonne, der Mond, die Wolken, die ganze Landschaft zum Leben, vollziehen sich Metamorphosen von Häusern und anderen leblosen Gegenständen (Kat. 339ff.). Im Lebenswerk von Lyonel Feininger bilden die Comic strips eine kurze, wenn auch wichtige Episode. Innerhalb der Geschichte der Comic strips stehen sie für einen Höhepunkt.

Als »verrückteste Liebesgeschichte« der Welt ist »Krazy Kat« von George Herrimann berühmt geworden. Die Geschichte um Krazy Kat, eine Katze, die hoffnungslos in die Maus Ignatz verliebt ist und von der Maus regelmäßig einen Ziegelstein an den Kopf geworfen bekommt, ist zwischen 1913 und 1944 erschienen. Bereits 1916 wurden Krazy Kat und Ignatz die Vorlage für einen Zeichentrickfilm.

Die Entwicklung des Zeichentrickfilms in den ersten Jahren des 20. Jahrhunderts ist eng mit den Comic strips verbunden. Zu den Pionieren dieses Mediums zählt der bereits erwähnte Winsor McCay. Er stellte einen der ersten Zeichentrickfilme her. Der Held dieses 1911 erstmals gezeigten Films ist wiederum Little Nemo. Den größten Erfolg als Zeichentrickfilmer hat McCay allerdings mit »Gertie the Dinosaurier«, der 1914 erscheint. Was McCay mit zahlreichen anderen Pionieren in die Wege leitet, perfektioniert Walt Disney. Micky Mouse und Donald Duck treten ihren Siegeszug in beiden Medien an: im Comic und im Film. Viele der nachfolgenden erfolgreichen Comic strip-Figuren wurden auf diese Weise doppelt vermarktet, wobei für das Fernsehen heute mehr Comics produziert werden als für das Kino.

Nur wenige Zeichner aus den Disney-Studios haben den Sprung aus der Anonymität geschafft. Zu diesen wenigen zählt Carl Barks: *der* Donald Duck-Zeichner und Erfinder des Onkel Dagobert (Kat. 349f.).

Die Entwicklung des amerikanischen Comic strip bringt bis Ende der zwanziger Jahre wenig Neuerungen. Die Themenpalette erweitert sich durch Familiengeschichten. Besonders erfolgreich war ab 1913 George McManus Strip »Bringing up Father«. In den dreißiger Jahren verändern sich dann die formale Gestaltung und die Themen und Inhalte der Strips. Die Zeichner lernen vom Film: von der Aufnahme- und Schnittechnik. Lichtkontraste werden erprobt, und die Onomatopöien tauchen als Geräuschvermittlung auf. Der Reiz der Alltagsgeschichten ist verflogen. Die Wirtschaftskrise bereitet vielen Amerikanern finanzielle Sorgen, die politisch instabile Weltlage sorgt für Unruhe. Der Comic baut dagegen eine Scheinwelt auf, in der Detektive, Supermänner und Urwaldmenschen die Helden sind: Helden, die jedes Problem lösen können. Die heutigen Klassiker des Comic strip haben damals ihre Geburtsstunde: 1929 – »Tarzan« von Harold Foster, 1931 – »Dick Tracy« von Chester Gould, 1934 – »Flash Gordon« von Alexander Raymond, 1938 – »Superman« von Jerry Siegel und Joe Shuster, 1939 – »Batman« von Bob Kane. Die Reihe kann fast beliebig fortgesetzt werden: mit »Popeye«, 1929 von Elzie Segars erfunden, oder mit »Blondie«, 1930 von Chic Young geschaffen. Die Liste muß unvollständig bleiben. Unmöglich ist es, auch nur die wichtigsten Nachkriegs-Comics zu nennen: die in einer wahren Flut entstandenen neuen Abenteuer-, Science fiction-, Western-, Detektiv-, Horror- und Fantasy-Comics.

Die Comic strips sind häufig und vehement angegriffen worden. Ihnen sind bis hin zur Kriminalisierung der Leser so gut wie alle schlechten Einflüsse zugesprochen worden. Ihr Kunstcharakter wurde und wird angezweifelt, auch wenn sich Wissenschaftlicher wie Günter Metken, Werner Hofmann oder Karl Riha für sie einsetzen.[7] Die Comic strips der Gegenwart sind von einer enormen Vielfalt gekennzeichnet: das Spektrum reicht vom harmlosen Unterhaltungs-Comic bis zur brutalen Gewalt-Story in Bildern. Die Veröffentlichung der Comic strips ist längst nicht mehr an Zeitungen gebunden, Comic-Hefte in einer nicht zu übersehenden Zahl überschwemmen den Markt.

Europa hat an der Entwicklung des Comis erst mit Verspätung teilgenommen. In Deutschland bleibt die in den letzten Jahren des 19. Jahrhunderts in Amerika einsetzende Entwicklung des Comic strip zunächst ohne Resonanz. Der Bilderbogen verliert an Bedeutung: Wilhelm Busch findet seine Nachfolger in den Bildergeschichten-Zeichnern der humoristischen und satirischen Zeitschriften. Adolf Oberländer, über Jahrzehnte einer der populärsten Zeichner bei den »Fliegenden Blättern« ist ein Meister der humorvollen, lustigen Unterhaltung (Kat. 338). Leise spöttelnd, mit verhaltener Ironie hat er in seinen Zeichnungen ein dem deutschen Bürgertum gemäßes Bild geschaffen. Ähnliches gilt für Lothar Meggendorfer, der zeitweise eine eigene Zeitschrift herausgibt.

In der ungleich schärfer attackierenden, satirisch-politischen Wochenzeitschrift »Simplicissimus« zeichnen Künstler wie Thomas Theodor Heine, Olaf Gulbransson oder Karl Arnold auch Bildergeschichten, um zeitkritische Themen aufzugreifen oder höchst vergnügliche psychologische Studien zu treiben – wie Karl Arnold in der Zeichnung »Gesprächsstörung« (Kat. 347).

Die politische Entwicklung in Deutschland verhinderte in den dreißiger Jahren einen Comic-Import aus Amerika. Populär sind in dieser Zeit die Bilderzählungen Erich Ohsers: seine unter dem Pseudonym e.o. plauen veröffentlichten »Vater und Sohn«-Geschichten (Kat. 346).

Neu belebt wurde die Bildergeschichten-Tradition in Deutschland in den sechziger Jahren durch Zeichner wie F. K. Waechter, Robert Gernhardt oder Hans Traxler (Kat. 352 f., 354 f., 348). Zeichnung und Text stehen bei ihnen in enger Verbindung, ergänzen oder widersprechen sich. Die Zeichner konfrontieren den Betrachter mit absurden Späßen, sie stecken voller Lust am Nonsens. Die saturierte Gesellschaft ist ihr erklärter Feind, den sie verstören und verunsichern wollen.

Der französische Sprachraum hat auf dem Gebiet des Comic strip eine eigene Kultur entwikkelt: »La bande dessinée«. Neben der klassischen Form der Bildergeschichte, die durch Künstler wie Jean-Maurice Bosc zeichnerisch kultiviert oder durch den vulgären, frechen Stil eines Jean-Marc Reiser von Staub befreit wird, entwickelte sich ein eigener französischer Comic strip (Kat. 356 f.).

Berühmtestes Beispiel des französischen Comic strip ist »Asterix«, 1961 von René Goscinny als Texter und Albert Uderzo als Zeichner ersonnen. Bei Asterix, dem kleinen Gallier, und seinem freßsüchtigen, Hinkelsteine tragenden Gefährten Obelix ist die Ordnung der Welt einfach und überschaubar: hier die schlauen Gallier, dort die blöden Römer. Und so endet jeder Versuch der Römer, an dieser Ordnung etwas zu ändern, mit einer Keilerei und ihrer Niederlage.

In Belgien wirkt Hergé stilbildend, der bereits 1929 die Serie »Tintin« erfindet, die Abenteuer eines pfiffigen Reporters und seines Hundes, die in Deutschland als »Tim und Struppi« bekannt sind

(Kat. 345). Die Verschmelzung von realistischen und übertreibenden Elementen in spannenden und phantasievollen Abenteuern, die ein fesselnder Text begleitet, führen zu dem großen Erfolg gerade dieser Bildergeschichte.

Der Comic strip ist Teil einer Massenkultur und damit zugleich Ausdruck der Gesellschaft des 20. Jahrhunderts. Inzwischen hat er aber auch den Schritt in die Kunsttempel geschafft – indem er sich eigene Museen errichtet hat.

Anmerkungen

1 Rodolphe Toepffer, Essay zur Physiognomonie [1845]. Aus dem Französischen übertragen von Wolfgang und Dorothea Dorst. Mit einem Nachwort von Wolfgang Dorst und Karl Riha, Siegen: Machwerk Verlag, 1982, Seite 7.

2 ebenda, Seite 7.

3 ebenda, Seite 11.

4 aus: Heinrich Hoffmann, Vom Struwwelpeter. ein Brief an die Redaktion der »Gartenlaube«, in: Gartenlaube, No. 1 von 1893. Reproduziert in: Das Urmanuskript des Struwwelpeter von Dr. Heinrich Hoffman, Germanisches Nationalmuseum, Nürnberg, 1987, S. 39.

5 zitiert nach: Wilhelm Busch. Gesamtausgabe in vier Bänden, hrsg. von Friedrich Bohne, Band 1–4, Wiesbaden: Emil Vollmer Verlag, o. J. (1968), Band 4, S. 150.

6 aus »Spricker«, in: siehe oben, Band 4, S. 541.

7 Vgl. Günter Metken, Comics, Frankfurt am Main: Fischer Taschenbuch Nr. 1120, 1972[3].

Aufsätze von Karl Riha und Werner Hofmann in: Vom Geist der Superhelden. Comic strips. Zur Theorie der Bildergeschichte, München: Deutscher Taschenbuch Verlag, 1973 (mit weiterführenden Literaturhinweisen).

Die ausgestellten Werke

Katalogbearbeiter

Galerie Bartsch & Chariau
Helmut Grill (HG)
Walter Koschatzky (WK)
Carla Schulz-Hoffmann (CSH)
Martin Schawe (MS)
Gisela Vetter (GV)

FRANCIS GROSE (1731–1791)

1 Regeln zur Karikaturzeichnung nebst einem Versuche über die komische Mahlerei

(Übersetzung der englischen Originalfassung »Rules for Drawing Caricaturas« von 1788 durch J. G. Grohmann, Leipzig)

Leipzig, o. J.
Wilhelm-Busch-Museum Hannover (Sammlung Max Hasse), Inv. Nr. 15/1638

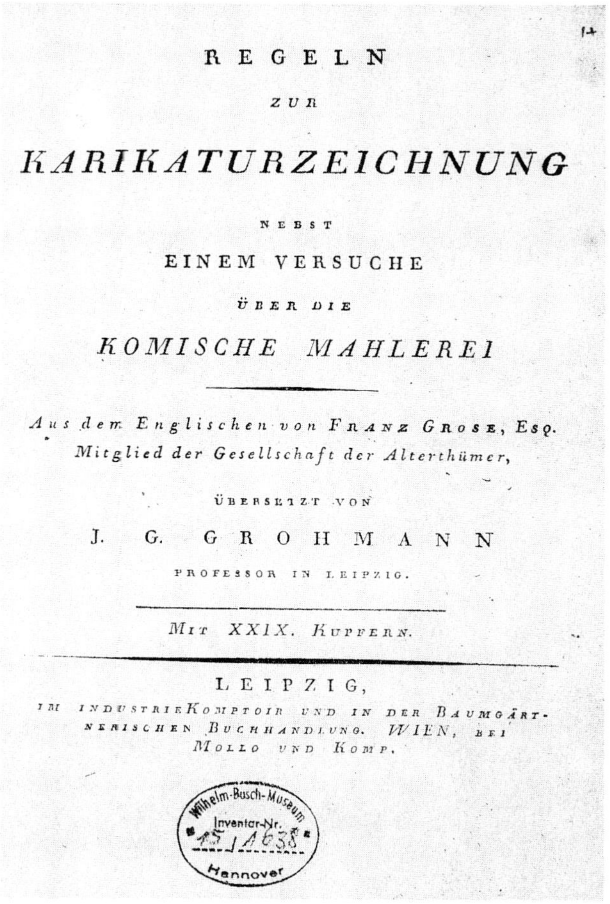

REGELN

ZUR

KARIKATURZEICHNUNG

NEBST

EINEM VERSUCHE

ÜBER DIE

KOMISCHE MAHLEREI

Aus dem Englischen von FRANZ GROSE, ESQ. Mitglied der Gesellschaft der Alterthümer,

ÜBERSETZT VON

J. G. GROHMANN

PROFESSOR IN LEIPZIG.

MIT XXIX. KUPFERN.

LEIPZIG,

IM INDUSTRIEKOMPTOIR UND IN DER BAUMGÄRTNERISCHEN BUCHHANDLUNG. WIEN, BEI MOLLO UND KOMP.

Wilhelm-Busch-Museum Inventar-Nr. 15/1638 Hannover

»Die Kunst, Karikaturen zu zeichnen, wird allgemein als eine gefährliche Akquisition betrachtet, die mehr darauf hinaus geht, ihren Besitzer gefürchtet, als geschätzet zu machen; aber man urtheilt sehr unbillig, wenn man den Mißbrauch, welchem eine Kunst ausgesetzet ist, als ein Argument gegen die Kunst selbst anwendet.«

Mit diesen Worten leitet Francis Grose, ein englischer Amateur und Landschaftzeichner, seine »Regeln zur Karikaturzeichnung« ein. Eingebundene Schautafeln zeigen an physiognomischen Studien die Möglichkeiten grotesker Verzerrung der Gesichtszüge. Solche Studien grotesker Köpfe sind von vielen Künstlern überliefert – am berühmtesten sind sicher die von Leonardo da Vinci. Im Unterschied gerade zu Leonardo, ist Grose nicht so sehr an der Vielfalt des menschlichen Ausdrucks interessiert, sondern verfolgt bewußt den Zweck des Karikierens. Seine auf die geometrischen Grundformen konzentrierten Kopfstudien gehen dabei auf Albrecht Dürers »Proportionslehre« (1528) und die darin enthaltene Konstruktion häßlicher Köpfe zurück.

In seinem Exkurs »Über die komische Mahlerei« hebt er vor allem William Hogarth hervor, dessen Werke »in Ansehen der Erfindung, des Ausdrucks und der Verschiedenheit der Charaktere noch keinen Nebenbuhler gefunden« haben. [GV]

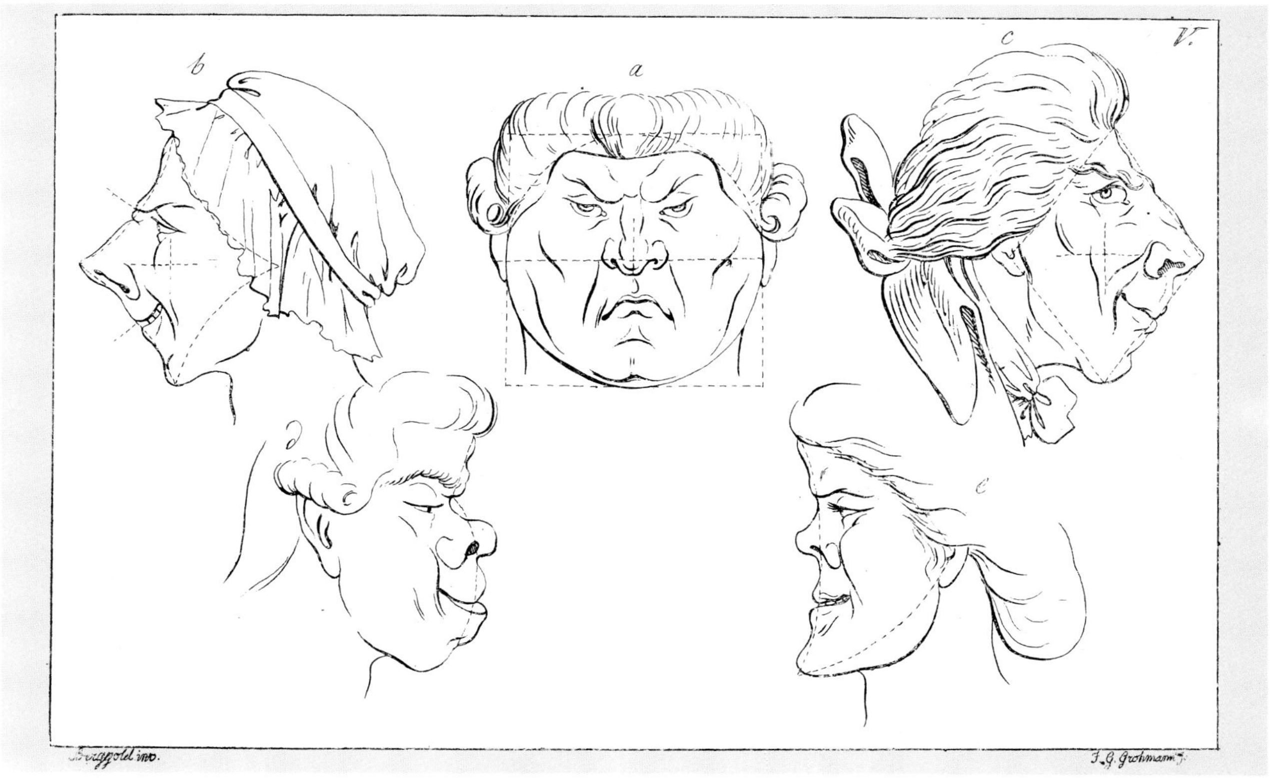

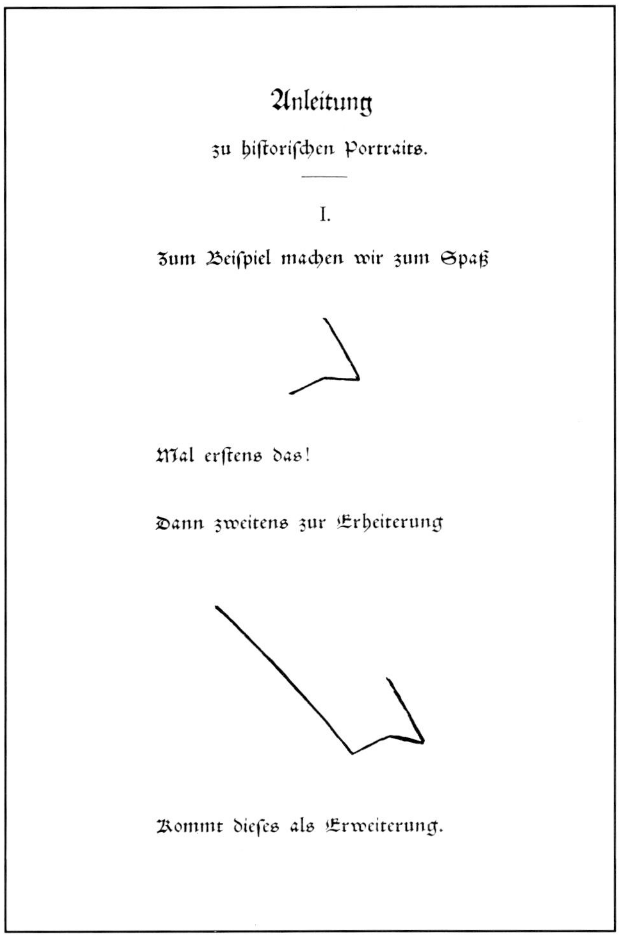

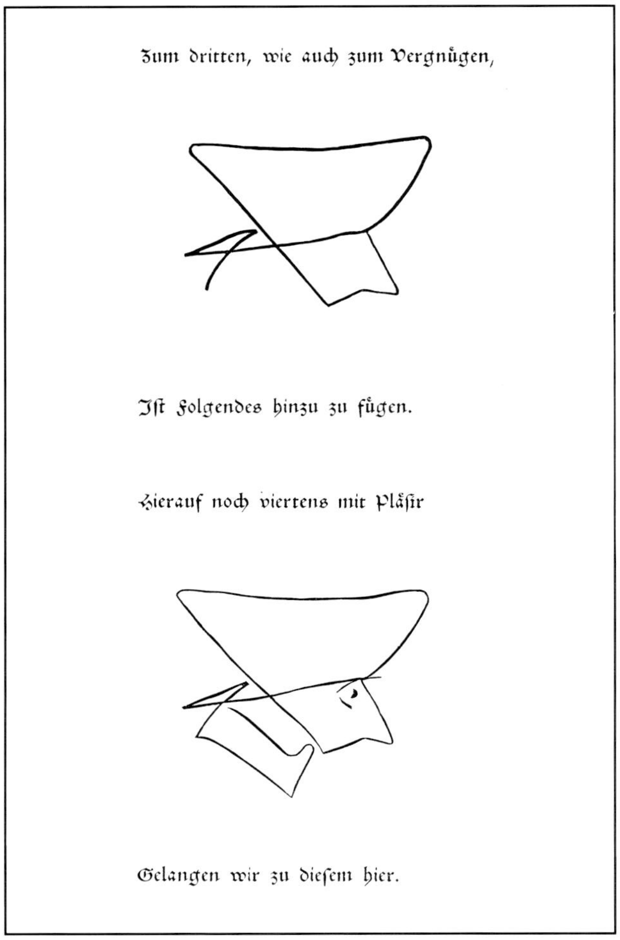

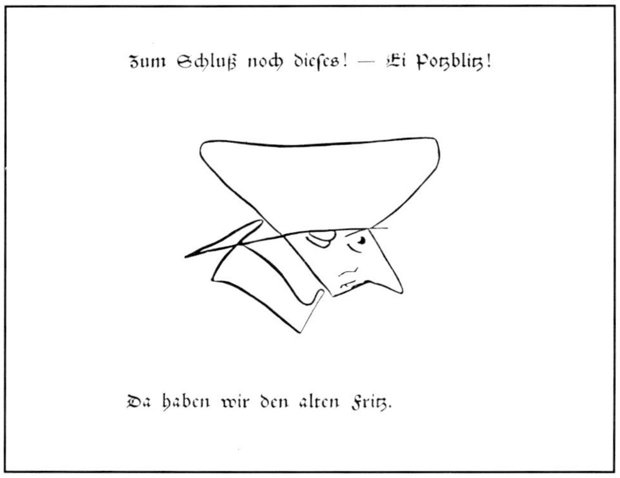

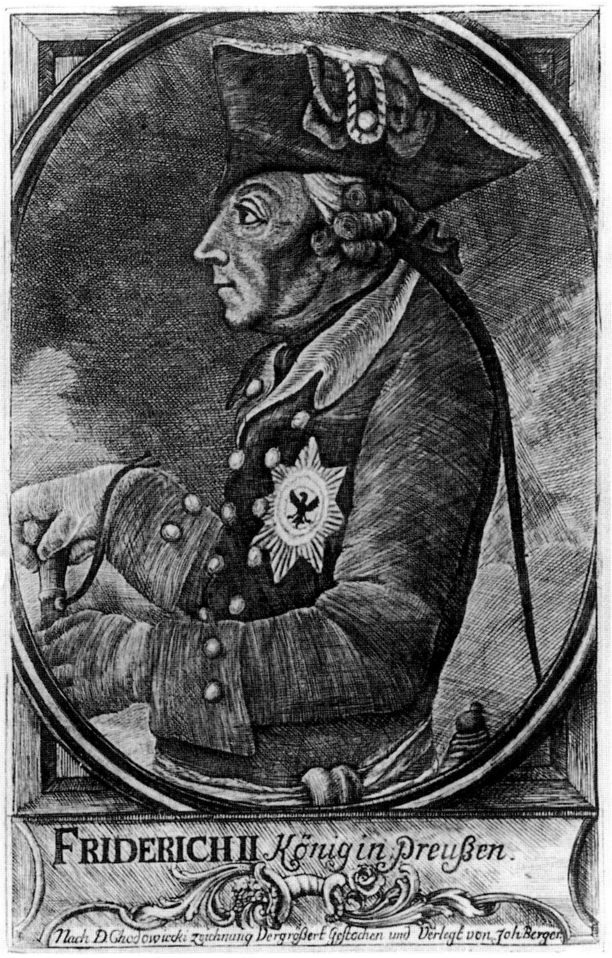

WILHELM BUSCH (1832–1908)

2 Anleitung zu historischen Portraits aus: Dideldum!
1874

Erstdruck (über Holzdruckstock)
Wilhelm-Busch-Museum Hannover, Inv. Nr. 11/014 b, 11/014 f

Wilhelm Buschs »Anleitung zu historischen Porträts« ist ein schönes Beispiel, um zu zeigen, mit wie wenigen Strichen ein Gesicht charakterisiert werden kann. Der »alte Fritz« könnte deshalb in jedem Lehrbuch stehen, das die Kunst, Karikaturen zu zeichnen, vermittelt: die Kunst, durch Vereinfachung zu übertreiben. [GV]

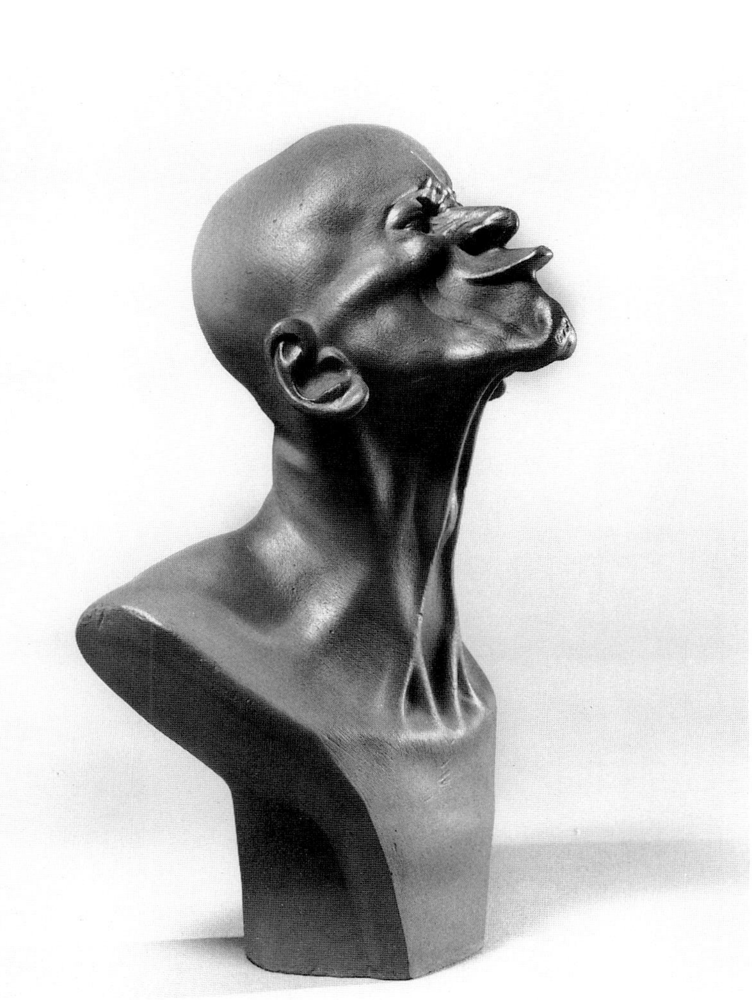

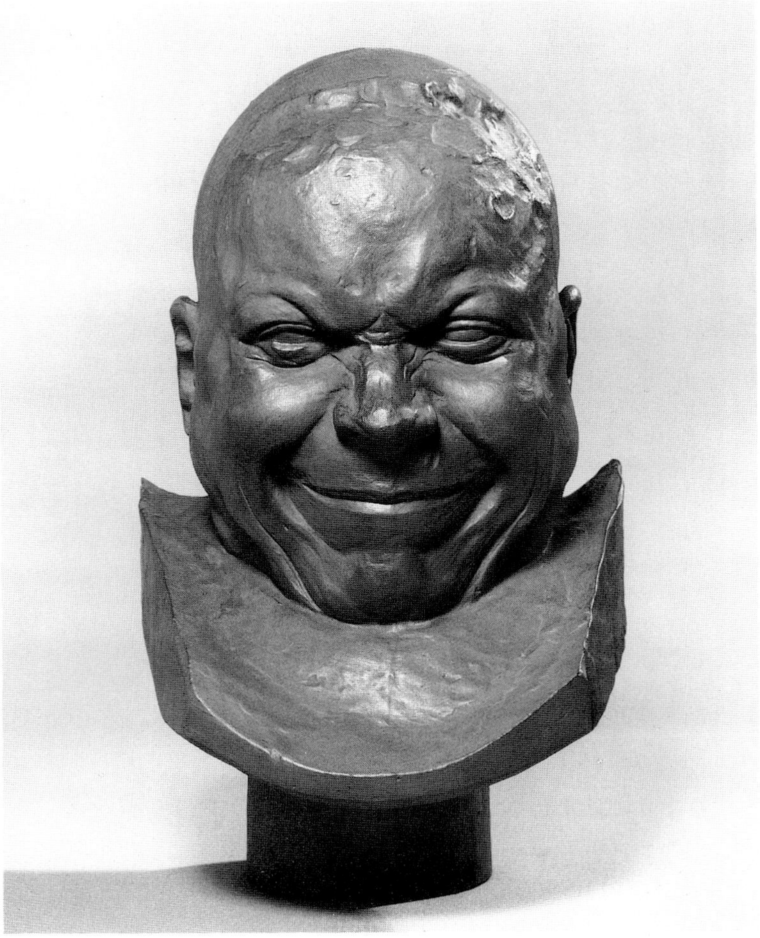

FRANZ XAVER MESSERSCHMIDT (1736–1783)

3 Vier Charakterköpfe

a) »Zweiter Schnabelkopf«

Alter Gipsabguß des Gipsalabasteroriginals (Baum Nr. 240)
H. 43 cm
Österreichische Galerie im Belvedere, Wien, Inv. Nr. 5706
Baum Nr. 253

b) »Ein alter fröhlicher Lächler«

Alter Gipsabguß des Originals aus Holz und Wachs
H. 36 cm
Österreichische Galerie im Belvedere, Wien, Inv. Nr. 5678
Baum Nr. 230

c) »Der Verdrüssliche«

Alter Gipsabguß; Original nicht erhalten
H.: 42 cm
Österreichische Galerie im Belvedere, Wien, Inv. Nr. 5684; Nr. 21 der Folge
Baum Nr. 265

d) »Ein Erzbösewicht«

Alter Gipsabguß des Bleioriginals (Baum Nr. 231)
H.: 43 cm
Österreichische Galerie im Belvedere, Wien, Inv. Nr. 5701
Baum Nr. 249
Dieser Titel ist eine spätere und wenig überzeugende Erfindung; ein verhaltendes Lachen kommt hier vielmehr zum Ausdruck, eines, das nicht nach außen sichtbar werden soll.

Lit.: Elfriede Baum, Katalog des Österreichischen Barockmuseums im Unteren Belvedere; Wien 1980, S. 382 ff., mit ausführlicher vorangegangener Literatur. – M. Pötzl-Malikova, F. X. Messerschmidt, Wien–München 1980.

Franz Xaver Messerschmidt kann zu den bedeutendsten Künstlern des ausgehenden österreichischen Barock gezählt werden. Gegen Ende seines Lebens, von 1770 an bis zu seinem Tod, befaßte er sich nahezu ausschließlich mit einer Folge von psychologischen Studien in annähernd lebensgroßen vollplastischen Köpfen, deren sehr unterschiedliche Arten des Gesichtsausdrucks den Künstler besonders beschäftigten. Er arbeitete dabei zumeist nach dem eigenen Spiegelbild, wobei, wie Friedrich Nicolai berichtet, »er sich kniff und Grimassen schnitt«. Zusammenhänge mit Lavaters »Physiognomischen Fragmenten« sind ebenso wie mit der »Pathognomik« Lichtenbergs anzunehmen. Daß hierbei die Suche nach den verschiedenen Arten des Lachens auch als eine Suche nach den Wirkungen von Witz und Karikatur verstanden werden kann, führt in unser Thema ein.
Schon bald nach dem Tod des Künstlers wurden die Köpfe im Wiener Prater als Kuriosum ausgestellt und von da an im Sinne der aufkommenden Karikatur interpretiert (Baum, S. 382 ff.). Die Studien waren für Messerschmidt aber wohl noch mehr, er glaubte nämlich – so Nicolai –, ein System der Herrschaft über die Gei-

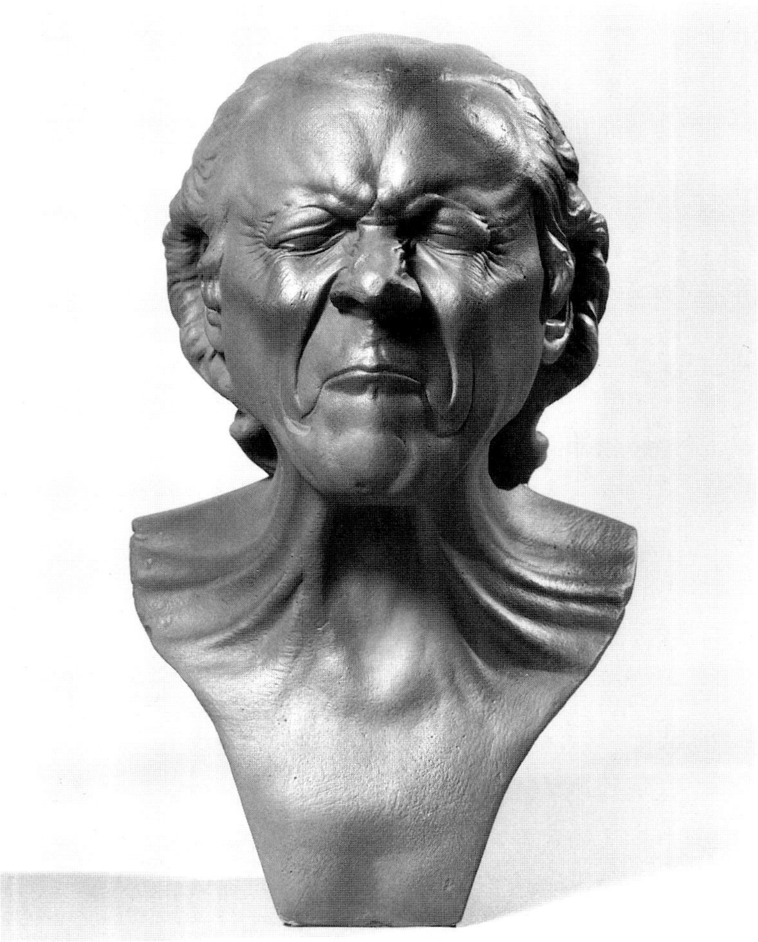

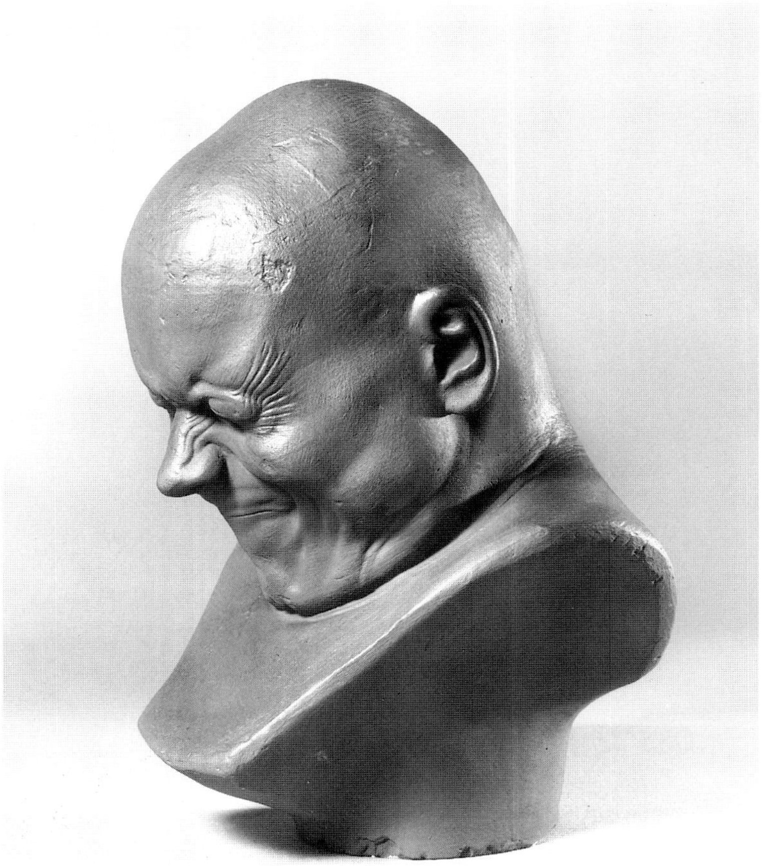

ster geschaffen zu haben, von denen der Mensch erfüllt sei. Was immer das sei, die Physiognomischen Studien, ehemals 69 an der Zahl, von denen sich 54 erhalten haben (16 besitzt das Barockmuseum in Wien), führen uns in ungewöhnliche Bereiche der Kunst, in denen es weder um die idealisierende Schönheit klassischer Begriffe geht noch etwa um das traditionelle Herrscherporträt in seinem barocken Pathos, sondern um ein Eindringen in die unerforschbaren Tiefen der menschlichen Seele mit Mitteln der Kunst. Die Wahrheit zu suchen und sichtbar zu machen, ist dem Menschen eben unabdingbar aufgegeben. [WK]

I

Der Mensch
Ideal und Wirklichkeit

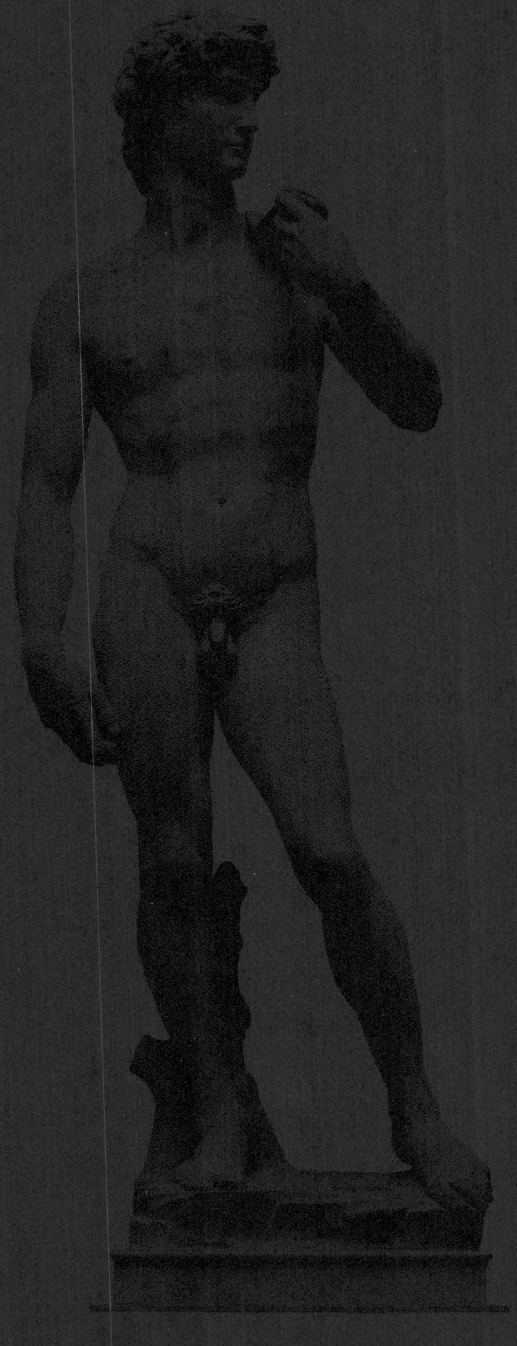

PIER LEONE GHEZZI (1674–1755)

4 Ein Würdenträger in Rom
um 1740

Feder, Tinte
280 x 192 mm
Wien, G. S. Albertina, Inv. Nr. 1231/Röm. Schule 858

Pier Leone Ghezzi, von 1708 bis 1744 »Pittore della Camera Apostolica« am Vatikan, schuf neben seinem malerischen Œuvre für römische Kirchen eine beträchtliche Anzahl satirisch-karikaturistischer Zeichnungen, in denen er römische Zeitgenossen recht köstlich verspottet. Sein durchaus charakteristischer Zeichenstil und die pointierte Betonung der beobachteten Wirklichkeit zeigen die reizvollen Möglichkeiten der Zeichenkunst besonders deutlich auf. Diese Blätter, die sich auf die großen Weltsammlungen – Louvre, Dresden, British Museum, Uffizien, Vatikan und Albertina – aufteilen, sind ein wichtiger Meilenstein auf dem Wege der Entfaltung kritischer Kunst. [WK]

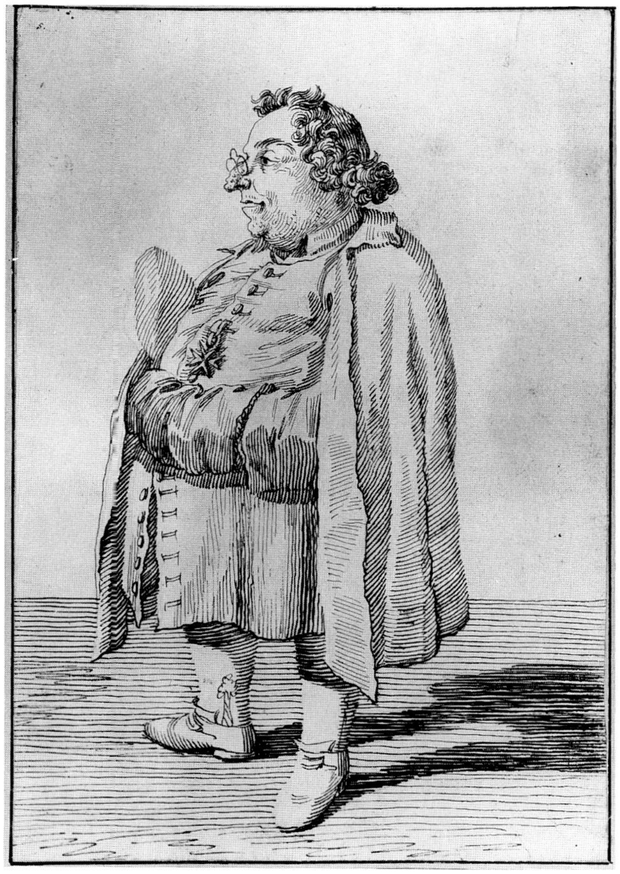

PIER LEONE GHEZZI (1674–1755)

5 Der Pater Jaquier, Professor der Physik in Rom
um 1740

Feder, Tinte
257 x 188 mm
Bez. u. re.: 4
Wien, G. S. Albertina, Inv. Nr. 1213/Röm. Schule 841

Siehe Kat. 4.

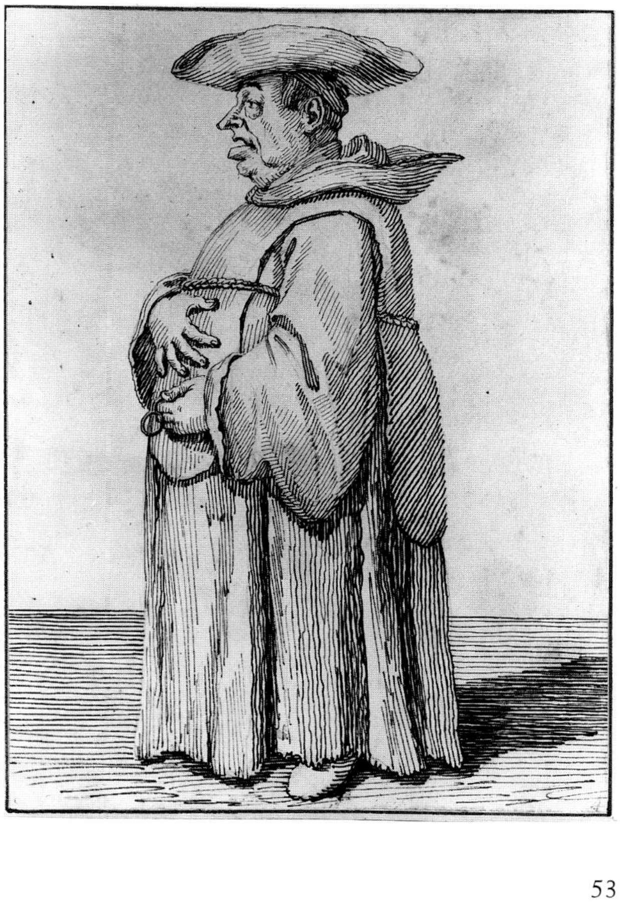

JAMES GILLRAY (1757–1815)

6 **Wohlklang der Ehe**
(Harmony before Matrimony)
1805

Radierung, koloriert
268 x 372 mm
Bez. u. li.: Js. Gillray. del. & ft.; u. re.: London.Publish'd October 25.th 1805. by H. Humphrey. 27. St. James's Street.; u. Mi.: HARMONY before MATRIMONY.
Wien, G. S. Albertina, Inv. Nr. 1912–245

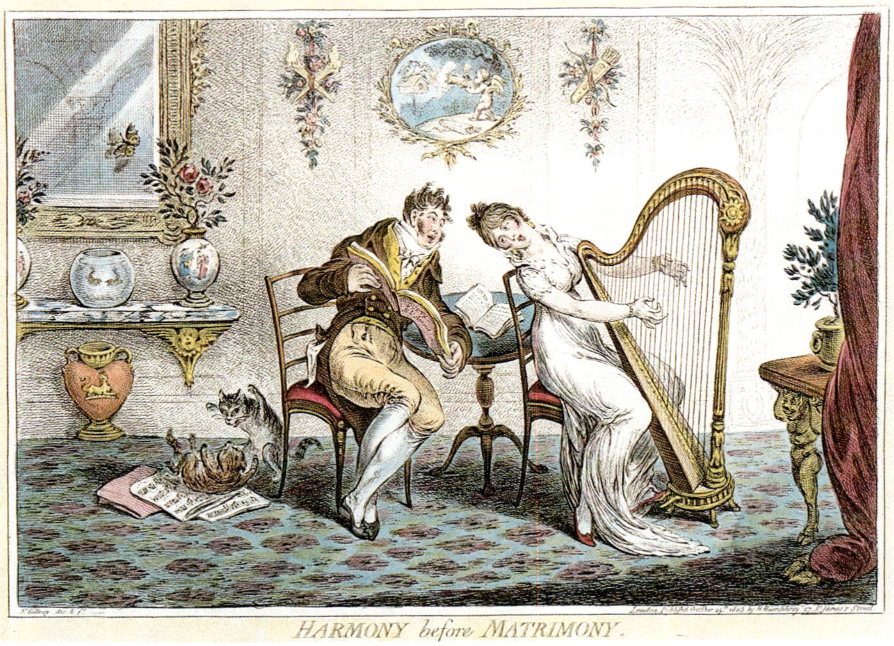

Mit keiner Darlegung läßt sich der unerbittliche, die Welt beherrschende Konflikt zwischen Ideal und Wirklichkeit besser verdeutlichen als in der Gegenüberstellung des »Vorher – Nachher«, im Wandel von der Illusion zur bitteren Realität.
Ein Brautpaar ist in seligem Einklang in allen schönen Dingen gefühlvoll verbunden; sie greift in die Saiten der Harfe, er hält die Notenblätter von »Duets de l'Amour«, deren stimmungsvolle Gesänge beim gemeinsamen Musizieren erklingen. Auf dem Tisch liegen aufgeschlagen Ovids Verse, die das Paar offenbar zuvor gemeinsam gelesen hat. Der Künstler versteckt überdies eine Fülle von Anspielungen: Amor schießt mit einer Kanone auf turtelnde Tauben; ein Fischpärchen begegnet einander im Wasserglas; das Bild auf der chinesischen Vase zeigt ein Liebespaar; ein Schmetterling versucht vergeblich, in seinem Spiegelbild den Partner zu finden; zwei Katzen sind in wildes Spiel verwickelt. Doch was auf dieser Welt ist schon von Dauer. Die rauhe Wirklichkeit des Alltags holt rasch die idealen Träume ein. [WK]

JAMES GILLRAY (1757–1815)

7 **Eheharmonien**
(Matrimonial Harmonics)
1805

Radierung, koloriert
264 x 369 mm
Bez. u. li.: Js. Gillray. del. & fec.t; u. re.: London.Publishd. october 25th 1805 by H. Humphrey 27 St James's Street.; u. Mi.: MATRIMONIAL-HARMONICS.
Wien, G. S. Albertina, Inv. Nr. 1912–246

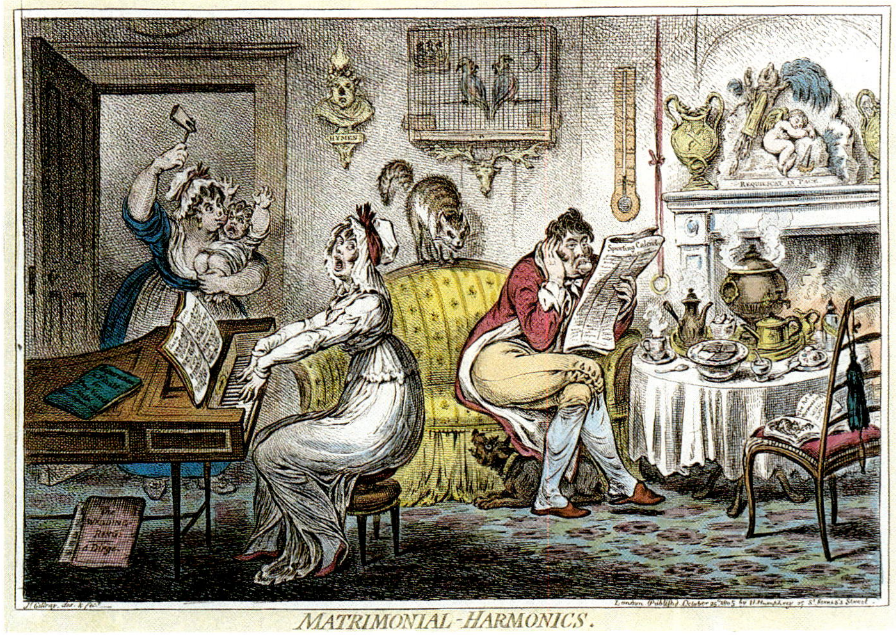

Ein Ehepaar in vollem Zerwürfnis. Er, nachlässig gekleidet im Schlafrock, beim Frühstück Zeitung lesend, studiert die angekündigten Sportveranstaltungen. Dabei kaut er auf einem Brot herum und hält sich das Ohr zu, um dem Lärm zu wehren. Sie greift heftig in die Tasten des Pianos, lauthals singend. Der Inhalt läßt sich aus den Titeln der Notenzeilen, wie »Torture«, »Fiury«, »Rage«, »Forte«, »Dispair« und schließlich »I cannot, can not bear...« ablesen. Die übrigen Noten sind nicht minder vielsagend: Am Klavier liegend »Separation – Finale for Two Voices with Accompaniment«, auf dem Boden »The Wedding Ring – A Dirge« (»Der Ehering –

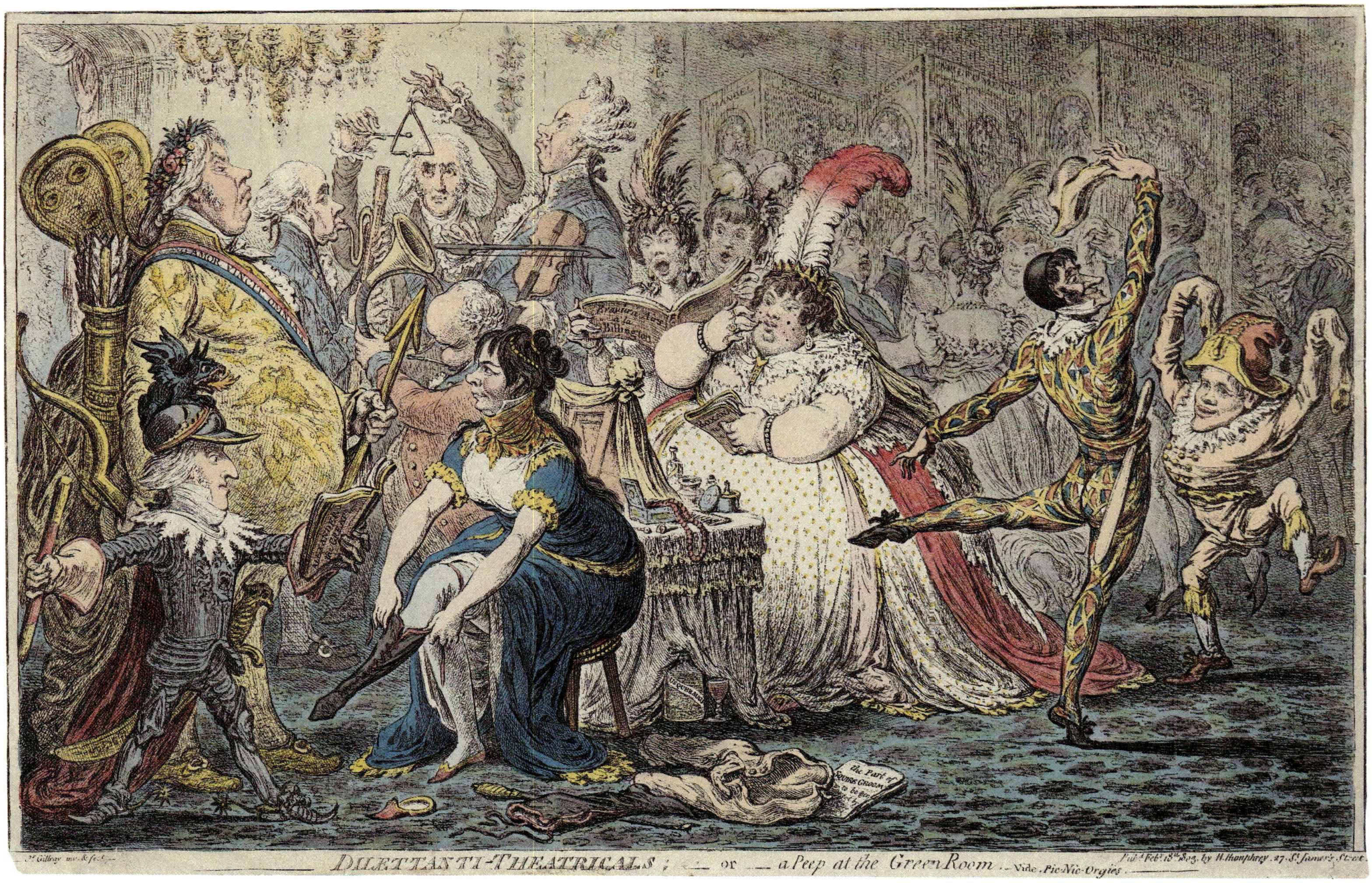

Ein Grabgesang«). Vollends offenbart sich die Stimmung der Gattin an dem Buch, das sie wohl unmittelbar zuvor gelesen hat und welches neben dem Bild einer Katze, die eine Maus malträtiert, den Titel trägt: »The Art of Tormenting« (»Die Kunst zu Quälen«). Zu all dem brüllt das Kind auf dem Arm einer Amme, die es mit einer Holzratsche zu beruhigen sucht. Hauskatze und Hund sind in Kampfesstimmung, ein Hirschgeweih mag nicht ohne Anspielung sein, zwei Papageien liegen im Streit, das Zimmerthermometer ist auf den Nullpunkt gesunken, während Gott Hymen in deutlicher Anspielung auf die Jungfräulichkeit ebenso wie der sanft entschlummerte Amor (»Requiescat in pace«) für sich sprechen. [WK]

JAMES GILLRAY (1757–1815)

8 **Amateurschauspieler, oder: Ein Blick in den grünen Saal**
(Dilettanti-Theatricals; – or – a Peep at the Green Room)
1803

Radierung, koloriert, 305 x 482 mm
Bez. in der Platte außerhalb der Darstellung u. li.: J^{s} Gillray inv. & fec^{t}; u. re.: Pub^{d} Feby 18th 1803. by H. Humphrey, 27. St James's Street; Legende: Dilettanti-Theatricals; – or – a Peep at the Green Room. – Vide. Pic Nic-Orgies. –
Wilhelm-Busch-Museum Hannover
Lit.: British Museum London, Catalogue of Political and Personal Satires, BM Nr. 10169. – Ausst. Kat. Hannover 1986, Wilhelm-Busch-Museum, James Gillray. Meisterwerke der Karikatur, Nr. 142.

1802 gründeten Mitglieder der obersten britischen Gesellschaftsschicht die »Pic-Nic-Society«. Sie vergnügten sich als Amateurmusiker und -schauspieler, veranstalteten Maskeraden und Pantomimen. In ihrer Rolle als Amateurschauspieler verspottet sie James Gillray in seiner 1803 veröffentlichten Karikatur erbarmungslos. Die Titel auf den Textbüchern, die die Akteure in den Händen halten, geben Auskunft über die Rollen: So übt sich links vorne der kleinwüchsige Lord Mount Edgcumbe als Alexander der Große, in der Bildmitte probt vor einem kleinen Toilettentisch die korpulente Lady Buckinghamshire ihren Auftritt als Roxane, Geliebte des großen Alexander. »Überzeugend« auch der Auftritt von Lord Cholmondely als geflügelter Cupido, links im Bild. [GV]

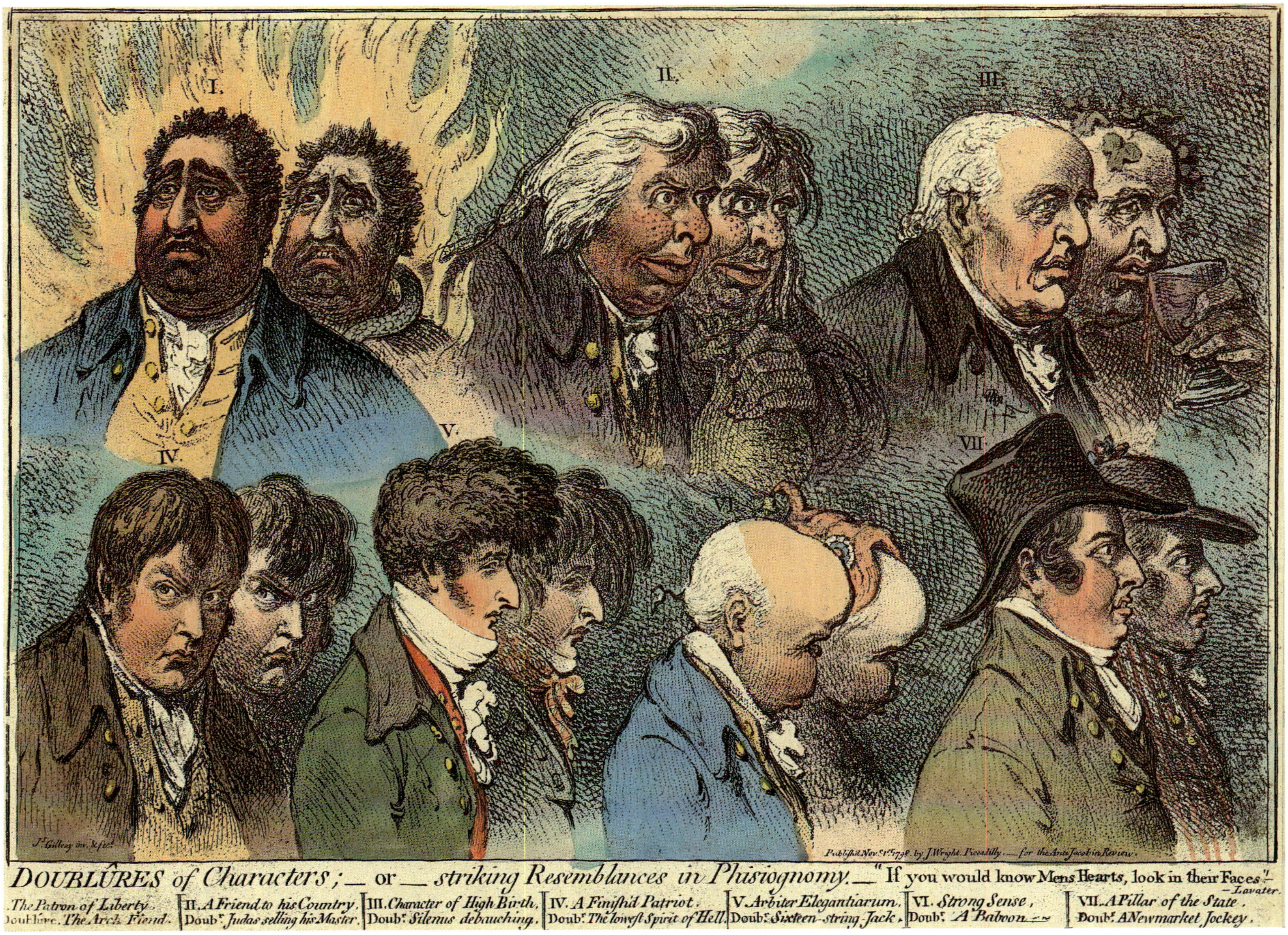

JAMES GILLRAY (1757–1815)

9 Verdoppelung der Charaktere, oder: Auffallende Ähnlichkeiten in den Physiognomien

(Doublûres of Characters; – or – striking Resemblances in Phisiognomy)
1798

Radierung, koloriert, 259 x 358 mm
Bez. in der Platte innerhalb der Darstellung u. li.: J^{s} Gillray inv. & fec^{t}; u. re.: Publish'd Novr 1st 1798, by J. Wright, Piccadilly. – for the Anti Jacobin Review; Legendentitel: Doublûres of Characters; – or – striking Resemblances in Phisiognomy. – »If you would know Mens Hearts, look in their Faces«. –/Lavater; Legende in Kolumnen (von links): I. The Patron of Liberty,/Doublûre. The Arch Fiend. – II. A Friend to his Country,/Doub^{r}. Judas selling his Master. – III. Character of High Birth./Doub^{r}. Silenus debauching. – IV. A Finish'd Patriot,/Doub^{r}. The lowest Spirit of Hell. – V. Arbiter Elegantiarum,/Doub^{r}. Sixteen-string-Jack. – VI. Strong Sense,/Doub^{r}. A Baboon. – VII. A Pillar of the State./Doub^{r} A Newmarket Jockey.
Wilhelm-Busch-Museum Hannover
Lit.: British Museum London. Catalogue of Political and Personal Satires, BM Nr. 9261. – Ausst. Kat. Hannover 1986, Wilhelm-Busch-Museum, James Gillray. Meisterwerke der Karikatur, Nr. 114.

Anhand von sieben führenden Repräsentanten der Whigs, der im Kampf gegen die katholische Thronfolge Ende des 17. Jahrhunderts entstandenen liberalen Partei, liefert James Gillray ein eindrucksvolles Plädoyer gegen Johann Caspar Lavaters »Physiognomische Fragmente« und die Überzeugung, man könne aus den Gesichtszügen den Charakter herauslesen. Schon geringfügige Veränderungen zeigen Charles James Fox (I.) als Schutzherrn der Freiheit und als teuflischen Erzfeind; Richard Brinsley Sheridan (II.) als Freund des Volkes und als Judas; Charles Howar (III.) als Mann von hoher Abstammung und als zügellosen Silen; Georg Thierny (IV.) als Patrioten und als niedrigsten Geist der Hölle; Francis Burdett (V.) als Meister in Fragen des feinen Geschmacks und als Kumpan eines Straßenräubers; Lord Derby (VI.) als Mann von scharfem Verstand und als Pavian; den Duke of Bedford (VII.) als Pfeiler des Staates und als belanglosen Pferdenarr. [GV]

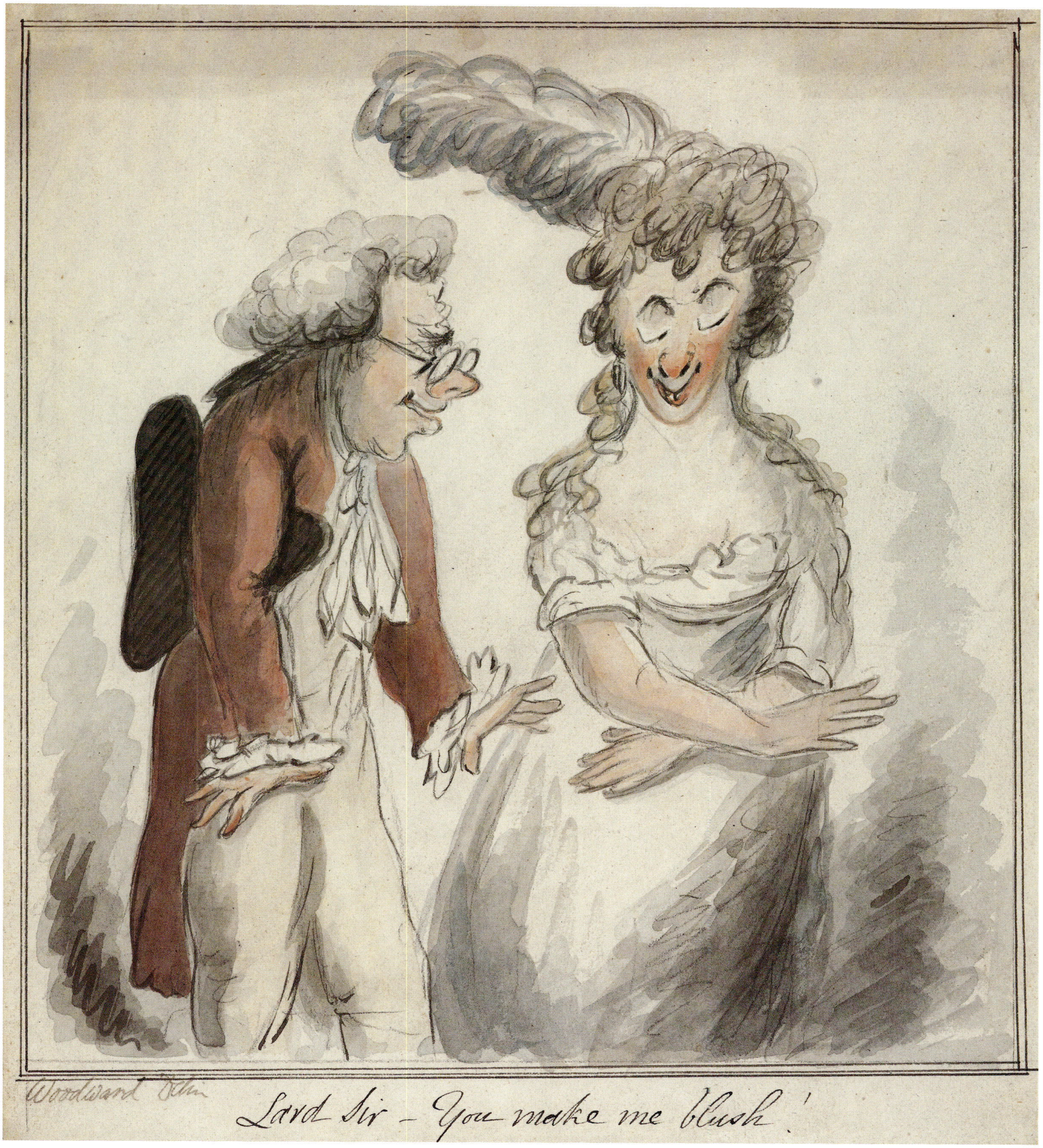

GEORGE M. WOODWARD (1760–1809)

10 Lard Sir – You make me blush!
um 1800

Feder- und Pinselzeichnung in Tusche und Aquarell
260 x 236 mm
Sign. u. li.: Woodward Delin
Bez. u.: Lard Sir – You make me blush!
Galerie Bartsch & Chariau, München

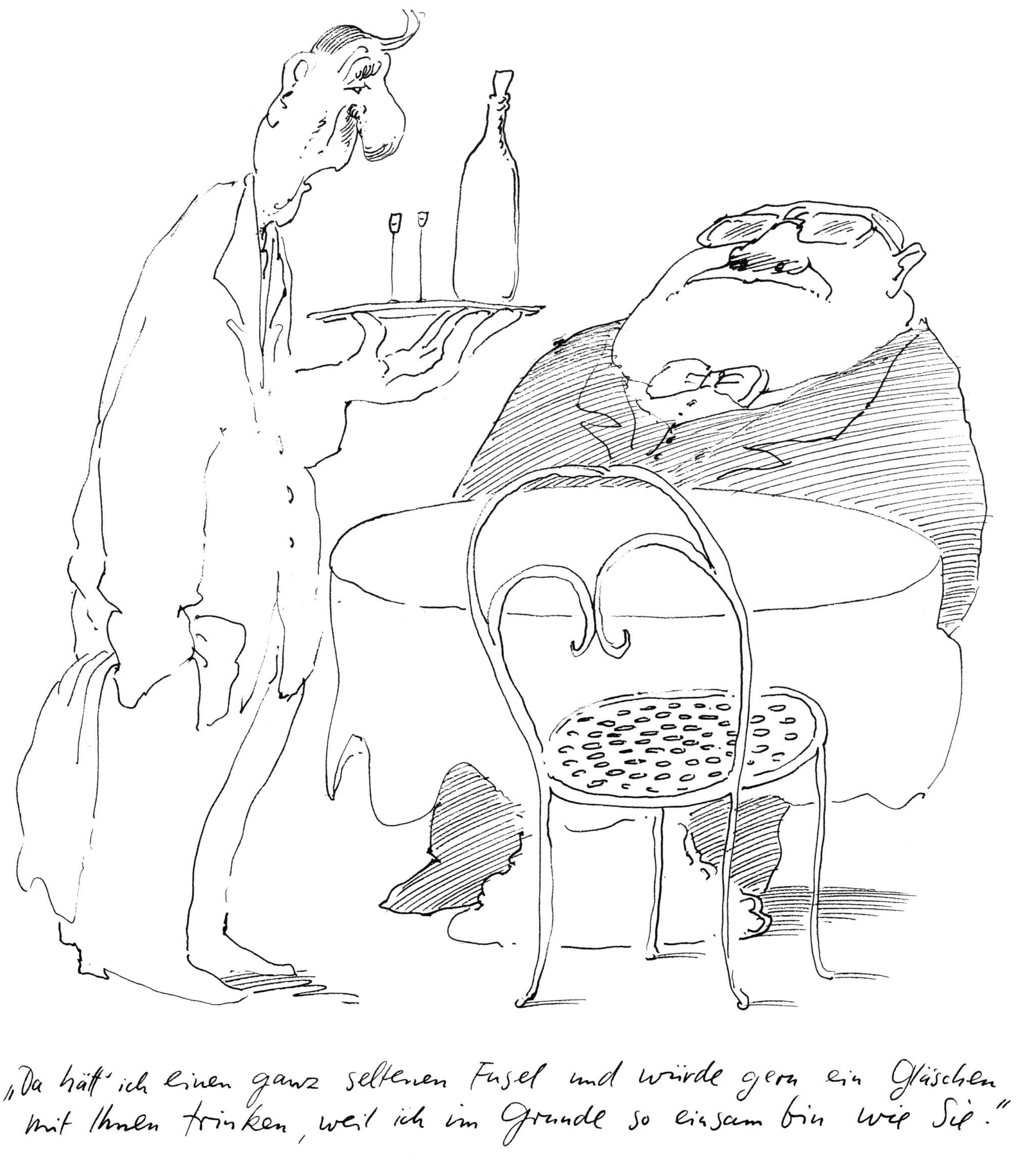

Woodward gehörte zu einer Gruppe englischer Karikaturisten, die in der großen Zeit der englischen Karikatur zwischen 1770 und 1820, als »Amateure« bezeichnet wurden. Diese »Amateure« spielten eine große Rolle, denn sie zeichneten und radierten nicht nur selbst ihre Karikaturen, sondern verkauften ihre Ideen für Drucke an andere bedeutendere Karikaturisten oder arbeiteten mit diesen zusammen. Einige der besten Graphiken von James Gillray sind das Ergebnis der Zusammenarbeit mit Woodward. Auch Thomas Rowlandson und Isaac Cruikshank haben zahlreiche Blätter von Woodward in Druckgraphiken umgesetzt.

F. K. WAECHTER (geb. 1937)

11 Seltener Fusel
1978

Tuschfeder
300 x 260 mm
Sign. u. re.: F. K. Waechter
Bez.: »Da hätt' ich einen ganz seltenen Fusel und würde gern ein Gläschen mit Ihnen trinken, weil ich im Grunde so einsam bin wie Sie.«

Lit.: Wahrscheinlich guckt wieder kein Schwein, Zürich 1978, S. 62

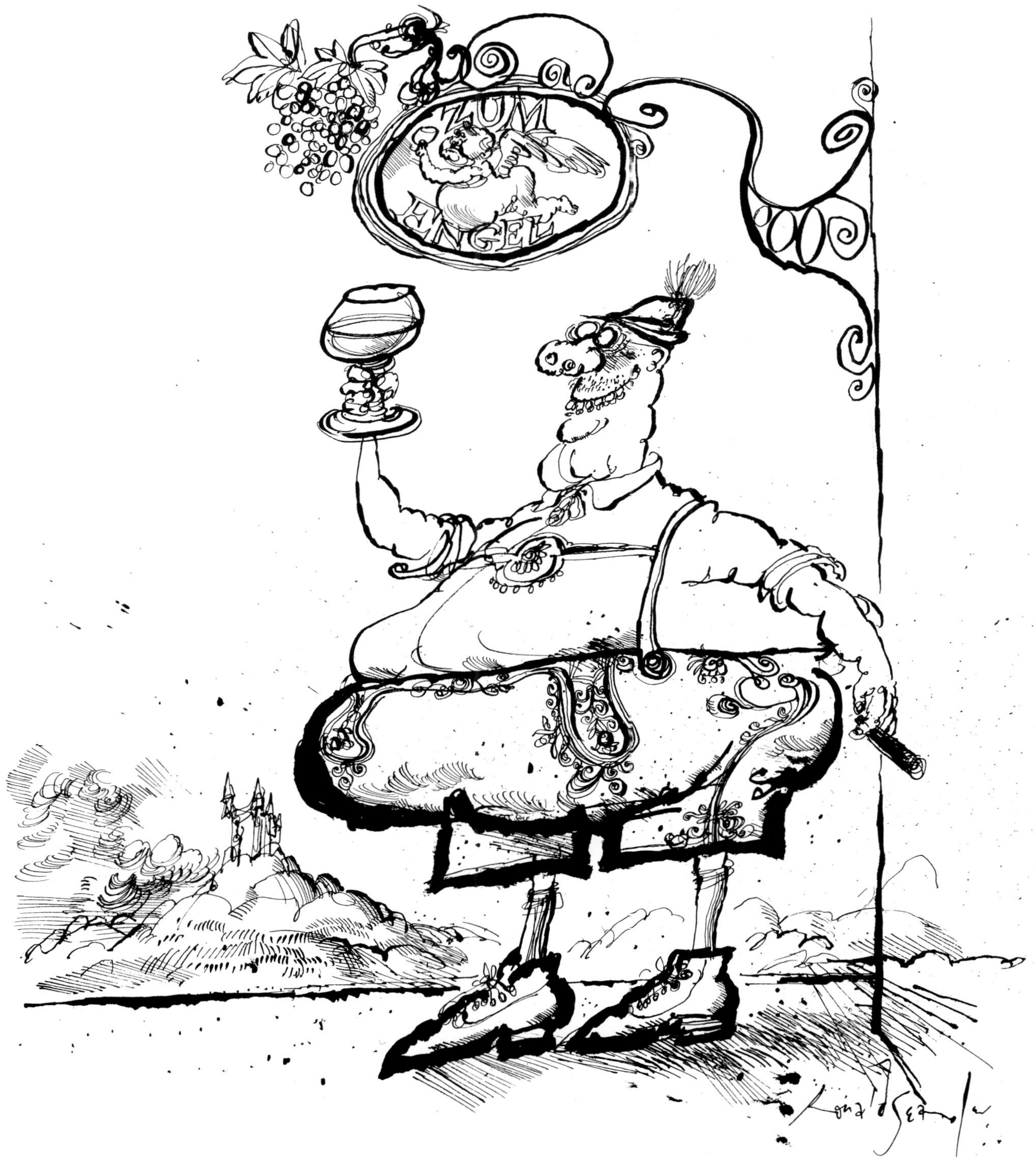

Eine Situation, wie sie im wirklichen Leben kaum vorkommt und die deshalb auf besonders subtile Art befremdet und anheimelt: Ein abgerissener Kellner bietet einem gutsituierten Gast einen seltenen Fusel an.
[HG]

RONALD SEARLE (geb. 1920)

12 Deutscher Genießer 1975 ?

Tuschfeder 350 x 280 mm
Sign. u. re.: Ronald Searle
Privatsammlung
Lit.: Anatomie eines Adlers, München 1966

Der Universaldeutsche steht für alle deutschen Genießer. Nichts paßt zusammen, aber alles ist typisch deutsch: das Wirtshausschild »Zum Engel«, die Lederhose, das Glas Rheinwein, die Burg auf dem Hügel, die Zigarre. Klischees haben immer einen Schuß Wahrheit.
[HG]

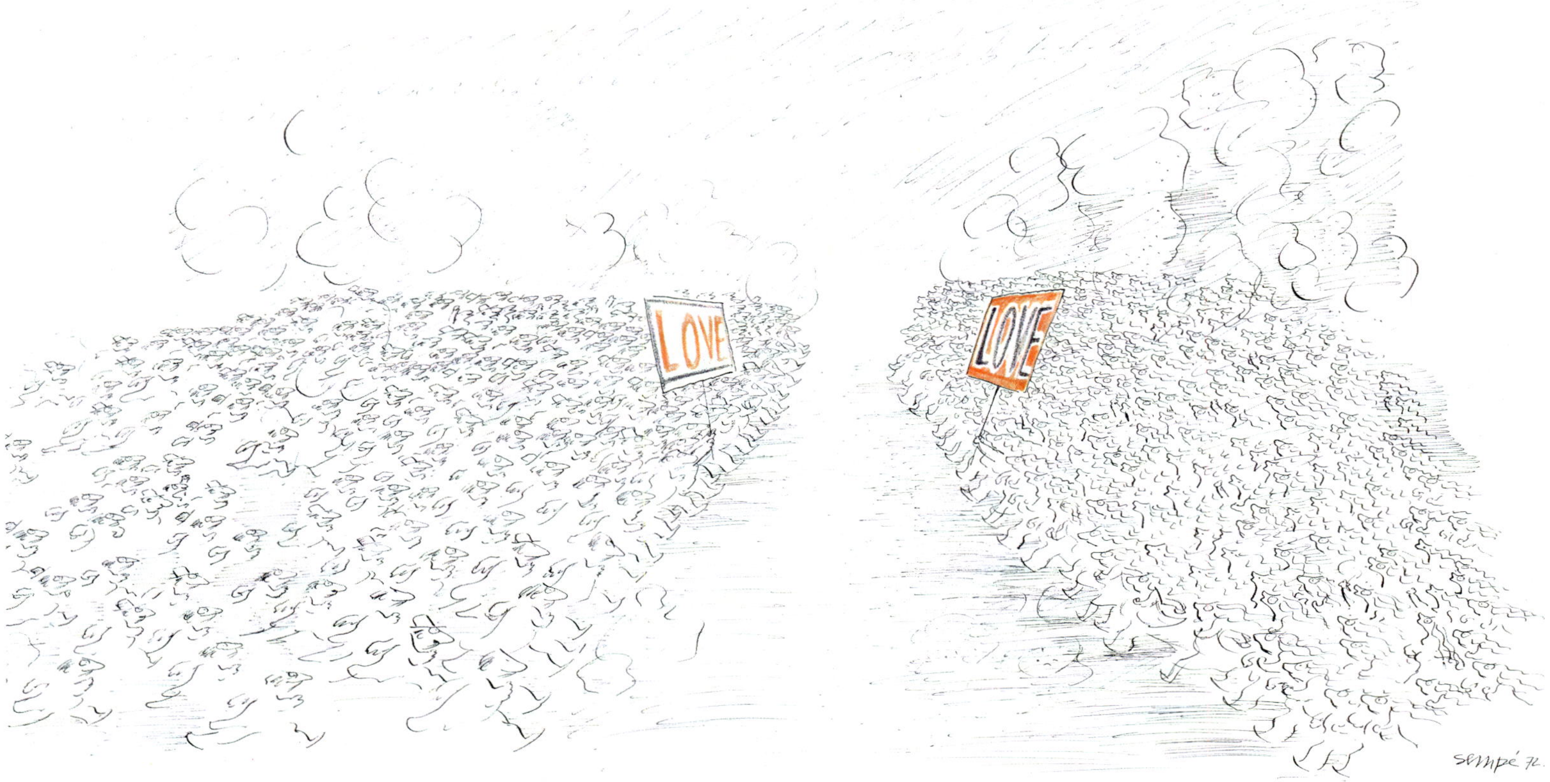

JEAN-JACQUES SEMPÉ (geb. 1932)

13 Love
1972

Tuschfeder, koloriert
420 x 690 mm
Sign. u. re.: Sempé 72
Galerie Etcetera, München
Lit.: Alles wird kompliziert, Zürich 1979

In Schlachtformation stürmen zwei Menschenknäuel aufeinander zu. Inmitten der bedrohlichen Szenerie auf jeder Seite ein Schild mit der Aufschrift LOVE. Erst bei genauem Hinsehen erkennt man, daß es sich auf der einen Seite um Männer, auf der anderen um Frauen handelt. Kampf der Geschlechter? Oder universale Partnersuche? Vielleicht beides. [HG]

PAUL FLORA (geb. 1922)

14 Love Story
1979

Tusche/Feder
244 x 316 mm
Sign. u. re.: FLORA 79; bez. u. li.: LOVE STORY.
Wilhelm-Busch-Museum Hannover, Inv. Nr. KG 2024/84

Eine eigentümliche »Love-Story«: der Mann als Gefangener der Frau, die hier eine Schneider-Puppe ist. Aber ist nicht auch die Frau eine Gefangene? Hindert sie doch ihr Käfig-Unterleib am eigenen Fortkommen! Ein Beitrag des Zeichners zur Feminismusdiskussion? [GV]

REINER ZIMNIK (geb. 1930)

15 Sebastian Gsangl
1974

Bleistift
215 x 260 mm
Sign. u. re.: Zimnik 1974
Bez.: Des müaßn'S ma erst amal nochmacha Sie . . .!
Privatsammlung

Die von Zimnik für das Bayerische Fernsehen geschaffene Figur des Sebastian Gsangl entspricht dem Münchner Grantler mit Herz. Der »Gsangl« verfügt nicht über die sprichwörtliche Eloquenz der Nordlichter. Er muß sich deshalb öftes ärgern und dementsprechend Luft ablassen. [HG]

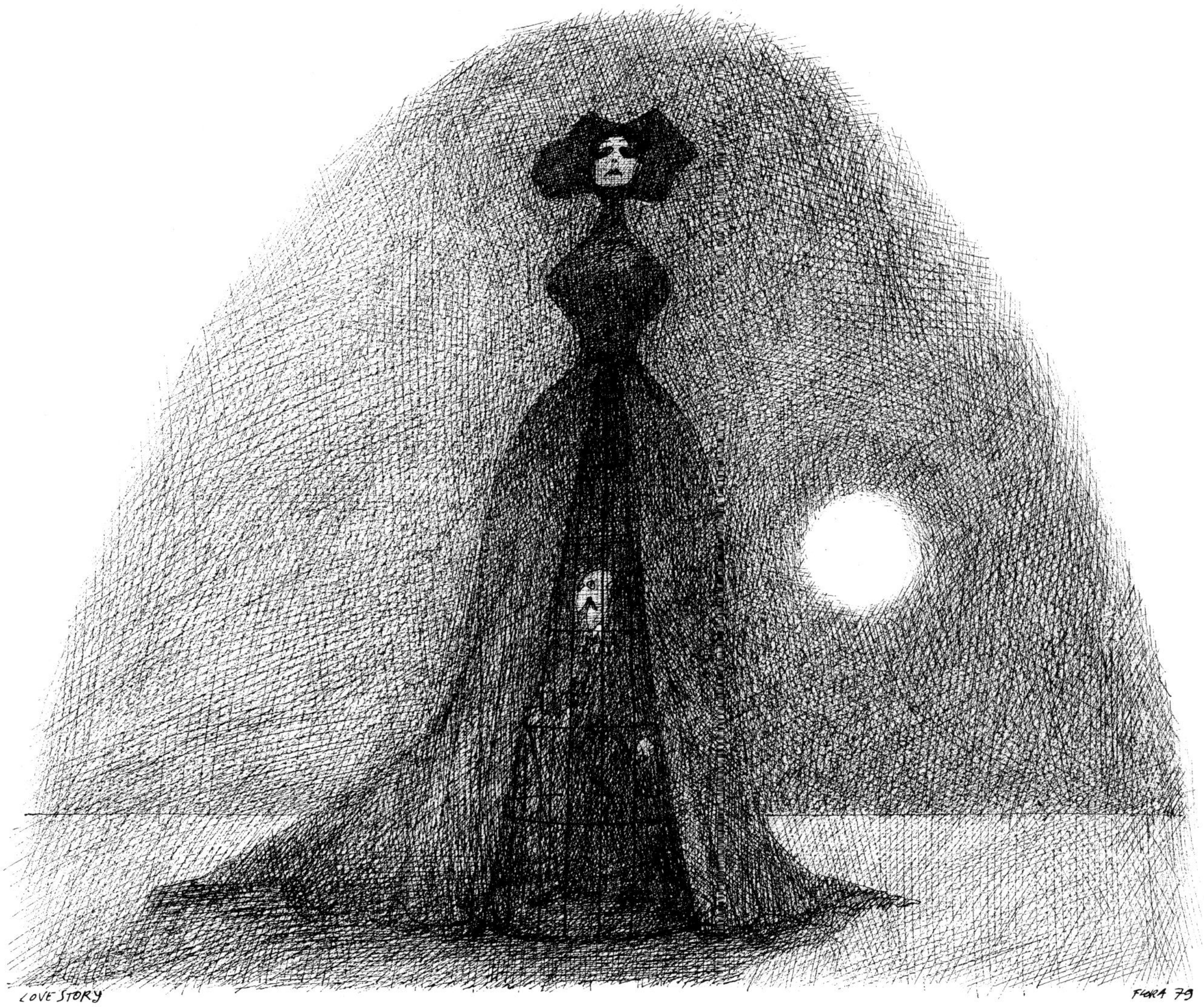

14

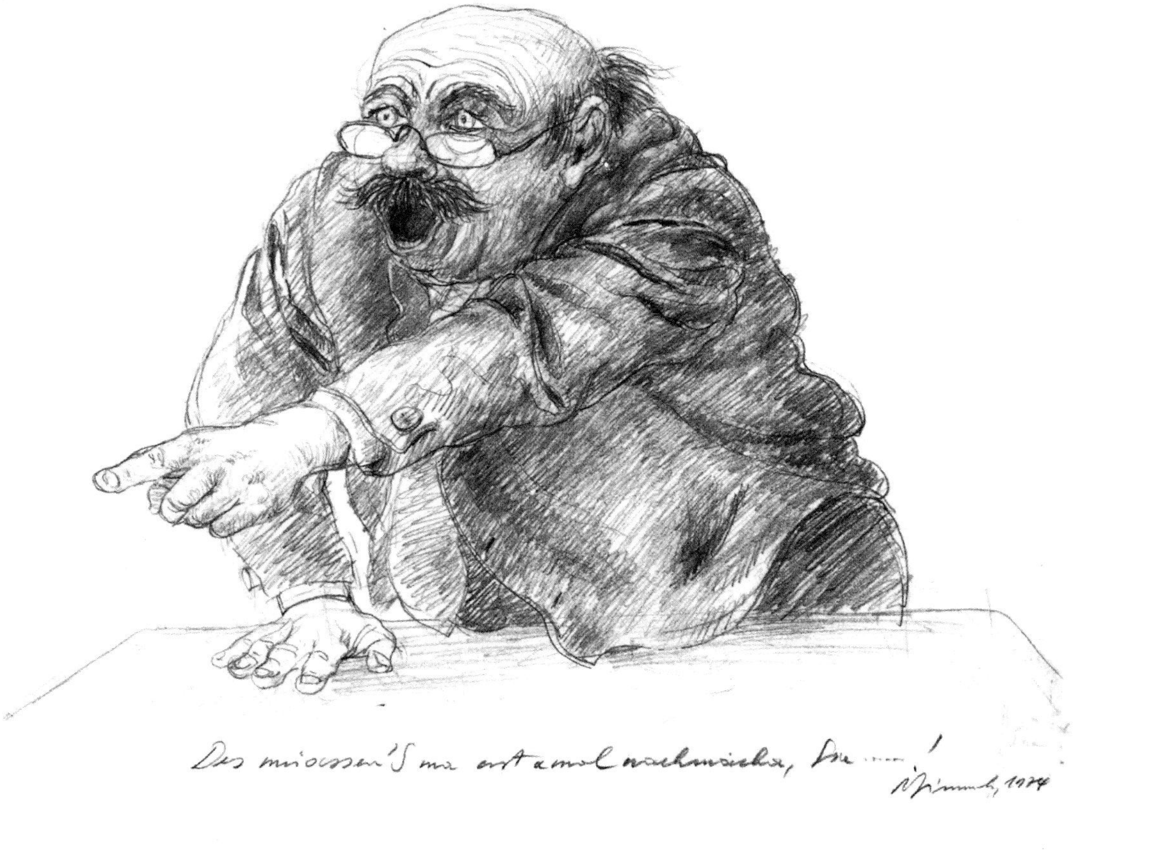

15

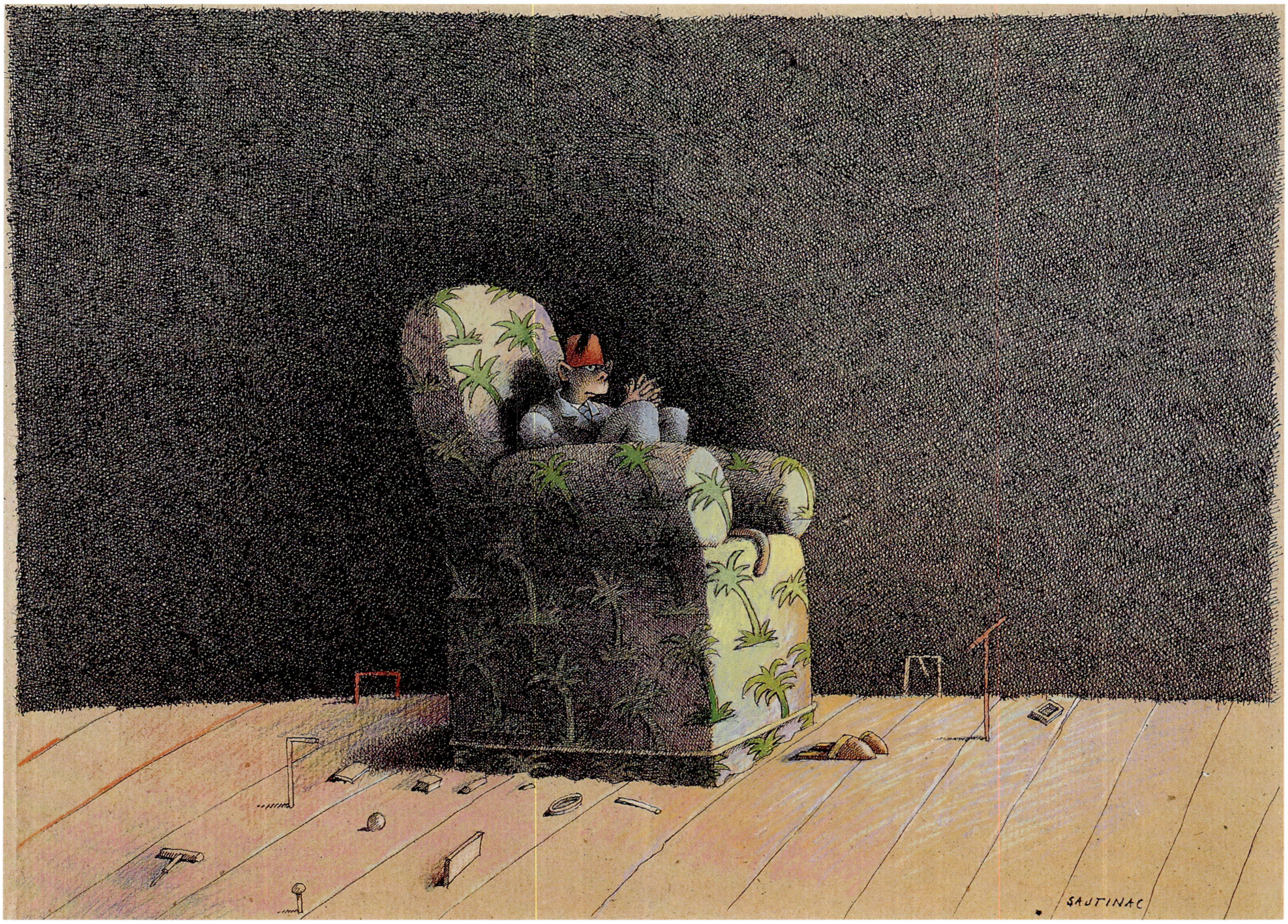

BORISLAV SAJTINAC (geb. 1943)

16 Der Affenkönig
1987

Tuschfeder, koloriert
330 x 450 mm
Sign. u. re.: SAJTINAC
Privatsammlung

Vor dunklem Hintergrund steht der Thron, darauf der Affenkönig sinnierend. Die Situation gibt Assoziationen in mehrere Richtungen frei. Am deutlichsten wird die vom fragwürdigen Herrschaftsanspruch. Es gibt viele Throne in allen Bereichen der Gesellschaft. [HG]

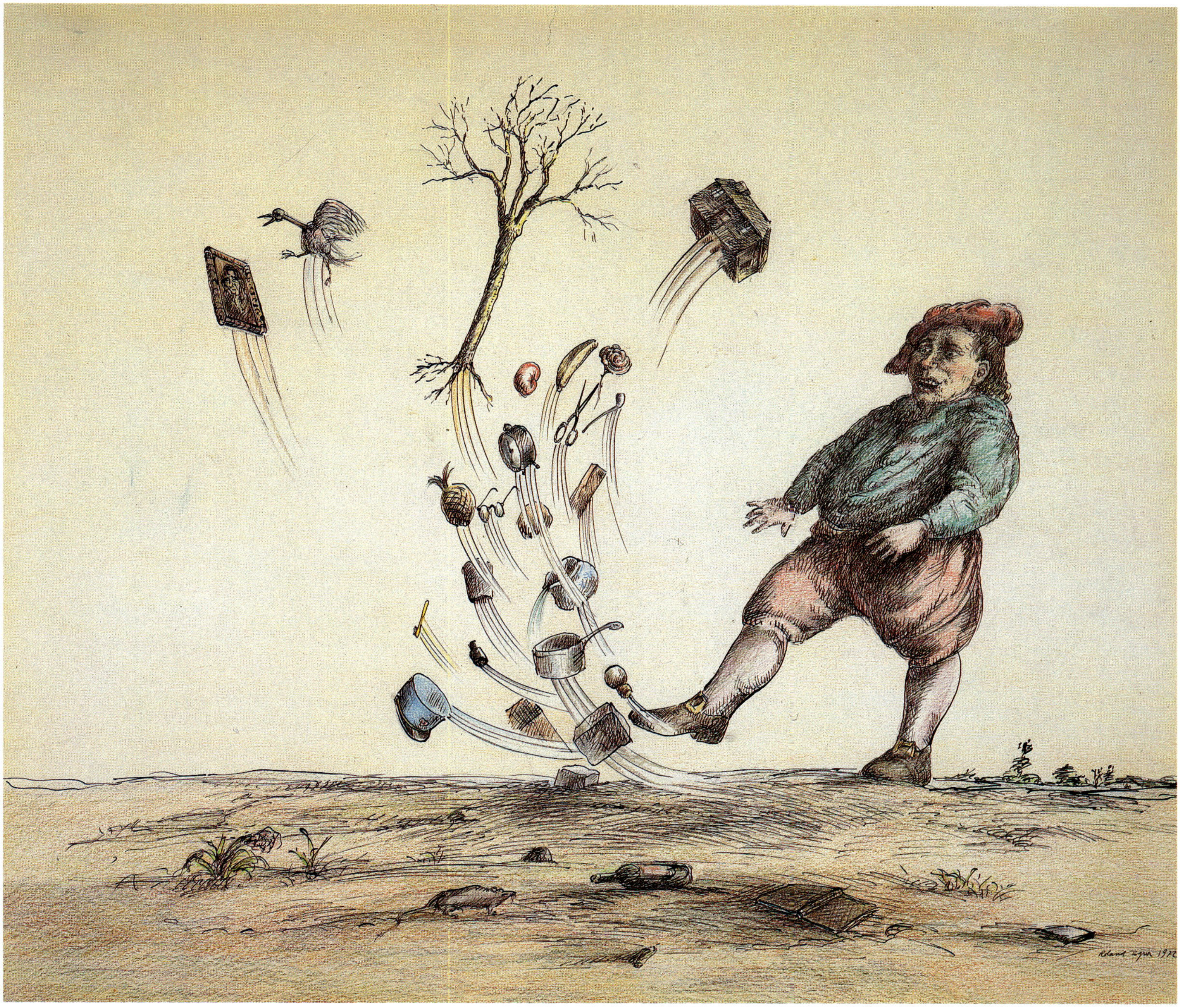

ROLAND TOPOR (geb. 1938)

17 Ausgelassenheit
1972

Tuschfeder, koloriert
500 x 560 mm
Sign. u. re.: Topor 1972
Helmut Grill, München
Lit.: Topor, Tod und Teufel, Katalog zu den Ausstellungen in München, Hannover, Darmstadt, Salzburg, Brüssel, Mailand, Zürich 1985, S. 159

Eine männliche Figur in der Kostümierung der Revolutionszeit in Frankreich spielt Fußball mit einem Haus. Hausrat, Baum und Haus fliegen hoch in die Lüfte. Revolutionen, Kriege, Willkür und etwas Ausgelassenheit vernichten in Augenblicken, was in einem ganzen Leben erarbeitet wurde. Fraternité etc. [HG]

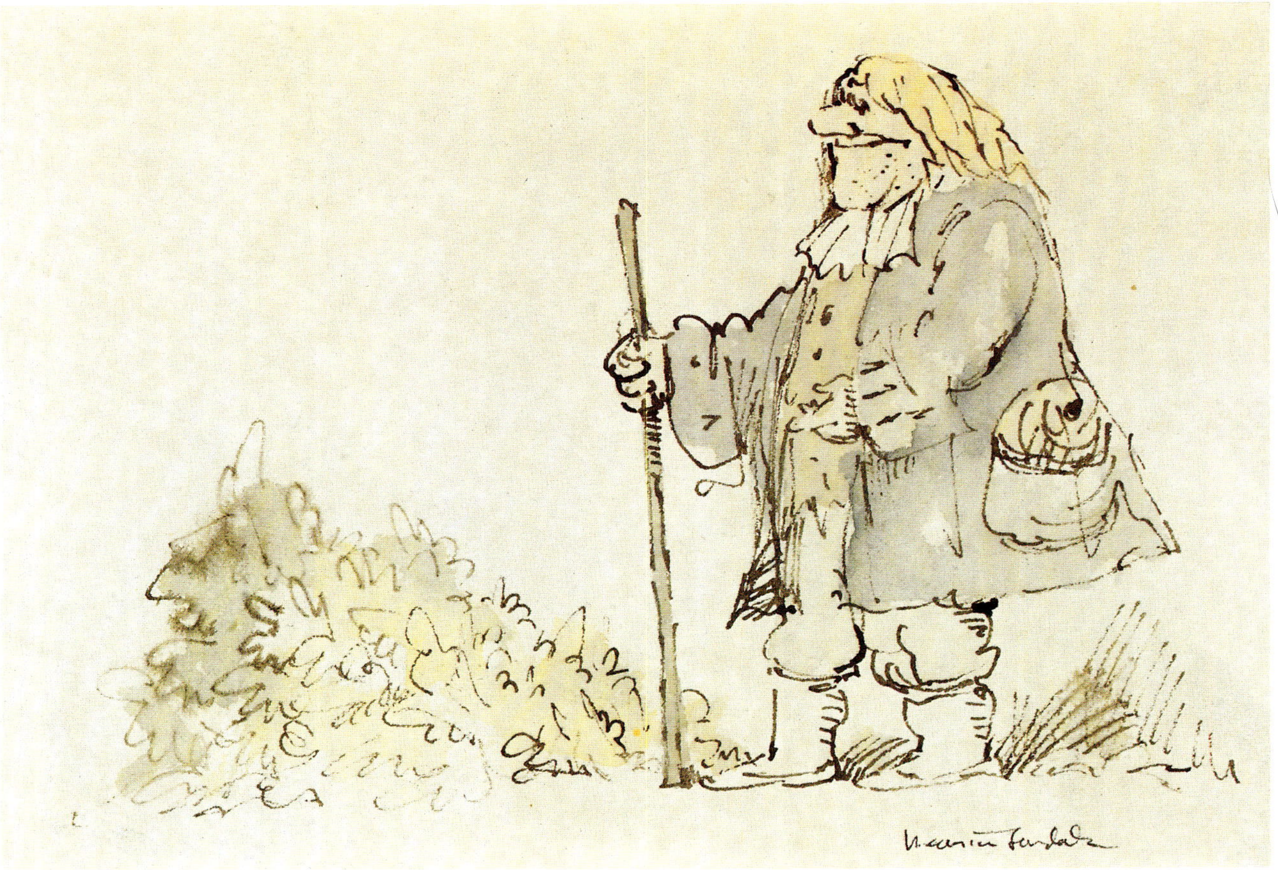

MAURICE SENDAK (geb. 1928)

18 Bienen Mann
(The Bee-Man of Orn)
1964

Tuschfeder, koloriert
160 x 230 mm
Sign. u. re.: Maurice Sendak
Privatsammlung
Lit.: F. R. Stockton, The Bee-Man of Orn, USA 1964

Der Amerikaner Sendak gilt heute als einer der besten Kinderbuchautoren und -illustratoren der Welt. »Time« nannte ihn den Picasso des Kinderbilderbuchs. Er zeichnet filigran wie Rembrandt oder er karikiert wie in dem Buch »The Bee-Man of Orn«. Der Landstreicher in den feinen Gewändern ist ein Meisterwerk des reduzierten Strichs. [HG]

JOSEF OBERBERGER (geb. 1905)

19 Kultura
1974

Sepia-Feder und Tuschpinsel, 605 x 430 mm
Sign. u. re.: Obe
Bez. u. li.: Kultura
Sammlung Prof. J. Oberberger

Oberberger, der Gulbransson-Schüler und Ordentliche Professor der Akademie der bildenden Künste München, hat zeitlebens und in allen Lebenslagen gezeichnet und gemalt. Er tat es akademisch, satirisch oder auch allegorisch in seiner Eigenschaft als Glasmaler für bedeutende Dome. Das Blatt »Kultura« könnte in Erinnerung an Bayreuth entstanden sein. Wenige dünne Linien und ein paar Pinselstriche modulieren eine Dame in großer Robe und großer Fülle. [HG]

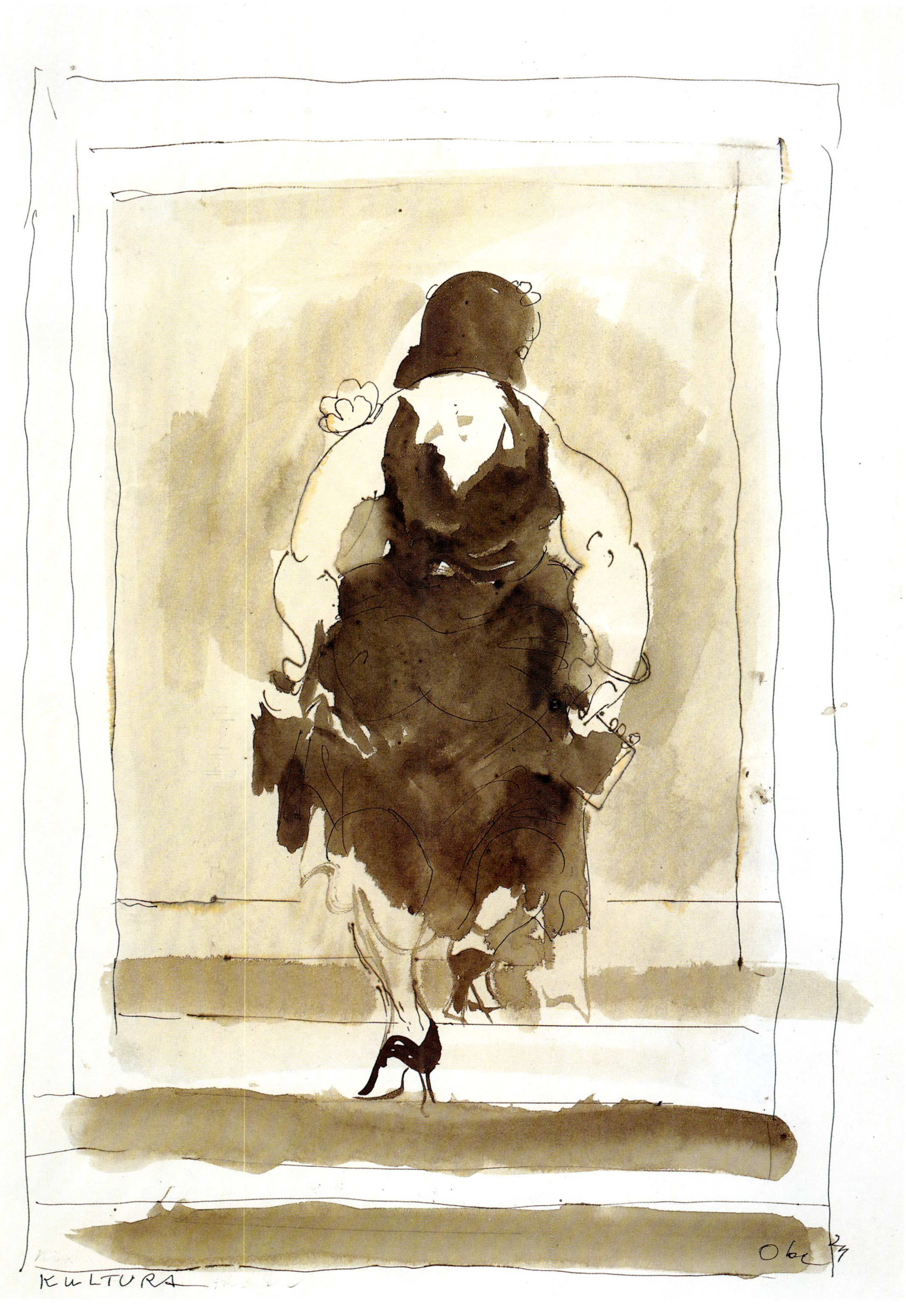
KULTURA

LORIOT [VICCO VON BÜLOW] (geb. 1923)

20 Ohne Titel
um 1960
»Wie oft soll ich dir noch sagen: Papier gehört nicht auf den Komposthaufen!«

Tusche
145 x 210 mm
Vicco von Bülow, Ammerland
Lit.: Großer Ratgeber, Zürich 1968, S. 250

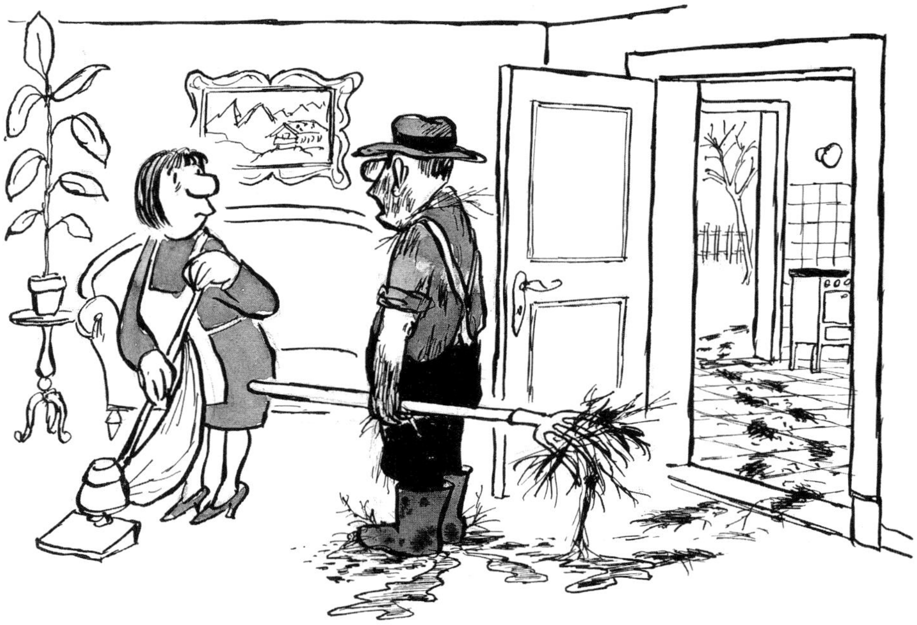

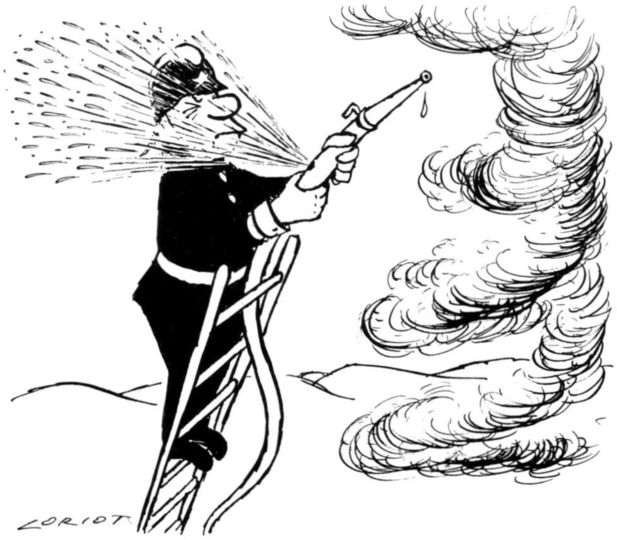

LORIOT [VICCO VON BÜLOW] (geb. 1923)

22 Ohne Titel (Feuerwehrmann)
um 1960
»Nimm's leicht!«

Tusche
160 x 230 mm
Sign. u. li.: LORIOT
Vicco von Bülow, Ammerland

LORIOT [VICCO VON BÜLOW] (geb. 1923)

21 Ohne Titel
um 1960
»Männer lieben keine klugen Frauen.«

Tusche
160 x 230 mm
Vicco von Bülow, Ammerland
Lit.: Heile Welt, Zürich 1973, S. 105

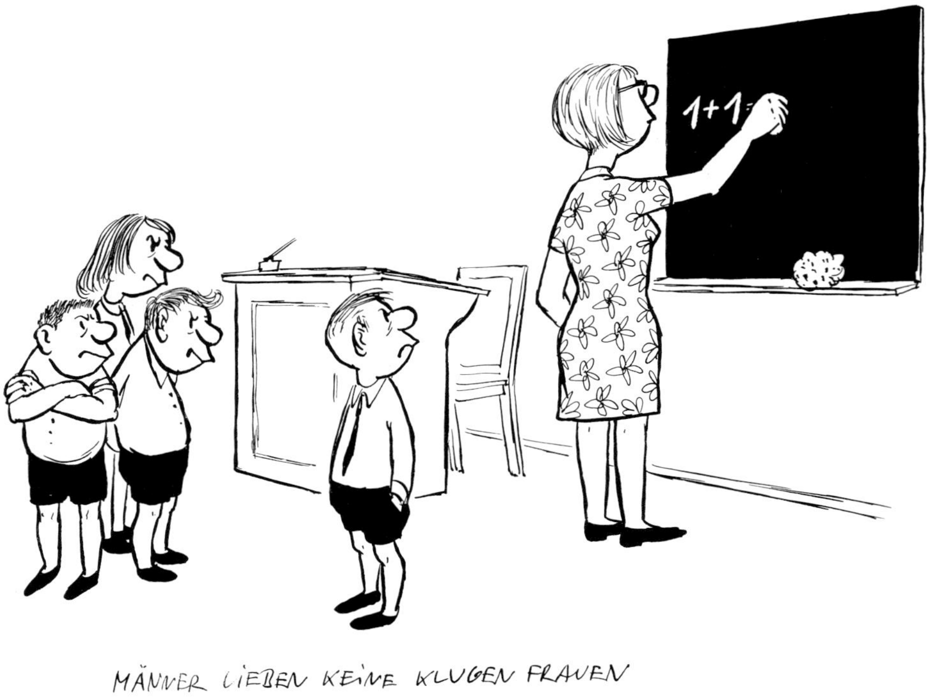

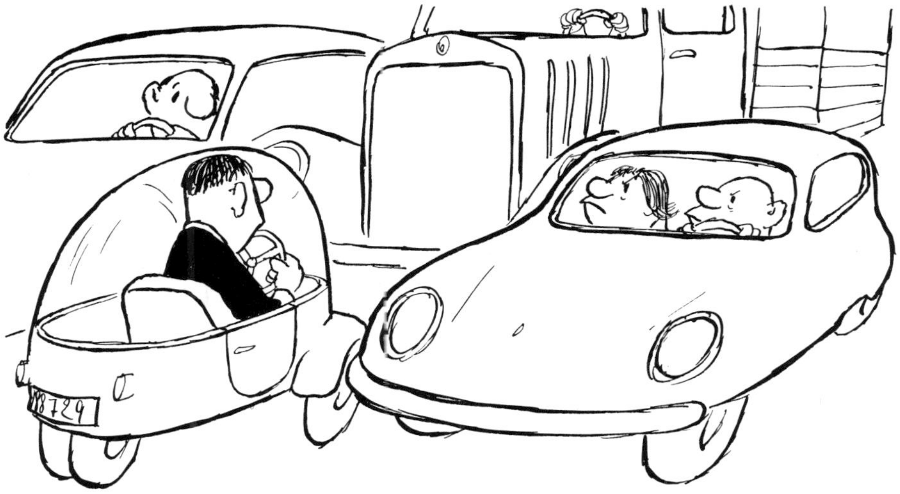

LORIOT [VICCO VON BÜLOW] (geb. 1923)

23 Ohne Titel
um 1960
»Das Zeitalter der steigenden Verkehrsdichte bedroht die Entfaltung Ihrer Persönlichkeit. Beweisen Sie durch eine eigenwillige Wahl der Fahrbahn Ihre Unabhängigkeit auf dem Weg zum Erfolg.«

Tusche, 120 x 210 mm
Sign. u. re.: LORIOT
Vicco von Bülow, Ammerland
Lit.: Großer Ratgeber, Zürich 1968, S. 111

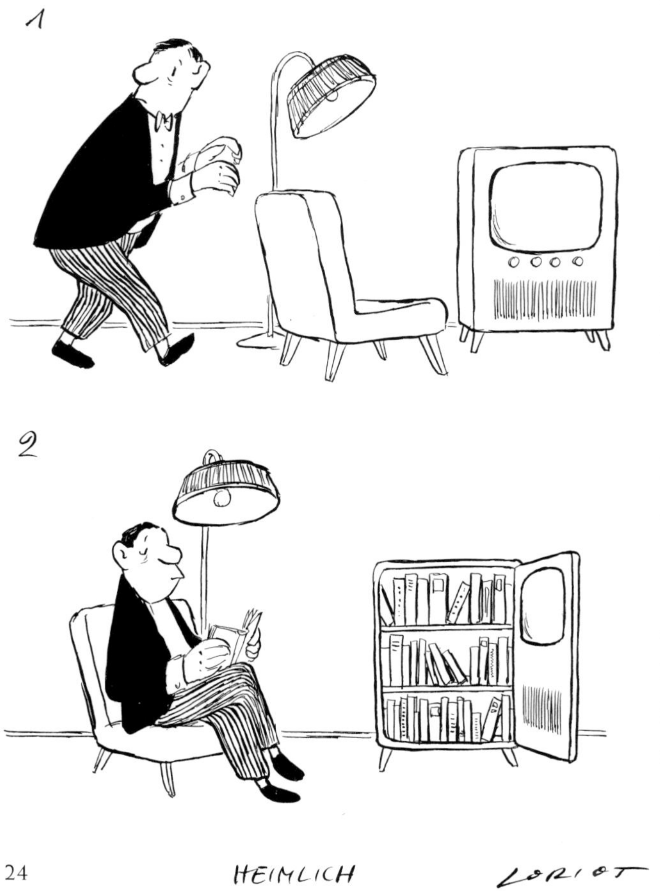

24

LORIOT [VICCO VON BÜLOW] (geb. 1923)

24 Ohne Titel
um 1960
»Heimlich«

Tusche
2 Zeichnungen auf einem Blatt, je 110 x 175 mm
Sign. u. re.: LORIOT
Vicco von Bülow, Ammerland
Lit.: Heile Welt, Zürich 1973, S. 235

LORIOT [VICCO VON BÜLOW] (geb. 1923)

25 Ohne Titel
um 1960
»Wir Männer fordern, daß dem Manne das volle Glück der leiblichen Vaterschaft nicht länger vorenthalten wird, auch wenn der Säugling vorübergehend an Gewicht verlieren sollte.«

Tusche
155 x 180 mm
Vicco von Bülow, Ammerland
Lit.: Heile Welt, Zürich 1973, S. 119

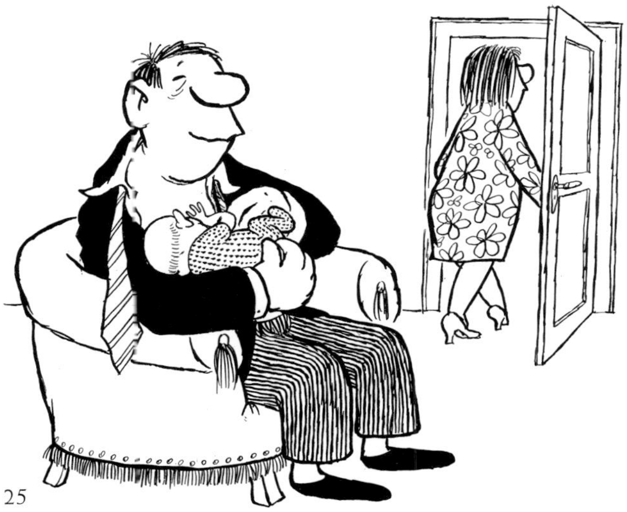

25

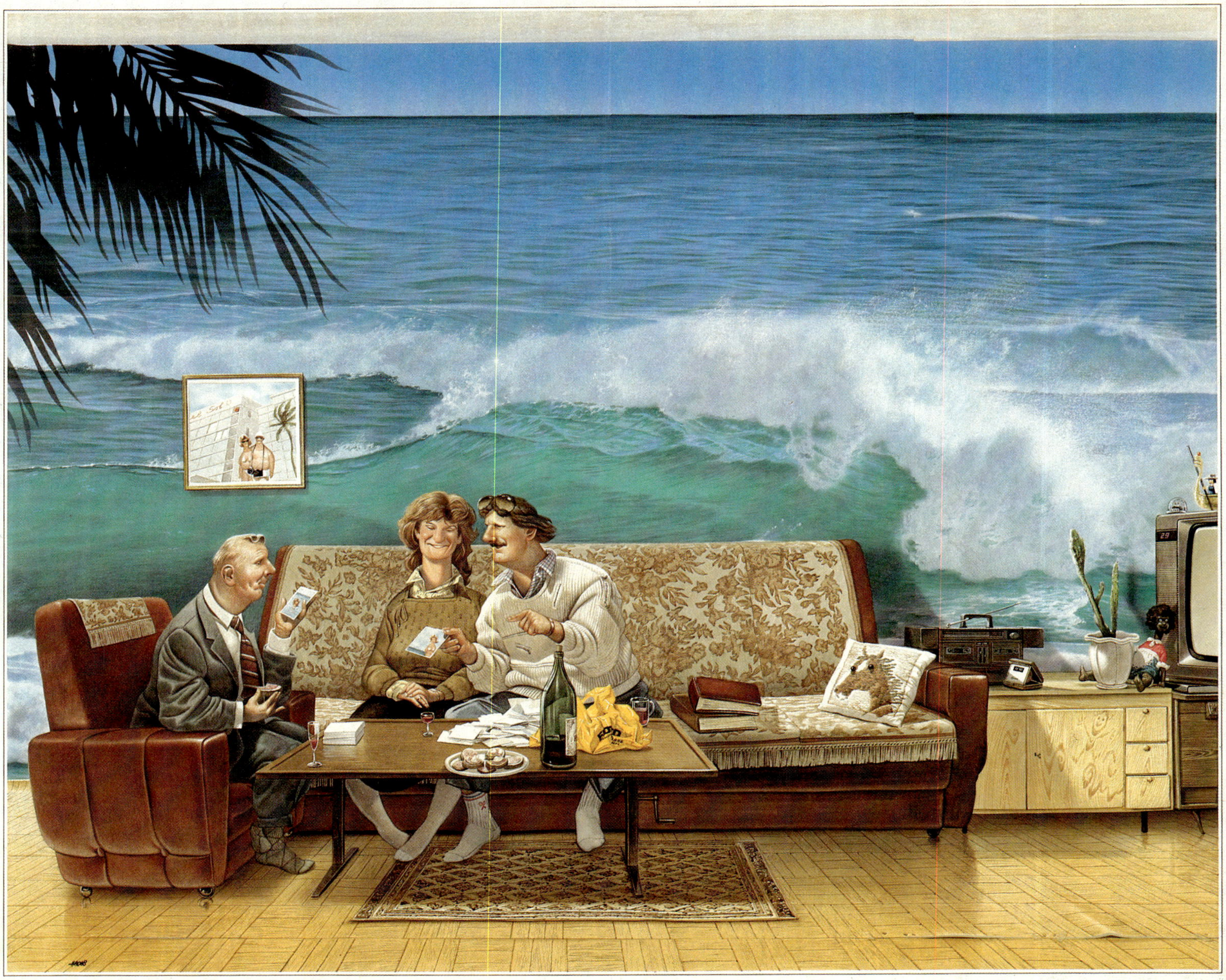

GERHARD HADERER (geb. 1951)

26 Wohnlandschaft mit Pferdekopfpolster aus Oslo
1991

Verdünnte Acrylfarbe
460 x 580 mm
Sign. u. re.: Haderer
Gerhard Haderer, Linz
Lit.: Sehr verrehrte Österreicher, Zürich 1988

Hinaus in die Ferne. Haderer legt den Pinsel auf die Wunde der Fernkrankheit. So leben sie also mit ihren Urlaubstapeten und ihrem Souvenirkram. Die realistische Technik Haderers ist ein besonders unerbittlicher Zeitzeuge von Vorgängen, die im Wirtschaftsteil mit zweistelligen Zuwachsraten vermeldet werden. [HG]

II

Gegen die Unmenschlichkeit

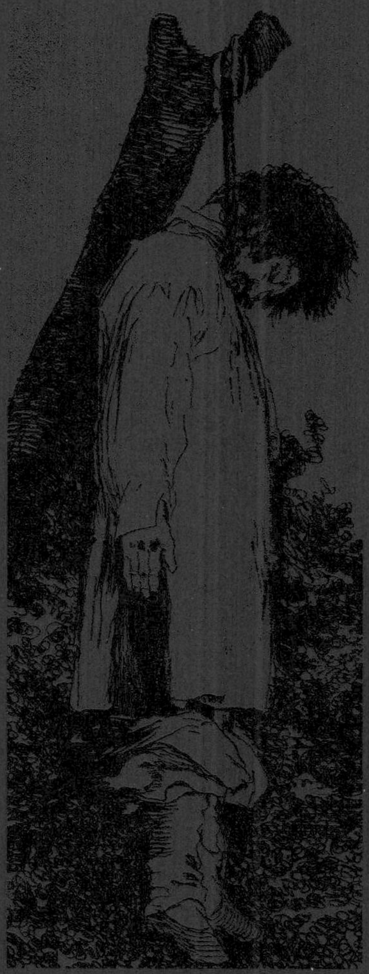

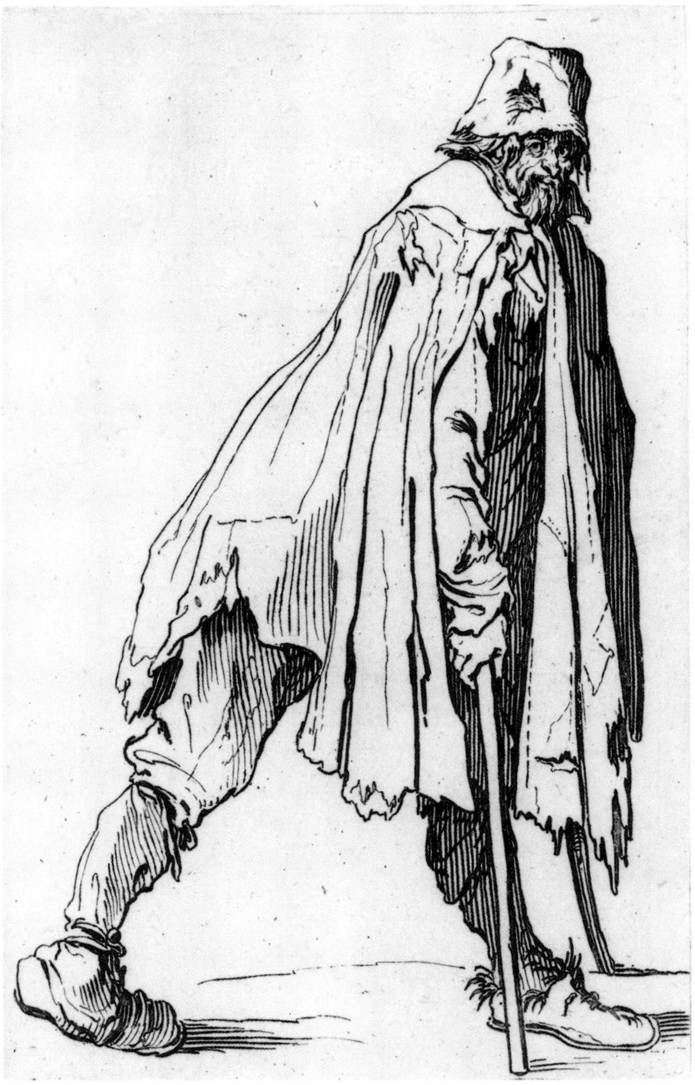

JACQUES CALLOT (1592–1635)

27 Bettler
(Les Gueux, Nr. 4)
um 1622/23

Radierung
138 x 88 mm
München, Staatliche Graphische Sammlung, Inv. Nr. 1907: 515
Lit.: E. Meaume, Recherches sur la vie et les ouvrages de Jacques Callot, Paris 1860, Nr. 688 I. – J. Lieure, Jacques Callot. La vie artistique. Catalogue de son oeuvre gravé, Paris 1924 ff., Nr. 482 I.

Die Bettler der Folge sind in unterschiedlichen Haltungen und Handlungen dargestellt; einige gewähren Einblick in ihre Seelenverfassung. Diese zerlumpte Gestalt, die trotz ihrer Krücken eilig und zielstrebig dahergeht, blickt geradezu verachtend auf uns und bewahrt somit in einer mißlichen Situation ihre Würde – ein Merkmal, das für alle Blätter der Folge gilt.

[MS]

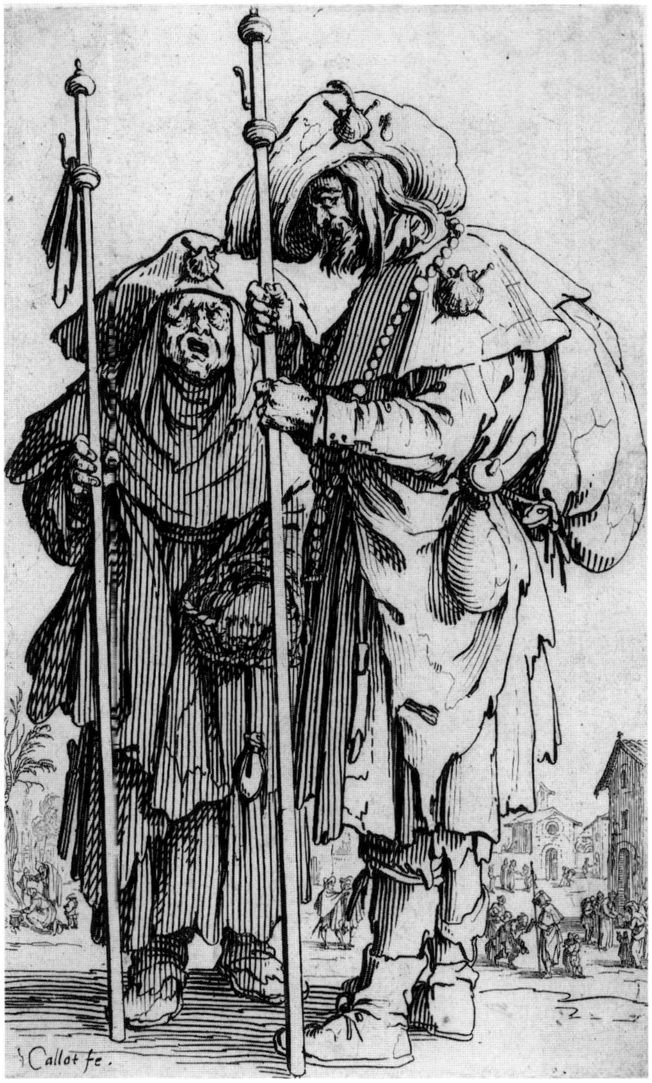

JACQUES CALLOT (1592–1635)

28 Bettler
(Les Gueux, Nr. 3)
um 1622/23

Radierung
142 x 85 mm
Sign. u. li.: Callot fe.
München, Staatliche Graphische Sammlung, Inv. Nr. 1907: 514
Lit.: Edouard Meaume, Recherches sur la vie et les ouvrages de Jacques Callot, Paris 1860, Nr. 687 I. – J. Lieure, Jacques Callot. La vie artistique. Catalogue de son œuvre gravé, Paris 1924 ff., Nr. 481 I.

In seiner aus 25 Radierungen bestehenden Folge präsentiert Callot keine Porträts, sondern porträthafte Gestalttypen bettelarmer Menschen, wie er sie auf den Straßen Lothringens in Scharen sah. Dieses Blatt zeigt ein Pilgerpaar, erkennbar an den Muscheln an Hut und Mantel sowie dem Pilgerstab. Die physiognomische Überzeichnung der miteinander sprechenden Personen ist nicht abwertend zu verstehen. [MS]

JACQUES CALLOT (1592–1635)

29 Die Großen Schrecken des Krieges
(Les Misères et les Malheurs de la Guerre, Nr. 10)
1633

Radierung
82 x 191 mm
Bez. u. li.: Israel excud. cum Priuil. Reg.
München, Staatliche Graphische Sammlung, Inv. Nr. 9099
Lit.: E. Meaume, Recherches sur la vie et les ouvrages de Jacques Callot, Paris 1860, Nr. 573 II. – J. Lieure, Jacques Callot. La vie artistique. Catalogue de son oeuvre gravé, Paris 1924 ff., Nr. 1348 II.

Callot schuf in dieser Folge aus 18 Blättern die erste umfassende Darstellung von Kriegsgreuel ohne verherrlichenden Unterton. Dargestellt wird die sittliche Verrohung der Söldner im (Dreißigjährigen) Krieg, die zu Raub, Mord und Vergewaltigung führt. Breiten Raum nimmt die Bestrafung der Missetäter ein. Die für unsere Augen barbarischen Strafen werden in den beigefügten Versen gutgeheißen. Das Blatt zeigt einen Wippgalgen, an dem der Delinquent mit auf dem Rükken gefesselten Händen aufgehängt wird, so daß ihm die Arme auskugeln. [MS]

JACQUES CALLOT (1592–1635)

30 Die Großen Schrecken des Krieges
(Les Misères et les Malheurs de la Guerre, Nr. 12)
1633

Radierung
81 x 187 mm
Bez. u. li.: Israel ex. cum Priuil. Reg.
München, Staatliche Graphische Sammlung, Inv. Nr. 9101
Lit.: E. Meaume, Recherches sur la vie et les ouvrages de Jacques Callot, Paris 1860, Nr. 575 II. – J. Lieure, Jacques Callot. La vie artistique. Catalogue de son œuvre gravé, Paris 1924 ff., Nr. 1350 II.

Verräter und Aufrührer erschießt man. Stets sind in der Stichfolge die Darstellungen streng durchstrukturiert; die Haupthandlung findet im Mittelgrund statt. Von rechts werden – unter geistlichem Beistand – weitere Delinquenten herbeigezerrt. Der kläffende Köter in der Mitte bekundet seine Zustimmung. Mit den vorn am Boden hockenden und gaffenden Soldaten zeigt Callot, daß Hinrichtungen (in jener Zeit) durchaus Unterhaltungswert hatten. [MS]

JACQUES CALLOT (1592–1635)

31 Die Großen Schrecken des Krieges
(Les Misères et les Malheurs de la Guerre, Nr. 11)
1633

Radierung
82 x 187 mm
Bez. u. li.: Israel ex. Cum Priuil. Reg.
München, Staatliche Graphische Sammlung, Inv. Nr. 9100
Lit.: E. Meaume, Recherches sur la vie et les ouvrages de Jacques Callot, Paris 1860, Nr. 574 II. – J. Lieure, Jacques Callot. La vie artistique. Catalogue de son oeuvre gravé, Paris 1924 ff., Nr. 1349 II.

Dieses Blatt ist wohl das eindrucksvollste der Folge. »Comme fruits malheureux« (wie wertloses Obst) hängen die hingerichteten Diebe an einem Baum. Diese Assoziation wird vom Künstler gezielt herausgefordert; sie bringt einen bitter-ironischen Unterton ins Bild, der auch in anderen Details der Folge zu entdecken ist. Als wirkungssteigernd erweist sich das kühne Anschneiden des Baumes, wodurch sich der Blick auf die Delinquenten konzentriert, deren Silhouetten Callot zudem gegen den hellen Himmel kontrastieren läßt. [MS]

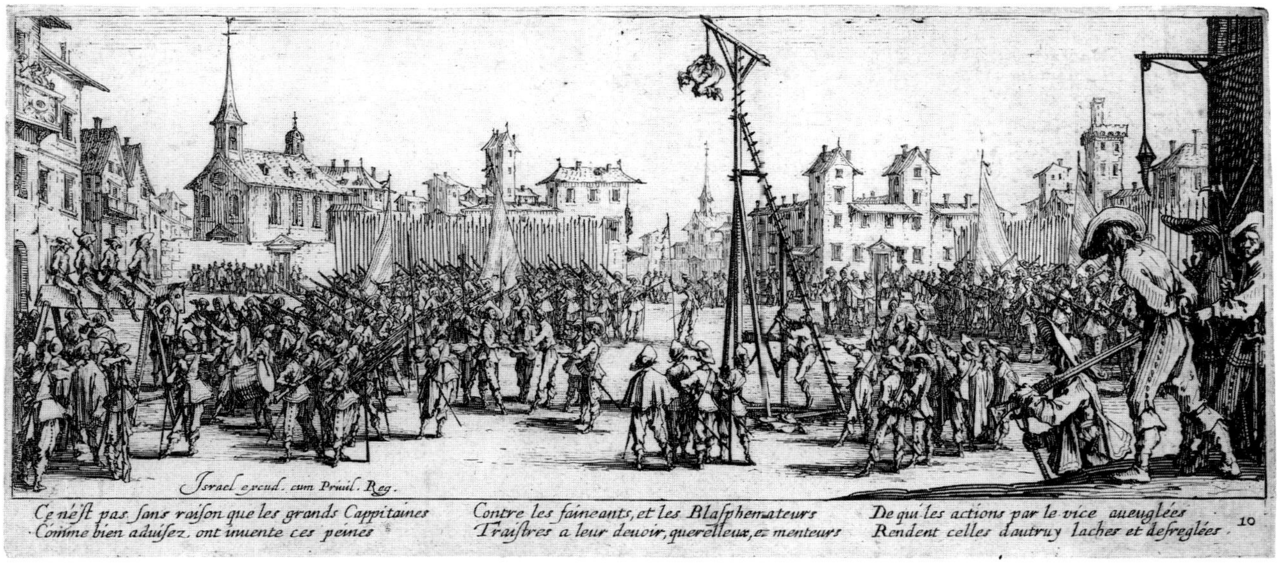
Israel excud. cum Priuil. Reg.
Ce n'est pas sans raison que les grands Cappitaines
Comme bien aduisez ont inuenté ces peines
Contre les faineants, et les Blasphemateurs
Traistres a leur deuoir, querelleux, et menteurs
De qui les actions par le vice aueuglées
Rendent celles dautruy laches et desreglées.
10

29

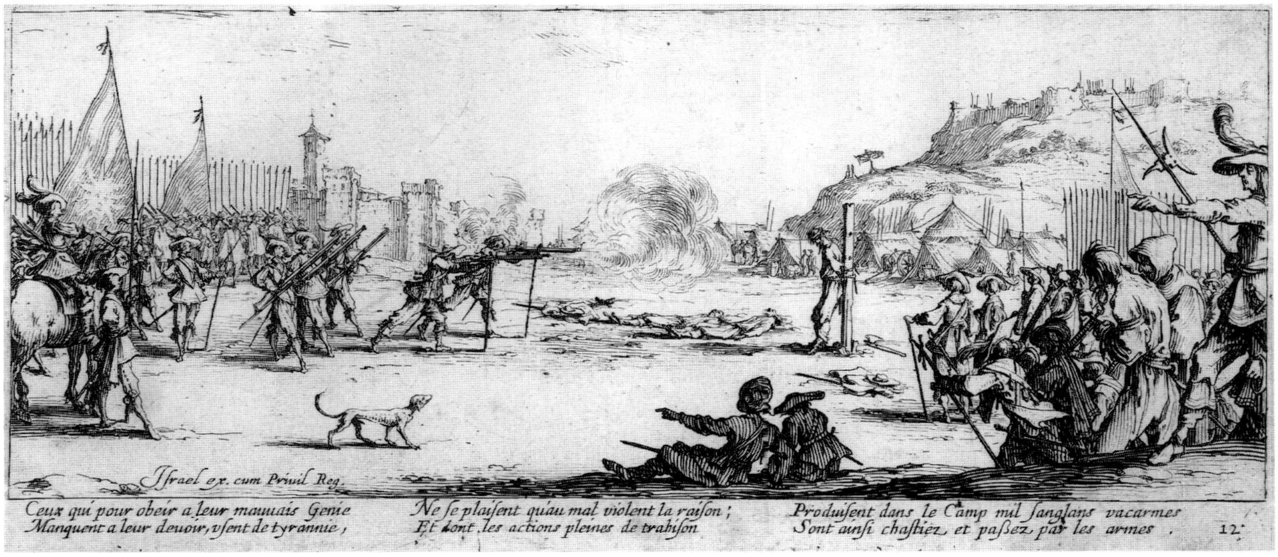
Israel ex. cum Priuil. Reg.
Ceux qui pour obeir a leur mauuais Genie
Manquent a leur deuoir, vsent de tyrannie,
Ne se plaisent quau mal violent la raison;
Et dont les actions pleines de trahison
Produisent dans le Camp mil sanglans vacarmes
Sont ainsi chastiez et passez par les armes.
12

30

31

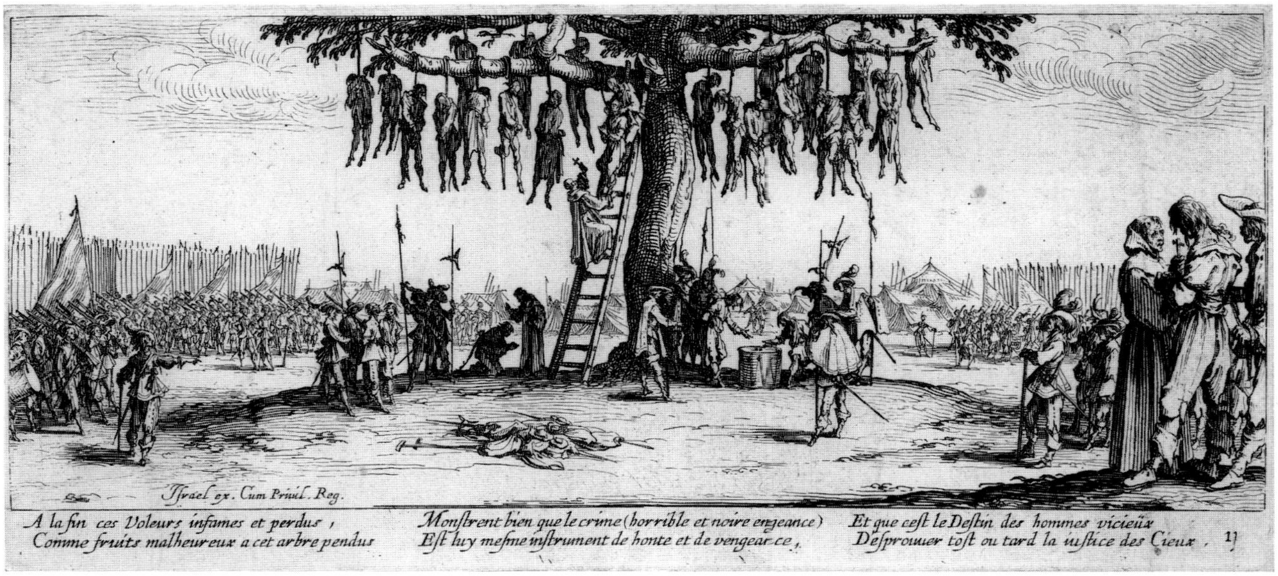
Israel ex. Cum Priuil. Reg.
A la fin ces Voleurs infames et perdus,
Comme fruits malheureux a cet arbre pendus
Monstrent bien que le crime (horrible et noire engeance)
Est luy mesme instrument de honte et de vengeance,
Et que cest le Destin des hommes vicieux
Desprouuer tost ou tard la iustice des Cieux.
13

JAMES GILLRAY (1757–1815)

32 Frankreich auf dem Höhepunkt seines Ruhms – Der Gipfel der Freiheit

(The Zenith of French Glory – The Pinnacle of Liberty)
1793

Radierung, koloriert
355 x 250 mm
Bez. in der Platte außerhalb der Darstellung u. re.: J^s G^y des^n et fec^t – pro bono publico – / Pub^d Feby 12th 1793. by H. Humphrey N° 18 Old Bond Street; Legende: The Zenith of French Glory; – The Pinnacle of Liberty. / *Religion, Justice, Loyalty, & all the Bugbears of Unenlighten'd Minds, Farewell!*
Wilhelm-Busch-Museum Hannover (Sammlung Max Hasse), Inv. Nr. KG 2546/87
Lit.: British Museum London. Catalogue of Political and Personal Satires, BM Nr. 8300. – Ausst. Kat. Hannover 1986, Wilhelm-Busch-Museum, James Gillray. Meisterwerke der Karikatur, Nr. 42.

Mit den Schreckensseiten der Französischen Revolution rechnet James Gillray in einer Karikatur anläßlich der Hinrichtung Ludwigs XVI. am 21. Januar 1793 ab. Ein Sansculotte spielt auf seiner Fiedel zum Totentanz der Guillotinen auf. Als zentrale Gestalt sitzt er auf einer Laterne, an der drei geistliche Würdenträger aufgehenkt sind. Das Blutgericht gilt neben Adel und Klerus auch der Justiz, die in Gestalt eines Richters zusammen mit den Symbolen der Gerechtigkeit am Galgen hängt. Im Hintergrund steht eine Kirche in Flammen, und die blasphemische Inschrift am Kruzifix in der Nische rechts oben lautet: »Gute Nacht, Monsieur«. Die Legende »Religion, Justiz, Loyalität und all der Popanz unaufgeklärten Geistes – Lebewohl!«, gibt der Aufklärung Schuld an diesen Ereignissen. [GV]

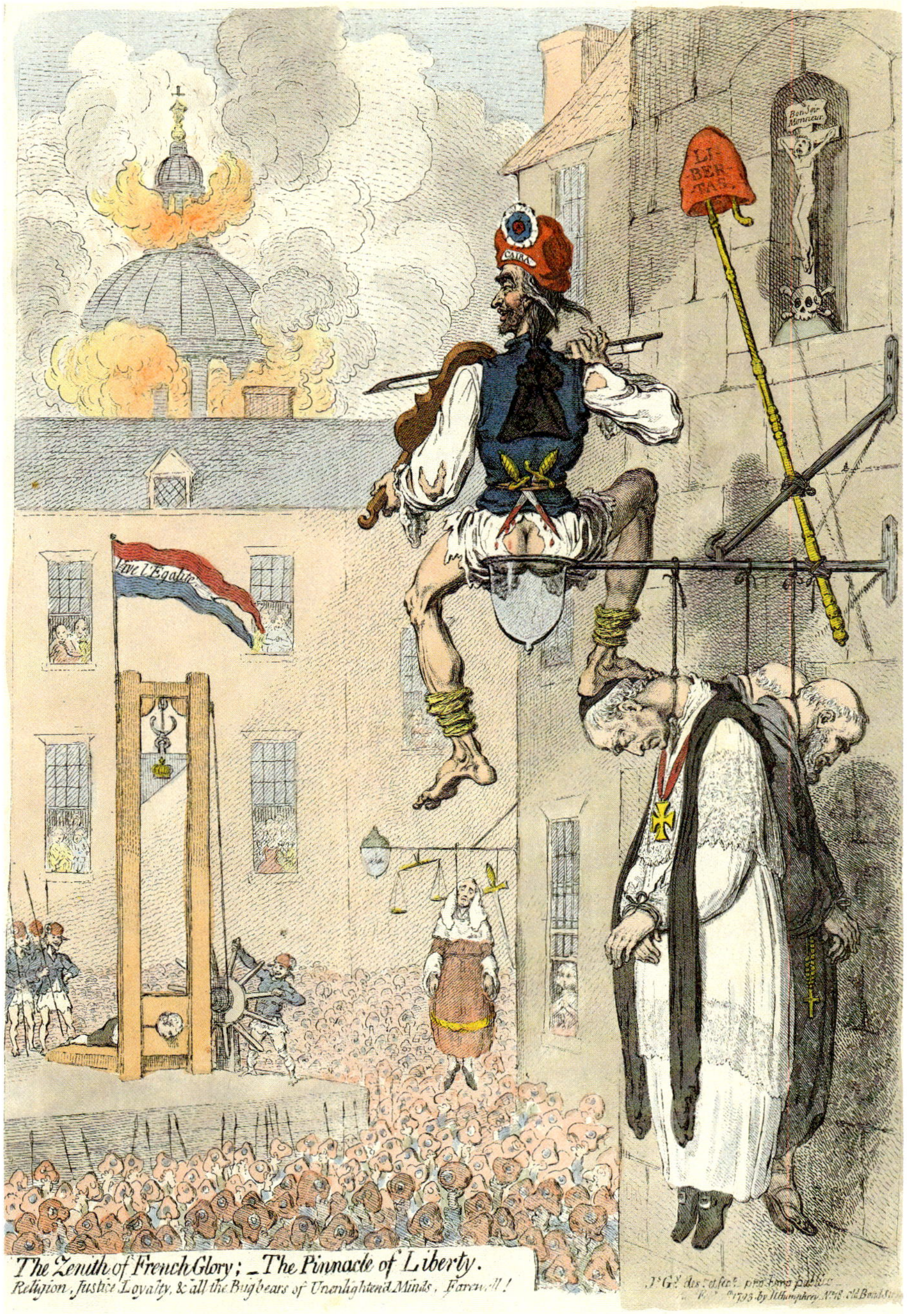

JAMES GILLRAY (1757–1815)

33 Die Sansculotten füttern Europa mit dem Brot der Freiheit

(Sans-Culottes, feeding Europe with the Bread of Liberty)
1793

Radierung, koloriert
304 x 365 mm
Bez. in der Platte innerhalb der Darstellung u. Mi.: Pub^d Jany 12th 1793, by H. Humphrey N 18 Old Bond Street; Legende: Sans-Culottes, feeding Europe with the Bread of Liberty; im Bild bez. (von links): Holland / Vive la Liberta / Germany & Prussia / John Bull / Savoy / Italy.
Wilhelm-Busch-Museum Hannover (Sammlung Max Hasse), Inv. Nr. KG 2558/87
Lit.: British Museum London. Catalogue of Political and Personal Satires, BM Nr. 8290. – Ausst. Kat. Hannover 1986, Wilhelm-Busch-Museum, James Gillray. Meisterwerke der Karikatur, Nr. 41.

Was es heißt, wenn die Errungenschaften der Revolution in den von Frankreich besetzten Ländern eingeführt werden, das zeigt James Gillray in seiner knapp einen Monat nach einem entsprechenden Beschluß des französischen Nationalkonvents veröffentlichten Karikatur. Das »Brot der Freiheit« wird mit Bajonetten, Dolchen und Kanonen den widerstrebenden Ländern in den Rachen gesteckt, während ihnen gleichzeitig das Geld aus den Taschen gezogen wird. Dem Papst rechts unten werden sogar die Tiara und die Schlüssel Petri entwendet. Im Zentrum der Karikatur steht der in sein Schicksal ergebene John Bull. Er wird von Charles James Fox (1749–1806) und Richard Brinsley Sheridan (1751–1816), den beiden führenden Whig-Politikern, »gefüttert«. Beide stecken in ebenso zerlumpten Kleidern wie alle anderen Sansculotten. Der Galgen links und die Kirchenruine rechts im Hintergrund lassen nichts Gutes ahnen. [GV]

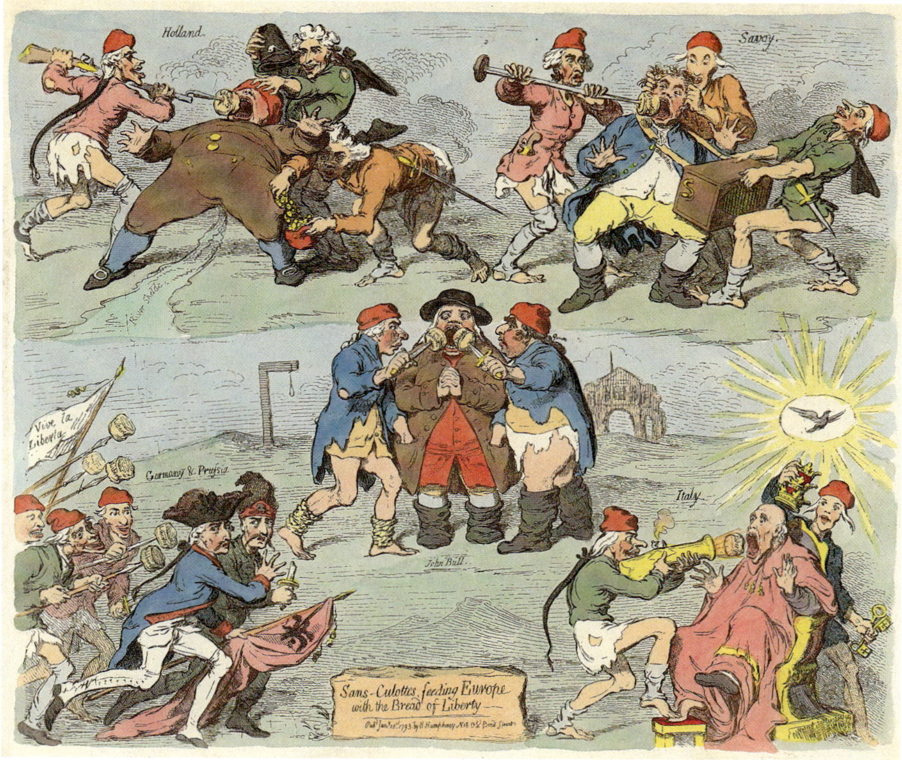

33

FRANCISCO DE GOYA (1746–1828)

34 Und daran ist nichts zu ändern
(Y no hay remedio)
Desastres de la guerra, Blatt 15
1810–11

Radierung, Kaltnadel, Kupferstich und Polierstahl
Platte: 140 x 167 mm; Blatt: 235 x 333 mm
Bez. in der Platte außerhalb der Darstellung o. li.: 15; – Ausgabe: 2. Auflage von 1892, Real Academia de Bellas Artes de San Fernando, Madrid.
Wilhelm-Busch-Museum Hannover, Inv. Nr. KG 1957/84
Lit.: Tomás Harris, Goya. Engravings and Lithographs, 2 Bände, Oxford 1964, Nr. 135. – Ausst. Kat. Hamburg 1980, Kunsthalle, Goya. Das Zeitalter der Revolutionen 1789–1830, Nr. 82.

Die »Desastres de la guerra« entstanden vor dem Hintergrund des spanisch-französischen Krieges 1808–1813, des Hungerwinters 1811/12 und der nachfolgenden innenpolitischen Entwicklung Spaniens bis 1820. Die 80 Blätter umfassende Folge ist weit mehr als eine Chronologie der Schreckensereignisse während und nach dem Krieg. In den weitaus meisten Blättern der »Desastres« zeigt Goya das durch den Krieg verur-

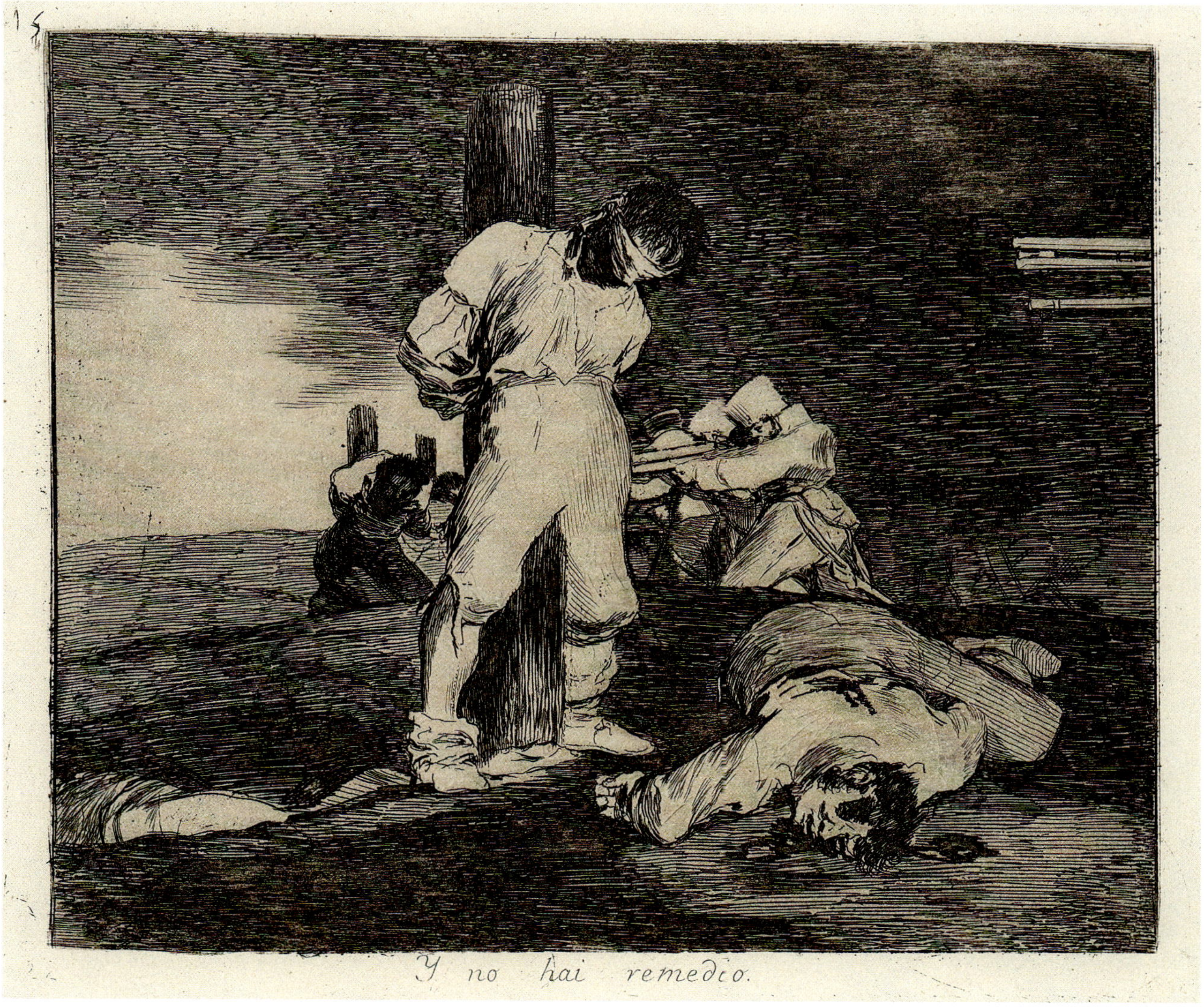

34

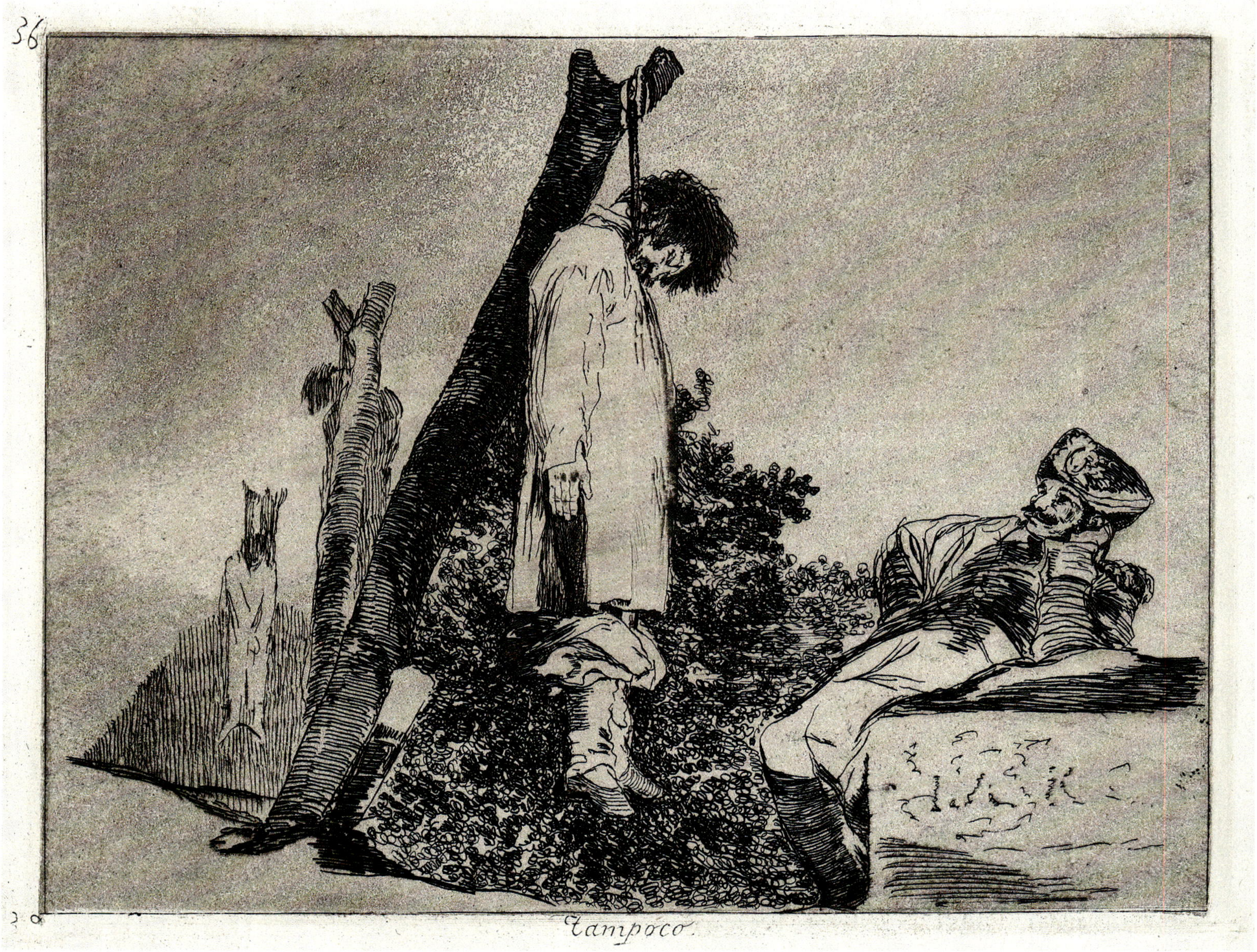

sachte Leiden, ohne daß die Schuldigen erscheinen. Die Opfer sind Männer, Frauen und Kinder, sind die Unschuldigen und Schwachen. Goya hält erschrekkende Szenen von Exekutionen und Hinrichtungen fest. Von erschütternder Eindringlichkeit ist Des. 15: »Hier ist keine Rettung mehr«. Die ins Bild ragenden Gewehrläufe des unsichtbar bleibenden Exekutionskommandos, die hell beleuchtete Gestalt des Opfers vor einem drohend sich verdunkelnden Himmel gehören zu den eindrucksvollsten Manifestationen gegen die Grausamkeit des Krieges.
Andere Szenen zeigen Vergewaltigungen, Lynchjustiz und die Verwüstungen durch den Krieg, zeigen die Folgen des Krieges, Epidemien und Hunger, die Hoffnungslosigkeit verbreiten. [GV]

FRANCISCO DE GOYA (1746–1828)

35 **Auch hier nicht**
(Tampaco)
Desastres de la guerra, Blatt 36
1812–15

Radierung, Aquatinta mit Polierstahl, Kaltnadel, Kupferstich
Platte: 157 x 207 mm; Blatt: 235 x 333 mm
Bez. in der Platte außerhalb der Darstellung o. li.: 36; Ausgabe: 2. Auflage von 1892, Real Academia de Bellas Artes de San Fernando, Madrid.
Wilhelm-Busch-Museum Hannover, Inv. Nr. KG 1978/84
Lit.: Tomás Harris, Goya. Engravings and Lithographs, 2 Bände, Oxford 1964, Nr. 156. – Ausst. Kat. Hamburg 1980, Kunsthalle, Goya. Das Zeitalter der Revolutionen 1789–1830, Nr. 86.
Siehe Kat. 34.

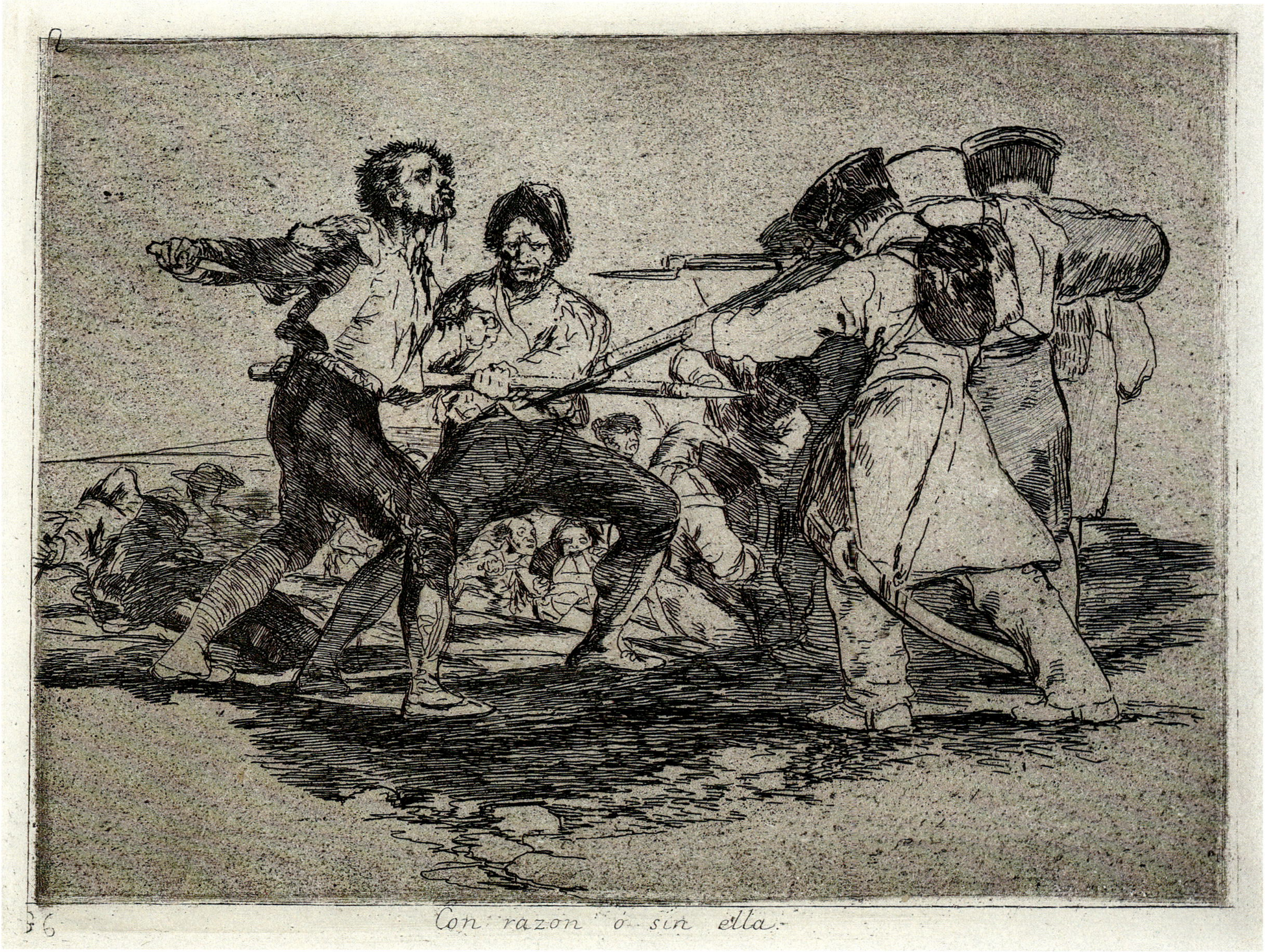

FRANCISCO DE GOYA (1746–1828)

36 Zu Recht oder nicht
(Con razon o sin ella)
Desastres de la guerra, Blatt 2
um 1812–15

Radierung, Lavis, Kaltnadel, Kupferstich, Polierstahl
Platte: 155 x 207 mm; Blatt: 235 x 333 mm
Bez. in der Platte außerhalb der Darstellung o. li.: 36; Legende: Con razon o sin ella. – Ausgabe: 2. Auflage von 1892, Real Academia de Bellas Artes de San Fernando, Madrid.
Wilhelm-Busch-Museum Hannover, Inv. Nr. KG 1944/84
Lit.: Tomás Harris, Goya. Engravings and Lithographs, 2 Bände, Oxford 1964, Nr. 122.

Siehe Kat. 34.

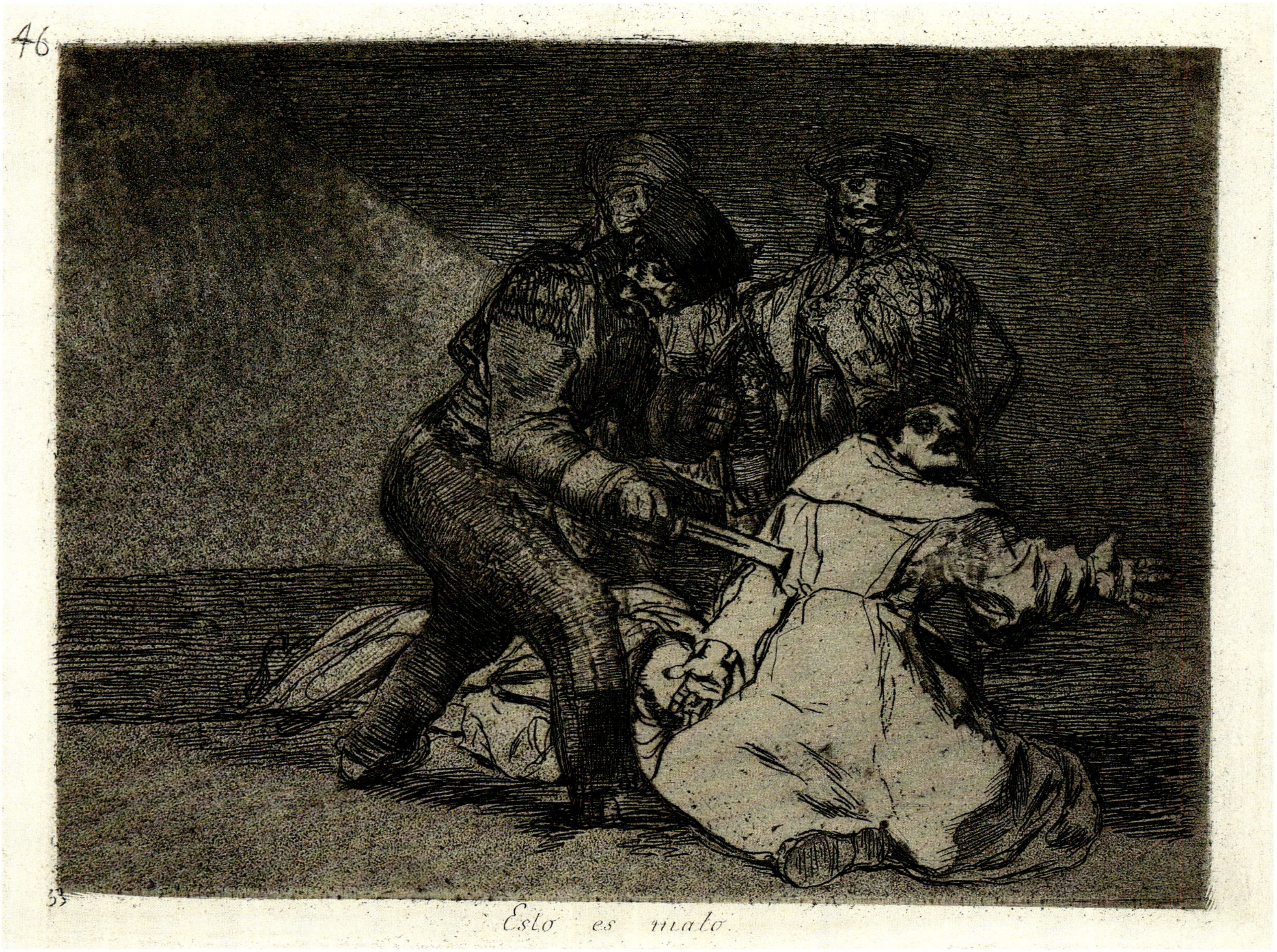

FRANCISCO DE GOYA (1746–1828)

37 Das ist schlimm
(Esto es malo)
Desastres de la guerra, Blatt 46
um 1812–15

Radierung, Aquatinta mit Polierstahl, Lavis, Kaltnadel und Kupferstich
Platte: 153 x 202 mm; Blatt: 235 x 333 mm
Bez. in der Platte außerhalb der Darstellung o. li.: 46; – Ausgabe: 2. Auflage von 1892, Real Academia de Bellas Artes de San Fernando, Madrid.
Wilhelm-Busch-Museum Hannover, Inv. Nr. KG 1988/84
Lit.: Tomás Harris, Goya. Engravings and Lithographs, 2 Bände, Oxford 1964, Nr. 166.

Siehe Kat. 34.

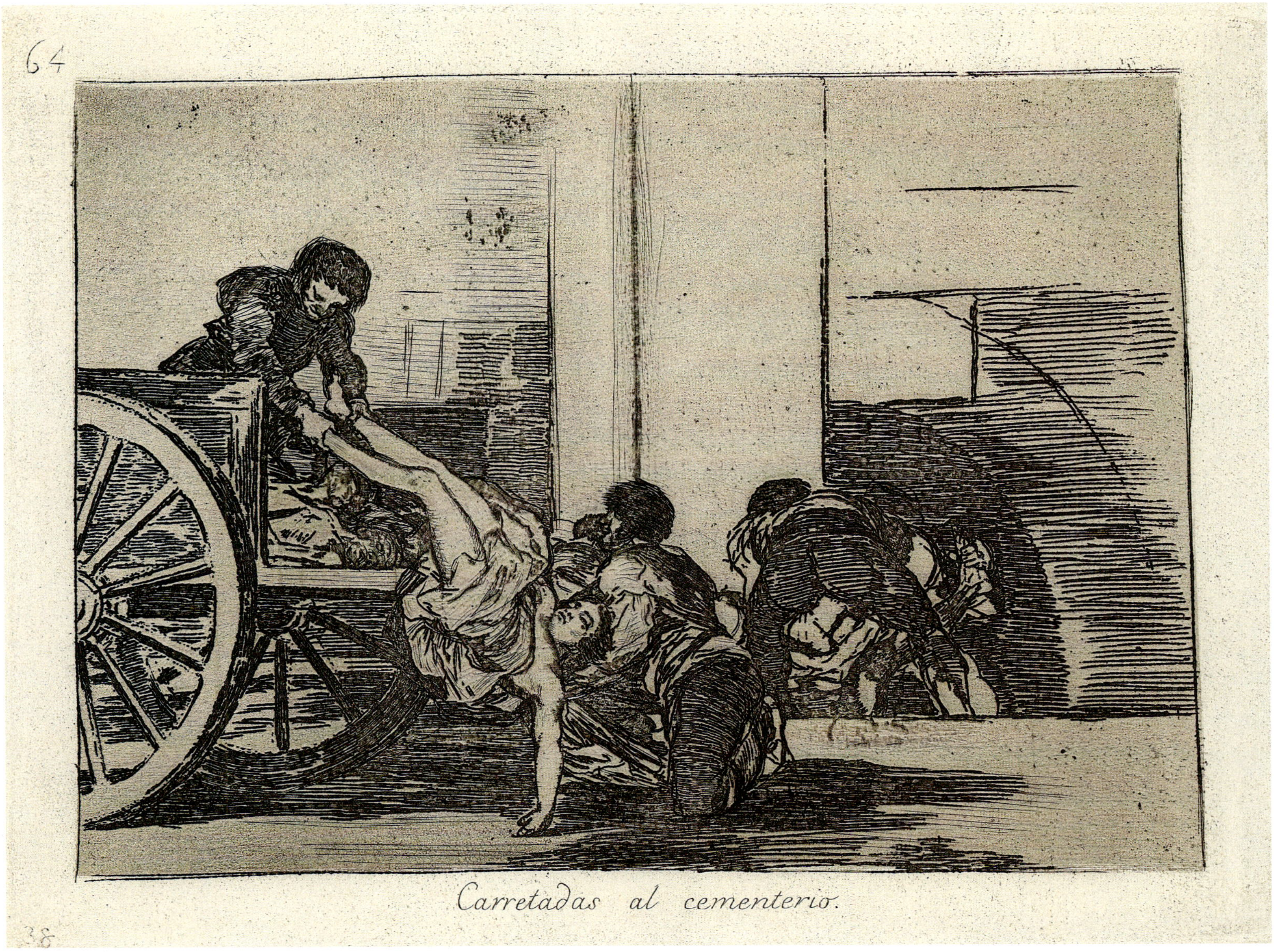

FRANCISCO DE GOYA (1746–1828)

38 Karrenladungen für den Friedhof
(Carretadas al cementerio)
Desastres de la guerra, Blatt 64
1812–15

Radierung, Aquatinta, Kaltnadel, Kupferstich und Polierstahl
Platte: 150 x 205 mm; Blatt: 235 x 333 mm
Bez. in der Platte außerhalb der Darstellung o. li.: 64; u. li.: 38; Ausgabe: 2. Auflage von 1892, Real Academia de Bellas Artes de San Fernando, Madrid.
Wilhelm-Busch-Museum Hannover, Inv. Nr. KG 2006/84
Lit.: Tomás Harris, Goya. Engravings and Lithographs, 2 Bände, Oxford 1964, Nr. 184. – Ausst. Kat. Hamburg 1980, Kunsthalle, Goya. Das Zeitalter der Revolutionen 1789–1830, Nr. 93.

Siehe Kat. 34.

KÄTHE KOLLWITZ (1867–1945)

39 »Die Pflüger«
Blatt 1 aus dem Zyklus »Bauernkrieg«
1906

Radierung und Aquatinta, Zustand IX b, Drucke nach 1945 von der aufgearbeiteten Platte, 314 x 453 mm
Köln, Käthe Kollwitz Museum
Lit.: A. Klipstein, Käthe Kollwitz, Verzeichnis des graphischen Werkes, Bern 1955, Nr. 94. – H. Bittner, Käthe Kollwitz, drawings, 4. Aufl. New York 1964. – F. Schmalenbach, Käthe Kollwitz, Köln 1965. – O. Nagel und W. Timm, Käthe Kollwitz, Die Handzeichnungen, Berlin 1972.

Die Künstlerin wurde bereits während ihrer Studienjahre mit den dramatischen sozialen Problemen ihrer Zeit konfrontiert. So bot ihr Gerhart Hauptmanns Stoff zu dem Schauspiel »Die Weber« (Berlin 1892), worin er mit ungeheuerer naturalistischer Kraft das Elend von Hoffnungslosigkeit und Armut dieser Men-

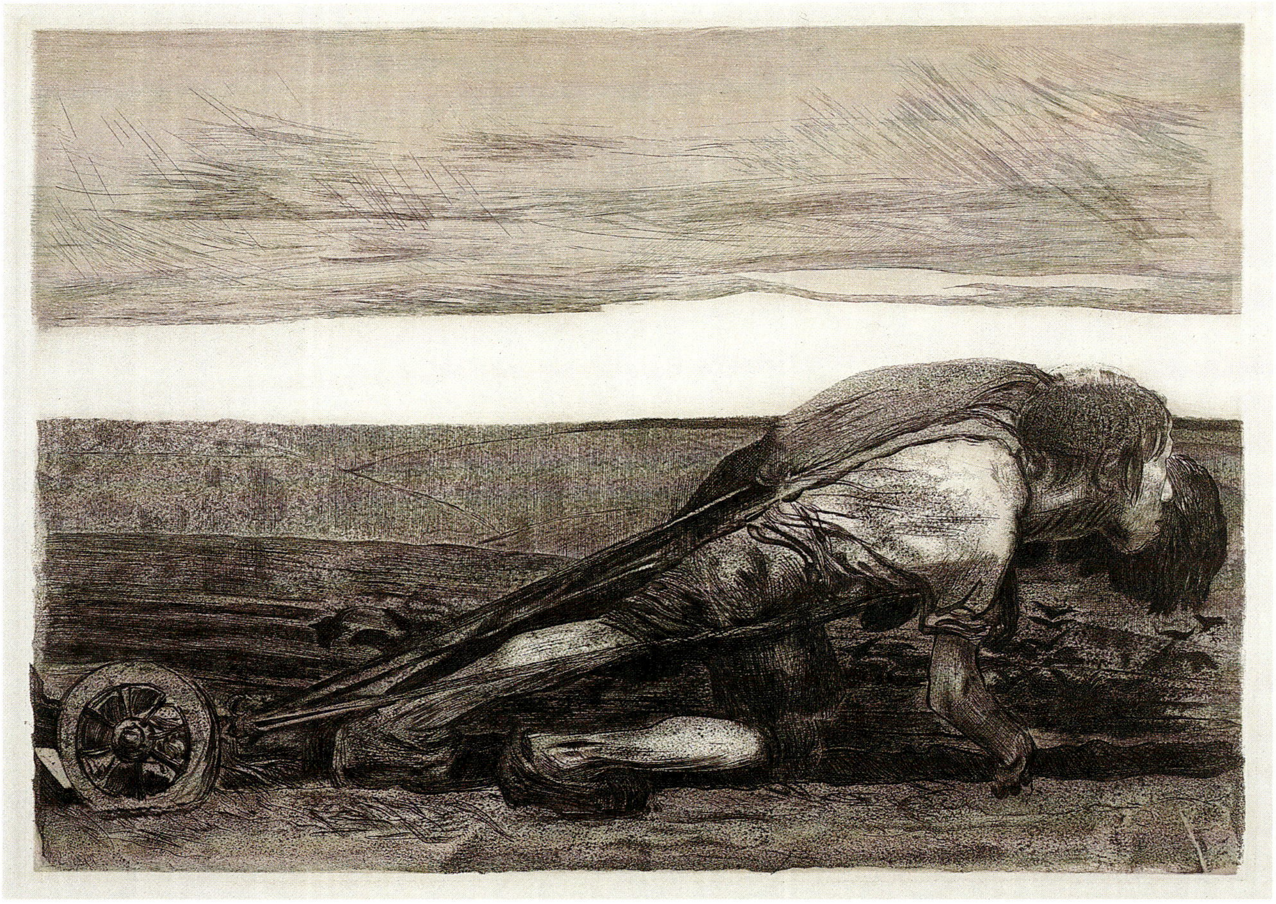

39

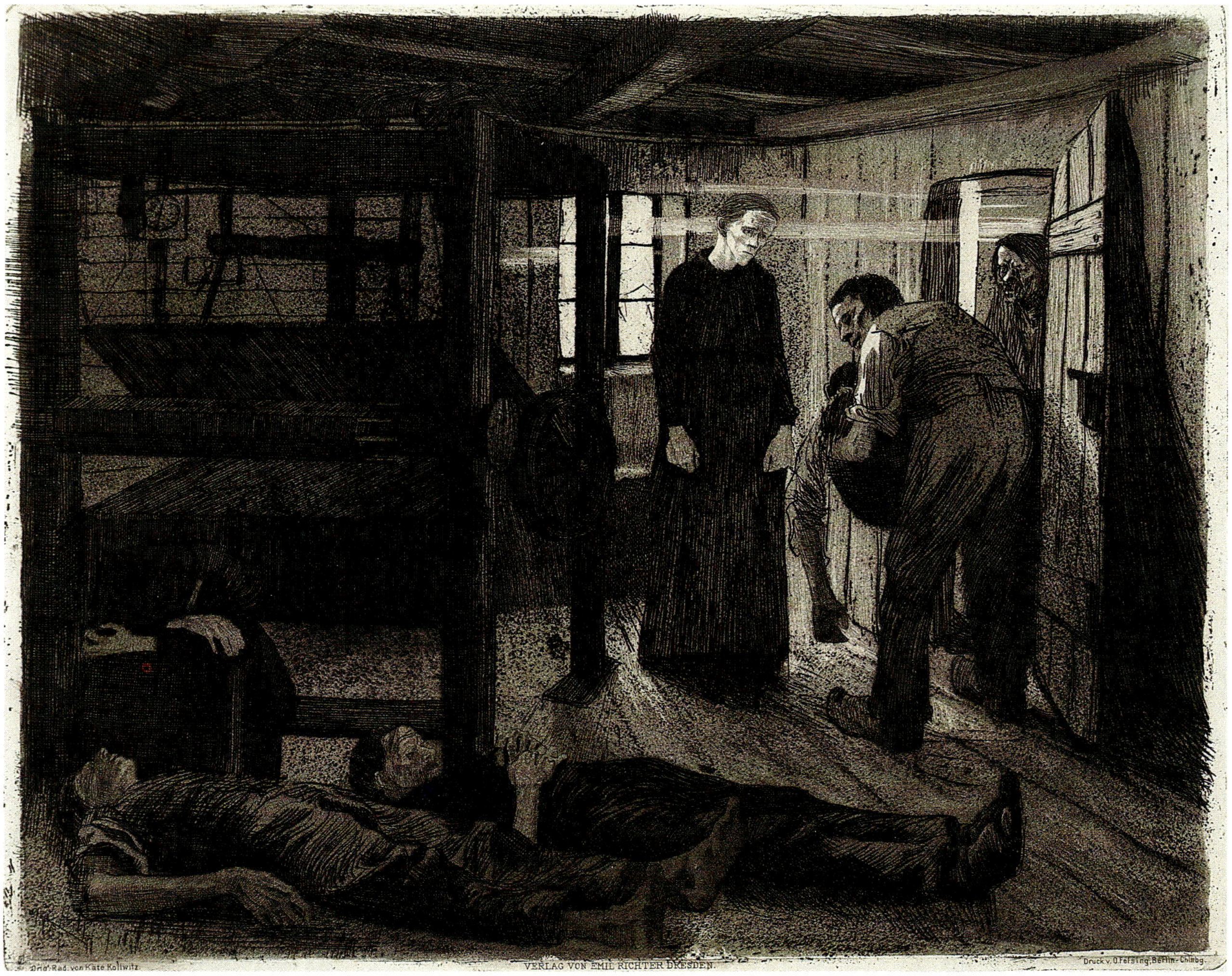
Orig. Rad. von Käte Kollwitz
VERLAG VON EMIL RICHTER DRESDEN.
Druck v. O. Felsing, Berlin-Chlbg.

41

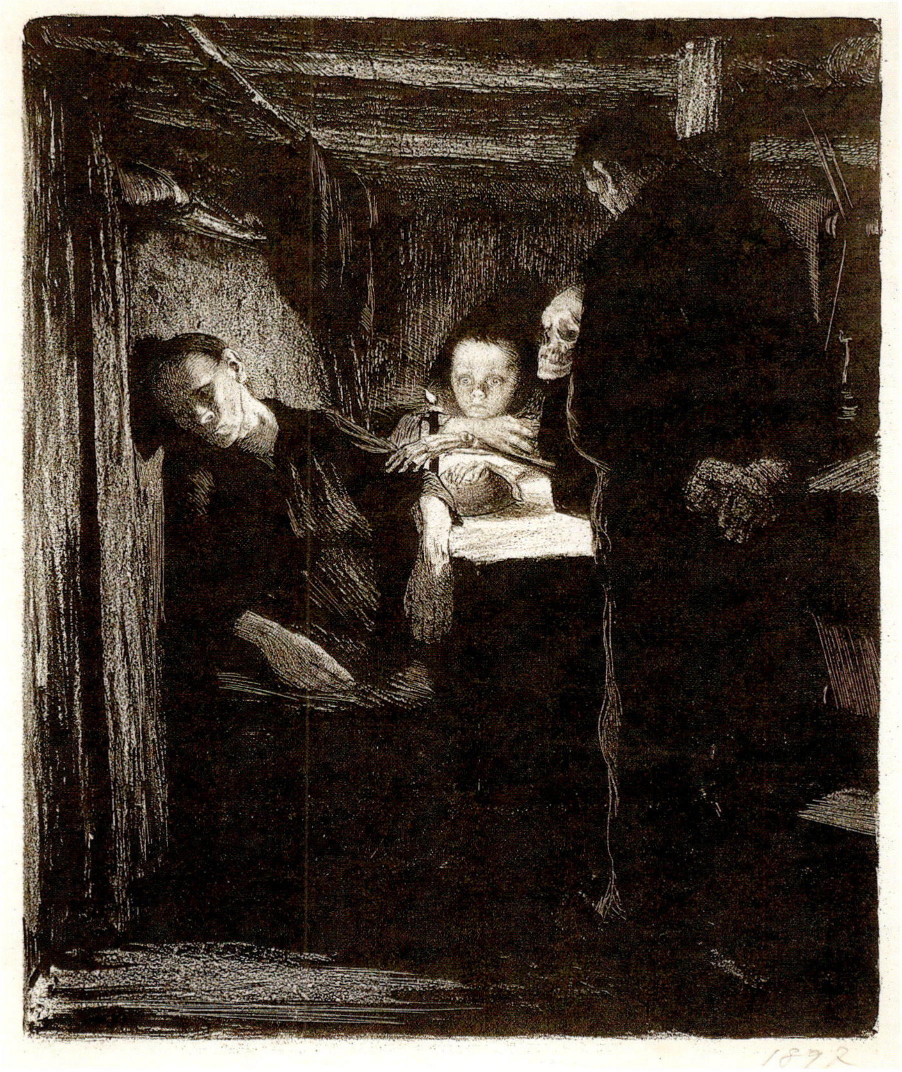

40

KÄTHE KOLLWITZ (1867–1945)

40 »Tod«
Blatt 2 aus dem Zyklus »Ein Weberaufstand« 1897

Lithographie, Zustand II.b.: Auflage: Richter, 50 signierte und numerierte Drucke auf gelblichem China, auf weißes Kupferdruckpapier aufgewalzt, 222 x 184 mm (Klipstein Nr. 35)
Köln, Käthe Kollwitz Museum

KÄTHE KOLLWITZ (1867–1945)

41 »Ende«
Blatt 6 aus dem Zyklus »Ein Weberaufstand« 1897

Radierung, Aquatinta und Schmirgel, Zustand III, auf Kupferdruckpapier, 245 x 305 mm (Klipstein Nr. 37)
Köln, Käthe Kollwitz Museum

EDUARD THÖNY (1866–1950)

42 **Kanonenfutter**
1905
»Hinter den Mauern, hinter den Schlöten,
Liegt euer Vaterland,
Ihr sollt euch schlagen dafür und töten,
Und habt es niemals gekannt.«

Abgedruckt in: »Simplicissimus«, Jg. 10, Nr. 18, S. 206, dreiviertelseitig

Tusche (Pinsel), Deckweiß, 340 x 265 mm
Privatbesitz München

schen geschildert und damit eine flammende Anklage des zügellosen Kapitalismus auf die Bühne gestellt hatte, den Anstoß zu einem graphischen Zyklus, dessen sechs Blätter in der Berliner Kunstausstellung von 1898 großes Aufsehen erregten. Die Behandlung der Themen jedoch ist bei Kollwitz ganz eigenständig, von meisterhafter künstlerischer Ausdrucksstärke; eben sie wurden zum Fundament eines Lebenswerkes, das in Sozialkritik und Menschlichkeit lebenslang Höhepunkte fand. Die Anklage des Unmenschlichen durch Darstellung in Bildern ist zwar gewiß nicht generell zur Karikatur zu zählen. Dennoch kann man eben diese, einer bildkünstlerischen Zeitkritik die Bahn brechenden Werke in unserem Zusammenhang nicht missen, ist doch die Aufgabe, durch Kunst den Finger auf die wunden Stellen der Zeit und ihrer Gesellschaft zu legen, eine der bedeutendsten Aufgaben von Satire und Karikatur überhaupt. [WK]

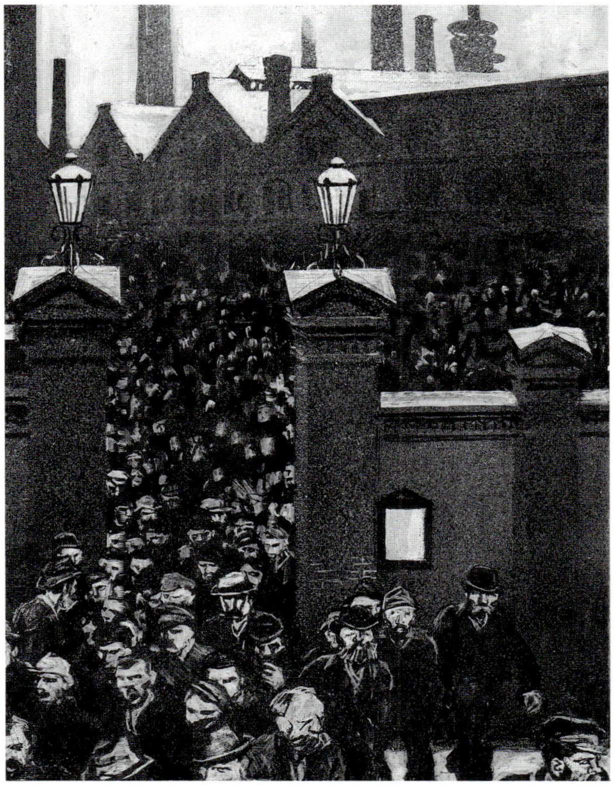

THOMAS THEODOR HEINE (1867–1948)

43 Danae – Hohe und niedere Staatspensionäre
1927

Abgedruckt in: »Simplicissimus«, Jg. 31, Nr. 50, S. 676, halbseitig, Farben im Druck: Blau, Olivgrün, Ocker

Tusche (Pinsel, Feder), Deckweiß, Gouache, Farben: Blau, Grün, Ocker, 260x260 mm
Bez. Mitte li.: TTH
München, Städtische Galerie im Lenbachhaus,
Inv. Nr. Heine 286

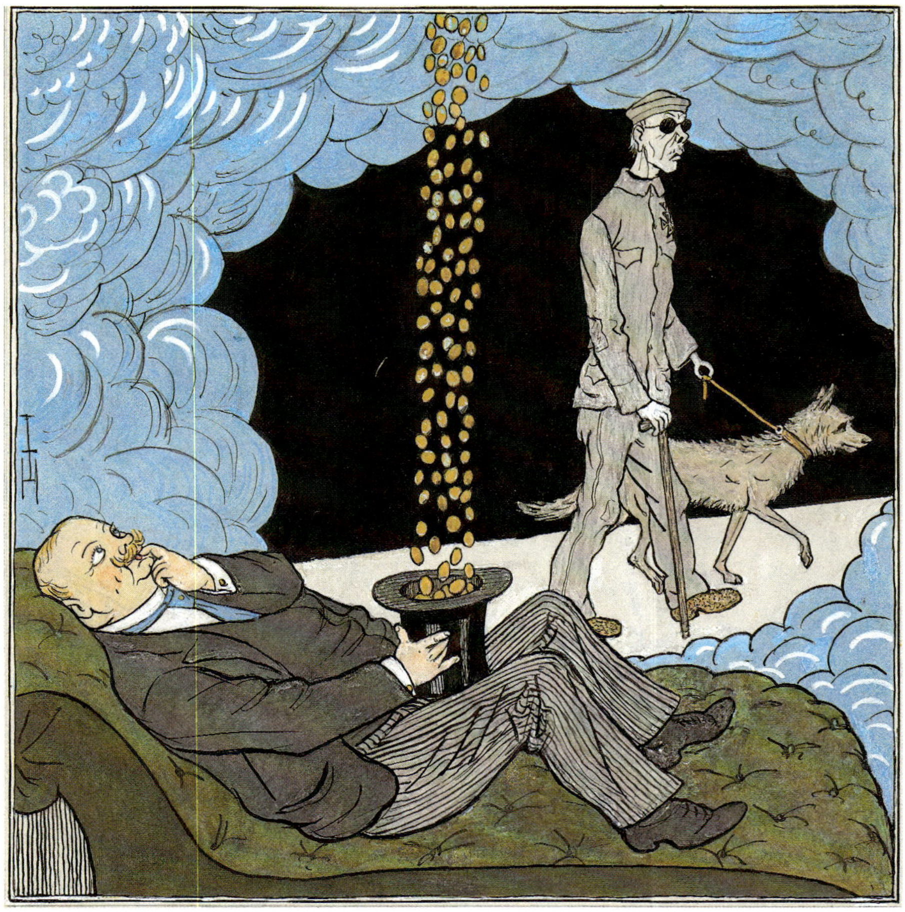

Der Titel bezieht sich auf Danaë, eine Gestalt aus der griechischen Mythologie, die von ihrem Vater in einen eisernen Turm gesperrt worden war, weil ihm ein Orakel den Tod von der Hand eines Enkels prophezeit hatte. Der listenreiche Zeus vermählte sich mit ihr in der Form eines Goldregens und zeugte Perseus.
Damit unterstreicht die Karikatur die Irrationalität von Armut, Reichtum und vermeintlichem Verdienst: der »hohe« Staatspensionär ist offensichtlich ebenso ratlos über den unverdienten Geldsegen wie sein »niederer« Gegenpart über dessen Ausbleiben, geht dieser doch blind und in Unkenntnis anderer Möglichkeiten seines Weges. [CSH]

PAUL FLORA (geb. 1922)

44 Militärische Anlage
1960

Tusche/Feder, 430x611 mm
Sign. u. li.: FLORA 60.
Bez. u. re.: MILITÄRISCHE ANLAGE
Wilhelm-Busch-Museum Hannover, Inv. Nr. KG 117/63

Am Anfang steht ein ruhm- und siegverheißendes antikes Portal, am Ende eine große Ausgußröhre, dazwischen eine »in allen Kulturstaaten ges. gesch. Anlage«. Eine einfache Geschichte vom Leben und Sterben des Soldaten für Ruhm und Vaterland. In dieser Einfachheit

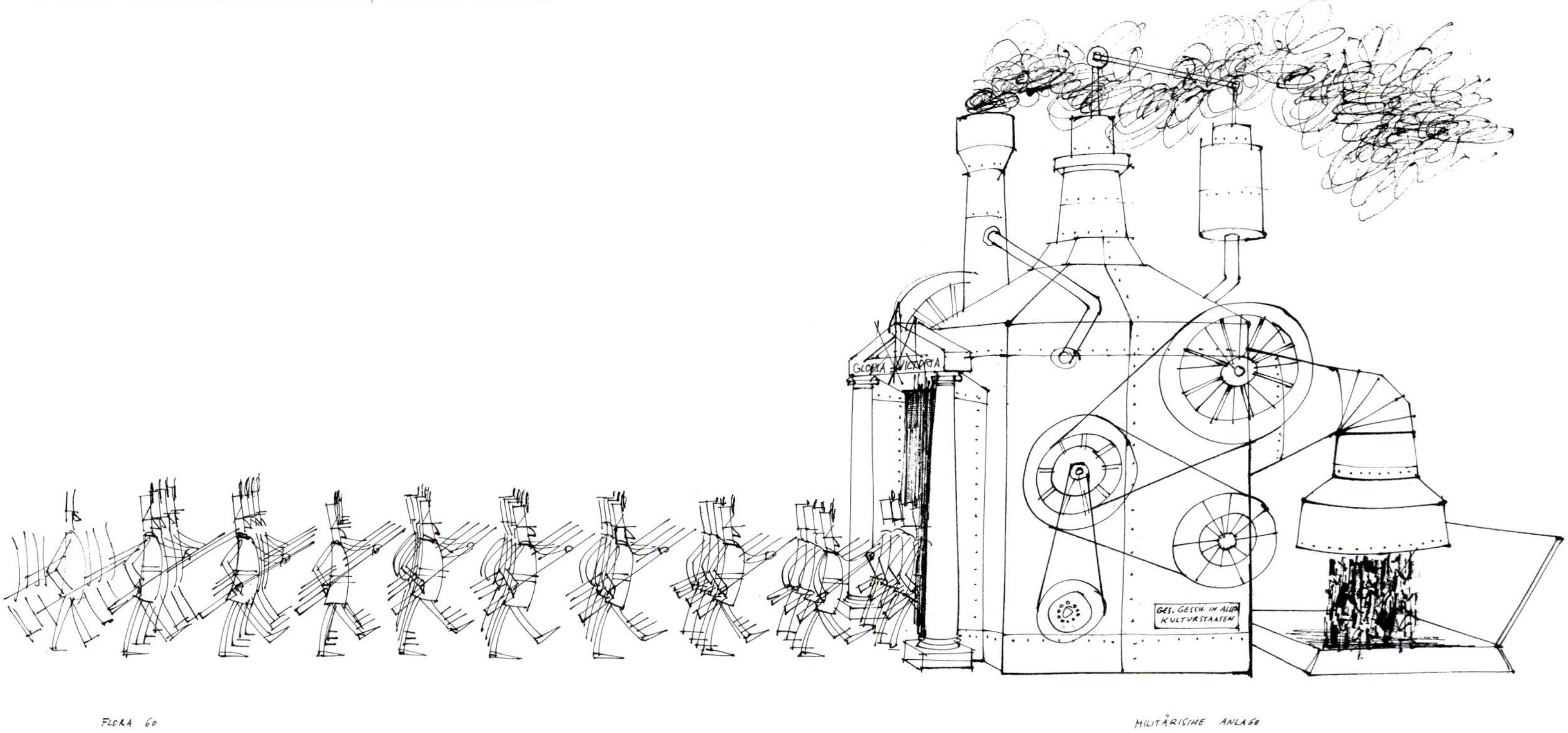

liegt die Stärke von Floras Karikatur, die die Sinnlosigkeit des Militarismus mit dem Funktionieren einer Anlage, die nicht stillstehen darf, gleichsetzt. [GV]

JOHN HEARTFIELD [HELMUT HERZFELDE] (1891–1968)

45 Buchumschlag zu Ilja Ehrenburg »Die heiligsten Güter«

Malik-Verlag, Berlin 1931, 289 x 186 mm
Berlin, Akademie der Künste, Inv. Nr. 242

Ebenso wie George Grosz hatte sich auch sein Freund Helmut Herzfelde, der sich aus Protest gegen die antienglische Einstellung nach dem Ersten Weltkrieg John Heartfield nannte, früh schon der DaDa-Bewegung angeschlossen, beide gingen allerdings künstlerisch sehr verschiedene Wege. Hatte sich durch R. Hausmann und H. Höch seit etwa 1917 eine neue Technik photographischer Bildkomposition durch die »Photomontage« gebildet, so sollte Heartfield der vielleicht phantasievollste, jedenfalls aber in seiner heftigen politischen Kritik am nationalsozialistischen Regime der wirkungsvollste Künstler dieses Genres werden. Für DaDa galt Photomontage als wichtigstes Ausdrucksmittel, weil sie so wie nichts Vergleichbares »die Objektivität des Scheins in Frage« zu stellen vermag, wie J.L. Daval ausführt (Die Photographie, Geschichte einer Kunst, Suttgart 1983, S. 153). Heartfield, zunächst »Monteur-Dada« genannt, arbeitete erst als Regisseur von Trickfilmen für E. Piscators »Proletarisches Theater«, wo er sich die technischen Voraussetzungen seiner Gestaltungen erwarb. Seit 1924 erschienen dann die Photomontagen, mit denen er in gewisser Weise Grosz sogar überlegen wurde, indem er über zersetzende Kritik hinaus das Ziel einer neuen Ordnung vor Augen zu führen versuchte. »Entlarven und die Massen zum Kampf gegen die Entlarvten aufrufen« (G. Piltz, Geschichte der europäischen Karikatur, Berlin 1976, S. 257), das war sein Ziel. Die meisten seiner Arbeiten erschienen in der »AIZ« (Arbeiter-Illustrierten-Zeitung), deren Verbreitung mit über vier Millionen Exemplaren ganz außerordentlich war, und so zählen gewiß auch die schonungslosen Montagen Heartfields zu der am meisten verbreiteten kritischen Kunst überhaupt. [WK]

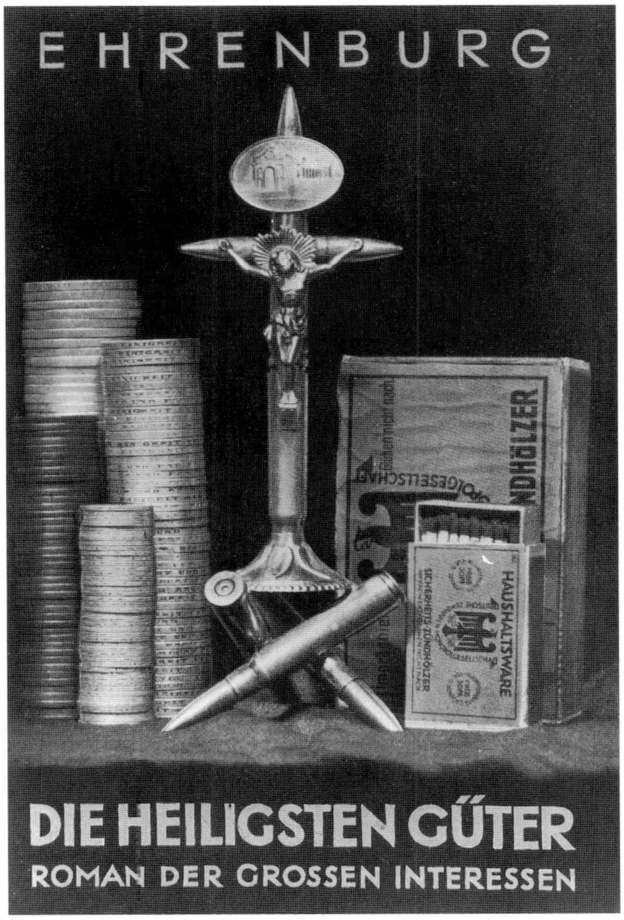

JOHN HEARTFIELD [HELMUT HERZFELDE] (1891–1968)

46 »Ab 1. Januar neue Briefmarken im Dritten Reich«

Publiziert in: »AIZ«, Prag, Nr. 1, 4. I. 1934, S. 3
380 x 270 mm
Bez. u. re.: »Fotomontage: John Heartfield«
Berlin, Akademie der Künste, Inv. Nr. 1309

Siehe Kat. 45.

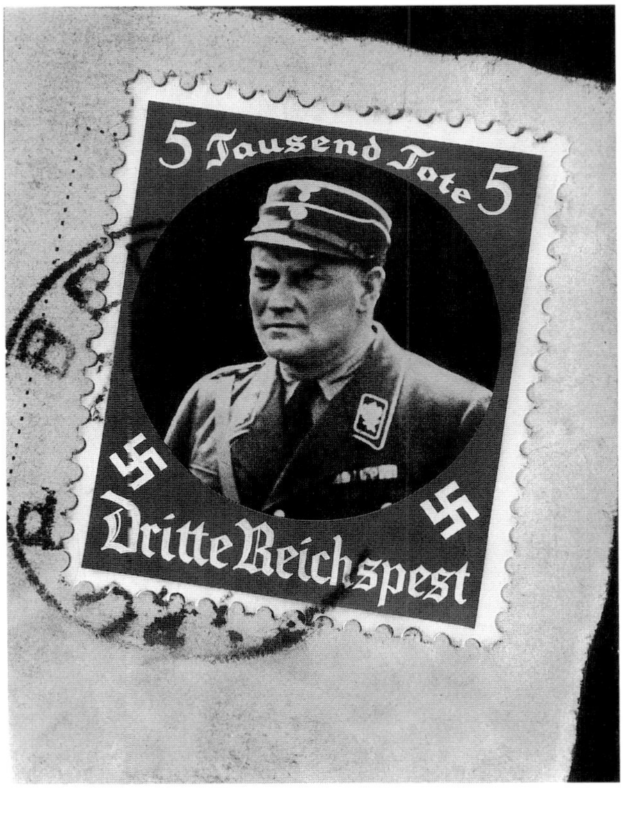

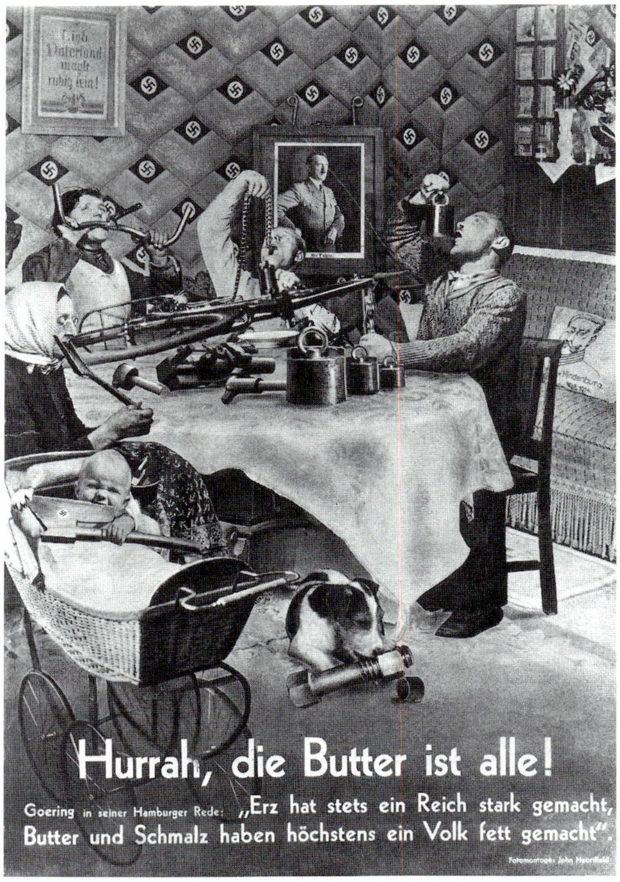

47

48

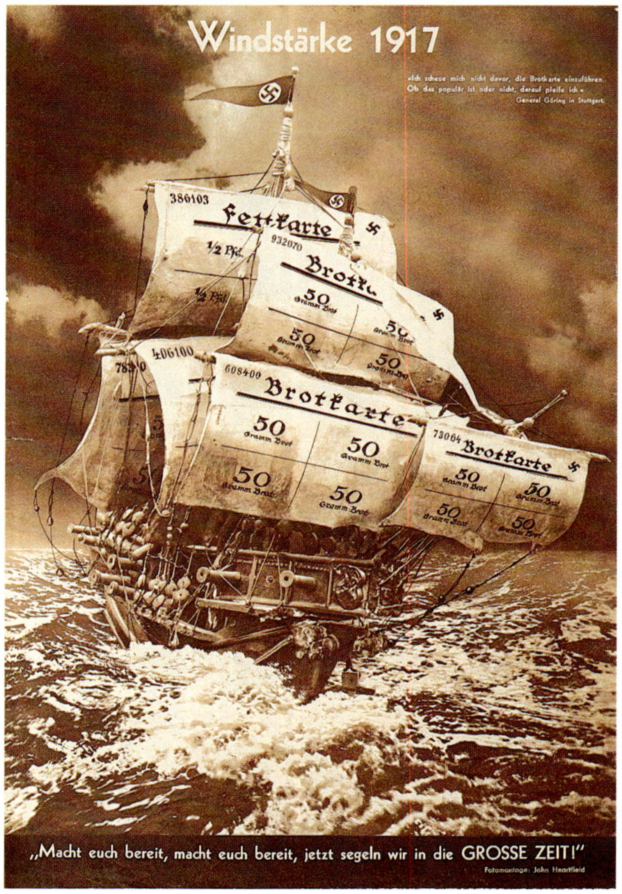

JOHN HEARTFIELD [HELMUT HERZFELDE]
(1891–1968)

47 »Hurrah, die Butter ist alle«

Publiziert in: »AIZ«, Prag, Nr. 51, 19. 12. 1935, S. 816

380 x 270 mm
Bez. u. re.: »Fotomontage: John Heartfield«
Berlin, Akademie der Künste, Inv. Nr. 1183

Siehe Kat. 45.

JOHN HEARTFIELD [HELMUT HERZFELDE]
(1891–1968)

48 »Windstärke 1917«

Publiziert in: »VI«, Prag, Nr. 39, 29. 9. 1937
380 x 270 mm

Titel: »Macht Euch bereit, jetzt segeln wie in die GROSSE ZEIT
Bez. u. re.: »Fotomontage: John Heartfield«
Berlin, Akademie der Künste, Inv. Nr. 827

Siehe Kat. 45.

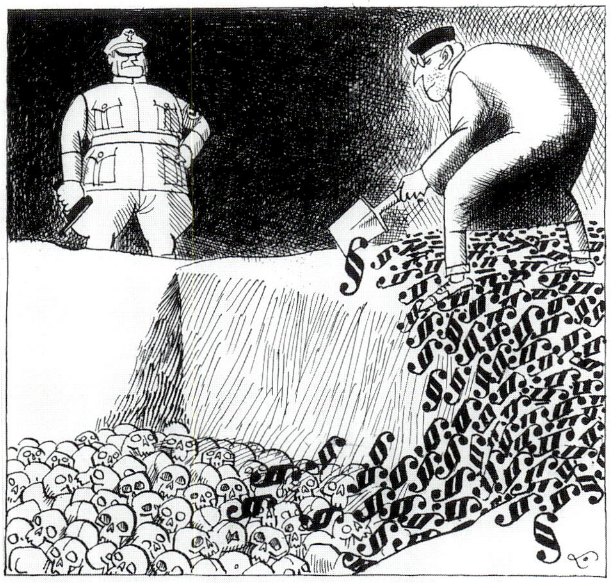

49

ERNST MARIA LANG (geb. 1916)

49 Die Verjährung
1965

Publiziert in: »Süddeutsche Zeitung« vom 10. 3. 1965, mit Untertext: »Gespenst aus der Vergangenheit: Im Brustton spricht der Terrorknecht, die Lösung wär für uns das Recht.«

Bleistift, schwarze Tusche (Feder), schwarzer Filzstift, weiß korrigiert, 254 x 265 mm (Blatt: 312 x 325 mm)
Sign. u. re.: L.
Bez. u.: DIE VERJÄHRUNG
Die Neue Sammlung München
Lit.: Ausst. Kat. München 1970, SZ Karikade. Die Zeichner der Süddeutschen Zeitung, S. 41 m. Abb. – E.M. Lang, Die Gezeichneten, München 1971, S. 48 m. Abb. – ders., ... so Lang die Tusche reicht, München 1976, S. 86 m. Abb. – 30 Jahre Bundesrepublik Deutschland aus der Sicht bayerischer Karikaturisten, München 1980, S. 110 m. Abb. – Ausst. Kat. München

1990, Die Neue Sammlung, Ernst Maria Lang. Bayern und Ereignisse der Welt, Karikaturen der Süddeutschen Zeitung, S. 136 f. m. Abb.

Nach dem deutschen Strafrecht verjährt Völkermord ebenso wie Mord und Beihilfe zum Mord nach zwanzig Jahren. Die Verjährung für nationalsozialistische Verbrechen liefe somit am 8.4. 1965 ab. Bundestag, Parteien und Bundesrat beschäftigen sich 1964/65 in heftigen, emotionsgeladenen Debatten mit dem Problem.
[EML]

TOMI UNGERER (geb. 1931)

50 Black and White
1967

Tusche/Pinsel, Farbstift
353 x 260 mm
Sign. u. li.: T. Ungerer
Wilhelm-Busch-Museum Hannover, Inv. Nr. 3505/82

Schwarze und weiße Hautfarbe, zwei Gegensätze, die für das gesamte Problem der Rassendiskriminierung stehen. Ein Thema von trauriger Aktualität. Jeder hat dem anderen den Kopf abgeschlagen – und was ist erreicht?
Tomi Ungerer hat sich in den sechziger Jahren auch als Plakatkünstler einen Namen gemacht. Seine politischen Motive zeichnen sich durch plakative Unmittelbarkeit aus. Sie formulieren provokant und zynisch die Kritik an gesellschaftlichen und politischen Erscheinungen. Die hier abgebildete Skizze ist als Plakatentwurf zu verstehen. [GV]

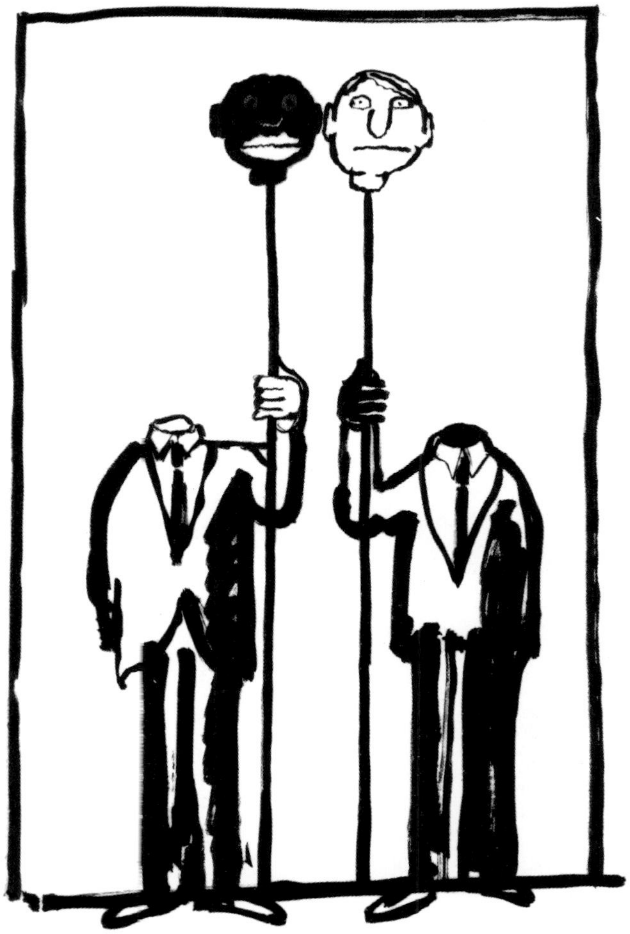

TOMI UNGERER (geb. 1931)

51 They will remember US
1967

Tusche/Pinsel
595 x 428 mm
Sign. und dat. u. li.: T. Ungerer 1967
Bez. (Legende): THEY WILL REMEMBER / US
Wilhelm-Busch-Museum Hannover
(Rudolf-Ensmann-Sammlung)

Engagiert hat Tomi Ungerer die amerikanische Politik während des Vietnam-Krieges attackiert und die heftige öffentliche Diskussion begleitet. 1967 wurde er von Studenten und Professoren der Columbia Universität unter dem Eindruck des Vietnam-Krieges gebeten, eine Serie von Anti-Kriegs-Plakaten zu entwerfen. In diesem Zusammenhang entstand die Skizze »They will remember US«. In ihr faßt Tomi Ungerer zusammen, was die Amerikaner den Vietnamesen zurücklassen: Zerstörung durch den Krieg, Tod, Hunger und Elend der Bevölkerung sowie die Abfälle ihrer Zivilisation mit Dosen, Cola-Flasche und Pornoheft. [GV]

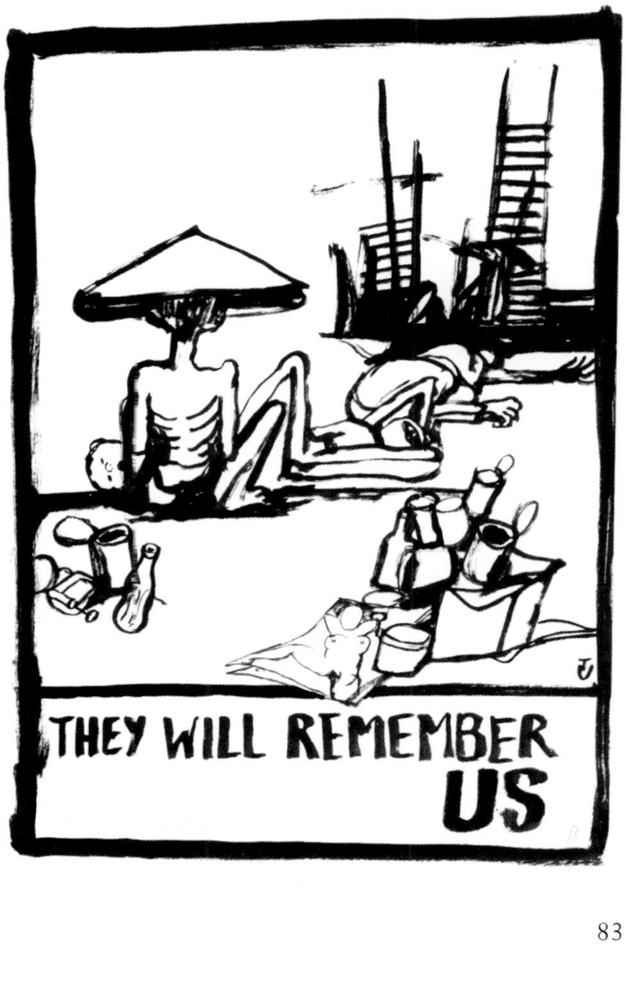

TOMI UNGERER (geb. 1931)

52 **Oh what a beautiful morning Oh what a wonderful day...** um 1964

Tusche/Feder und Pinsel
210 x 297 mm
Sign. u. re.: T. Ungerer
Bez. u. li.: Oh what a beautiful morning / Oh what a wonderful day...
Wilhelm-Busch-Museum Hannover, Inv. Nr. 3506/82

Eine atomare Explosion wird von einem Skelett mit einem Fotoapparat, der noch aus der Pionierzeit der Fotografie zu stammen scheint, aufgenommen. Schrekken und Absurdität dieser Szene vermischen sich zu einer grauenerregenden Komik, die durch den Text, der einen Song aus einem amerikanischen Musical zitiert, noch gesteigert wird. [GV]

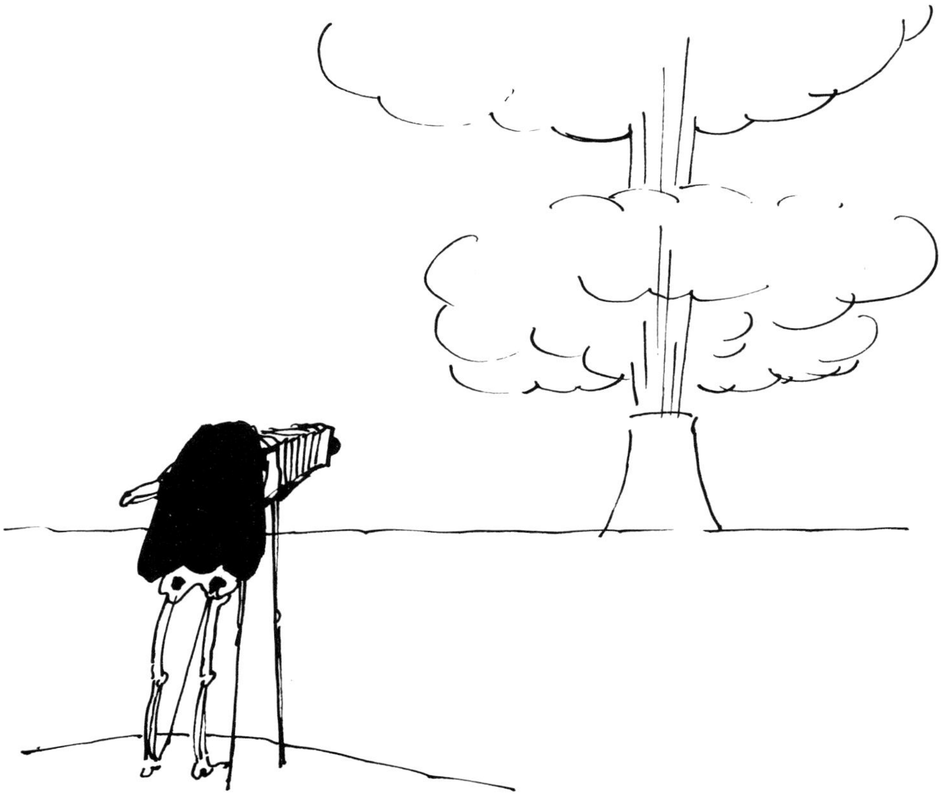

III

Gegen die Macht der Herrschenden

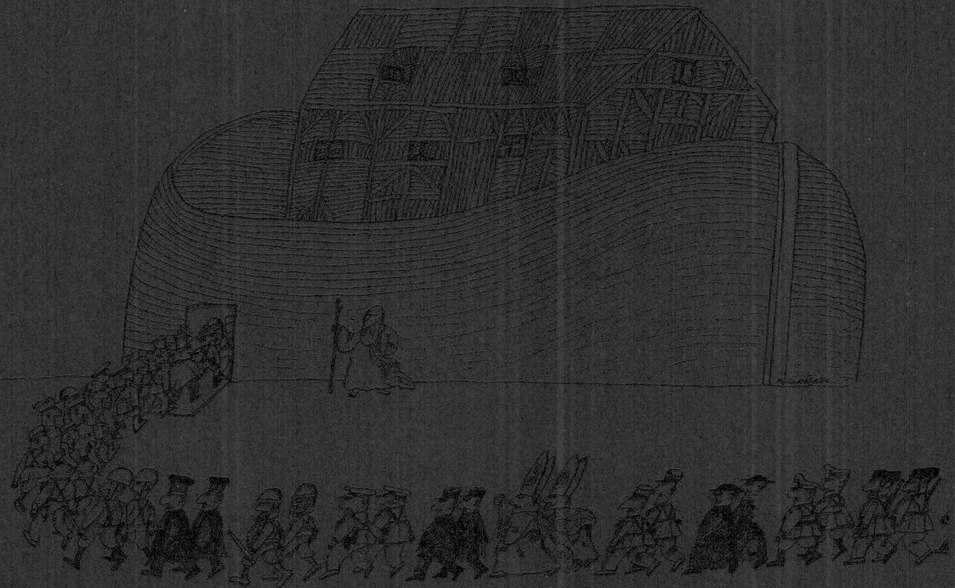

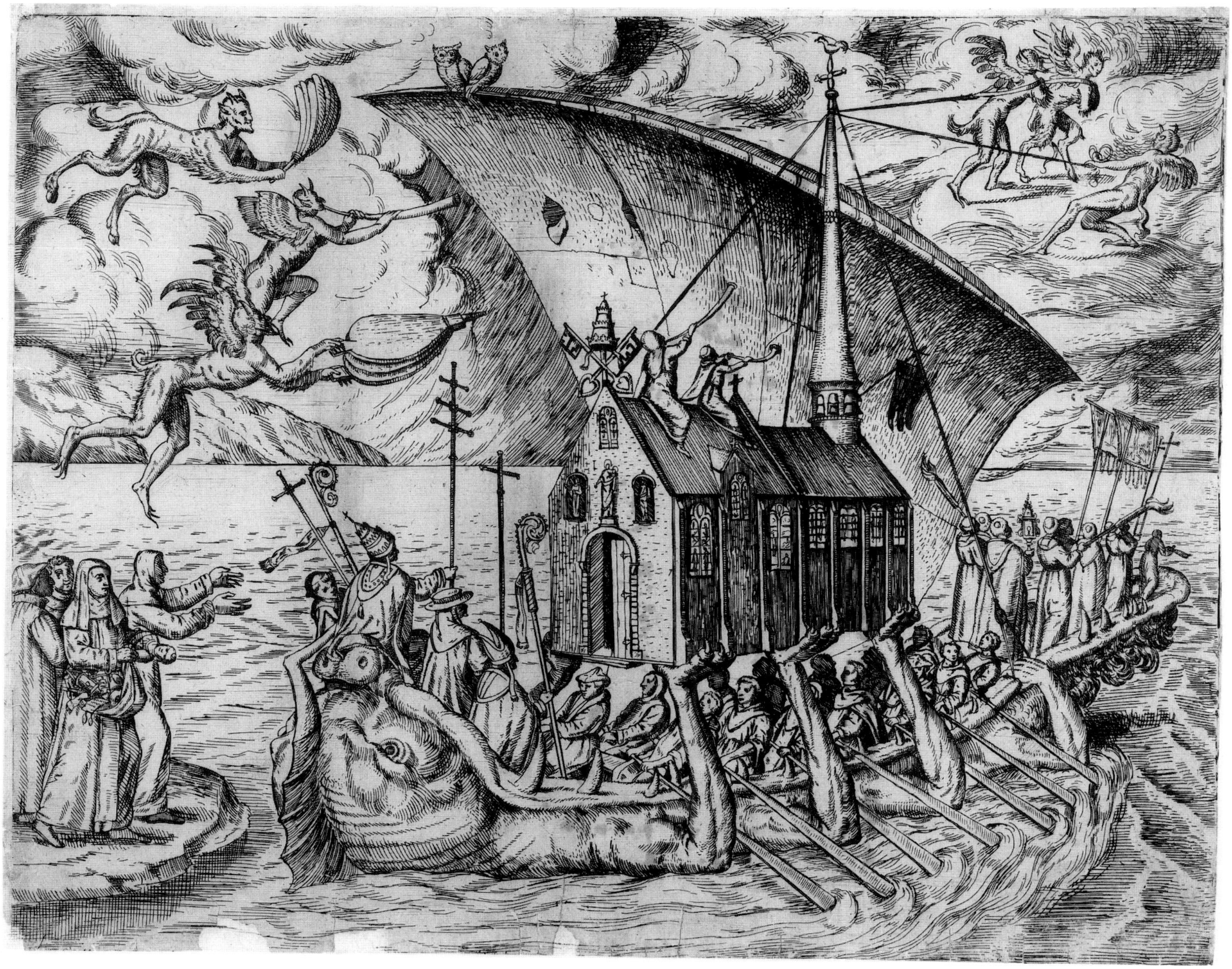

ANONYMER NIEDERLÄNDISCHER KÜNSTLER

53 **Spottblatt auf das Papsttum** um 1600

Radierung
379 x 483 mm (Blatt beschnitten)
München, Staatliche Graphische Sammlung, Inv. Nr. 209976
Lit.: Deutsche Illustrierte Flugblätter des 16. und 17. Jahrhunderts, hrsg. von Wolfgang Harms, Band II, München 1980, Nr. 62 (andere Fassungen). – Ausst. Kat. Münster 1983, Ereigniskarikaturen. Geschichte der Spottbilder 1600 bis 1930, Nr. 1. – Severin Heinisch, Die Karikatur, Wien 1988, S. 47.

Der Papst führt das Ruder des Schiffes der Kirche: nichts anderes als der riesige Rachen des Satans, der mit seinen vielen Armen ein Kirchengebäude in die Höhe hält. Mönche rudern, während teuflische Gestalten in der Luft als Helfer das Schiff vorantreiben. Im »Bug« findet eine Sakramentsprozession statt. Am Ufer stehen indes Menschen, die bereit sind, die alte Kirche fahrenzulassen und deren Symbole ins Meer zu werfen. Die antikatholische Tendenz des Blattes steht in Bezug zu den niederländischen Befreiungskriegen. [MS]

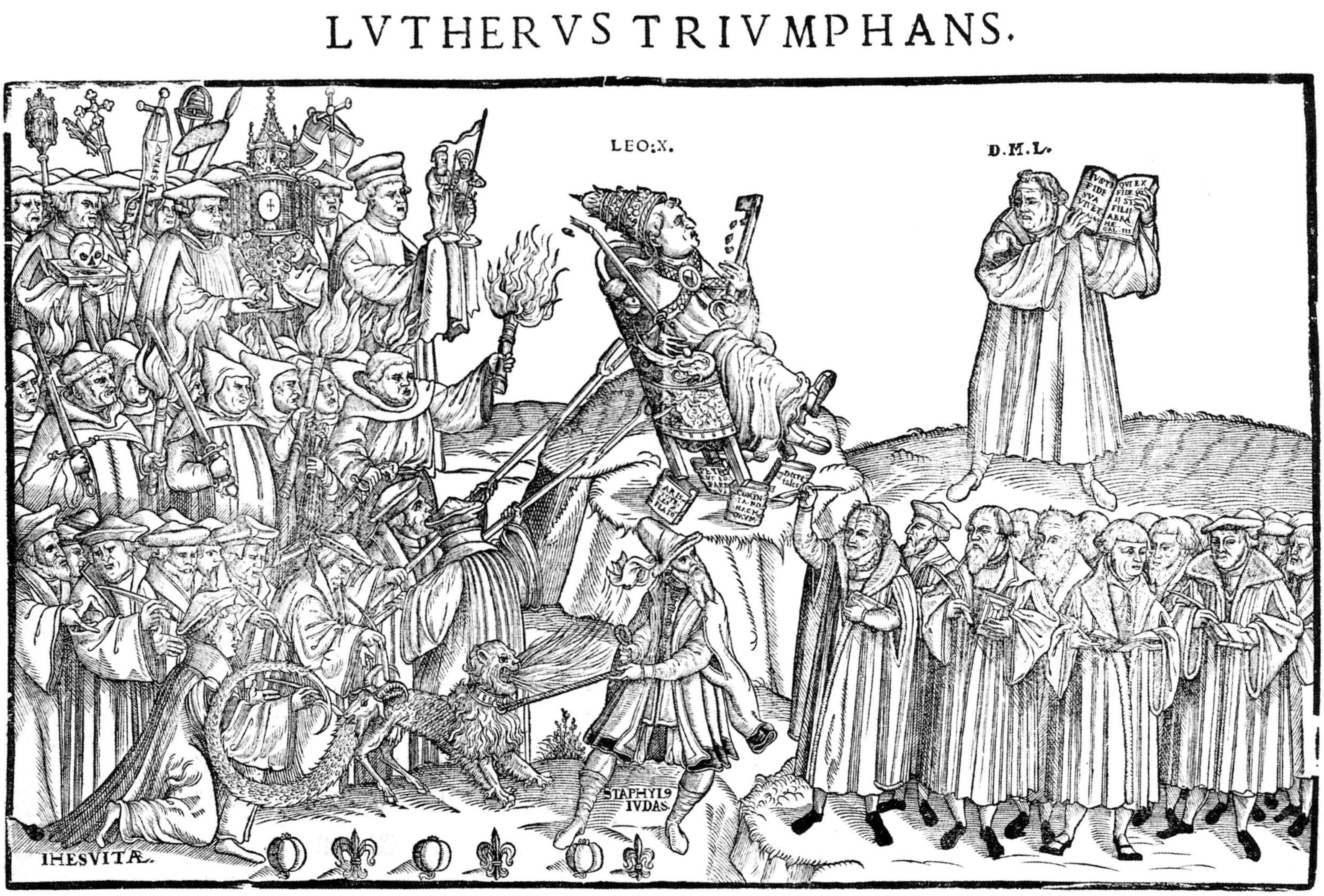

ANONYMER DEUTSCHER KÜNSTLER

54 Der Triumph Luthers
(LVTHERVS TRIVMPHANS)
1568

Holzschnitt
214 x 327 mm
Kunstsammlungen der Veste Coburg, Inv. Nr. XIII, 40, 1
Lit.: Ausst. Kat. Coburg 1983, Kunstsammlungen der Veste Coburg, Illustrierte Flugblätter aus den Jahrhunderten der Reformation und der Glaubenskämpfe, hrsg. von Wolfgang Harms, bearb. von Beate Rattay, Nr. 14.

Der Holzschnitt erscheint auf dem Titelblatt einer polemischen Flugschrift gegen den katholischen Klerus, besonders gegen den Konvertiten Friedrich Staphylus (1512–1564), der als Verräter (»IVDAS«) bezeichnet wird. Rechts steht Luther, der als eine Art neuer Moses die Bibel vorweist, unter ihm Melanchthon mit protestantischen Predigern. In der Mitte thront auf wackligem Stuhl und mit zerbröselnden Insignien Papst Leo X.; ihm folgen die verhaßten Jesuiten, Dominikaner und Kleriker mit Attributen der katholischen Kirche. [MS]

ANONYMER NIEDERLÄNDISCHER KÜNSTLER

55 Der neue Papst
(AFBEELDING van den NIEUWEN PAUS)
1670

Kupferstich, 313 x 234 mm
Bez. u.: Na de Copye Gedrukt tot Romen
Kunstsammlungen der Veste Coburg, Inv. Nr. XIII, 323, 383
Lit.: Ausst. Kat. Coburg 1983, Kunstsammlungen der Veste Coburg, Illustrierte Flugblätter aus den Jahrhunderten der Reformation und der Glaubenskämpfe, hrsg. von Wolfgang Harms, bearb. von Beate Rattay, Nr. 16.

Das arcimboldeske Papstporträt dieses Flugblattes lehnt sich an ein Vorbild Tobias Stimmers an. Die Gestalt des Oberhauptes der römischen Kirche ist aus Gegenständen zusammengesetzt, die im Kult eine Rolle spielen: Kelch, Patene, Weihwasserwedel, Monstranz, Glocke usw. In der Rahmenkartusche erscheinen eine Gans mit Rosenkranz, ein Fuchs mit Mitra, ein Schwein mit Jesuitenhut... Die Satire wird verstärkt durch den Text, der zur andächtigen Verehrung dieses »wahrhaftigen Bildnisses« aufruft. Im Jahr 1670 wurde Papst Clemens X. gewählt. [MS]

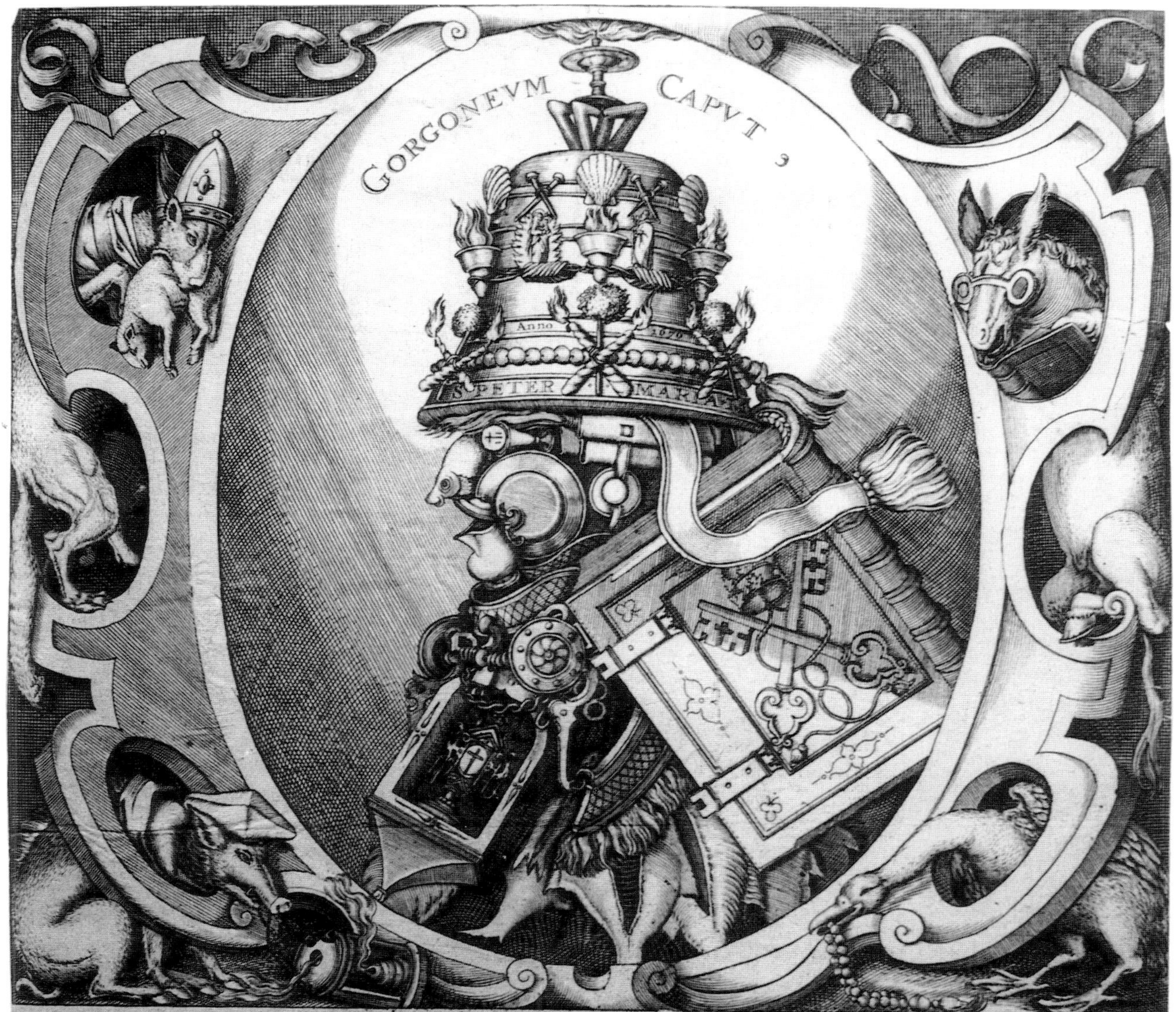

AFBEELDING
van den
NIEUWEN PAUS.

Hier ziet gy 't rechte beelt des nieuwen Paus van Romen,
Met hun die in syn sleep ter Biecht en Misse komen,
Daer by syn Vasten-kost, syn Stool, en (met een woort)
Al wat tot oeffening van synen dienst gehoort.
Verwacht geen beeltenis dat naerder zou gelycken,
Maer eert dit in 't geheym met dickwils te bekycken.
Zyt statig als gy 't ziet, en lacht'er doch niet om,
Want kop en kleet is vol van s'Vaders Heyligdom.

Na de Copye Gedrukt tot Romen

55

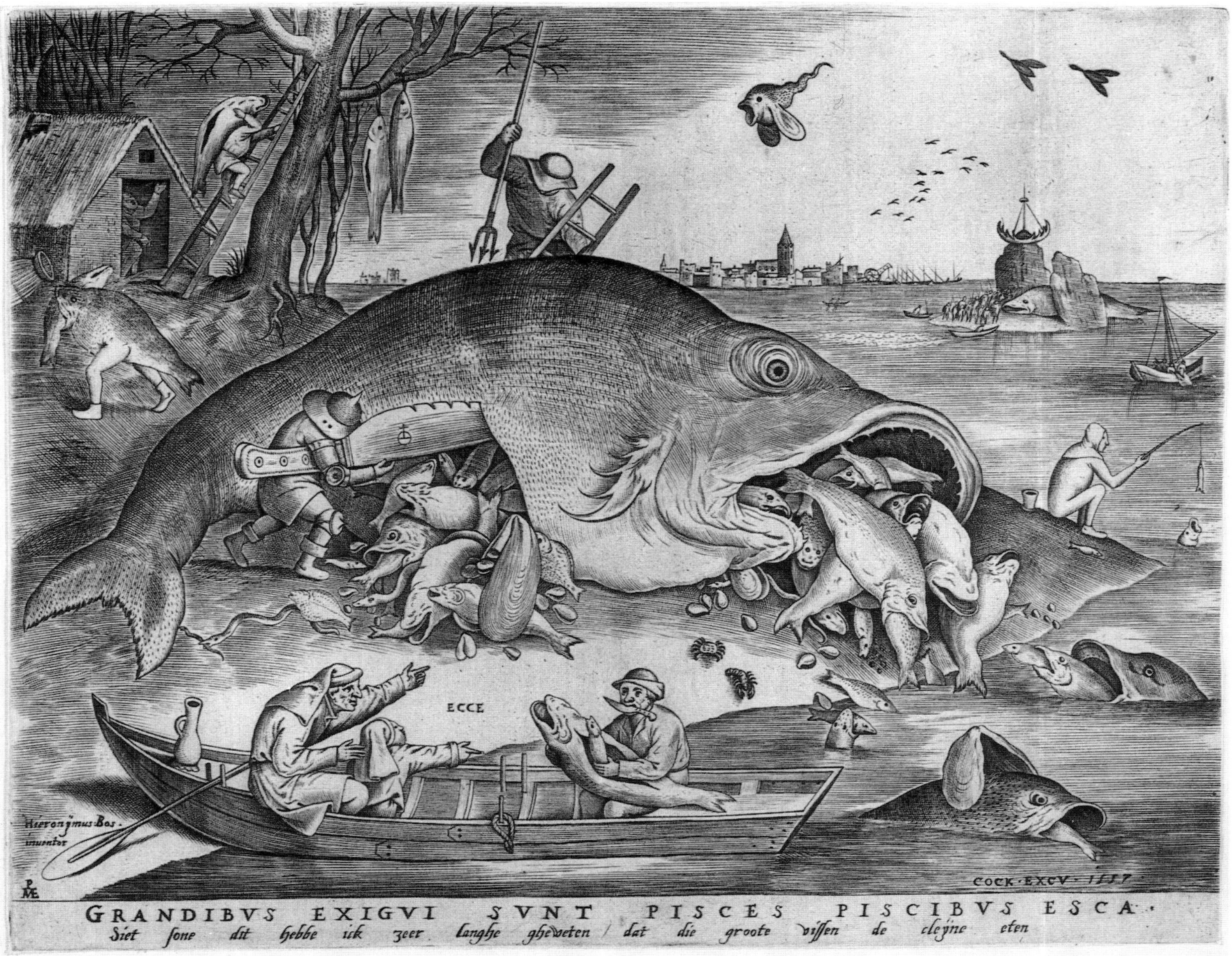

PIETER BRUEGHEL D. Ä. (um 1525/30–1569)

56 Die großen Fische fressen die kleinen
1557

Kupferstich; nach der Zeichnung Brueghels in der Albertina (Inv. Nr. 7875) von Peter van der Heyden gestochen
230 x 295 mm
Sign.: Hieronymus Bos. Inventor PAME COCK. EXCU. 1557
Bez.: GRANDIBUS EXIGUI SUNT PISCES PISCIBUS ESCA. / Siet sone dit hebbe ick zeer langhe gheweten dat die groote vissen de cleyne eten
Wien, G. S. Albertina, Inv. Nr. 1955/116

Der Vater vorn im Boot erklärt seinem Sohn die Idee des Sprichwortes, wobei in jeder Einzelheit deutlich wird, wie der Größere und Mächtigere den Kleineren überwältigt. Das Messer, das dem größten Fisch den Bauch aufschlitzt, trägt das Zeichen der Welt.
Dieses zu den berühmtesten Werken der Weltkunst zählende Blatt ist ein einzigartiges Beispiel sozialkritischer Aufgabenstellung der Graphik von zeitloser Meisterschaft und Aussage. [WK]

HONORÉ DAUMIER (1808–1879)

57 Der gesetzgebende Bauch
(Le ventre législatif)
1834

Publiziert in: »La Caricature«, Januar 1834

Kreide, Tusche mit Pinsel, Schaber, mit Feder begrenzt
281 x 432 mm
Sign. u. re.: h. Daumier
Bez. o. li.: 18e Dessin de l'association mensuelle (mois de Janvier); u. li.: Chez Aubert, galerie véro dodat.; u. Mi.: LE VENTRE LEGISLATIF / Aspect des bancs ministériels de la chambre improstituée de 1834; u. re.: I. de Becquet, rue furstemberg 6.
Wien, G. S. Albertina, Inv. Nr. 1922/131
Lit.: L. Delteil, Le peintre graveur illustré, Paris 1906–1925, 29 Bände, 131.

Das soziale und politische Engagement Daumiers gab der Lithographie eine neue Dimension. Kein Verfahren vermochte bisher so rasch, also aktuell zu reagieren und schonungslose Kritik an politischer Macht und Heuchelei zu verbreiten. Sie war ein Instrument der öffent-

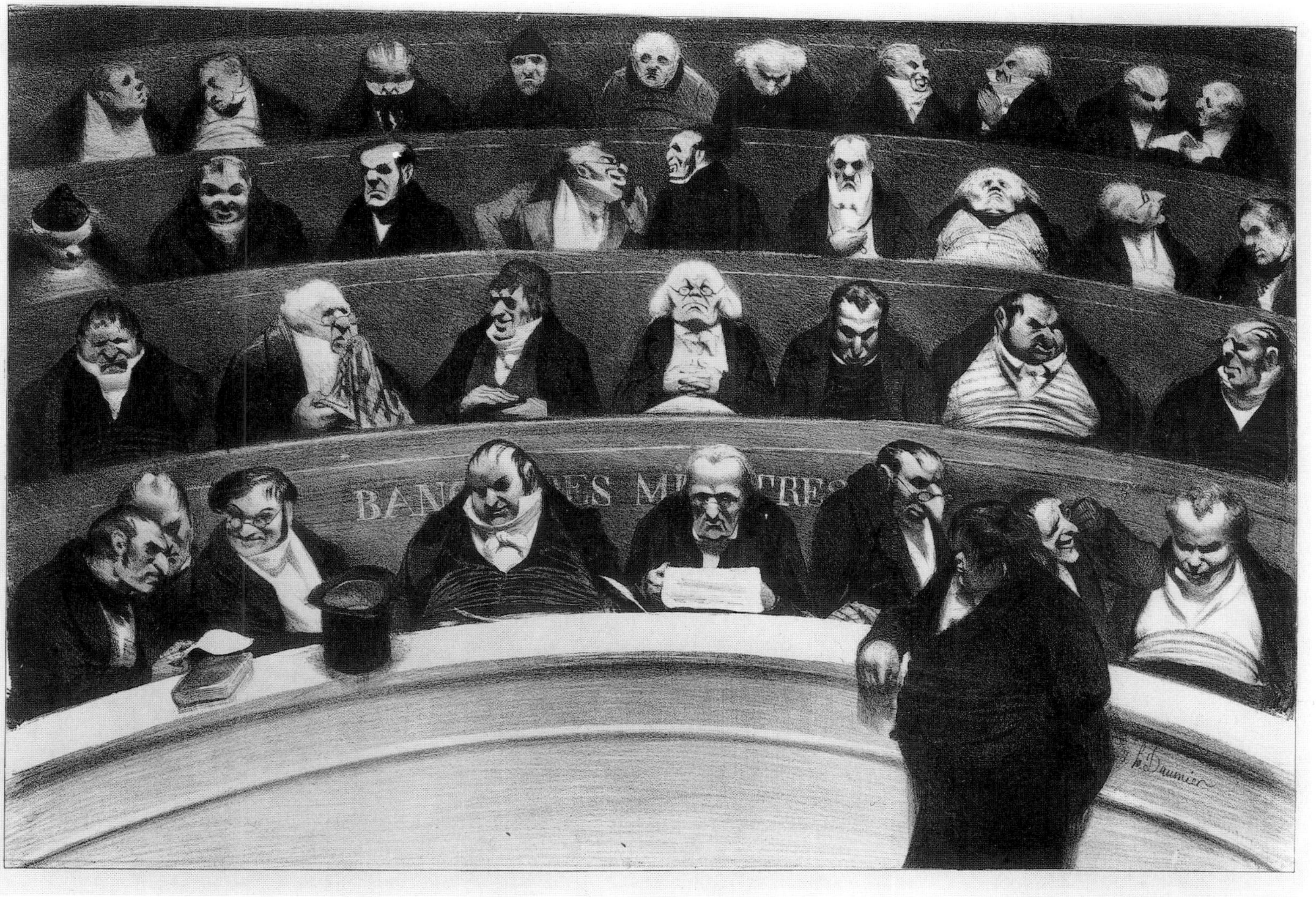

57

lichen Meinung geworden. Die satirische Darstellung der Regierungsbänke der Chambre des Députés (»ventre« = »Bauch« war der Spitzname für die Sitzbänke des Parlamentes) zeigt alle bekannten Politiker der Zeit. Die Tragweite dieses Werkes war groß; als es im Januar 1834 erschien, löste es ein Gesetz gegen die Pressefreiheit aus. Im August 1835 wurde infolgedessen »La Caricature« eingestellt. [WK]

58

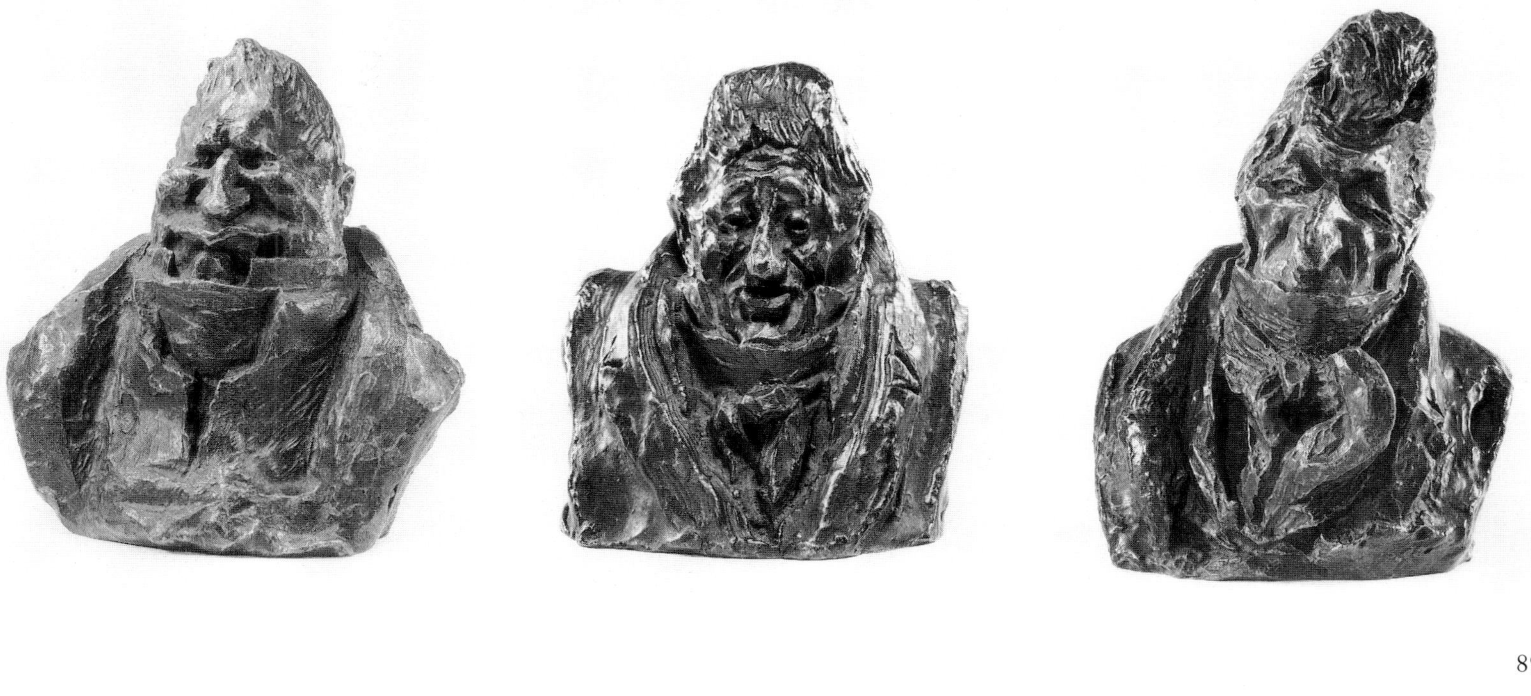

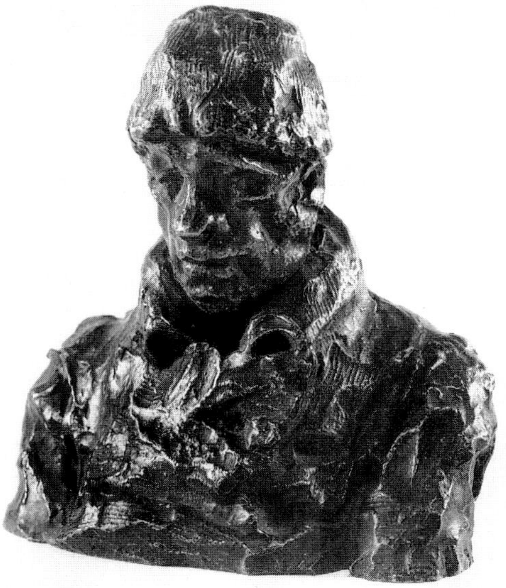
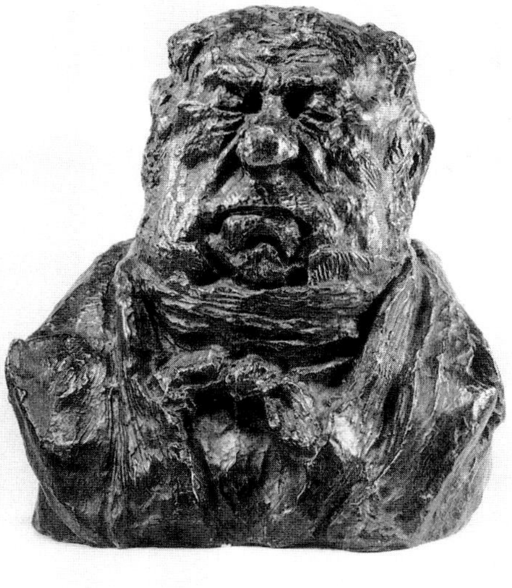
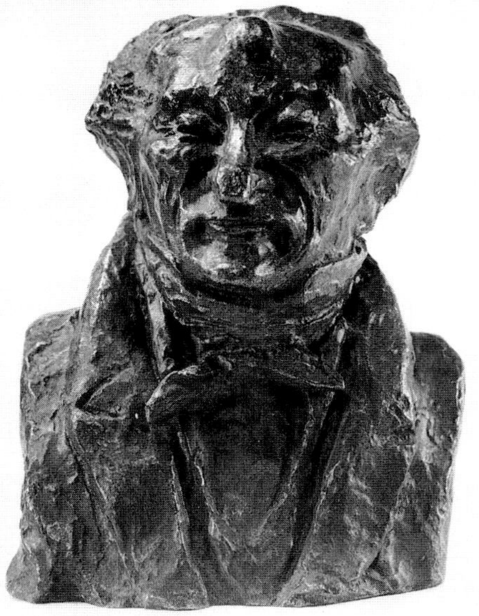
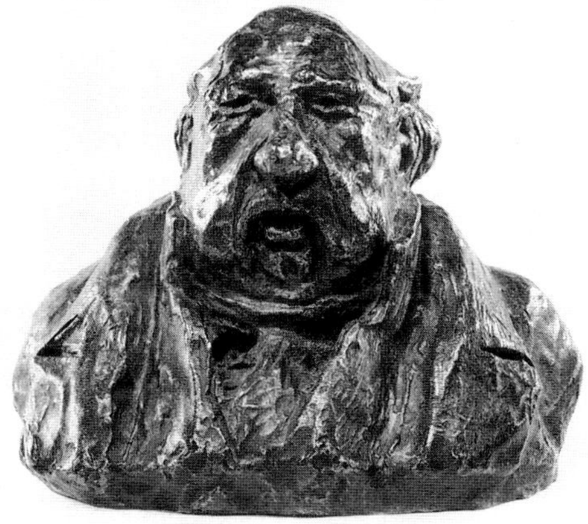
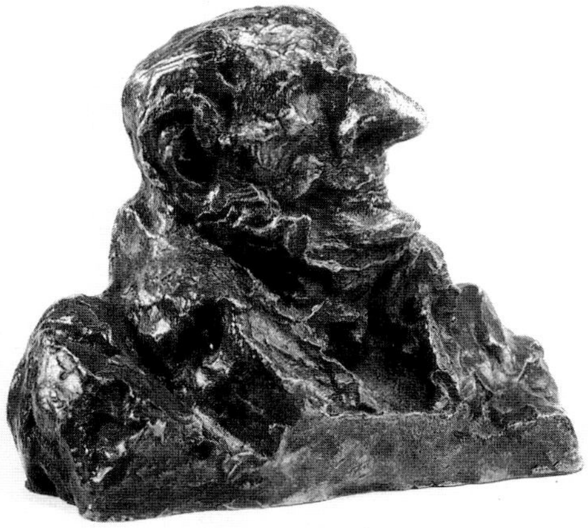
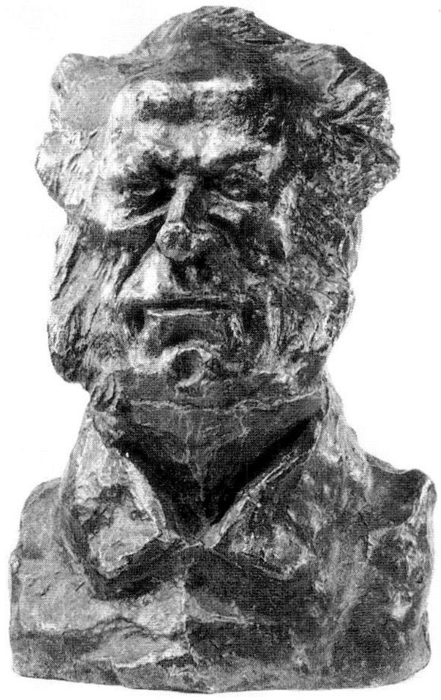
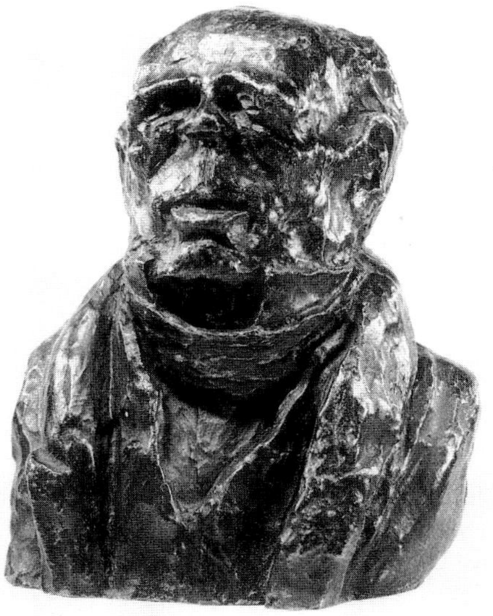
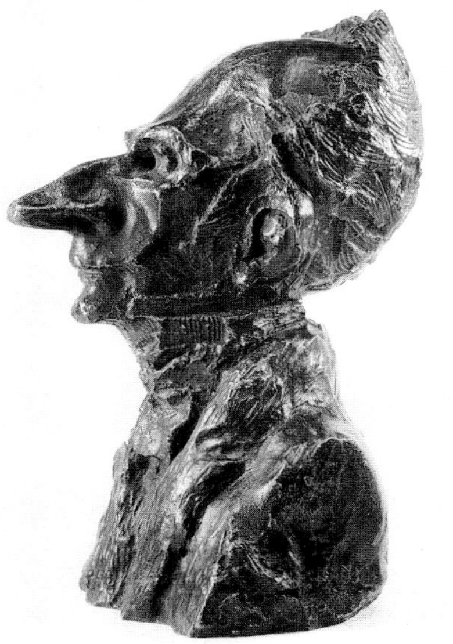
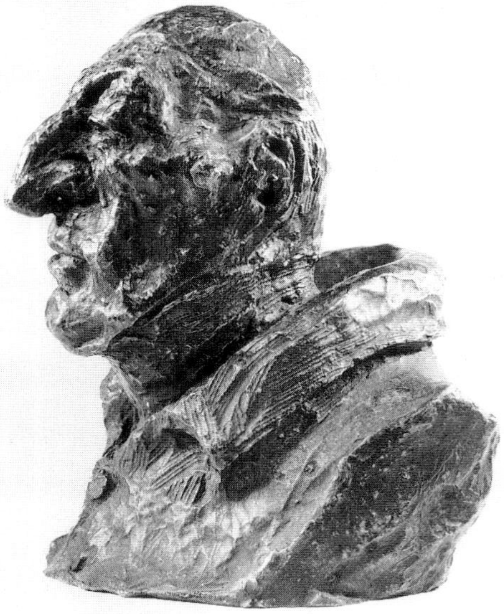

58

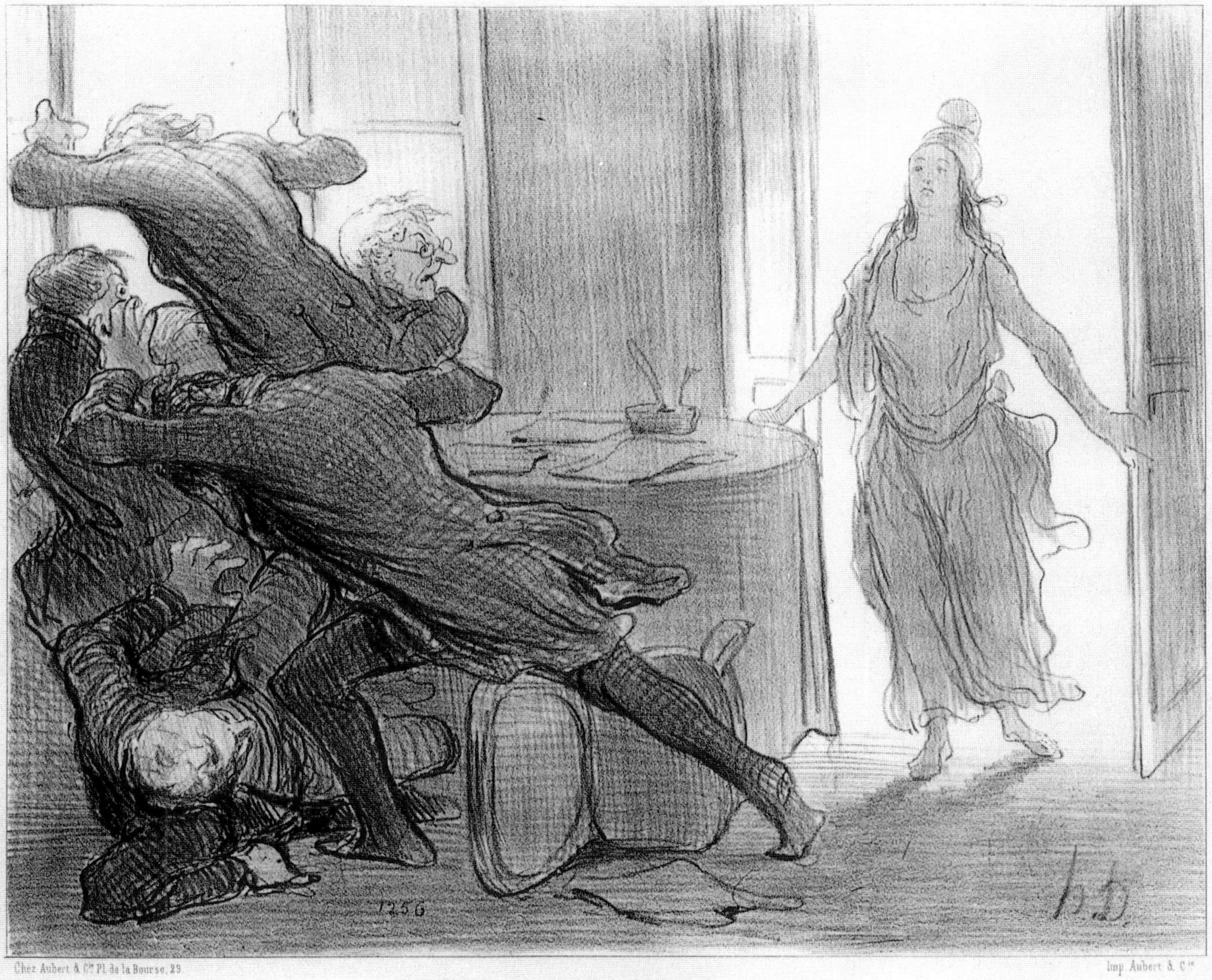

Dernier conseil des ex ministres .

HONORÉ DAUMIER (1808–1879)

58 Die Parlamentarier
12 von 36 Büsten der Deputierten der Juli-Monarchie
1832

Bronze, H. zwischen 12 und 23 cm
Kunstsammlung der Akademie der Künste, Berlin, Inv. Nr. F16, F21, F29, F33, F37, F48, F47, F46, F44, F22, F43, F51

Darmier de Podenas
Pierre-Paul Royer Collard
Chevandier de Valdrome
Comte de Lameth
Baillot
Alexandre-Simon Pataille
Harlé Père
Antoine-Maurice-Apollinaire Argout
Jacques-Antoine-Adrien Delort
Auguste-Victor-Hyppolyte Ganneron
Jacques Lefebvre
Comte de Montlosier

HONORÉ DAUMIER (1808–1879)

59 Letzte Sitzung der Exminister
(Dernier conseil des ex ministres)
1848

Publiziert in: »Le Charivari«, 9. 3. 1848

Kreidelithographie
213 x 269 mm
Sign. u. re.: h D 1256
Bez. u. Mi.: 1256; u. Mi.: Dernier conseil des ex ministres; u. li.: Chez Aubert et Co Pl. de la Bourse, 290; u. re.: Imp. Aubert
Wien, G. S. Albertina, Inv. Nr. 1944–56
Lit.: N. A. Hazard & Lois Delteil, L'œuvre lithografié de Honoré Daumier, Orrouy (Oise) 1904, Nr. 462.

Mit diesem Blatt nahm Daumier erneut scharfe politische Kritik auf. Ein meisterhaftes Werk, das die Personifikation der Grande Nation zeigt, die in der Türe mächtig erscheint und die Exminister, ein Komplott von Unfähigkeit und Intrige, zu regelloser Flucht zwingt.
[WK]

BRUNO PAUL (1874–1968)

60 Agitation

1898

»Liebe Beichtkinder, ich bin weit davon entfernt, euch bei der Wahl beeinflussen zu wollen. Aber das muß ich Euch sagen: wer den Bauernbündler wählt, der verliert seine ewige Seligkeit!«

Abgedruckt in: »Simplicissimus«, Jg. 3, Nr. 12, S. 96, ganzseitig, Farben im Druck: Braun, Graugrün

Tusche (Pinsel, Feder), Deckweiß, 300 x 245 mm
München, Staatliche Graphische Sammlung, Simpl. 1186

Der 1885 gegründete Bauernbund verstand sich als wirtschaftspolitische Organisation zur Vertretung bäuerlicher Interessen.
Die Karikaturen des »Simplicissimus« zur Verquickung von Staat und Kirche sind besonders scharf, war man in der Redaktion doch der Meinung, daß der Einfluß kirchlicher Kreise auf die Entscheidungen des Staates fast ausschließlich die Stellung des Besitzbürgertums festigte. [CSH]

BRUNO PAUL (1874–1968)

61 An der deutschen Grenze

1902

»Jedes Jahr einmal müssen wir so thun, als ob wir hinein wollten. Sonst merken sie, daß wir schon längst bei ihnen zu Hause sind.«

Abgedruckt in: »Simplicissimus«, Jg. 6, Nr. 48, S. 377, Titelseite, Farbe im Druck: Rot

Tusche (Pinsel, Feder), Deckweiß, Raster, 300 x 245 mm
München, Staatliche Graphische Sammlung, Simpl. 1430

Nach der Aufhebung des Jesuitenordens durch Papst Clemens XIV. im Jahre 1773 wurde der Orden erst 1814 durch Pius VII. wiederhergestellt. Seitdem hatten die Jesuiten wieder an Einfluß und Macht gewonnen, die in Deutschland durch die Ausweisung von 1872 (Jesuitengesetz) offiziell eingeschränkt wurde. Diese Bestimmung wurde 1904 gemildert und 1917 aufgehoben. Die Karikatur bezieht sich auf die relative Unwirksamkeit des Gesetzes und den von der Simpl-Redaktion mit Argwohn vermerkten Einfluß jesuitischen Denkens. [CSH]

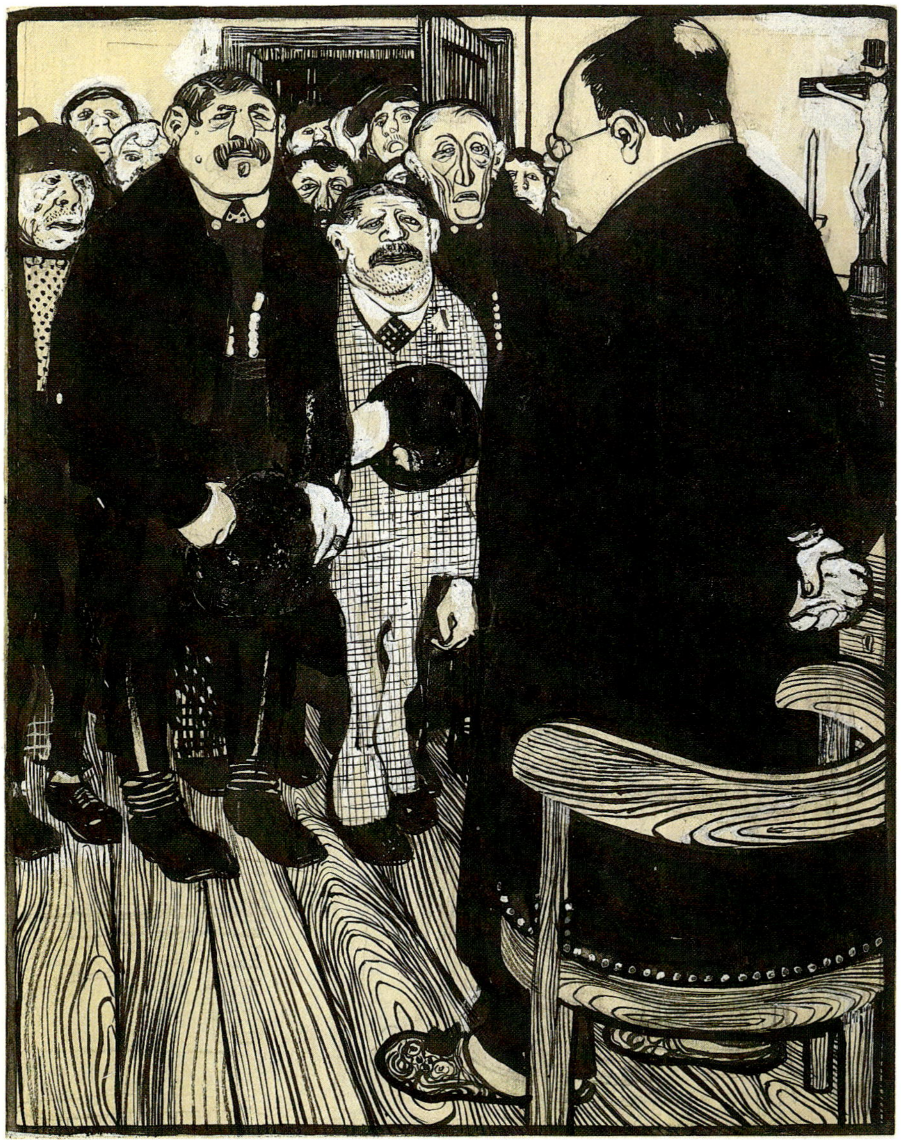

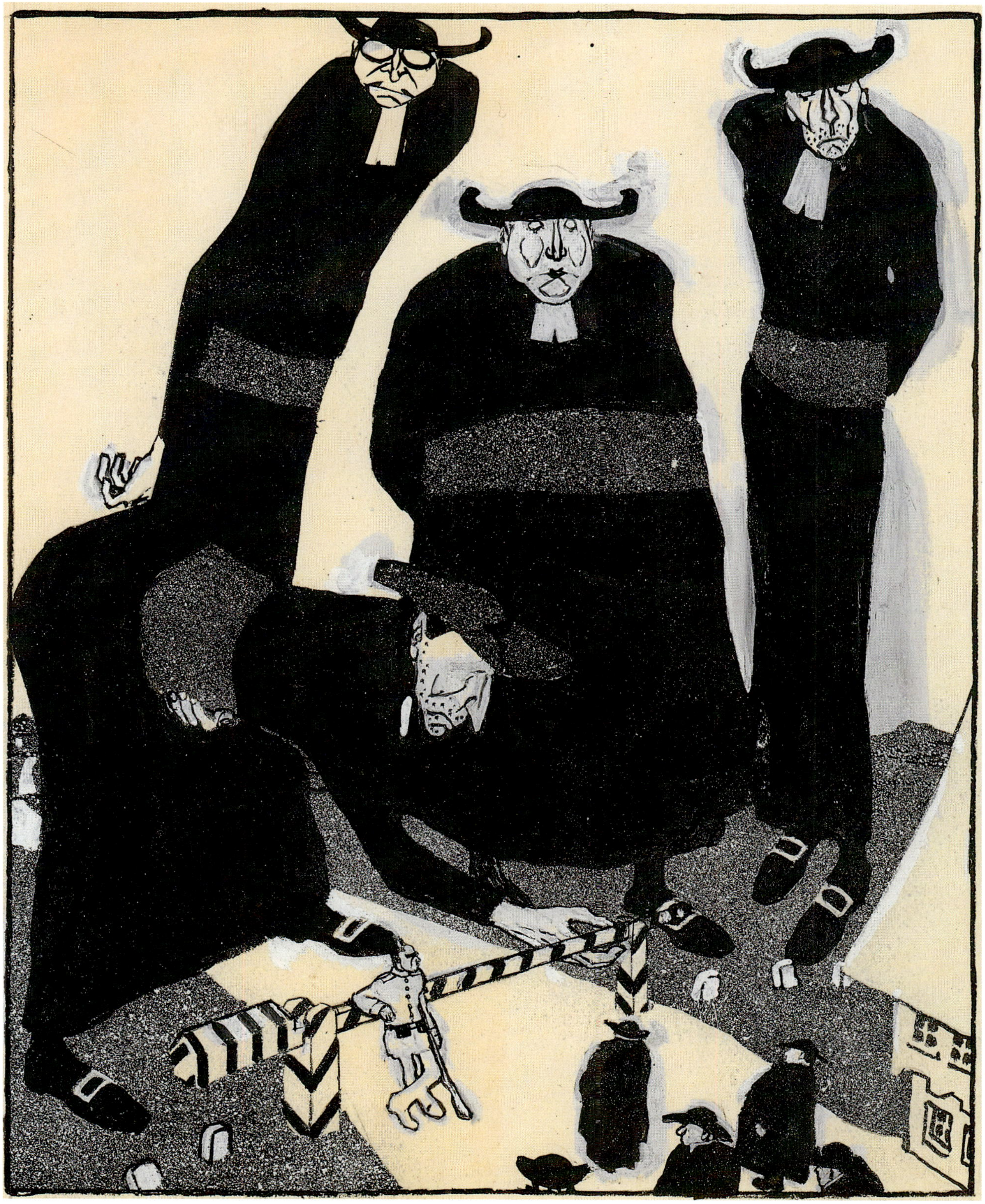

61

GEORGE GROSZ (1893–1959)

62 Zuhälter des Todes
1919

Publiziert in: »Der blutige Ernst«, 1. Jahr, No. 3, Seite III (1919)

Zeitungsdruck
405 x 285 mm
Bez. im Stein u. li.: Böff 1919, Unterschrift: Zuhälter des Todes.
Wilhelm-Busch-Museum Hannover, Inv. Nr. KG 114/64

Kämpferisch wendet sich George Grosz mit seiner Kunst gegen alle, die nach dem Ersten Weltkrieg den wilhelminischen Monarchismus und den Militarismus beschwören, die jeder Form von Demokratisierung im Wege stehen, aber auch gegen diejenigen, die sich am Nachkriegselend bereichern. George Grosz gehört zu den wichtigsten Exponenten der politisch engagierten Berliner Dada-Bewegung. Die Bezeichnung »Böff« auf der Zeichnung spielt wohl auf seinen Dada-Namen »Propaganda-Böff« an.*
Um seinen Zeichnungen, mit denen er nicht unterhalten, sondern aufrütteln will, einen breiten Wirkungskreis zu verschaffen, veröffentlicht sie George Grosz in Mappen, Büchern und Zeitschriften. 1919 gibt er gemeinsam mit Carl Einstein die satirische Wochenschrift »Der blutige Ernst« heraus. Die »Zuhälter des Todes« erscheinen in der »Sondernummer III. Die Schuldigen«, in der mit dem Militär abgerechnet wird. Als Titelblatt hat Grosz einen Volksgerichtshof gezeichnet, vor dem Angehörige des Militärs in Ketten als Angeklagte stehen. [GV]

* Vgl. Ausst. Kat. 1965, G.S. Albertina, George Grosz (1893–1959), S. 6

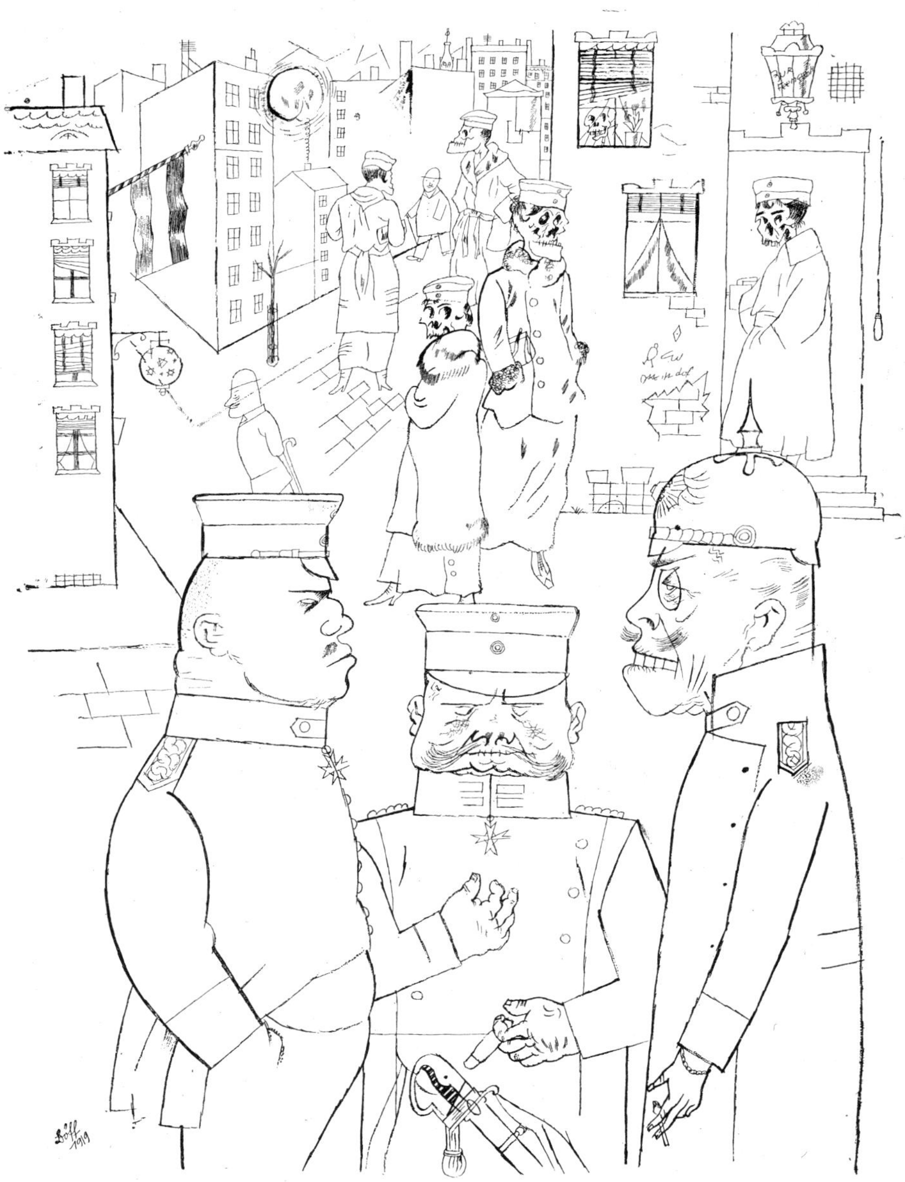

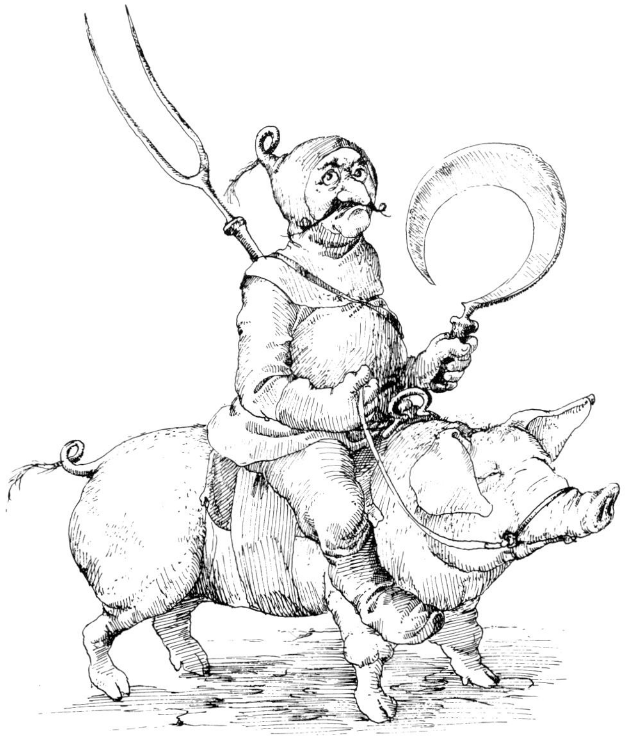

KURT HALBRITTER (1924–1978)

63 Halbritters Waffenarsenal
1976

Tuschfeder
190 x 160 mm
Sign. u. re.: K. H. 76
Privatsammlung
Lit.: Halbritters Waffenarsenal, München 1977, S. 42.

Halbritter, der Pazifist, beschreibt zu dieser Zeichnung im Buch ein Szenario der Schlacht beim Teutoburger Wald, bei der laut Volkslied die Saureiter die Schlacht entschieden haben sollen. Er endet: »Der Feind war niedergeworfen, aber wer zähmte die Sieger?« Jede Zeichnung gerät zu einer eigenen Erzählung, die Worte dazu machen den philosophischen Gehalt zur Satire. [HG]

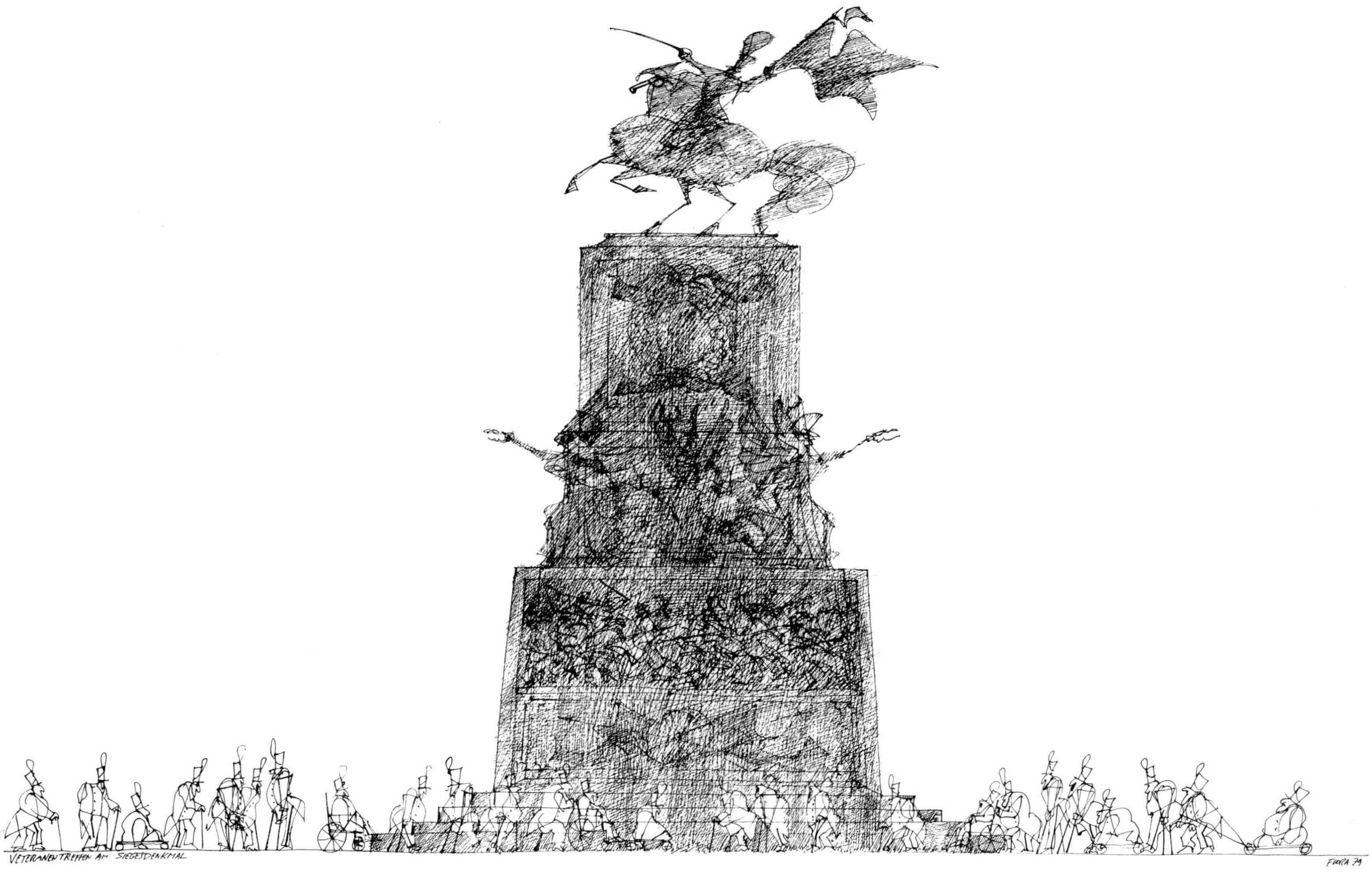

PAUL FLORA (geb. 1922)

64 Veteranentreffen am Siegesdenkmal
1979

Tuschfeder, 340 x 520 mm
Sign. u. re.: FLORA 79
Privatsammlung

Auf dem Denkmal die Helden in Siegerpose und um das Denkmal herum die Veteranen in Uniform, alle mit ihren Gebrechen aus der Zeit des Sieges. [HG]

KURT HALBRITTER (1924–1978)

65 Halbritters Waffenarsenal
1976

Tuschfeder
210 x 420 mm
Sign. u. r.: K. H.
Privatsammlung
Lit.: Halbritters Waffenarsenal, München 1977, S. 38/39.

Ein Heer von Kriegern belagert eine ummauerte Stadt. Sie haben Vorrichtungen entwickelt, mit denen sie sich selbst über Graben und Mauer katapultieren: Anspielung auf den kriegerischen Erfindungsreichtum und seine belustigende Bedeutungslosigkeit für fernere Zeiten. [HG]

FERNANDO PUIG ROSADO (geb. 1931)

66 Arche Noah
(Arche de Noé)
o. J.

Tusche/Feder
400 x 637 mm
Sign. Mi. re.: PUIG ROSADO
Bez. rückseitig: Arche de Noé; von fremder Hand: Puig Rosado
Wilhelm-Busch-Museum Hannover, Inv. Nr. KG 1398/78

Die Arche Noah Puig Rosados ist eine verbarrikadierte schwimmende Festung. Noah nimmt das Defilee der in die Arche einmarschierenden staats- und gesellschaftstragenden Repräsentanten ab: Soldaten und Offiziere jeder Rangordnung, Polizisten, die Vertreter der Geistlichkeit und auch Geschäftemacher. [GV]

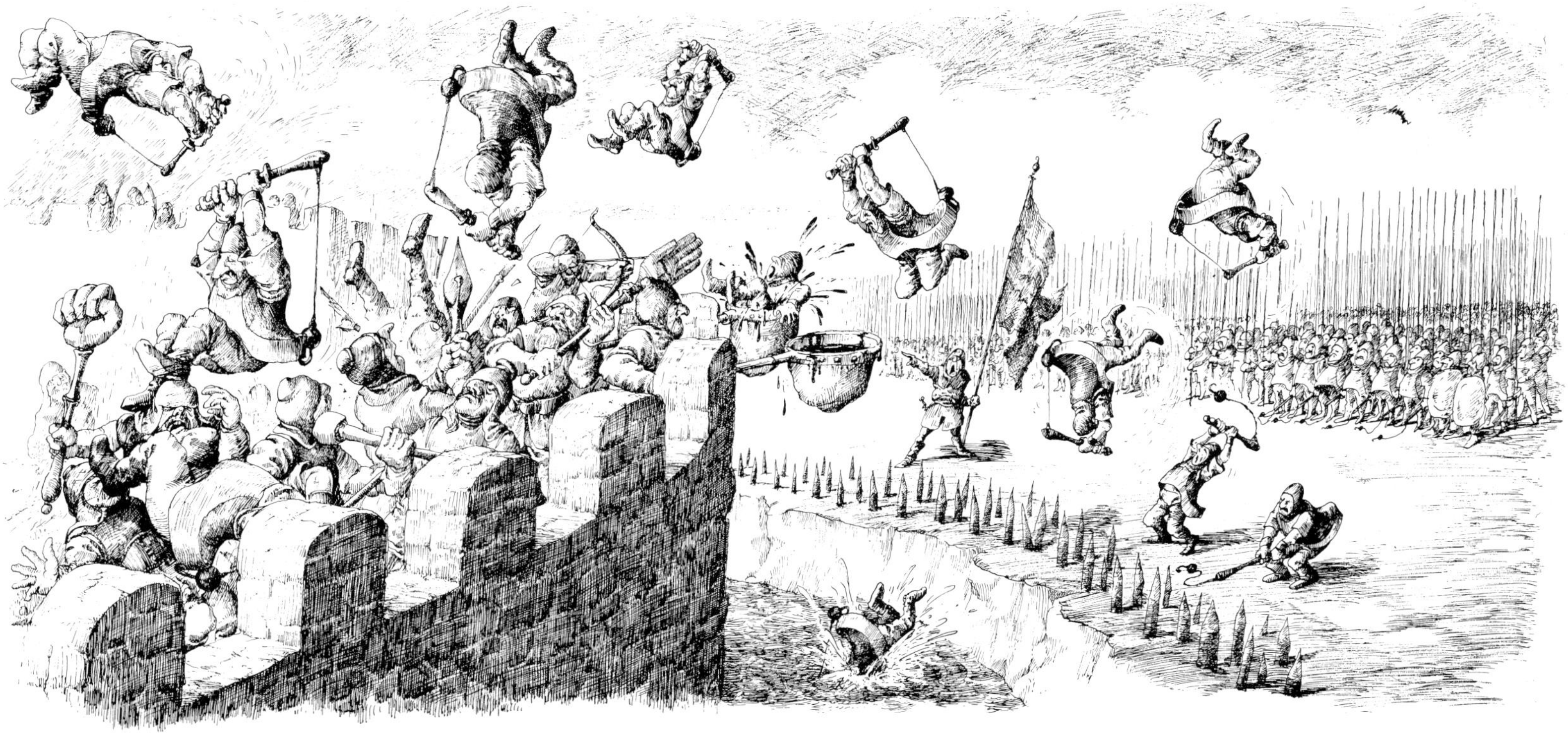

65

66

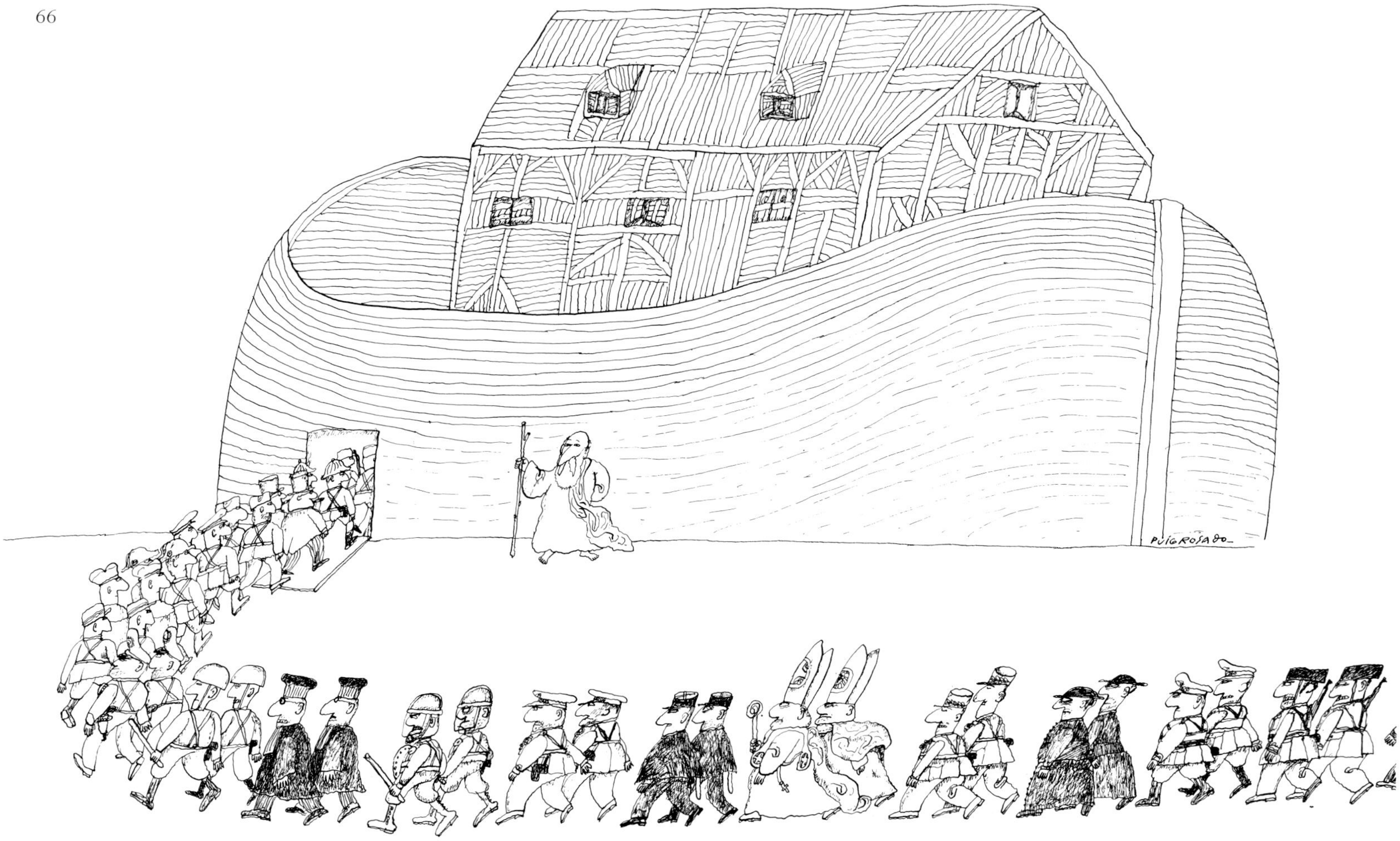

IV

Die enthüllte Unmoral

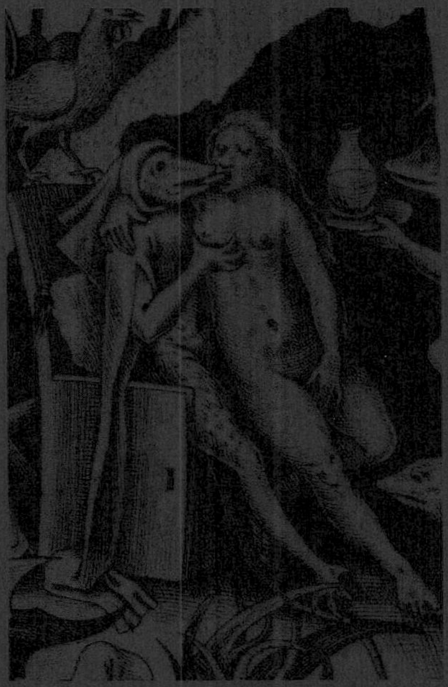

FOLIO

De fidei catholicę/& imperii inclinatione
Vos o christicolę proceres/ex corde precamur
Qui manibus vestris fidei monumenta tenetis:
Consilio magno/rerum perpendite casus.
Et mihi stultigerā: quā monstro: relinq̄te mitrā.

De reipublice christiane interitu.

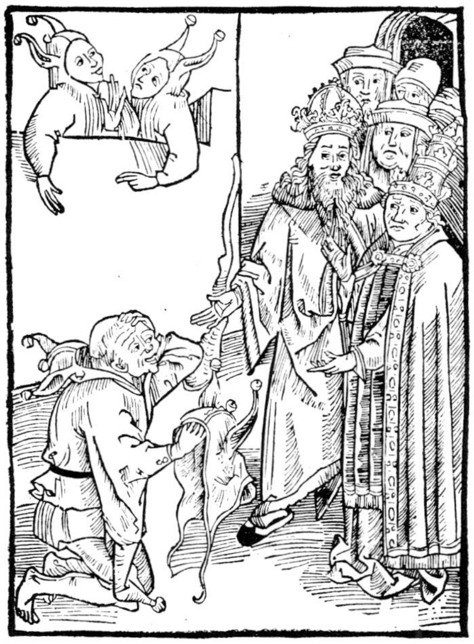

Omēs vobis dies ac noctes contingat cū oi lucubratiōe & cogitatiōe degere sp/ volēti b⁹ vt aliq̄d vtile & placēs deo subditis p̄beat: & noctib⁹ sub eq̄litate dier̄ vti: quo vobis subiectis uboi quiete cōsistant/ solicitudine liberati: nec cessare i q̄rere si q̄d sit &c

Dum meditor lapsus: quales respublica christi
Perfert: & fidei damna verenda sacrę.
Innumeris cogor lachrymis propere ora rigare
Et gemitu sortem plangere sępe grauem:

in aut. vt iud. sine quo suff. in prin. col. ii. in aūt. vt diui iuss. in prin. col. viii.

LVII

Praua maiorum exempla.
Cum pater & genitrix ollas/paritercq; matellas
Collidunt: pueri cacabos confringere discent.
Fiunt ęquales nati genitoribus: illic
Sunt vbi non casti signa & monumenta pudoris.

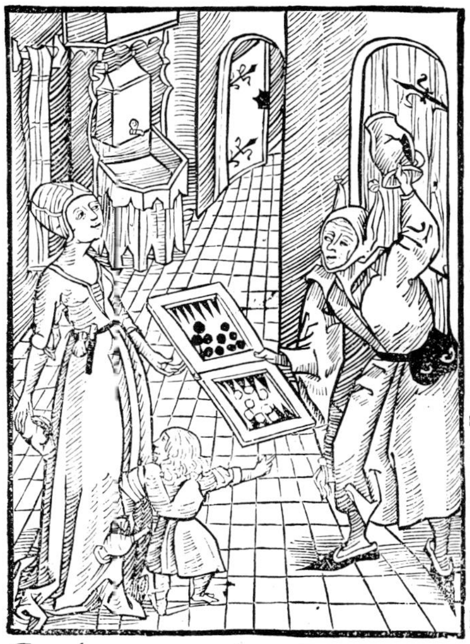

Mala exemplaparentum

Virga atq; correctio tribuit sapiētiā. puer aūt q̄ dimittit voluntati suę: cōfūdit mrē; suā Maxia debet puero reuerentia si q̄d turpe paras ne tu pueri cōtēp seris annos. Sed peccaturo obsistat tibi fili⁹ infās Si dānosa senem iuuat alea: ludat & heres Insequit leuit filia mris iter

Grandęu. properate senes/fatuicq; parentes
In vos iam satyrę torqueo tela meę:
Audetis prauos coram matre atq; puellis
Effari mores: ridiculumcq; nefas: h. i.

puer. xxix
Iuuenalis
Vale. li. ii. c. i
Sapiētię. iii.
Ecclesi. xli.

LXXII

De iracundis mulieribus.
Sunt pleriq; mares/asinos equitare frequenter
Qui cuperent: si non fœmina prima foret:
Sed q̄a precipitem mulier contorquet asellum:
Fœmineo hinc generi pareat vsq; pecus.

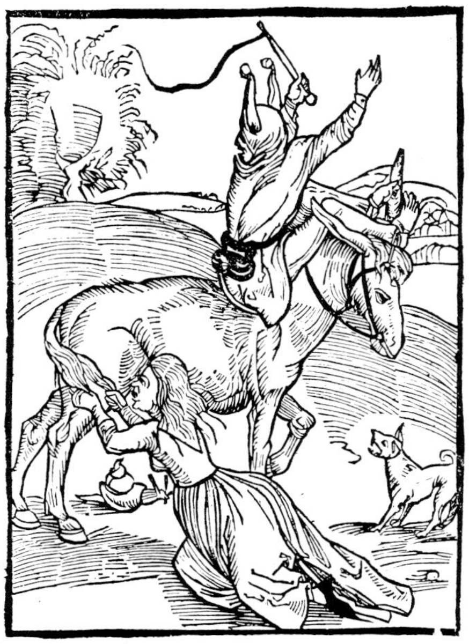

Ira mulie= ebris.

Mulierē bonā q̄s inueniet? p̄cul de vltimis finibus p̄ciū eius. Melius ē habitare in terra deserta q̄ cū muliere rixosa & iracūda Cōmorari leoni & draconi placebit pl⁹ q̄ habitare cū muliere neq̄. Breuis oīs malicia sup maliciā mulieris. Et nō ē ira sup irā mulieris.

67

Fœmineū laudare genus mea carmina vellent
Nunc potius: sed me causa maligna mouet:
Si natura negat: facit indignatio versum:
Fœmina me patitur praua silere nihil:

puer. xxi.
Ecclesi. xxv

XCI

De paupertatis contemptu.
Paupertas fugitur/totocq; arcessitur orbe:
Vndiq; nūme places: pauper vbiq; iacet.
Ridetur solus pauper: solusq; fugatur.
Cędit inc ps cunctis: nūmus in arce sedet.

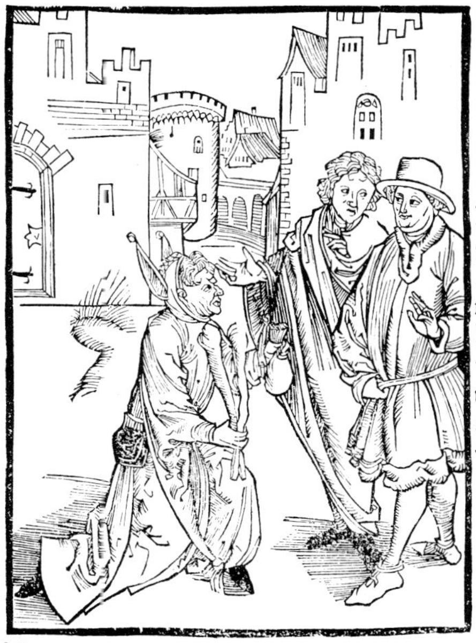

Paupertatis contēptus.

Pauptas nō ē de genere malorum Et munera nōdū intellecta deum. Mens auari semp̄ vinculis cupiditatis astricta: semp aurū sp argentu; videt: sp reddit⁹ cōputat: gracius intuet aurum q̄ solem.

Nummosos plures fatuos vehit illa carina:
Sola quibus rerū copia vana placet.
Quos magis oblectat cupidi possessio nummi.
Q̄ morū p̄bitas/egregiū ve decus. m. iii.

xlvii. di. sicut p̄uilegia pau. vi. in. l. siquis ad. C. de epis. & cle. arch. xi q. iii. paup

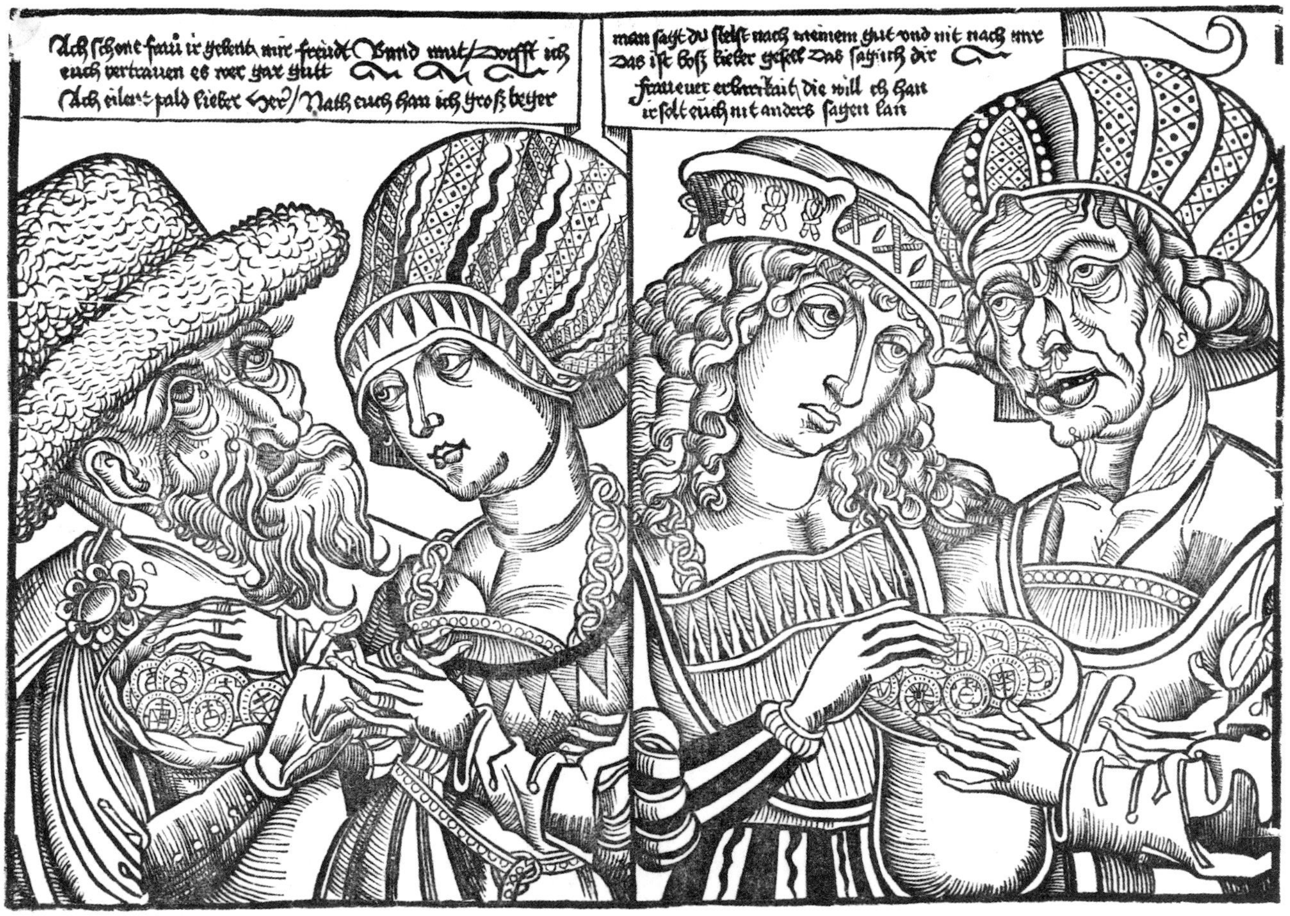

68

ANONYMER DEUTSCHER KÜNSTLER

67 Vier Blätter aus dem »Narrenschiff« des Sebastian Brant
um 1494 und 1497

Holzschnitt
Je 220 x 142 mm (Blätter beschnitten)
Privatbesitz München
Lit.: Albert Schramm, Der Bilderschmuck der deutschen Frühdrucke, Band XXII, Leipzig 1940, Nr. 1109–1229. – Friedrich Winkler, Dürer und die Illustrationen zum Narrenschiff, Berlin 1951.

In der weitverbreiteten Moralsatire des Baseler Rechtsgelehrten (1457/58–1521) zeigen 112 Narren menschliches Fehlverhalten, sowohl Sünde als auch Verstöße gegen Vernunft, Anstand und gute Sitten, um letztlich bessernd auf den Menschen einzuwirken. Mit anderen war Albrecht Dürer an den Illustrationen beteiligt. Die vorliegenden anonymen Illustrationen der lateinischen Ausgabe (ab 1497) kritisieren weiblichen Jähzorn, das schlechte Vorbild von Eltern gegenüber den Kindern, den Niedergang des Glaubens und die Verachtung der Armut. [MS]

ANONYMER DEUTSCHER KÜNSTLER

68 Ungleiche Liebe
um 1510/20

Holzschnitt
259 x 368 mm
München, Staatliche Graphische Sammlung, Inv. Nr. 83012
Lit.: Wilhelm Ludwig Schreiber, Handbuch der Holz- und Metallschnitte des XV. Jahrhunderts, Leipzig 1926–30, Nr. 1977. – Alison G. Stewart, Unequal Lovers, New York 1978, Nr. 12.

Ein alter Mann und eine junge Frau, ein junger Mann und eine alte Frau stehen als Paare nebeneinander; die Alten halten jeweils einen Sack voll Geld – Beispiel für die ungleiche Liebe zwischen Greis und Jugend, die nur mit Geld und Lüge funktionieren mag: »Ach schone frau ir gebent mir freudt und mut / Dorfft ich / euch vertrauen es wer gar gutt«. – »Ach eilent pald lieber Her / Nath euch han ich groß beger.« »man sagt du stelst nach meinem gut vnd nit nach mir / Das ist boß lieber gesell Das sag ich dir«. – »frau euer erbarikeit die will ch han / ir solt euch nit anders sagen lan«. [MS]

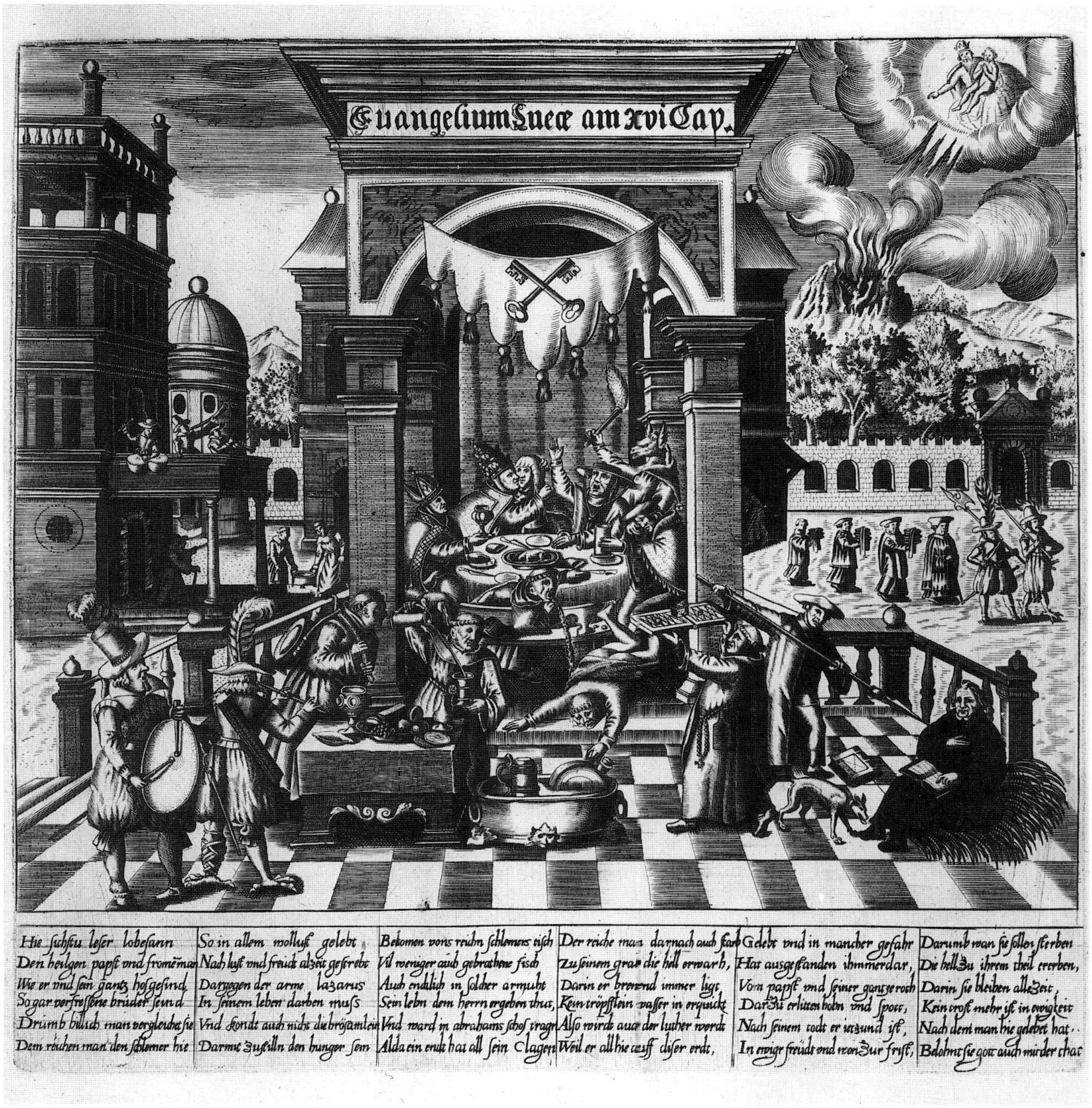

ANONYMER DEUTSCHER KÜNSTLER

69 Gleichnis vom reichen Mann und dem armen Lazarus

(Euangelium Lucae am XVI Cap.)
1562?

Kupferstich
261 x 268 mm
Kunstsammlungen der Veste Coburg, Inv. Nr. XIII, 419, 392
Lit.: Ausst. Kat. Coburg 1983, Kunstsammlungen der Veste Coburg, Illustrierte Flugblätter aus den Jahrhunderten der Reformation und der Glaubenskämpfe, hrsg. von Wolfgang Harms, bearb. von Beate Rattay, Nr. 23.

Das bei Lukas 16, 19–31 geschilderte Gleichnis wird zur Polemik gegen den katholischen Klerus umgemünzt: Im päpstlichen Freudenhaus wird gepraßt, gespielt und gehurt; die Schweizer Garde spielt auf, Krallenfüße bezeichnen sie als des Teufels. Der arme Lazarus, hier Luther, sitzt dagegen draußen vor der Tür und wird von einem Bewaffneten und einem Hund drangsaliert. Lohn und Strafe folgen auf dem Fuße, wie im Hintergrund gezeigt wird: der Papst verschwindet im Höllenschlund, der tugendhafte Lazarus darf »in abrahams schos« ruhen. [MS]

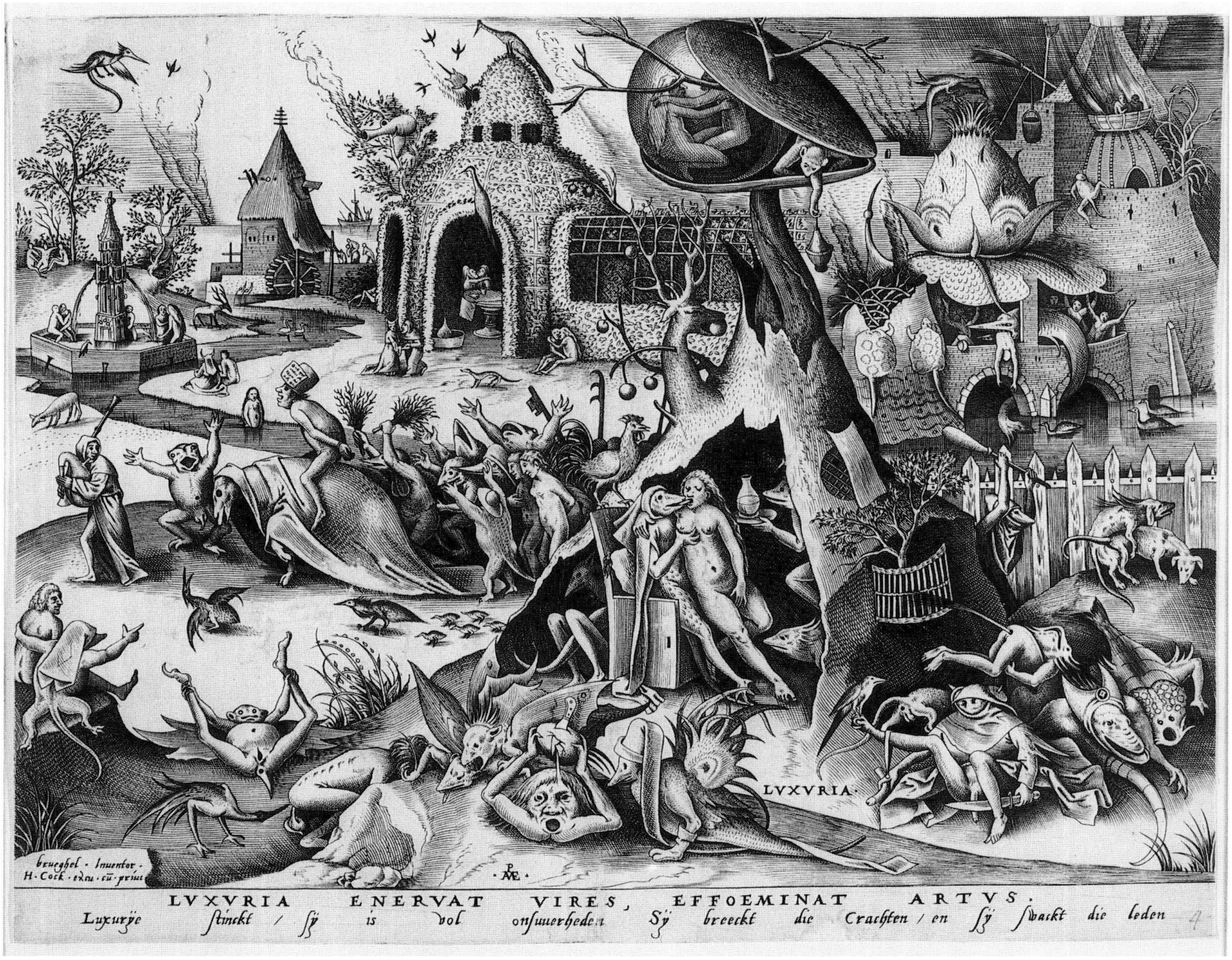

PIETER BRUEGHEL D. Ä. (um 1525/30–1569)

70 Die Wollust
(Luxuria)
1556/1558

Kupferstich
221 x 297 mm
Sign.: brueghel. Inventor/H. Cock. excu. cu. previ. P AME
Bez.: LUXURIA ENERVAT VIRES, EFFOEMINAT ARTUS. Luxurye stinckt / sy is vol onsuverheden Sy breeckt de crachten / en sy swackt die leden
Wien, G. S. Albertina, 1955/108
Lit.: Louis Lebeer, Catalogue raisonné des estampes de Brueghel l'ancien, Bruxelles 1969, Nr. 24.

Aus einer Serie von Vorzeichnungen des Pieter Bruegel, die Pieter van der Heyden gestochen und Hieronymus Cock verlegt hat.

Die Darstellungen der Sieben Todsünden erfolgt durch eine weibliche Allegorie der Sünde in der Mitte von Sinnbildern und illustrierenden Szenen, die zumeist der Welt des Hieronymus Bosch entnommen sind und in einer Überfülle an Dämonen ihren Ausdruck finden. Das Liebespaar in der Muschelschale ist ein Unkeuschheitssymbol, das auch Bosch verwendet hat. Die Prozession im Mittelgrund bezieht sich auf Strafumzüge für Ehebrecher, die im Mittelalter und der Renaissance üblich waren. Höllenstrafen vervollständigen die Schilderung. [WK]

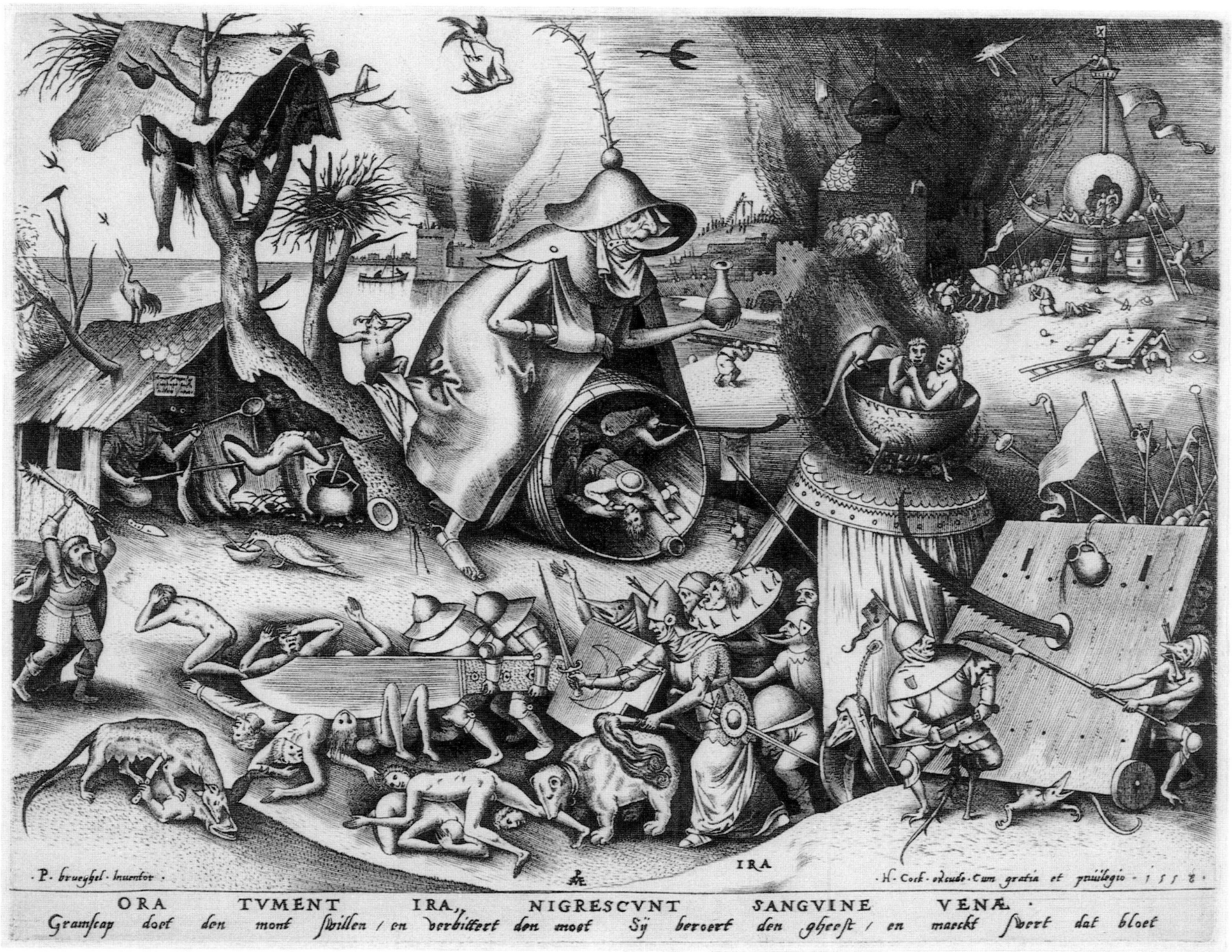

PIETER BRUEGHEL D. Ä. (um 1525/30–1569)

71 Der Zorn
(Ira)
1558

Kupferstich, 227 x 296 mm
Sign.: .P. brueghel. Inventor. P AME .H.Cock.excude. com. gratia et privilegio. 1558.
Bez.: ORA TUMENT IRA, NIGRESCUNT SANGUINE VENAE. Gramscap doet den mont swillen / en verbittert den moet Sij beroert den gheest / en maeckt swert dat bloet
Wien, G. S. Albertina, Inv. Nr. 1955/102
Lit.: Louis Lebeer, Catalogue raisonné des estampes de Bruegel l'ancien, Bruxelles 1969, Nr. 18.

Der Riese in der Mitte, mit Schlapphut und Flasche, spielt auf die Trunkenheit an, die Zorn und Raufereien auslöst. Haß und Grausamkeit werden vom Zorn angestachelt und führen zu Kriegen und Zerstörungen.

[WK]

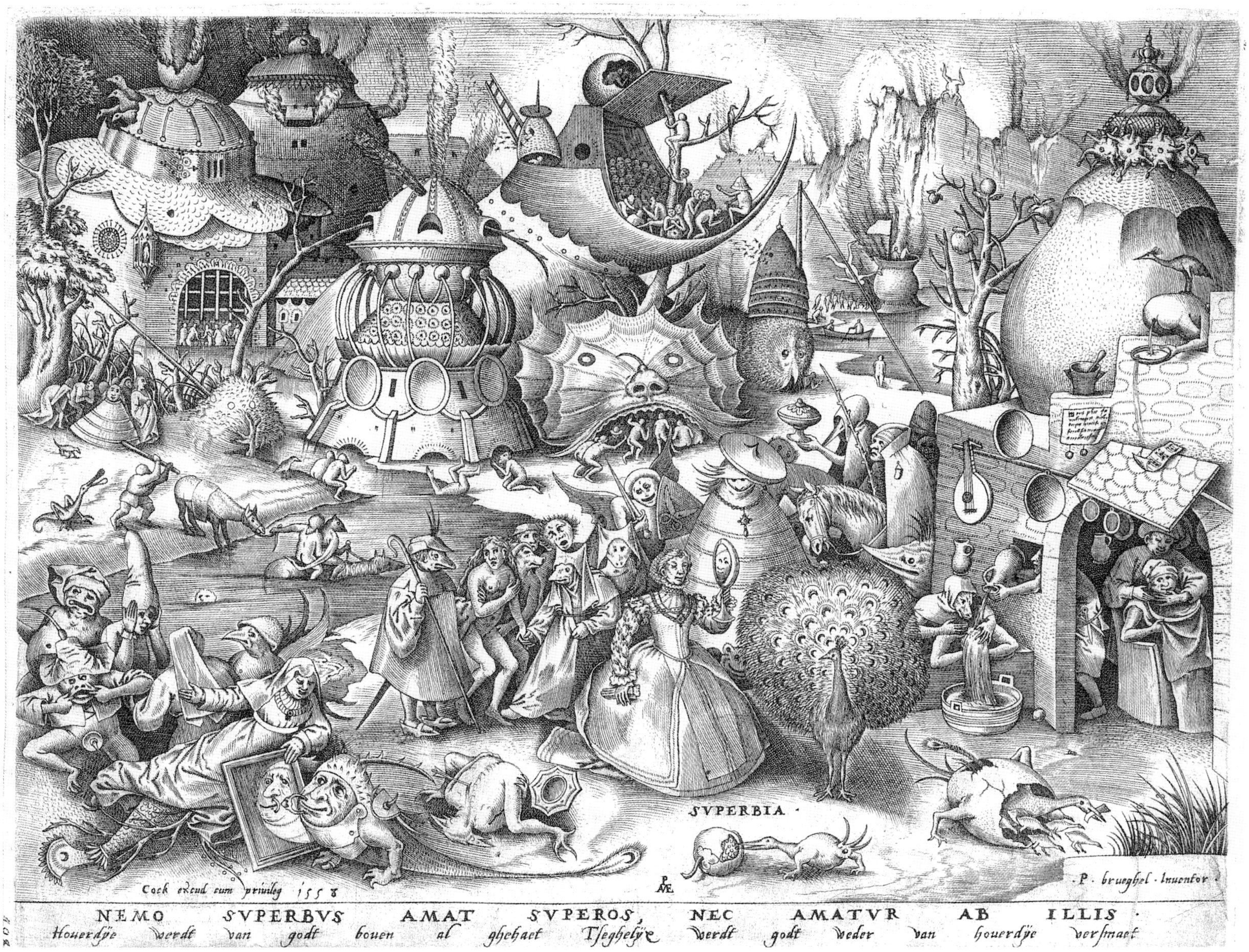

PIETER BRUEGHEL D. Ä. (um 1525/30–1569)

72 Der Hochmut
(Superbia)
1558

Kupferstich
225x295 mm
Bez.: .P. brueghel . Inuentor. / P AME / Cock excud. cum priuileg 1558 / NEMO SVPERBVS AMAT SVPERBOS, NEC AMATVR AB ILLIS. Houerdije werdt van godt bouen al ghehaet Tseghelijx werdt godt weder van houerdije versmaet.
Privatbesitz München
Lit.: Louis Lebeer, Catalogue raisonné des estampes de Bruegel l'ancien, Bruxelles 1969, Nr. 20.

Neben einem eitel sich spreizenden Pfau steht im Zentrum der Darstellung die Personifikation der »Superbia« mit einem Spiegel in der Hand. Sie wird parodiert von einem menschengesichtigen Lurch, der sich ebenfalls seine Schönheit vom Spiegel bestätigen läßt. Drumherum die bizarren Architekturen und monströsen Bewohner dieser sündigen Welt. Auch die Kirche bekommt ihr Fett: Die Igelgestalt im Hintergrund trägt eine tiaraartige Kopfbedeckung. »Kein Hochmütiger liebt die Hochmütigen, noch wird er von ihnen geliebt«, so lautet Brueghels Mahnung. [MS]

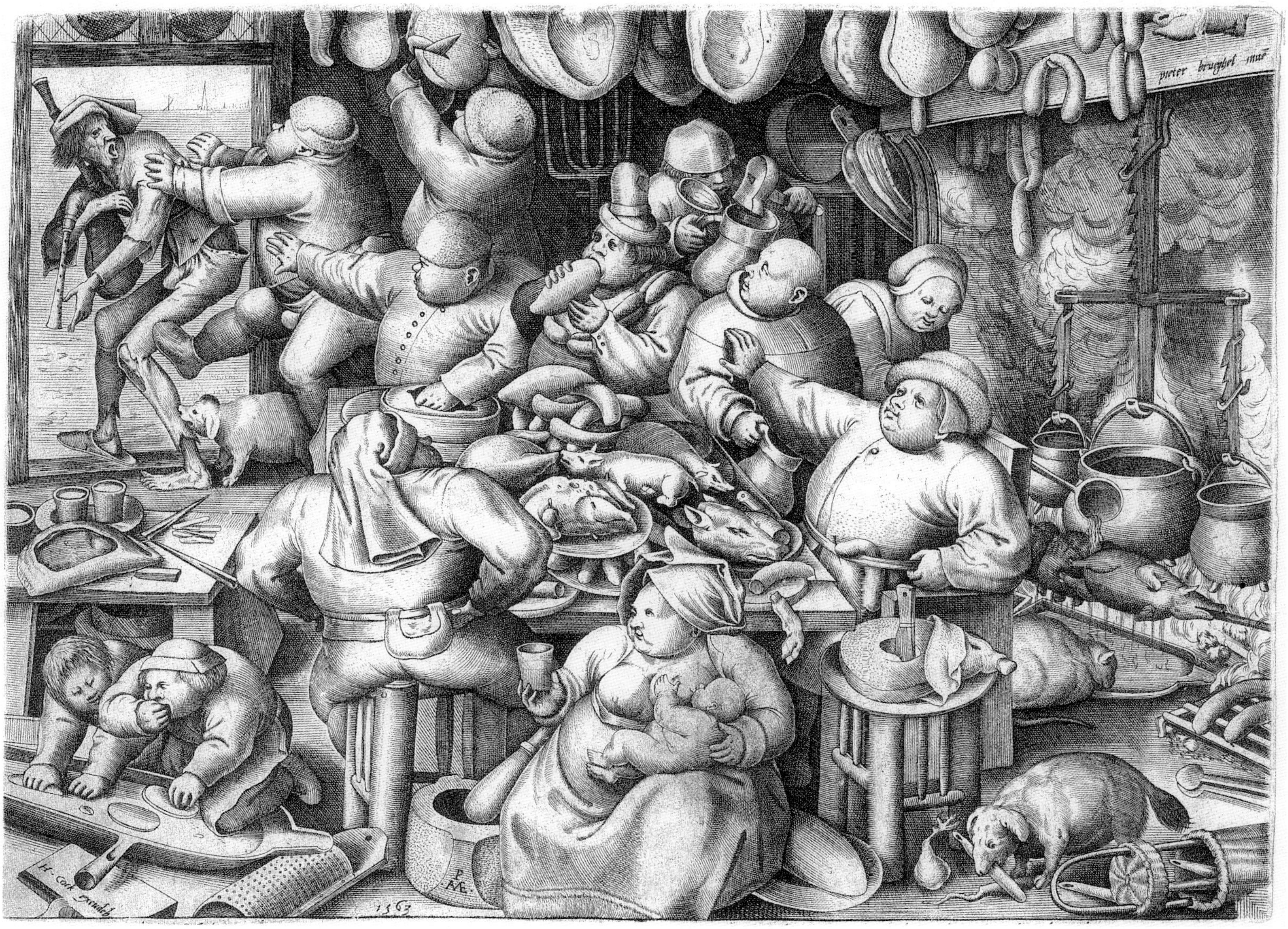

PIETER BRUEGHEL D. Ä. (um 1525/30–1569)

73 Die fette Küche
1563

Kupferstich
208 x 292 mm
Bez. o. re.: pieter brueghel inuē; u.: H. Cock excudeb / 1563 / P AME / Hors dici Maigre-dos á eune' hideuse mine / Tu nas que' faire ici Car cest Grasse-Cuisine / Vuech magherman uan hier hoe hongherich ghij siet / Tis hier al uette Cuecken ghi en dient hier niet
Privatbesitz München
Lit.: Louis Lebeer, Catalogue raisonné des estampes de Bruegel l'ancien, Bruxelles 1969, Nr. 56. – Ausst. Kat. Hannover usw. 1984/85, Mittel und Motive der Karikatur in 5 Jahrhunderten. Bild als Waffe, S. 44 (G. Unverfehrt). – Ausst. Kat. Amsterdam, Paris usw. 1984–85, Die Verkehrte Welt. Populärgraphik aus vier Jahrhunderten. Sammlung Günter Böhmer, Nr. 26.

Völlerei ist eine der Sieben Todsünden. Brueghel zeigt auf dem von Pieter van der Heyden gestochenen Blatt, wie sie einhergeht mit Egoismus: dem armen Schlucker wird die Tür gewiesen. Im übrigen wirken seine bis zum Bersten vollgefressenen Gestalten eher lächerlich als sündig. Sie können nicht genug bekommen und hängen sich die Würste noch um den Hals, während der Tisch unter der Last der Speisen zusammenzubrechen droht. Das Gegenstück zu diesem Blatt, »Die magere Küche«, ist nicht weniger überzeichnet. [MS]

ANONYMER DEUTSCHER STECHER

74 Allgemeine Maskerade
Ende 17. Jahrhundert

Radierung
290 x 178 mm (Blatt beschnitten)
Bez. o. Mi.: Allgemeine Mascarade; u. Mi.: Die stete Fassnacht. / Jos. Frid. Leopold excudit.
Privatbesitz München
Lit.: Ausst. Kat. Amsterdam, Paris usw. 1984–85, Die Verkehrte Welt. Populärgraphik aus vier Jahrhunderten. Sammlung Günter Böhmer, Nr. 9.

Fastnacht wird hier zum Synonym für Falschheit, die das Leben nach Ansicht des moralisierenden Bildentwerfers beherrscht. Hinter den vielfältigen Masken der Wohlanständigkeit verbergen sich die Fratzen der Untugenden und Unsitte, Ehrgeiz, Neid, Betrug. Aber auf Dauer wirkt die Täuschung nicht, die Zeit bringt die Wahrheit an den Tag: Chronos reißt den beiden Gestalten die Maske vom Gesicht. [MS]

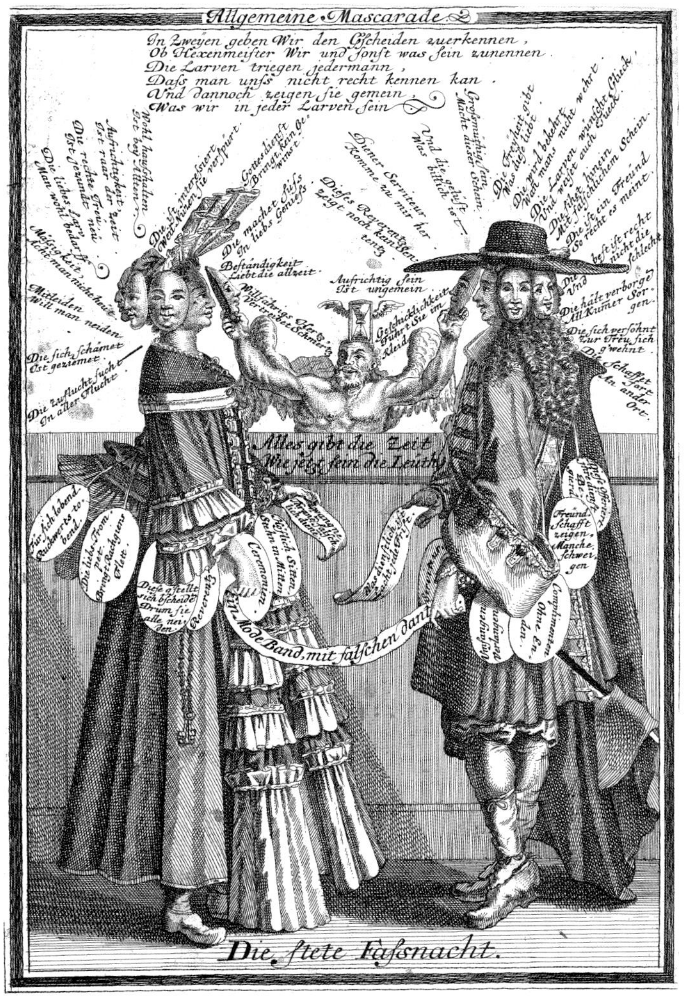

JOHANN MARTIN WILL (1727–1806)

75 Augsburger Bilderbogen Nr. 227
um 1770/80

Radierung
204 x 257 mm (Blatt beschnitten)
Bez. u. re.: Ioh. Mart. Will. exc: A. V.; u. Mi.: N°. 227
Privatbesitz München
Lit.: Sigrid Metken, Geschnittenes Papier, München 1978, S. 226.

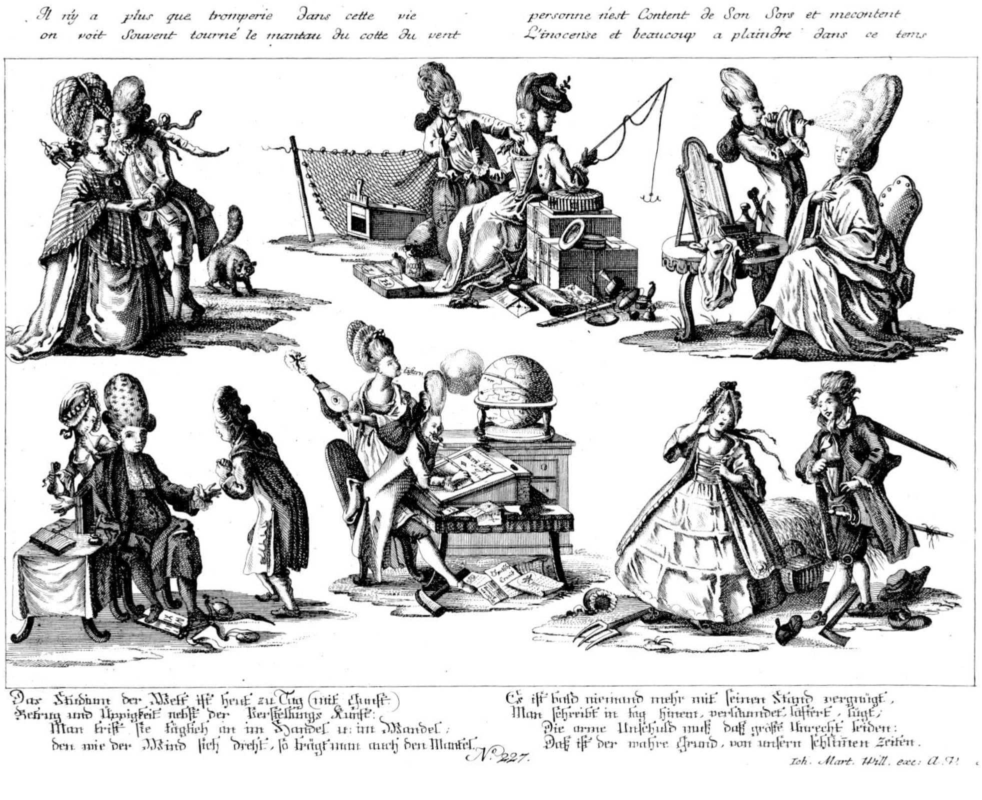

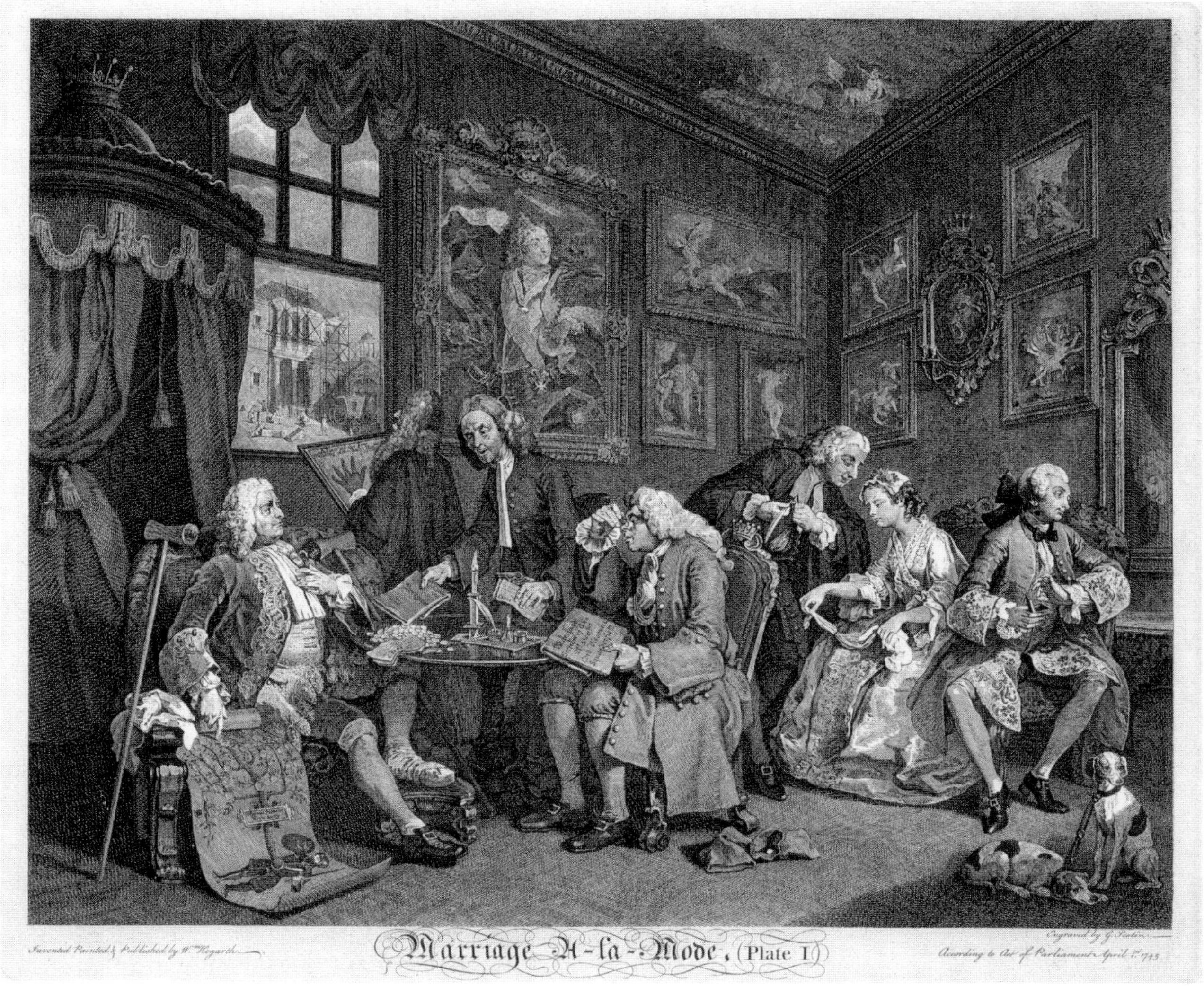

Der Bilderbogen kritisiert in sechs geschlossenen Darstellungen Unehrlichkeit im privaten und öffentlichen Bereich als zeittypisches Übel. Betrug, Doppelgesichtigkeit, Modetorheiten, Lügengeschichten und die fehlende Zufriedenheit mit dem eigenen Stand werden gegeißelt. Mit nahezu 340 Blatt schuf J. M. Will in den siebziger und achtziger Jahren des 18. Jahrhunderts die wohl umfangreichste Karikaturserie mit zeitkritischem Inhalt. [MS]

WILLIAM HOGARTH (1697–1764)

76 Heirat nach der Mode
(Marriage à la Mode)
1745

Kupferstich und Radierung
a) 382 x 466 mm (Blatt: 450 x 565 mm)
Bez. in der Platte außerhalb der Darstellung u. li.: Invented Painted & Engraved by Wm Hogarth; u. re.: Engraved by G. Scotin / According to Act of Parliament April 1st 1745; Legende: Marriage à la Mode (Plate I).
b) 383 x 464 mm (Blatt: 450 x 565 mm)
Bez. in der Platte außerhalb der Darstellung u. li.: Invented Painted & Engraved by Wm Hogarth; u. re.: Engraved by S. Ravenet / According to Act of Parliament April 1st 1745; Legende: Marriage à la Mode (Plate IV).
c) 382 x 464 mm (Blatt: 450 x 565 mm)
Bez. in der Platte außerhalb der Darstellung u. li.: Invented Painted & Engraved by Wm Hogarth; u. re.: Engraved by G. Scotin / According to Act of Parliament April 1st 1745; Legende: Marriage à la Mode (Plate VI).
Wilhelm-Busch-Museum Hannover (Dauerleihgabe der Fritz-Behrens-Stiftung, Hannover)
Lit.: Ausst. Kat. Hannover 1987, Wilhelm-Busch-Museum, William Hogarth. Der Kupferstich als moralische Schaubühne, Nr. 23 a, d und f.

Die Finanznot zwingt einen Grafen, seinen Sohn mit der Tochter eines reichen Bürgers zu verheiraten: eine »Heirat nach der Mode«. Nicht Gefühl und Zuneigung diktieren die Verbindung, sondern Berechnung und Kalkül der Eltern. Adelstitel auf der einen, Geld auf der anderen Seite. Die Tragödie einer solchen Ehe bis zu einem Ende mit Schrecken entwickelt Hogarth in sechs Blättern. Nach der Eheschließung beginnt das Lotterleben der beiden jungen Eheleute. Das Verhängnis naht in Gestalt des Anwalts Silvertongue. Beim »Lever der Gräfin« erscheint er in der Rolle des Liebhabers. Als wenig später der Graf die beiden in flagranti über-

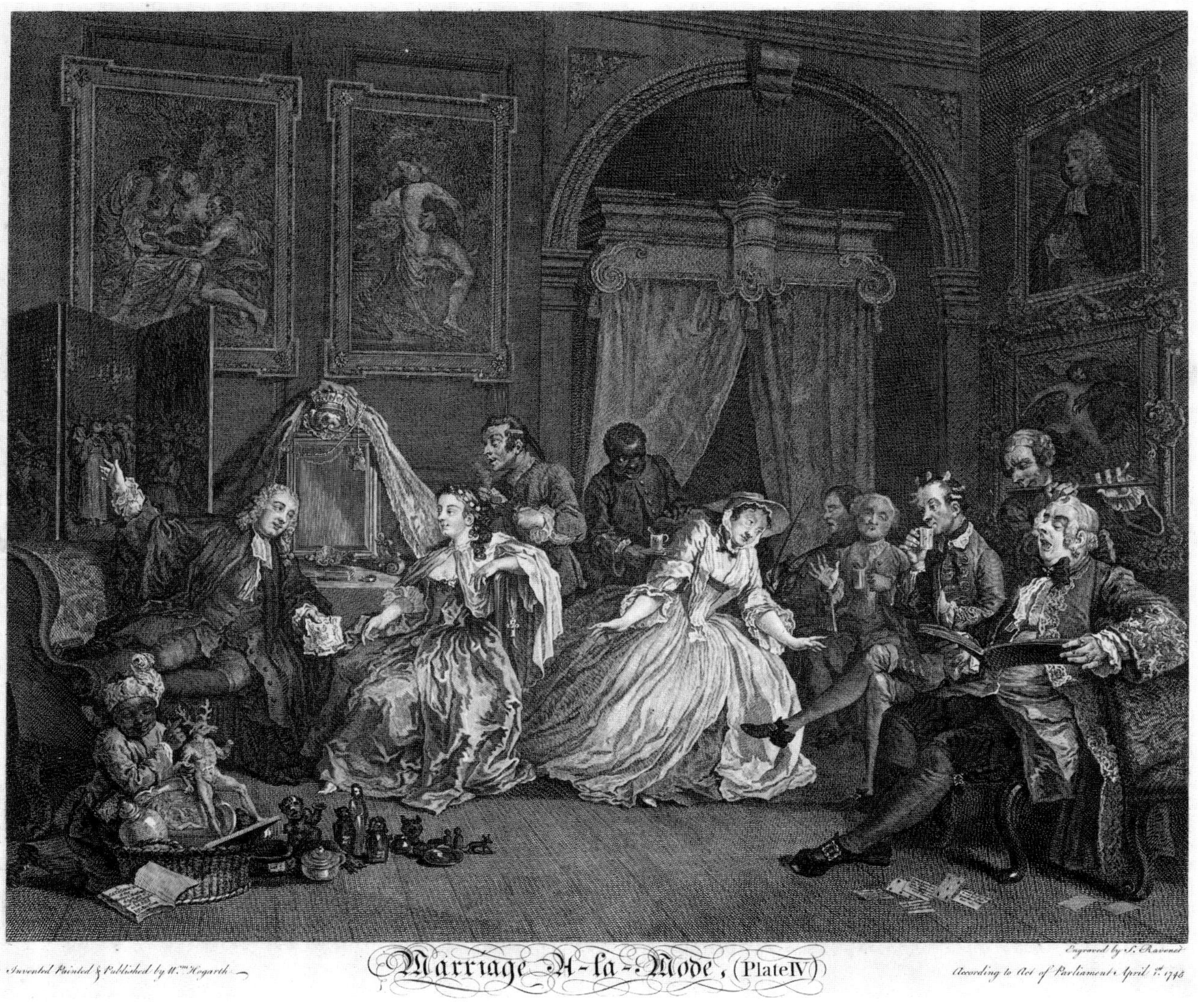

76

rascht, kommt es zum Duell, bei dem der Anwalt den Grafen ersticht und daraufhin flieht. In das Haus des Vaters zurückgekehrt, vergiftet sich die junge Gräfin, als sie vom Tod des aufgegriffenen und verurteilten Anwalts Silvertongue erfährt.
In seinem Zyklus konnte sich William Hogarth auf literarische Vorlagen stützen, so auf John Drydens Komödie »Marriage à la Mode« von 1662, die 1735 in einem Neudruck erschien. Daniel Chodowiecki hat sich mit Hogarth' Zyklus in seinen Kupferstichen »Beweggründe zum Heiraten und ihre Folgen« auseinandergesetzt. In diesem Jahrhundert hat Hugo von Hofmannsthal Motive aus »Marriage à la Mode« für sein Libretto des »Rosenkavalier« von Richard Strauss verwendet (vgl. Arndt, Kat. Hannover 1987). [GV]

WILLIAM HOGARTH (1697–1764)

77 Vorher und Nachher
(Before and After)
1736

Kupferstich und Radierung
a) 425 x 326 mm (Blatt: 565 x 430 mm)
Bez. in der Platte außerhalb der Darstellung u. li.: Invented Engraved & Published Dec^{br} ye 15th 1736 by Wm Hogarth Pursuant to an Act of Parliament; u. re.: Price two Shillings & 6 pence.
b) 410 x 327 mm (Blatt: 565 x 430 mm)
Bez. in der Platte außerhalb der Darstellung u. li.: Invented Engraved & Published Decm^{br} ye 15th 1736 by Wm Hogarth Pursuant to an Act of Parliament; u. re.: Price two Shillings & 6 pence.
Wilhelm-Busch-Museum Hannover (Dauerleihgabe der Fritz-Behrens-Stiftung, Hannover)
Lit.: Ausst. Kat. Hannover 1987, Wilhelm-Busch-Museum, William Hogarth. Der Kupferstich als moralische Schaubühne, Nr. 10 a und b.

Zwei Szenen eines galanten Abenteuers, die William Hogarth auf sehr derbe, sehr drastische Weise erzählt. Der moralische Unterton ist nicht zu »überhören«, er steckt sichtbar im Detail, in den zahlreichen bildlichen Anspielungen. Die Szene des Liebeswerbens begleitet ein Stich an der Wand, der Cupido beim Abschießen eines Feuerwerkskörpers zeigt. In der zweiten Szene ist auch das darunterhängende Bild zu erkennen, auf dem Cupido nun auf die abgebrannte Rakete zeigt. Die Lektüre der jungen Dame ist aufschlußreich: Auf dem Nachttischchen liegen »Poems« von Rochester, deren anrüchiger Inhalt bekannt war, während das in der Schublade liegende Buch über »The Practice of Piety«

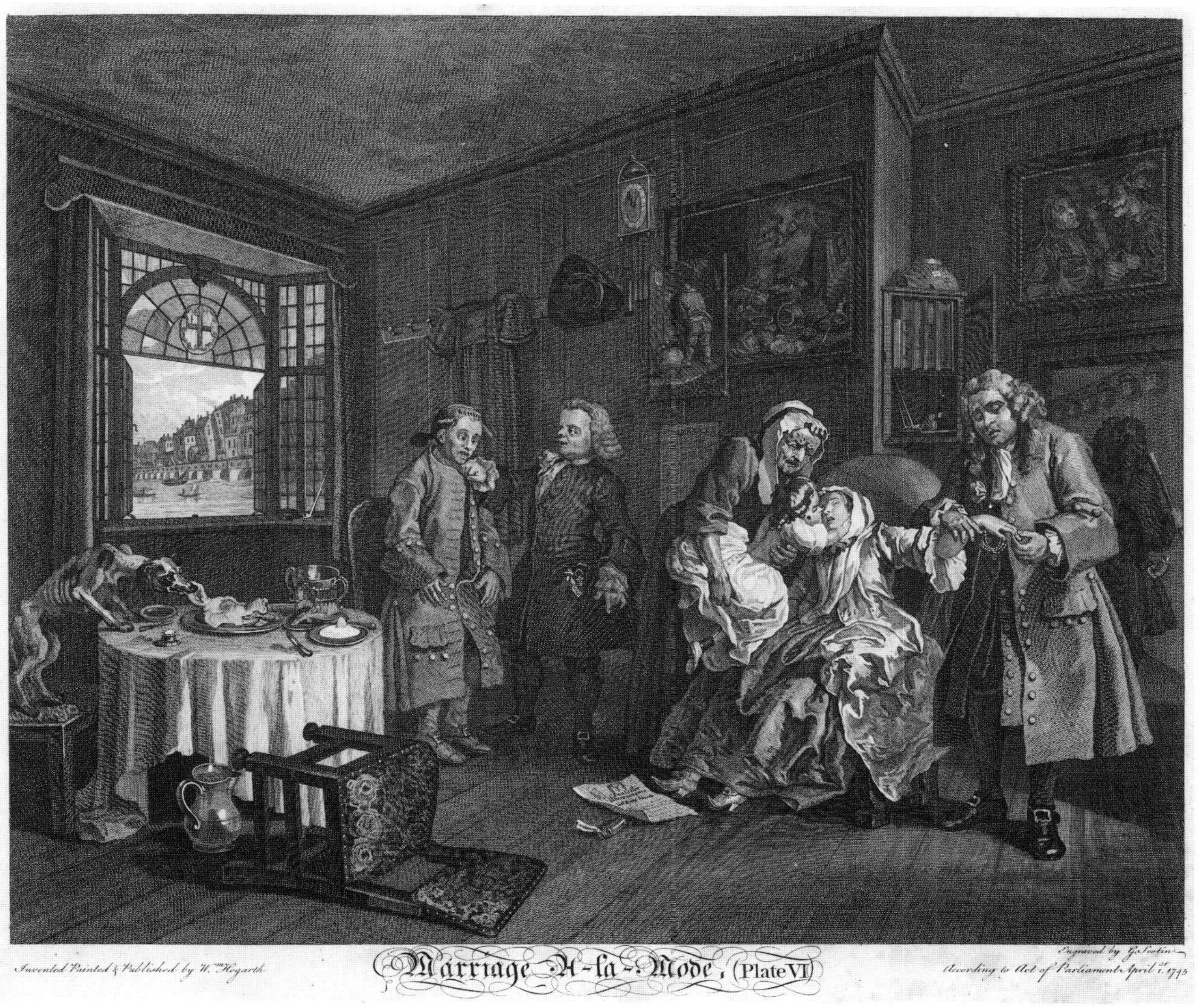
Invented Painted & Published by W.m Hogarth
Marriage A-la-Mode, (Plate VI)
Engraved by G. Scotin
According to Act of Parliament April 1st 1745

76

77

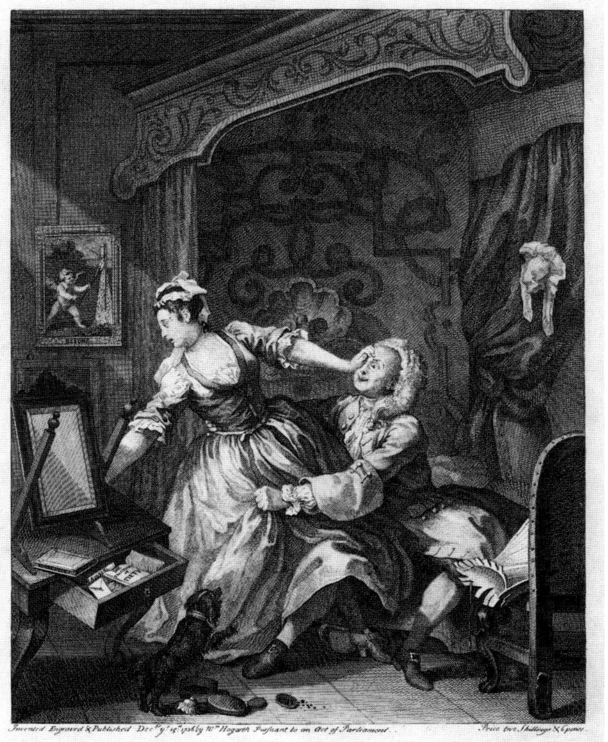
Invented Engraved & Published Dec.r y.e 15th 1736 by W.m Hogarth Pursuant to an Act of Parliament.
Price two Shillings & 6pence

77

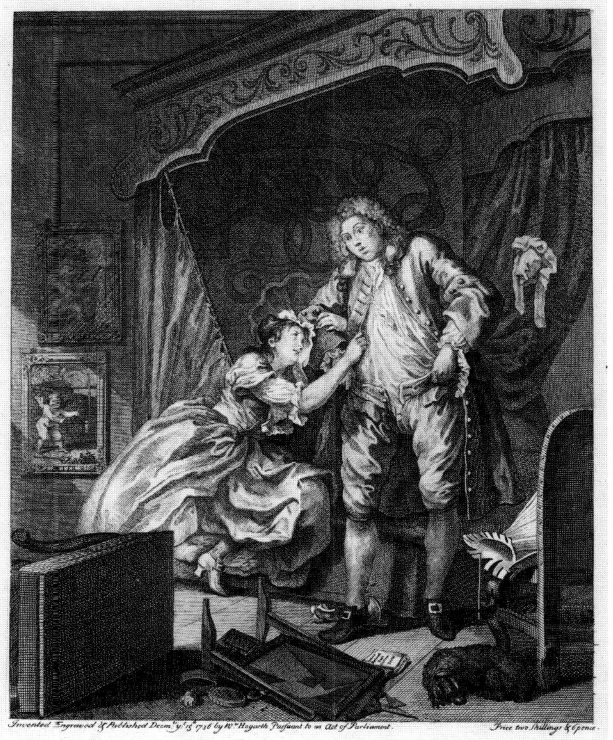
Invented Engraved & Published Decm.r y.e 15 1736 by W.m Hogarth Pursuant to an Act of Parliament.
Price two Shillings & 6pence.

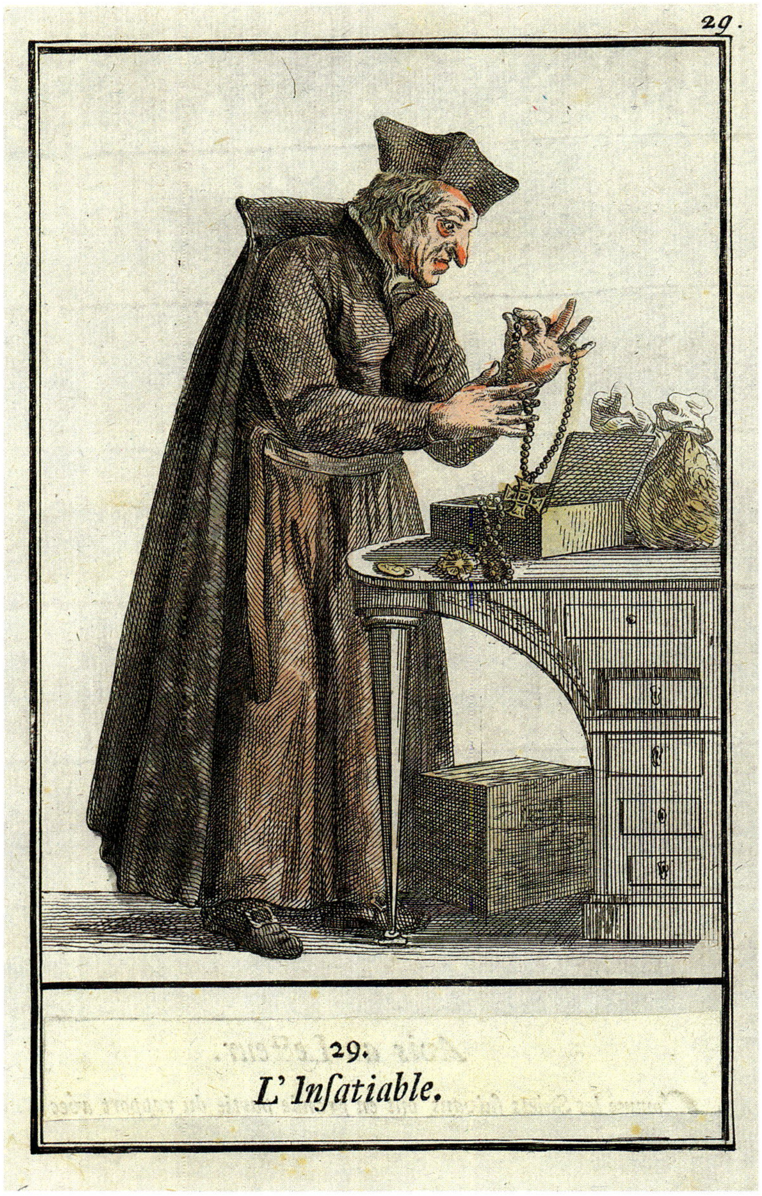

78

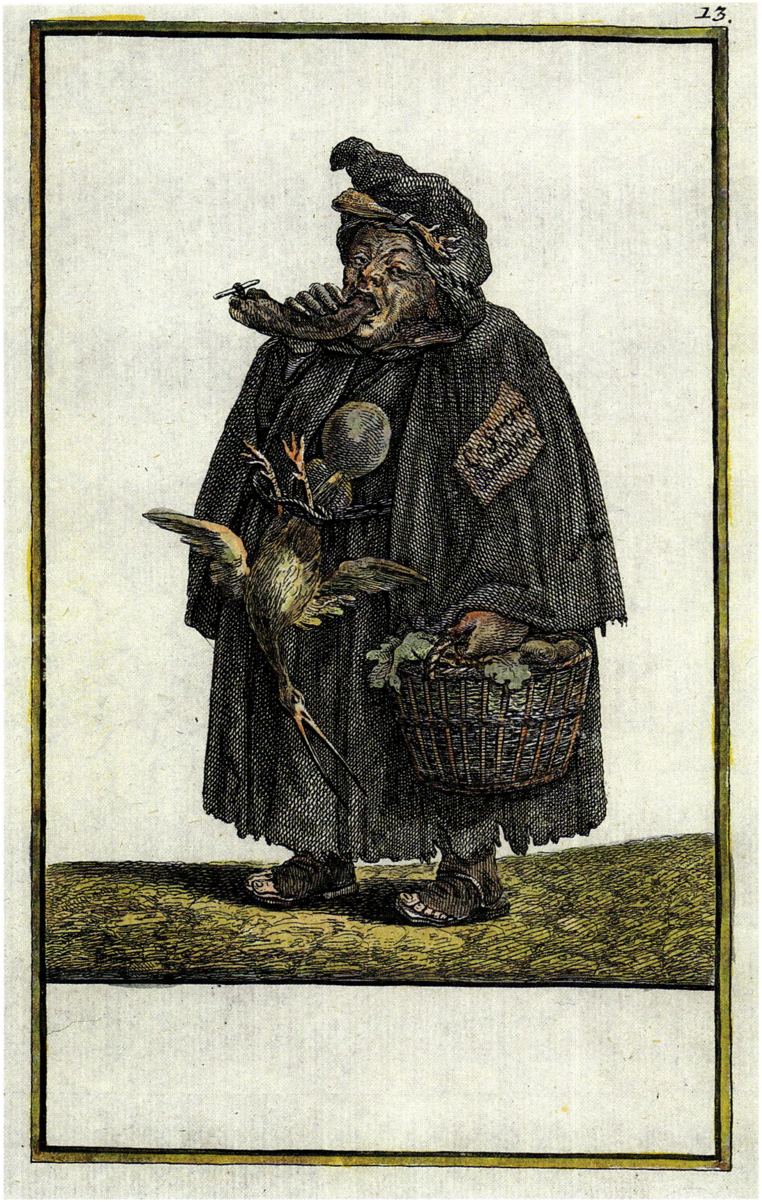

79

offenbar nicht von nachhaltigem Einfluß gewesen ist. Der umgefallene Nachttisch in der zweiten Szene hat noch ein weiteres Buch zum Vorschein gebracht, dessen Titel eine sehr direkte Anspielung mit Aristoteles' Worten »Omne Animal Post Coitum Triste« beinhaltet. Die Stiche »Before« und »After« basieren auf zwei Gemälden zu diesem Thema von Hogarth aus den Jahren 1730/31. Sie wenden sich in moralisierendem Sinn gegen solche galanten Szenerien, wie sie das französische Rokoko liebte und in großer Zahl hervorbrachte. Der Auftraggeber der gemalten Fassung soll laut John Nicholls, Hogarth' frühem Biographen, ein »gewisser lasterhaftiger Adeliger«, nämlich der Herzog von Montague gewesen sein. [GV]

ROBERT BRICHET zugeschrieben
(tätig 2. Hälfte 18. Jh.)

78 Der Unersättliche
(L'Insatiable)
um 1775

Radierung, koloriert
Bild: 167 x 106 mm (äußere Randlinie); Blatt: 212 x 163 mm (Plattenrand beschnitten)
Ohne Künstlerbezeichnung; in der Platte außerhalb der Darstellung bez. o. re.: 29.; unterhalb der Darstellung Titel aufgeklebt: 29./L'Insatiable. – Aus der 50 Blatt umfassenden Serie zur zweiten Auflage der »Renversement de la Morale Chrétienne par les désordres du Monachisme« (um 1775).
Wilhelm-Busch-Museum Hannover (Sammlung Max Hasse), Inv. Nr. KG 2906/87
Lit.: Ausst. Kat. Hannover 1984, Wilhelm-Busch-Museum, Bild als Waffe. Mittel und Motive der Karikatur in fünf Jahrhunderten, 2. Aufl., Nr. 21.

Siehe Kat. 79.

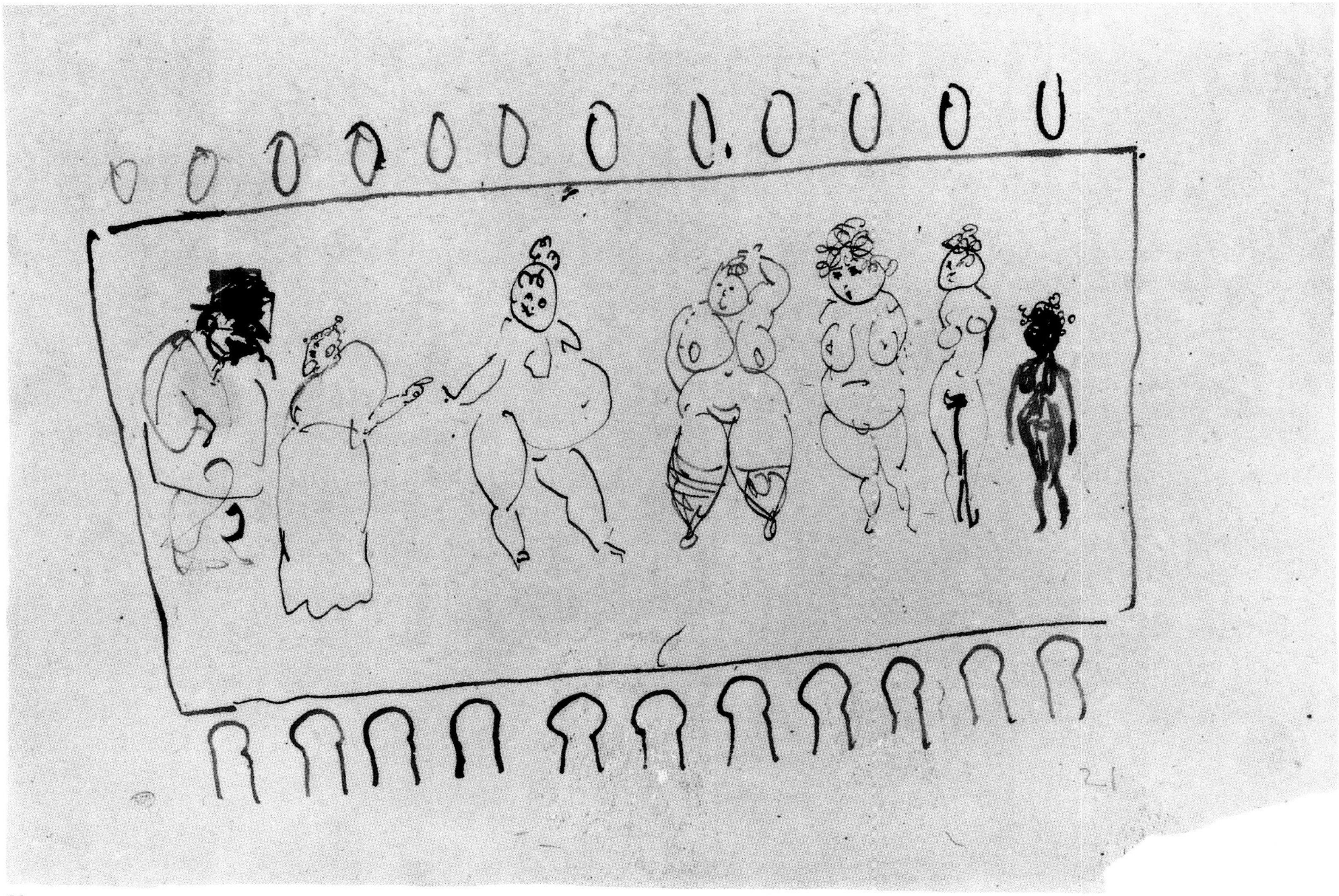

80

ROBERT BRICHET zugeschrieben
(tätig 2. Hälfte 18. Jh.)

79 Ohne Titel
um 1775

Radierung, koloriert
Bild: 172 x 105 mm (äußere Randlinie); Blatt: 204 x 159 mm (Plattenrand beschnitten)
Ohne Künstlerbezeichnung; in der Platte innerhalb der Darstellung bez.: Le frere Baudin; außerhalb der Darstellung o. re.: 13.
Aus der 50 Blatt umfassenden Serie zur zweiten Auflage der »Renversement de la Morale Chrétienne par les désordres du Monachisme« (um 1775).
Wilhelm-Busch-Museum Hannover (Sammlung Max Hasse), Inv. Nr. KG 2901/87
Lit.: Ausst. Kat. Hannover 1984, Wilhelm-Busch-Museum, Bild als Waffe. Mittel und Motive der Karikatur in fünf Jahrhunderten. 2. Aufl., Nr. 21.

»Bruder Baudin« und der »Unersättliche« stammen aus einer Folge von 50 Blättern, die den Verfall der christlichen Moral am Beispiel lasterhafter Repräsentanten der katholischen Kirche aufzeigt. Im Vorfeld der Französischen Revolution gehören diese Radierungen zu den bösartigsten antiklerikalen Angriffen. Die Radierungen sind als Illustrationen zur zweiten Auflage der »Renversement de la Morale Chrétienne par les désordres du Monachisme« entstanden, die erstmals um 1690 mit Illustrationen von Cornelis Dusart (1660–1704) veröffentlicht worden war. Auf Robert Brichet als Künstler deutet das Monogramm RB auf dem ersten Blatt der Folge hin. [GV]

PABLO PICASSO (1881–1973)

80 Caricature: maison close
1904

Schwarze Tinte
295 x 410 mm
Musée Picasso, Paris, Z. XXII, 76

Picassos unruhiger, wacher Geist ließ ihn auch Stücke schreiben und mit Karikaturen illustrieren (»Wünsche beim Schwanz gepackt«). Kein Wunder, daß er aus reiner Lust eine Bordellszene anschaulich karikiert hat. Und das zur Zeit seiner Blauen Periode, die ja heute beinahe bürgerlich anmutet. 1904, als dieses Blatt entstand, war Picasso noch nicht entdeckt und dementsprechend bedürftig. Auf dem Weg zum großen Maler war ihm Zeichnen stets ein Lustgewinn. [HG]

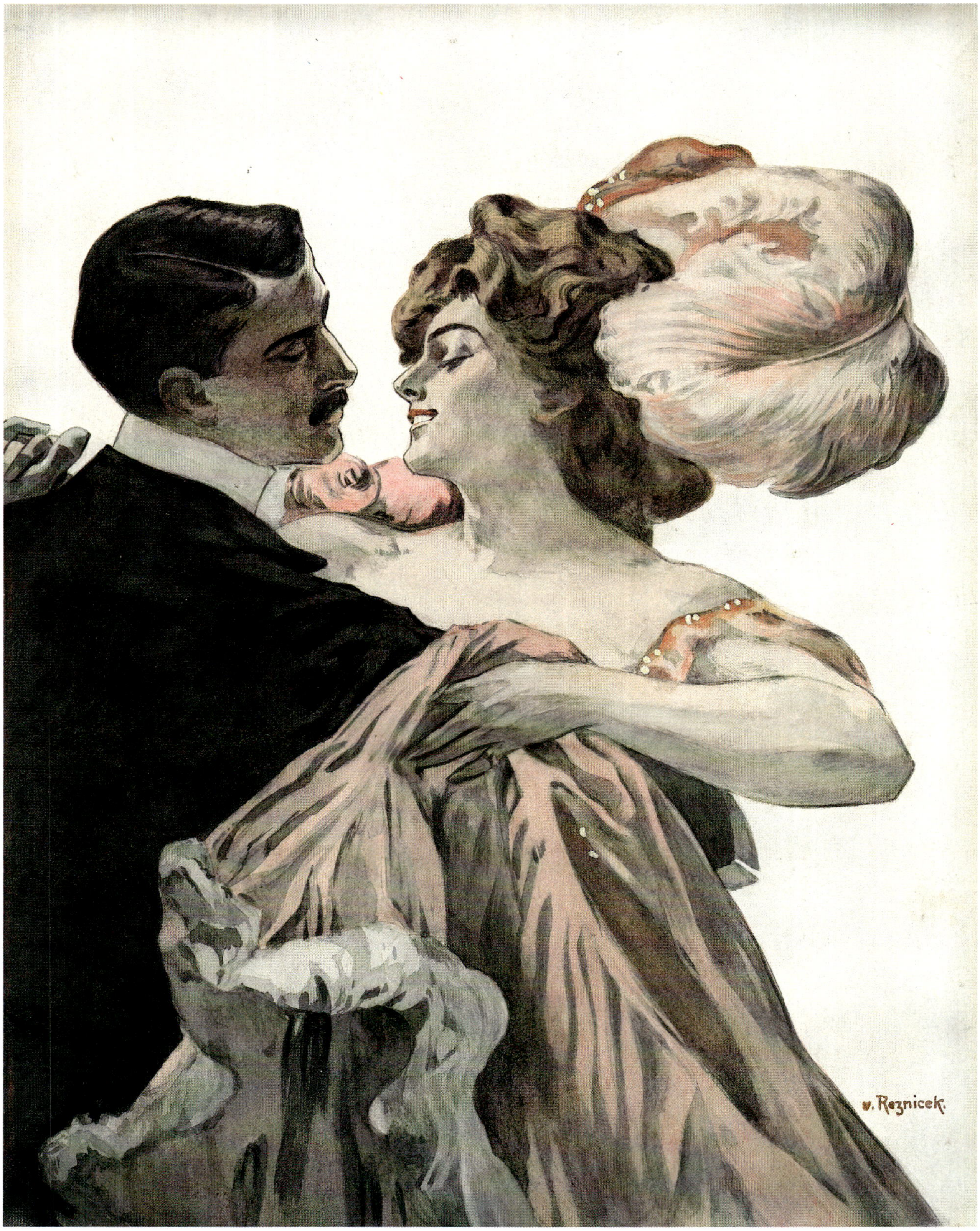

81

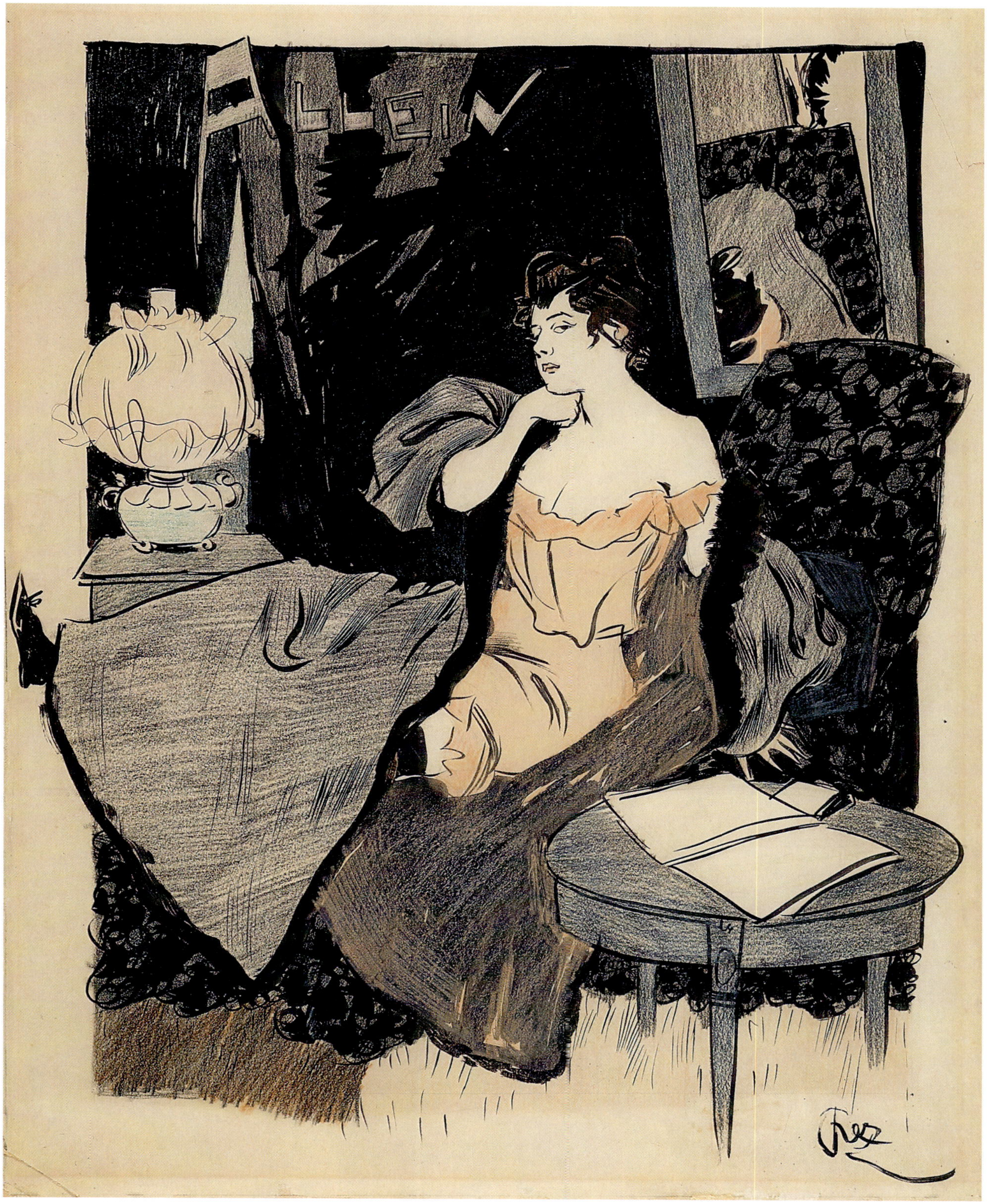

FERDINAND VON REZNICEK (1868–1909)

81 Tanzpaar
1908 oder 1909

Abgedruckt in einer Sondernummer des »Simplicissimus« zum Thema Karneval außer Abonnement. Farben im Druck: Rosa, Braun, Rot
Tusche (Pinsel), Deckweiß, Aquarell, Farben: Rosa, Braun, Rot
350 x 280 mm
Privatbesitz München

FERDINAND VON REZNICEK (1868–1909)

82 Der Brief
ca. 1908

Mischtechnik
365 x 300 mm
Bez. u. re.: Frez
Rudolf Koch, München

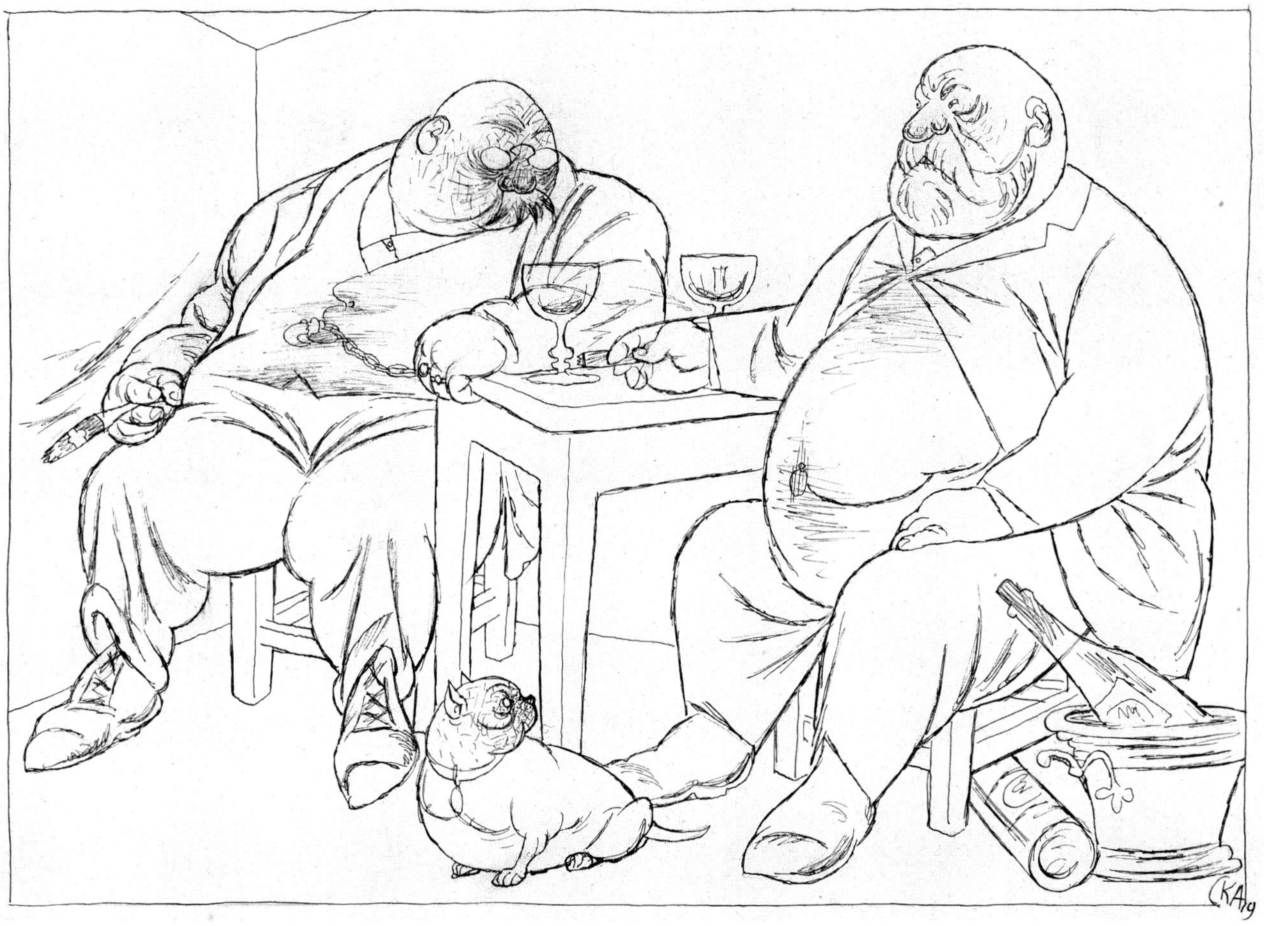

KARL ARNOLD (1883–1953)

83 **Der Antisemit**
1919
»Sauber is dös G'schäft ja net' – aber eh ich's an Jud' überlaß', mach' ich's selber!«

Abgedruckt in: »Simplicissimus«, Jg. 24, Nr. 31, S. 412

Tuschfeder, Bleistift
190 x 265 mm
Bez. u. re.: KA 19
Fritz und Hans Arnold

Das Blatt ist Beleg für den zunehmenden Antisemitismus und die absurden Blüten, die er bereits zu dieser Zeit trieb. [CSH]

ERICH SCHILLING (1885–1945)

84 **Friedrichstraße, Reich der Provinz**
1926
»s is schon ne ganz schludrige Moral in Berlin – da gannste ja jedes Weib haben! – Sgandal – nu' gerade in der Geldknappheit.«

Abgedruckt in: »Simplicissimus«, Jg. 31, Nr. 30

Tusche, Bleistift, aquarelliert
421 x 301 mm
Sign. u. re.: S
Rudolf Koch, München

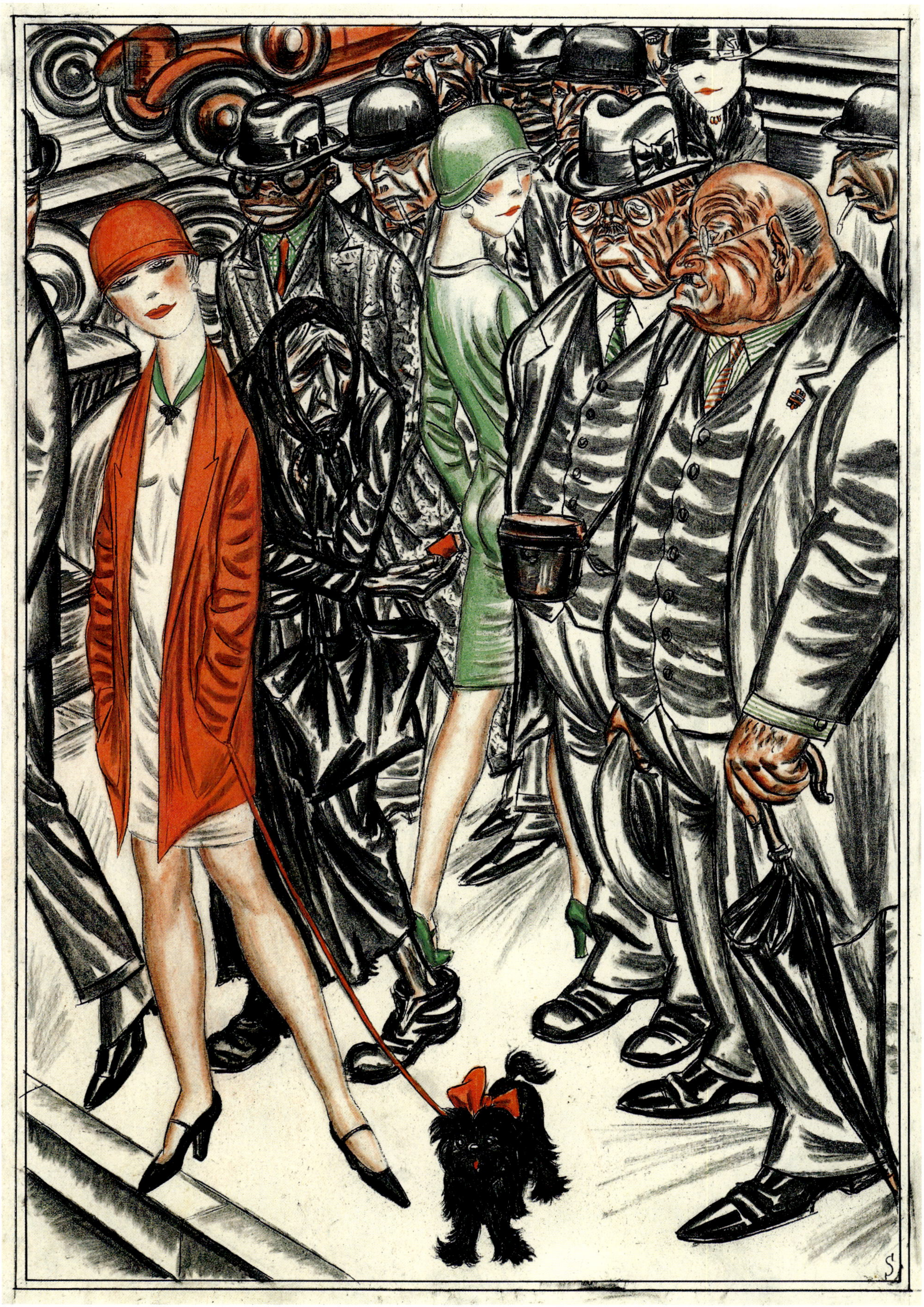

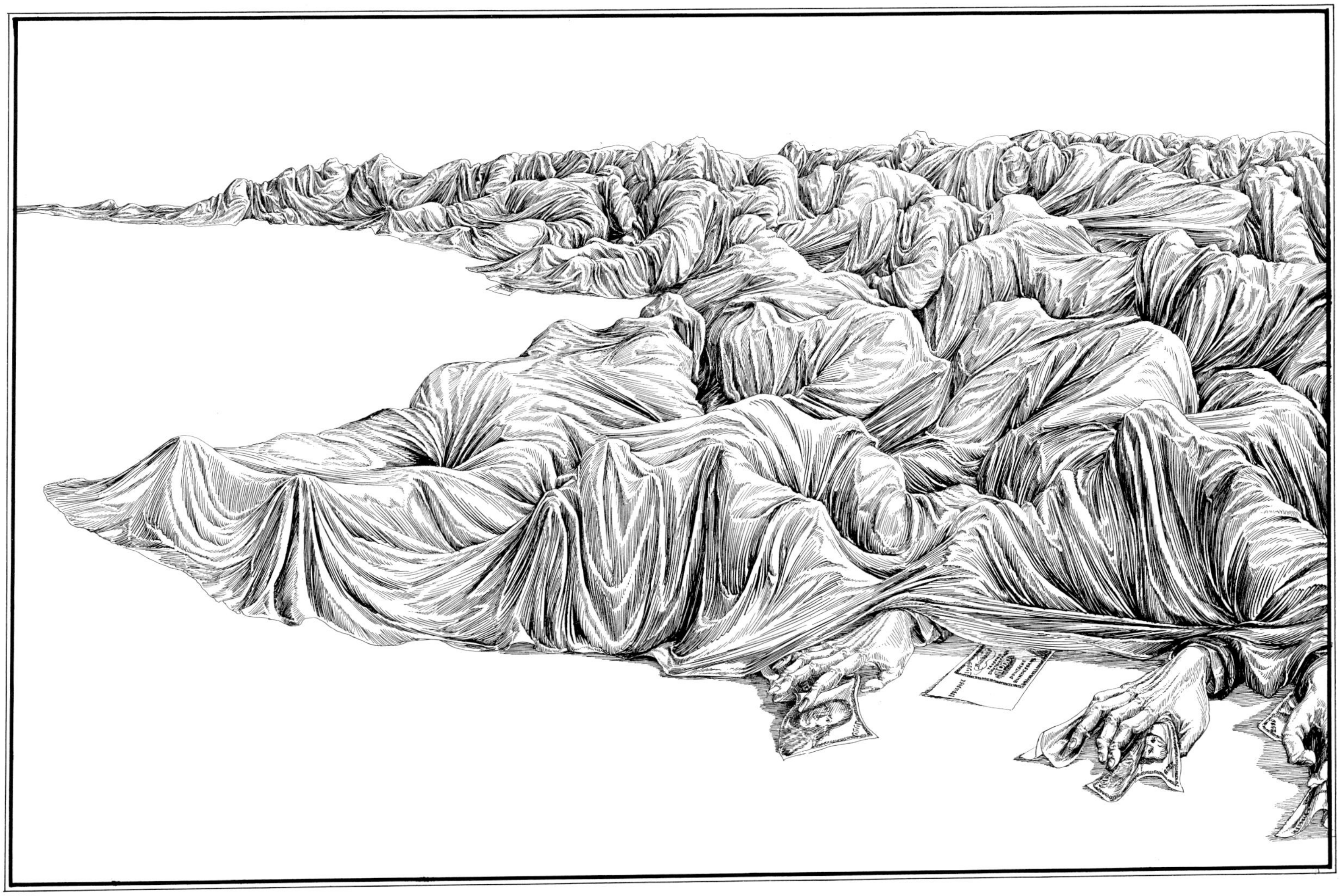

HANS GEORG RAUCH (geb. 1939)

85 Politische Landschaft
1983

Tuschfeder
360 x 520 mm
Sign. u. re.: HG. Rauch 83
Privatsammlung

Unter großen Tüchern verborgene Bestechliche gieren mit ihren Händen nach Geldscheinen. Die gewaltige Menge der Beteiligten unter ihren Verstecken bedeckt die Landschaft bis zum Horizont. [HG]

ANDRÉ FRANÇOIS (geb. 1915)

86 Non
1974

Aquarell
320 x 230 mm
Sign. u. re.: André François
Galerie Etcetera, München
Lit.: Ausst. Kat. Hannover 1978, Kestner-Gesellschaft, S. 82.

Das Blatt entstand Anfang der siebziger Jahre für den Titel des »New Yorker«. Ein Insekt frißt die letzten Blätter eines Zweiges. Von unten erscheint eine Schnecke und erhebt drohend den (menschlichen) Finger. Die Mahnung könnte als Vergleich zum Menschen gemeint sein, der andere ermahnt, ohne sich selbst daran zu halten. [HG]

ARMIN GEHRET (geb. 1923)

87 »Bei uns trägt die Braut den Myrthenkranz aber ganz anders, Nänzi«
1989

Buntstift
670 x 530 mm
Sign. u. re.: Gehret 89
Privatsammlung

Tradition und Fortschritt, Naivität und Blasphemie. Gehret denkt mit der Situation vor der Hochzeit voraus, was später daraus wird. Es ist nicht nur der Wandel der Zeit, der Traditionen, der sichtbar wird. [HG]

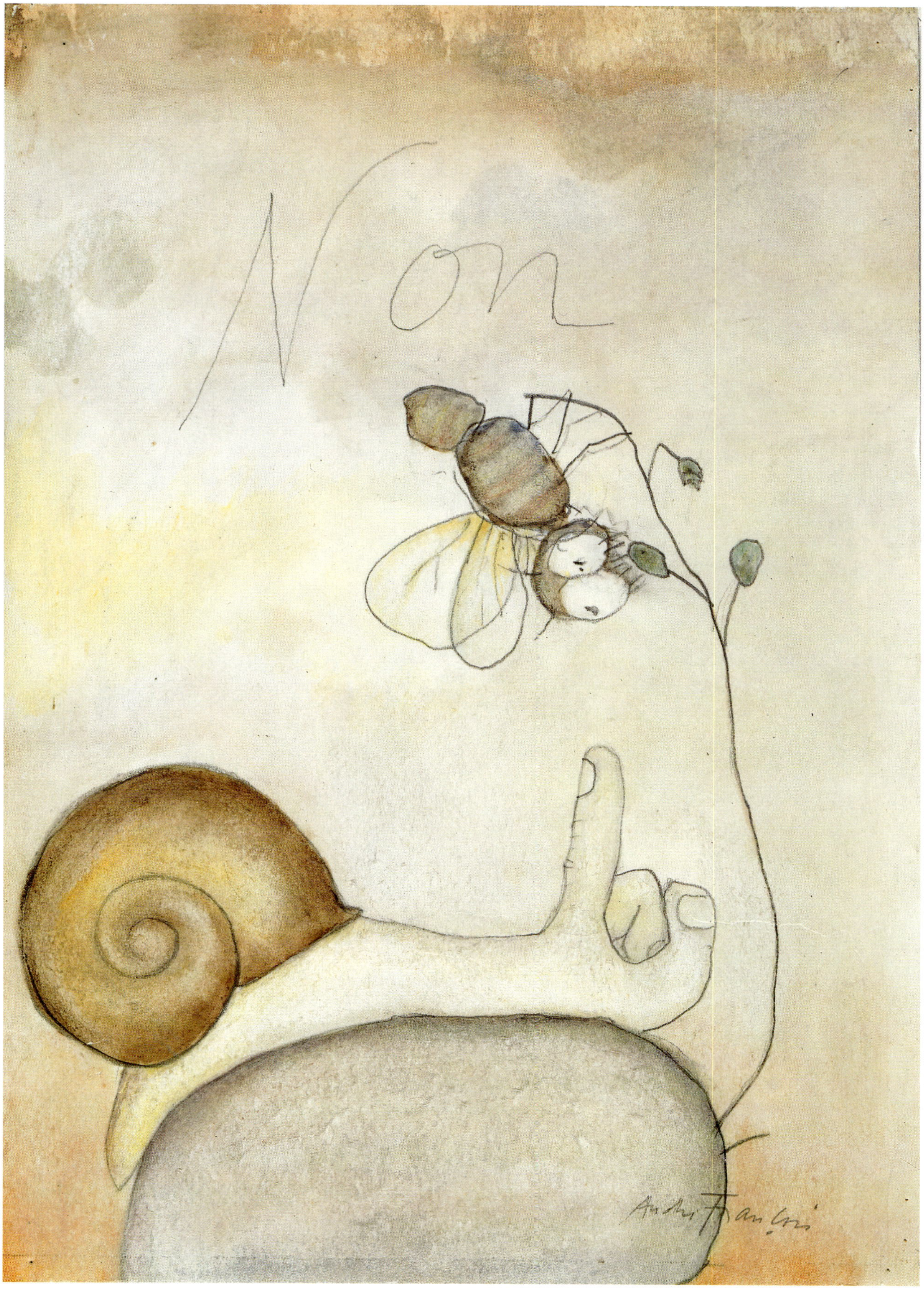

86

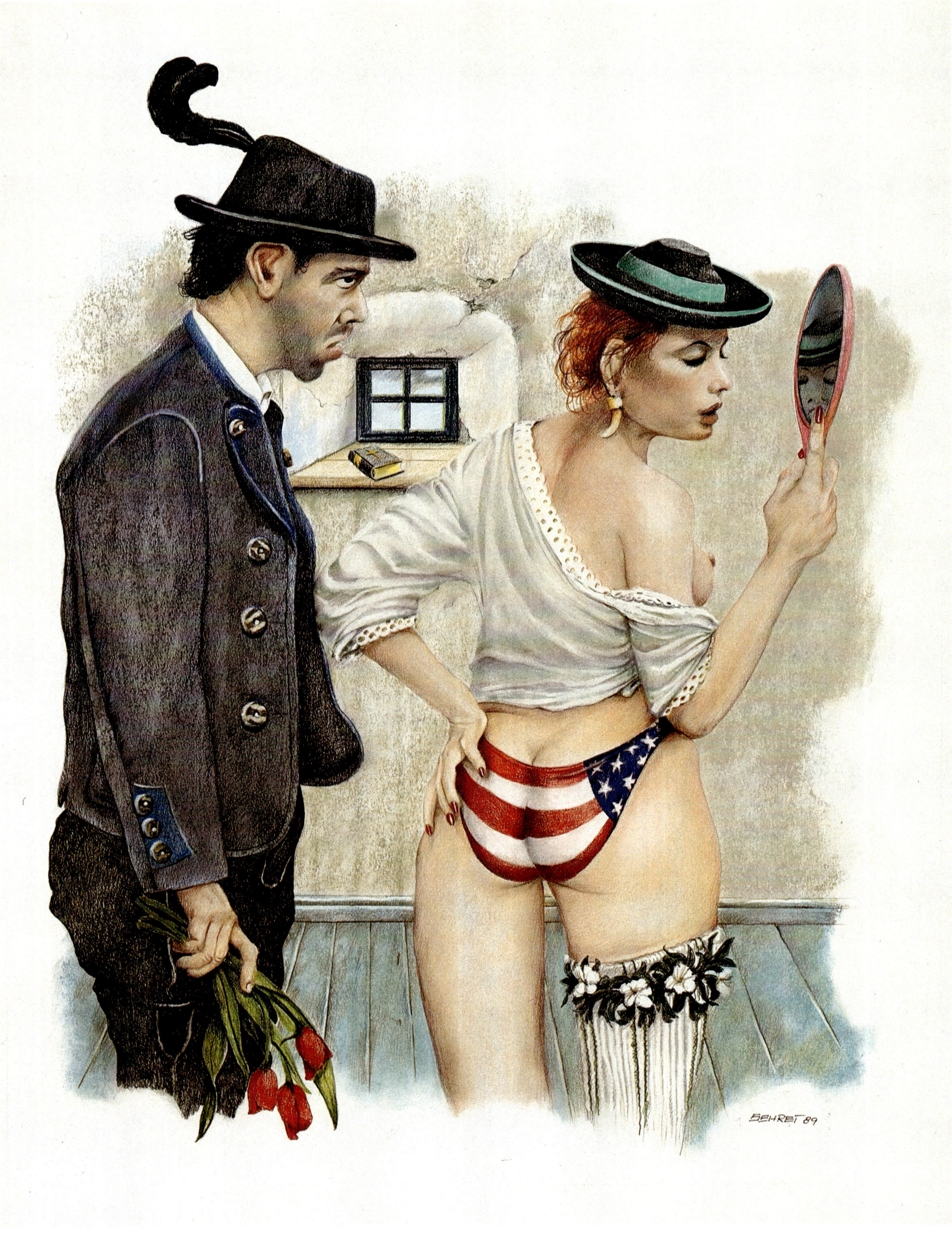
BEHRET 89

V

Kritik demaskiert

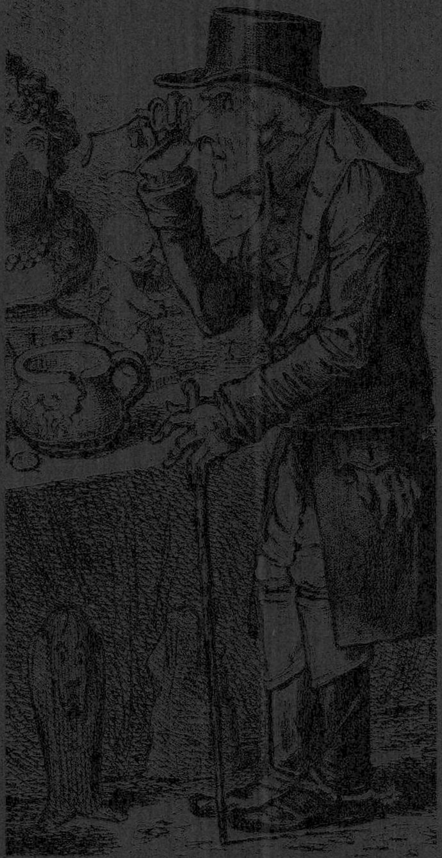

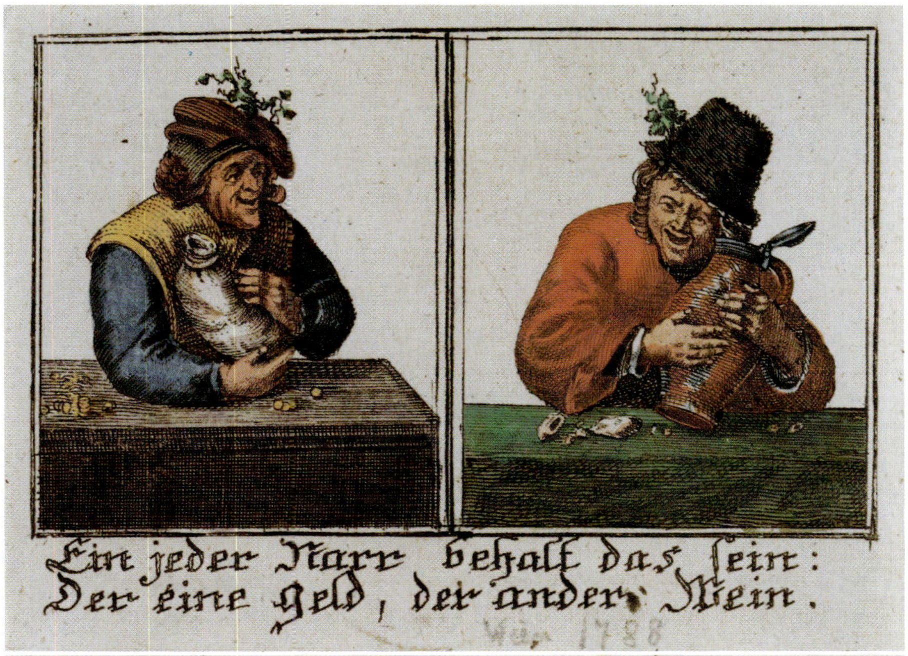
Ein jeder Narr behalt das ſein:
Der eine geld, der ander Wein.
Wien 1788

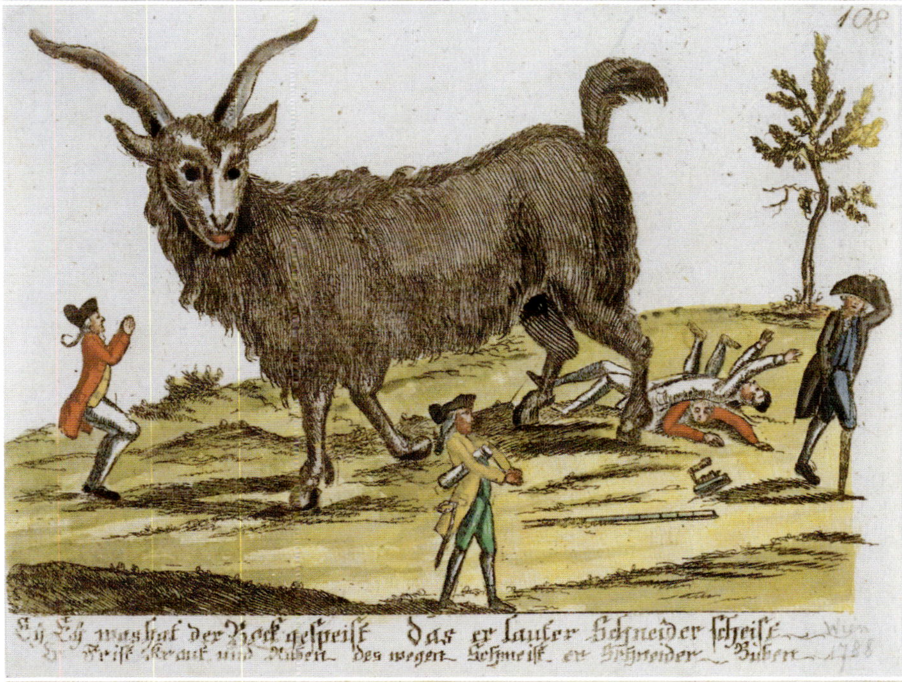
108
Ey Ey was hat der Bock geſpeiſt das er lauter Schneider ſcheiſt
Er friſt Kraut und Ruben des wegen ſchmeiſt er Schneider Buben
Wien 1788

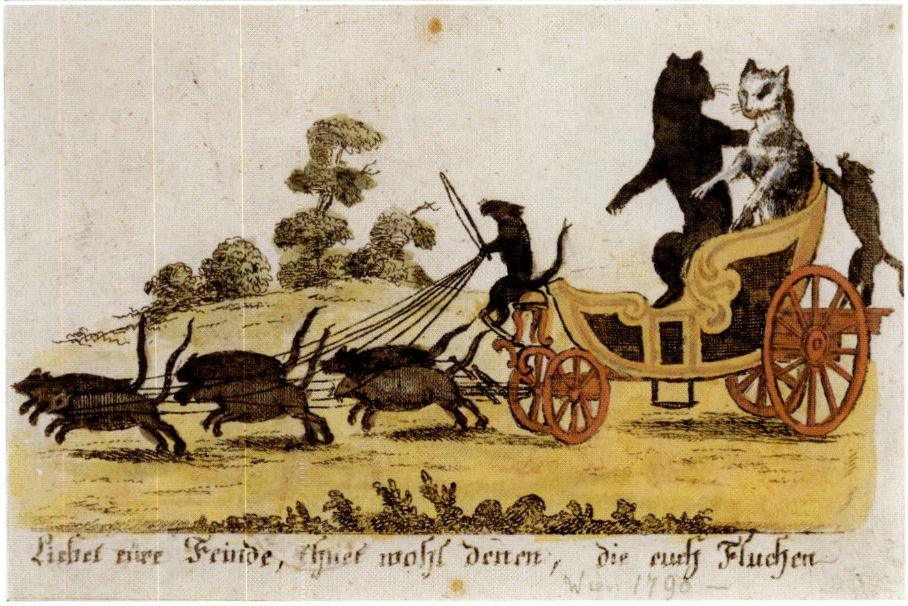
Liebet eure Feinde, thuet wohl denen, die euch Fluchen
Wien 1790

88

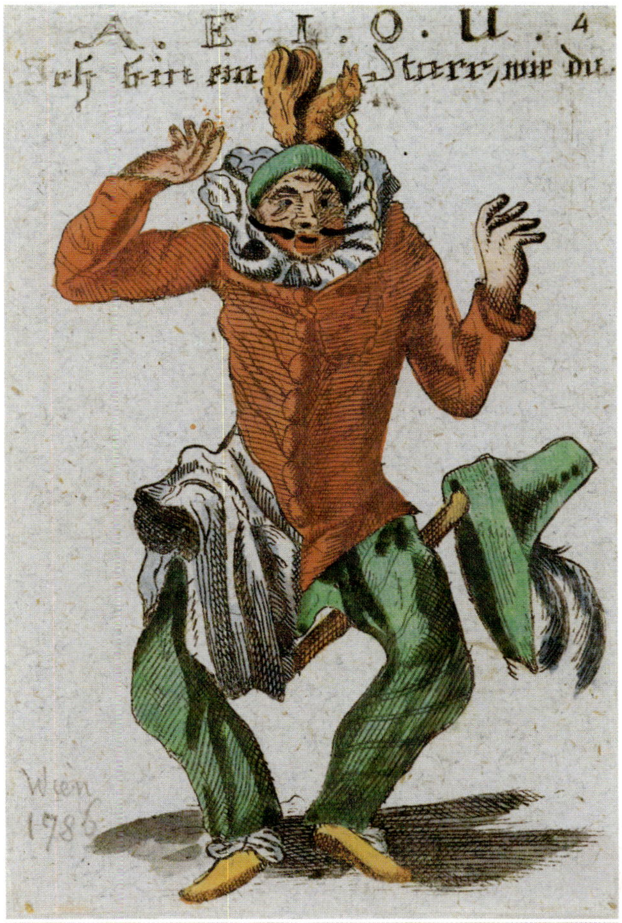
A. E. I. O. U.
4
Ich bin ein Narr, wie du.
Wien 1786

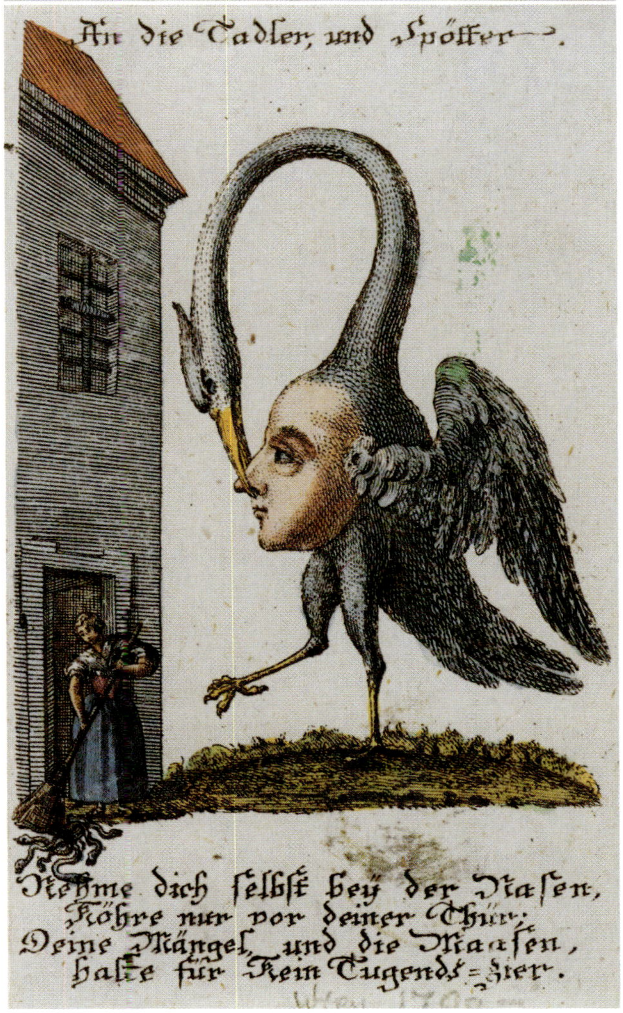
An die Tadler, und Spötter.
Nehme dich ſelbſt bey der Naſen,
Köhre nur vor deiner Thür;
Deine Mängel, und die Naaſen,
halte für kein Tugends=zier.

117

ANONYME ÖSTERREICHISCHE KÜNSTLER

88 Sechs Wiener Spottblätter des Josephinismus

Wien, G. S. Albertina, Inv. Nr. D Karik. Bd. V

Sämtliche Blätter stammen, wie verso Sammlerstempel bestätigen, aus der kaiserlichen Hofbibliothek. [WK]

Narren
1788

Radierung, koloriert
65 x 91 mm
Bez. u.: Ein jeder Narr behalt das sein: / Der eine Geld, der andere Wein.

Ei, ei, was hat der Bock gespeist
1788

Radierung, koloriert
122 x 162 mm
Bez. o. re.: 108; u.: Ey, Ey, was hat der Bock gespeist / das er lauter Schneider scheist / Frist Kraut und Ruben / des wegen scheist er Schneider Buben.

Liebet Eure Feinde
1796

Radierung, koloriert
97 x 147 mm
Bez. u.: Liebet eüre Feinde, thuet wohl denen, die euch Fluchen

Der Text erhält seinen Spott durch die Darstellung, daß sich ein Katzenpaar elegant im Wagen ziehen, kutschieren und bedienen läßt. Die vertrauensseligen Mäuse werden wohl bald ihr Schicksal erleiden.

A.E.I.O.U.
1786

Radierung, koloriert
106 x 71 mm
Bez. o.: A.E.I.O.U. 4 / Ich ein Narr, wie du.

Der Harlekin verdeutlicht einen Narren, der den Beschauer des Blattes wiederum zum Narren hält.
Man kann diese Art von Ermahnung im Sinne der josephinischen Aufklärung verstehen, die Menschen zur Selbstbesinnung aufzurufen.
Dadurch, daß dem Blatt der kaiserliche Sinnspruch »Austria erit in orbe ultima« – den Kaiser Friedrich III. geprägt hatte – beigegeben ist, erhält eine solche Aufforderung eine weit über das Komische hinausreichende Bedeutung.

An die Tadler und Spötter
1796

Radierung, koloriert
104 x 62 mm
Bez. o.: An die Tadler, und Spötter; u.: Nehme dich selbst bey der Nasen, / Köhre nur vor deiner Thür; / Deine Mängel und die Maasen, / halte für Kein Tugends=Zier.

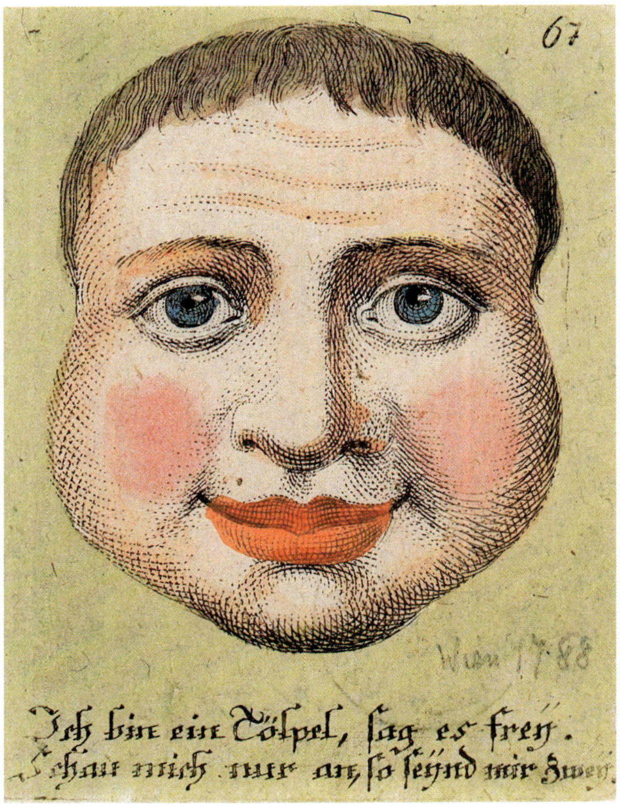

Ich bin ein Tölpel
1788

Radierung, koloriert
90 x 69 mm
Bez. o. re.: 67; u.: Ich bin ein Tölpel, sag es frey. / Schau mich nur an, so seynd mir zwey.

Wer dem Dargestellten in das blaue Auge blickt, wird als ebensolcher Narr bezeichnet und soll über sich nachzudenken angeregt werden.

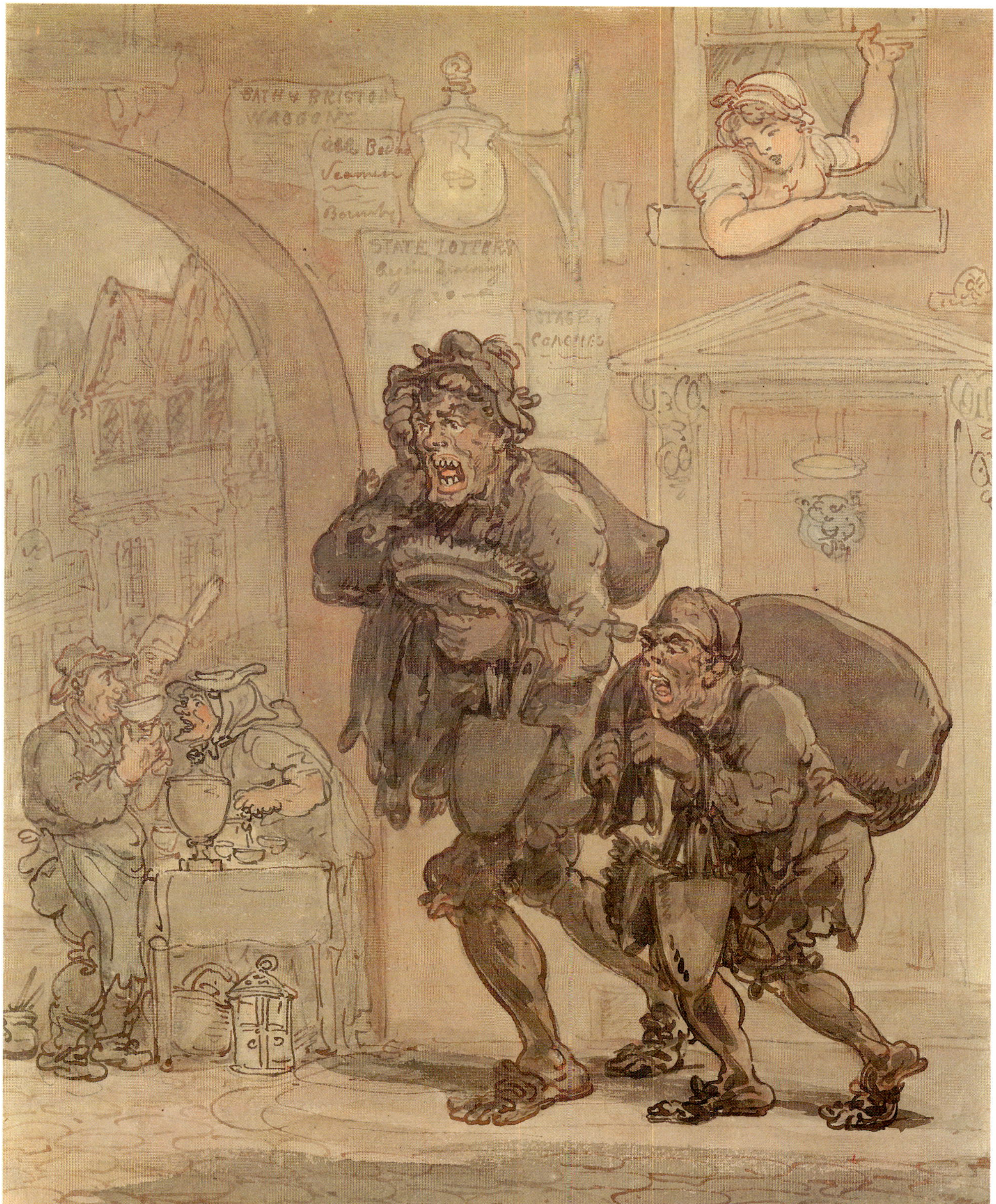

THOMAS ROWLANDSON (1756–1827)

89 Fliegende Händler
um 1800

Federzeichnung in brauner Tusche und Aquarell
280 x 230 mm
Galerie Bartsch & Chariau, München

James Gillray und Thomas Rowlandson waren die beiden herausragenden englischen Karikaturisten um 1800. Während Gillray, ein Meister der handkolorierten Radierung, sich vor allem durch erzählerische Fülle, Phantasie und Schwung und eine schneidend politische Schärfe auszeichnete, drückte sich Rowlandsons Genialität am besten in seinen Aquarellen, besonders in Szenen des sozialen Humors wie dieser hier aus.

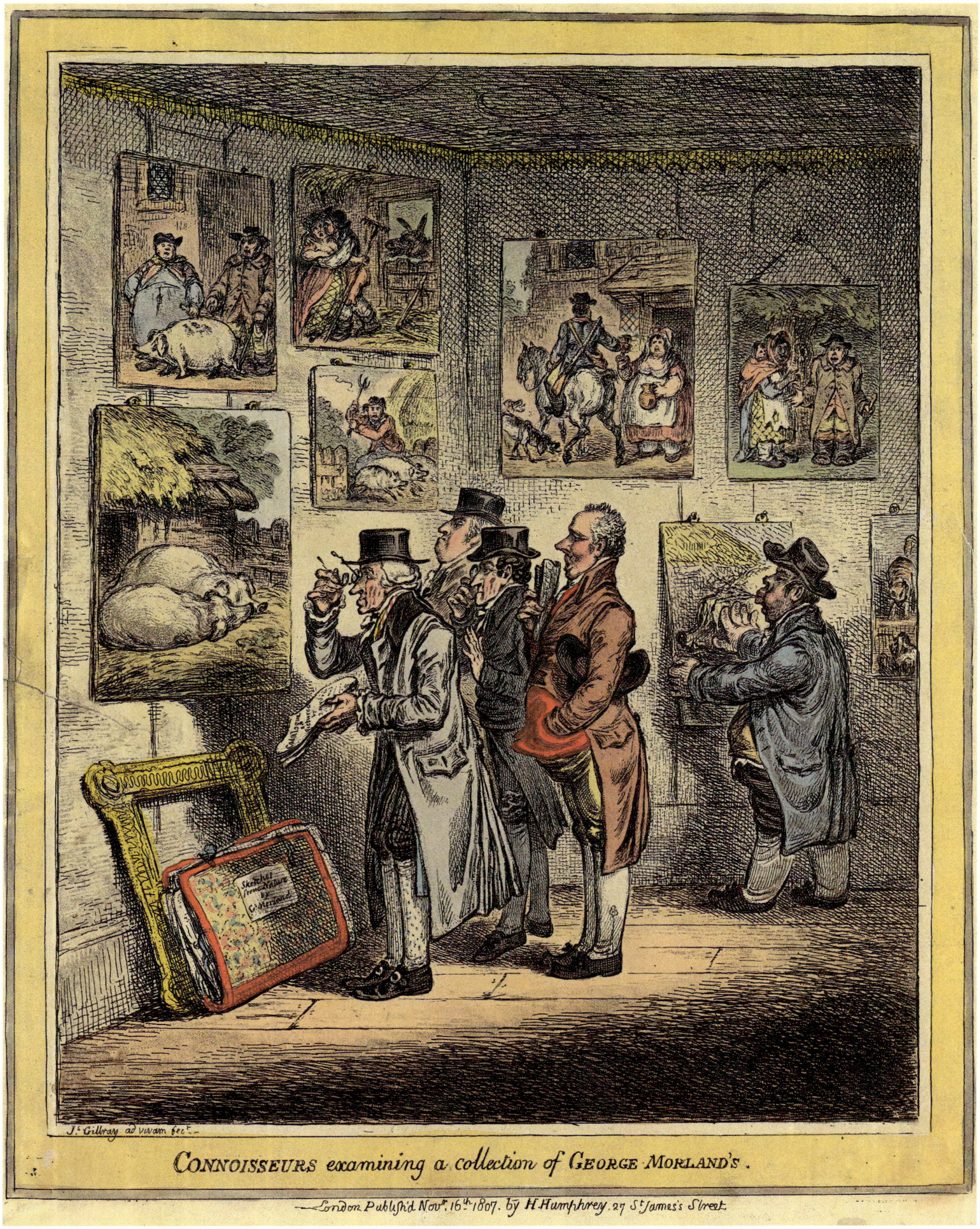
Js. Gillray ad vivam fect.
CONNOISSEURS examining a collection of GEORGE MORLAND's.
London Publish'd Novr. 16th. 1807. by H. Humphrey. 27 St. James's Street.

90

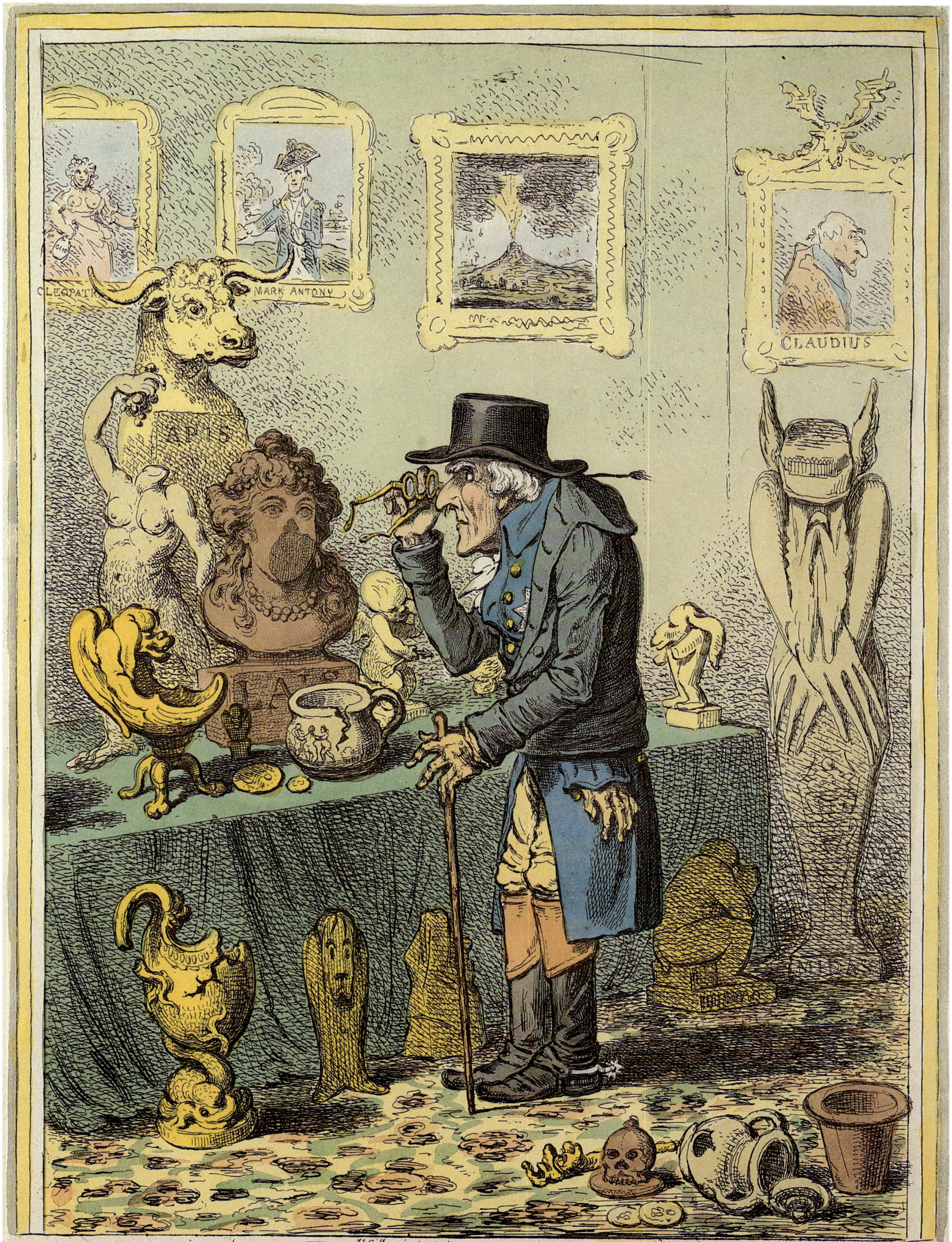

A COGNOCENTI contemplating ye Beauties of ye Antique.

91

JAMES GILLRAY (1757–1815)

90 Kenner begutachten eine Sammlung von Gemälden George Morlands
(Connoisseurs examining a collection of George Morland's)
1807

Radierung, koloriert
372 x 303 mm
Bez. in der Platte außerhalb der Darstellung u. li.: J^s Gillray ad vivam fec^t; am unteren Plattenrand: London Publish'd Novr 16th 1807 by H. Humphrey. 27 St James's Street; Legende: CONNOISSEURS examining a collection of GEORGE MORLAND'S.
Wilhelm-Busch-Museum Hannover, Inv. Nr. KG 2240/86
Lit.: British Museum London. Catalogue of Political and Personal Satires, BM Nr. 10791. – Ausst. Kat. Hannover 1986, Wilhelm-Busch-Museum, James Gillray. Meisterwerke der Karikatur, Nr. 166.

Seit der Antike sind Anekdoten verzeichnet, die von der Augentäuschung durch gemalte Abbilder der Wirklichkeit berichten. So erzählt Plinius von dem Maler Zeuxis, dessen gemalte Weintrauben Sperlinge herbeilockten. James Gillray liefert eine weitere Variante dieser Sinnestäuschung: Ein Bauer überzeugt sich in einer Ausstellung mit Arbeiten von George Morland mit eigenen Händen, daß das Gemälde eines Schweins wirklich nur ein Gemälde ist. George Morland (1763–1804) war ein seinerzeit beliebter Künstler, der sich auf bäuerliche Genreszenen und Tierbilder spezialisiert hatte.
Zugleich ist die Karikatur von James Gillray aber auch eine Kritik am Kunstbetrieb, vor allem an denen, die sich als Kunstkenner aufspielen. Von Gillray selbst ist überliefert, daß er George Morland für überschätzt hielt. [GV]

JAMES GILLRAY (1757–1815)

91 Ein Kunstkenner in Betrachtung antiker Schönheiten
(A cognocenti contemplating Beauties of Antique)
1801

Radierung, koloriert
362 x 250 mm
Bez.: J.s Gillray inv.t & fec.t – Pub.d.Feb.y n.th.1801
Hamburger Kunsthalle, Format 1, Inv. 1980/104
Lit.: Ausst. Kat. Hannover 1986, Wilhelm-Busch-Museum, James Gillray. Meisterwerke der Karikatur, Kat. Nr. 126.

Für jedermann erkennbar hat Gillray hier Sir William Hamilton (1730–1803) dargestellt, eine Persönlichkeit hohen Ranges und Ansehens, Sohn des Admirals Archibald Hamilton. 1764 als Gesandter Englands an den Hof von Neapel entsandt, stand er dort im Mittelpunkt der Politik, des Gesellschaftslebens und vor allem des in den Ausgrabungen von Pompeji eben kulminierenden Kunstenthusiasmus. Er nahm als Gelehrter großen Einfluß auf die Antikenforschung, publizierte zahlreiche Schriften, darunter 1772 die »Observations on mount Vesuvius«, und galt bald als Sammler größter Schätze. Er heiratete 1791 in zweiter Ehe die nahezu dreißig Jahre jüngere Emma geb. Harte, eine der berühmtesten, aber auch berüchtigten Schönheiten ihrer Zeit. Ihre Intelligenz ließ sie am Hof von Neapel eine bedeutende Rolle spielen, als sie sich 1798 nach dem Seesieg von Abukir in einer berühmt gewordenen Leidenschaft mit dem Admiral Horace Nelson, einem der Helden seiner Zeit, verband.
Gillray macht den betrogenen Ehemann hier vollends zum Gespött. Eine Fülle von Anspielungen beherrscht das Blatt: Der für die Wirklichkeit blinde Kunstkenner betrachtet die beschädigte Büste der schönen Lais, einer berühmten antiken Kurtisane, der Gillray die Züge der Lady Emma verleiht; das Gemälde an der Wand – Hamiltons Portrait –, als Kaiser Claudius beschriftet und am Rahmen mit einem Geweih gehörnt, spielt auf dessen traurige historische Rolle an; links davon »Antonius« und »Cleopatra«, die man leicht als Nelson und Emma erkennt; der feuerspeiende Vesuv in der Mitte persifliert die in Neapel ausgebrochene Leidenschaft, und manche andere Anspielung machte diese Karikatur wohl zum wahren Gaudium der Londonder Gesellschaft. Wie sehr man darüber hinaus das Blatt kannte, zeigt die in Wien entstandene kopiengetreue Verwendung durch Matthäus Loder (vgl. Kat. Nr. 211 [WK]

HONORÉ DAUMIER (1808–1879)

92 Quer durch die Ateliers
(A Travers les Ateliers)
1862

Kreidelithographie
252 x 210 mm
Sign. u. li.: h D
Imp. Bertauts, Paris, handschriftl. Tirage à part
Bez. u. Mi.: A Travers les Ateliers. Fichtre ! – Epatant ! – Sapristi! – Superbe! – ca parle
Wien, G. S. Albertina, Inv. Nr. 1922–1

In einem Maleratelier sind Kunstfreunde versammelt, sie bewundern das auf der Staffelei angebrachte Gemälde und brechen in Begeisterungsrufe aus: »Donnerwetter! Verblüffend! Sapristi! Superbe! Das spricht!« Auch übertriebene Kunstliebhaberei vermag bis zum Lächerlichen zu führen. [WK]

A TRAVERS LES ATELIERS

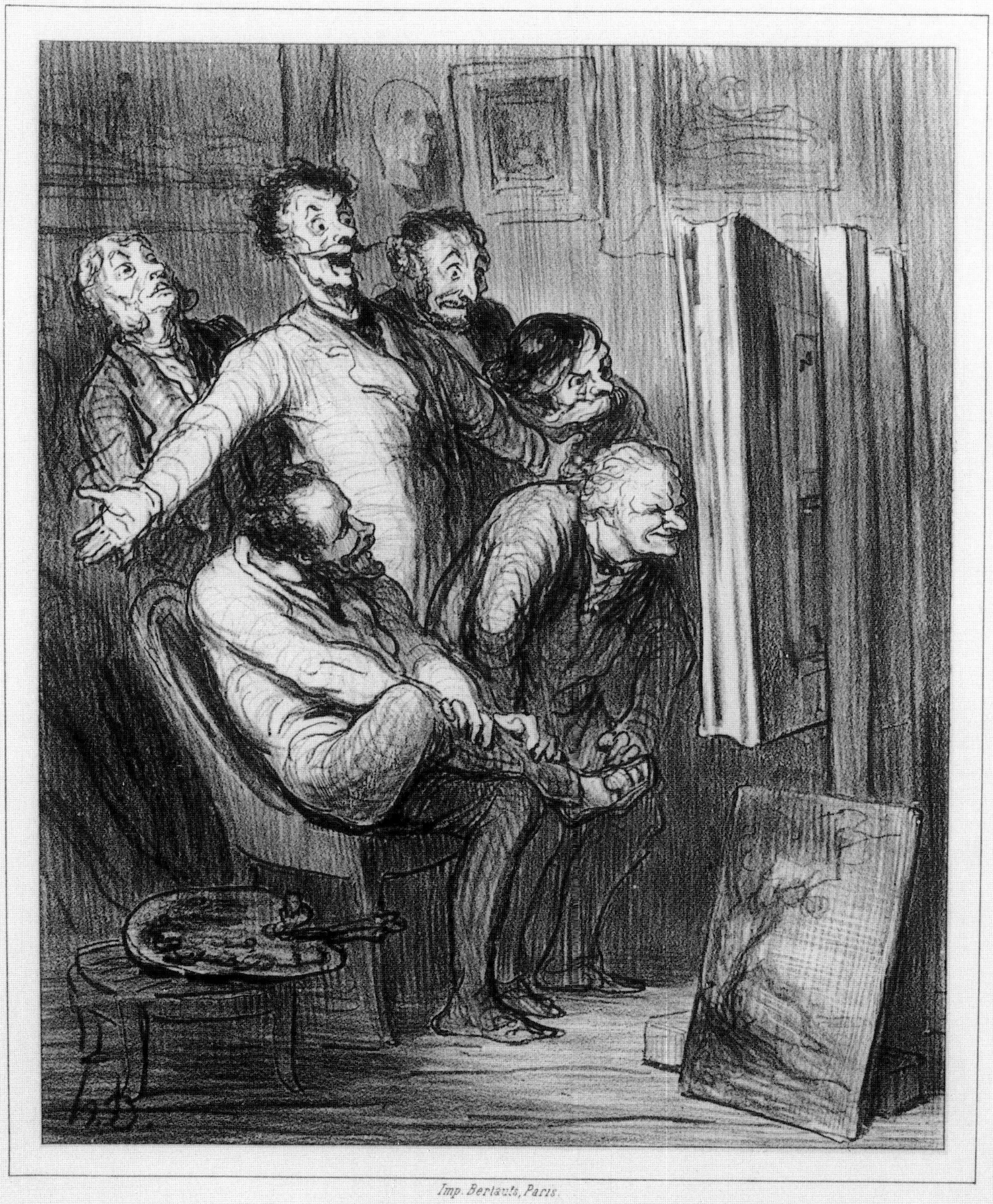

Imp. Bertauts, Paris.

Fichtre !... Epatant !... Sapristi !... Superbe !... ça parle !...

92

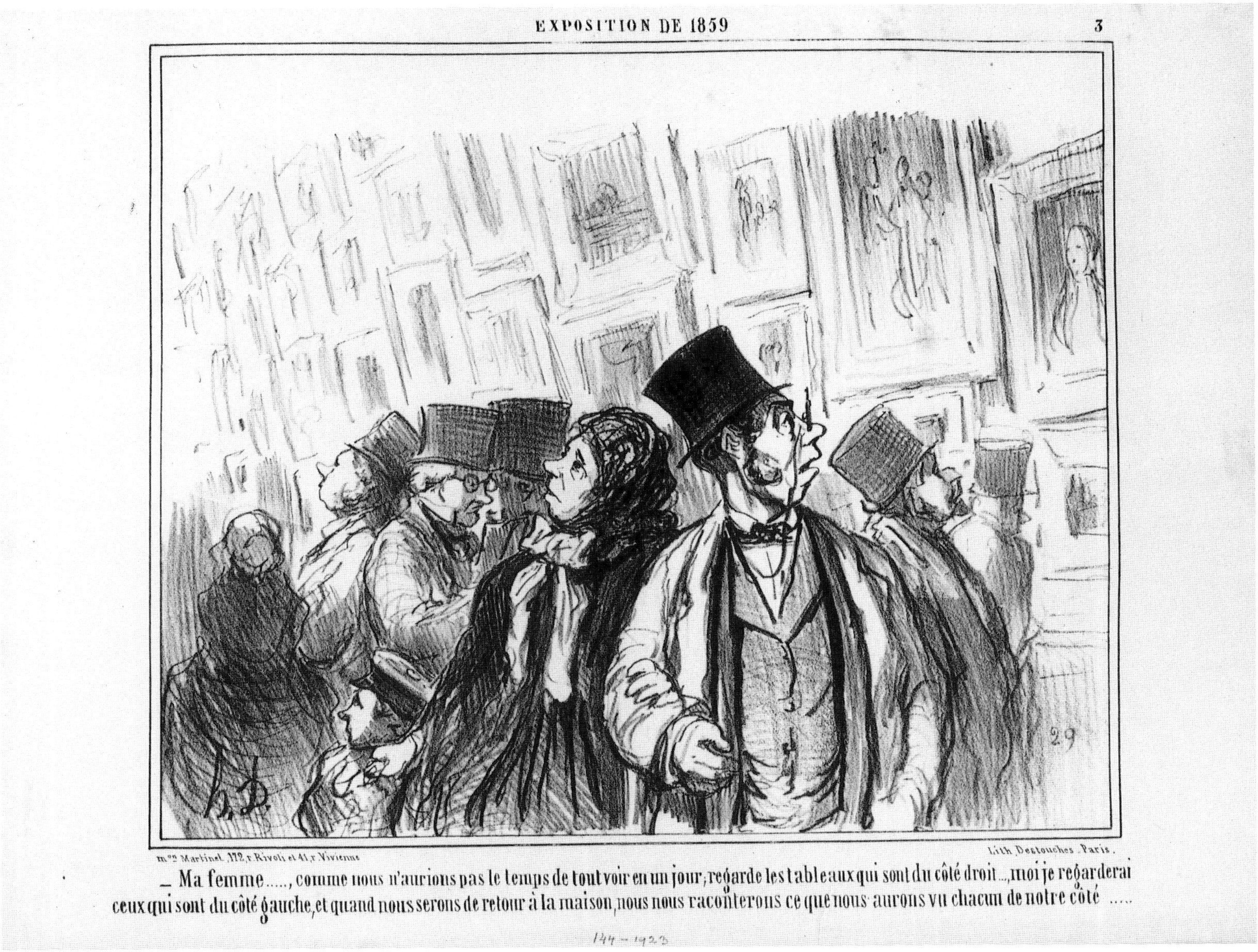

HONORÉ DAUMIER (1808–1879)

93 Die Ausstellung von 1859
(L'Exposition de 1859)
1859

Publiziert in: »Le Charivari«, 18. 4. 1859 (Serie von 9 Blättern)

Kreidelithographie, 220 x 265 mm
Sign. u. li.: h D
Bez. u. re.: 29; o. Mi.: L'EXPOSITION DE 1859; u. Mi.: Legende: »Ma femme –, comme nous n'auriens pas le temps de tout voir en un jour; regarde les tableaux qui sont du coté droit..., moi je regarderai ceux qui sont du coté gauche, et quand nous serons de retour à la maison, nous nous raconterons ce que nous avons vu chacun de notre coté –« (Meine Liebe, zumal wir nicht die Zeit haben werden, alles in dem einen Tag anzusehen, schaust Du jene Bilder an, die auf der rechten Seite hängen, und ich die auf der linken, und wenn wir zu Hause sein werden, erzählen wir uns, was jeder auf seiner Seite gesehen hat.)
Lit.: L. Delteil, Le peintre graveur illustré, Paris 1906–1925, 29 Bände, Nr. 3137
Wien, G. S. Albertina, Inv. Nr. 1923–144

Daumier läßt den Unsinn des zum Kulturbetrieb gehörenden pflichtgemäßen Ausstellungsbesuches deutlich werden: Kein Mensch vermag mehr die riesigen Ausstellungen wirklich zu besichtigen. [WK]

PETER ARNO (1904–1968)

94 In der Galerie 1961
»Seine Spritzer sind meisterhaft, aber seinen Tropfen mangelt es an Überzeugungskraft.«

Publiziert in: »The New Yorker«, 23. 9. 1961, S. 43

Tusche/Pinsel, laviert, Deckweiß auf Karton, 553 x 380 mm
Sign. u. li.: Peter Arno
Bez. außerhalb der Darstellung o. li.: »HIS SPATTER IS MASTERFUL, BUT HIS DRIBBLES LACK CONVICTION«; o. re.: 9/23/61 / D 13; rückseitig verschiedene drucktechnische Angaben und Stempel von THE NEW YORKER MAGAZINE mit der Nummer: AD 8130.
Wilhelm Busch-Museum Hannover
(Rudolf-Ensmann-Sammlung)

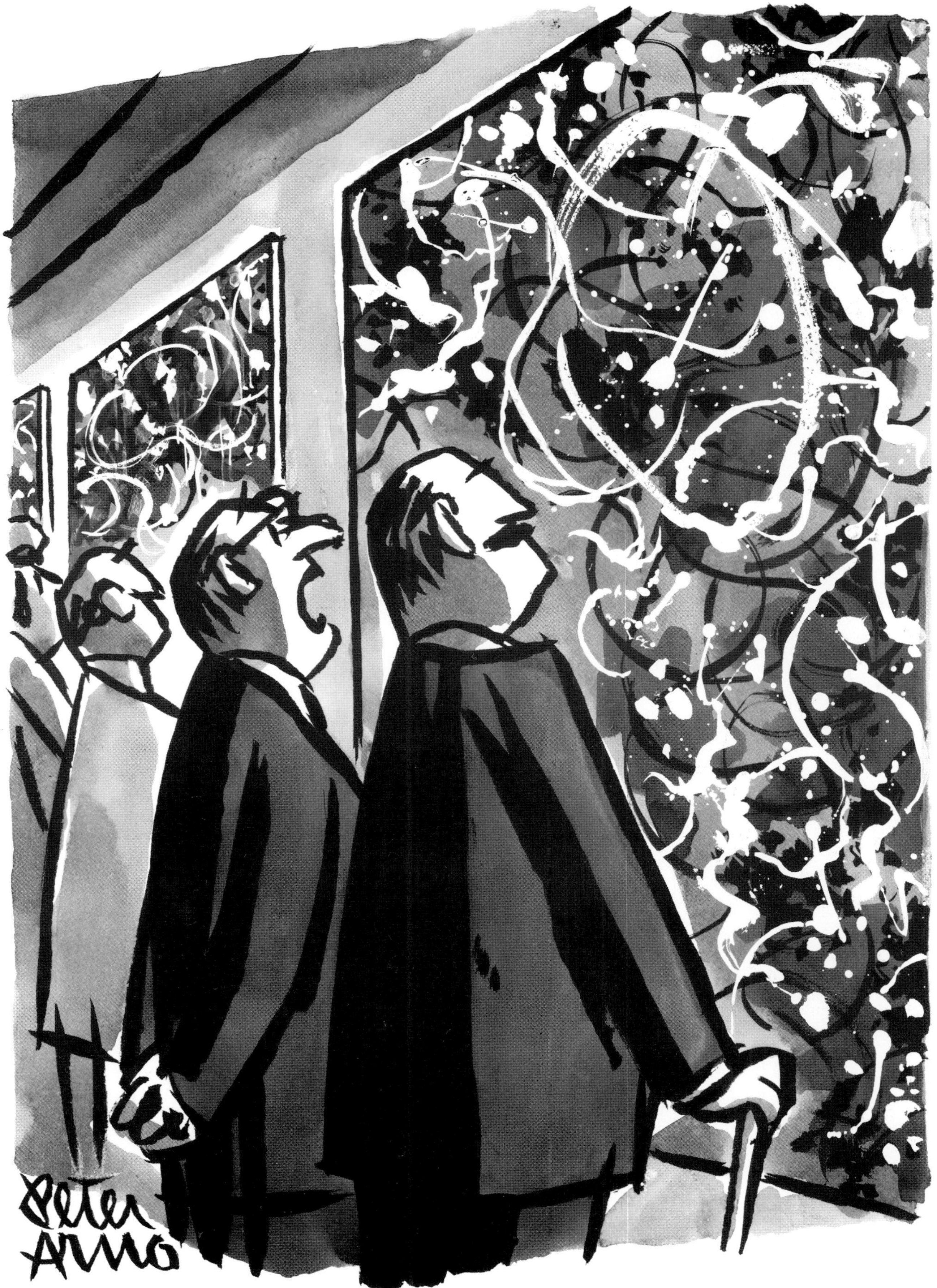

94

Peter Arno gehört zu den Karikaturisten, die den Charakter des »New Yorker« entscheidend geprägt haben. 43 Jahre lang hat er der amerikanischen Gesellschaft den Spiegel vorgehalten. Er hat sie auf Empfängen und Parties, in den Konferenzzimmern oder der Sportarena beobachtet. Für seine Karikaturen ist der breite Pinselstrich und die tonig abgestufte Lavierung kennzeichnend.
1961 erschien im »New Yorker« die hier abgebildete Szene in der Kunstgalerie. Ein vertrautes Thema: Die Kunst und ihre Betrachter. In vielen Karikaturen spielt der irritierte oder sich wichtig und besserwisserisch gebärdende Ausstellungsbesucher eine wenig rühmliche Rolle. Doch er ist keine Erfindung der Karikaturisten. Arnos Szene könnte sich in jedem Museum, jeder Galerie abspielen, denn Ausstellungsbesucher wie seinen Kritiker findet man überall. [GV]

WILHELM THÖNY (1888–1949)

94 a Marlene Dietrich – The Million Legs
um 1938

Feder und Aquarell, 265 x 210 mm
Sign. u. li.: W Thöny
Bez. am Bein: THE MILLION LEGS
Prof. Dr. Otto Staindl, Salzburg

Der Künstler entfaltete seine volle Meisterschaft vor allem nach 1938, als er sich in New York ansässig gemacht hatte; daß Marlene Dietrich, der aus Deutschland stammende Filmstar, eben zu dieser Zeit ihre größten Triumphe feierte, mag Thöny zu dieser Zeichnung veranlaßt haben. Dabei waren die Beine der Dietrich zu einer Legende für sich geworden, man hatte deren unversehrte Schönheit, wie die Zeichnung es sarkastisch vermerkt, sogar in Millionenhöhe versichert. [WK]

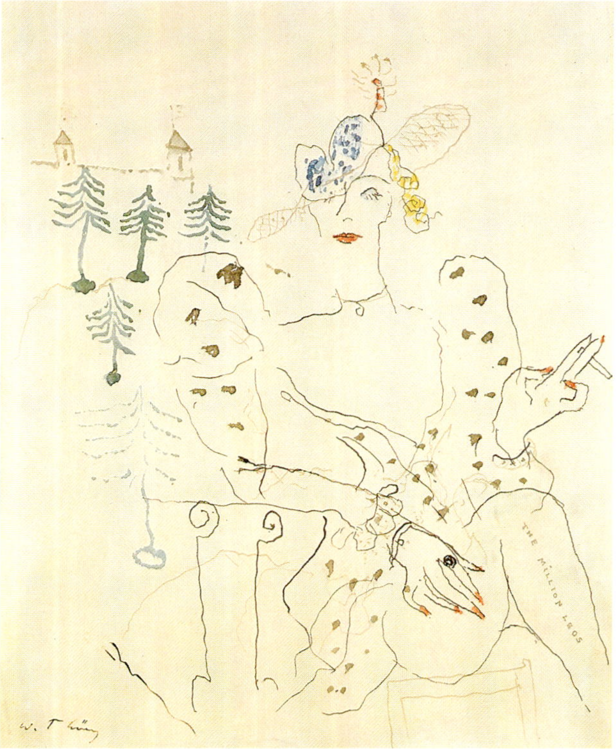

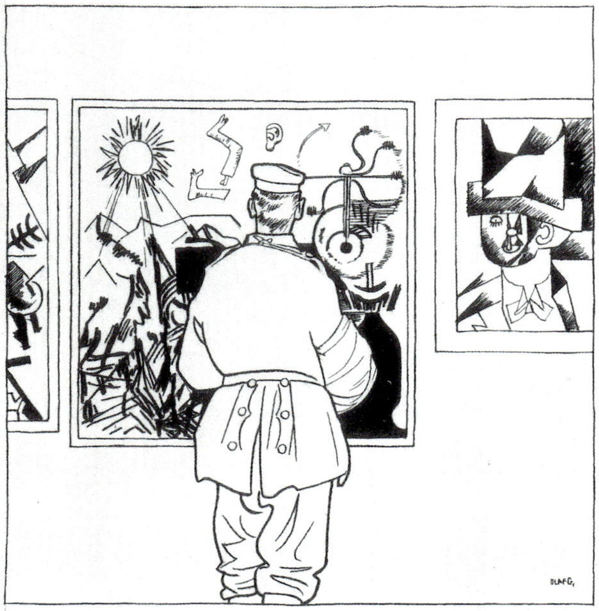

OLAF GULBRANSSON (1873–1958)

95 Bei den Futuristen
1916
»Den ›Krieg‹ hoaßt er dös Bildl? Naa, gar aso schlimm is er do net!«

Abgedruckt in: »Simplicissimus«, Jg. 21, Nr. 7, S. 82, halbseitig

Tusche (Feder), Bleistift, 255 x 255 mm
Bez. u. re.: OLAFG.
München, Bayerische Staatsgemäldesammlungen, Inv. Nr. O.G. 166

Die Karikatur läßt offen, ob hier das Kunstverständnis des naiven bayerischen Soldaten oder die künstlerische Qualität der modernen Kunst freundlich lächelnd zur Zielscheibe des Spotts wird. Im Rahmen der gesamten Zeitschrift und deren darin vertretenen künstlerischen Positionen wird jedoch eine zurückhaltende, zuweilen sogar bissige Haltung gegenüber der Avantgarde deutlich. [CSH]

OLAF GULBRANSSON (1873–1958)

96 Der Frühlingsmaler
1908

Bleistift, Tusche, aquarelliert, 498 x 360 mm
Sign. u. re.: Olaf 1908
Prof. Josef Oberberger

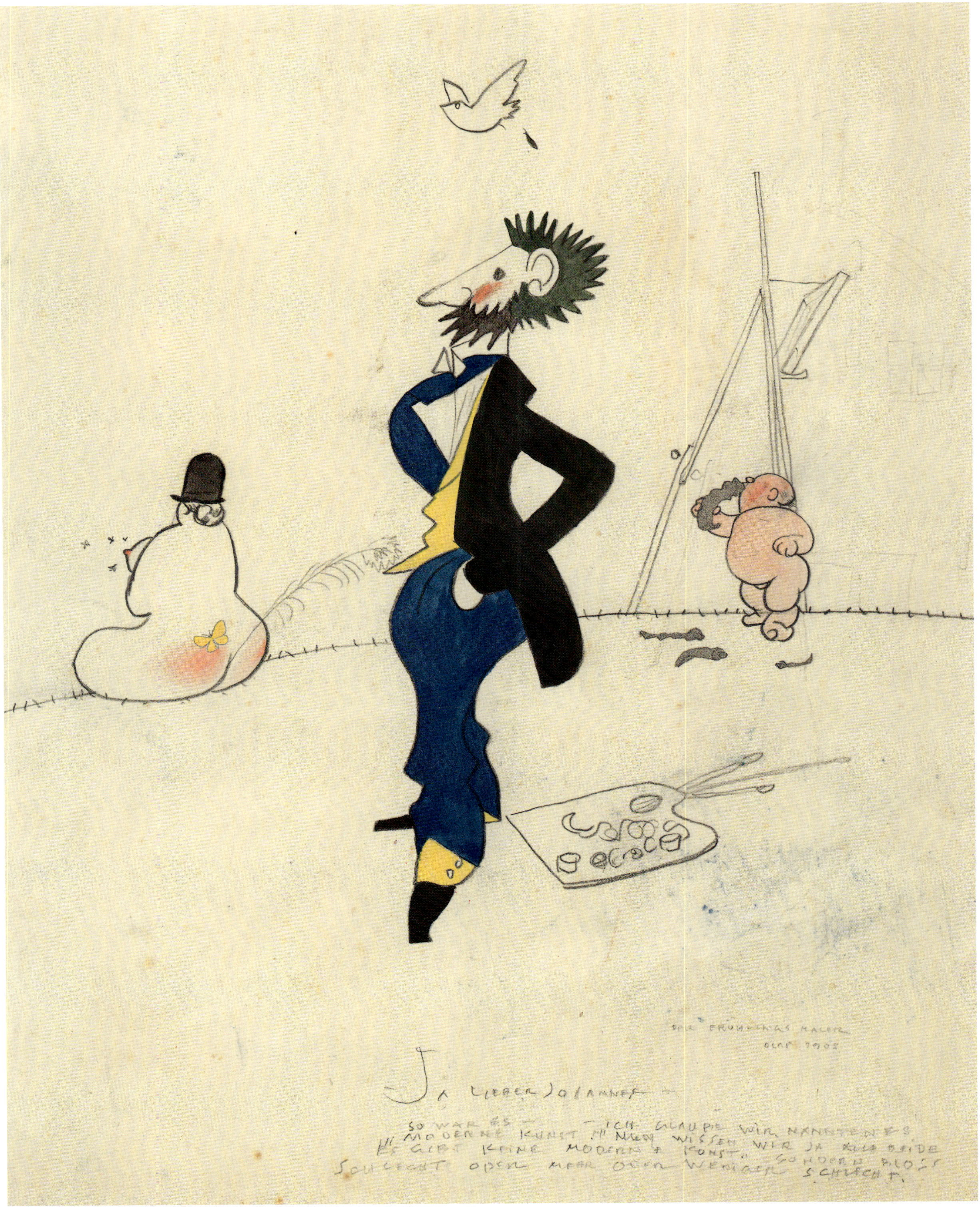
DER FRÜHLINGS MALER
OLAF 1908
JA LIEBER JOHANNES –
SO WAR ES – – ICH GLAUBE WIR NANNTEN ES
„MODERNE KUNST!" NUN WISSEN WIR JA ALLE BEIDE
ES GIBT KEINE MODERNE KUNST. SONDERN BLOSS
SCHLECHT ODER MEHR ODER WENIGER SCHLECHT.

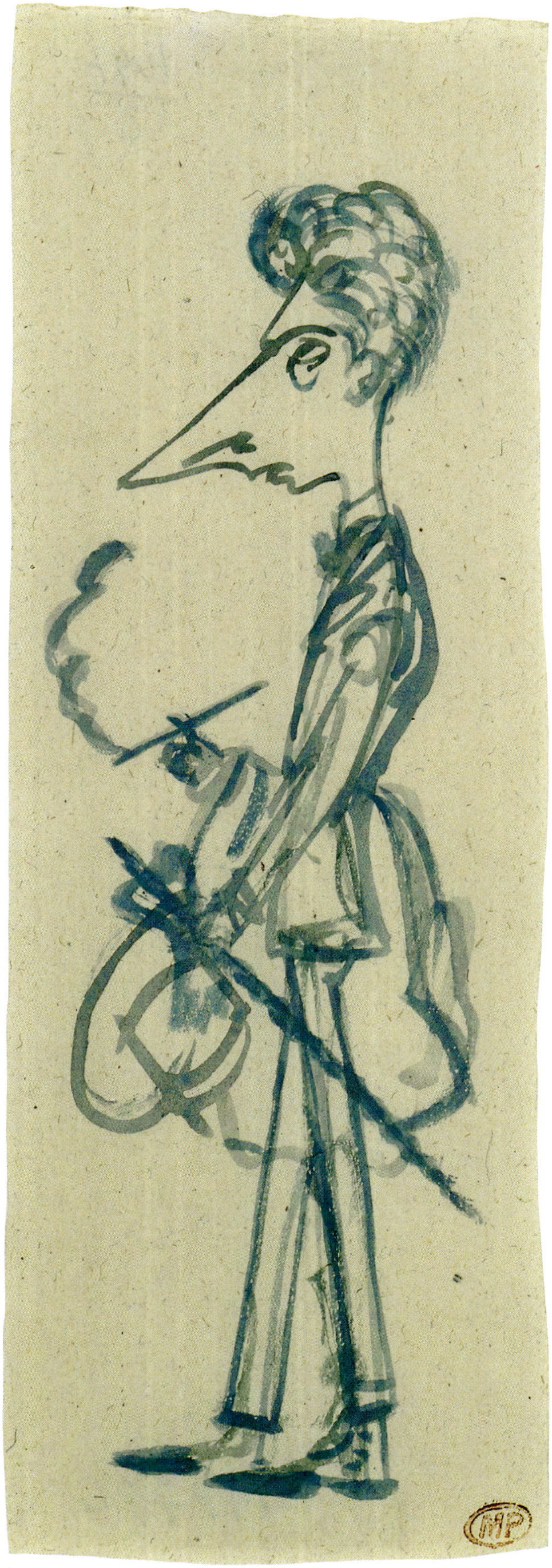

97

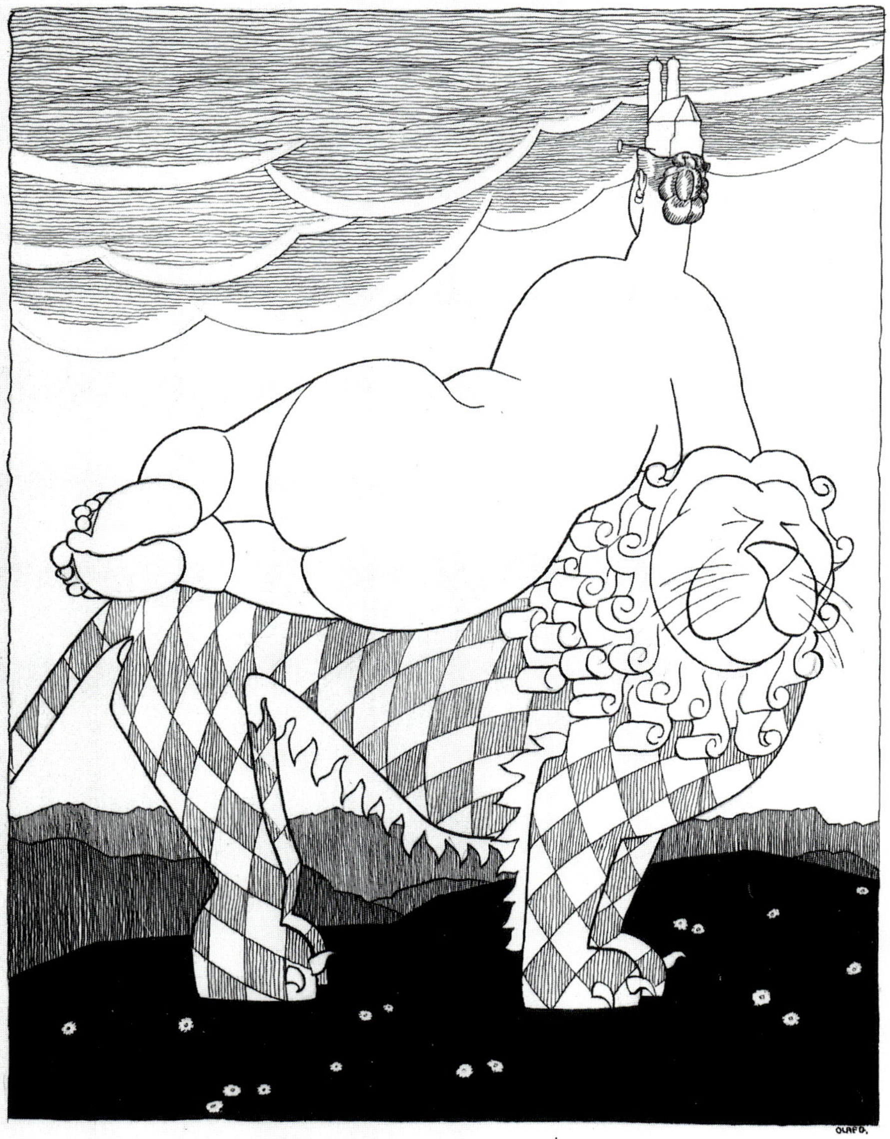

98

PABLO PICASSO (1881–1973)

97 Portrait-charge de Jean Cocteau
1917

Gouache, 195 x 68 mm
Musée Picasso, Paris, Z. XXIX, 217

1917 hat Picasso eine Reihe seiner Künstlerkollegen gezeichnet, und zwar nach den klassischen Regeln der Karikatur. Er hat übertrieben, was ihm offensichtlich Spaß gemacht hat, wie man an der Nase von Jean Cocteau unschwer erkennen kann. [HG]

OLAF GULBRANSSON (1873–1958)

98 Ariadne = Bavaria huldigt Herrn von Bethmann Hollweg
1910

Papier, Blei, Feder, Tusche, 360 x 285 mm
München, Bayerische Staatsgemäldesammlungen, Inv. Nr. OG 455

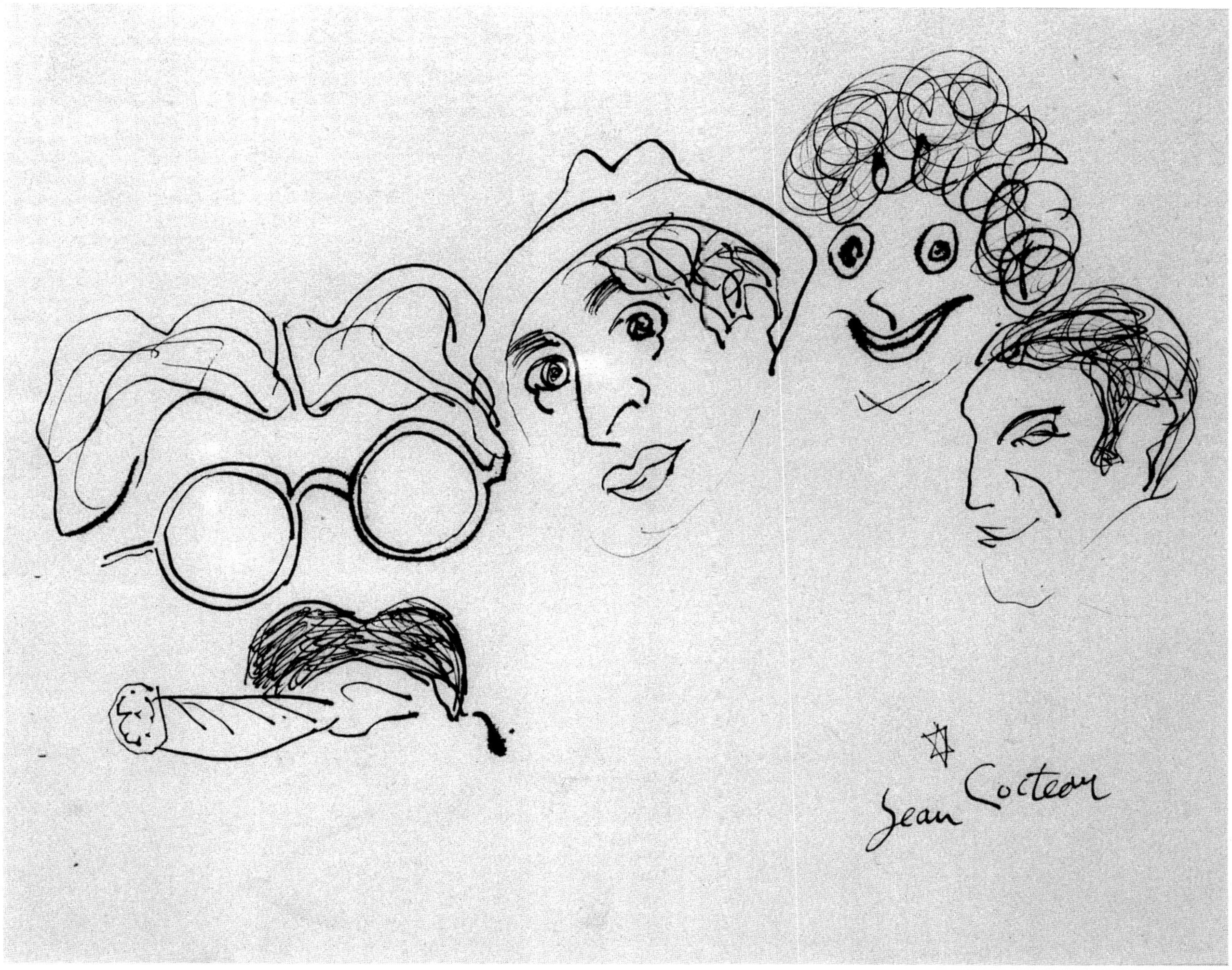

»...In der Bethmann-Sammlung in Frankfurt (Verwandte von Bethmann Hollweg) ist die Ariadne auf Naxos von Dannecker, die auf dem Rücken eines Panthers liegt, splitternackt und den Arsch herzeigt. Mache ganz so die Bavaria, welche auf einem bayerischen Löwen liegt und einen Mordsarsch herausstreckt. Der Löwe sieht sehr altbayerisch und gemütlich aus; die Bavaria sieht man nur von hinten (damit man sie erkennt kannst Du ihr ja die Krone mit zwei Frauentürmen geben). Es muß deutlich sein, daß sie den Beschauer (das gibt der Text) auf die Kirchweih ladet. Vielleicht kannst Du ihr die linke Hand zierlich auf den Popo legen...« (Ludwig Thoma in einem Brief an Olaf Gulbransson) [CSH]

JEAN COCTEAU (1889–1963)

99 Die Marx Brothers
um 1935

Feder, Tusche, 224 x 282 mm (lichte Weite)
Sign. u. re.: Jean Cocteau
Privatbesitz Wien

Cocteau empfand sich selbst, wie Joachim Kaiser ausführte (Jean Cocteau, Vollendete Vergangenheit; München-Zürich 1983, S. II), »als Zeichner, Dichter, Träumer, Klassiker, als keineswegs intellektueller, wohl aber naiv-schöpferischer Künstler«. Daß er sich gerade darin mißverstanden fühlen mußte, lag auf der Hand, hindert aber nicht, ihn als exzellenten Zeichner zu schätzen. In wenigen charakteristischen Strichen umreißt er hier die berühmten drei Physiognomien des satirisch-komischen Films, die drei Brüder Groucho, Harpo und Chico, die Amerika und die Filmwelt erobert hatten. Sie, die legendären Marx-Brothers, stammten übrigens mütterlicherseits aus Deutschland, aus Donum in Ostfriesland. Ihre Erfolgsserie, die 1929 mit »The Coconuts« begonnen hatte und mit »Love Happy« 1949 ihr Ende fand, umfaßte zuletzt dreizehn zu Klassikern gewordene Werke der Filmkunst. Daß sich Cocteau mit seiner Zeichnung an ein Plakat gehalten hat (vgl. U. Hoppe, Die Marx Brothers, München 1985, S. 195, Abb.), das 1933 für den Film »Duck Soup« erschienen war, tut der Brillanz dieser Karikaturzeichnung der vier Filmkarikaturisten keinen Abbruch.

[WK]

WINIFRIED (»WIN«) JAKOB

100 H. v. K. (Herbert von Karajan)
1972

Feder, Tusche
312 x 220 mm
Sign. u. bez. re. u.: Win / H. v. K. (during Concerto) 1972
Janine Kertesz, Wien
Lit.: Karajan con variazioni, Mainz/München 1990, S. 104.

Fasziniert von großen Dirigenten, von Dimitri Mitropoulos etwa oder Karl Böhm, zeichnete »Win« jedoch am intensivsten – fast 30 Jahre hindurch – Herbert von Karajan. Von ihm, der als unnahbar galt, hat sie immer wieder zeichnerisch Besitz ergriffen; dies hätte er wohl nicht gerne gehört, aber er hat sie als seine Hauschronistin akzeptiert. Die Studie entstand am 25. August 1972 im Großen Festspielhaus in Salzburg. H. v. K. dirigierte die Berliner Philharmoniker in Schönbergs »Verklärter Nacht«. [WK]

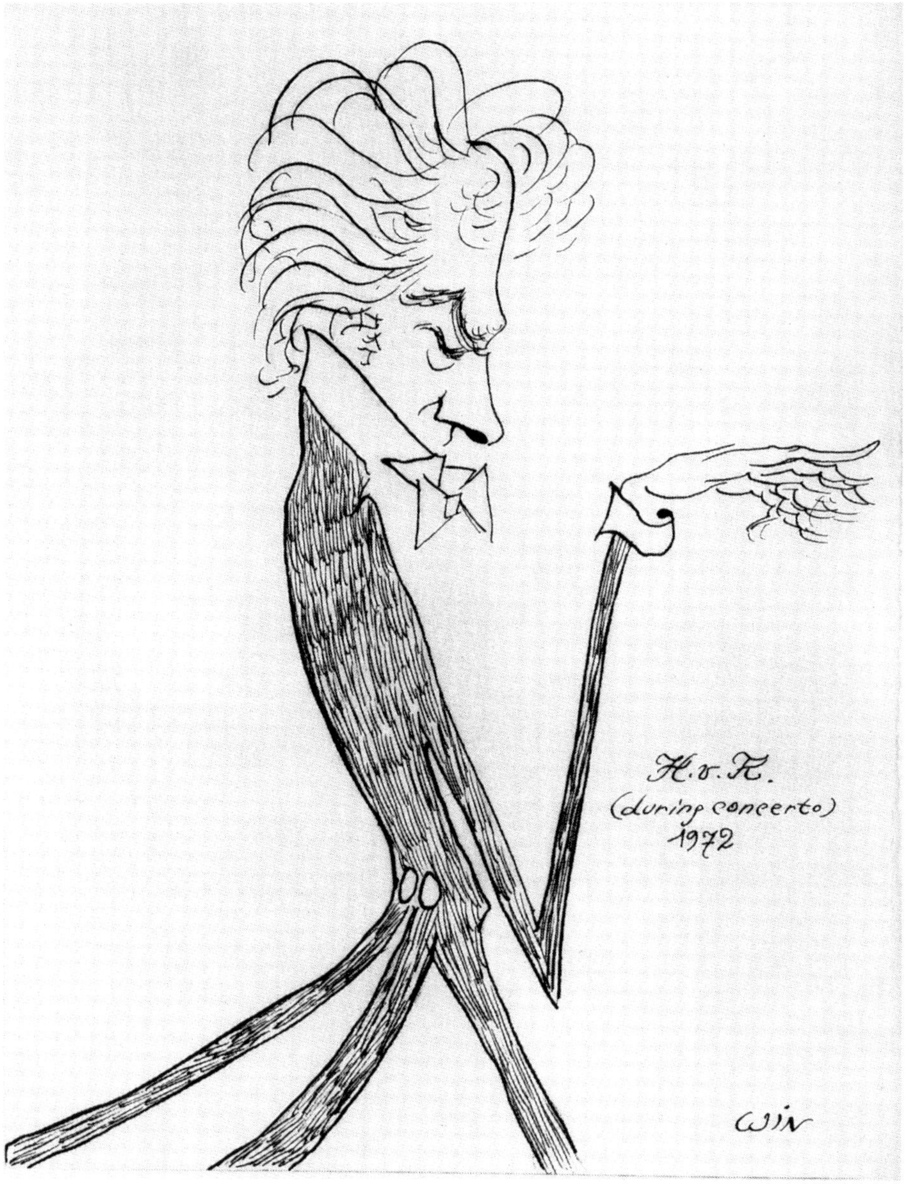

PABLO PICASSO (1881–1973)

101 Portrait-charge des Jaime Sabartès
1959

China-Tinte und schwarze Kreide
210 x 270 mm
Musée Picasso, Paris, Z. XVIII, 492

Als Picasso die Porträtstudie von Jaime Sabartès 1959 skizziert hat – es war schon seine Zeit mit Jacqueline –, begann für ihn die Spätphase, die damals gegen die informelle Kunst und gegen den Zeitgeist lief. Auch diese Entwicklung ist in seinen Zeichnungen und Karikaturen nur andeutungsweise erkennbar. [HG]

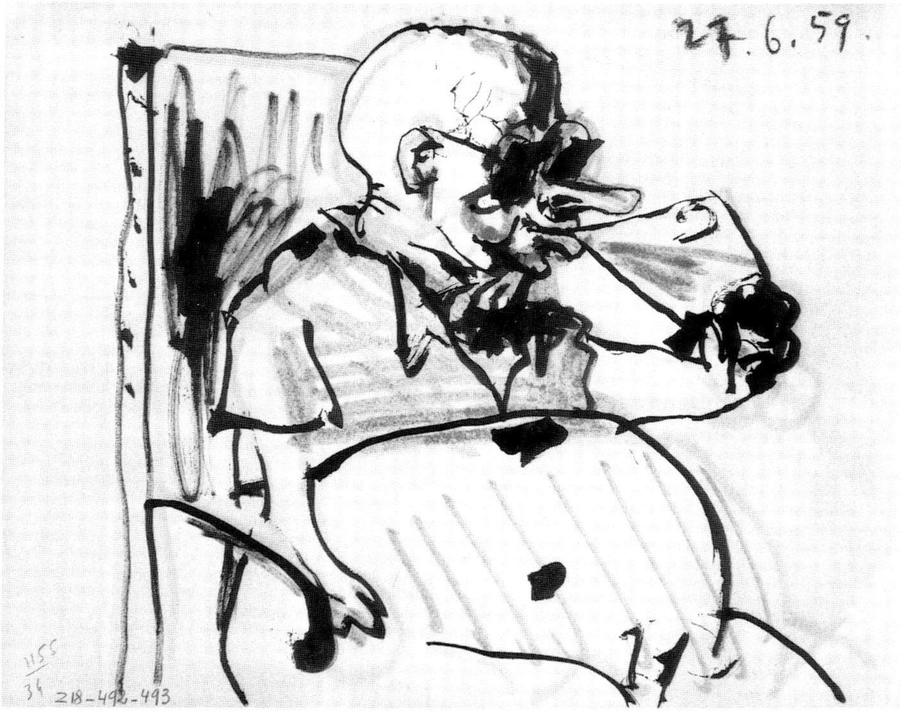

TOMI UNGERER (geb. 1931)

102 Kommitee der Direktorinnen
(comitee chairwomen)
1980

Tuschfeder, koloriert
460 x 300 mm
Sign. u. bez. u. re.: T. Ungerer/T. U. comitee chairwomen
Galerie Etcetera, München

Eines von Tomi Ungerers bevorzugten Themen in seiner New Yorker Zeit: Chairwoman mit katzenartigen Zügen, schriller rosa Brille und lauter Stimme skandiert ihre Forderungen ins Mikrofon. Es muß Tomi Ungerer stark berührt haben, was er an selbstbewußten bis kämpferischen Frauen in den sechziger und siebziger Jahren in den USA beobachtet und festgehalten hat. [HG]

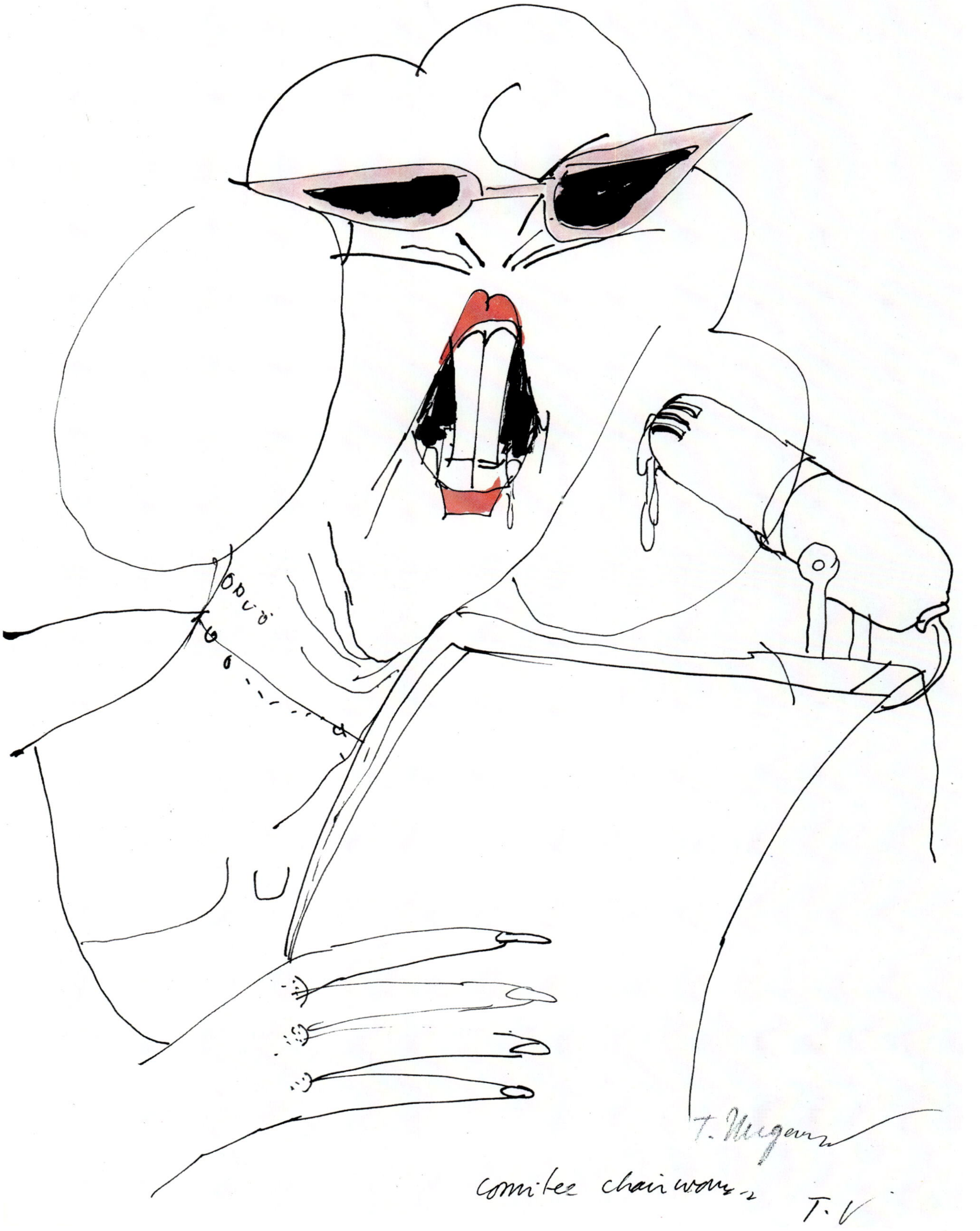

102

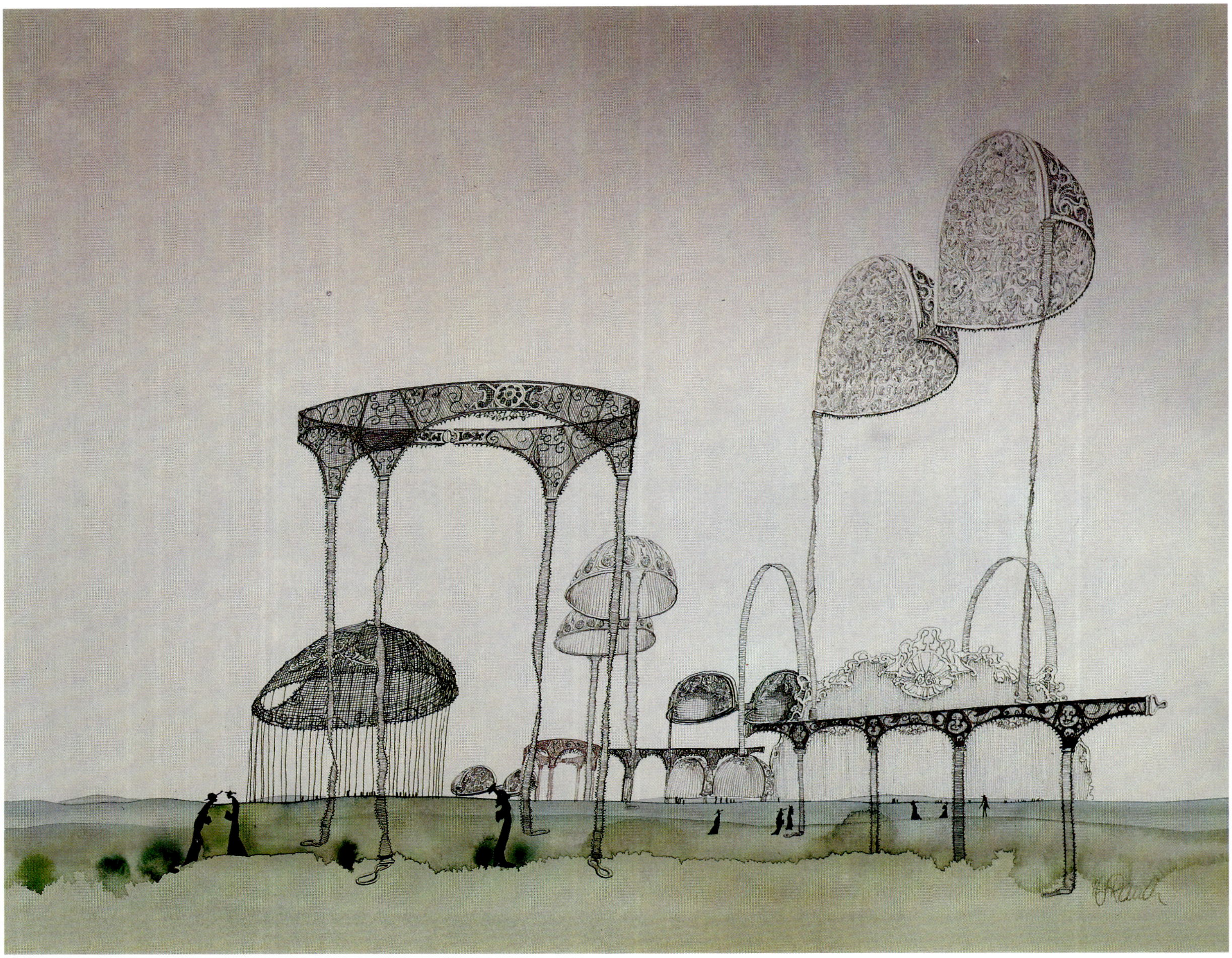

HANS GEORG RAUCH (geb. 1939)

103 Monsignora
1982

Tuschfeder, koloriert
400 x 600 mm
Sign. u. re.: Rauch
Privatsammlung

Die filigrane Zeichenkunst des Hans Georg Rauch zielt selten ins Unbewußt-Humoristische. Die kleinen katholischen Priester sehen sich mit den übermächtigen Symbolen des Ewig-Weiblichen konfrontiert. Die Symbole des Weiblichen sind hier zeitgenössisch dargestellt und augenscheinlich als Reizwäsche deklariert. Das Problem ist uralt und von der katholischen Kirche seit zweitausend Jahren nicht in den Griff zu bekommen. So kann man, ja muß man, Rauch interpretieren. [HG]

ROLAND TOPOR (geb. 1938)

104 Rechtsstandpunkte
1972

Tuschfeder, koloriert
290 x 205 mm
Sign. o. li.: Roland Topor 72
Lit.: Topor, Tod und Teufel, Katalog zu den Ausstellungen in München, Hannover, Darmstadt, Salzburg, Brüssel, Mailand, München 1982, S. 74

Ein Richter in roter Robe, mit der 5 eines Würfels anstelle des Gesichts, wirft den Würfel hoch bis zu den Wolken. Entscheidet der Würfel? Oder ist die Fünf in seinem Gesicht schon vorgeprägt? Beides ist möglich, Rechtsstandpunkte sind etwas sehr Unsicheres. [HG]

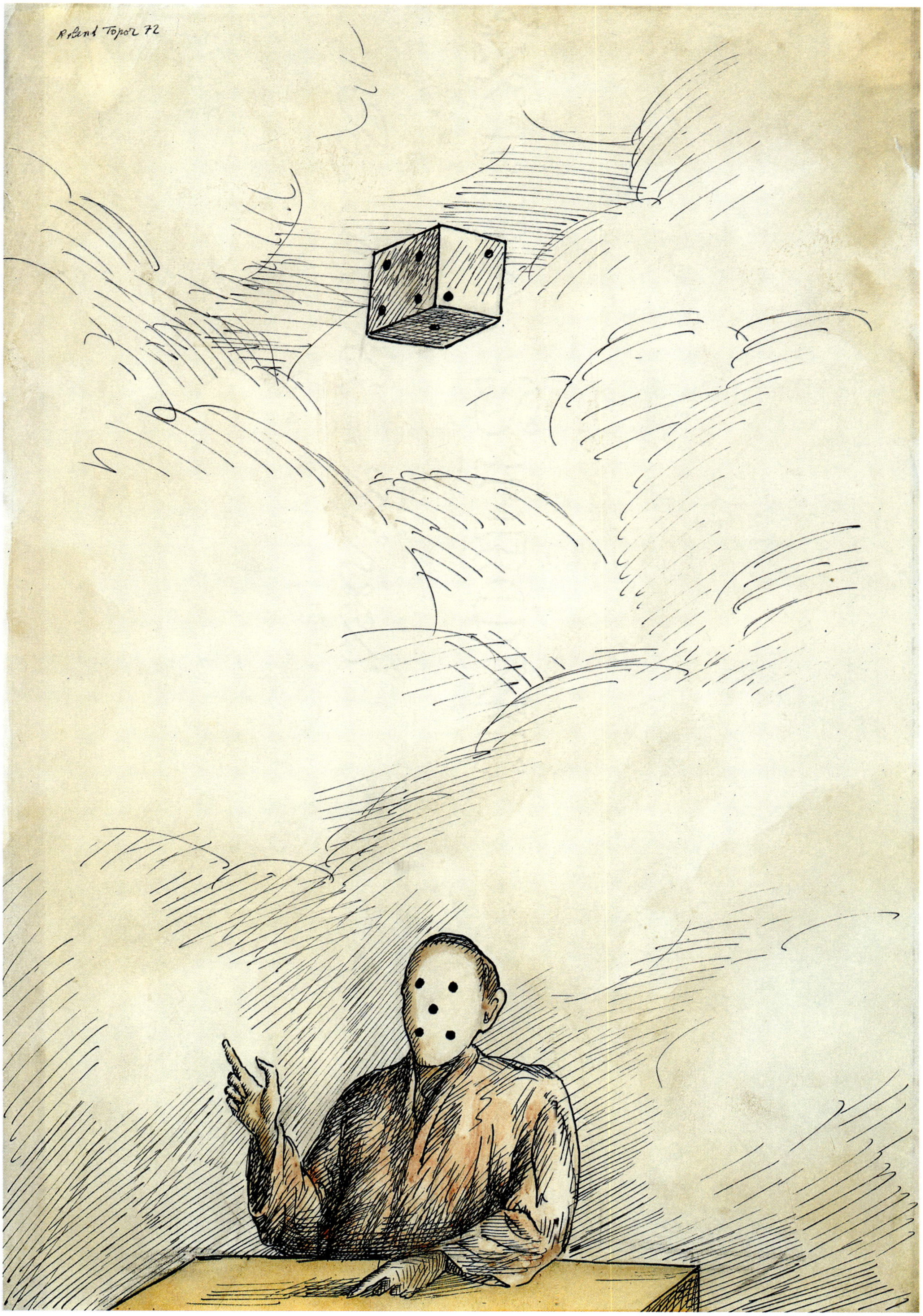
Roland Topor 72

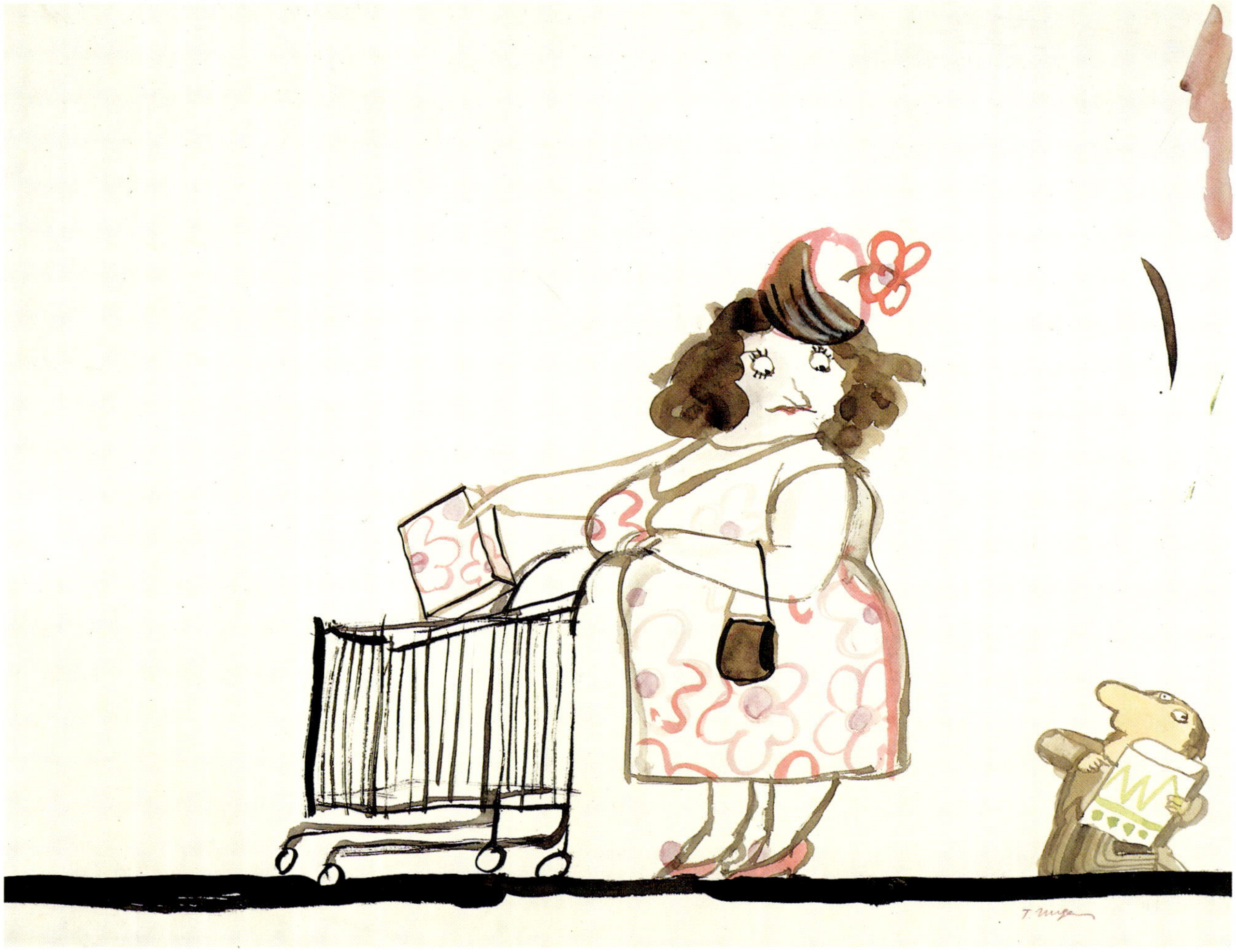

TOMI UNGERER (geb. 1931)

105 Supermarket
1973

Tuschpinsel/Filzstift, 430 x 550 mm
Sign. u. re.: T. Ungerer
Privatsammlung

Eine Hausfrau legt eine Packung mit dem Dekor ihres Kleides in den Einkaufswagen. Dabei blickt sie auf ein kleines Männchen, das ihr eine andere Packung suggeriert. Ein Wechsel der Marke würde ihre Gewohnheit durchkreuzen.
Konsumgewohnheiten, beobachtet in USA zu einer Zeit, als in Europa die unschuldige Spitztüte ihrem Ende entgegenging. [HG]

RONALD SEARLE (geb. 1920)

106 Die Enthüllung
(La Révélation)
1964

Publiziert als Titel von »Granta Magazine«, Universität Cambridge, November 1964 (Spezialnummer »Granta Reveals All«)

Tusche/Feder und Pinsel, Aquarell, 515 x 380 mm
Sign. u. re.: Ronald Searle
Bez. rückseitig Adresse des Künstlers (durchgestrichen); u. li.: GRANTA-Cover/1964 / LA REVELATION/ Couverture pour 2 GRANTA MAGAZINE«/Université de Cambrigde/Novembre 1964; u. re.: GRANTA Magazine/Nov 1964.
Wilhelm-Busch-Museum Hannover, Inv. Nr. KG 1470/79

Ronald Searle entwarf »La Révélation« 1964 als Titelblatt für eine Sondernummer des studentischen Magazins der Universität Cambridge. Der Titel »Granta reveals all« (»Granta enthüllt alles«) ist wörtlich genommen, zugleich wird aber auch die Wirkung dieser »Enthüllung« demonstriert. Sogar die Kapelle von Cambridges berühmtem Kings College wackelt!
Thema dieser Sondernummer von »Granta« war die Wohltätigkeitshilfe für die Opfer der beiden Weltkriege. Die Beiträge darin stammten von ehemaligen Studenten der Universität Cambridge, die Mitarbeiter von »Granta« gewesen waren. Ronald Searle hatte Ende der dreißiger Jahre an der »Cambridge School of Art« studiert. [GV]

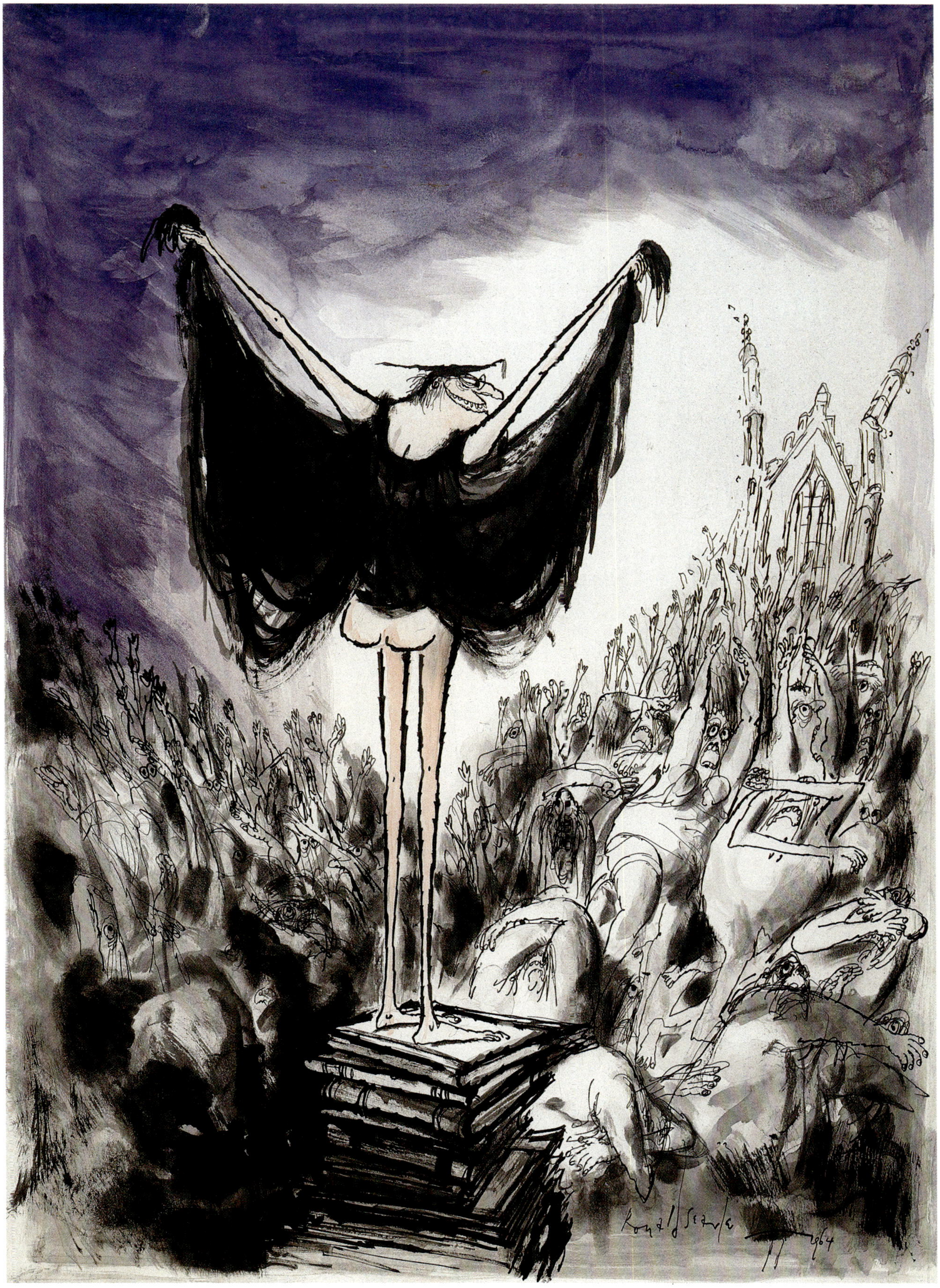

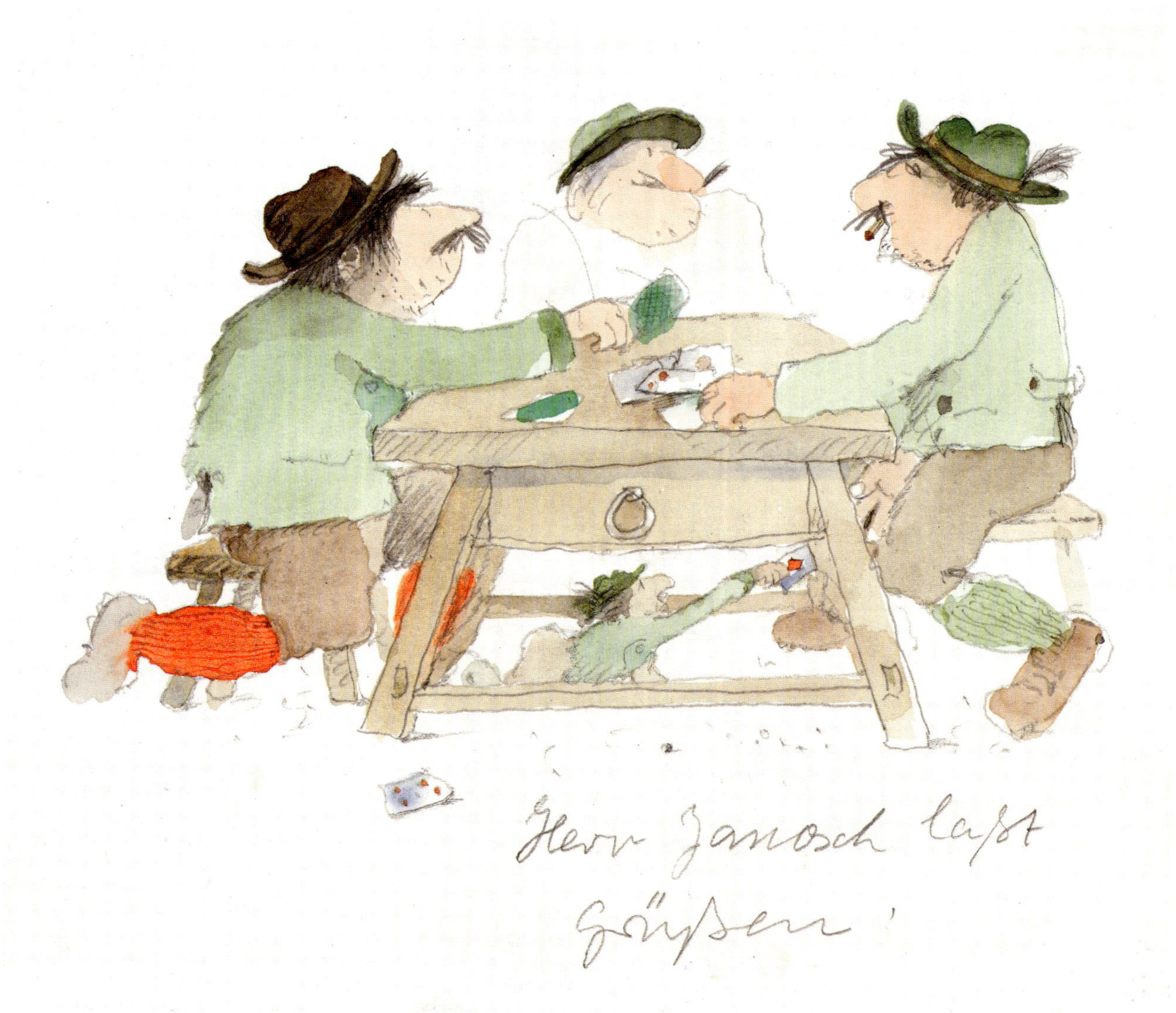

JANOSCH [HORST ECKERT] (geb. 1931)

107 Falschspieler
1980

Bleistift, koloriert
200 x 250 mm
Bez. u. Mi.: Herr Janosch läßt grüßen
Galerie Etcetera, München
Lit.: Die Herberge zum irdischen Paradies, München 1982, Titelbild

Janosch, der Geschichtenerzähler, Romanautor, Zeichner, Maler etc. beherrscht auch die Satire. Wie gut er hinguckt und wie locker er das Gesehene oder Erinnerte rüberbringt, zeigt das Aquarell über Bleistift. Drei bayerische Bauern leben ihre Bauernschläue beim Kartenspielen aus. Janosch hat es festgehalten in Teneriffa, aus der Erinnerung. [HG]

VI

Politik als Zielscheibe

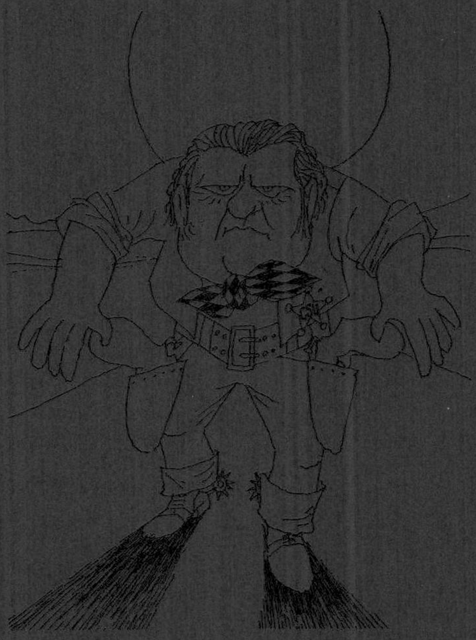

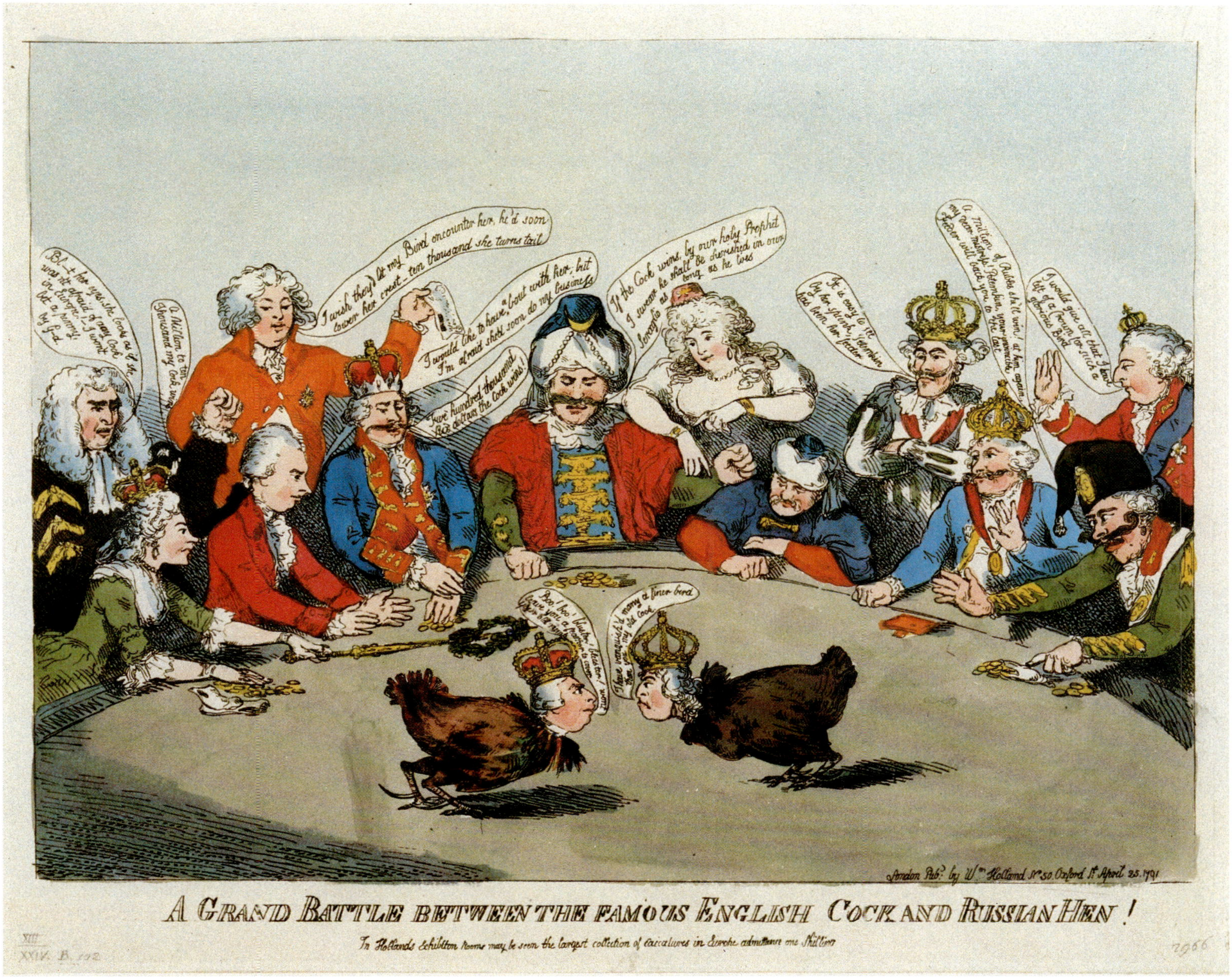

ANONYMER ENGLISCHER KÜNSTLER

108 Kampf zwischen dem englischen Hahn und der russischen Henne
(A Grand Battle between the Famous English Cock and Russian Hen)
1791

Radierung, koloriert
330 x 415 mm
Bez. u. re.: London Pubd by Wm Holland No 50. Oxford St. April 25.1791; u. Mi.: A GRAND BATTLE BETWEEN THE FAMOUS ENGLISH COCK AND RUSSIAN HEN! / In Hollands Exhibition Room may be seen the largest collection of Caricatures in Europe admittance one Shilling
Wien, G. S. Albertina, Inv. Nr. K 470 c, 73

Um eine Tischarena sitzen die Mächtigen versammelt, um einem bevorstehenden Hahnenkampf zuzusehen. Man setzt Wetten. Als Gegner stehen einander der englische Hahn und die russische Henne, König Georg III. und Zarin Katharina I., erbittert gegenüber, fixieren einander und stoßen Drohungen aus.

Sie: Ich habe schon großartigere Vögel als Dich bezwungen, mein alter Hahn!

Er: Buh, buh! Prahlerei, Prahlerei! Ich werde Dir nicht eine Feder belassen, um Dein altes Hinterteil zu bedecken!

Die umsitzenden Herrscher geben zynische Kommentare ab. [WK]

ANONYMER ENGLISCHER KÜNSTLER

109 Französische Glückseligkeit – Englisches Elend
(French Happiness – English Misery)
1793

Radierung, koloriert
262 x 412 mm
Bez. o. Mi.: London Pub. Janry 3 1793 SW Eores N3 Picadilly who again has opened his Carricature Room to which he has added several Hundred old and New subjects Admittance 1 Sg; u. Mi.: J C / French Happiness English Misery. / To those who give them away 1.11.6p Hundred Plain, and 3.3.0 in Colours; u. li.: KK (?); u. re.: S.W.F.
Wien, G. S. Albertina, Inv. Nr. 470 c, 27

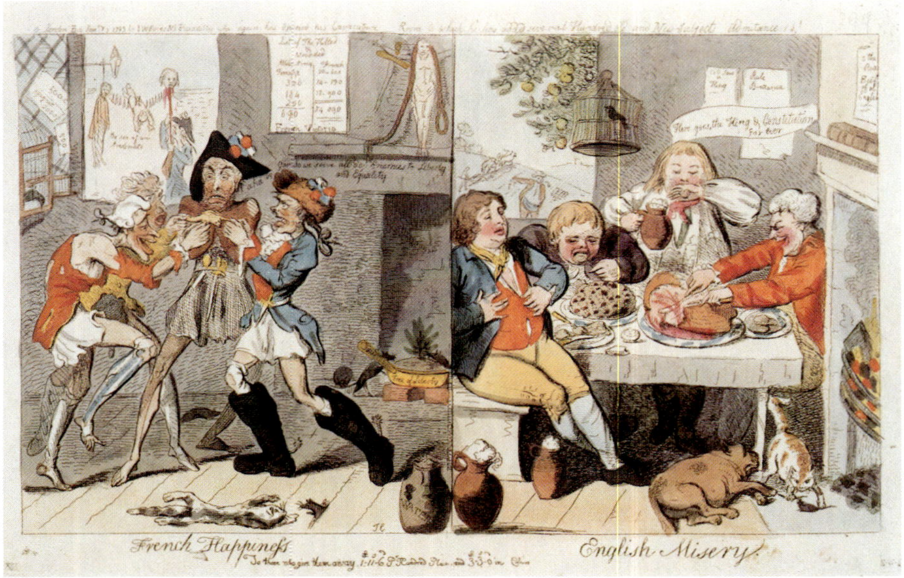

Der Künstler verspottet die Behauptung der Französischen Revolution, daß Liberté – Egalité – Fraternité die Menschen Frankreichs glücklicher gemacht hätten. Die abgerissenen Figuren raufen sich um einen Frosch, eine begehrte französische Delikatesse; der in einen Topf gepflanzte Baum der Freiheit wird von Ratten angefressen und kann nicht wachsen; an der Wand angeschlagen verlogene Ankündigungen französischer Siege und heldenhafter Verluste, während der Blick aus dem Fenster die Wahrheit zeigt: Erhängte, Geköpfte und ein aufgespießtes Kind, dessen einzige Schuld war, Sohn eines Aristokraten gewesen zu sein. Das ist nach englischer Auffassung die Wahrheit dieser Glückseligkeit.
Demgegenüber das englische »Elend«: blühende Landschaft, friedlich bearbeitete Äcker und eine eher im Überfluß schwelgende Tischrunde. Selbst Hund und Katze sind friedlich wie die Bürger. »Hier herrschen für immer der König und die Konstitution«.
Politische Propaganda war in ihren Mitteln niemals wählerisch. [WK]

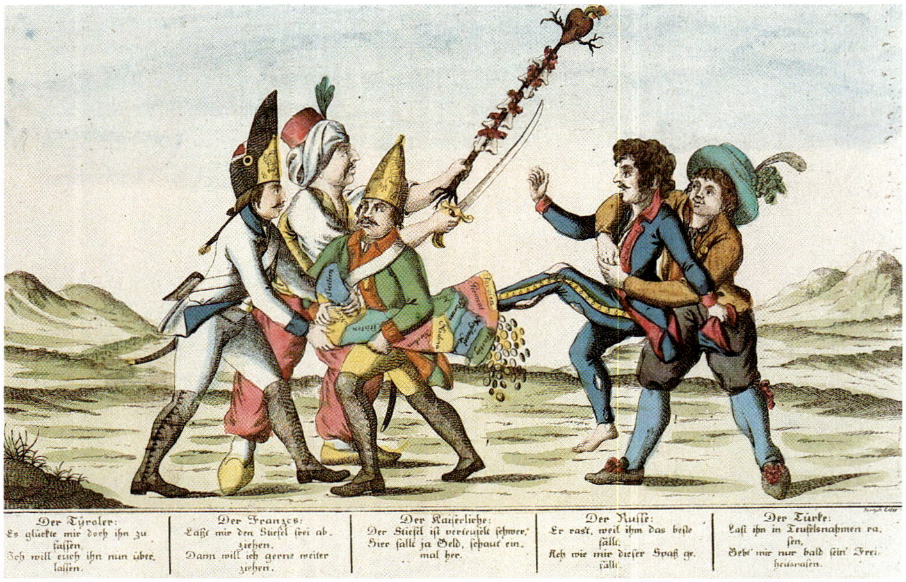

JOSEPH EDER (1760–?)

110 Die Mächte raufen sich um Italien
um 1800

Kupferstich, koloriert
204 x 317 mm
Sign. u. re.: Joseph Eder
Bez.: Der Tyroler: / Es glückte mir doch ihn zu / fassen, / Ich will euch ihn nun über / lassen. // Der Franzos: / Laßt mir den Stiefel frei ab= / ziehen, / Dann will ich gerne weiter / ziehen. // Der Kaiserliche: / Der Stiefel ist verteufelt schwer, / Hier fallt ja Geld, schaut ein= / mal her. // Der Russe: / Er rast, weil ihm das beste / fällt, / Ach wie mir dieser Spaß ge= / fällt. // Der Türke: / Last ihn in Teufelsnahmen ra= / sen, / Gebt'mir nur bald sein' Frei= / heitsnasen.
Wien, G. S. Albertina, Inv. Nr. K 470 e, 2

Die Besetzung italienischer Gebiete durch Frankreich brach 1799 durch die Siege der Österreicher und Russen rasch zusammen. Erst Bonapartes Sieg bei Marengo stellte 1800 die französische Herrschaft wieder her. Während der Tiroler den Franzosen aus dem Stiefel zieht, wobei das Geld der reichen Gebiete herausfällt, machen sich Russe und kaiserlicher Österreicher die Herrschaft über den Stiefel streitig.
Im Hintergrund der übermächtige Türke.
Ein Joseph Eder war als Kupferstecher in der Akademie der bildenden Künste in Wien ausgebildet worden und als »privilegierter Kupferstecher« tätig. [WK]

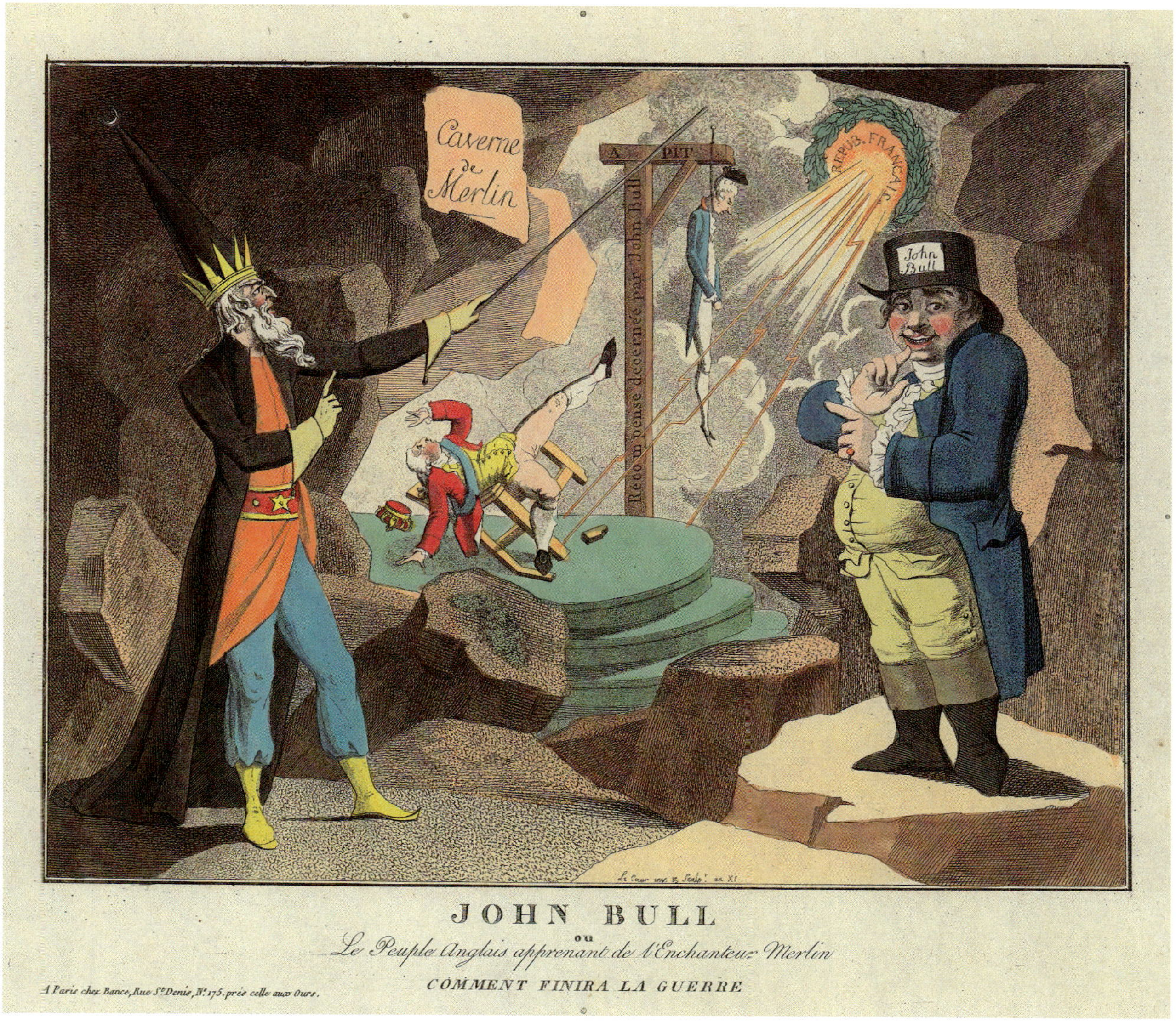

LOUIS LECOEUR (in Paris tätig zwischen 1784 und 1825)

111 John Bull, oder: Das englische Volk erfährt vom Zauberer Merlin, wie der Krieg enden wird
(John Bull – ou – Le Peuple Anglais apprenant de l'Enchanteur Merlin comment finira la guerre)
um 1803/04

Radierung, koloriert, Platte: 240 x 281 mm; Blatt: 260 x 322 mm
Bez. in der Platte innerhalb der Darstellung u. Mi.: Le Coeur inv. & Sculp^t an XI; außerhalb der Darstellung am unteren Plattenrand li.: A Paris chez Bance, Rue St Denis, N° 175, près celle aux Ours; Legende: JOHN BULL / ou / Le Peuple Anglais apprenant de l'Enchanteur Merlin / *COMMENT FINIRA LA GUERRE*; im Bild auf dem Galgen bez.: Recompense decernée par John Bull A PIT [Pit von John Bull zugestandene Belohnung]; Schrift auf dem Felsen: Caverne de Merlin; im Lorbeerkranz: Repub. Francaise, auf dem Hut: John Bull.
Wilhelm-Busch-Museum Hannover (Sammlung Max Hasse), Inv. Nr. KG 3156/87
Lit.: Ausst. Kat. Hamburg 1980, Kunsthalle, Goya. Das Zeitalter der Revolutionen 1789–1830, Nr. 385.

Louis Lecoeur konstruiert in seiner Karikatur die Folgen der Französischen Revolution für England, wie er sie sich als Franzose wünscht. Er läßt den sagenhaften Zauberer Merlin, Berater König Arthurs, die Zukunft Englands verkünden: William Pitt d.J. (1759–1806), mit einer Unterbrechung von 1801–1806 ab 1783 Premierminister, endet hier als Führer der europäischen Koalition gegen Frankreich am Galgen. Die Strahlen der Sonne treffen König Georg III. (1838–1820), der vom Stuhl=Thron fällt. [GV]

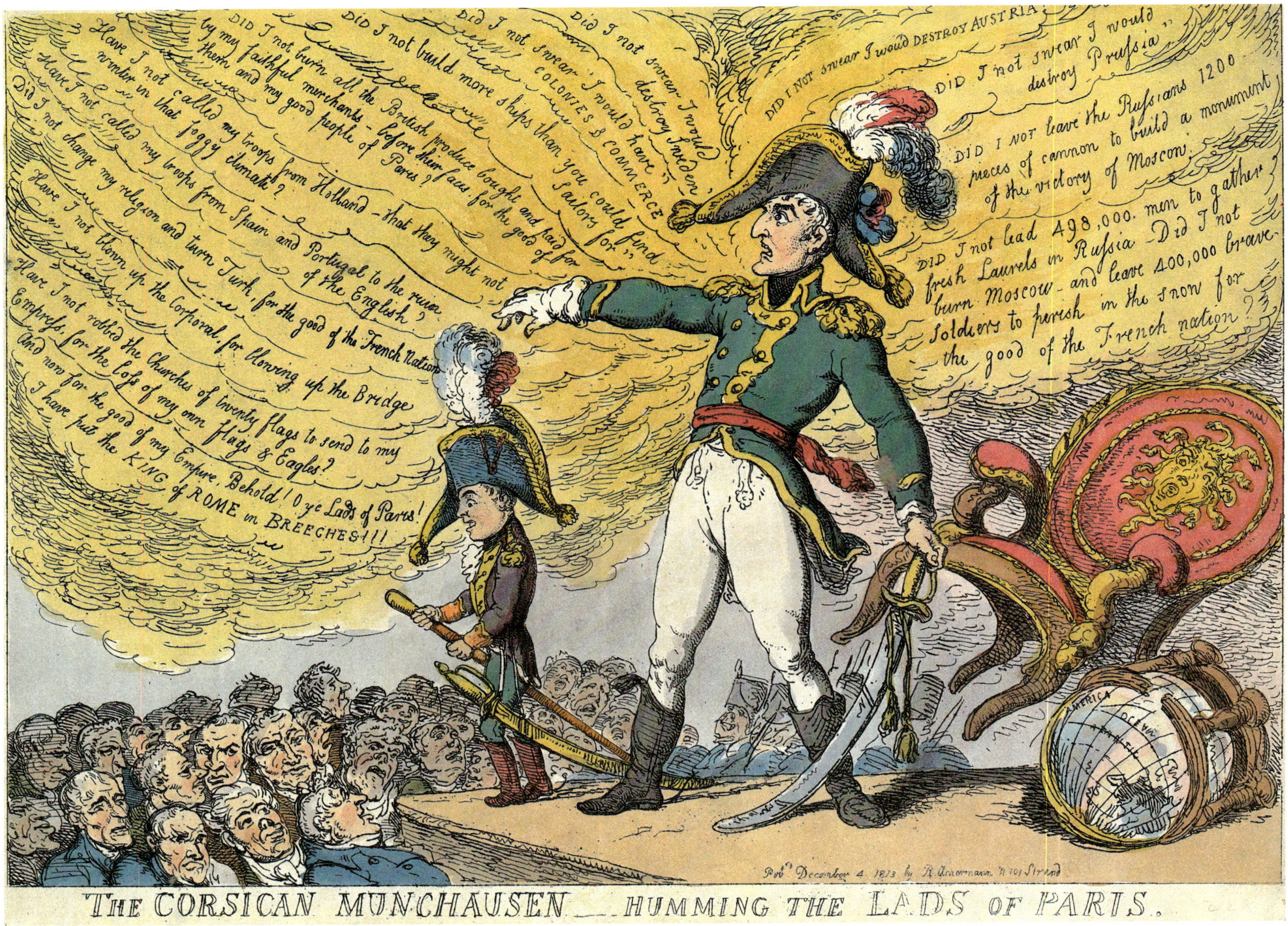

THOMAS ROWLANDSON (1756–1827)

112 **Der korsische Münchhausen**
(The Corsican Munchhausen – Humming the Lads of Paris) 1813

Radierung, koloriert
234 x 329 mm (Plattenrand unregelmäßig beschnitten)
Bez. in der Platte innerhalb der Darstellung u. re.: Pub^d December 4 1813 by R. Ackerman N 101 Strand; Legende: THE CORSICAN MUNCHHAUSEN – HUMMING THE LADS OF PARIS; im Bild bez. (Sprechblasen) linke Bildhälfte: Did I not swear I would/destroy Sweden / Did I not swear I would have/COLONIES & COMMERCE / Did I not build more ships than you could find/Sailors for / Did I not burn all the British produce bought and paid for/by my faithful merchants – before their faces. for the good of/them and my good people of Paris? / Have I not called my troops from Holland. that they might not/winter in that Joggy climate? / Have I not change my troops from Spain and Portugal to the ruin/of the English? Did I not change my religion and turn Turk, for the good of the French Nation / Have I not blown up the Corporal for blowing up the Bridge / Have I not robbed the Churches of twenty flags to send to/my Empress, for the loss of my own flags & Eagles? / And now for the good of my Empire, Behold! O ye Lads of Paris!/I have put the KING of ROME in BREECHES!!!; rechte Bildhälfte: DID I NOT swear I would DESTROY AUSTRIA? / DID I not swear I would/destroy Prussia / DID I NOT leave the Russians 1200/pieces of cannon to build a monument/of the victory of Moscow / DID I not lead 498,000. men to gather/fresh Laurels in Russia – Did I not/burn Moscow – and leave 400,000 brave/Soldiers to perish in the snow for/the good of the French nation?
Wilhelm-Busch-Museum Hannover (Sammlung Max Hasse), Inv. Nr. KG 2850/87
Lit.: George, Mary Dorothy, Catalogue of Political and Personal Satires. Preserved in the Department of Prints and Drawings in the British Museum, Vol. IX (1811–1819), London 1949 (Reprint London 1979), BM Nr. 12113. – Grego, Joseph, Rowlandson the Caricaturist, London 1880, Band II, S. 261.

Thomas Rowlandson bezieht sich mit seinem Blatt auf eine Radierung von James Gillray, die dieser 1803 unter dem Titel »Manic Ravings« (»Wahnvorstellungen eines Verrückten«) publizierte. Hier wie dort steht Napoleon im Mittelpunkt. 1803 richtet sich Napoleons Wut gegen die englische Front. Zehn Jahre später rechtfertigt Napoleon in Rowlandsons Karikatur vor seinen Zuhörern, deren Mienen die unterschiedlichsten Empfindungen ausdrücken, seine Politik und seine Handlungen. Ihm zur Seite steht der kleine König von Rom, sein Sohn, und starrt die Zuhörer an. [GV]

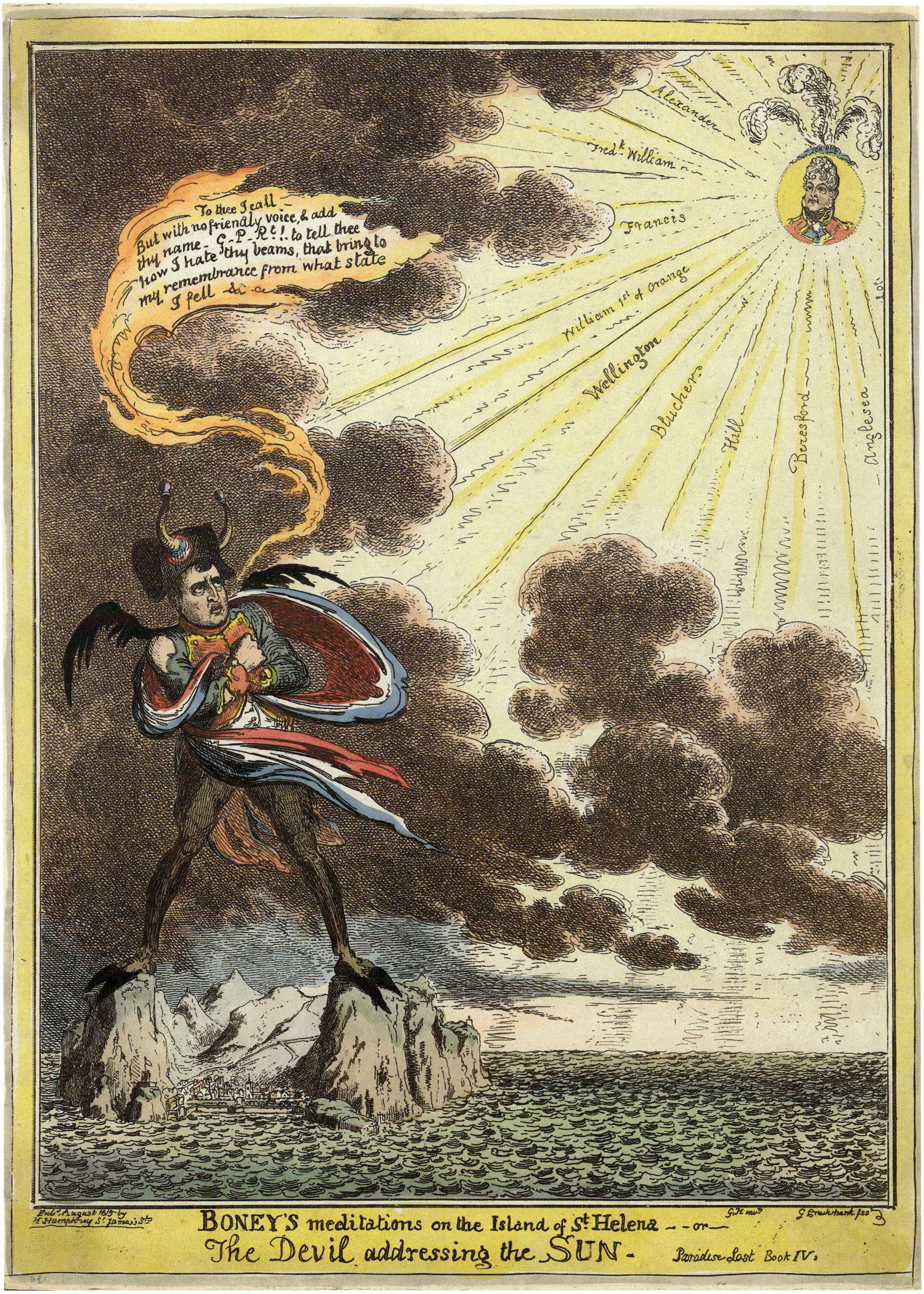
To thee I call –
But with no friendly voice, & add
thy name – G–P–R^t.!. to tell thee
how I hate thy beams, that bring to
my remembrance from what state
I fell &c – a
Alexander
Fred^k. William
Francis
William 1st of Orange
Wellington
Blucher
Hill
Beresford
Anglesea
Pub^d. August 1815 by H. Humphrey St. James's St.
G.H. inv^t.
G. Cruikshank fec^t.
BONEY'S meditations on the Island of S^t. Helena – – or –
The Devil addressing the SUN –
Paradise Lost Book IV.

113

GEORGE CRUIKSHANK (1792–1878)

113 Boneys Betrachtungen auf der Insel St. Helena, oder: Der Teufel betet die Sonne an

(BONEY'S meditations on the Island of St Helena – or – The Devil addressing the SUN)
1815

Radierung, koloriert
366 x 267 mm (Plattenrand beschnitten)
Bez. in der Platte außerhalb der Darstellung u. li.: Pub^{d} August 1815 by / H. Humphrey St James's S^{t}; u. re.: G. H. inv^{t} G. Cruikshank fec^{t}; Legende: BONEY'S meditations on the Island of St Helena – or – / The Devil addressing the SUN. Paradise Lost Book IV.; im Bild bez. (Sprechblase) o. li.: To thee I call – / But with no friendly voice; & add / thy name-G-P-R^{t}! to tell thee / how I hate thy beams, that bring to / my remembrance from what state / I fell.; (in der Sonne und den Sonnenstrahlen) o. re.: ...Alexander; Fred^{k} William; Francis; William 1st of Orange; Wellington; Blucher; Hill; Beresford; Anglesea.
Wilhelm-Busch-Museum Hannover, Inv. Nr. KG 1836/82
Lit.: George, Mary Dorothy, British Museum Catalogue of Political and Personal Satires, Band IX, London 1949, Nr. 12593. – Reid, George William, Descriptive Catalogue of the Works of George Cruikshank, London 1871, Nr. 500. – Douglas, Richard John Hardy, The Works of George Cruikshank. Classified and Arranged, with References to Reid's Catalogue and their Approximate Values, London 1903, 734. – Ausst. Kat. Hannover 1984, Wilhelm-Busch-Museum, George Cruikshank. Karikaturist. Karikaturen zur englischen und europäischen Politik und Gesellschaft im ersten Viertel des 19. Jahrhunderts, Nr. 24.

Die Strahlen der Sonne – mit den Namen der siegreichen Überwinder Napoleons – vertreiben das Dunkel, das der französische Kaiser verbreitet hat. Das Dunkel, das ihn auf St. Helena, seinem endgültigen Exil, noch umgibt. Dort steht Napoleon, mit Gehörn, Flügeln und Bocksfüßen als leibhaftiger Teufel, und schleudert eine Haßtirade gegen die Sonne. In deren Zentrum befindet sich der englische Prinzregent Georg. Vielleicht ein Seitenhieb Cruikshanks, da Georg am wenigsten zum Untergang Napoleons beigetragen hatte.
Die Anregung zu dieser bekannten Napoleon-Karikatur Cruikshanks lieferte der Verleger G. Humphrey. Dieser griff seinerseits auf eine Karikatur von James Gillray zurück (»Gloria mundi, or The Devil addressing the Sun«). [GV]

GEORGE CRUIKSHANK (1792–1878)

114 Klein-Boney auf dem Topf

(Little Boney Gone to Pot)
1814

Radierung, koloriert
247 x 346 mm (Blatt 267 x 416 mm)
Bez. in der Platte außerhalb der Darstellung u. li.: G. Cruikshank fec^{t}; u. re.: Pub^{d} May 12th 1814 by / Thos Tegg N° 111 Cheapside; Legende: Little Boney Gone to Pot; im Bild bez. in der Sprechblase li.: If! you have one spark of Courage / left: take this; in der Sprechblase re.: Perhaps I may if you'll / take the flint out; auf Gegenständen: Brimstone; Artritis / on the / ITCH!; / Doctor Scratch; Imperial Throne; Imperial Crow.
Wilhelm-Busch-Museum Hannover, Inv. Nr. KG 1522/81
Lit.: George, Mary Dorothy, British Museum Catalogue of Political and Personal Satires, Band IX, London 1949, Nr. 12261. – Reid, George William, Descriptive Catalogue of the Works of George Cruikshank, London 1871, Nr. 328. – Douglas, Richard John Hardy, The Works of George Cruikshank. Classified and Arranged, with References to Reid's Catalogue and their Approximate Values, London 1903, 706. – Ausst. Kat. Hannover 1984, Wilhelm-Busch-Museum, George Cruikshank. Karikaturist. Karikaturen zur englischen und europäischen Politik und Gesellschaft im ersten Viertel des 19. Jahrhunderts, Nr. 19.

Napoleon hat sein Exil angetreten. Gut einen Monat nach seiner Abdankung am 6. April 1814 zeigt Cruikshank den Ex-Kaiser auf Elba in einem heruntergekommenen Zustand. Sein »Imperial Throne« ist nur mehr ein riesiger Nachttopf, und zudem hat ihn die Krätze befallen. Das Buch des »Dr. Scratch« und der Topf mit Schwefel sollen wohl Abhilfe schaffen. Den heldenhaften Selbstmord will Napoleon jedoch nicht unternehmen, wie der Teufel es ihm gerne nahelegen möchte. Zumindest nicht mit geladener Pistole!
Ein solche abgewrackter Napoleon entsprach allerdings eher der Wunschvorstellung Cruikshanks als der Realität. Knapp ein Jahr nach Erscheinen der Karikatur rüstete sich Napoleon erneut, die Herrschaft in Frankreich zu übernehmen. Diese dauerte dann allerdings nur die berühmten »Hundert Tage«. [GV]

GEORGE CRUIKSHANK (1792–1878)

115 Ein grosses Manöver! oder: der Marsch der Schurken nach Elba

(A Grand Manoeuvre! or, The Rogues march to the Island of Elba)
1814

Radierung, koloriert
245 x 354 mm (Plattenrand beschnitten)
Bez. in der Platte innerhalb der Darstellung u. Mi.: G. Cruikshank fec^{t}; o. re.: 325; im Bild (von links): VIVENT LES BOURBONS; à bas le Tyran / down with the Tyrant / Vive Louis; He was whip'd & he w drum'd / He w drum'd out of the Reg^{t} / if ever he is a Soldier again / The Devil may be his Sergeant; There he goes!!!; Done at Fontainebleau; Allied Broom; By gar Papa I have made / von *grand manoeuvre* in your / Pocket!!; vive Louis XVIII; VIVENT LES BOURBONS; à bas le Tyran; außerhalb der Darstellung u. re.: Pub^{d} April 13th 1814 / by T. Tegg N° 111 / Cheapside; Legende: A GRAND Manoeuvre! or The *Rogues* march to the Island of Elba.
Wilhelm-Busch-Museum Hannover, Inv. Nr. KG 1835/82
Lit.: George, Mary Dorothy, British Museum Catalogue of Political and Personal Satires, Band IX, London 1949, Nr. 12221. – Reid, George William, Descriptive Catalogue of the Works of George Cruikshank, London 1871, Nr. 313. – Douglas, Richard John Hardy, The Works of George Cruikshank. Classified and Arranged, with References to Reid's Catalogue and their Approximate Values, London 1903, 695. – Ausst. Kat. Hannover 1984, Wilhelm-Busch-Museum, George Cruikshank. Karikaturist. Karikaturen zur englischen und europäischen Politik und Gesellschaft im ersten Viertel des 19. Jahrhunderts, Nr. 18.

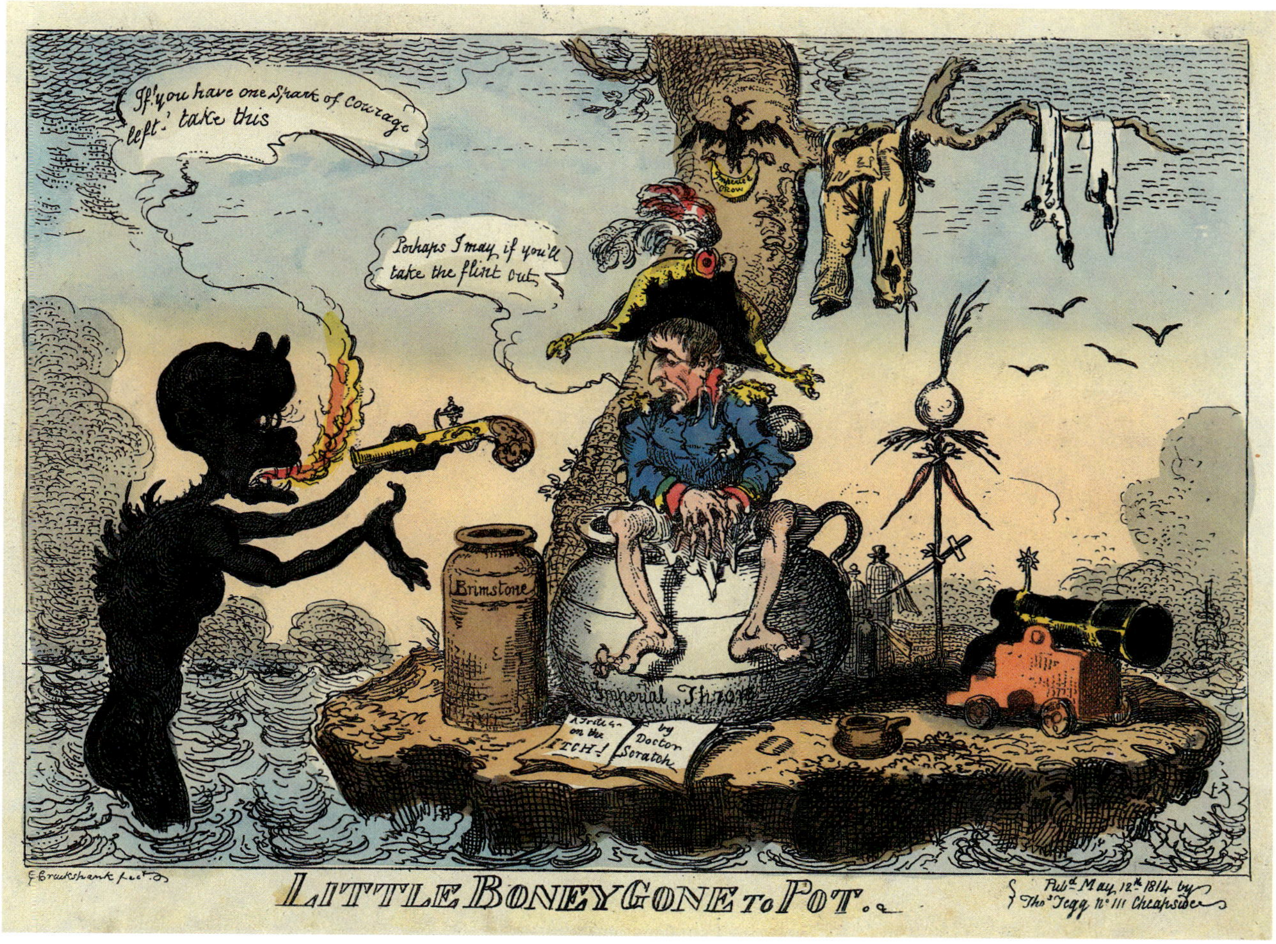
If you have one spark of courage left: take this
Perhaps I may if you'll take the flint out
Brimstone
Imperial Throne
by Doctor Scratch
G Cruikshank fect
LITTLE BONEY GONE TO POT.
Pub. May 12th 1814 by Thos Tegg No 111 Cheapside

114

115

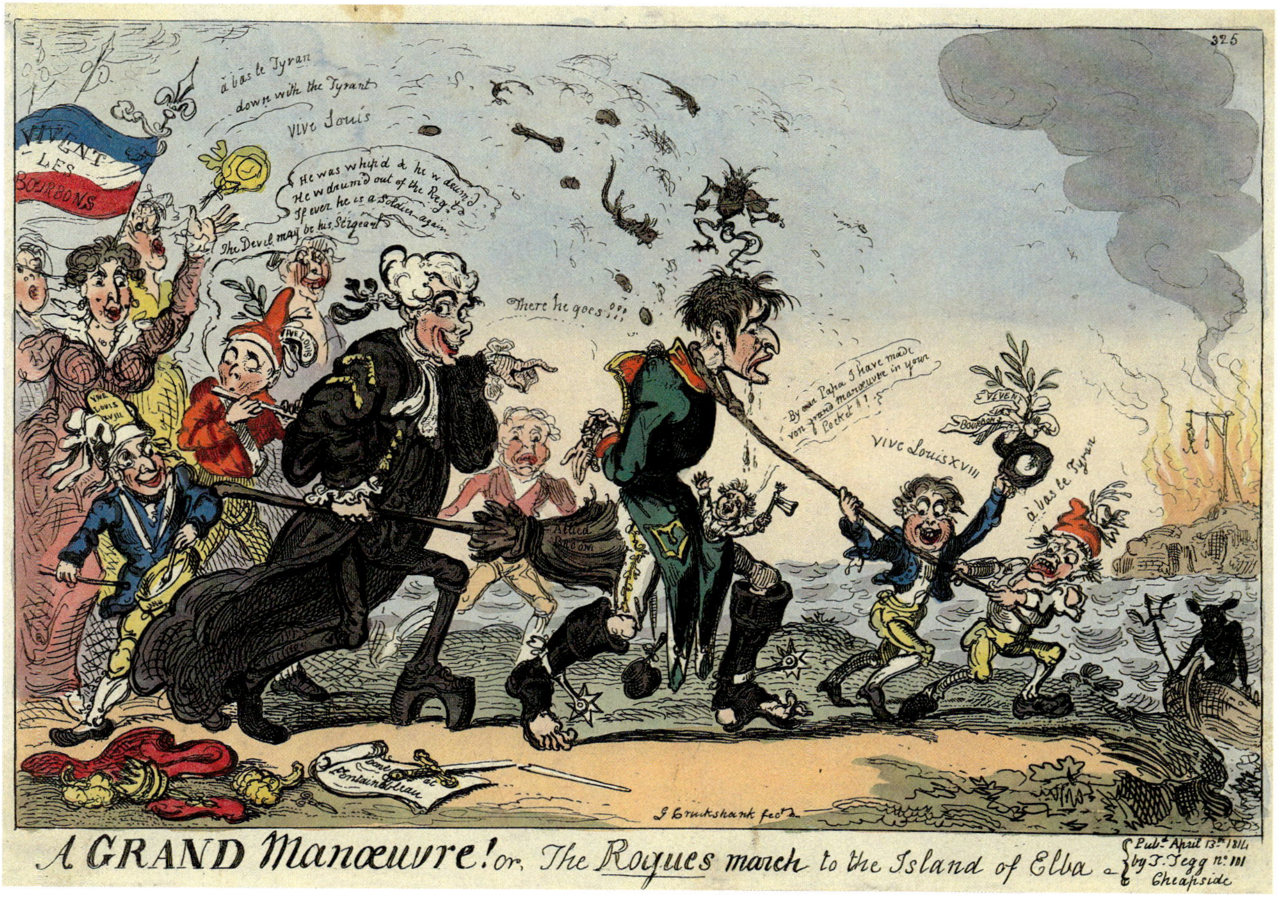
VIVENT LES BOURBONS
à bas le Tyran
down with the Tyrant
Vive Louis
He was whip'd & he w drum'd
He w drum'd out of the Regt
If ever he is a Soldier again
The Devil may be his Sergeant
There he goes!!!
By our Papa I have made von grand manoeuvre in your Pocket!!
VIVENT LES BOURBONS
Vive Louis XVIII
à bas le Tyran
G Cruikshank fect
A GRAND Manœuvre! or, The Rogues march to the Island of Elba
Pub. April 13th 1814 by T. Tegg No 111 Cheapside

Die Herrschaft Napoleons endete am 11. April 1814 mit seiner erzwungenen Abdankung. George Cruikshank nimmt dies zum Anlaß für eine seiner bissigsten Karikaturen, die voll anspielungsreicher Details steckt. Er zeigt einen zerlumpten, greinenden und am Strick geführten Napoleon. Vom triumphierenden Herzog von Talleyrand* wird er mit einem Besen auf dem Weg zur Einschiffung nach Elba angetrieben. Aus der Tasche seines Uniformrocks schaut der kleine König von Rom heraus und verkündet seinem Vater stolz, daß er darin »ein großes Manöver« – wohl seine Notdurf – veranstaltet hat. Auf Napoleons Kopf tanzt ein fiedelnder Teufel, ein anderer erwartet ihn im Boot bereits als Schiffer. Auf der in Flammen stehenden Insel Elba ist noch ein Strick am Galgen frei ... Eine höhnende Menschenmenge, aus der mit Unrat auf den Ex-Kaiser geworfen wird, begleitet den Schandzug. »Nieder mit dem Tyrannen«-Rufe vermischen sich mit Hochrufen auf den neuen König, den Bourbonen Ludwig XVIII.

*Talleyrand war 1807 als Außenminister zurückgetreten, weil er Napoleons Eroberungspolitik ablehnte. 1814 unterstützte er die Rückkehr der Bourbonen auf den Thron. [GV]

ANONYME FRANZÖSISCHE KÜNSTLER

116–131 Pro und Contra: Napoleons Wiederkehr – Die Hundert Tage des Jahres 1815

Wie eine Bombe schlug die Nachricht von der Landung Napoleons und des anschließenden Marsches nach Paris in ganz Europa ein. Die Bildpropaganda für oder gegen ihn erlebte einen Höhepunkt ohnegleichen. Die vorliegende Auswahl von 16 Blättern entstammt den von der österreichischen Zensur beschlagnahmten Beständen, die, bislang unveröffentlicht, eine völlig unversehrte Erhaltung aufweisen.
Die Beschlagnahme und Deponierung an der kaiserlichen Hofzensurstelle war erfolgt, da auch ein Gegner vor dem Volk nicht verunglimpft werden durfte. [WK]

116 Wetterfahne
(La Girouette)
um 1815

Radierung, koloriert
317 x 207 mm
Bez. u. Mi.: La Girouette; u. re.: Déposé 8C.
Wien, G. S. Albertina, Inv. Nr. K 470 a, 209

Der Franzose zwischen dem wiederaufgetauchten Napoleon und dem wiedereingesetzten König wendet den Kopf mit dem Ruf »Vive l'Empereur« nach der einen und »Vive le Roi« nach der anderen Seite.
Ein Wendehals seiner Zeit. Die Kokarden spiegeln die Orientierung. [WK]

117 Kaiser Napoleon verschaukelt die alliierten Mächte
(La balançoire)
1815

Radierung, koloriert
352 x 257 mm
Bez. u. Mi.: LA BALANÇOIRE.
Wien, G. S. Albertina, Inv. Nr. K 470 a, 194

Die Rückkehr Napoleons von Elba auf das französische Festland und der Siegeszug nach Paris versetzte den zum Kongreß in Wien vesammelten Mächten einen argen Schock. Die Überlegenheit dieses einen Mannes über ganz Europa schien unaufhaltsam.
Die Herrscher sind wie gelähmt, Kaiser Franz bezeichnet sich wie betäubt, Zar Alexander I. erschrickt, wie hoch er gestiegen sei, Wellington geht es nicht schnell genug – alle aber werden von Napoleon souverän in Schwung gesetzt. [WK]

118 Der Genius Frankreichs wendet sich Napoleon zu
(Le Genie de la France ...)
1815

Radierung, koloriert
309 x 406 mm
Bez. u. Mi.: Le Genie de la France renversant le Grand Eteignoir. Impérial.; u. li.: Déposé à la Direction; u. re.: A Paris, chez les Mds. de Nouveautés.
Wien, G. S. Albertina, Inv. Nr. K 470 a, 124

Nahe dem Ufer ist das Schiff zu sehen, das Napoleon und seine Getreuen von Elba an die Küste Frankreichs gebracht hat. Die Sonne geht auf, Blitzstrahlen vom Himmel empfangen den rückkehrenden Herrscher. Ein Genius mit Frankreichs Lilie tritt auf ihn zu und hilft ihm, das Gefäß zu öffnen, das die Ungunst des Schicksals über seine Heldentaten gestülpt hatte.
Die seltsam spitze Form erklärt sich aus der Funktion: Es handelt sich um ein »Hütchen«, mit dem man Kerzen auslöscht (eteignoir = Auslöscher).
Ins Riesige vergrößert, haben Niederlagen immer wieder das Licht Napoleons zu löschen gesucht. Nun wird das erwachende Frankreich ihn mit allen Geschenken erwarten. [WK]

119 Der kaiserliche Schritt von Elba nach Frankreich
(L'Enjambée Impériale)
1815

Radierung, koloriert
298 x 343 mm
Bez. u. Mi.: L'ENJAMBEE IMPERIALE. / A Paris, chez tous les Marchands de Nouveautés.
Wien, G. S. Albertina, Inv. Nr. K 470 a, 133

Napoleon, der Ehre und Vaterland auf seine Fahne geschrieben hat, betritt mit Siegeslorbeer und Waffe

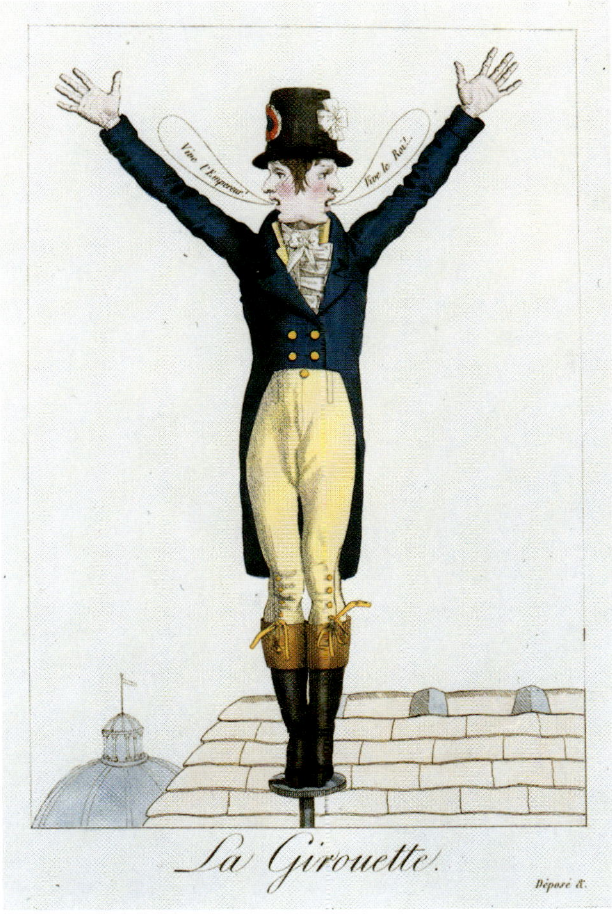

116

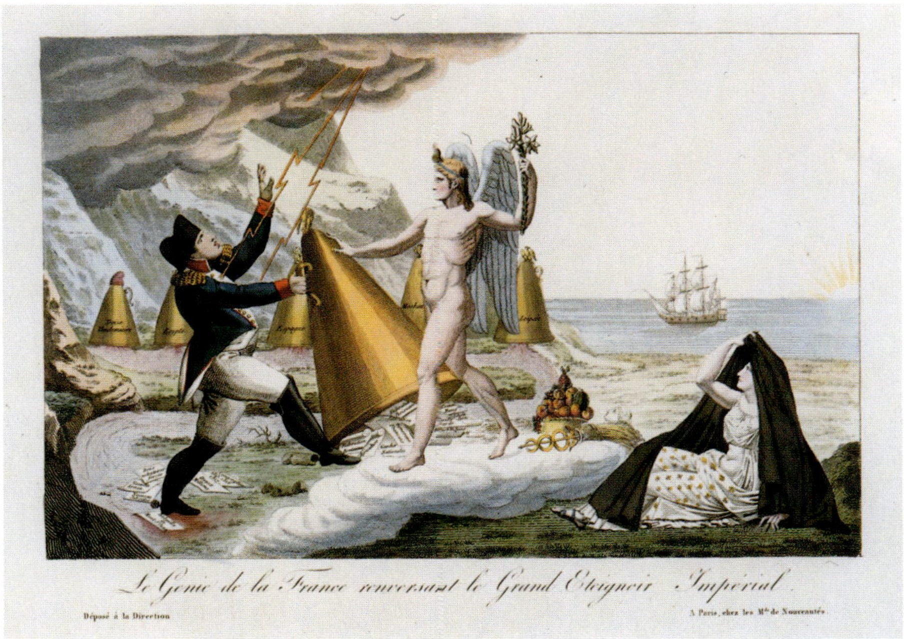

118

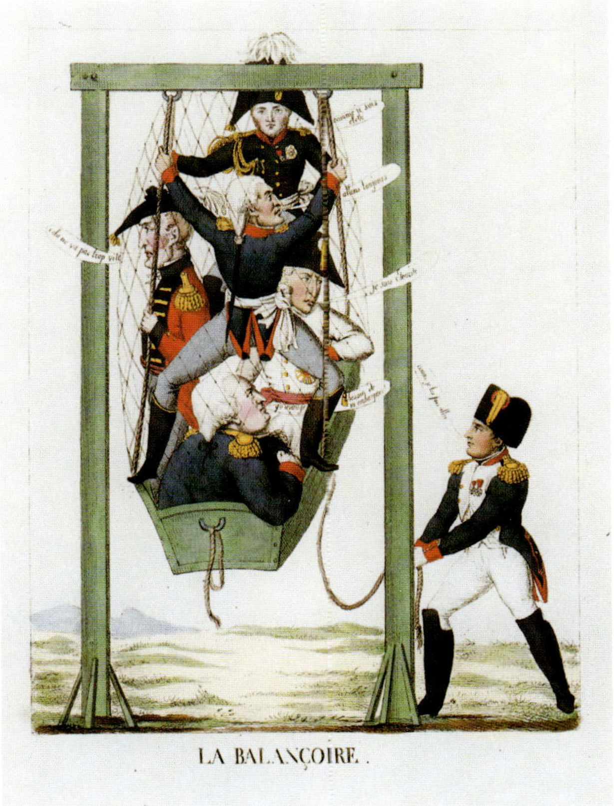

117

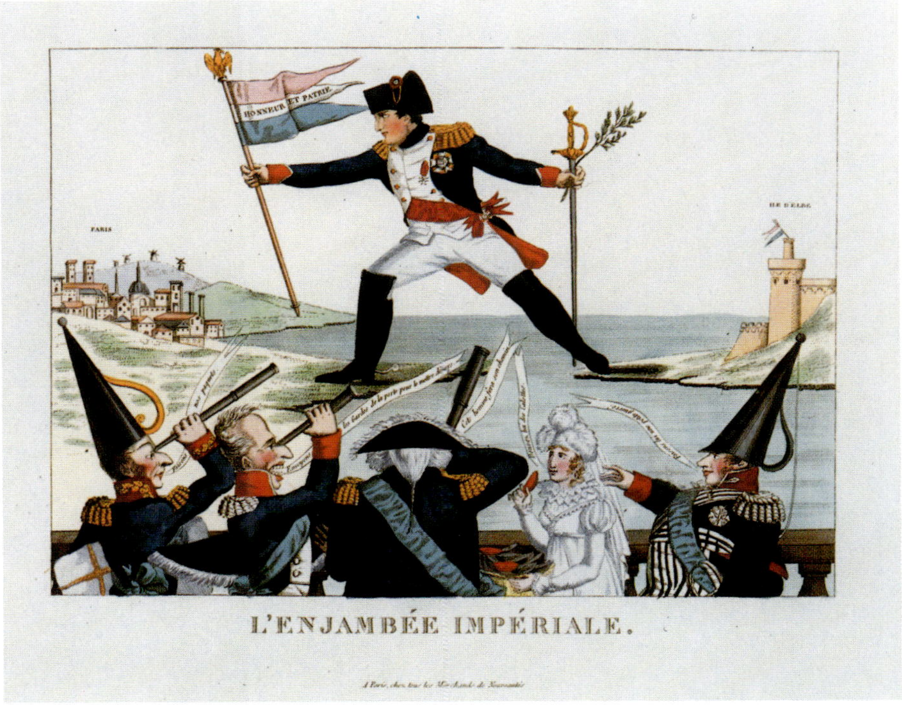

119

französischen Boden, wo das Ziel Paris aus der Ferne grüßt.
Die skurrilen Königstreuen erfaßt Panik, und sie sinnen auf Flucht. [WK]

120 Rascher Wandel: Gestern und Heute
(Hier – Aujourd'hui)
1815

Radierung, koloriert
280 x 336 mm
Bez. o. li.: HIER; o. re.: AUJOURD'HUI; u. li.: Voltigeurs de LOUIS XVIII. – Dragon et Grenadier de NAPOLEON.; u. Mi.: A Paris, chez tous les Marchands de Nouveautés.
Wien, G. S. Albertina, Inv. Nr. K 470 a, 116

Die »Voltigeurs« sind clownartige Parteigänger Ludwig XVIII., ewig gestrig, aufgeputzt und unfähig. Voll Schrecken lesen sie die von Napoleon berichtenden Neuigkeiten.
Kurz darauf hat sich das Bild gewandelt. Dragoner und Grenadier versinnbildlichen Kraft und Männlichkeit des wiedergekehrten Kaisers. [WK]

121 Napoleon – Caesar
(Le César de 1815)
1815

Radierung, koloriert
222 x 279 mm
Bez. o. Mi.: LE CESAR DE 1815.; u. Mi.: Je suis venu, J'ai vu, ... J'ai fui.
Wien, G. S. Albertina, Inv. Nr. K 470 a, 106

Napoleon ist am 1. März 1815 von Elba kommend am Festland gelandet, hat die ersten Gefechte geschlagen und eilt mit geflügelten Schritten nach Paris. Zwar hat der kaiserliche Adler einige Schäden erlitten, noch hängt er kopfüber, doch ein Genius verweist über den Wolken lautstark auf jene Brennpunkte, von denen der Kaiser sich immer wieder errettet hat: Ägypten, Madrid, Moskau, Leipzig und eben jetzt St. Jean. Der Caesar von 1815 kann freilich nicht wie der klassische Imperator sagen: »Veni – Vidi – Vici!«, sondern nur: »Ich kam, sah und – ergriff die Flucht...« [WK]

122 Marschall Ney tritt auf die Seite Napoleons über
(Je jure que ca sent la violette)
1815

Radierung, koloriert
314 x 220 mm
Bez. o. Mi.: Serrement de nez (Serment de ney); u. Mi.: je jure que ca sent la violette
Wien, G. S. Albertina, Inv. Nr. 470 a, 285

Die Kritik wendet sich gegen Marschall Ney, dessen Abfall von der königlichen Armee und Übertritt auf die Seite des aus Elba mit seiner Garde im Golf von St. Jean gelandeten Napoleon erst den Siegeszug nach Paris ab dem 14. März ermöglichte. Marschall Ney wurde für dieses Verhalten später hingerichtet.
Darstellung und Wortspiele sprechen für sich: »Serment de ney« = der Schwur des Ney, wird umgesetzt in »Serrement de nez« = das Aufpressen der Nase. Nicht minder deutlich die Beteuerung schon im Titel: »Ich schwöre, das duftet nach Veilchen!« [WK]

123 Napoleon wird gejagt
(Conduite Impériale)
1815

Radierung, koloriert
312 x 230 mm
Bez. u. Mi.: Conduite Impériale.
Wien, G. S. Albertina, Inv. Nr. K 470 a, 298

Bereits der Doppelsinn im Titel, der sowohl »Geleit« als auch »Benehmen« ausdrückt, gibt den Sinn der Karikatur. Napoleon: »Meine Herren, welches Geleit« (= welches »Benehmen) bieten Sie mir«!, worauf Wellington antwortet: »Jenes, das Sie verdienen«. Blücher schlägt mit dem Besen auf den Kaiser ein, während Wellington ihm nicht minder heftige Hiebe versetzt. [WK]

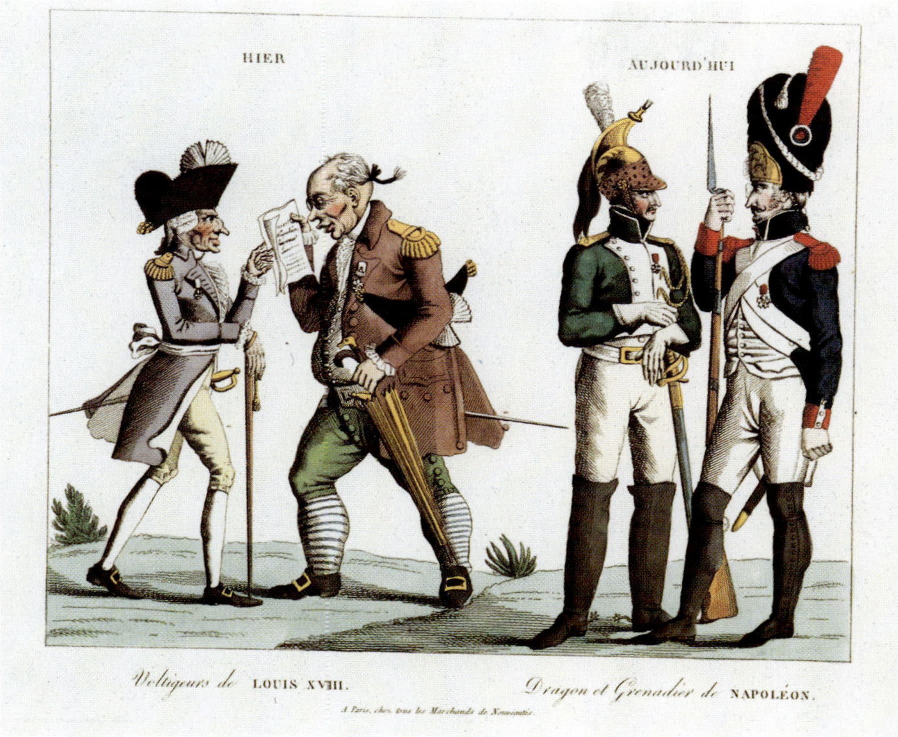

120

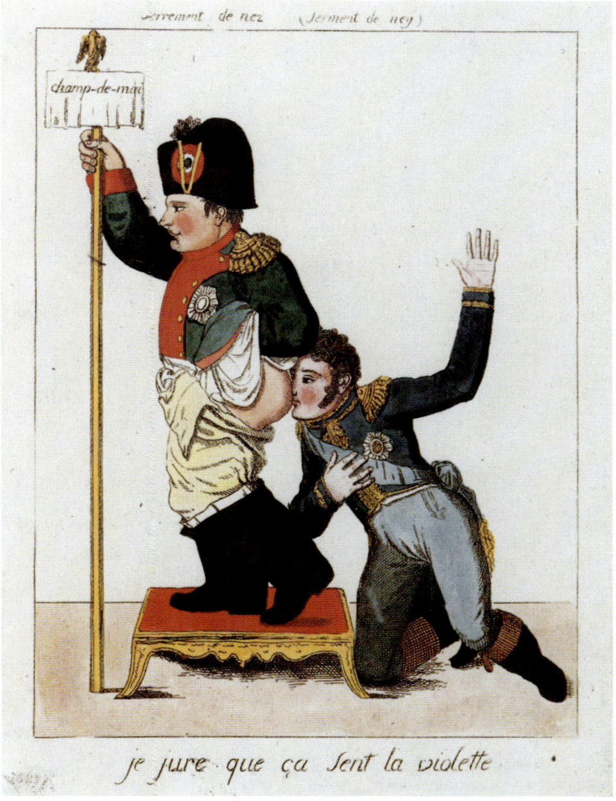

122

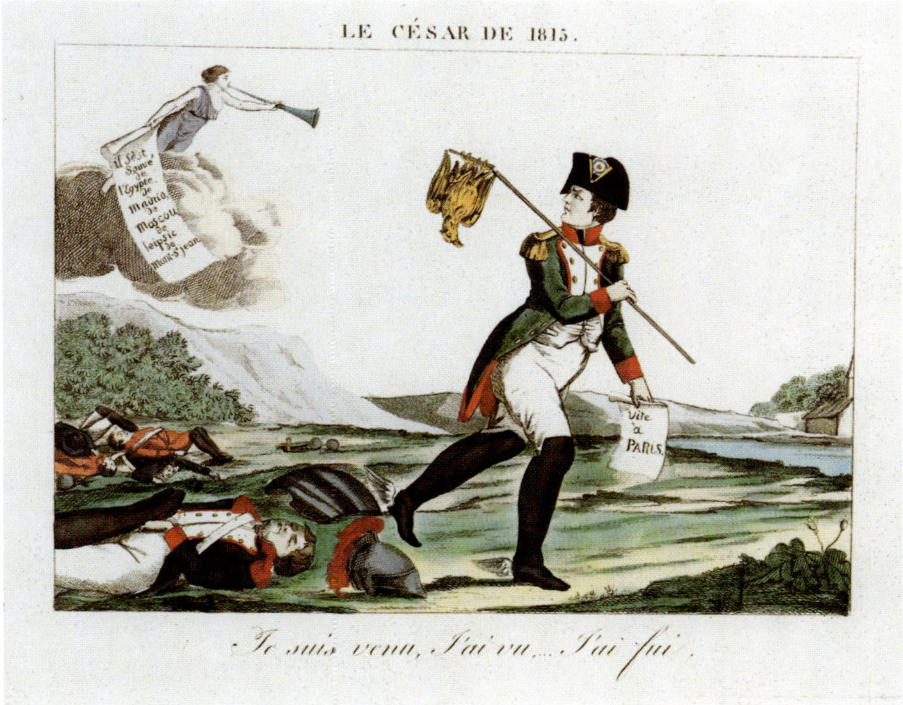

121

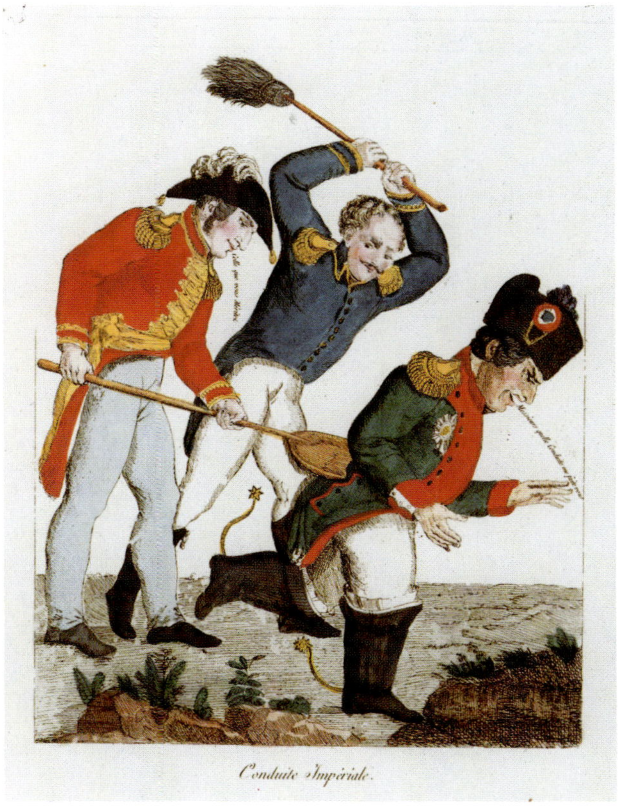

123

124 Napoleon wird bei Waterloo in die Enge getrieben

(Origine de l'etouffoir impérial)
1815

Radierung, koloriert
276 x 374 mm
Bez. u. Mi.: origine de l'etouffoir impérial
Wien, G. S. Albertina, Inv. Nr. K 470 a, 142

Die beiden Sieger von Waterloo, Preußens Blücher und Englands Wellington, pressen den Kaiser der Franzosen in eine Tonne, hier »etouffoir impérial« genannt. Blücher mahnt, daß »dieser Mann, chèr ami, auf Ihrer Seite noch Atem hat!«, worauf der englische Marschall trotz der inständigen Bitten Napoleons antwortet, man könne sich beruhigen, diese Sache sei erledigt. [WK]

125 Der kaiserliche Seilspringer

(Le Sauteur impérial)
1815

Radierung, koloriert
238 x 339 mm
Bez. u. Mi.: Le Sauteur impérial / grand faiseur de tour; u. re.: deposé
Wien, G. S. Albertina, Inv. Nr. K 470 a, 141

Wieder sind es die Sieger von Waterloo, Blücher und Wellington, die den Kaiser über die Schnur springen lassen.
Der Doppelsinn des Untertitels nennt Napoleon einen großen Taschenspieler. Der Engländer fordert den Besiegten auf, zugunsten des Königs abzuspringen, während der Preuße ihn »mon petit camerade« nennt und diesen Sprung als einen gefährlichen Salto bezeichnet. [WK]

126 Wellington spielt mit Napoleon Diabolo

(Dieu soit loué!)
1815

Radierung, koloriert
315 x 242 mm
Bez. u. Mi.: Dieu soit loué! le Diable l'emporte!
Wien, G. S. Albertina, Inv. Nr. K 470 a, 289

Der englische Marschall spielt eine souveräne Rolle. Der nur mehr klein in der Luft sichtbar fliegende, entthronte Kaiser der Franzosen verliert den Lorbeerkranz und segelt auf einem Diabolo (= diable) durch die Lüfte nach St. Helena.
Der Titel unterstreicht die Siegesfreude: Gott sei Dank! Der Teufel soll ihn holen! [WK]

127 Napoleon tanzt nach der Musik der Alliierten

(Nicolas dansant L'Anglaise)
1815

Radierung, koloriert
302 x 250 mm
Bez. u. Mi.: Nicolas dansant L'Anglaise!
Wien, G. S. Albertina, Inv. Nr. K 470 a, 290

Der Kaiser, als »Nicolas« (Nikolaus) bezeichnet, tanzt auf einer Bühne die Anglaise, zu der die alliierten Mächte (Österreich, Rußland, Preußen) aufspielen. [WK]

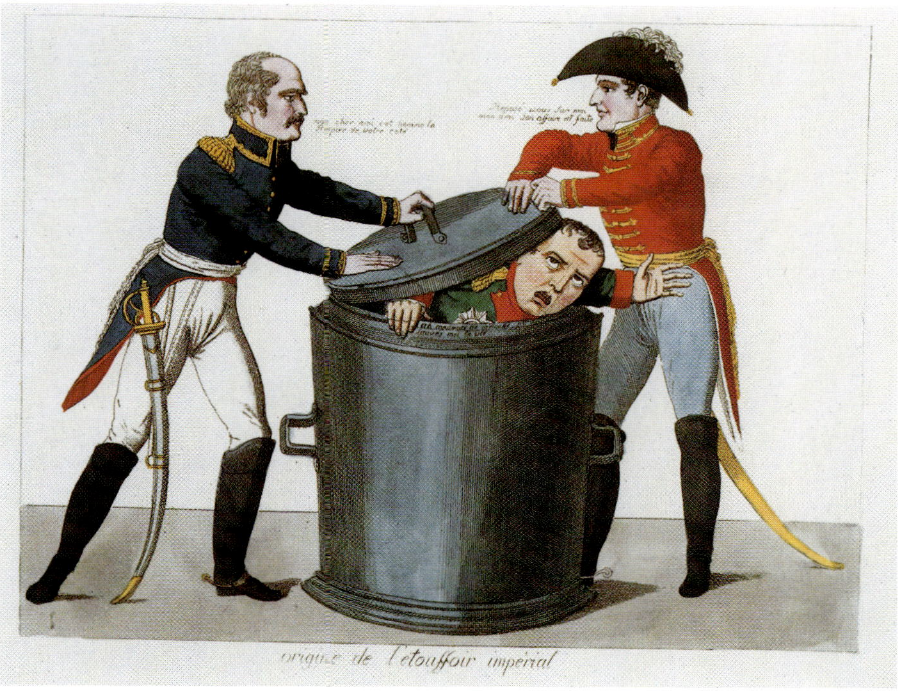

124

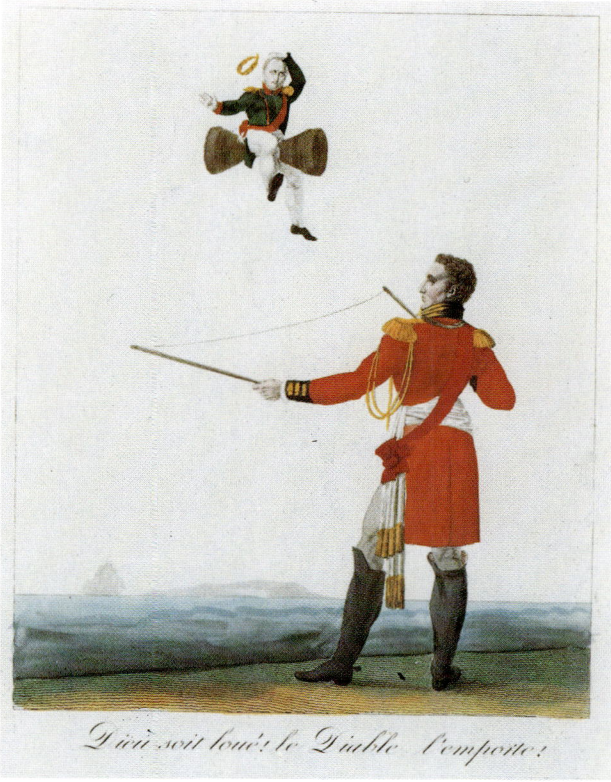

126

127

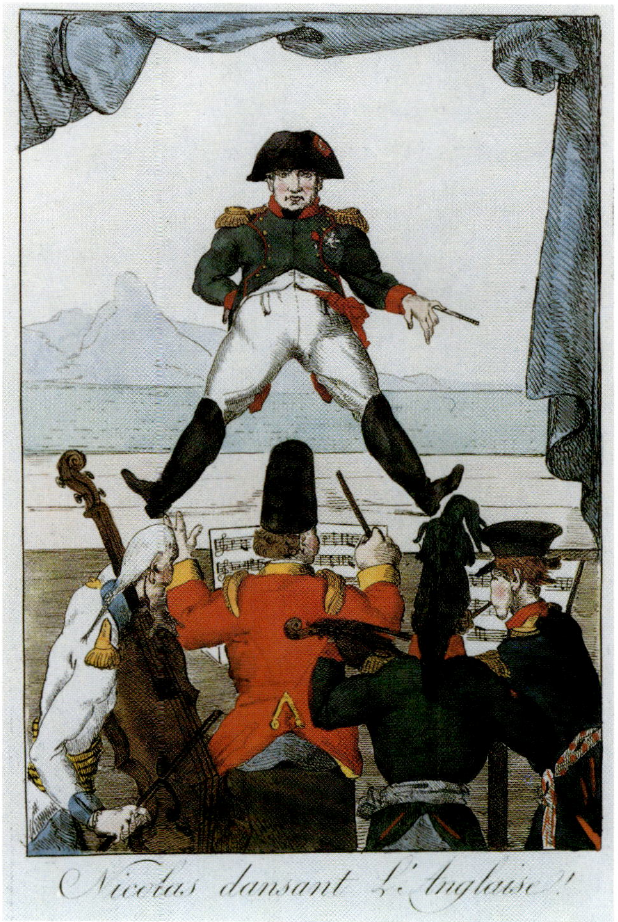

125

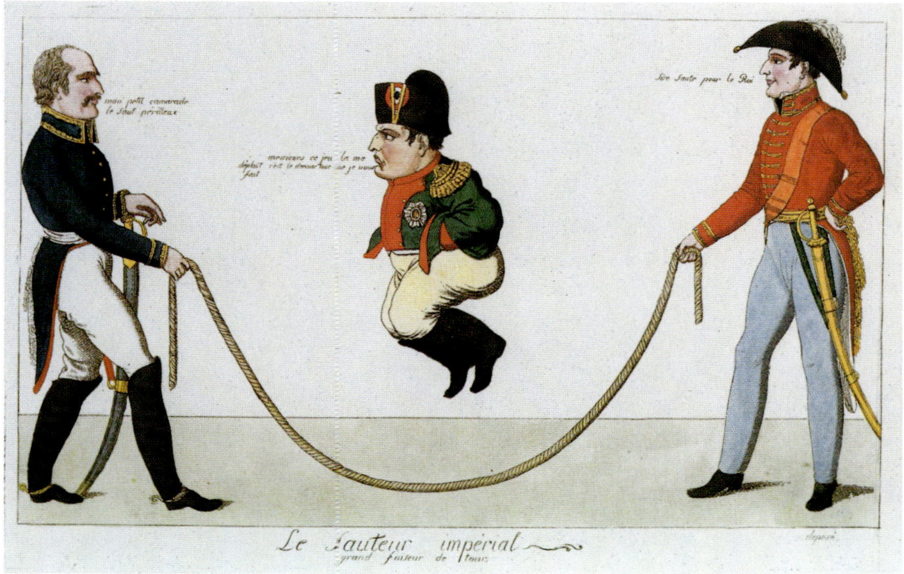

128 Wellington verweist den gestürzten Napoleon in die Verbannung

(Enfin Bonaparte met à éxécution)

1815

Radierung, koloriert
365 x 230 mm
Bez. u. Mi.: Enfin Bonaparte met à éxécution / son projèt de Descente en Angleterre; u. re.: Déposé
Wien, G. S. Albertina, Inv. Nr. K 470 a, 288

Nach den »Hundert Tagen« und der endgültigen Niederlage bei Waterloo, bei der die Verbündeten unter Wellington gegen Bonaparte angetreten waren und Blücher die Entscheidung herbeigeführt hatte, brachte das englische Linienschiff Bellerophon den Verlierer nach Plymouth und von dort nach St. Helena. Dort stirbt Napoleon schließlich am 5. März 1821.
Auf diese Fahrt in die endgültige Verbannung bezieht sich auch das Wortspiel des Titels. [WK]

129 Journal de l'Empire

1815

Radierung, koloriert
376 x 240 mm
Bez. u. Mi.: JOURNAL / DE L'EMPIRE OU DES DEBATS / suivant les Evénements.; u. re.: A Paris chez tous les Mds de Nouveautés.
Wien, G. S. Albertina, Inv. Nr. K 470 a, 206

Frankreich zeigt sich zwischen Kaiser- und Königreich zwiespältig. Heißt es einmal »Vive l'empereur« und »Vive la liberté«, so ein andermal »Vive le Roi« und »Vive le plus fort«. So gibt es in jenen »Hundert Tagen« zwischen 19. und 22. März bis zum 8. Juli 1815 eine Fülle von Lügen, falschen Meldungen, Lug und Trug, Denunziationen und Rachsucht etc.
Die ganze Absurdität der Debatten nach politischen Umstürzen wird hier verdeutlicht. Eine Satire, die nicht nur für die Napoleonische Ära Bedeutung hat. [WK]

130 Napoleon auf St. Helena

(Je fume en pleurant mes péchés)

1815

Radierung, koloriert
380 x 271 mm
Bez. u. Mi.: JE FUME EN PLEURANT MES PÉCHÉS; u. li.: se vend à Paris, chez Genty, Rue St. Jacques, No. 14.; u. re.: Déposé au Bureau des Estampes.
Wien, G. S. Albertina, Inv. Nr. K 470 a, 267

Der abgesetzte Herrscher sitzt auf der Insel, raucht und beweint seine Sünden, wobei sich das »fume« auch auf den Qualm der von Napoleon hier verfaßten »Mémoires des St. Helene« beziehen dürfte, »die nach der Auffassung des übrigen Europa eine sehr einseitige Selbstbeweihräucherung waren und sich mit dem erlogenen Schein der Vaterlands- und Freiheitsliebe und des Strebens nach der höheren Zivilisation der Menschheit umhüllte«.
Die »Bellerophon« segelt derweil davon, und die Fahne der Alliierten weht von der Festung. Die einzig übriggebliebene Armee besteht aus den Nagetieren des Eilands. [WK]

131 Der Bourbonenkönig Ludwig XVIII. kehrt zurück

(Voeu des Royalistes ...)

1815

Radierung, koloriert
372 x 305 mm
Bez. u. Mi.: Voeu des Royalistes / où la seconde entreé triomphante.; u. re.: Déposé
Wien, G. S. Albertina, Inv. Nr. K 470 a, 260

König Ludwig XVIII. kehrte auf dem Rücken der russischen Armee zurück und leitete damit jene zweite Restauration ein, die sich aber bald zu einer drückenden Reaktion entfaltete. Diese Darstellung wendet sich auch gegen ihn, zeigt die unglücklich getöteten Helden der kaiserlichen Armee, das gebrandschatzte Land, die plündernde russische Armee mit ihrem Klepper, auf dessen schwankendem Rücken der dicke und unansehnliche Bourbone sich mühsam hält. So ist auch der Titel von einem »zweiten triumphierenden Einzug« als bitterer Spott zu verstehen. [WK]

128

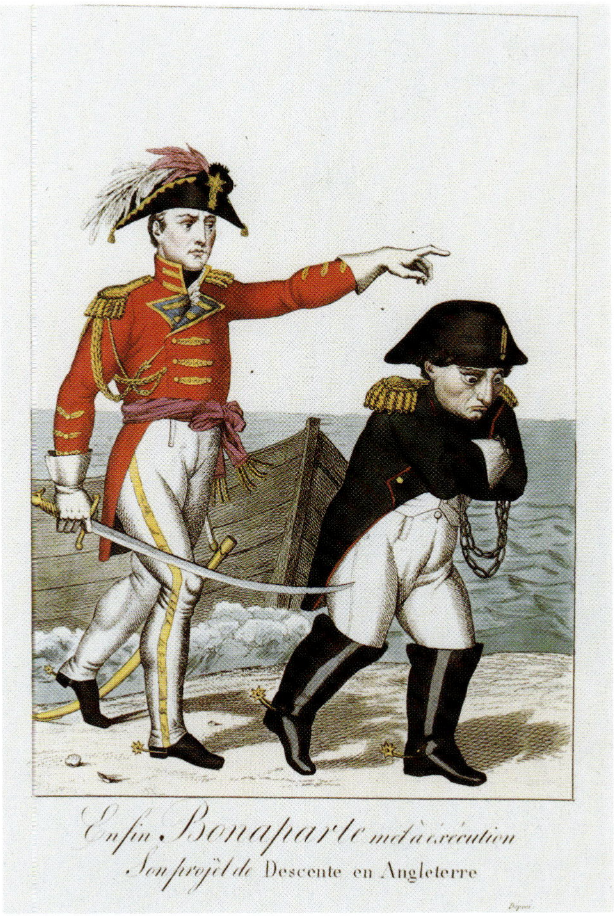

130

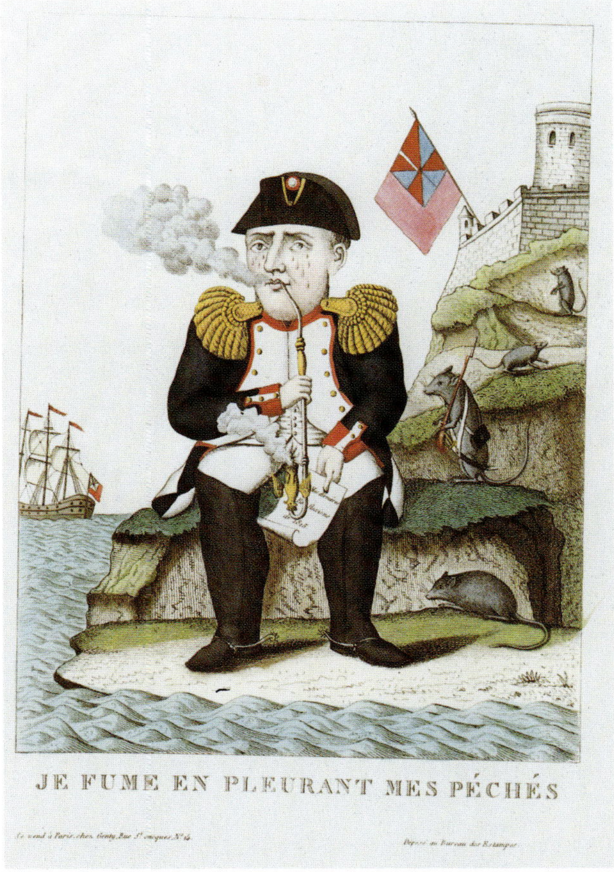

129

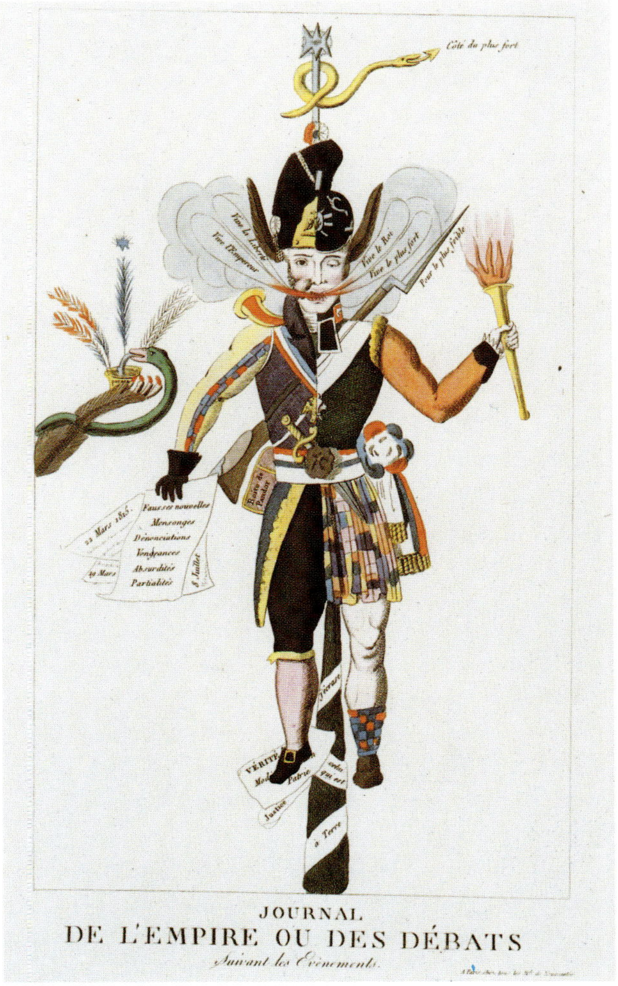

131

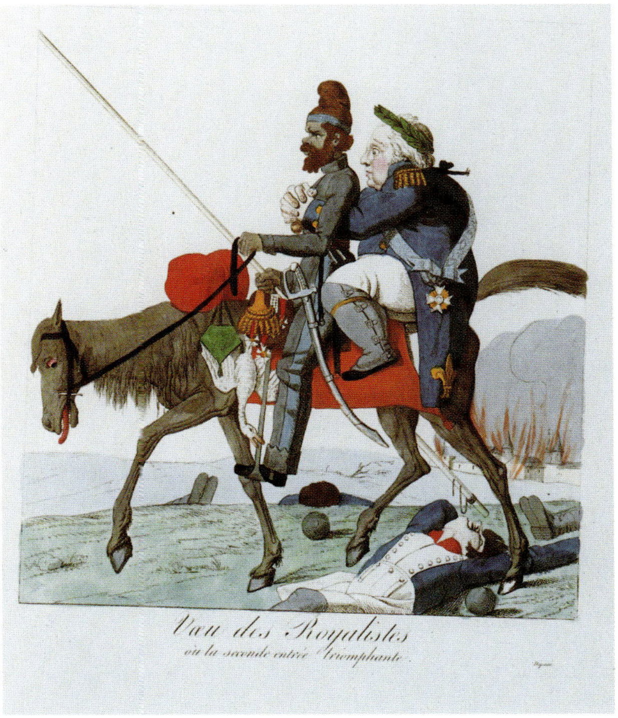

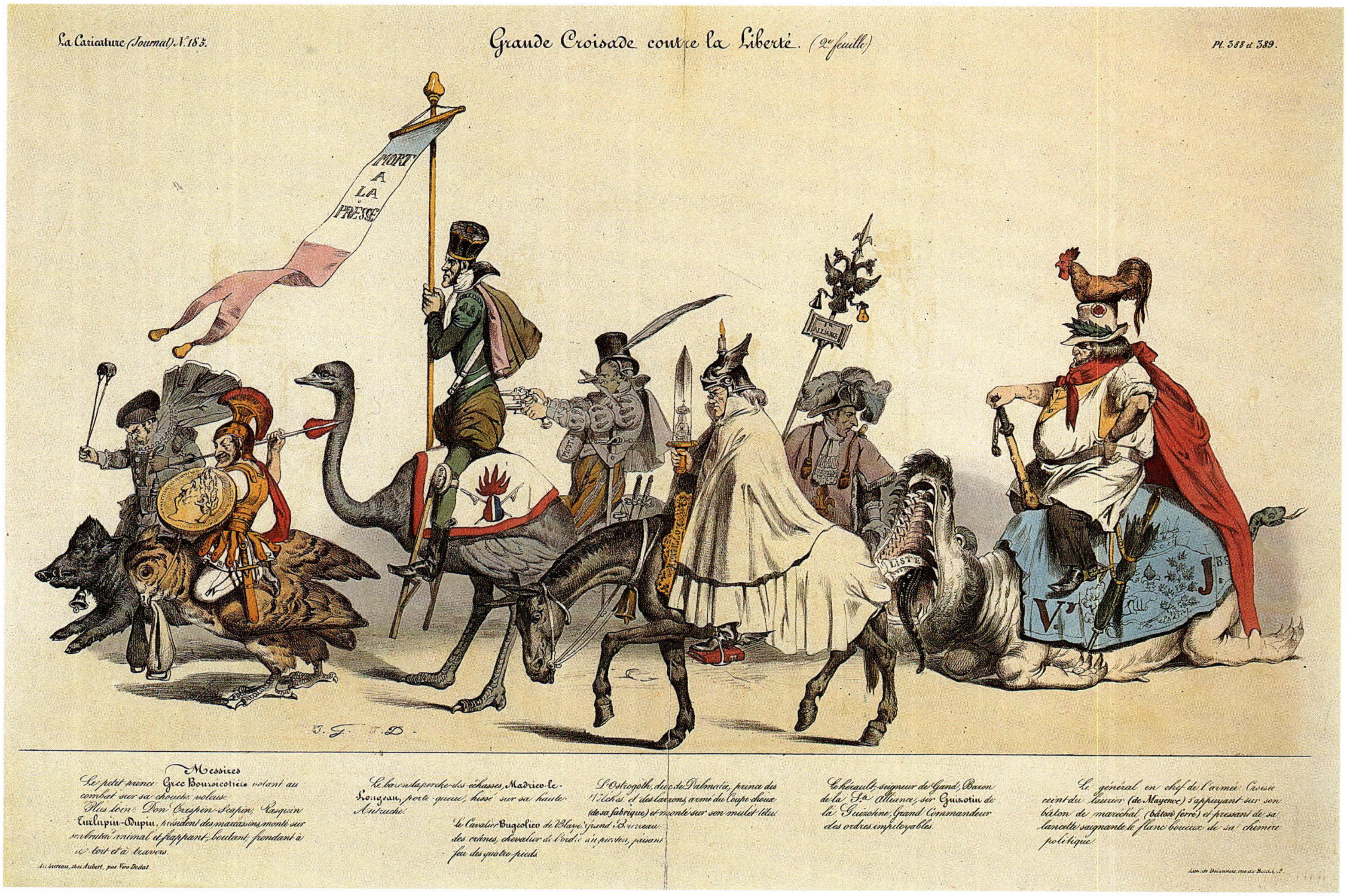

GRANDVILLE
[JEAN-IGNACE-ISIDORE GÉRARD]
(1803–1847)

132 Großer Kreuzzug gegen die Freiheit
(Grande Croisade contre la Liberté)
1834

Publiziert in: »La Caricature«, 22. 5. 1834 (Blatt 2 der Folge)

Lithographie, koloriert auf Velin, 360 x 542 mm
Bez. im Stein innerhalb der Darstellung u. li.: J. G. D.; außerhalb der Darstellung bez. o. li.: La Caricature (Journal) N. 185; o. re.: Pl. 388 d 389.; am unteren Plattenrand li.: Au bureau, chez Aubert, pas. Véro-Dodat; re.: Lith. de Delaunois, rue de Bouloi, 9.; Überschrift: Grande Croisade contre la Liberté. (2. feuille); Legendentext in Kolumnen (von links): Messires/Le petit prince Grec Boursicotière volant au/combat sur sa chouette voleuse./ Plus loin: Don Crispin-Scapin, Pasquin/Turlupin-Dupin, président des marcassins, monté sur/son brutal animal et frappant, boutant, frondant à/tort et à travers. – Le baron la perche-des-échasses, Madrier-le-/Longeau, porte-queue, hisse sur sa haute-/Autruche. – Le Cavalier Bugeolier de Blaye, Grand Bourreau/des crânes, chevalier de bord au picotin, faisant/feu des quatre pieds. – L'Ostrogoth, duc de Dalmatie, prince des/Velches et des larrons, armé du Coupe-choux/(de sa fabrique) et monté sur son mulet tétu. – Le hérault, seigneur de Grand, Baron/de la Ste Alliance, sir Guizotin de/la Guizotine, Grand Commandeur/des ordres impitoyables. – Le général en chef de l'armée croisée/ceint du laurier (de Mayence) s'appuyant sur son/báton de maréchal (báton ferré) et pressant de sa/lancette saignante le flanc boueux de sa chimère/politique.
Wilhelm-Busch-Museum Hannover (Sammlung Max Hasse), Inv. Nr. KG 3147/87
Lit.: Schrenk, Klaus, Die republikanisch-demokratischen Tendenzen in der französischen Druckgraphik zwischen 1830 und 1852, Diss. Marburg 1976, S. 136ff.

Zwischen dem 15. Mai und dem 30. Oktober 1834 veröffentlichte Grandville in Zusammenarbeit mit August Desperret (gest. 1865)* einen siebenteiligen »Kreuzzug gegen die Freiheit« in »La Caricature«. In diesen sieben Lithographien umreißt Grandville die nach der Revolution von 1830 entstandene Machtkonstellation einer von der Bourgeosie getragenen konstitutionellen Monarchie, unter der das Finanzbürgertum an Einfluß gewinnt. Er eröffnet die Folge mit einem Aufmarsch der Verfechter und der Gegner der Pressefreiheit. Bereits ein Jahr später sollte diese Pressefreiheit dann in der Tat erheblich eingeschränkt werden.
Auf dem hier abgebildeten zweiten Blatt der Folge erscheinen die führenden politischen Repräsentanten unter der Regentschaft des Bürgerkönigs Louis Philippe: so der Kammerpräsident Dupin, Innenminister

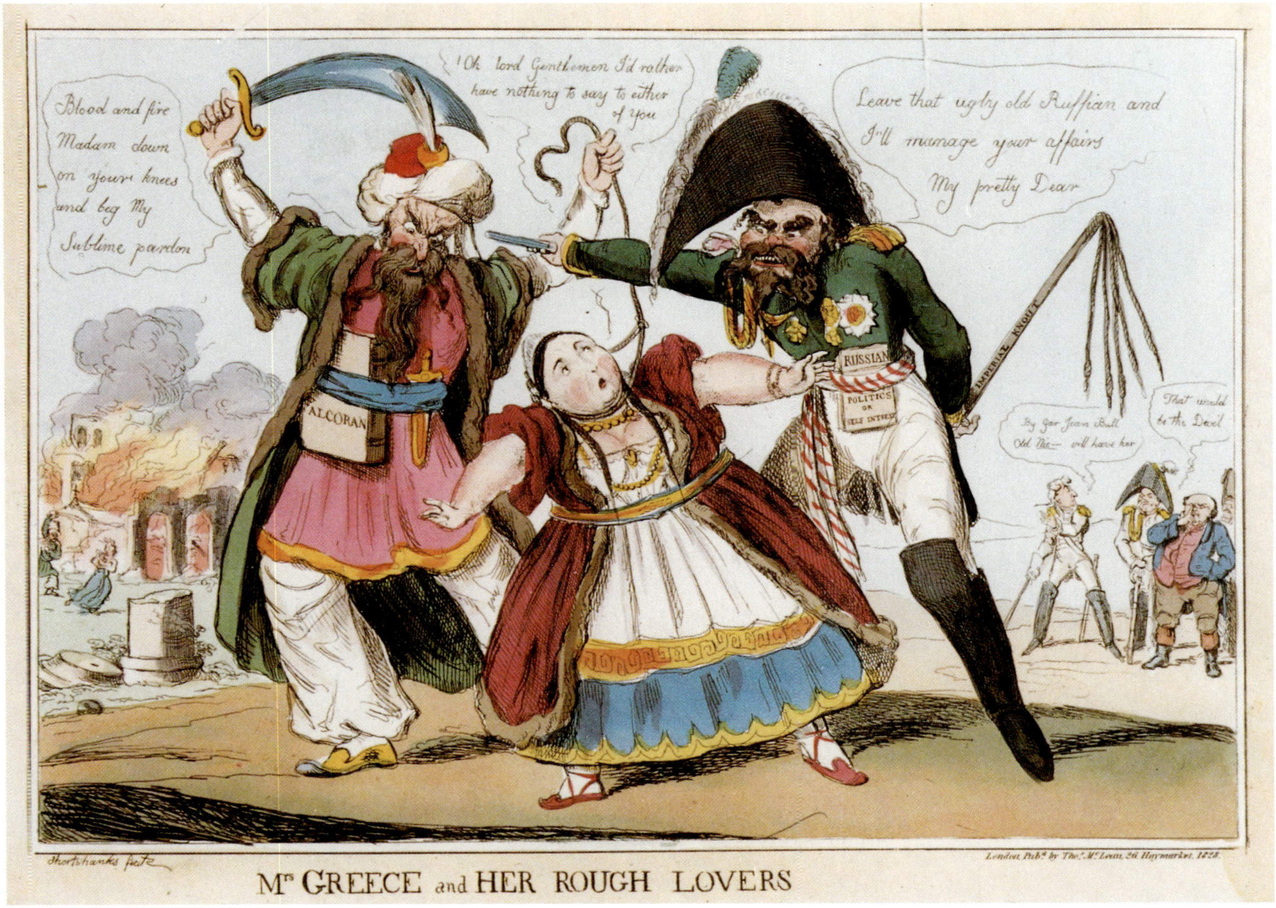

Thiers, Ministerpräsident Soult, der Historiker, Berater Louis Philippes und Unterrichtsminister Guizot und am Schluß des Aufmarschs Louis Philippe selbst als oberster General.

*August Desperret, Zeichner, Holzschneider und Lithograph, übertrug zahlreiche Entwürfe Grandvilles auf den Litho-Stein.

[GV]

SHORTSHANKS (?)

133 Mrs. Griechenland und ihre stürmischen Liebhaber
(Mrs. Greece and Her Rough Lovers)
1828

Radierung, koloriert
245 x 347 mm
Bez. u. li.: Shortshanks fecit; u. re.: London. Pubd by Thos Mc Lean, 26. Haymarket, 1828.; u. Mi.: Mrs. GREECE and HER ROUGH LOVERS
Wien, G. S. Albertina, Inv. Nr. 1913–16

Titel und Sprechtexte verdeutlichen die politische Situation um den Einfluß im freigewordenen Griechenland: Türke und Russe suchen in grober Manier den Sieg über die begehrte Dame zu erringen. Während der eine den Koran im Gürtel trägt, ein gewaltiges Schwert schwingt und die Schlinge bereits um den Hals des Opfers gelegt hat, zielt die Pistole des anderen, dessen Grundsätze der Titel »Russian politics or self interest« bereits erkennen läßt, auf den Nebenbuhler. Versteckt hält er »die kaiserliche Knute« hinter dem Rücken. Von ferne sieht John Bull mißbilligend zu und bemerkt, dies wäre wohl der Teufel. [WK]

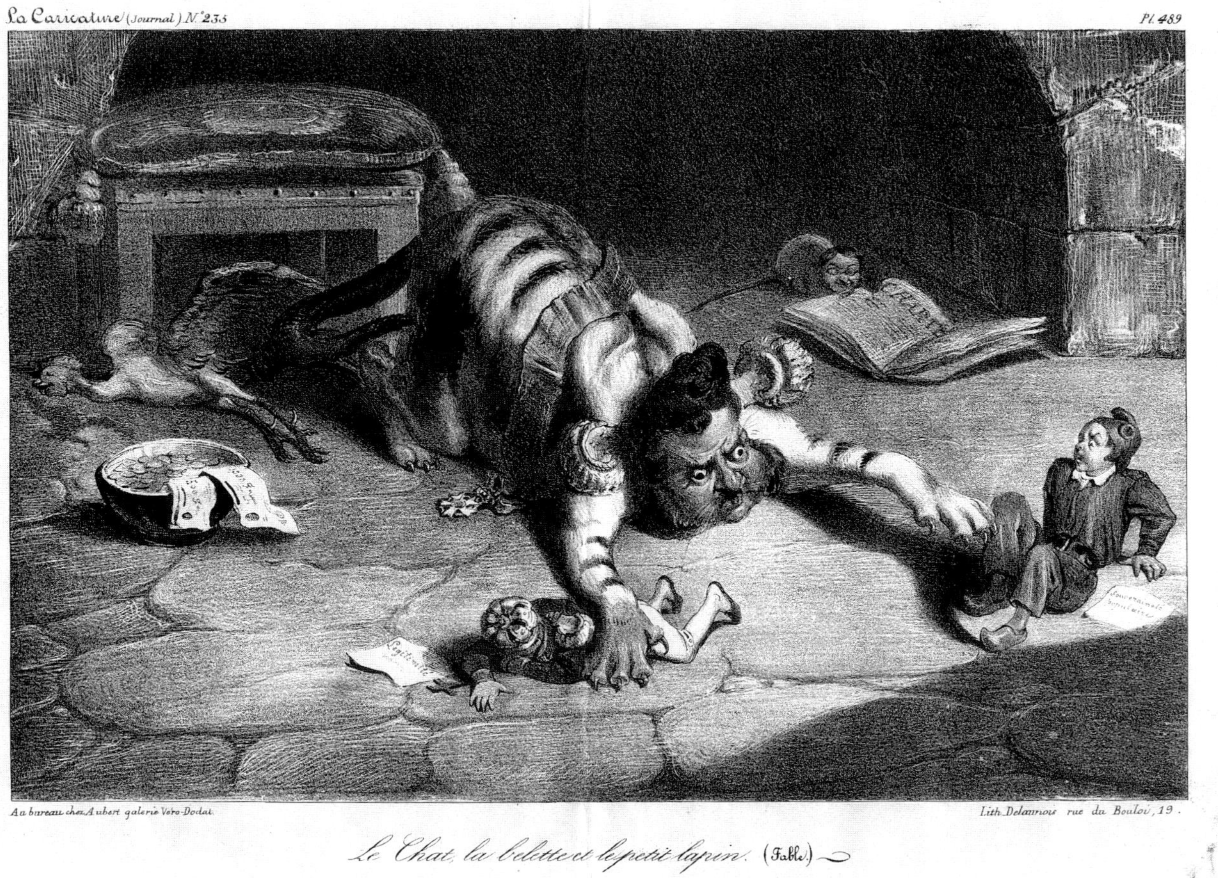

HONORÉ DAUMIER zugeschrieben (1808–1879)

134 Die Katze, das Wiesel und das kleine Kaninchen

(Le chat, la belette et le petit lapin)
1835

Publiziert in: »La Caricature« Nr. 235 vom 7. 5. 1835

Lithographie auf Velin
Bild: 190 x 288 mm; Blatt: 275 x 366 mm
Ohne Künstlerbezeichnung; im Stein außerhalb der Darstellung bez. o. li.: La Caricature (Journal) N° 235; o. re.: Pl. 489; u. li.: Au bureau chez Aubert galerie Véro-Dodat; u. re.: Lith. Delaunois rue du Bouloi, 19; Legende: Le chat, la belette et le petit lapin. (Fable.).
Wilhelm-Busch-Museum Hannover
(Rudolf-Ensmann-Sammlung)
Lit.: Ausst. Kat. Hannover 1980, Wilhelm-Busch-Museum, La Caricature. Bildsatire in Frankreich 1830–1835 aus der Sammlung Kritter, Nr. 116

Der Karikatur liegt eine Fabel von La Fontaine zugrunde. Eine Katze soll als Richter einen Streit zwischen einem Wiesel und einem Kaninchen schlichten. Der Streitfall: Das Wiesel hatte in Abwesenheit des Kaninchens dessen Wohnung besetzt. Doch statt die Frage zu klären, ob das ererbte oder das erstrittene Recht Gültigkeit hat, würgt der Katzenrichter Wiesel und Kaninchen nieder.
In der vor allem aus stilistischen Gründen Daumier zugeschriebenen Karikatur ist die Rolle der Katze mit dem Bürgerkönig Louis Philippe besetzt. Das Wiesel wird durch einen König des Ancien Régime als Repräsentant der Monarchie und das Kaninchen durch einen revolutionären Sansculotten als Repräsentant der Demokratie verkörpert. Hinzu kommt als Ratte der Innenminister Louis-Adolphe Thiers.
Das Blatt richtet sich in erster Linie gegen Louis Philippe als unwürdigen Repräsentanten des Bürgerkönigtums und seine Idee des Ausgleichs zwischen Monarchie und Demokratie. Thiers erscheint als gerissener Ränkeschmied im Hintergrund. [GV]

HONORÉ DAUMIER (1808–1879)

135 Eine Parade. Ratapoil und sein Generalstab: Es lebe der Kaiser!

(Un Jour de Revue. Ratapoil et son état major – Vive l'Empereur!) 1851

Publiziert in: »Le Charivari«, 1. 7. 1851 als Nr. 162 der Serie »Actualités«

Bild: 252 x 223 mm; Blatt: 364 x 254 mm
Bez. im Stein innerhalb der Darstellung u. li.: h. D.; u. re.: 300 (Platten-Nr.); außerhalb der Darstellung bez. u. li.: Chez Aubert & Cie Pl. de la Bourse 29. Paris; u. re.: Imp. de Me Ve Aubert 5. r. de l'Abbaye, Paris; o. re.: 162; Kopftitel: ACTUALITES; Legende: UN JOUR DE REVUE. / RATAPOIL ET SON ETAT MAJOR – Vive l'Empereur!
Wilhelm-Busch-Museum Hannover, Inv. Nr. KG 1812/82

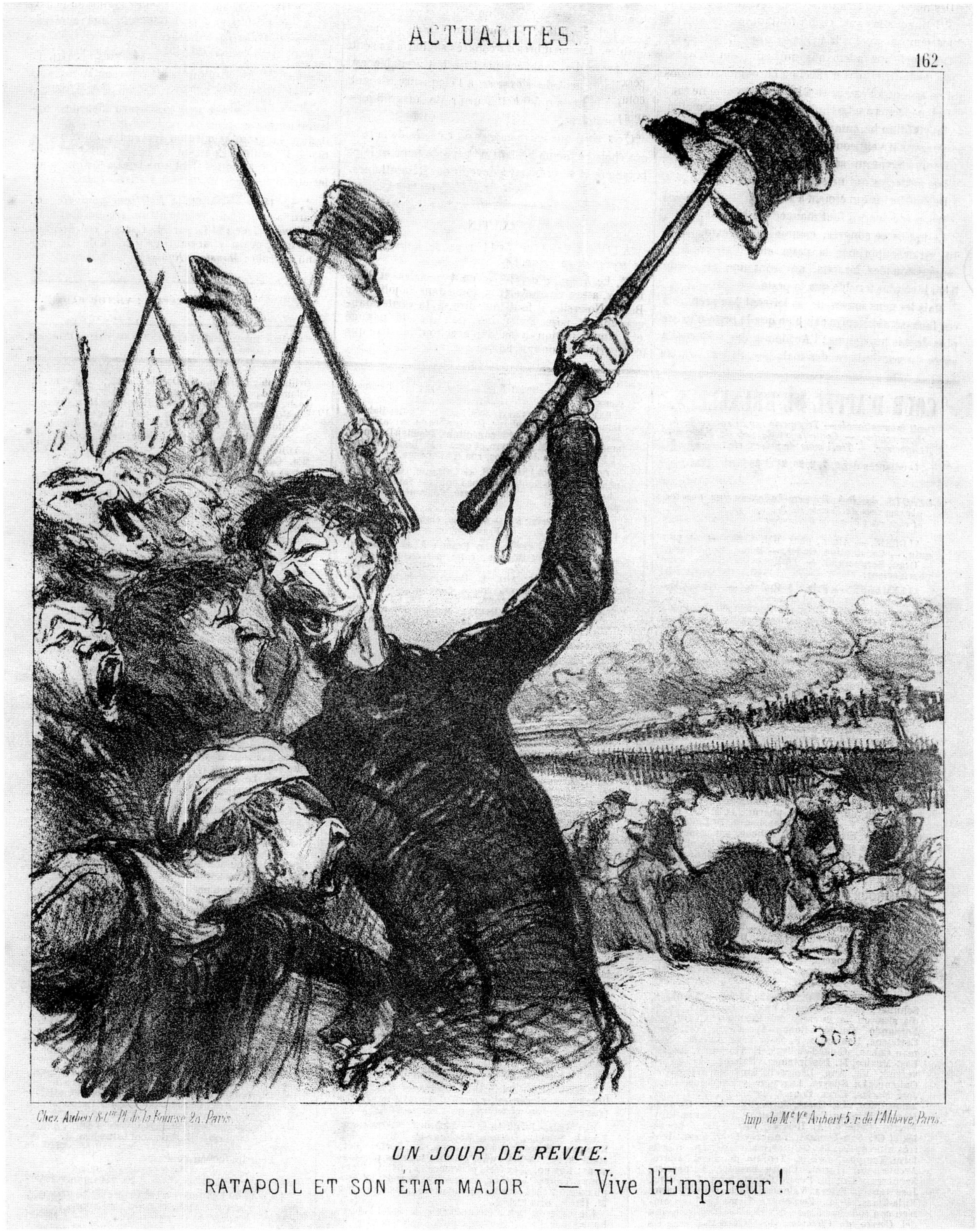

Lit.: Loys Delteil, Le peintre graveur illustré (XIXe et XXe siècles), Band 25, Nr. 2123. – Ausst. Kat. Bremen 1979/80, Kunsthalle, Honoré Daumier. Kunst und Karikatur, Nr. 103.

Louis-Napoleon, antiparlamentarischer Regent der zweiten französischen Republik (1848–1852), wurde ein Jahr nach dem im Dezember 1851 erfolgten Staatsstreich als Napoleon III. zum Kaiser proklamiert. Honoré Daumier nimmt in seiner im Juli 1851 publizierten Karikatur die Ereignisse vorweg: Ratapoil und seine Kumpanen jubeln als Parteigänger Louis-Napoleons diesem bereits als »Empereur« zu.
Daumier hatte die Figur des Ratapoil erfunden, um den Typus des gewissenlosen und brutalen Anhängers von Louis-Napoleon zu charakterisieren. [GV]

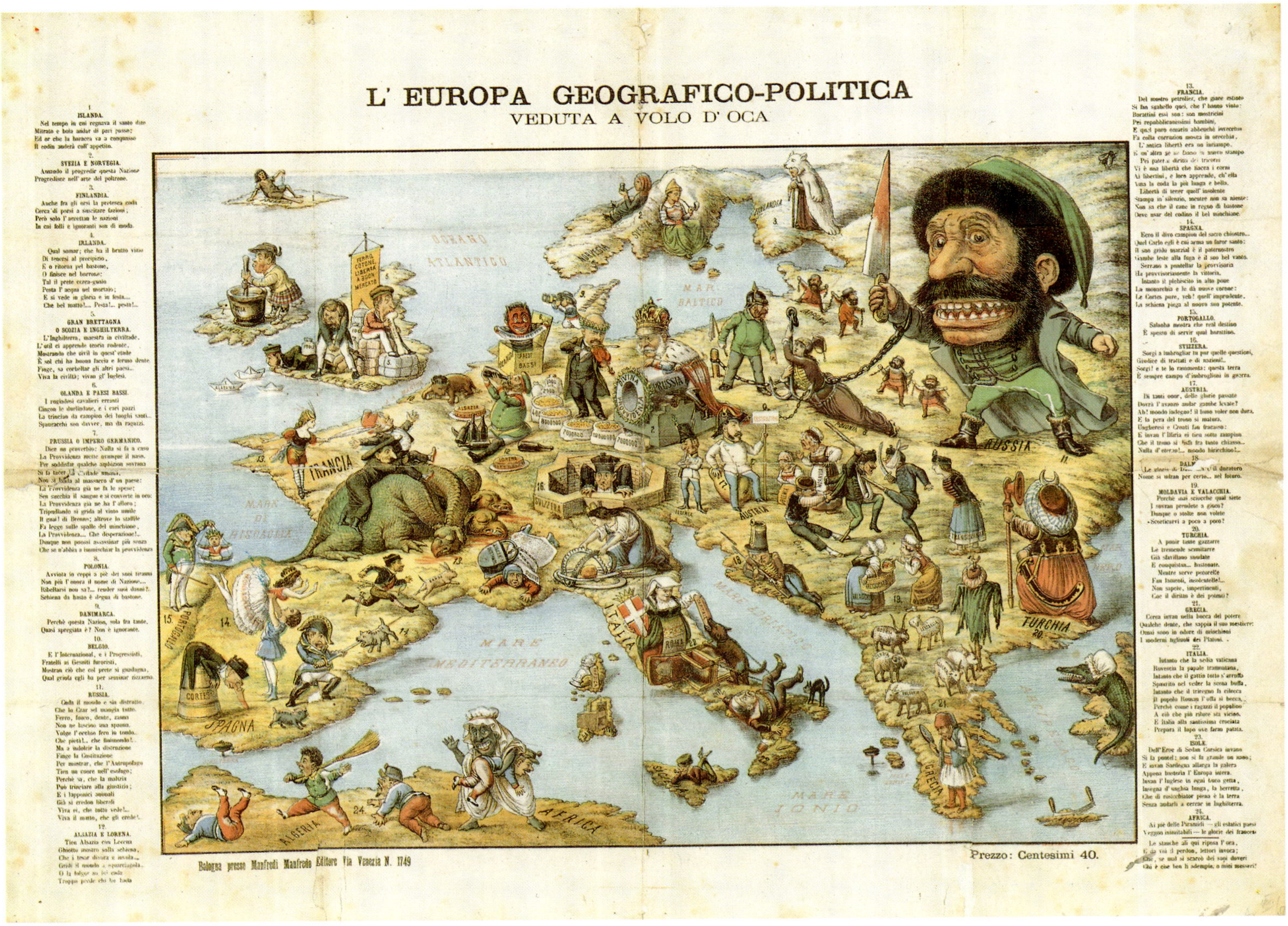

ANONYMER ITALIENISCHER KÜNSTLER

136 Humoristische Landkarte
3. Viertel 19. Jahrhundert

Lithographie
494 x 689 mm
Bez. o. Mi.: L'EUROPA GEOGRAFICO-POLITICA VEDUTA A VOLO D'OCA; u. li.: Bologna presso Manfredi Manfredo Editore Via Venezia Nr. 1749
Stadtmuseum München
Lit.: Ausst. Kat. München 1966/67, Stadtmuseum, Populäre Graphik des 19. Jahrhunderts. Sammlung Günter Böhmer, Nr. 364.

Landkarten, auf denen die Nationen figürlich dargestellt werden, gibt es seit dem 16. Jahrhundert; im 19. Jahrhundert erlangten sie als Mittel einer karikierenden Darstellung der politischen Weltlage zunehmende Beliebtheit. Dieses italienische Exemplar zeigt die Situation in der zweiten Hälfte des vergangenen Jahrhunderts: Wilhelm I. zielt mit der Kanone der »Göttlichen Vorsehung« Richtung Westen, während Bismarck die erste Geige spielt. Polen liegt am Boden, gekettet an Preußen, Österreich und Rußland usw.

[MS]

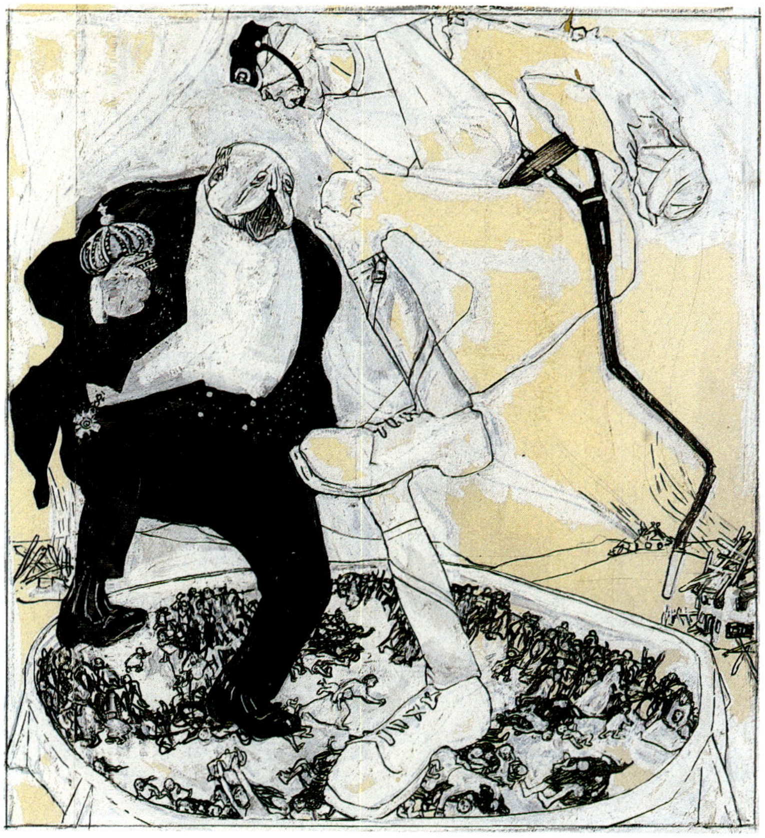

BRUNO PAUL (1874–1968)

137 Englische Konzentrationslager
1901
»Das Blut spritzt bis herauf, dies Pack macht mir noch die ganze Krone schmutzig.«

Abgedruckt in: »Simplicissimus«, Jg. 6, Nr. 32, S. 249, Titelseite, Farben im Druck: Grün, Rot, Rosa

Tusche (Pinsel, Feder), Deckweiß
340 x 310 mm
München, Staatliche Graphische Sammlung, Simpl. 1461

Im Burenkrieg, dem Krieg zwischen England und den Burenstaaten (1899–1902), versuchten die Engländer, ein geschlossenes Kolonialreich in Afrika, vom Kap bis nach Kairo, zu schaffen. Unmittelbaren Anlaß zum Krieg bildete die Drohung Englands, die Forderungen der Transvaal-Engländer militärisch zu unterstützen. Diese waren nach der Entdeckung reicher Goldminen in Transvaal eingeströmt.
Durch starke Truppentransporte gelang es den Engländern, die Oberhand über die Buren zu gewinnen. Als diese noch zwei Jahre ihre Guerillakämpfe fortsetzten, brachen die Engländer den Widerstand, indem sie Farmen abbrannten, Viehherden vernichteten und Frauen und Kinder in Konzentrationslager einwiesen, die viele Opfer forderten.
Die Zeichnung Pauls zeigt König Eduard VII. und den Generalstabschef Kitchener. [CSH]

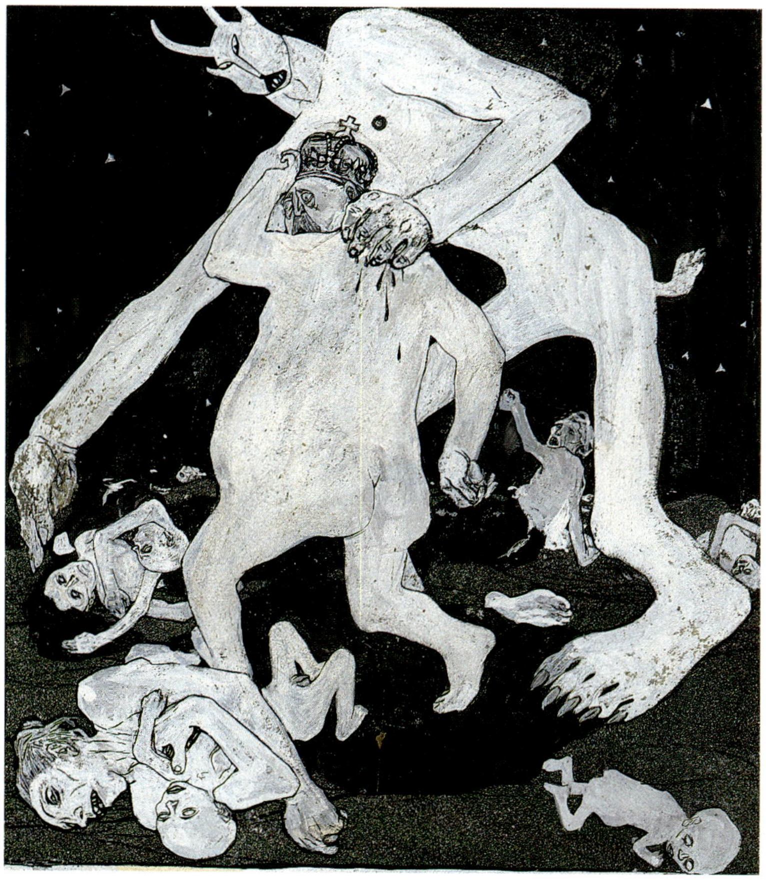

BRUNO PAUL (1874–1968)

138 Alpdrücken
1901
»Gott sei Dank! Wenn ich aufwache, steht Chamberlain vor meinem Bett und giebt mir sein Ehrenwort, daß die Deutschen es 1870 noch viel schlimmer getrieben haben.«

Abgedruckt in: »Simplicissimus«, Jg. 6, Nr. 35, S. 273, Titelseite, Farbe im Druck: Olivgrün

Tusche (Pinsel, Feder), Deckweiß, Raster
420 x 375 mm
München, Staatliche Graphische Sammlung, Simpl. 1421

Joseph Chamberlain (1836–1914), britischer Staatsmann und erfolgreicher Fabrikant, war seit 1895 Kolonialminister; er machte sein Amt zur Zentralstelle des Imperiums, führte die Unterwerfung des Sudan und die Aneignung der Burenrepubliken herbei. Das »Alpdrücken« König Eduards VII. bezieht sich auf die englische Unterdrückungsherrschaft in der Folge des Burenkrieges (vgl. vorige Kat. Nr.). [CSH]

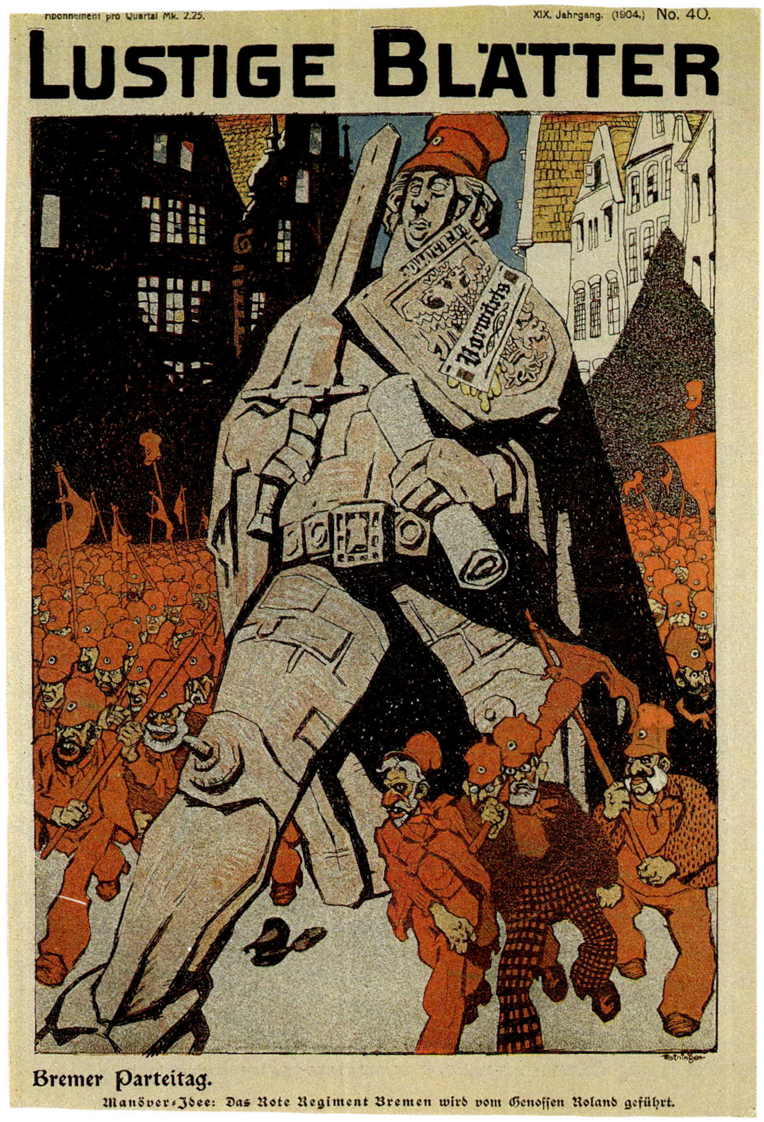

LYONEL FEININGER (1871–1956)

139 Das rote Regiment Bremen
1904

Farbdruck
ca. 320 x 240 mm
Signiert u. re.: Feininger
Bez. o.: Lustige Blätter / XIX. Jahrgang. (1904) No. 40. / Abonnement pro Quartal Mk. 2.25.; u.: Bremer Parteitag. / Manöver= Idee: Das Rote Regiment Bremen wird vom Genossen Roland geführt.
Privatbesitz

Angeführt vom Roland, der Symbolfigur der Stadt, stürmt das »rote Bremen« vorwärts durchs Reich. Vom 18. bis 24. September 1904 tagte die SPD in der Stadt. Feiningers Karikatur spiegelt ironisierend die Stimmung bürgerlicher und liberaler Kreise wider, die die enormen Stimmengewinne der Partei bei den Reichstagswahlen im Vorjahr – in Bremen betrug ihr Anteil 52%! – als Bedrohung empfanden. 1904 konstituierte sich ein »Reichsverband gegen die Sozialdemokratie« mit dem Ziel, diesen Trend zu stoppen. [MS]

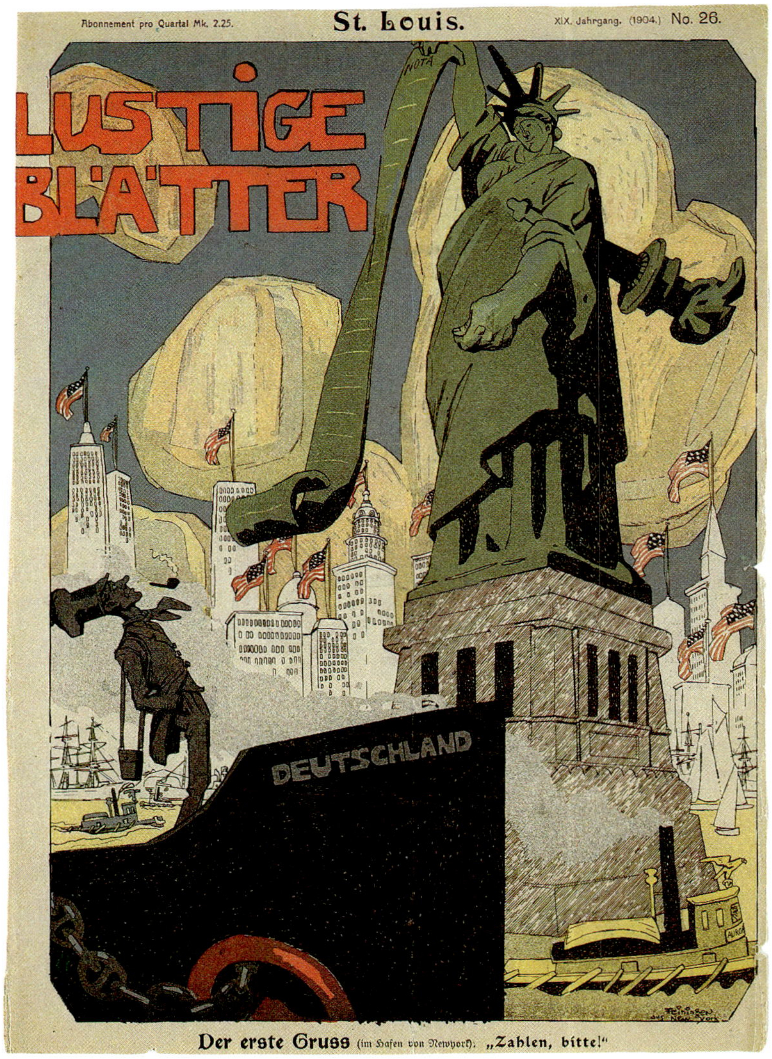

LYONEL FEININGER (1871–1956)

140 Zahlen, bitte!
1904

Farbdruck, ca. 320 x 240 mm
Sign. u. re.: Feininger / aus New York
Bez. o.: Lustige Blätter / XIX. Jahrgang. (1904). No. 26. / St. Louis / Abonnement pro Quartal Mk. 2.25; u.: Der erste Gruß (im Hafen von Newyork): »Zahlen, bitte!«
Privatbesitz
Lit.: Ausst. Kat. Hamburg 1981, Museum für Kunst und Gewerbe, Lyonel Feininger. Karikaturen, Comic strips, Illustrationen 1888–1915, Nr. 56. – Amtl. Bericht über d. Weltausstellung St. Louis 1904, erstattet v. Reichskommissar, Berlin 1906.

Das Heft 26 der »Lustigen Blätter« befaßte sich schwerpunktmäßig mit der Weltausstellung in St. Louis, einer Mammutschau, die alle vorangehenden übertraf. Hohe Transportkosten, Verkaufssteuern und anfängliche horrende Geldforderungen der amerikanischen Gewerkschaften (für die Arbeitserlaubnis der deutschen Arbeiter) bescherten dem Unternehmen einen schwierigen Start, so daß bei Eröffnung viele Pavillons noch halbleer waren. Für Deutschland endete die Ausstellung Pressestimmen zufolge mit finanziellem Verlust. [MS]

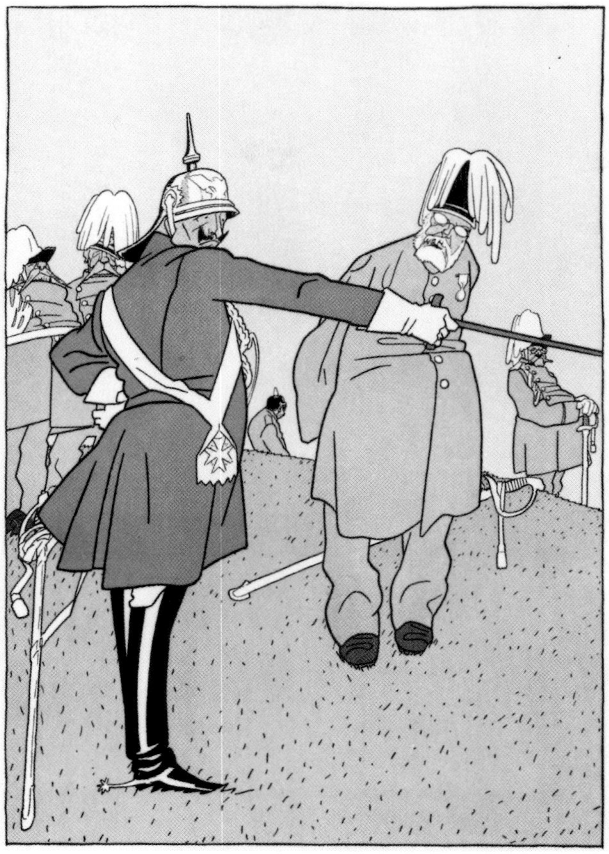

OLAF GULBRANSSON (1873–1958)

141 Kaisermanöver
1909
»Seine Majestät erklären dem Prinzen Ludwig von Bayern die feindlichen Stellungen.«

Abgedruckt in: »Simplicissimus«, Jg. 14, Nr. 25, S. 424, ganzseitig, Farben im Druck: Blau, Grün

Tusche (Pinsel, Feder), Blei- und Farbstift, Farbe: Grün
355 x 255 mm
Bez. unten re.: OLAF G.
Privatbesitz Prien

Die Auseinandersetzung des »Simplicissimus« mit der wilhelminischen Monarchie orientierte sich an der positiven Identifikationsfigur Friedrichs des Großen. Er galt als Maßstab für die Beurteilung Wilhelms II. und der deutschen Fürsten. Die Kritik richtete sich nicht gegen das monarchische Prinzip, sondern gegen Persönlichkeit, Vorstellungswelt und politisches Handeln des Kaisers und weiter Bereiche des Hochadels, die einen jedes Maß übersteigenden Anspruch offenbarten. Im Selbstverständnis des »Allerhöchsten Herrn« als »Instrument Gottes« erkannte man die Wiederbelebung eines überheblichen Gottesgnadentums, das jede Verantwortlichkeit gegenüber Konstitution und Parlament abzustreifen suchte. Diesem Anspruch stand eine Viel- und Besserwisserei entgegen, die die Satire geradezu herausfordern mußte. [CSH]

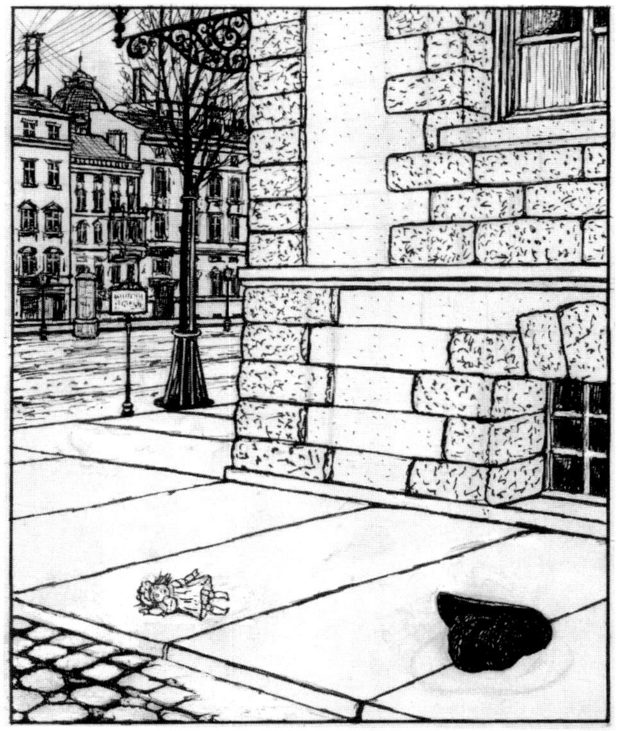

THOMAS THEODOR HEINE (1867–1948)

142 Durchs dunkelste Deutschland, No. 20
Nach der Straßendemonstration
1910
»Nur dem taktvollen und besonnenen Eingreifen der Polizei ist es zu verdanken, daß die Ruhe nicht gestört wurde.«

Abgedruckt in: »Simplicissimus«, Jg. 14, Nr. 52, S. 899, Titelseite, Farbe im Druck: Rot

Tusche (Pinsel, Feder), Deckweiß, Farben: Rot, Violett
250 x 215 mm
München, Städtische Galerie im Lenbachhaus,
Inv. Nr. Heine 329

Im Jahre 1910 gab es in Berlin-Moabit eine Arbeiterdemonstration, die mit einem großen Polizeiaufgebot blutig niedergeschlagen wurde. Zuständig für den Einsatz der Ordnungskräfte war der damalige Berliner Polizeipräsident Traugott von Jagow (1865–1941), von dem das Zitat stammt: »Die Straße ist für den Verkehr bestimmt, ich warne Neugierige.«
Jagow war ab 1916 Regierungspräsident in Breslau und zählt zu den Initiatoren des Kapp-Putsches von 1920, in dessen Verlauf er das preußische Innenministerium

übernahm. Er wurde 1921 zu fünf Jahren Festungshaft verurteilt und 1924 begnadigt.
Der »Simplicissimus« stellte an diesem Thema, das von den meisten Mitarbeitern behandelt wurde, exemplarisch das Zusammenspiel von Unternehmerinteressen und staatlichen Behörden, Polizei und Justiz gegen die Arbeiterschaft dar. Es wandte sich dabei insbesondere gegen massive Übergriffe der preußischen Justiz und Polizei, die man nur zu oft in halbmilitärische Aktionen ausarten sah. Diese Kritik übertrug sich jedoch nur selten auf die bayerischen Vertreter von Justiz und Polizei, von der die »Simpl«-Redaktion immer relativ glimpflich behandelt worden war. [CSH]

KARL ARNOLD (1883–1953)

143 Wilson at work – Der Held der vierzehn Punkte
1923
»Es ging so gut bergab mit Europa – jetzt is es wieder Deutschland, das den Prozeß aufhält.«

Abgedruckt in: »Simplicissimus«, Jg. 27, Nr. 46, S. 652

Tuschfeder, Bleistift, Aquarell
241 x 198 mm
Bez. u. li.: KA 23
Fritz und Hans Arnold

Das Blatt ist Beleg für die nach dem Ersten Weltkrieg zunehmende Englandfeindlichkeit nicht nur der »Simpl«-Redaktion. [CSH]

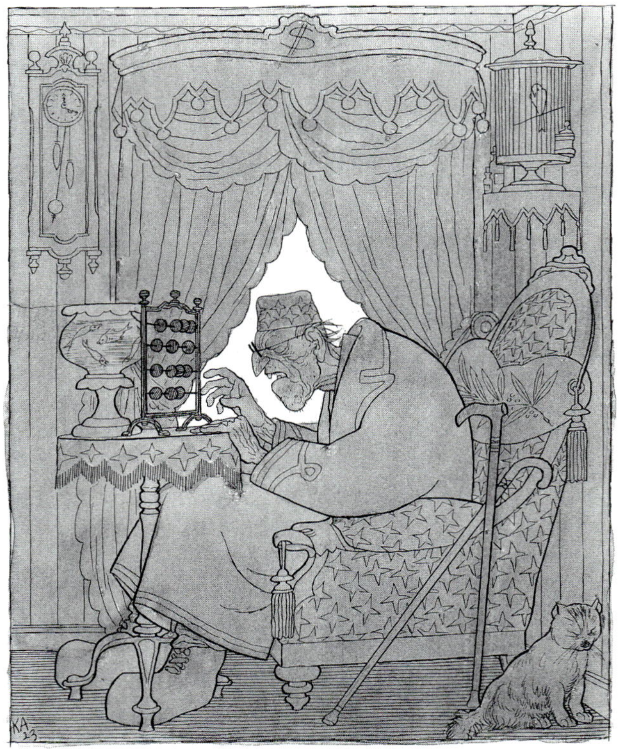

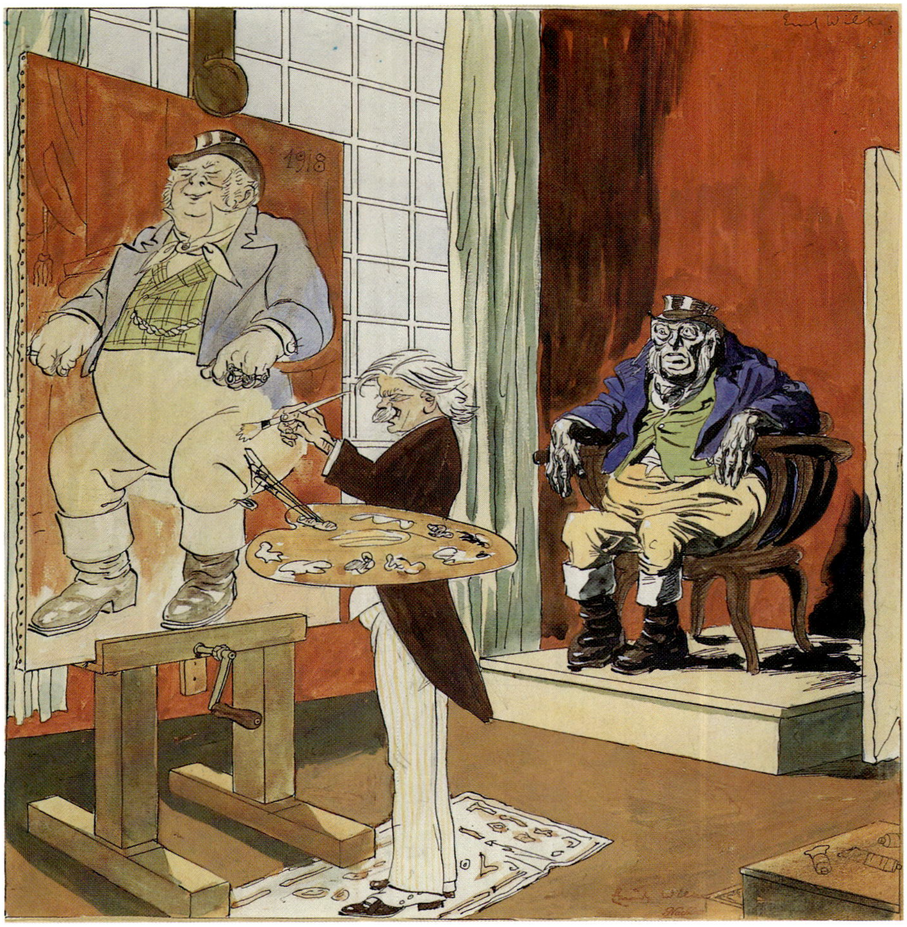

ERICH WILKE (1879–1936)

144 Porträtähnlichkeit
1918

Tusche/Feder und Aquarell
352 x 342 mm
Sign. und dat. u. re.: Erich Wilke 18
Wilhelm-Busch-Museum Hannover
(Rudolf-Ensmann-Sammlung)

Der britische Premierminister Lloyd George porträtiert John Bull, Symbol des Imperiums. Das abgewirtschaftete »Britannien«, so sieht's die Karikatur, wird im Porträt zu strahlender Schönheit und Prosperität verfremdet. [GV]

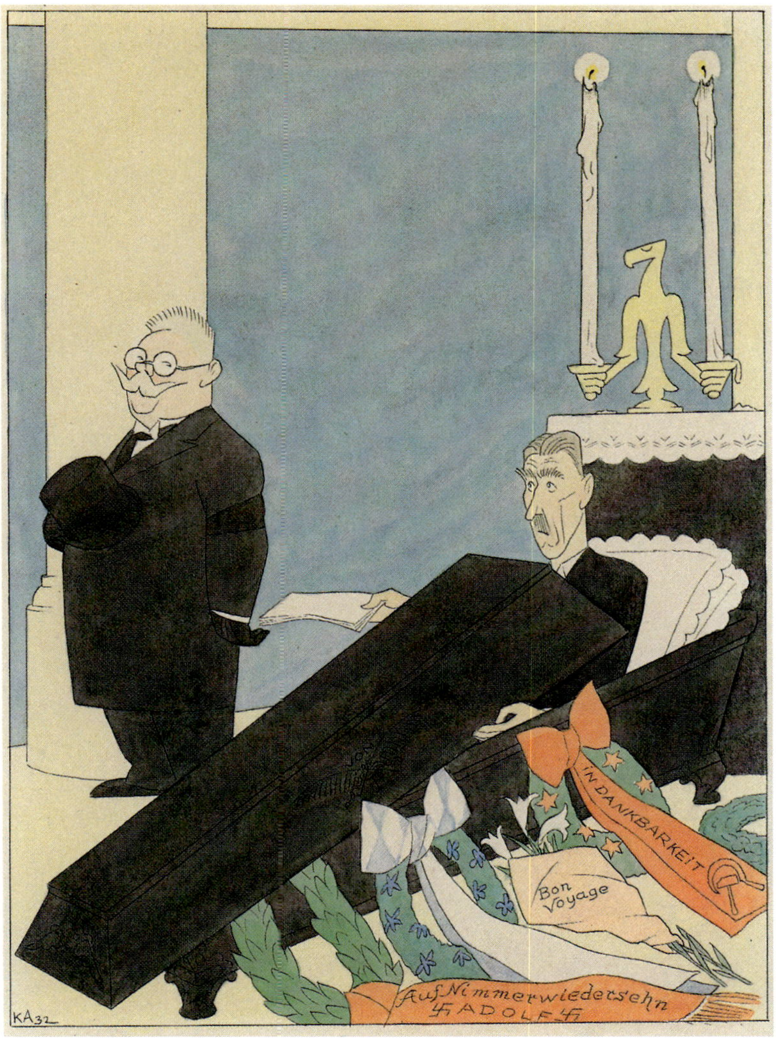

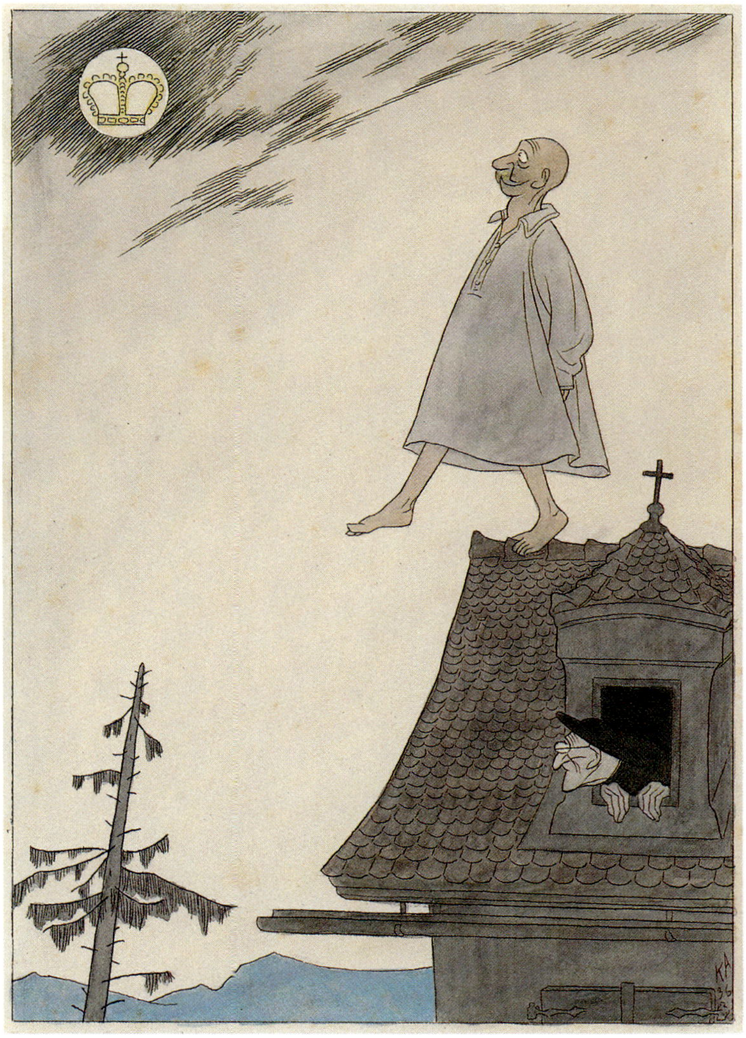

KARL ARNOLD (1883–1953)

145 Kontinuität der Politik – Papens Vermächtnis

1932

»Personalfragen spielen selbstverständlich keine Rolle – für alle Fälle hinterlasse ich Ihnen die Mitgliederliste des Herrenklubs.«

Abgedruckt in: »Simplicissimus«, Jg. 37, Nr. 36

Tuschfeder, Aquarell
266 x 221 mm
Bez. u. li.: KA 32
Fritz und Hans Arnold

Die Karikatur spielt ebenso lapidar wie ironisch auf Vetternwirtschaft, Begünstigungen und Schieberei in der Politik der Zeit an. [CSH]

KARL ARNOLD (1883–1953)

146 Tu felix Austria – Österreichs Weg zur Restauration

1936

»Hoffentlich red't mein' Mondsüchtigen koans an – er kunnt sonst leicht an Föhltritt tun.«

Abgedruckt in: »Simplicissimus«, 1936

Tuschfeder, Aquarell
290 x 206 mm
Bez. u. re. KA 36
Fritz und Hans Arnold

Wie so oft im »Simplicissimus« geht es auch hier um die »unheilige« Allianz zwischen Kirche, Politik und einem überlebten dynastischen Streben, das im Nationalsozialismus den eigenen Zielsetzungen nutzbar gemacht wurde. [CSH]

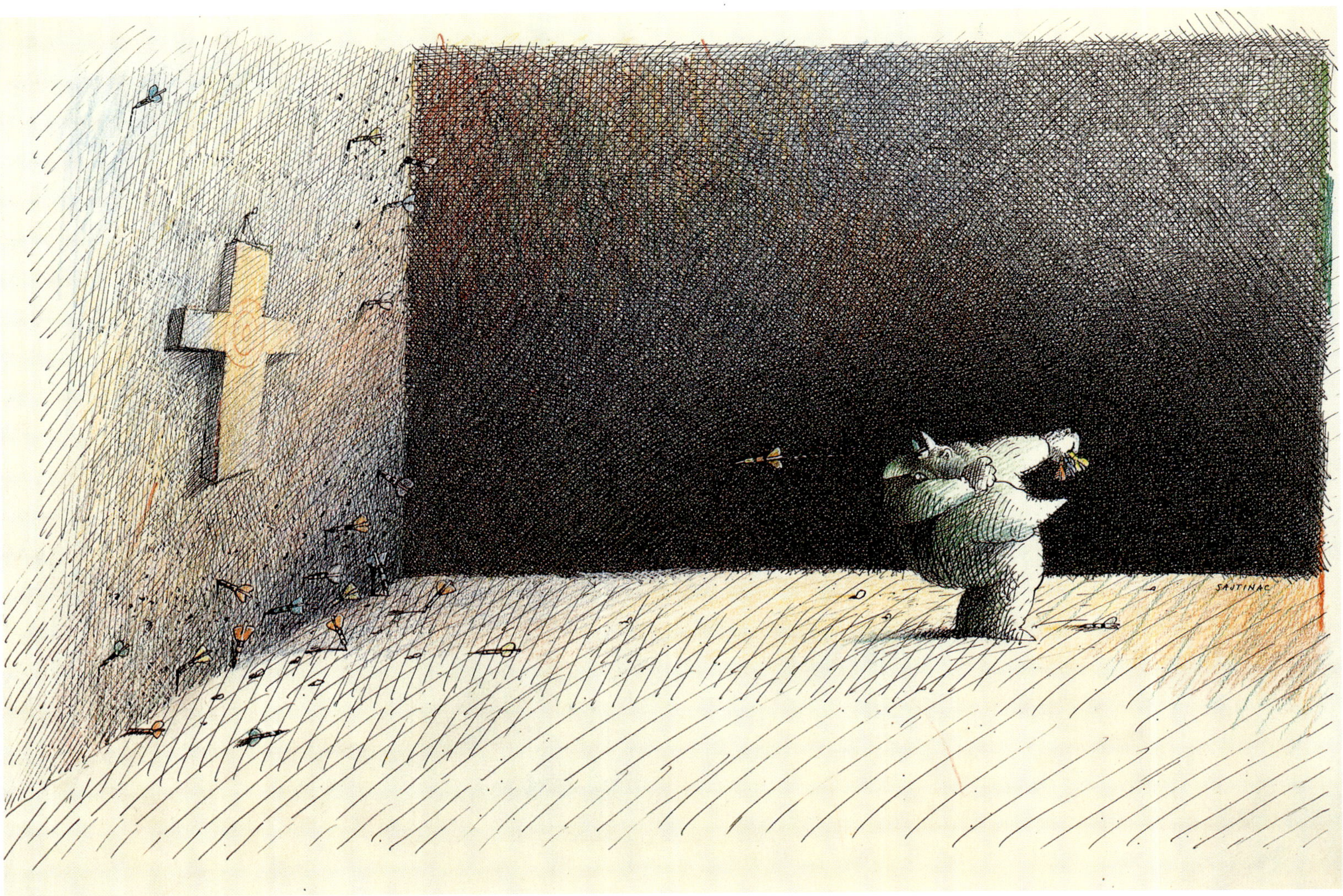

BORISLAV SAJTINAC (geb. 1943)

147 Beelzebub
1988

Tuschfeder, koloriert
300 x 380 mm
Sign. re.: SAJTINAC
Privatsammlung

Der Teufel will sich auf das Kreuz einschießen. Mit Darts. So sehr er sich bemüht, er trifft daneben. Der Vergleich mit der negativen Energie so vieler Menschen drängt sich auf. Der Beelzebub im Menschen läßt grüßen. [HG]

KARL ARNOLD (1883–1953)

148 Das Volk als Masse
1932
S.M. kommt: »Hoch!« – Revolution: »Nieder!«
Parteibewegung: »Heil!« – Volksfest: »Prost!«

Abgedruckt in: »Simplicissimus«, Jg. 37, Nr. 24; S. 280, Farben im Druck: Rot, Rosa

Tusche/Feder, aquarelliert
408 x 335 mm
Ohne Künstlerbezeichnung: jeweils unterhalb der vier Bildteile in Sütterlinschrift bez.: S.M. kommt: »Hoch!« / Revolution: »Nieder!« / Parteibewegung: »Heil!« / Volksfest: »Prost!«
Wilhelm-Busch-Museum Hannover (erworben mit Unterstützung des Ernst von Siemens-Kunstfonds)

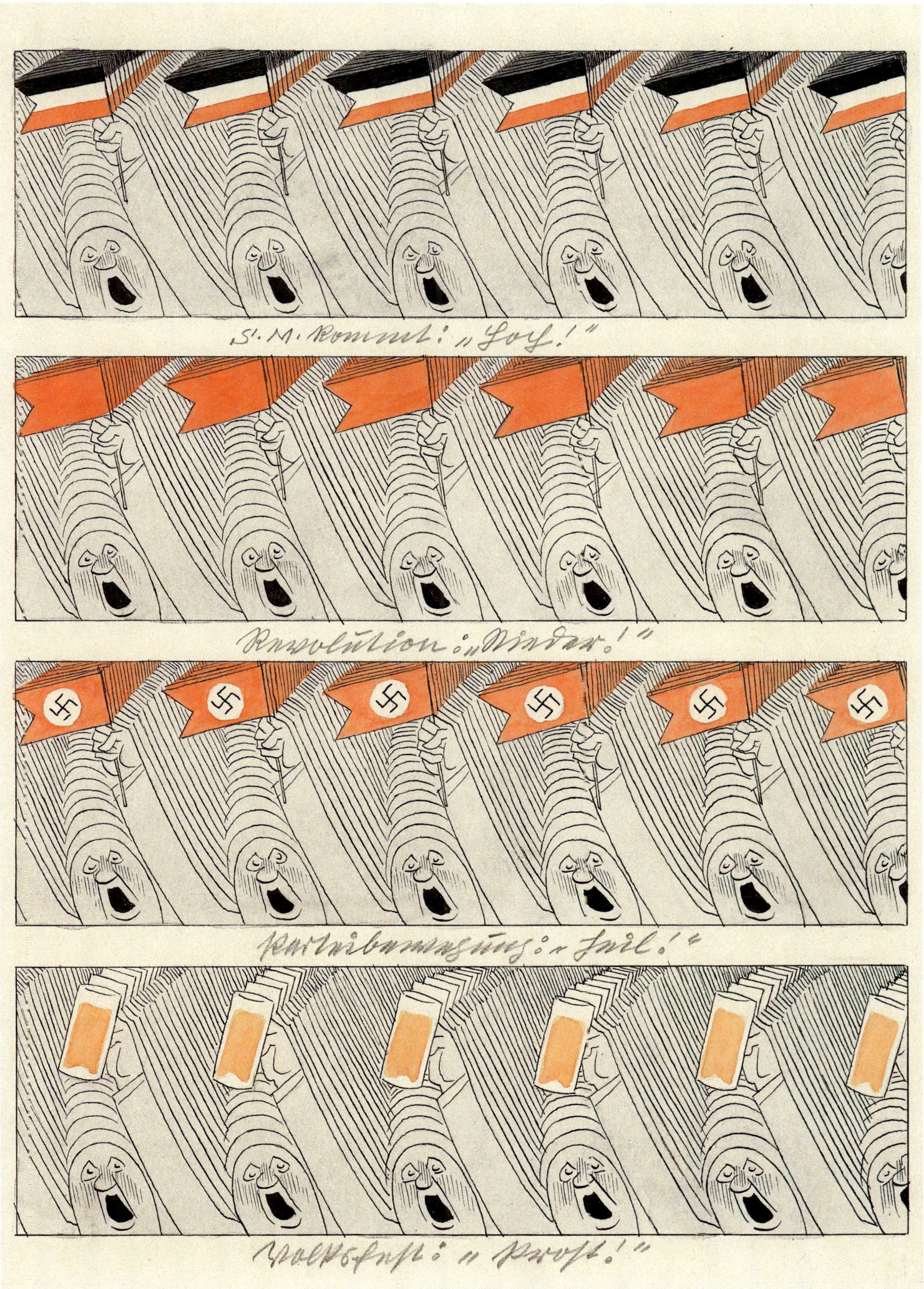
S. M. kommt: „Hoch!"
Revolution: „Nieder!"
Parteibewegung: „Heil!"
Volksfest: „Prost!"

ERICH SCHILLING (1885–1945)

149 Grunewald-Rennen
»Im Zeichen der Notverordnungen«
1931

Abgedruckt in: »Simplicissimus«, Jg. 36, Nr. 19, S. 227, dreiviertelseitig

Bleistift
285 x 270 mm
Bez. u. li.: S
Rudolf Koch, München

Wegen der Arbeitsunfähigkeit des Reichstages mußten seit 1930 eine Reihe von Notverordnungen erlassen werden. Darunter betraf eine von 1931 die Devisenbeschaffung in Deutschland, nachdem es infolge der wirtschaftlichen Situation unmöglich geworden war, Zahlungen ins Ausland in unkontrollierter Weise zu leisten. [CSH]

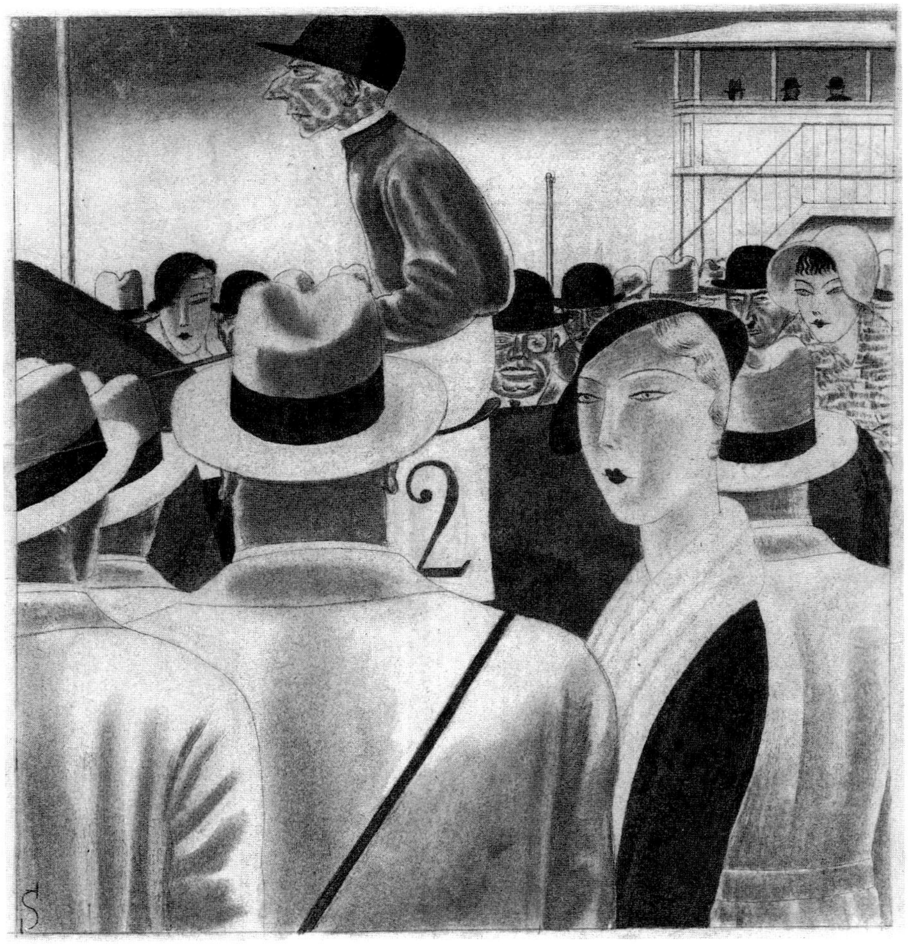

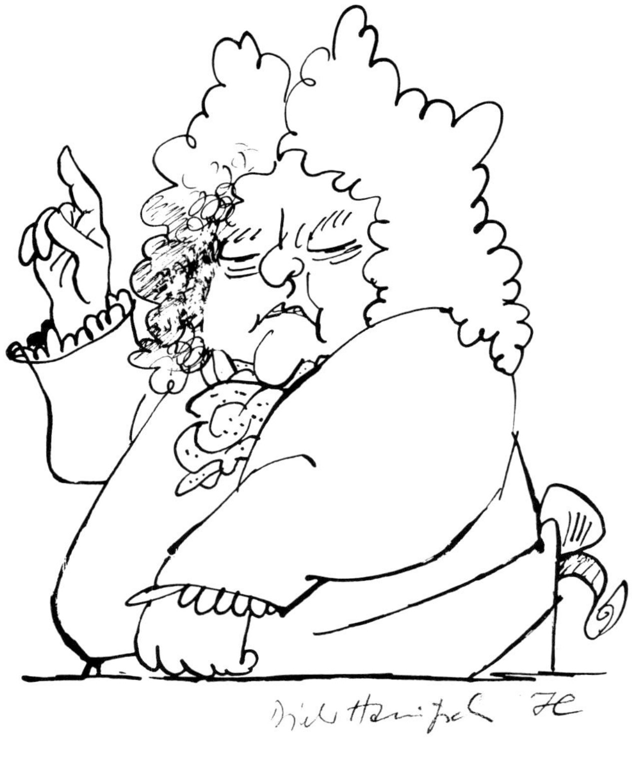

DIETER HANITZSCH (geb. 1933)

150 F. J. S., der Kurfürst
1978

Tuschfeder
200 x 180 mm
Sign. u. Mi.: Dieter Hanitzsch H
Privatsammlung

In historischer Zeit wäre Hanitzsch so etwas wie ein Leibporträtist von Franz Josef Strauß gewesen. In der Tat hat er Strauß hundertemal porträtiert, nur nicht so, wie F. J. S. das gerne gewollt hätte. Hanitzschs Zeichnung von Strauß als Kurfürst hat augenscheinlich Dauerwirkung, weil Strauß im Habitus eines bayerischen Kurfürsten zu seinen eigenen Grundsätzen mahnt. Eine Satire über den Tag hinaus. [HG]

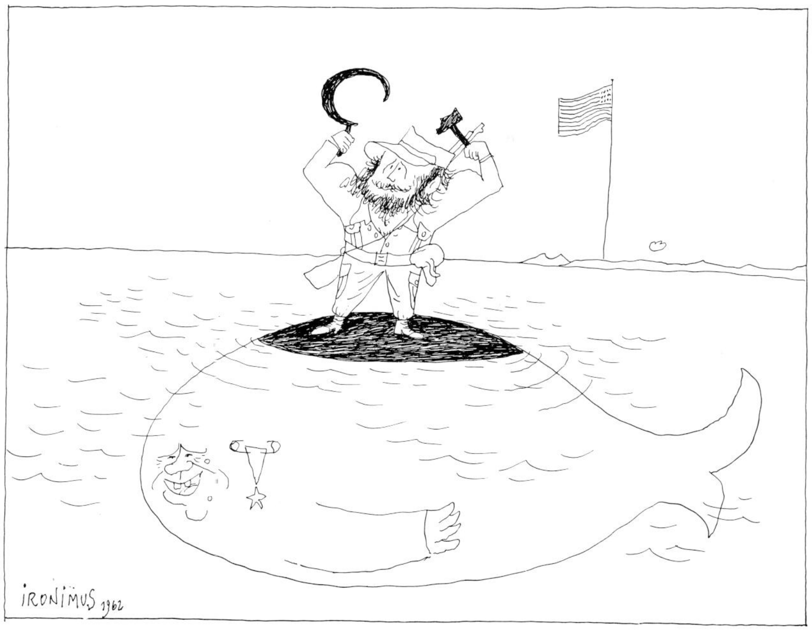

IRONIMUS [GUSTAV PEICHL] (geb. 1928)

151 Der Inselheld Fidel Castro
1962

Tusche auf Papier
310 x 440 mm
Sign.: IRONIMUS
Bez.: Der Inselheld
Prof. Gustav Peichl, Wien
Lit.: IRONIMUS. Die Sechziger Jahre. Karikaturen aus den Jahren 1960–1970, Wien-München-Zürich 1970. – IRONIMUS. Weltcircus. Zeitgeschehen in Karikaturen, Wien-München-Zürich-Innsbruck 1977.

Fidel Castro, der Herrscher über Kuba, läßt im Auftrag Chruschtschows in den Gewässern der USA bewaffnete U-Boote auffahren. Dies sehen die Vereinigten Staaten als Bedrohung an, und es entsteht die gefährliche Kuba-Krise. [GP]

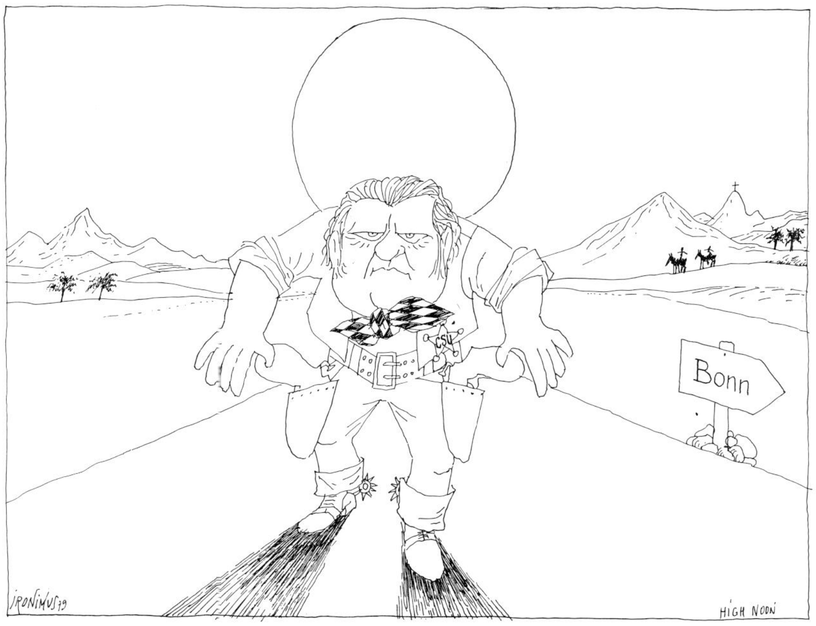

IRONIMUS [GUSTAV PEICHL] (geb. 1928)

152 High Noon (Franz Josef Strauß auf dem Weg nach Bonn)
1979

Tusche, 300 x 400 mm
Sign.: IRONIMUS
Bez.: High Noon
Prof. Gustav Peichl, Wien
Lit.: IRONIMUS. Die Siebziger Jahre. Zeitgeschehen in Karikatur, Wien-München-Zürich-Innsbruck 1979. – Ausst. Kat. Salzburg 1983, Museum Carolino Augusteum, IRONIMUS. Zeitgeschehen in Karikaturen. – Ausst. Kat. Alpbach 1985, Europäisches Forum, Federn für die Freiheit. 40 Jahre europäische politische Karikatur

Der bayerische CSU-Chef Franz Josef Strauß gibt sich als Widersacher von Helmut Kohl und sagt der Bundesregierung in Bonn den Kampf an. [GP]

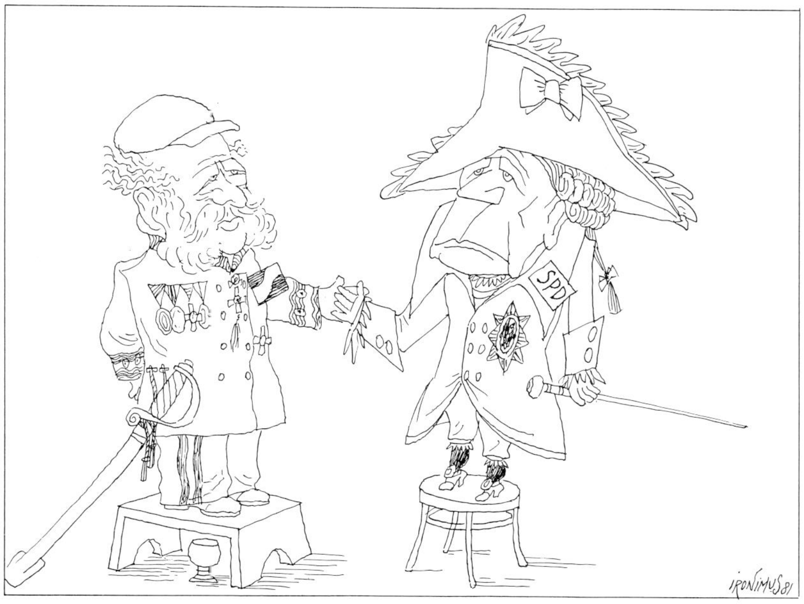

IRONIMUS [GUSTAV PEICHL] (geb. 1928)

153 Zwei »Kaiser« in Wien
1981

Tusche, 300 x 400 mm
Sign.: IRONIMUS
Bez.: Zwei ›Kaiser‹ in Wien
Prof. Gustav Peichl, Wien
Lit.: IRONIMUS. Land der Berge. Land der Zwerge, Wien 1986. – Ausst. Kat. Salzburg 1983, Museum Carolino Augusteum, IRONIMUS. Zeitgeschehen in Karikaturen.

Die Bundeskanzler Helmut Schmidt und Bruno Kreisky treffen einander am 23. September 1981 zu einem privaten Meinungsaustausch in Wien. Die Popularität der beiden sozialdemokratischen Politiker ist auf dem Höhepunkt. [GP]

PAUL FLORA (geb. 1922)

154 Verwurzelter Schütz mit Marketenderin
1975

Tuschfeder, 440 x 485 mm
Sign. u. re.: FLORA
Galerie Etcetera, München
Lit.: Die verwurzelten Tiroler, Zürich 1973

Überzeichnete Charaktere der Tiroler Freiheitskriege aus der Zeit Andreas Hofers mit Anspielung auf den Volkscharakter. [HG]

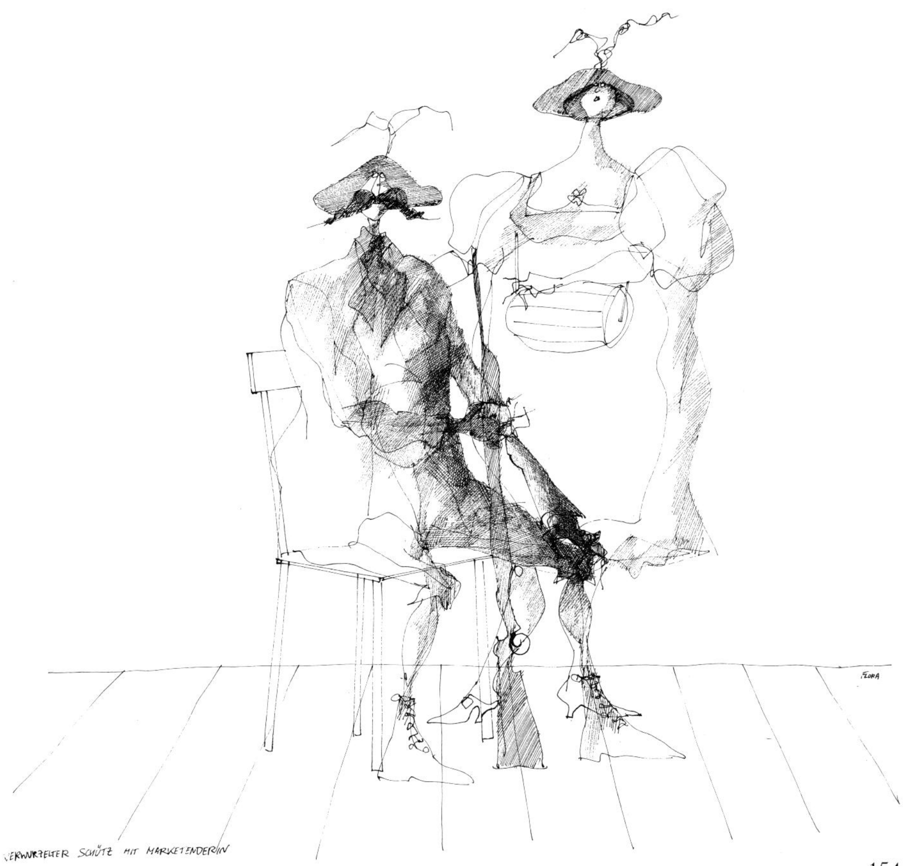

154

ERNST MARIA LANG (geb. 1916)

155 Mach mal Pause
1976

Publiziert in: »Süddeutsche Zeitung« vom 3.7. 1976

Bleistift, schwarze Tusche (Feder)
266 x 215 mm (Blatt: 360 x 296 mm)
Sign. u. re.: L.; o. li.: E. M. LANG
Bez. o.: MACH MAL PAUSE...
Neue Sammlung München
Lit.: E. M. Lang, ...so Lang die Tusche reicht, München 1976, S. 207 m. Abb. – Ausst. Kat. München 1990, Die Neue Sammlung, Ernst Maria Lang. Bayern und Ereignisse der Welt. Karikaturen der Süddeutschen Zeitung, S. 200 f. m. Abb.

In den Vereinigten Staaten von Amerika wird der 200. Geburtstag der Nation gefeiert. Die Bevölkerung besucht die Originalschauplätze der Unabhängigkeitserklärung. Als Höhepunkt der Feiern ist für den 4. Juli eine Windjammer-Parade in Manhattan vorgesehen. Teilnehmer aus aller Welt umsegeln die Freiheitsstatue. [EML]

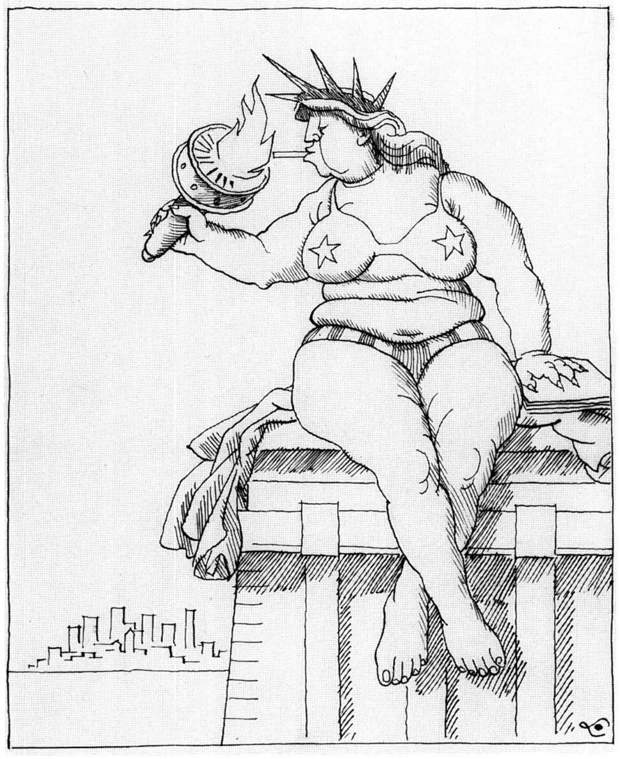

155

ANDRÉ FRANÇOIS (geb. 1915)

156 Pfeffer & Salz
1971

Aquarell
280 x 220 mm
Sign. u. li.: André François
Galerie Etcetera, München
Lit.: Ausst. Kat. Hannover 1978, Kestner-Gesellschaft, Bizarr – Grotesk – Monströs, S. 83

Der Teufel sitzt am Küchentisch und hält die Weltkugel in Händen. Er faucht flammend auf die Welt. Vor sich Pfeffer und Salz. Das Blatt entstand als Titel für den »New Yorker« zur Zeit der ersten Ölkrise. Es wird deutlich, daß soviel Ungemach von den Weltbewohnern selbst gar nicht kommen kann. Da muß der Teufel im Spiel sein. Oder in den Menschen? [HG]

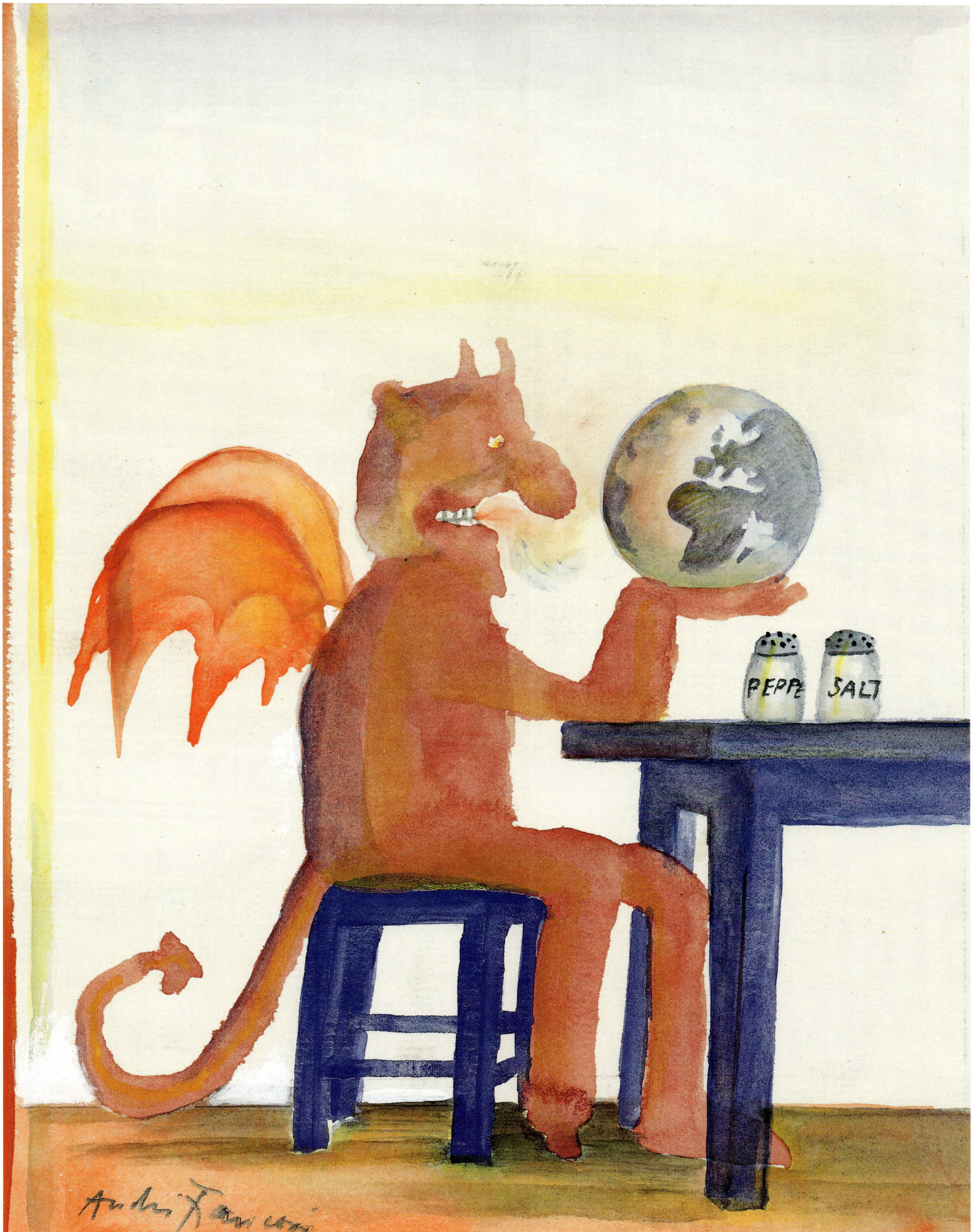
PEPPE
SALT

LUIS MURSCHETZ (geb. 1936)

157 Sisyphus in Deutschland
1990

Tuschfeder
380 x 280 mm
Sign. u. re.: MURSCHETZ
Luis Murschetz, München

Vierzig Jahre lang haben die Deutschen überdimensionale Steinkugeln den Berg hinaufgerollt. Plötzlich, im Jahre 1990, fangen die Kugeln an zu fliegen, schwerelos unbeschwert, als wären sie im Weltraum. Wiedervereinigung. [HG]

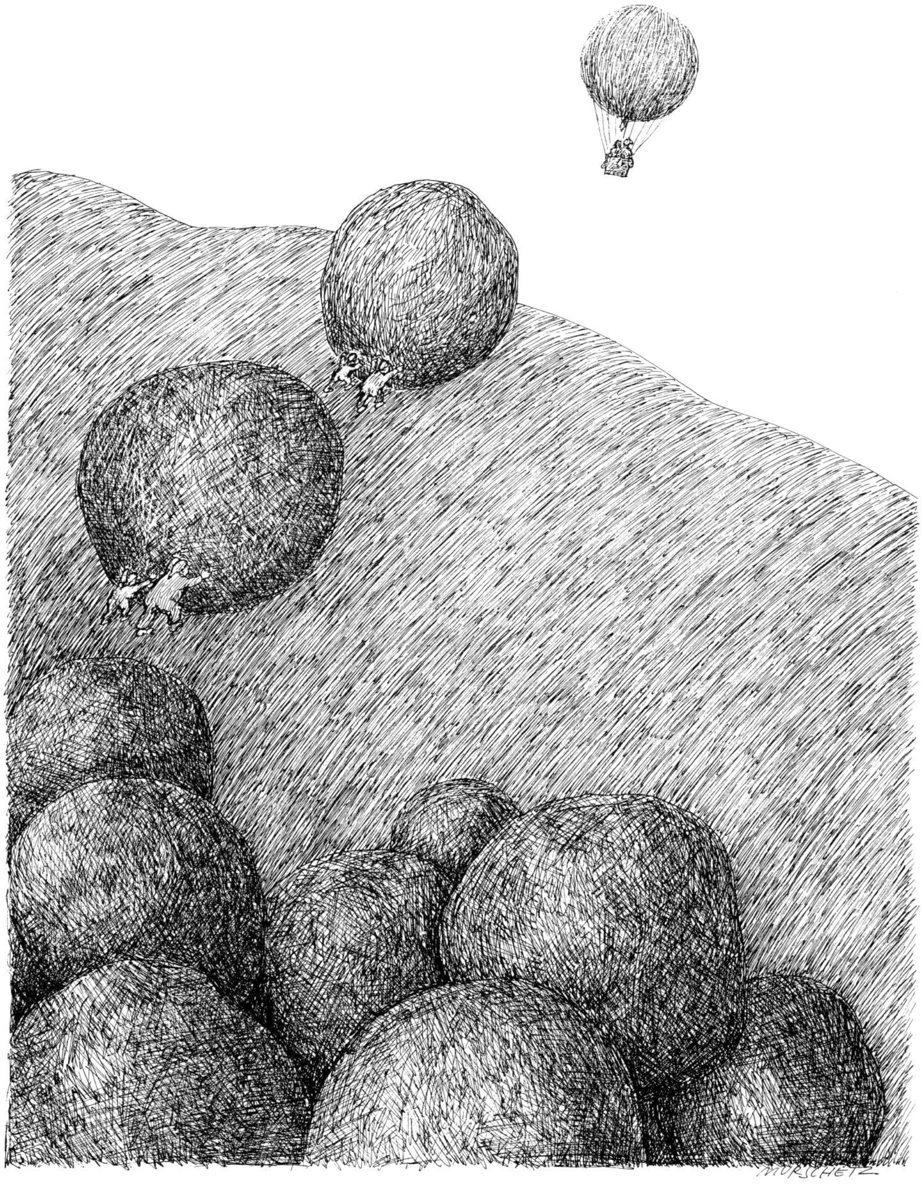

ERNST MARIA LANG (geb. 1916)

158 Nach der Wahl ...
1991

Publiziert in: »Süddeutsche Zeitung« vom 15. 6. 1991

Bleistift, schwarzer Filzstift
203 x 299 mm (Blatt: 296 x 408 mm)
Sign. u. re. im Bild: L.; o. li.: E. M. LANG
Bez. o.: NACH DER WAHL – SPUK IM MAUSOLEUM; u.: VÄTERCHEN WLADIMIR ILJITSCH HAT SICH UMGEDREHT...
Die Neue Sammlung, München

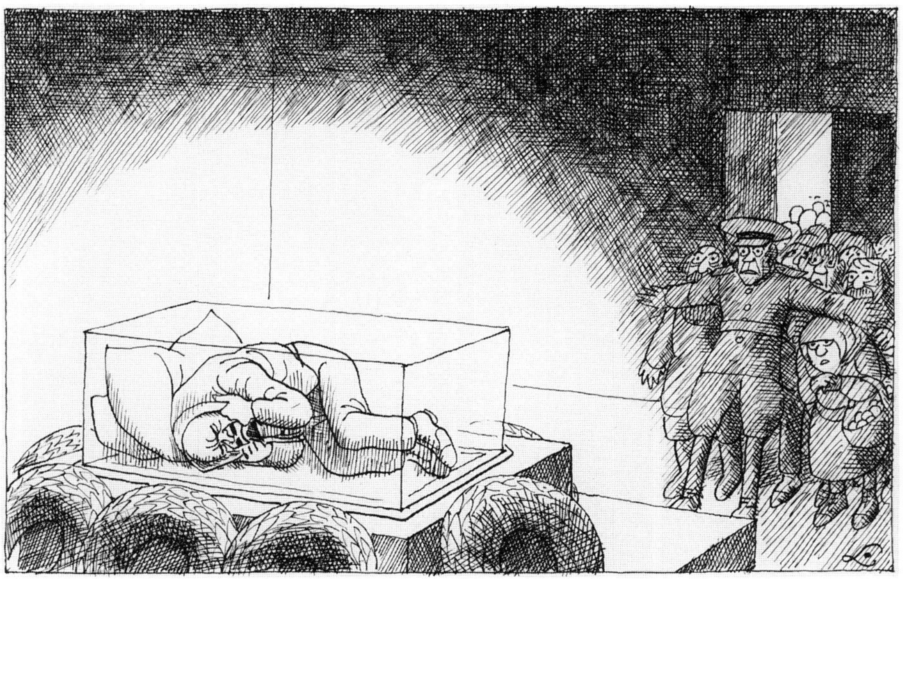

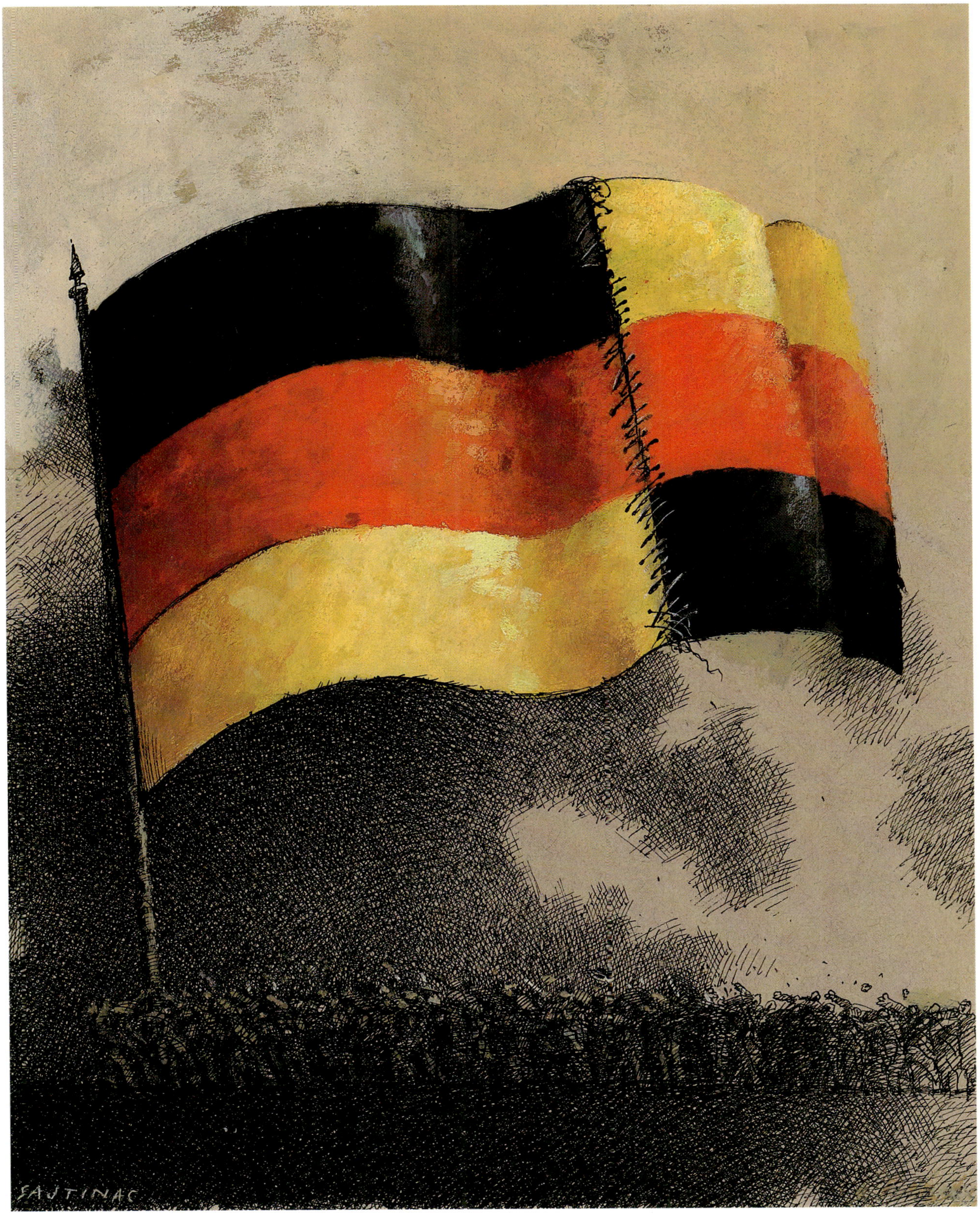

BORISLAV SAJTINAC (geb. 1943)

159 . . . und zugenäht
1990

Publiziert in: »Zeitmagazin« Nr. 16 vom 13. 4. 1990

Tusche, Acryl. 240 x 200 mm
Sign. u. li.: SAJTINAC
Haug von Kuenheim, Hamburg

Die Zeichnung entstand zur deutschen Wiedervereinigung. [HG]

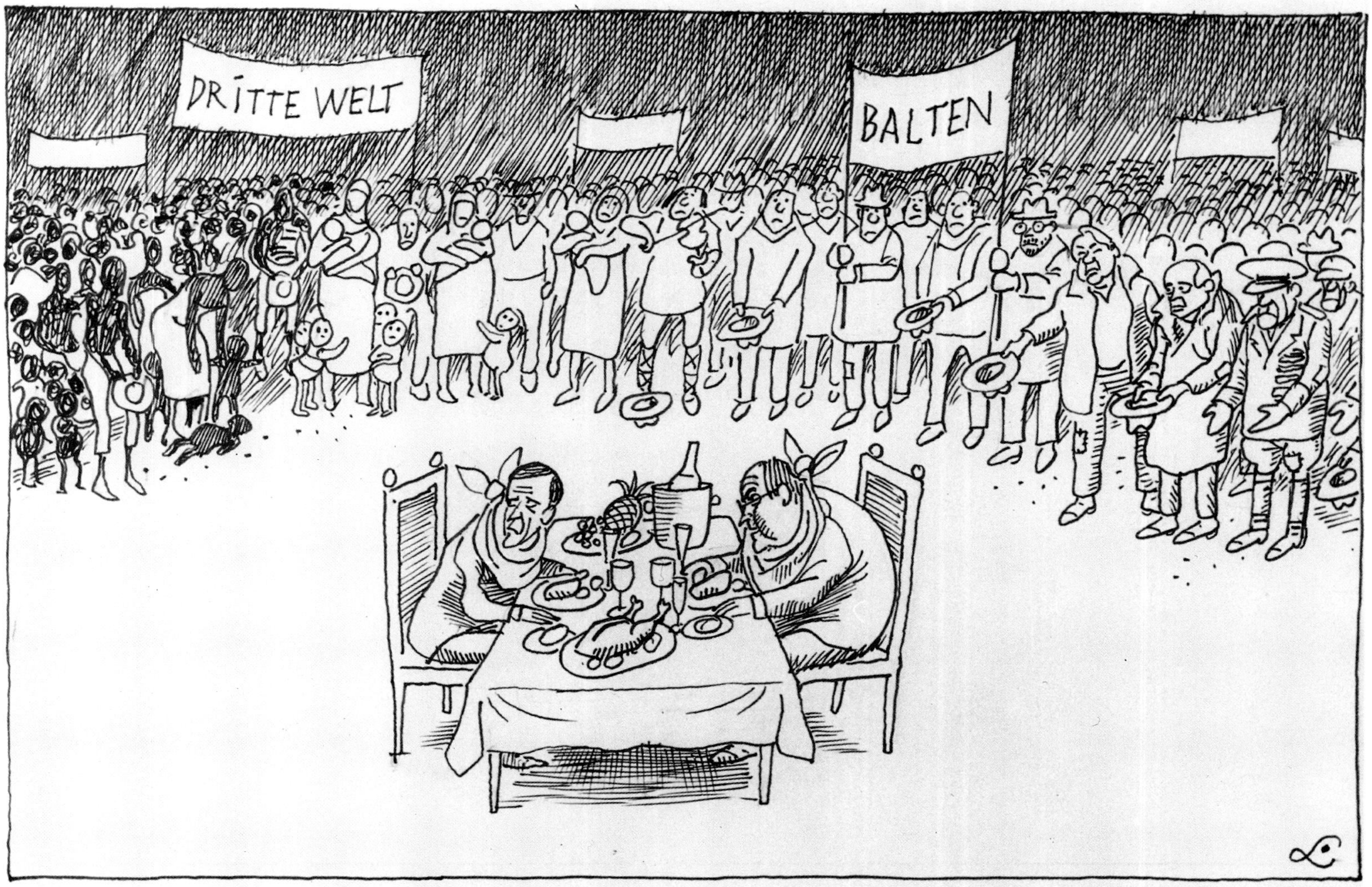

ERNST MARIA LANG (geb. 1916)

160 Dinner in Washington
1991

Publiziert in: »Süddeutsche Zeitung« vom 14. 9. 1991

Bleistift, schwarzer Filzstift
203 x 327 mm (Blatt: 296 x 408 mm)
Sign. u. re. im Bild: L.; o. li.: E. M. LANG
Bez. o.: DINNER IN WASHINGTON; u.: GASTGEBER BUSH: »WIR SOLLTEN SIE INS TISCHGEBET EINSCHLIESSEN ...«
Die Neue Sammlung, München

GERHARD HADERER (geb. 1951)

161 Kein Blut für Öl
1991

Publiziert in: »Profil«, Februar 1991

Verdünnte Acrylfarbe
350 x 280 mm
Sign. u. re.: Haderer
Gerhard Haderer, Linz

Der Golfkrieg war für einen satirischen politischen Maler eine unabdingbare Herausforderung. Fotorealistisch stellte er zwei Demos gegenüber: Die erste, wirkliche »Kein Blut für Öl« mit den übertragenen Teilnehmern aus der 68er Zeit. Die zweite, fiktive »Unser Blut für Öl« mit grinsenden Managern und Mercedesstern anstelle des Anti-Atom-Zeichens. Ein Leitartikler hätte es schwer gehabt, hier halbwegs mitzuhalten. [HG]

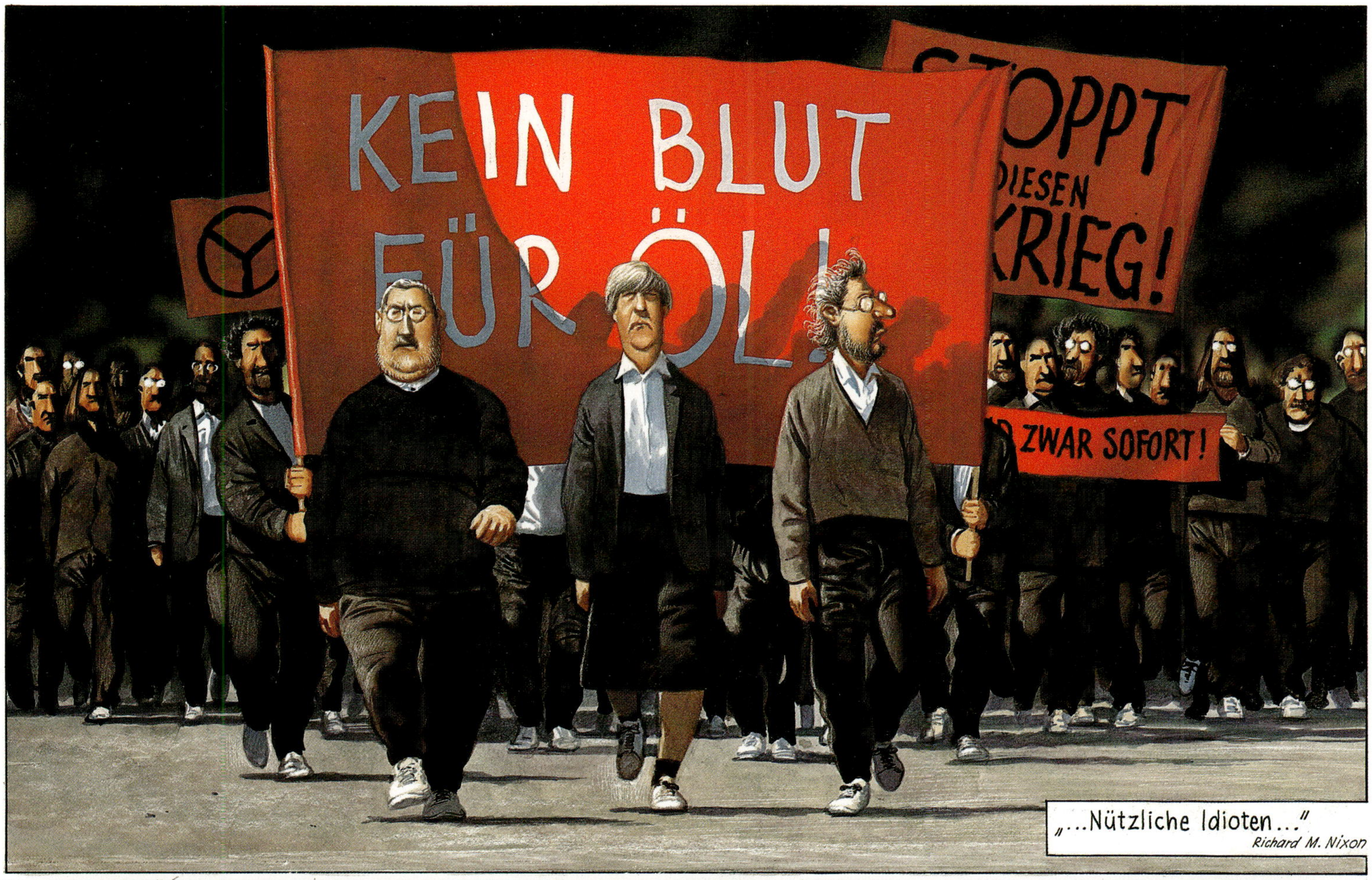
KEIN BLUT FÜR ÖL!
STOPPT DIESEN KRIEG!
ZWAR SOFORT!
„...Nützliche Idioten..."
Richard M. Nixon

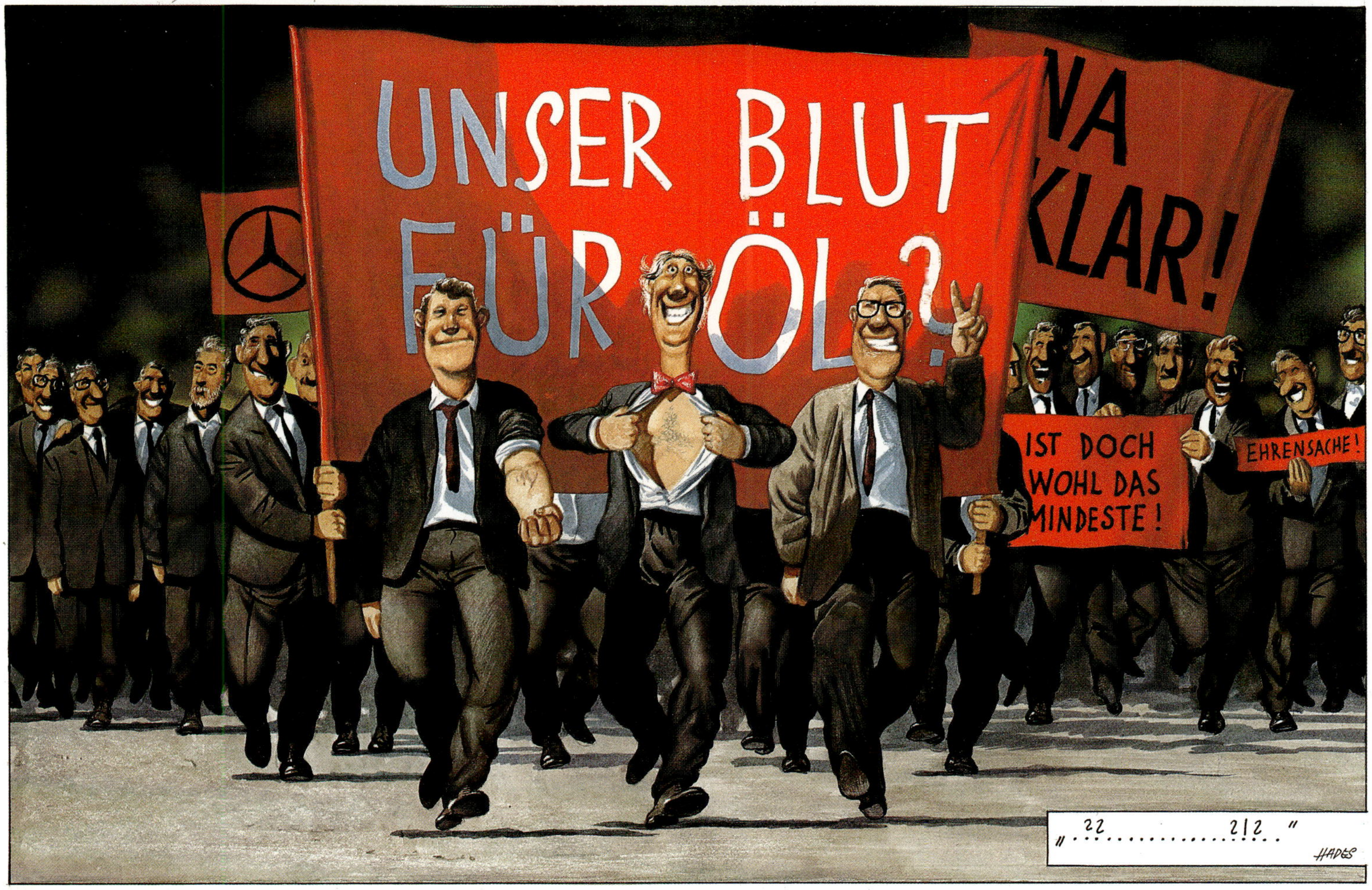
UNSER BLUT FÜR ÖL?
NA KLAR!
IST DOCH WOHL DAS MINDESTE!
EHRENSACHE!
„..................."
HADES

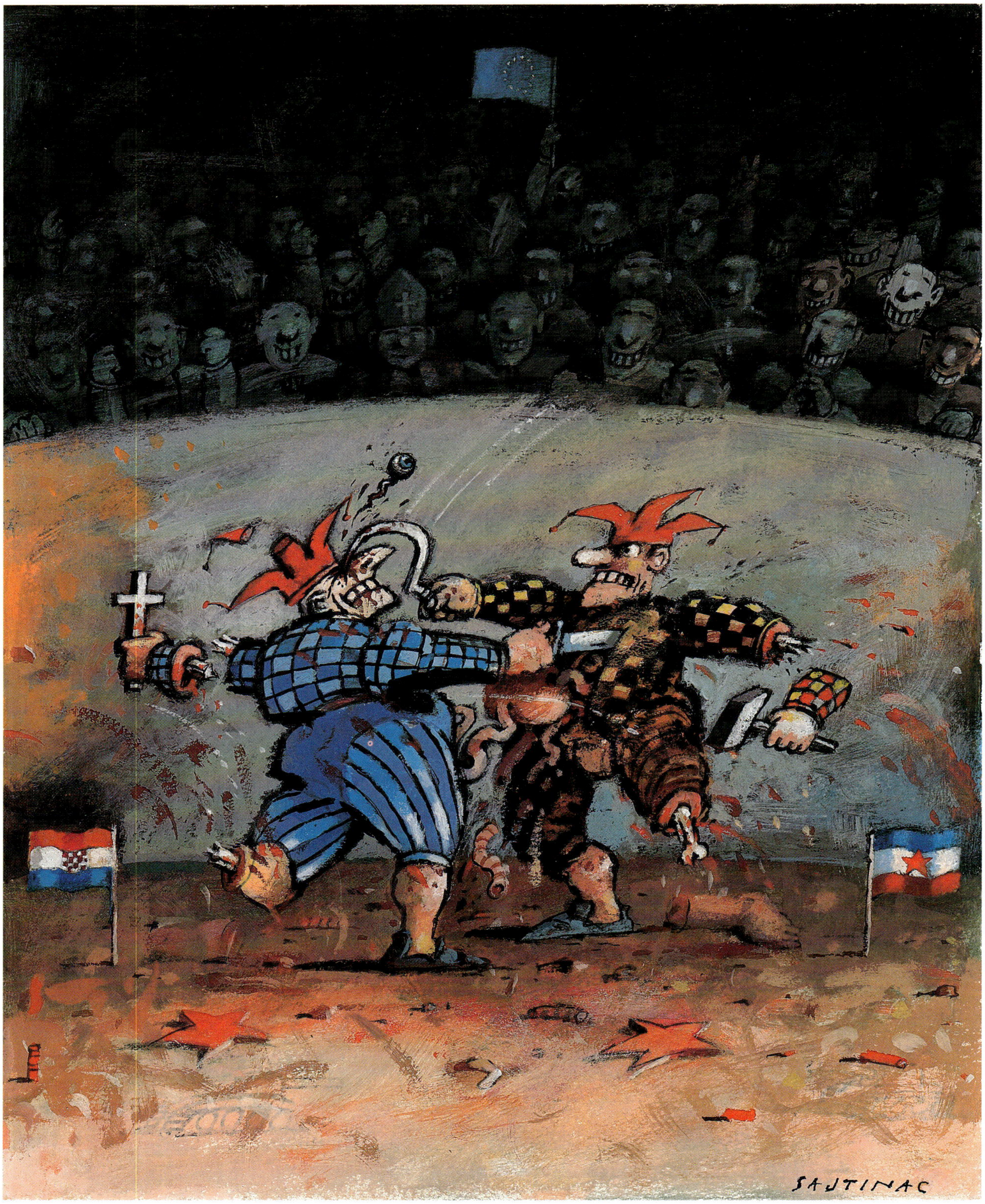

BORISLAV SAJTINAC (geb. 1943)

162 Lob der Torheit
1991

Publiziert in: »Zeitmagazin« Nr. 16 vom 15. 11. 1991

Acryl, 310 x 230 mm
Sign. u. re.: SAJTINAC
Borislav Sajtinac, München

Die Zeichnung entstand als Kommentar zum Bürgerkrieg in Jugoslawien. [HG]

VII

Dummheit · Dünkel
Sein und Schein

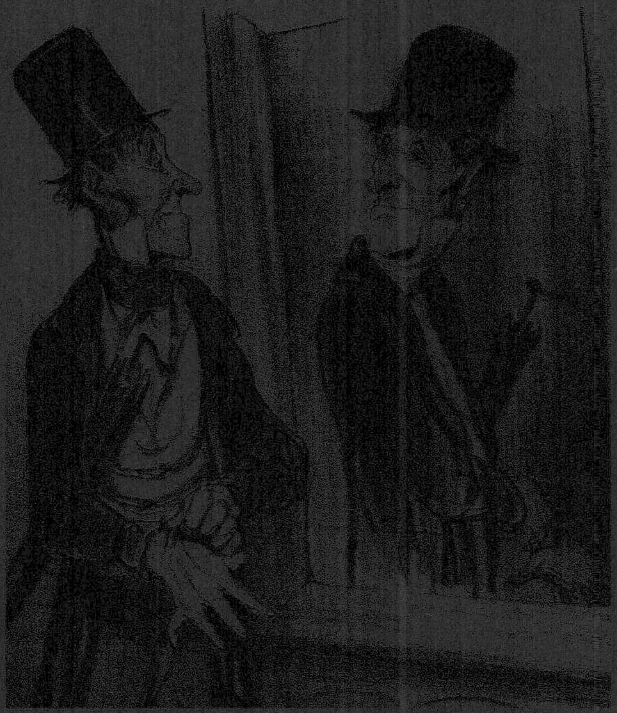

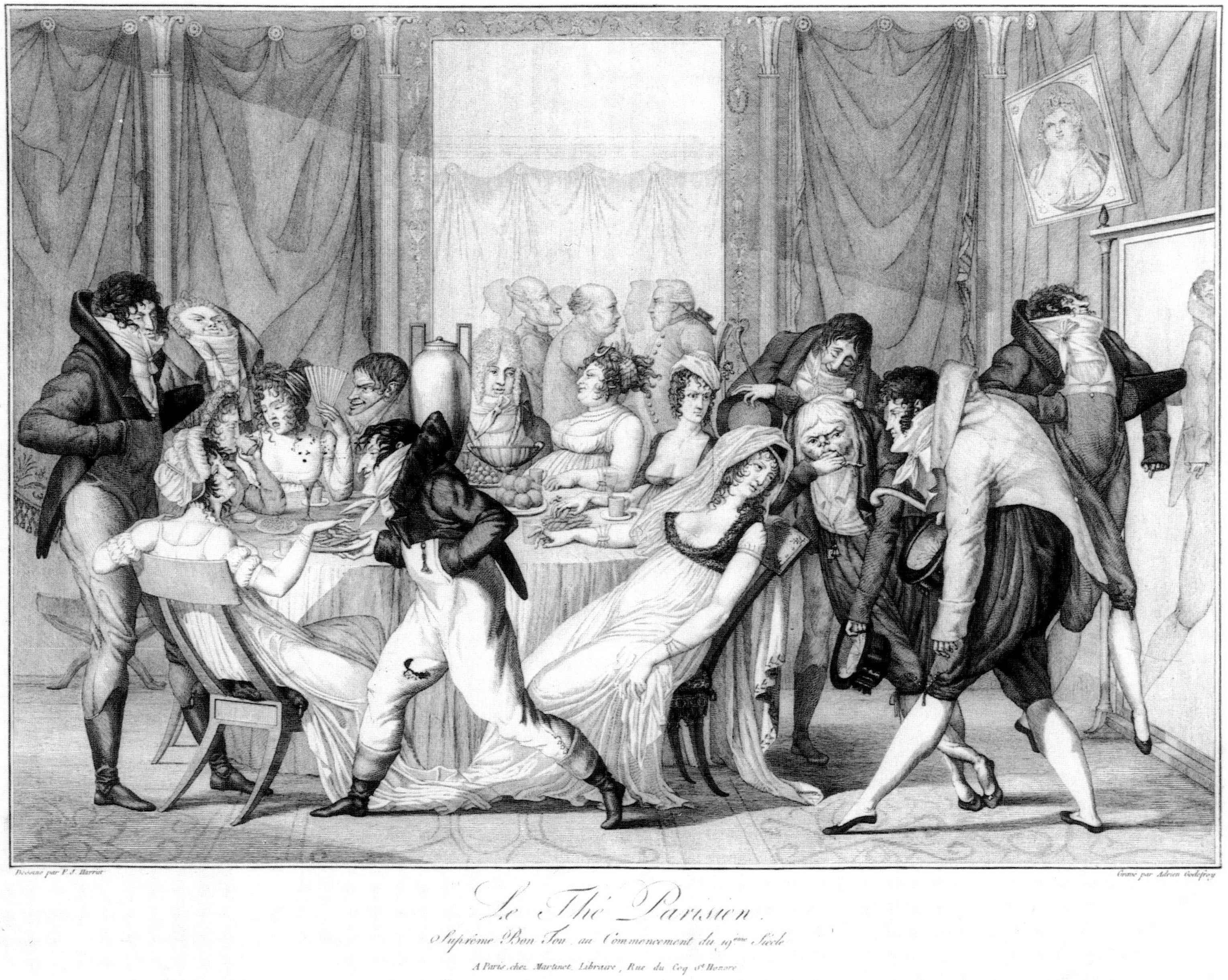

FULCHRAN JEAN HARRIET (1757–1805)

163 Le Thé Parisien
vor 1803

Radierung, braun getönt
405 x 550 mm
Bez. u. li.: Dessiné par F. J. Harriet; u. re.: Gravé per Adrien Godefroy; u. Mi.: Le Thé Parisien / Supréme Bon Ton, au Commencement du 19eme Siècle / A Paris, chez Martinet, Libraire, Rue du Coq St. Honoré
Wien, G. S. Albertina, Inv. Nr. K 470 b, 18

Die Darstellung persifliert die durch die Revolution emporgekommene Gesellschaft, die sich in eleganten Formen gefällt, ihre Herkunft indes nicht verschleiern kann.

Harriet war erfolgreicher Schüler des Jacques Louis David in Paris, ging 1803 als Pensionär der Académie de France nach Rom, wo er als vielversprechendes junges Talent der klassischen Malerei galt, wie nicht zuletzt von August Wilhelm Schlegel vermerkt wurde, der über ihn begeistert an Goethe berichtete.
Der allzufrühe Tod Harriets beendete die aussichtsreiche Karriere. Hohe Bekanntheit behielten aber seine vor 1803 entstandenen satirischen Blätter, so auch das vorliegende, das zu der Folge »Supréme Bon Ton« gehört. [WK]

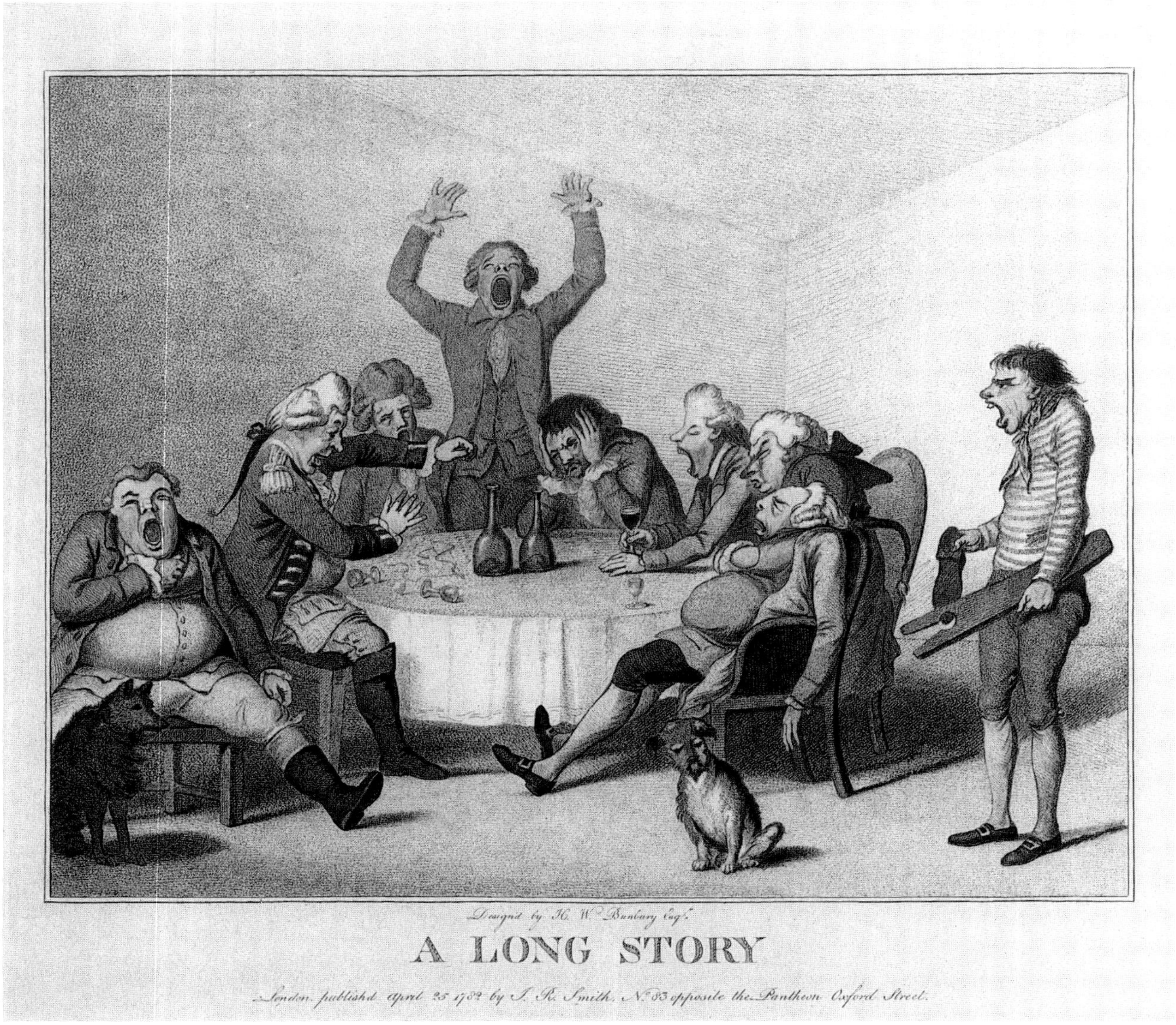

HENRY WILLIAM BUNBURY (1750–1811)

164 Eine endlose Erzählung
(A Long Story)
1782

Mezzotintoradierung
395 x 526 mm
Bez. u. Mi.: Design'd by H. W. Bunbury Esqre. / A LONG STORY / London, publishd April 25 1782 by J. R. Smith, No. 83 opposite the Pantheon Oxford Street.
Wien, G. S. Albertina, Inv. Nr. K 4 70 d, 1

In einer Herrenrunde ist ein Militär mit der endlosen Schilderung seiner Waffentaten offenbar für seinen Freundeskreis unerträglich. Wer nicht schon eingeschlafen ist, kann das Gähnen nicht mehr unterdrükken; Flaschen und Gläser sind längst geleert und der Diener erscheint mit Stiefelknecht und Pantoffeln, um den Herrn zur Nachtruhe zu mahnen. Die Schilderungen alter Krieger sind selten für andere als den Erzähler selbst von Interesse. [WK]

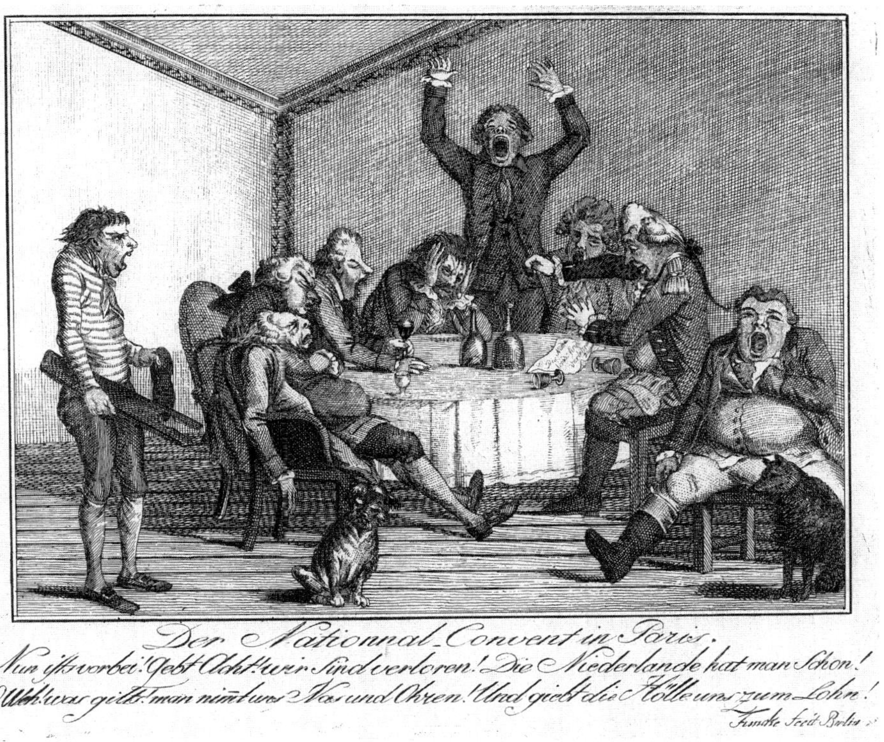

165

JOHANN HEINRICH FUNCKE (erwähnt 1818)

165 Der National-Convent in Paris
o. J.

Radierung in Braun, 182 x 222 mm (Blatt: 220 x 228 mm)
Bez. in der Platte außerhalb der Darstellung u. li.: Funcke fecit Berlin; Legende: Der Nationnal-Convent in Paris. / Nun ists vorbei! Gebt Acht! wir sind verloren! Die Niederlande hat man schon! / O Weh! was gilt's! man nimt uns Nas und Ohren! Und giebt die Hölle uns zum Lohn!
Wilhelm-Busch-Museum Hannover (Sammlung Max Hasse), Inv. Nr. KG 3213/87 [GV]

Das Blatt ist ein ebenso seltenes wie reizvolles Beispiel einer direkten Bildübernahme mit verändertem Inhalt: ein gewisser Franck in Berlin kopiert (wohl etwa 1793) das englische Blatt (Kat. 164) mit dessen eher harmlosem satirischem Inhalt, druckt es seitenverkehrt, betitelt es »Der Nationnal-Convent in Paris« und macht es so zum antifranzösischen Flugblatt. Die Angst nach der für Österreich verlorenen Schlacht von Jemappes 1792, die zum Verlust der Niederlande führte, war mehr als begründet. [WK]

HONORÉ DAUMIER (1808–1879)

166 Der Tag des Junggesellen. 8 Uhr morgens
(La Journée du Célibataire. 8 Heures du Matin) 1839

Publiziert in: »Le Charivari«, 21. 4. 1839 als Nr. 2 der Serie »La Journée du Celibataire«

Lithographie
Bild: 254 x 196 mm; Blatt: 341 x 230 mm
Bez. im Stein innerhalb der Darstellung u. li.: h. D., außerhalb der Darstellung u. li.: Daumier del.; u. Mi. Imp. d'Aubert & Cie; u. re.: Edité par le Charivari rue du Croissant. 16.; o. re.: 2. (Seriennummer); Kopftitel: LA JOURNEE DU CELIBATAIRE; Legende: 8 HEURES DU MATIN/ [Le ménage] Le spectacle de la nature élève l'âme! Mr Coquelet pour se délasser des soins du ménage! vient chercher à sa fenètre le parfum des fleurs et le chant du ... serin ...
Wilhelm-Busch-Museum Hannover (Sammlung Max Hasse), Inv. Nr. KG 2946/87
Lit.: Loys Delteil, Le peintre graveur illustré (XIXe et XXe siècles), Band 21, Nr. 608.2

In zwölf Litographien hat Honoré Daumier einen Tag im Leben eines überzeugten Junggesellen festgehalten. In einer nach Stunden aufgeteilten Chronologie begleitet er Monsieur Coquelet vom Aufstehen bis zum Zubettgehen. Verschroben und zum egoistischen, geizigen Einzelgänger geworden, gilt Monsieur Coquelets ganze Zuneigung seinen Haustieren, Minette und Azor. Ihnen läßt er lächelnd jede Ungezogenheit durchgehen.
Zu den Höhepunkten seines Tagesablaufs gehört, neben dem Besuch einer Gerichtsverhandlung, das Rendevouz mit Mademoiselle Palissandre. Verehrt hat er sie schon vor 35 Jahren, und so macht er sich vor dem Spiegel fein. Doch wird auch dieses Rendezvous nichts an seiner Ablehnung des Ehestandes ändern. Mademoiselle Palissandre ist ihm nicht einmal einen kleinen Veilchenstrauß wert, den er auf dem Weg zu ihr kurz überlegt zu kaufen. Das nächste Blatt der Folge zeigt seinen Entschluß, das Geld dafür lieber zu sparen. [GV]

HONORÉ DAUMIER (1808–1879)

167 Der Tag des Junggesellen. 10 Uhr morgens
(La Journée du Célibataire. 10 Heures du Matin)
1839

Publiziert in: »Le Charivari«, 16. 5. 1839, als Nr. 4 der Serie »La Journée du Celibataire«

Lithographie
Bild: 249 x 202 mm; Blatt: 332 x 244 mm
Bez. im Stein innerhalb der Darstellung u. li.: h D; außerhalb der Darstellung u. li.: Daumier Del.; u. Mi.: Imp. d'Aubert & Cie; u. re.: Edité par le Charivari rue du Croissant 16; Kopftitel: LA JOURNEE DU CELIBATAIRE; Legende: 10 HEURES DU MATIN / Mr Coquelet ayant rencontré au jardin des Plantes. Mlle Palissandre à laquelle il eût le bonheur d'offrir une rose pompon le 1er mai 1804, a obtenu un rendez vous, et s'etant mis en frais d'une paire de gants à 29 sous, il jette un coup d'oeil à son miroir avant d'aller en bonne fortune.
Wilhelm-Busch-Museum Hannover (Sammlung Max Hasse), Inv. Nr. KG 2948/87
Lit.: Loys Delteil, Lei peintre graveur illustré (XIXe et XXe siècles), Band 22, Nr. 610.2

Siehe Kat. 166. [GV]

LA JOURNEE DU CELIBATAIRE.

2.

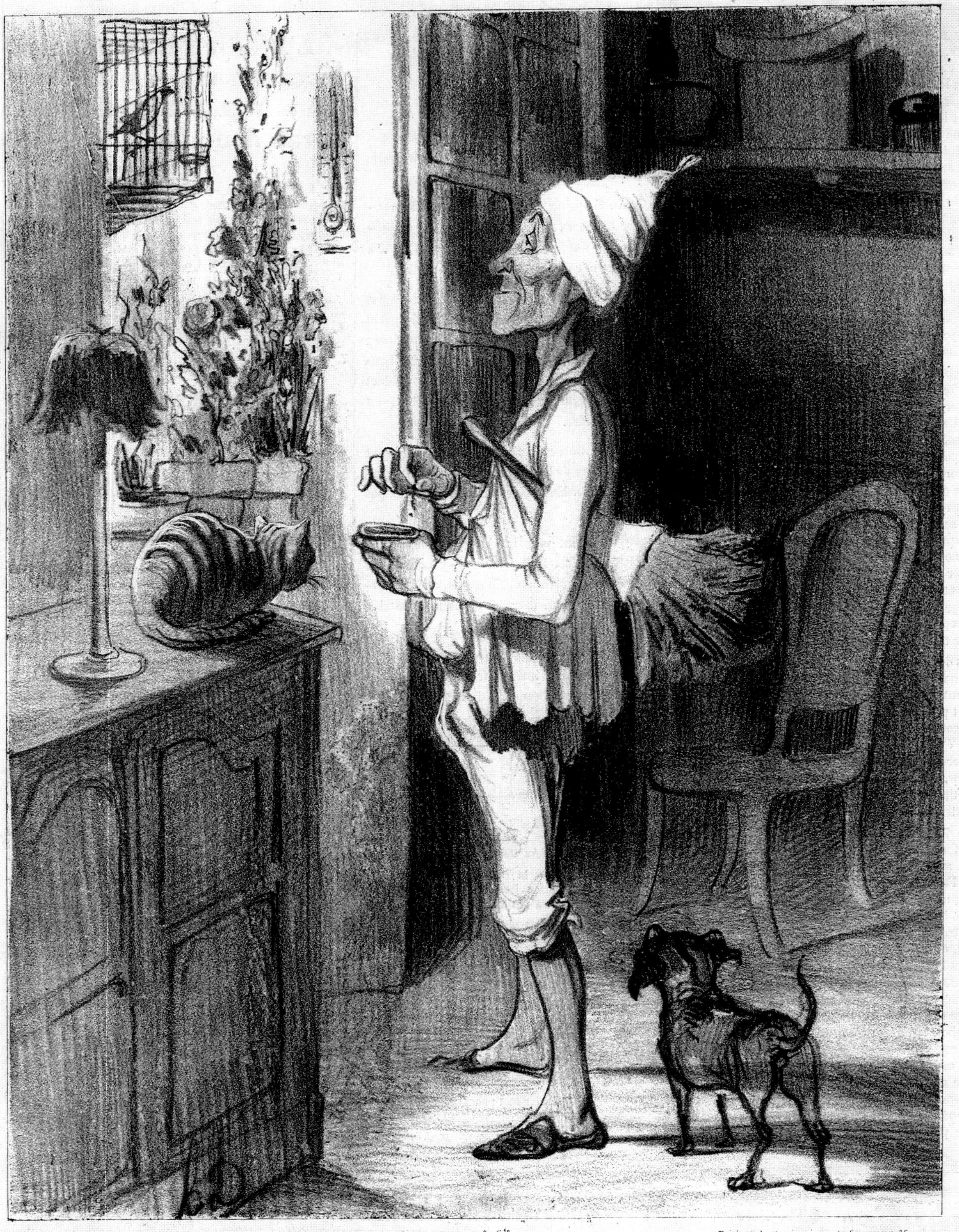

Daumier del. — Imp. d'Aubert & Cie — Edité par le Charivari rue du Croissant 16.

8 HEURES DU MATIN

(Le ménage) Le spectacle de la nature élève l'âme. : Mr Coquelet pour se délasser des soins du ménage vient chercher à sa fenêtre le parfum des fleurs, et le chant du ~~[illegible]~~ .. serin.

166

LA JOURNEE DU CELIBATAIRE.

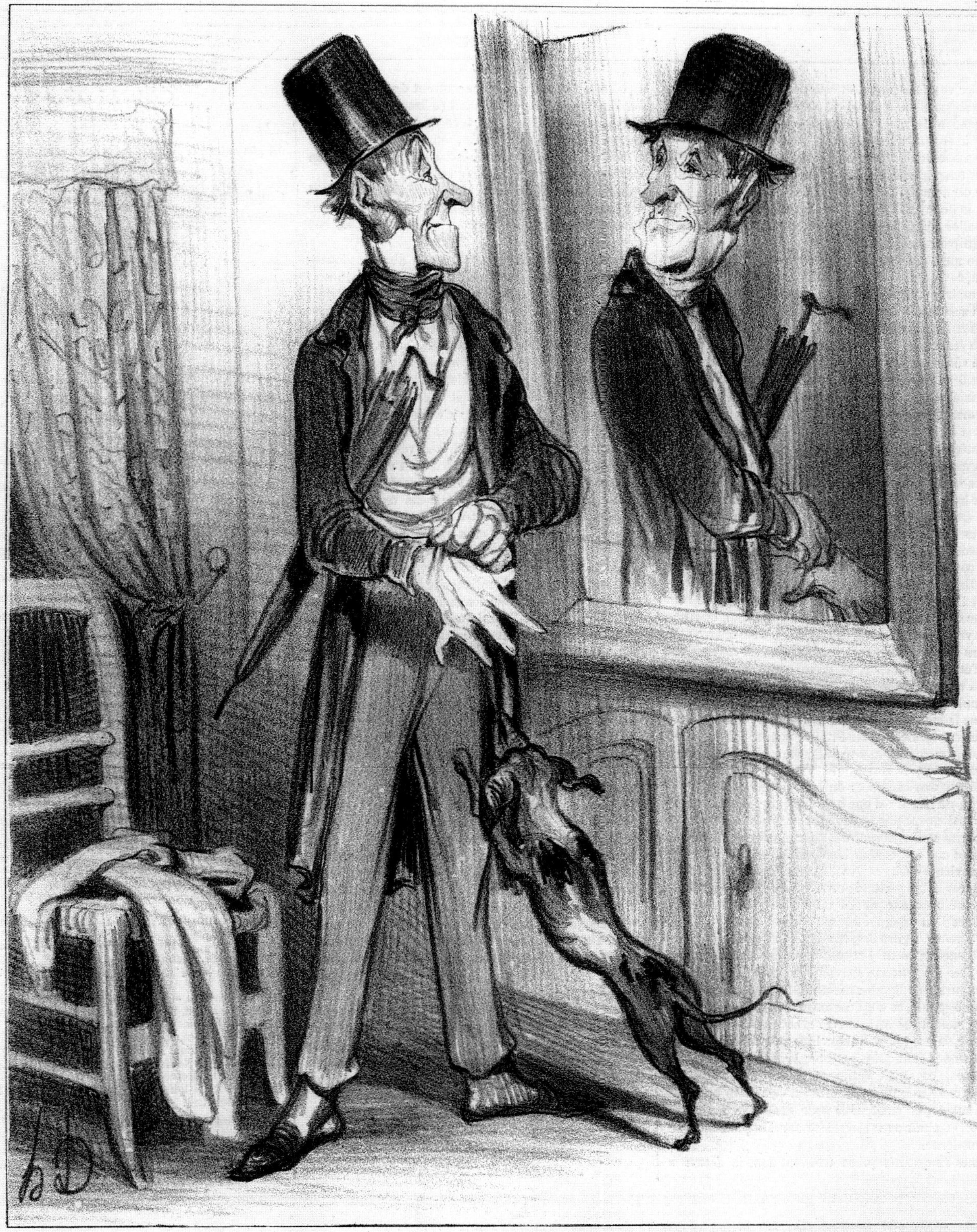

Daumier Del. | Imp. d'Aubert & Cie | Edité par le Charivari rue du Croissant 16.

10 HEURES DU MATIN

Mr Coquelet ayant rencontré au jardin des Plantes, Mlle Palissandre à laquelle il eut le bonheur d'offrir une rose pompon le 1er mai 1804, a obtenu un rendez vous, et s'étant mis en frais d'une paire de gants a 29 sous, il jette un coup d'œil à son miroir avant d'aller en bonne fortune.

167

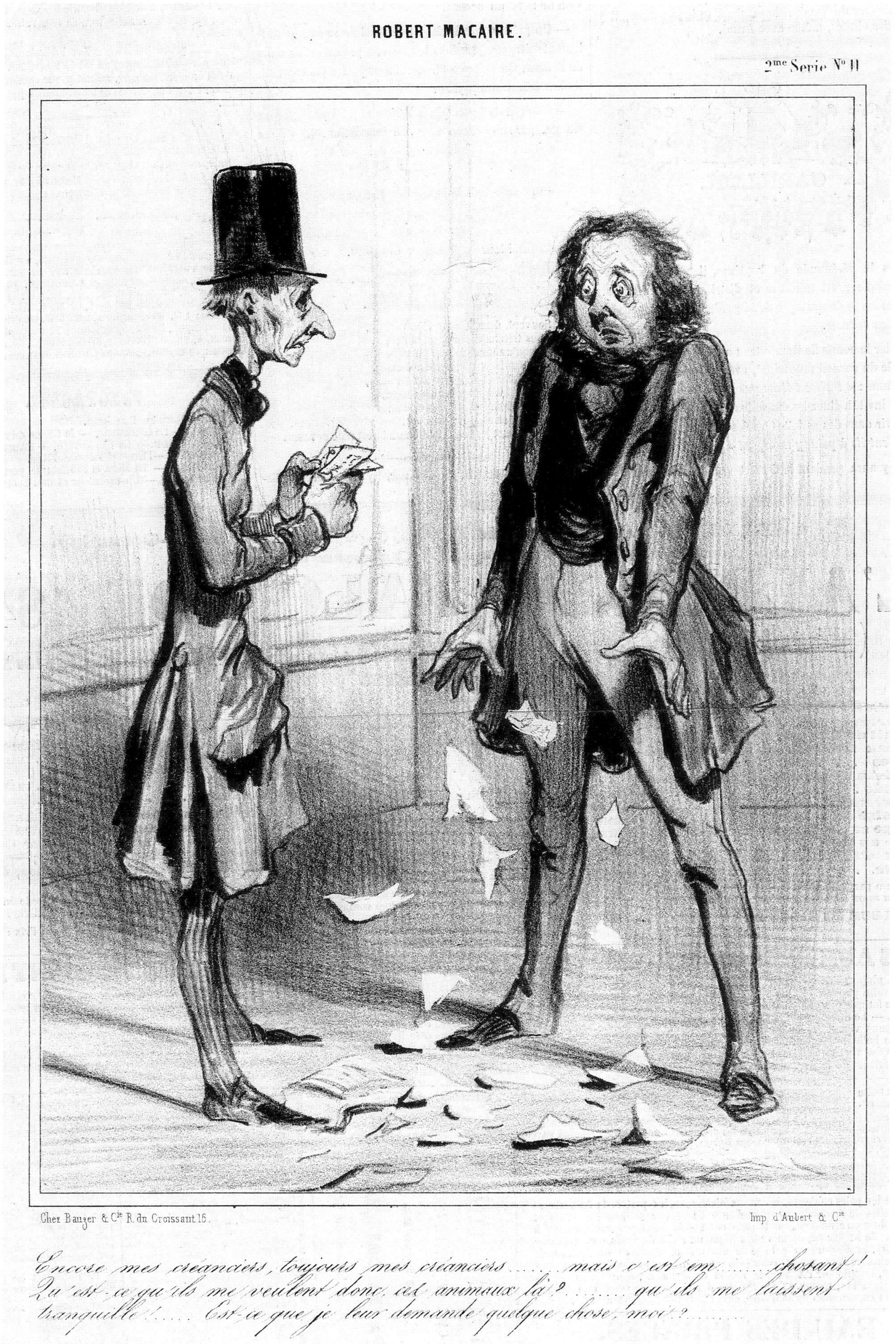
ROBERT MACAIRE.
2me Serie No 11
Chez Bauger & Cie R. du Croissant 16.
Imp. d'Aubert & Cie
Encore mes créanciers, toujours mes créanciers...... mais c'est em...... chosant!
Qu'est-ce qu'ils me veulent donc, cet animaux là?...... qu'ils me laissent
tranquille!.... Est-ce que je leur demande quelque chose, moi?.......

168

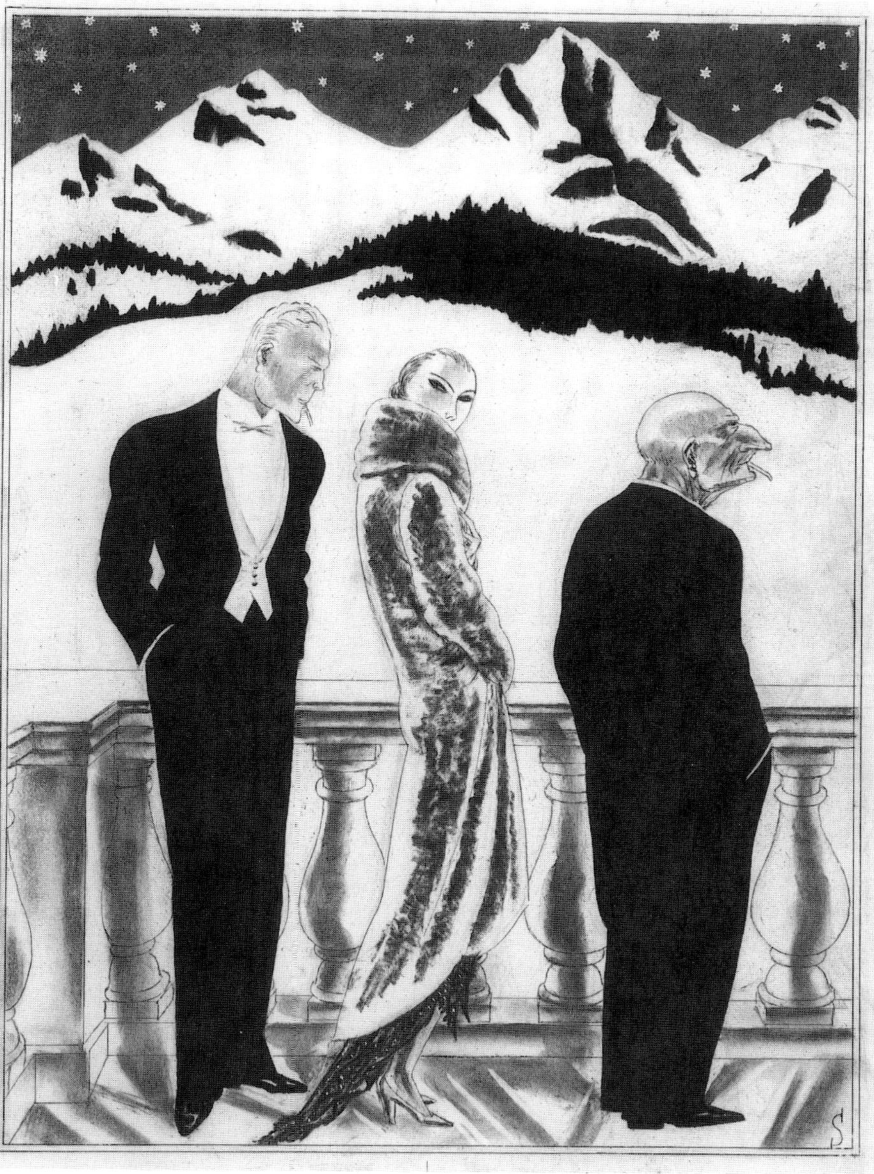

HONORÉ DAUMIER (1808–1879)

168 Robert Macaire. Immer diese Gläubiger...
(Robert Macaire. Encore mes créanciers, toujours, mes créanciers...)
1851

Publiziert in: »Le Charivari«, 2.5.1841, als Nr. 11 der 2. Serie »Robert Macaire«.

Lithographie
Bild: 240 x 179 mm (innere Randlinien); Blatt: 354 x 245 mm
Ohne Künstlerbezeichnung; im Stein bez. außerhalb der Darstellung u. li.: Chez Bauger & Cie R. du Croissant 16; u. re.: Imp. d'Aubert & Cie; o. re.: 2me Serie No 11; Kopftitel: ROBERT MACAIRE; Legende: Encore mes créanciers, toujours mes créanciers... mais c'est em... chosant! Qu'est-ce qu'ils me veulent donc, cel [?] animaux là?... qu'ils me laissent tranquille!... Est-ce que je leur demande quelque chose, moi?...

Wilhelm-Busch-Museum Hannover (Sammlung Max Hasse), Inv. Nr. KG 2985/87
Lit.: Loys Delteil, Le peintre graveur illustré (XIXe et XXe siècles), Band 22, Nr. 875.3.

Die Figur des Robert Macaire war, als Honoré Daumier am 26. August 1836 mit ihr als Helden die Serie »Caricaturana« in »Le Charivari« eröffnete, dem Publikum bereits bekannt und vertraut. Seit 1823 agierte Robert Macaire gemeinsam mit seinem Gehilfen Bertrand als Hauptfigur des Theaterstücks »L'Auberge des Adrets« auf der Bühne. Schon während seiner »Bühnenlaufbahn« entwickelte er sich von einem kleinen Großstadtgauner zu einem gerissenen Geschäftemacher und Betrüger großen Stils. Macaire war denn auch für Daumier die geeignete Figur, um nach der Verhängung verschärfter Zensurbestimmungen durch den Bürgerkönig Louis Philippe 1835 weiterhin Kritik an der bürgerlichen Gesellschaft, ihrem Opportunismus und ihrer falschen Moral zu üben. Die Rückschläge und die Prügel, die Robert Macaire von Zeit zu Zeit erhielt, galten denn auch den Profitmachern aller Couleur. [GV]

ERICH SCHILLING (1885–1945)

169 Nacht im Gebirge
»Die Sterne wandern über Wäldern, schwarzumrändert.
Mein Herz pocht laut, doch nichts hat sich geändert.
Tief liegt im Schnee die Welt und muß sich drehn.
Wer unten liegt, muß stempeln gehn. –«
1930

Abgedruckt in: »Simplicissimus«, Jg. 34, Nr. 45, S. 548, ganzseitig, Farbe im Druck: Blau

Tusche (Pinsel, Feder), Kohle, Tempera, Farbe: Blau
440 x 330 mm
Bez. u. re.: S
Privatbesitz München

In der Gesamtzahl der »Simplicissimus«-Karikaturen nehmen die primär unterhaltenden Blätter vergleichsweise viel Raum ein. Trotz aller Polemik in grundsätzlichen Fragen war der »Simpl« nicht zuletzt deshalb eine gern gelesene Zeitschrift des Durchschnittsbürgers, der sich, wie in »Nacht im Gebirge«, mit mäßigem Spott an der Blasiertheit einer mondänen Lebenswelt delektiert. [CSH]

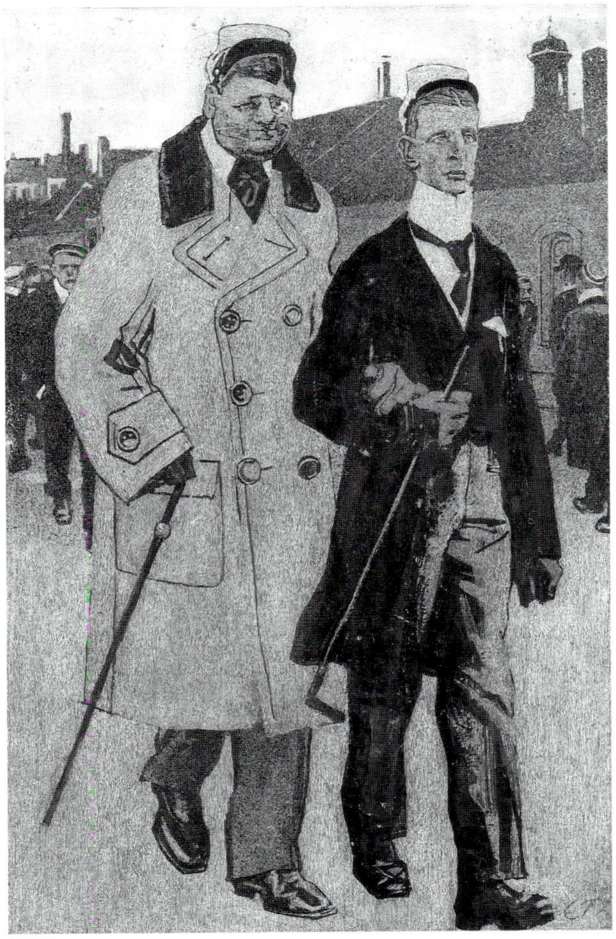

EDUARD THÖNY (1866–1950)

170 Borussia Bonn

1909

»Ein bißchen peinlich ist es doch, wenn man noch besoffen im Bett liegt und die Professoren kommen und machen ihre Antrittsvisiten.«

Abgedruckt in: »Simplicissimus«, Jg. 14, Nr. 12, S. 191, ganzseitig, Farbe im Druck: Ocker

Tusche (Pinsel), Deckweiß, Raster, Bleistift, Farbe: Braun
380 x 250 mm
Bez. u. re.: E Th
Privatbesitz München

Unter den studentischen Verbindungen galt Borussia Bonn (Borussia = neulateinische Bezeichnung für Preußen) als besonders dünkelhaft und elitär. [CSH]

BRUNO PAUL (1874–1968)

171 Der Sohn des Proleten

o. J.

»Einfach ekelhaft, was man sich wegen der lumpigen tausend Mark alles von seinem Herrn Vater gefallen lassen muß. Und dabei ist der Mensch noch nicht einmal satisfaktionsfähig!«

Tuschpinsel, Deckfarben
400 x 326 mm
Unten links monogrammiert
München, Staatliche Graphische Sammlung, Simpl. 1303

Die blasierte Arroganz des studentischen Emporkömlings gegen das vermeintlich seiner unwürdige Elternhaus reiht das Blatt in ein karikaturistisches Grundthema ein, das der Diskrepanz von Sein und Erscheinen, Anspruch und Wirklichkeit gewidmet ist. [CSH]

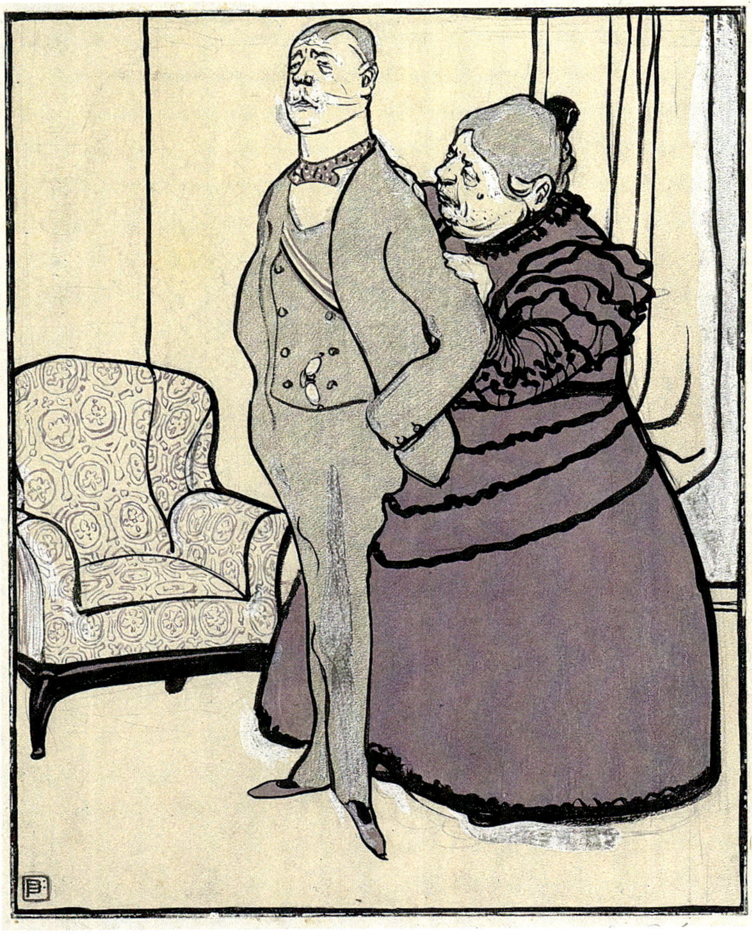

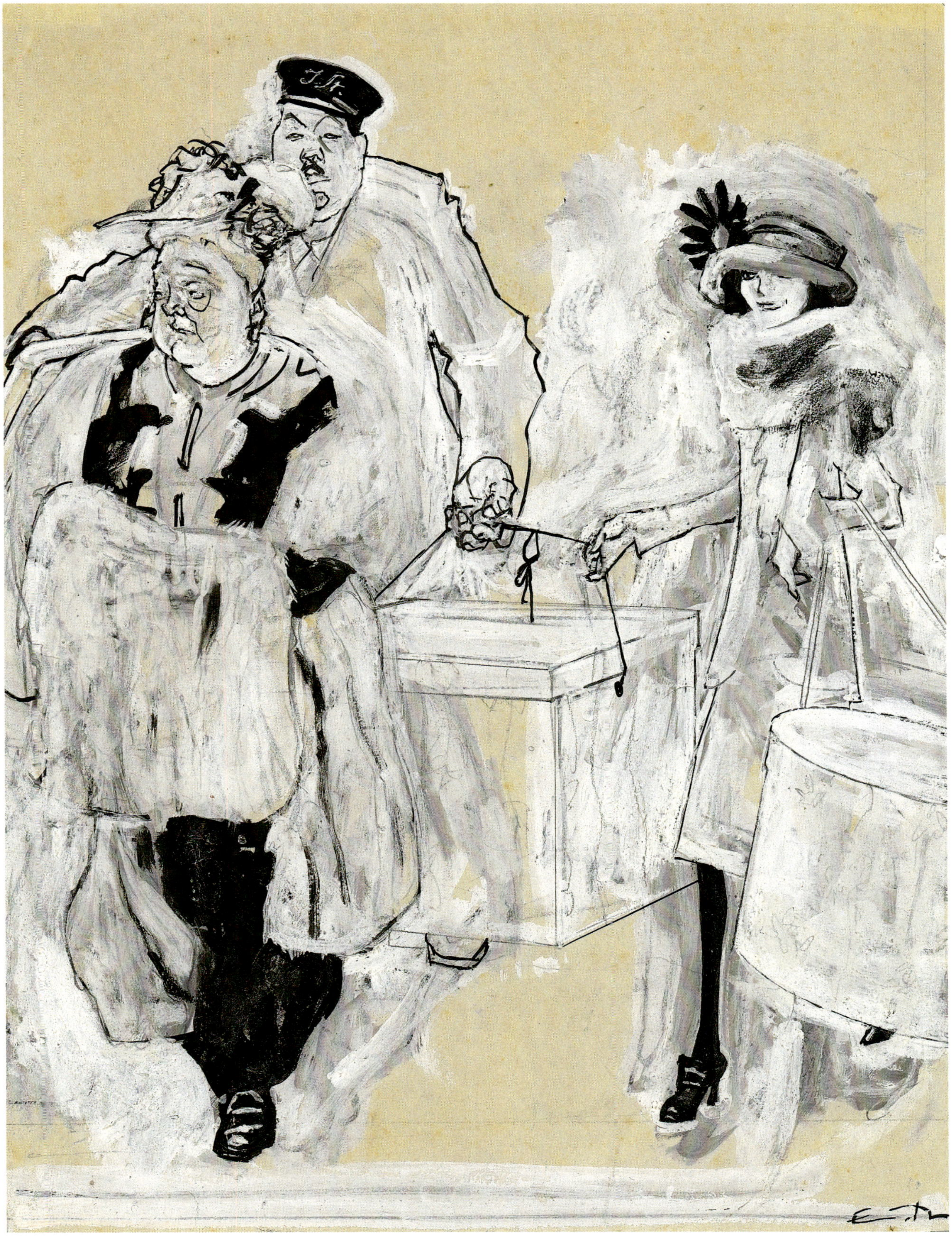

EDUARD THÖNY (1866-1950)

172 Frau En-gros-Schlächter

1921

»Ich habe mich jetzt mit modernen Kostümen auf zehn Jahre eingedeckt.«

Abgedruckt in: »Simplicissimus«, Jg. 26, Nr. 33, S. 433, dreiviertelseitig, Farben im Druck: Blau, Rosa

Tusche (Pinsel), Deckweiß
310 x 235 mm
Bez. u. re.: E. Th.
Privatbesitz München

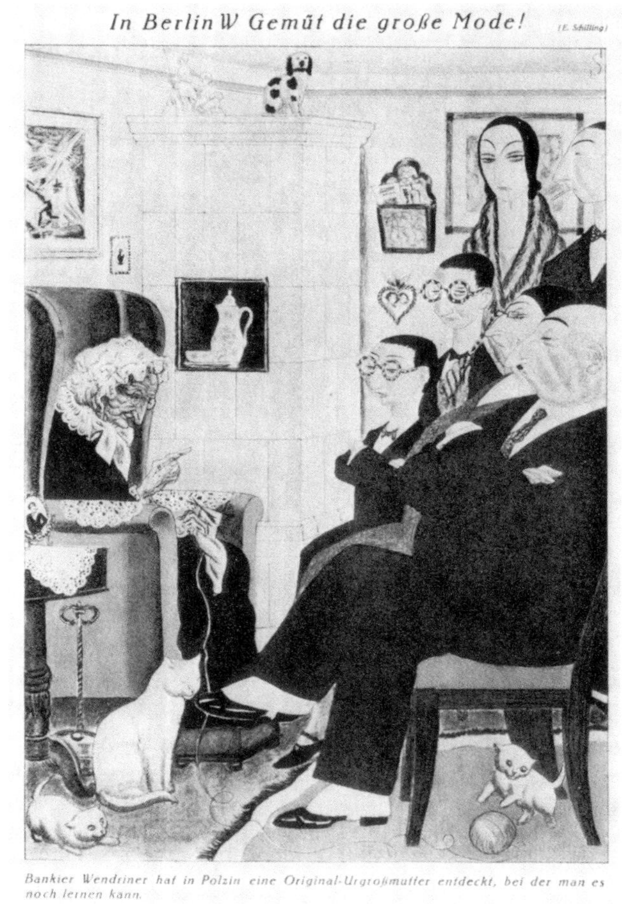

173

ERICH SCHILLING (1885–1945)

173 In Berlin W Gemüt die große Mode!
1930
»Bankier Wendriner hat in Polzin eine Original-Urgroßmutter entdeckt, bei der man es noch lernen kann.«

Abgedruckt in: »Simplicissimus«, Jg. 35, Nr. 29, S. 348, ganzseitig

Tusche (Feder), Kohle
395 x 285 mm
Bez. u. re.: S
München, Städtische Galerie im Lenbachhaus, Inv. Nr. Schilling 3084C

Beliebtes Thema des »Simplicissimus« war Preußen: Der preußische Beamte und das preußische Militär, der preußische Großgrundbesitzer, Industrielle und Adlige verkörpern all die negativen Eigenschaften, gegen die die Zeitschrift anging. In der Weimarer Republik wurde Preußen durch Berlin ersetzt. In Berlin als Babel der Verkommenheit sammelte sich der Abschaum der menschlichen Gesellschaft: Emporkömmlinge und Plutokraten, Gesellschaftslöwen und Zuhälter fanden hier ein weites Betätigungsfeld. Auffallend und als Indiz für ein offensichtlich verbreitetes Vorurteil festzuhalten ist ein latent antisemitischer Unterton, der insbesondere in der Charakterisierung der Physiognomie des kapitalistischen Großbürgers zum Tragen kommt. [CSH]

HEINRICH KLEY (1863–1945)

174 Ordensregen
o. J.

Tusche/Feder, laviert, Deckweiß
283 x 226 mm (Blatt: 365 x 308 mm)
Sign. o. li.: Kley; außerhalb der Darstellung bez. u. li.: 13/53, unleserlicher Schriftzug u. Mi.; u. re.: 19bi/19614/ –Ordensregen–.
Wilhelm-Busch-Museum Hannover (Rudolf-Ensmann-Sammlung)

Heinrich Kley gehört zu den satirischen Zeichnern, die sich gern der Fabel bedienen. Tiere in der Rolle der Menschen: hier gierig nach Orden sich streckend, die in großer Zahl von oben herabregnen. Eigentlich müßte die Fülle alle zufriedenstellen. Doch nicht nur zornige Blicke verheißen schon die aufkommende Mißgunst; zwei Affen machen sich im Vordergrund die eroberten Orden bereits streitig. Alte Wahrheiten, von Heinrich Kley auf lustige Weise neu formuliert. [GV]

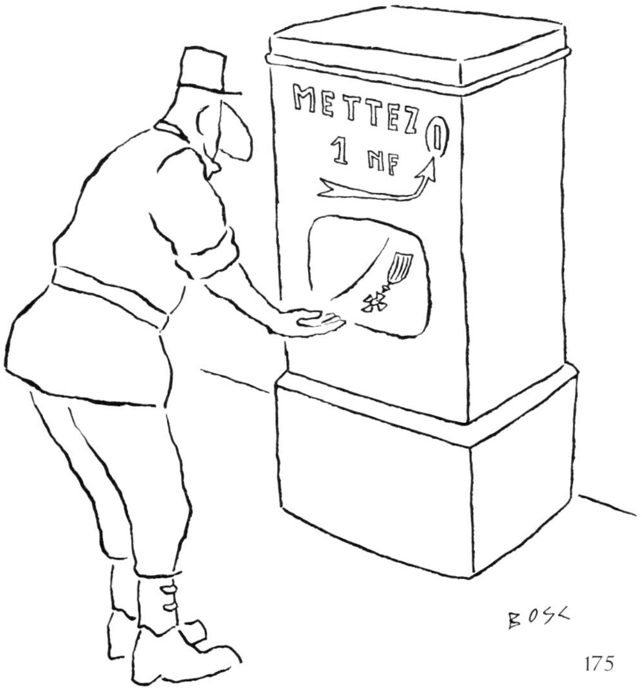

175

JEAN-MAURICE BOSC (1924–1973)

175 Ordensverteilung
(Distribution de médailles)
um 1965

Tusche/Pinsel über Bleistiftvorzeichnung, Deckweißretuschen
315 x 245 mm
Sign. u. re.: BOSC
Innerhalb der Darstellung bez.: METTEZ / 1 NF; rückseitig verschiedene Notizen von fremder Hand, u. a. Titel.
Wilhelm-Busch-Museum (Rudolf-Ensmann-Sammlung)
Lit.: Bosc, Alles, bloß das nicht!, Zürich 1974

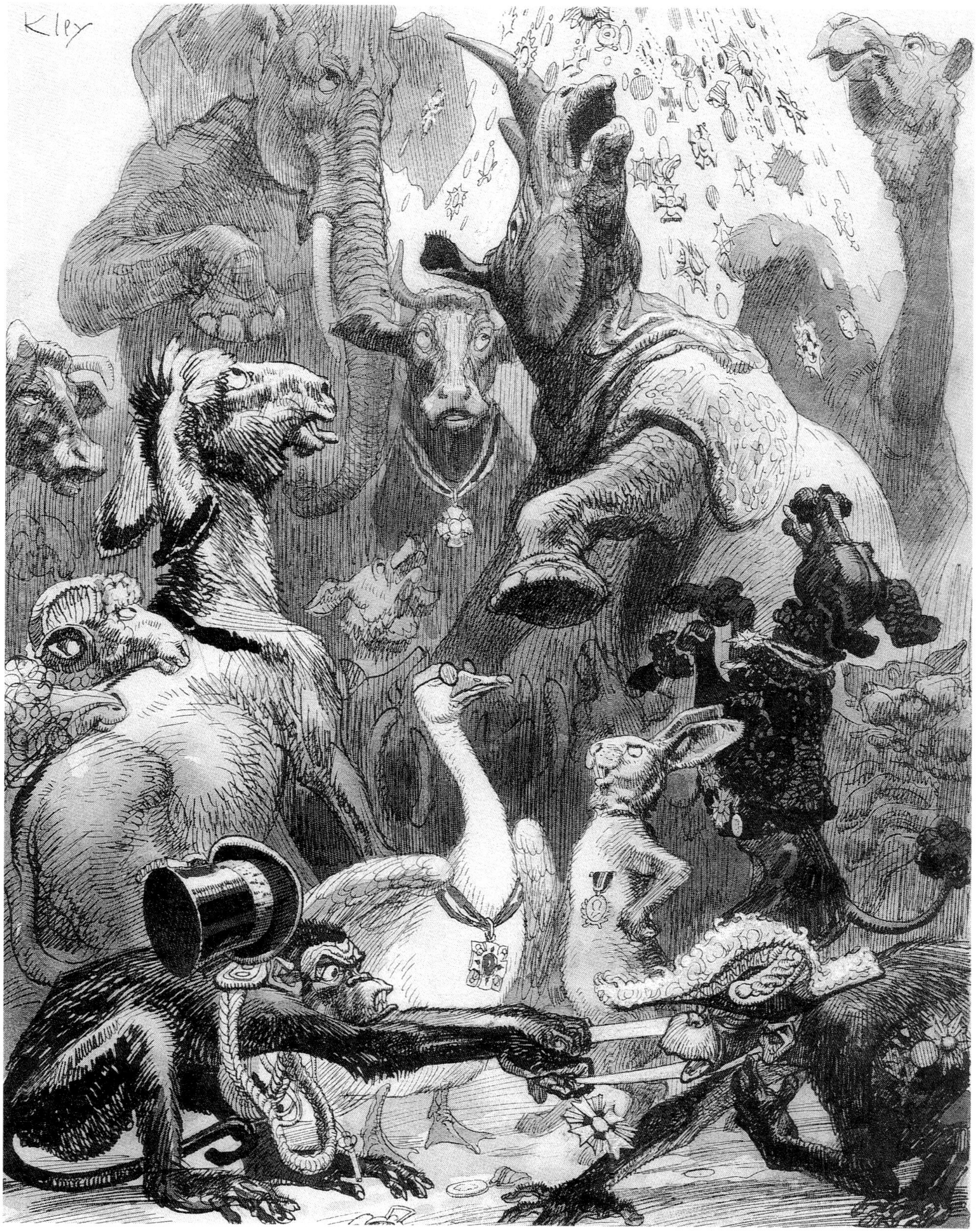

174

Jean-Maurice Bosc wurde 1944 zum Militärdienst eingezogen und erlebte als Soldat den Krieg in Indochina. Aus diesem kehrte er 1948 angeschlagen und desillusioniert heim. In vielen Zeichnungen hat Bosc das Militär und seine »Helden« karikiert. Seine Waffe im Kampf gegen die Sinnlosigkeit militärischer Machtdemonstrationen und gegen den Krieg ist eine Komik, die Lachen und Nachdenklichkeit gleichermaßen weckt, doch keine Bitterkeit spüren läßt.

P.S.: 1958 wurde Bosc wegen »Verunglimpfung der Armee« durch Zeichnungen, die in »France Observateur« erschienen waren, zu einem Monat Gefängnis und 300 000 Alten Franc Bußgeld verurteilt. [GV]

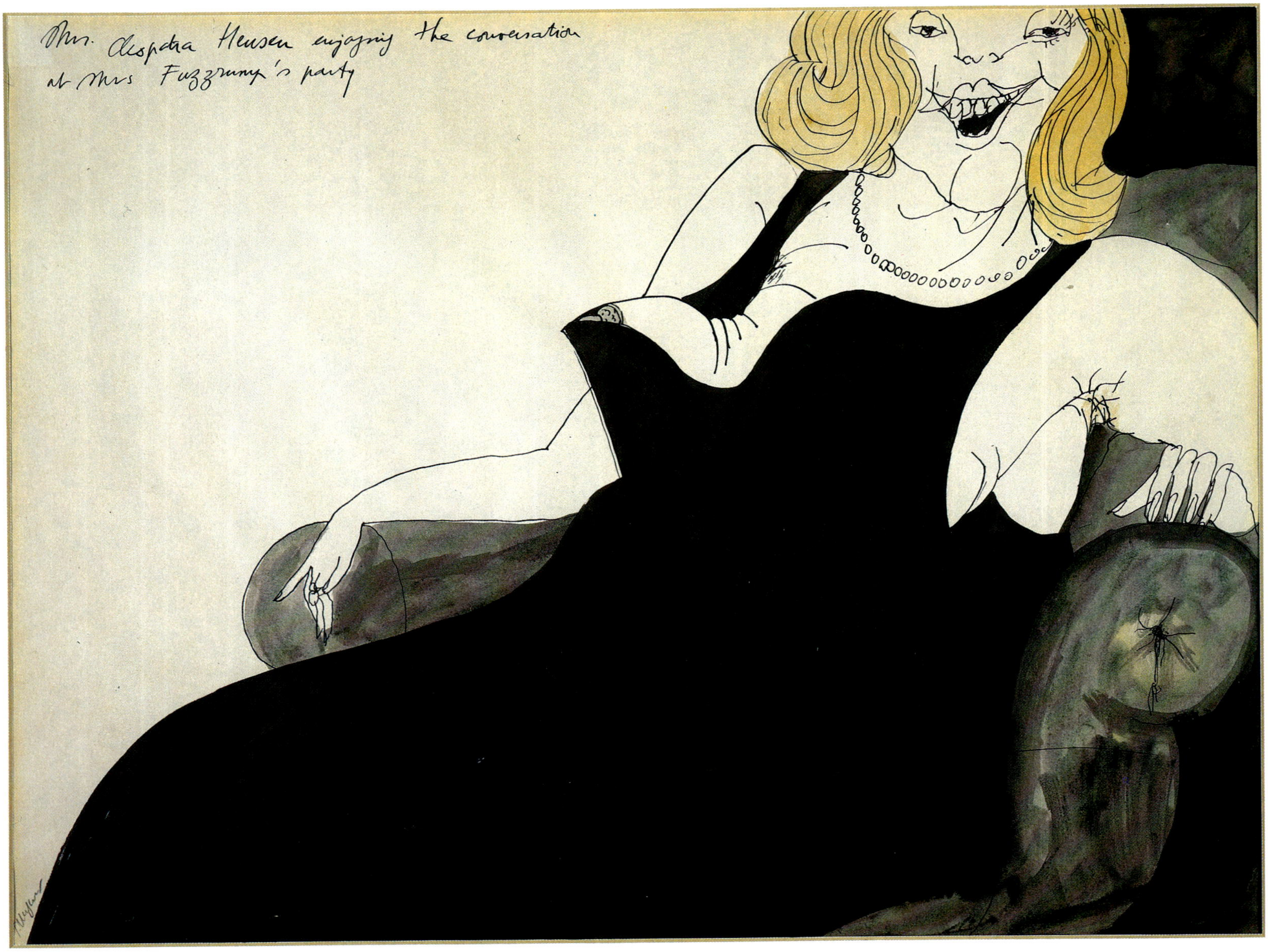

TOMI UNGERER (geb. 1931)

176 Conversation
1972

Tuschfeder und Tuschpinsel, koloriert
440 x 590 mm
Sign. u. li.: T. Ungerer
Bez. o. li.: Mrs. Cleopatra Hensen enjoying the Conversation at Mrs. Fuzzmery's party
Galerie Etcetera, München

Eine Dame im schwarzen Kleid, im grünen Sessel, Konversation treibend. New Yorker Gesellschaft Ende der sechziger Jahre. Ausdruck, Ausschnitt und Eindruck sind drastisch dekadent. Gesellschaftskritik 40 Jahre nach George Grosz. Schonungslos, unnachsichtig, typisch Ungerer. [HG]

VIII

Mißgeschicke sind komisch

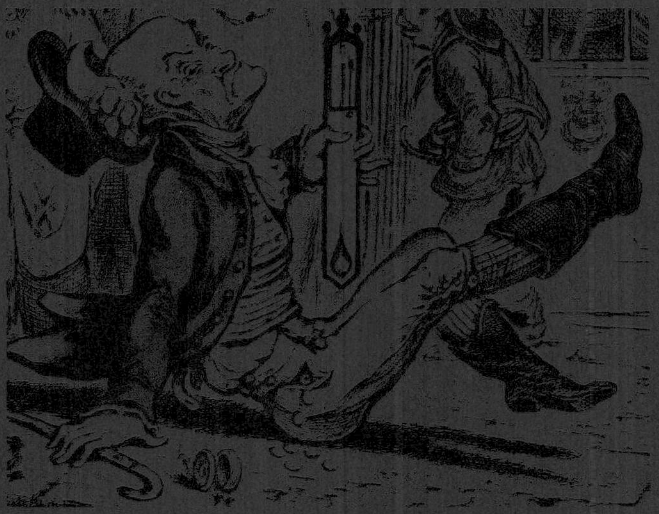

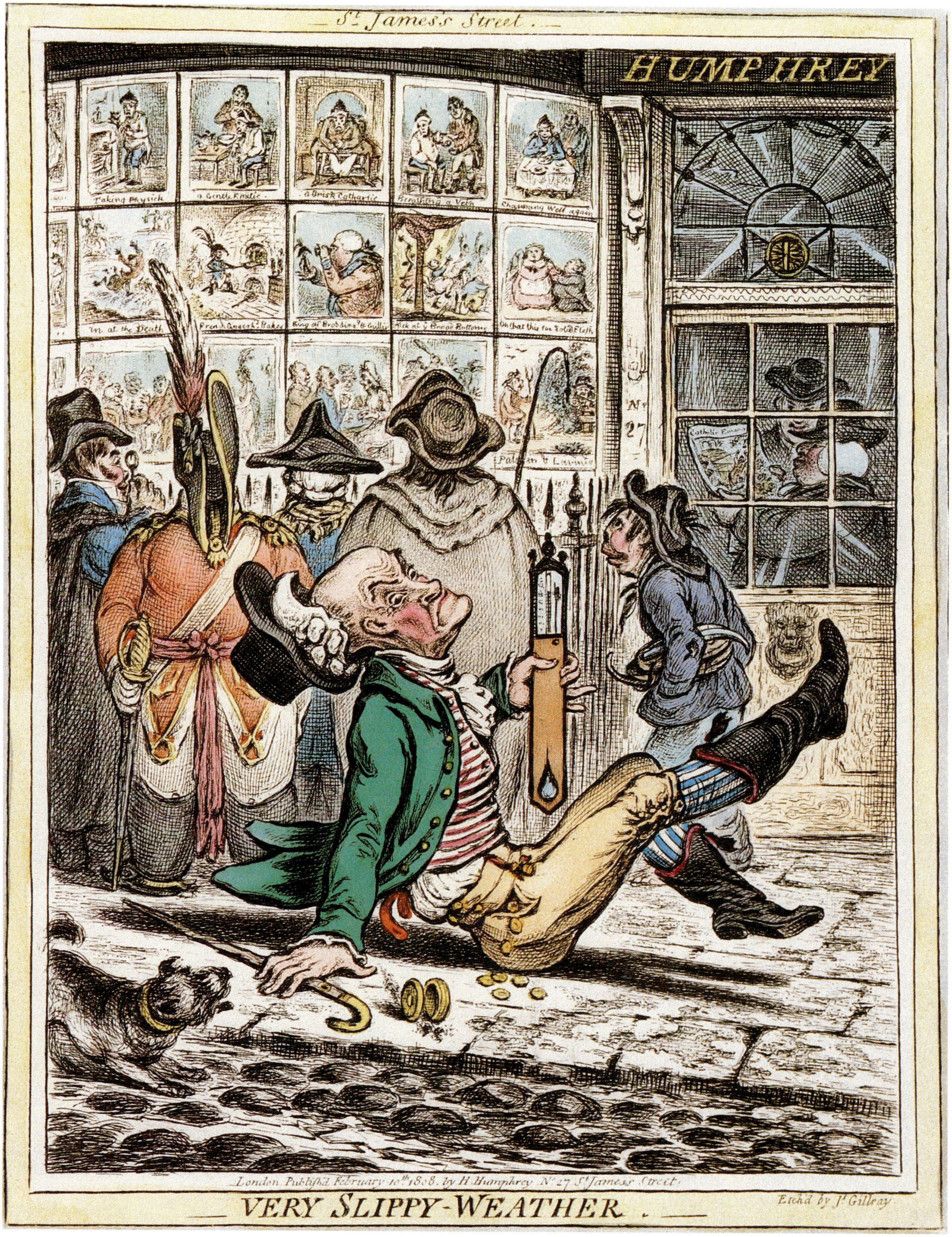
St. James's Street
HUMPHREY
Taking Physick
a Gentle Emetic
a Brisk Cathartic
Charming Well again
In at the Death
No 27
London Publish'd February 10th 1808. by H. Humphrey No 27 St. James's Street.
VERY SLIPPY-WEATHER.
Etch'd by Js Gillray

177

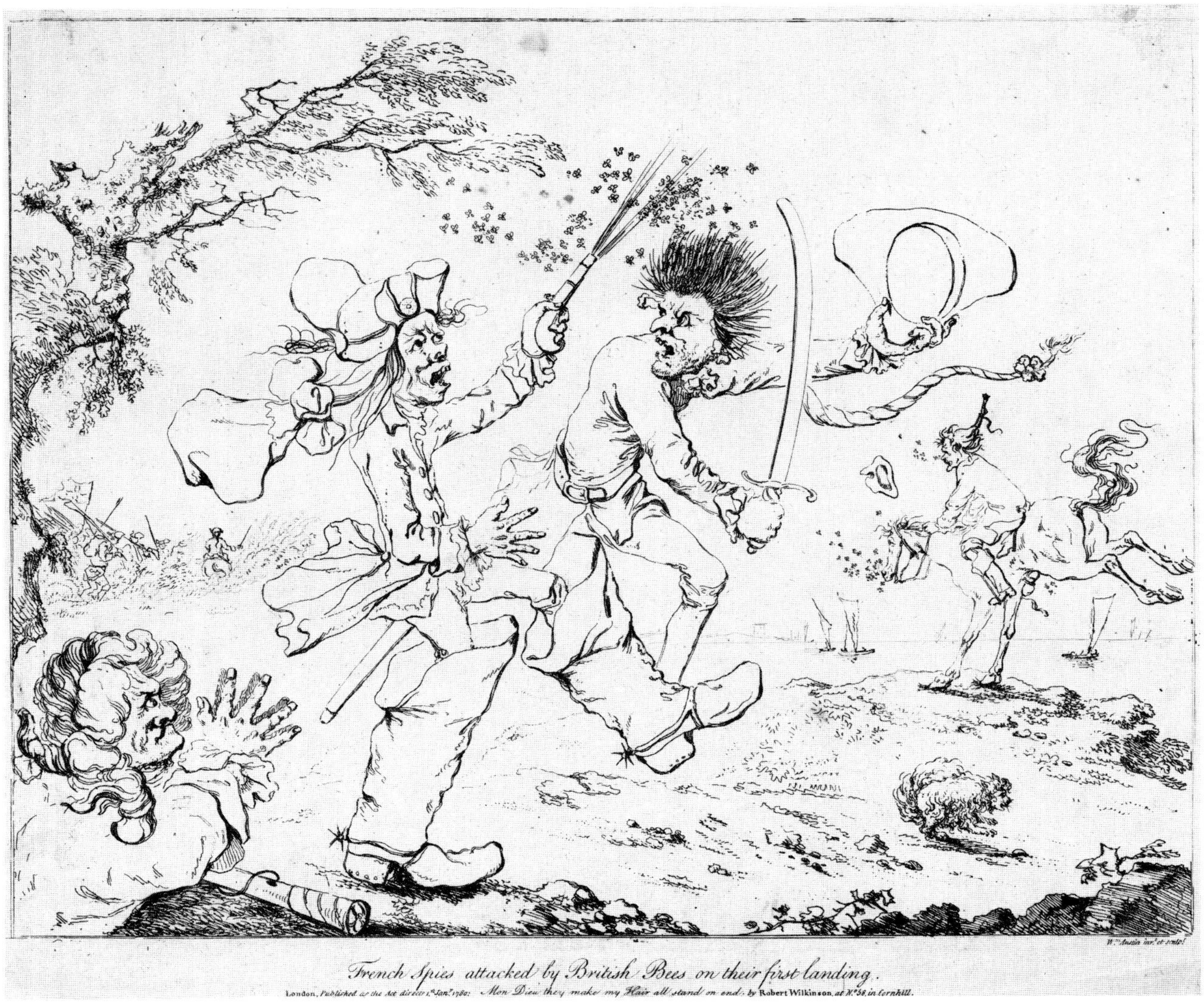

JAMES GILLRAY (1757–1815)

177 **Ein sehr rutschiges Wetter**
(Very Slippy Weather)
1808

Radierung, koloriert, 262 x 202 mm
Bez. o. Mi.: St. James's Street.; u. Mi.: London. Publishd February 10th. 1808. by H. Humphrey No. 27. St. James's Street /VERY SLIPPY-WEATHER; u. re.: Etchd by Js. Gillray.
Wien, G. S. Albertina, Inv. Nr. 1413–32
Lit.: Ausst. Kat. Hannover 1991, Wilhelm-Busch-Museum, Von Callot bis Loriot, S. 34.

In den späten Lebensjahren hatte Gillray viel von jener politischen Schärfe verloren, die ihn etwa bis 1792 auszeichnete. Dann kam eher diensteifrige Bildpropaganda für die Regierung zustande. Zuletzt aber gelang noch einmal der durchschlagende Erfolg: Sein Freund und Berater Reverend Sneyd legte ihm nahe, Mißgeschicke bei extremen Wetterlagen zu schildern. Das vorliegende Blatt – es wurde zu einem der bekanntesten Werke Gillrays – ist vordergründig von jener unfreiwilligen Komik bestimmt, die ein solcher Sturz bei Glatteis beim nicht betroffenen Betrachter auslöst. Die Situation wirkt wie ein Leitbild für Generationen späterer Filmszenen und berührt die psychologische Frage, warum Schadenfreude soviel tiefer verankert ist, als es je ein eventuell viel angebrachteres Mitleid sein kann.

[WK]

WILLIAM AUSTIN (1721–1820)

178 **Britische Bienen attackieren französische Spione bei deren erster Landung**
(French Spies attacked by British Bees on their first landing)
1780

Publiziert am 1. Januar 1780 als Teil einer mindestens 6 Blätter umfassenden Folge

Radierung in Braun auf gräulichem Ingres-Bütten
Bild: 245 x 317 mm (Plattenrand beschnitten);
Blatt: 267 x 330 mm
Bez. in der Platte außerhalb der Darstellung u. re.: Wm Austin inv^{t} et sculp^{t}; u. Mi.: London, Published as the Act directs 1st Jany 1780 [Legende] by Robert Wilkinson, at N° 58, in Cornhill.
Legendentitel: French Spies attacked by British Bees on their first landing; Legende: Mon Dieu they make my Hair all stand on end.
Wilhelm-Busch-Museum Hannover (Sammlung Max Hasse), Inv. Nr. KG 2488/87

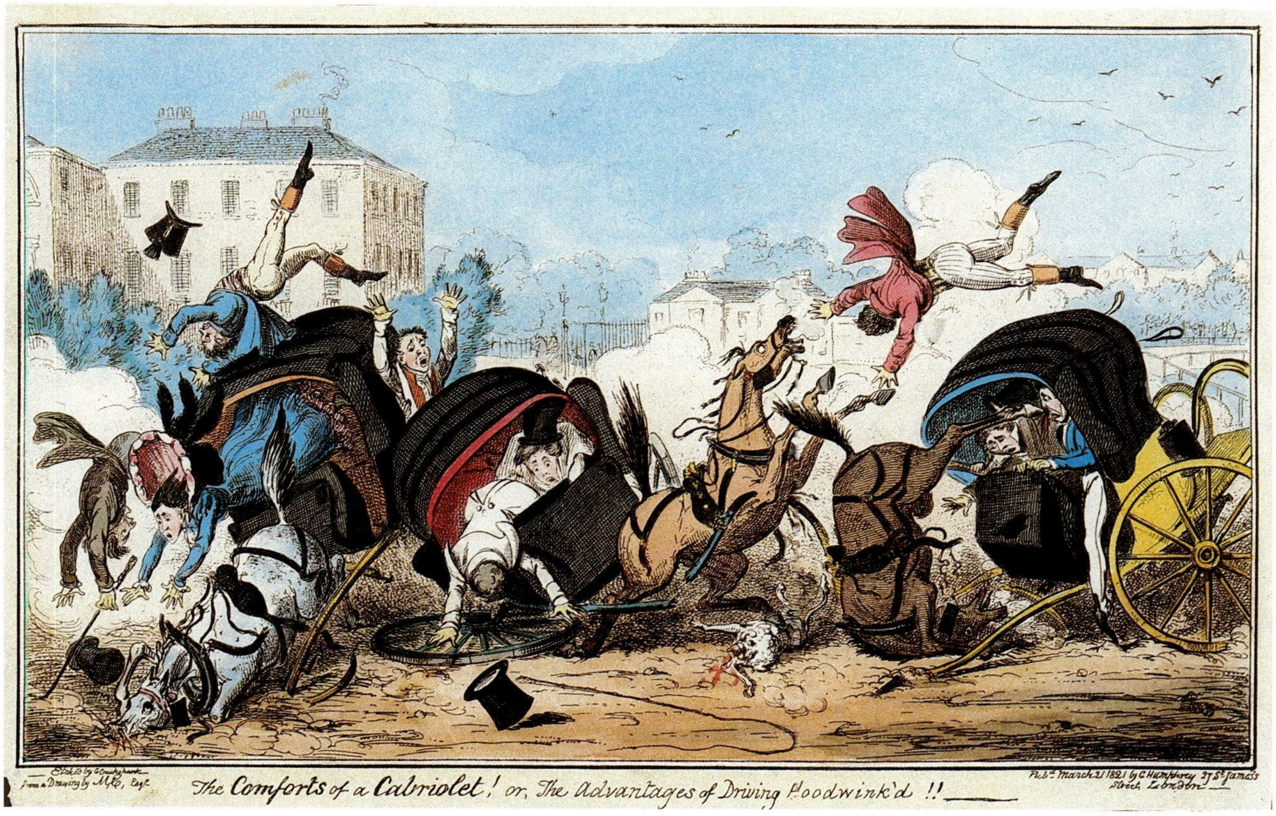
The Comforts of a Cabriolet! or, The Advantages of Driving Hoodwink'd !!
Pub.d March 21 1821 by G Humphrey 27 St James's Street London

179

180

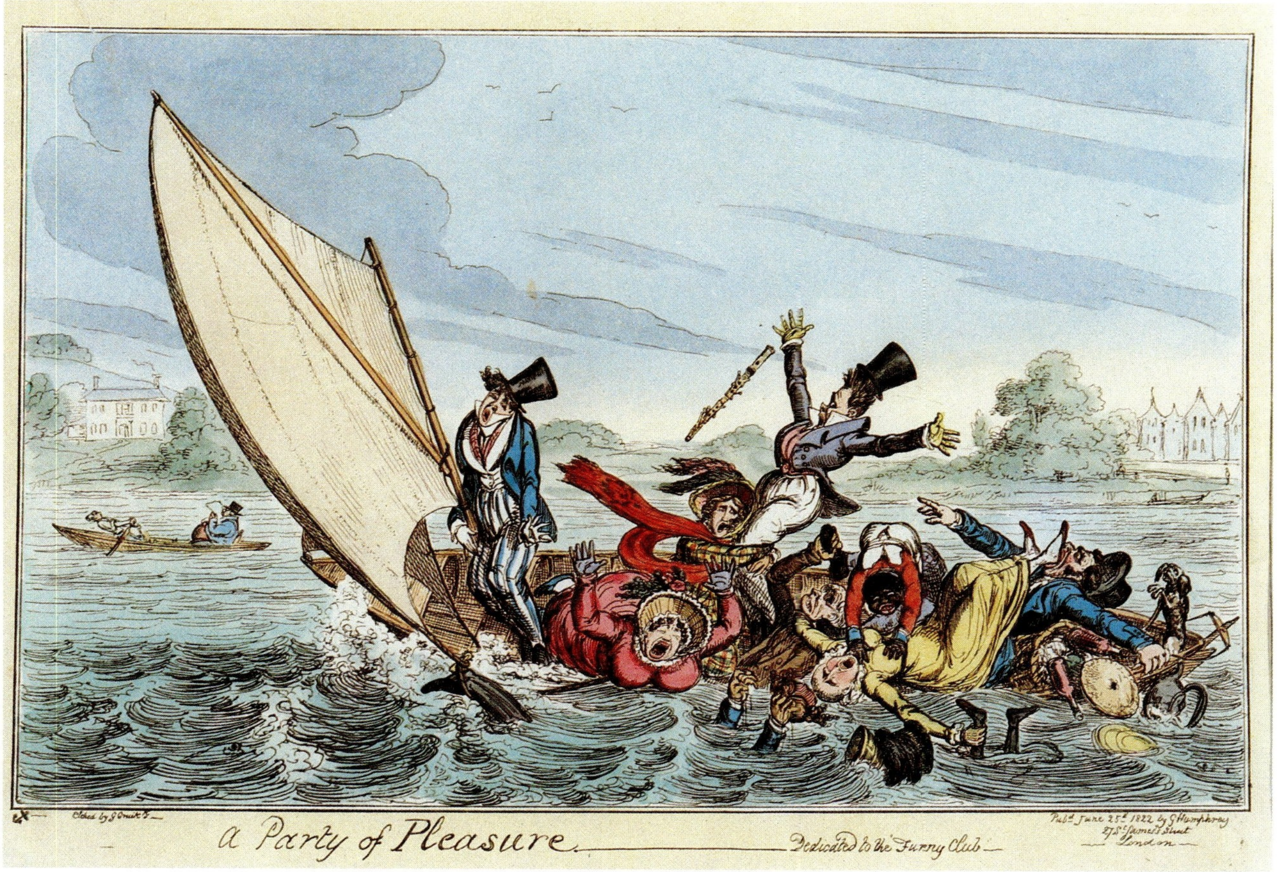
A Party of Pleasure
Dedicated to the Funny Club
Pub.d June 25th 1822 by G Humphrey 27 St James's Street London

William Austin bedient sich eines alten Tricks, um der Angst vor dem Feind und seinen Übergriffen die Macht zu nehmen: Er macht ihn lächerlich. Die französischen Spione, die in seiner Karikatur englisches Terrain erkunden sollen, sind deshalb grotesk überzeichnet. Mit auffälliger Haartracht, verräterischem Dreispitz und den viel zu großen Stiefeln, in denen der vorderste der Spione steckt, können sie nicht viel Unheil anrichten. Die Entlarvung ist gewiß. Zudem genügt ein kleiner Bienenschwarm, um sie in Panik geraten zu lassen: »Mein Gott, sie lassen meine ganzen Haare zu Berge stehen!« Keine guten Voraussetzungen also, um als ruhmreiche Spione nach Frankreich zurückzukehren! [GV]

GEORGE CRUIKSHANK (1792–1878)

179 Mißgeschicke: Die Bequemlichkeiten eines Cabriolets, oder: Die Vorzüge, mit Scheuklappen zu fahren
(The Comforts of a Cabriolet or The Advantages of Driving Hoodwink'd)
1821

Radierung, koloriert
242 x 386 mm
Bez. u. li.: Etched by G Cruikshank / from a Drawing by ME, Esqu.; u. re.: Pubd March 21 1821 by G Humphrey 27 S James's / Street London; u. Mi.: The Comforts of a Cabriolet! or, The Advantages of Driving Hoodwink'd!!
Wien, G. S. Albertina Inv. Nr. 1912–254
Lit.: George William Reid, A Descriptive Catalogue of the Works of George Cruikshank, London 1871, Band I, Nr. 977.

Es kam – wohl bei einer Ausfahrt im Hyde Park – zum Zusammenprall von drei eleganten Kutschen. Pferde überschlagen sich, Kutscher und Begleiter stürzen aus dem Wagen, die Deichseln bersten.
Die Lehre der Satire: Bei aller sportlichen Elegance muß Aufmerksamkeit ein solches Mißgeschick verhindern, um so mehr als die aus Frankreich importierten »Cabriolets« mit ihren weit vorgezogenen Verdecken die Sicht stark behinderten (vgl. Wilhelm-Busch-Museum, Hannover 1983, No. 166). [WK]

GEORGE CRUIKSHANK (1792–1878)

180 Mißgeschicke: Eine Vergnügungsfahrt
(A Party of Pleasure)
1822

Radierung, koloriert
259 x 376 mm
Bez. u. li.: Etched by G. Cruikk; u. re.: Pubd June 25th 1822 by G. Humphrey / 27 St. James's Street / London; u. Mi.: A Party of Pleasure – Dedicated to the Funny Club
Wien, G. S. Albertina, Inv. Nr. 1912–253
Lit.: George William Reid, A Descriptive Catalogue of the Works of George Cruikshank, London 1871, Band I, Nr. 1081.

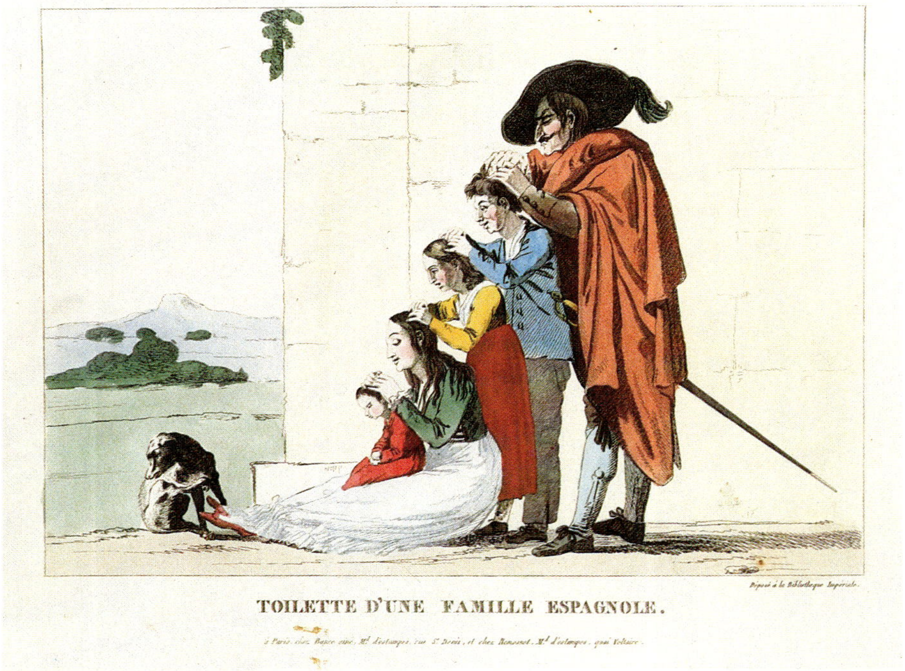

181

182

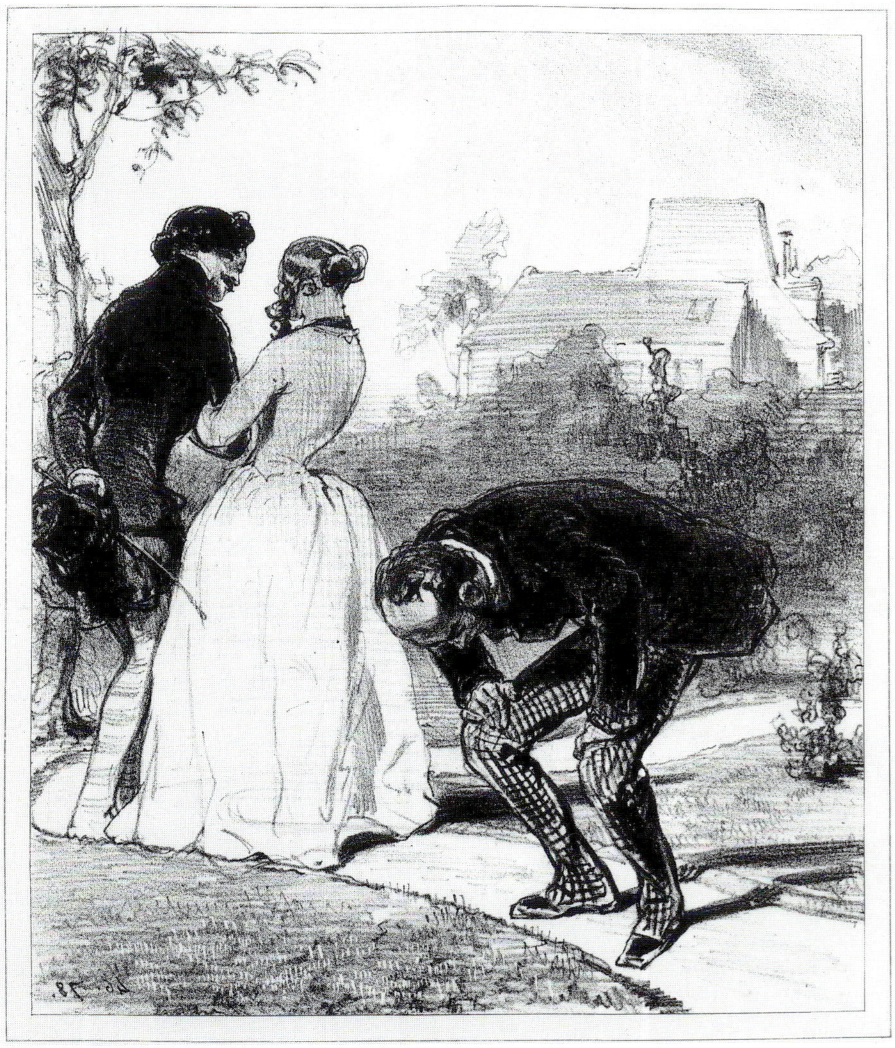

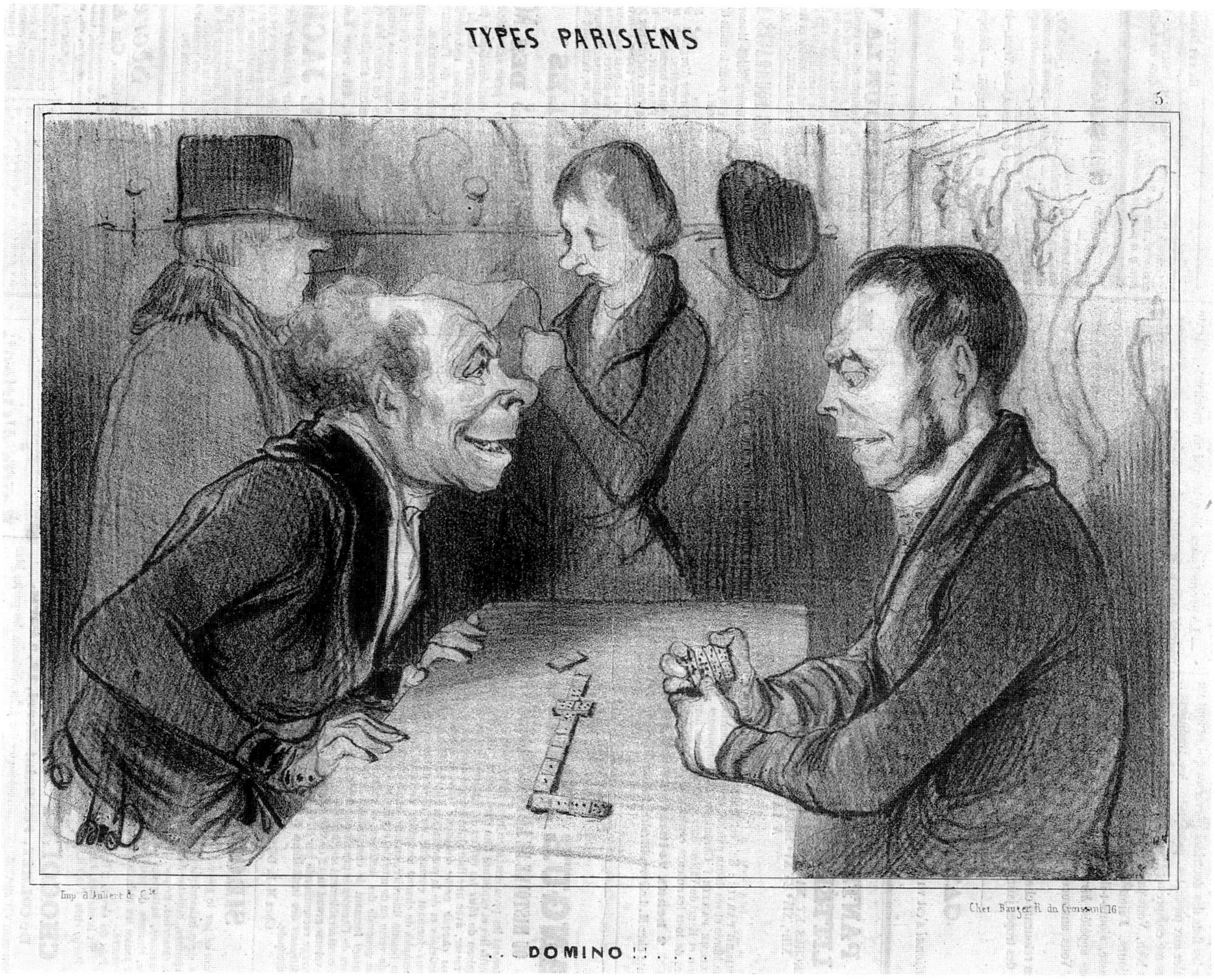

183

Ein überladenes Vergnügungsboot auf der Themse kentert jämmerlich. Die Party endet mit Schrecken. Der gemütliche Ausflügler im Hintergrund läßt sich ebensowenig bei seiner Zeitungslektüre stören wie sein Begleiter beim Rudern. Die Lehre: Wie schnell kann sich durch Leichtfertigkeit Vergnügen zum Unglück wenden.
Bemerkenswert ist, wie der aufgekommene Wohlstand der Künstler veränderte Themen zum Ziel setzte.
Auch dieses Blatt ist nach einer Zeichnung des Caplain Marryat entstanden. (G. Cruikshank, Wilhelm-Busch-Museum, Hannover 1983/84, No. 160). [WK]

ANONYMER FRANZÖSISCHER KÜNSTLER

181 Morgentoilette einer spanischen Familie
(Toilette d'une Famille Espagnole)
um 1800

Radierung, koloriert
255 x 348 mm
Bez. u. Mi.: TOILETTE D'UNE FAMILLE ESPAGNOLE / á Paris, chez Banc ainé, Md. d'estampes, rue St. Denis, et chez Remosret. Md. d'estampes, quai Voltaire; u. re.: Déposé à la Bibliotheque Impériale.
Wien, G. S. Albertina, K 470 a, 159

Der Spott gilt der sprichwörtlichen Verschmutzung südländischer Völker: Die wichtigste Beschäftigung ist das Abklauben von Ungeziefer von Haaren und Köpfen. Solche Karikaturen haben immer wieder der Überheblichkeit gedient, andere Völker im Ansehen herabzusetzen. [WK]

PAUL GAVARNI [GUILLAUME SULPICE CHEVALIER] (1804–1866)

182 Der ahnungslose Ehemann
vor 1847
(»T'as beau dire, Caroline, je ne suis pas content de ton gazon!«)

Publiziert in »Le Charivari«, 29. 1. 1847

Kreide, Schaber, 195 x 167 mm
Bez. u. li. im Stein: OEUVRES NOUVELLES DE GAVARNI; o. re.: FAITS ET GESTES DU PROPRIETAIRE; u. li.: im Stein: 46.78.; u. li.: Chez Aubert, Pl. de la Bourse, 29.; u. re.: Imp. d'Aubert & Cie«; u. Mi.: T'as beau dire, Caroline, je ne suis pas content de ton gazon«
Wien, G. S. Albertina, Inv. Nr. 1921/88
Lit.: J. Armelhault et E. Bocher, L'œuvre de Gavarni, Paris 1872, Nr. 1082/II.

Gavarni erhielt begeisterten Zuspruch durch Darstellung des täglichen Pariser Lebens, und man verglich ihn

mit Balzac. 1837 begann er für »Le Charivari« zu zeichnen.
Am Doppelsinn des Stoßseufzers eines älteren, hintergangenen Ehemanns (»Was Du so daherredest, Caroline, ich bin nicht zufrieden mit Deinem Rasen!« Gazon = Rasen, Garcon = Jüngling), rankt der Künstler eine reizende, leichthin gezeichnete Lithographie). [WK]

HONORÉ DAUMIER (1808–1879)

183 Types Parisiens ...Domino!!... 1841

Publiziert in: »Le Charivari«, 24. 10. 1841, als Nr. 5 der Serie »Types Parisiens«

Lithographie
Bild: 157 x 234 mm (innere Randlinien); Blatt 252 x 357 mm
Bez. im Stein innerhalb der Darstellung u. li.: h. D.; außerhalb der Darstellung u. li.: Imp. d'Aubert & Cie; u. re.: Chez Bauger R. du Croissant 16.; o. re.: 5. (Serien-Nr.); Kopftitel: TYPES PARISIENS; Legende ...DOMINO!!...
Wilhelm-Busch-Museum Hannover, Inv. Nr. KG 1788/82
Lit.: Loys Delteil, Le peintre graveur illustré (XIXe et XXe siècles), Band 21, Nr. 563.3.

Das Spiel ist entschieden: Der Sieger strahlt, der Verlierer ist wütend und verkrampft seine Hände. Eine physiognomische und zugleich psychologische Studie, die Daumiers große Meisterschaft belegt, Menschentypen zu erfassen und darzustellen.
Honoré hat zahlreiche Serien geschaffen, in denen er das Leben der Kleinbürger minutiös gespiegelt und öffentlich gemacht hat. Nach 1835, als die Zensur in Frankreich politische Karikatur unmöglich machte, muß sich Daumier der Gesellschaftssatire zuwenden. Indem er alle Facetten der bürgerlichen Gesellschaft darin spiegelt, hat er sie zugleich auch politisiert. [GV]

HONORÉ DAUMIER (1808–1879)

184 Die Vergnügungszüge (Les Trains de Plaisir) 1852

Nummer 2 der Serie »Vergnügungszüge« von 15 numerierten Blättern, publiziert in »Le Charivari«, August-September 1852

Kreidelithographie, koloriert
207 x 269 mm
Sign. u. li.: h D
Bez. o. Mi.: LES TRAINS DE PLAISIR; u. li.: Maison Martinet, r. Vivienne 41 et 11 r. du Coq. Paris.; u. re.: Imp. Ch. Trionequ. Cour de Miracles, 9. Paris; u. Mi.: Il faut que vous fassiez encore place à sept voyageurs... vous prenez trop vos aises dans votre compartiment!
Wien, G. S. Albertina, Inv. Nr. 1950–528

Der Vergnügungszug, der mit offenen Waggons den Reisenden die schöne Aussicht zeigen soll, steht abfahrbereit. Er scheint völlig überfüllt, doch der Schaffner ruft: »Sie müßten da noch Platz für sieben Reisende haben... Sie machen es sich zu gemütlich in Ihrem Abteil!« Es ist wohl der Kontrast des Begriffes Vergnügungen zur totalen Überfüllung, der zum Ziel des Spottes gemacht wird. [WK]

HONORÉ DAUMIER (1808–1879)

185 Die Vergnügungszüge (Les Trains de Plaisir) 1852

Nummer 6 der Serie »Vergnügungszüge«, publiziert in »Le Charivari«, August-September 1852

Kreidelithographie, koloriert
197 x 261 mm
Sign. u. li.: h D
Bez. o. Mi.: LES TRAINS DE PLAISIR; u. re.: 430; u. li.: Maison Martinet, r. Vivienne 41 et 11 r. du Coq. Paris.; u. re.: Imp. Ch. Trioneq. Cour de Miracles, 9. Paris; u. Mi.: Un train de plaisir – Deux heures du matin.
Wien, G. S. Albertina, Inv. Nr. 1950–529

Der Zug kehrt spät in der Nacht zurück, um 2 Uhr morgens sind die erschöpften Teilnehmer auf ihren Bänken zusammengesunken. Von »plaisir« ist nicht mehr viel zu spüren. [WK]

HONORÉ DAUMIER (1808–1879)

186 Physionomies des Chemins de Fer: Das Vergnügen, auf der Dachbank zu reisen (Agrément de voyager sur la Banquette) 1852

Nr. 6 der Serie »Physionomies des Chemins de Fer«, publiziert in »Le Charivari«, März-Mai 1852

Kreidelithographie, koloriert
208 x 265 mm
Sign. u. li.: h D
Bez. o. Mi.: PHYSIONOMIES DES CHEMINS DE FER; u. Mi.: Agrément de voyager sur la banquette.; u. li.: Chez Pannier & Cte rue du Croissant, 16. Paris; u. re.: Imp. Ch. Trinocq. Cour des Miracles, 9. Paris
Wien, G. S. Albertina, Inv. Nr. 1950–526

Die damals üblichen Sitzplätze am Dach der Waggons waren zwar besonders luftig, aber der Fahrtwind und der Kohlendunst der Dampflokomotive mindern das Vergnügen sichtlich. [WK]

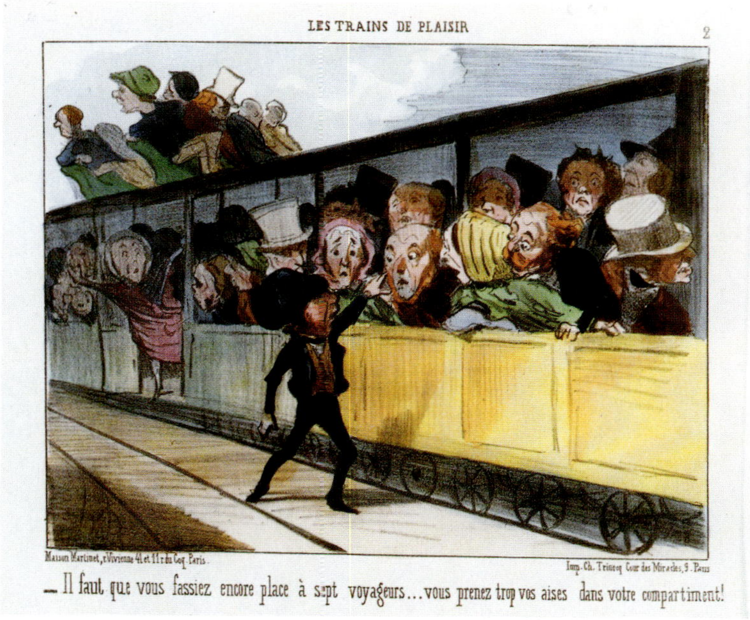

184

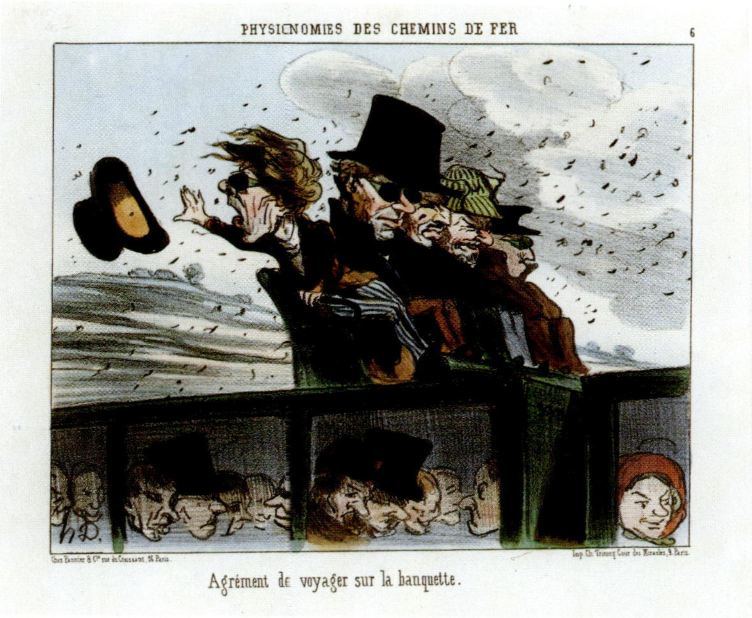

186

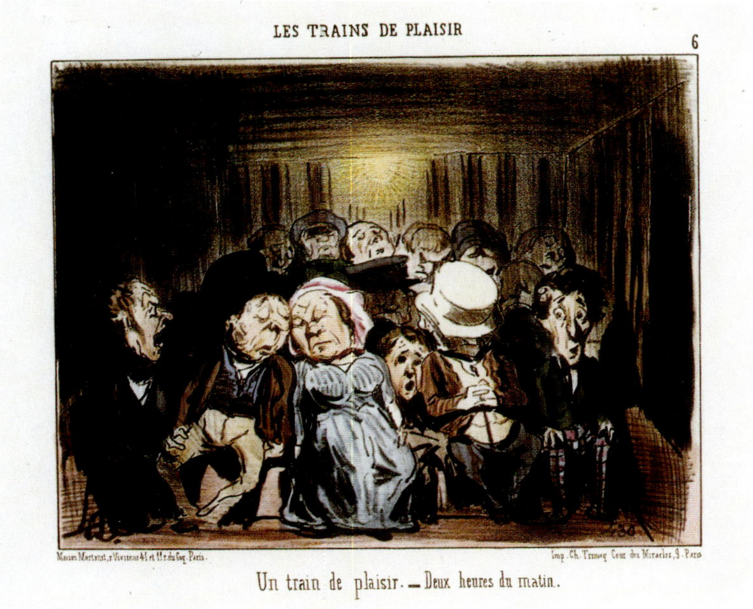

185

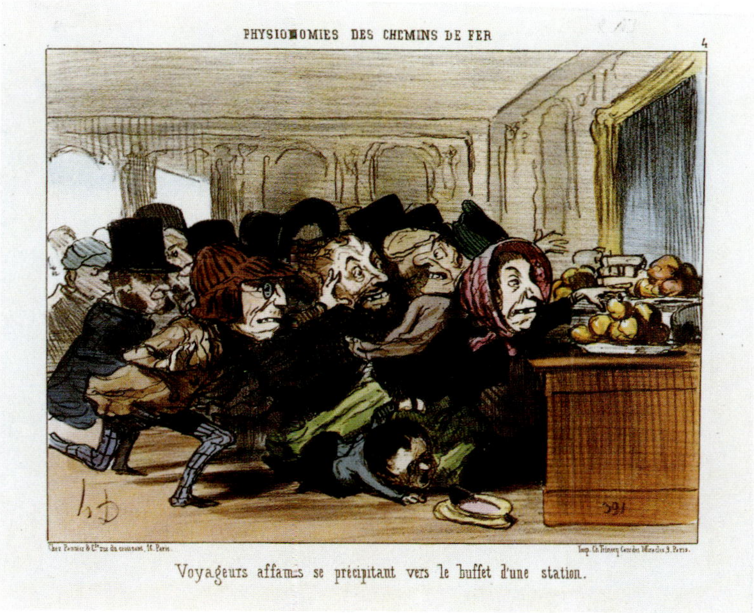

187

HONORÉ DAUMIER (1808–1879)

187 Physionomies des Chemins de Fer: Ausgehungerte Reisende stürzen sich auf das Buffet
(Voyageurs affamés se précipitant vers le Buffet)
1852

Publiziert in: »Le Charivari«, 30. 3. 1852

Kreidelithographie, koloriert
202 x 268 mm
Sign. li. u.: h D
Bez. o. Mi.: PHYSIONOMIES DES CHEMINS DE FER; u. li.: Chez Pannier & Cte. rue du croissant, 16. Paris; u. re.: Imp. Ch. Trinocq Cour des Miracles, 9. Paris; u. Mi.: Voyageurs affamés se précipitant vers le buffet d'une station.
Wien, G. S. Albertina, Inv. Nr. 1950–525

Blatt Nummer 4 einer Serie von zehn Darstellungen, die von März bis Mai 1852 in »Le Charivari« erschienen und die Freuden und Leiden des modernen Reisens im Dampfzug aufs Korn nahmen. [WK]

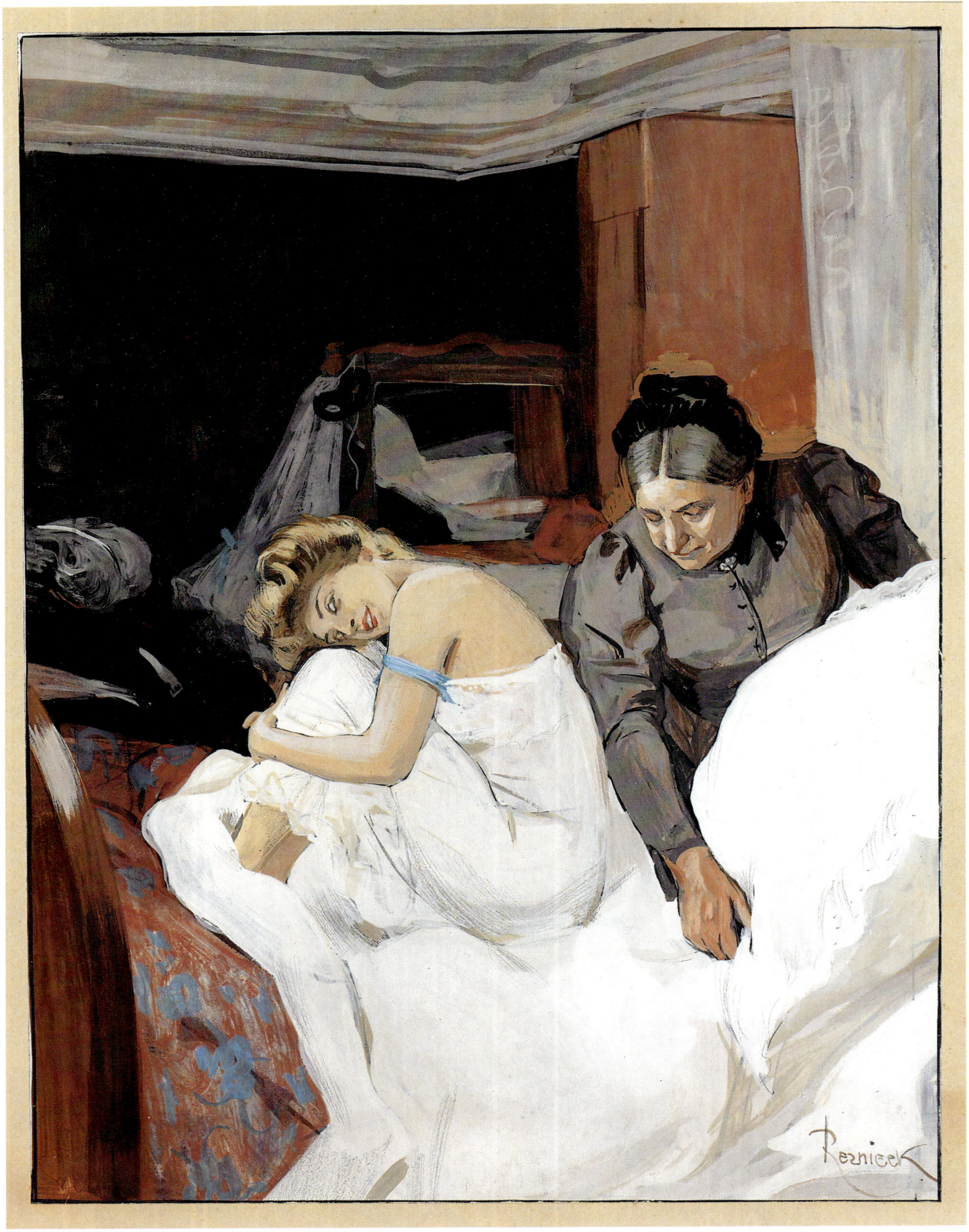

FERDINAND VON REZNICEK (1868–1909)

188 Force Majeur 1908
»Was jetzt in der Früh kommst erst heim, du ungeratenes Ding? Wo hast dich denn die ganze Nacht rumtriebn?« »Ach, der unverschämte Mensch hat mir meine Kleider versteckt. Da konnt ich doch nicht heim«!

Abgedruckt in: »Simplicissimus«, Faschingsnummer

Mischtechnik
402 x 330 mm
Sign. u. re.: Reznicek
Rudolf Koch, München

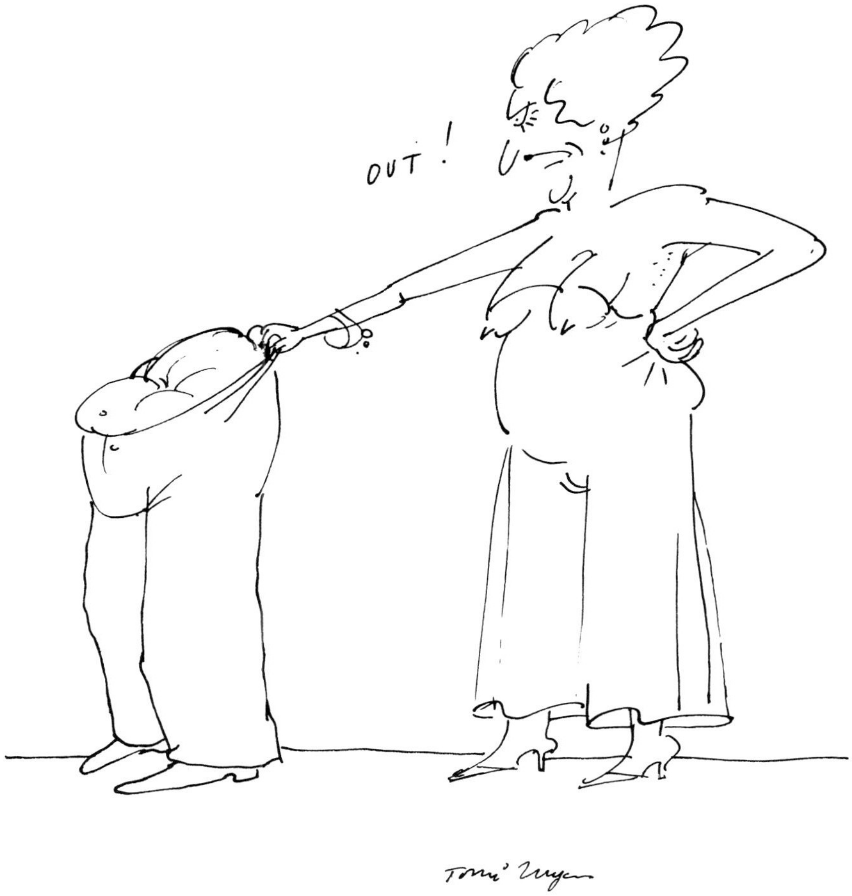

TOMI UNGERER (geb. 1931)

189 Out!
1961

Tusche/Feder
279 x 216 mm
Sign. u. re.: Tomi Ungerer
Bez. u. li.: Underground s.k./1961
Wilhelm-Busch-Museum Hannover, Inv. Nr. KG 1664/81

»Szenen eine Ehe« – vielleicht etwas übertrieben, doch typisch für Tomi Ungerer. Die 1961 entstandene Zeichnung war für das »Underground Sketckbook« (»Das geheime Skizzenbuch«) vorgesehen, wurde dann aber nicht aufgenommen. Die in diesem »Skizzenbuch« versammelten Zeichnungen sind Ergebnis von Ungerers exzessivem Studium der New Yorker Gesellschaft der sechziger Jahre. Schonungslos entlarvt er Scheinheiligkeit und Degeneriertheit der »Schönen und Reichen« und skizziert ein Horrorkabinett der gesellschaftlichen Eitelkeiten. [GV]

PAUL FLORA (geb. 1922)

190 Hochradunfall
1961

Tusche/Feder
432 x 614 mm
Sign. u. re.: FLORA 61; bez. u. li.: HOCHRADUNFALL
Wilhelm-Busch-Museum Hannover, Inv. Nr. KG 119/63

Paul Flora, der sich in den sechziger Jahren als politischer Karikaturist bei »Die Zeit« einen Namen ge-

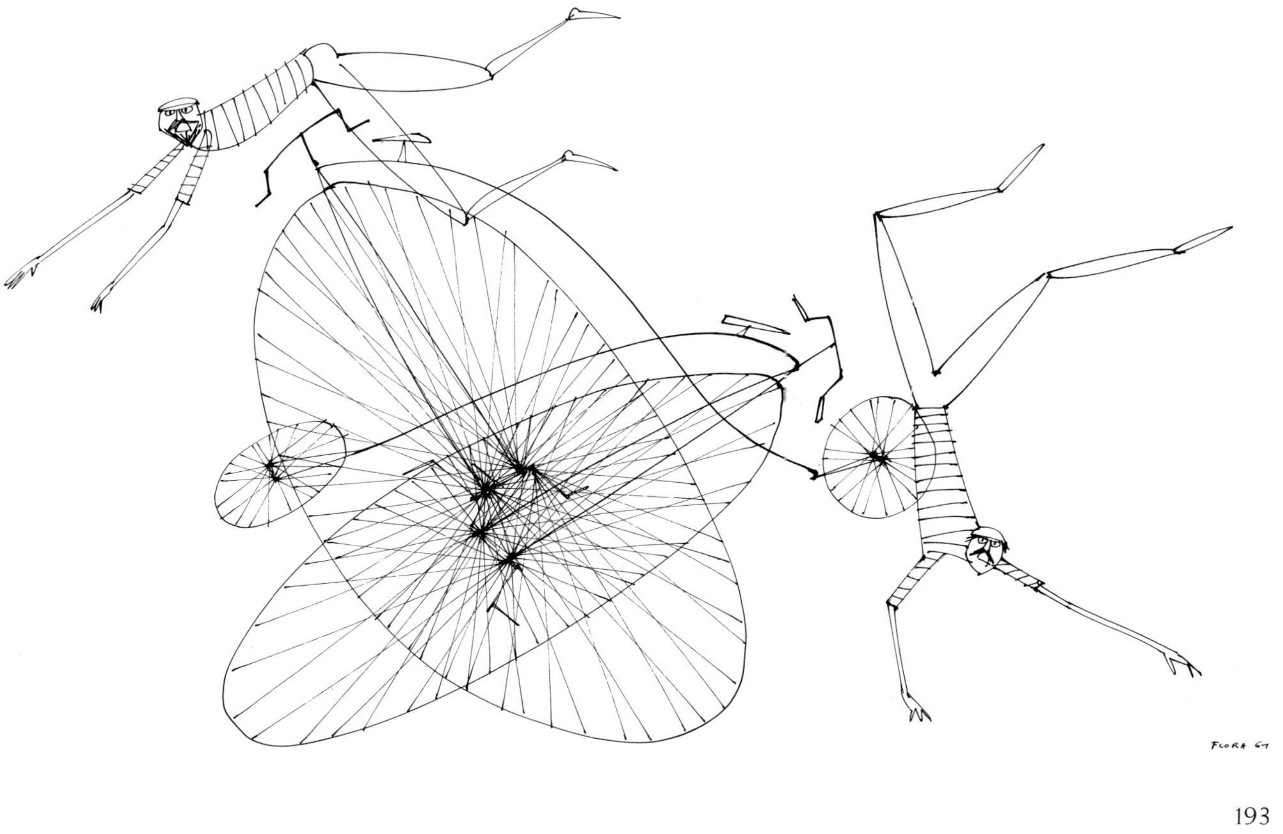

macht hat, ist vor allem immer ein virtuoser Zeichner. Er beherrscht meisterhaft die Kunst, mit wenigen Linien auch das größte »Durcheinander«, wie hier bei dem Hochradunfall, zu beschreiben. [GV]

JEAN-JACQUES SEMPÉ (geb. 1932)

191 Hommage à Baroque
1980

Aquarell
230 x 220 mm
Sign. u. re.: Sempé 1980
Privatsammlung
Lit.: Hommage a Baroque, München 1980, S. 10.

Die Hommage ist im zeitlosen, liebevoll dekorierten Milieu angesiedelt. Ein Cellist mit seiner Geliebten. Sie nackt nach Rubensart, im Hintergrund ihre Violine. Liebe, Wein, dekorativer Prunk nach Barockart. Wie es gestern war, so bleibt es in Ewigkeit. [HG]

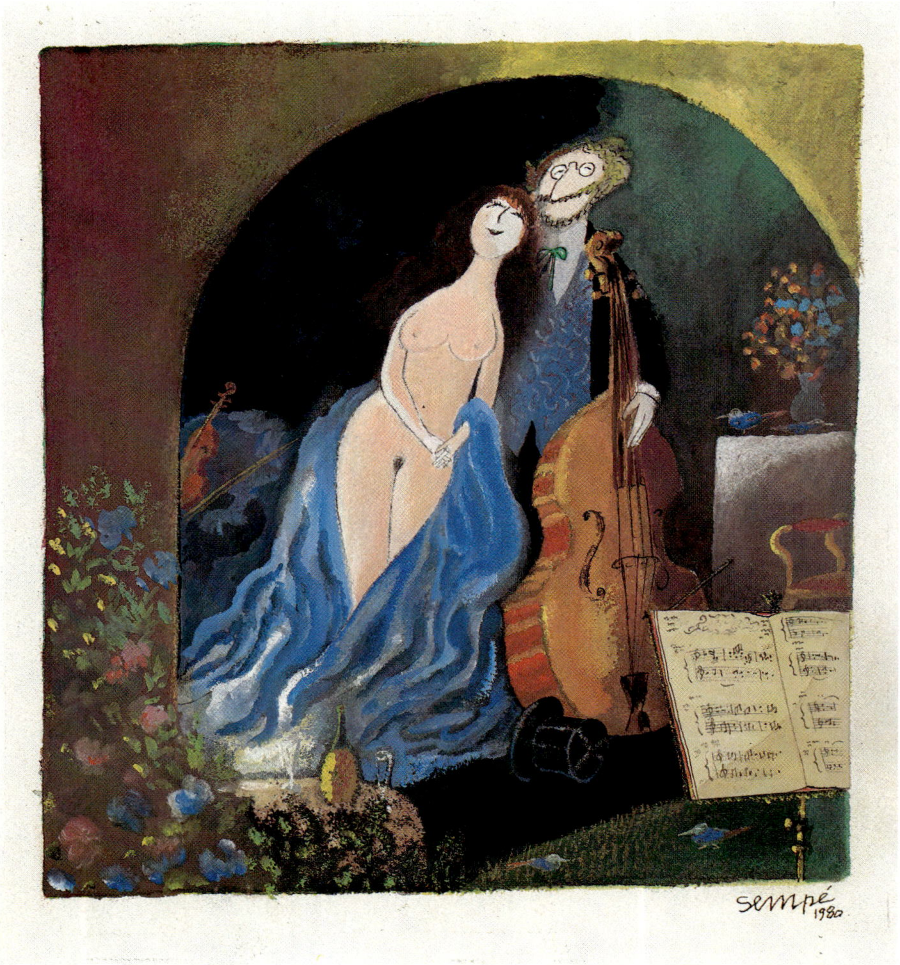

JEAN-JACQUES SEMPÉ (geb. 1932)

192 Hommage à Baroque
1980

Tuschfeder
300 x 420 mm
Sign. u. re.: Sempé 1980
Privatsammlung
Lit.: Hommage a Baroque, München 1980, S. 12.

Im Vordergrund ein Cellist, die gerissene Saite wechselnd. Auf dem Prunkbett die nackte Geliebte, gelangweilt, enttäuscht. Moral von der Geschicht: Nicht alles, was gut gemeint ist, trifft zur selben Zeit auf Gegenliebe. [HG]

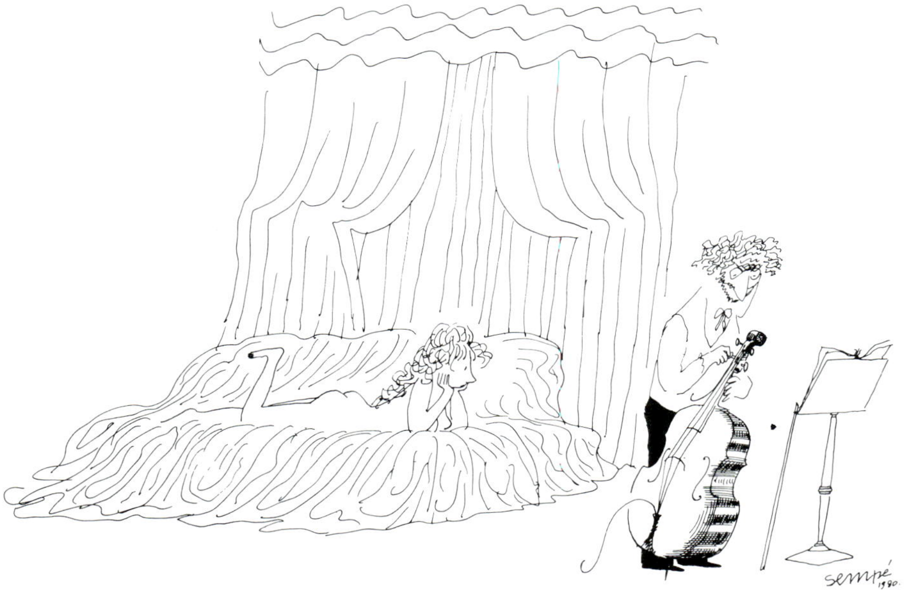

IX

Kleine Schwächen
Große Torheiten

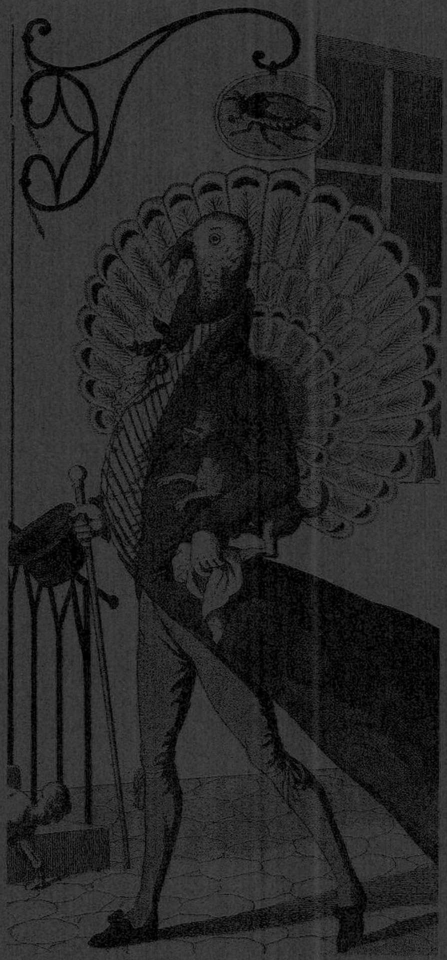

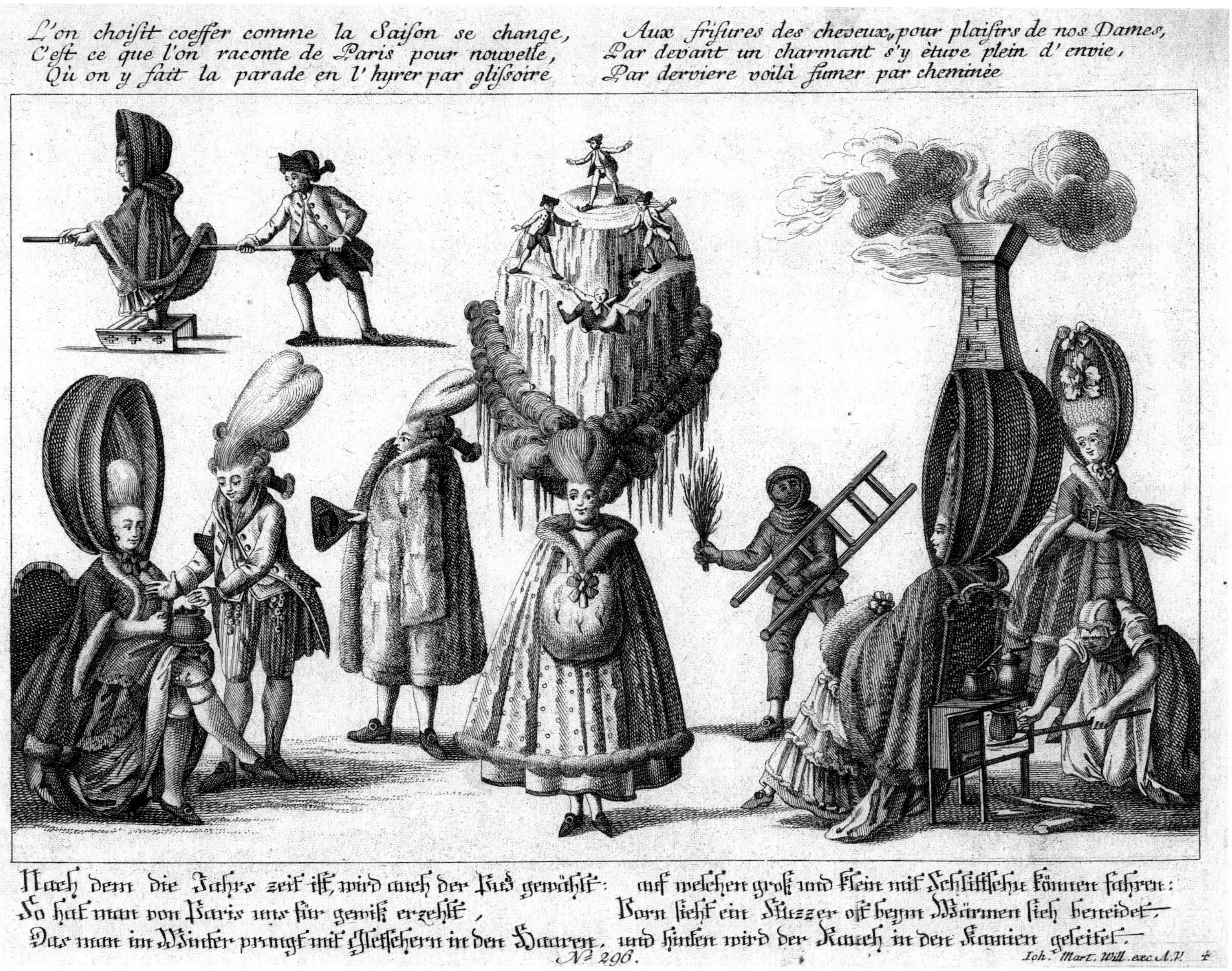

JOHANN MARTIN WILL (1727–1806)

193 Augsburger Bilderbogen Nr. 296 um 1780

Radierung
201 x 270 mm (Blatt: 234 x 330 mm) Bez. in der Platte am unteren Plattenrand li.: Ioh. Mart. Will. ecx A. V.; Text zweisprachig – oberhalb der Darstellung in französisch: L'on choisit coeffer comme la Saison se change,/C'est ce que l'on raconte de Paris pour nouvelle,/Qu'on y fait la parade en l'hyrer par glissoire – Aux frisures des cheveux pour plaisirs de nos Dames,/Par devant un charmant s'y ètuve plein d'envie,/Par derviere voilà fumer par cheminée; unterhalb der Darstellung in deutsch: Nach dem die Jahrs zeit ist, wird auch der Puz(?) gewählt:/So hat man von Paris uns für gewiß erzehlt,/Das man im Winter prangt mit Gletschern in den Haaren, – auf welchen groß und klein mit Schlittschuh können fahren:/Vorn sieht ein Stuzzer oft beym Wärmen sich beneidet,/und hinten wird der Rauch in den Kamien geleitet.

Wilhelm-Busch-Museum Hannover (Sammlung Max Hasse), Inv. Nr. KG 3353/87
Ausst. Kat. Hannover 1984, Wilhelm-Busch-Museum, Bild als Waffe. Mittel und Motive der Karikatur in fünf Jahrhunderten, Nr. 214

In der Mode des ausgehenden 18. Jahrhunderts galt die besondere Aufmerksamkeit der Frisur. Je höher, je voluminöser, je ausgefallener in Form und Schmuck, desto besser. Eine Mode, die den Karikaturisten reichlich Anlaß zur satirischen Auseinandersetzung bot. Dabei übertrafen sie die Phantasie der Friseure noch um einige Grade. Wie Johann Martin Will in seinem Bilderbogen Nr. 296, der der Wintermode gewidmet ist. So ist die Vorstellung einer Gletscherlandschaft aus Haaren ebenso kühn wie der heizbare Kaminaufsatz, dessen Funktionieren durch die Rauchwolke unter Beweis gestellt wird. [GV]

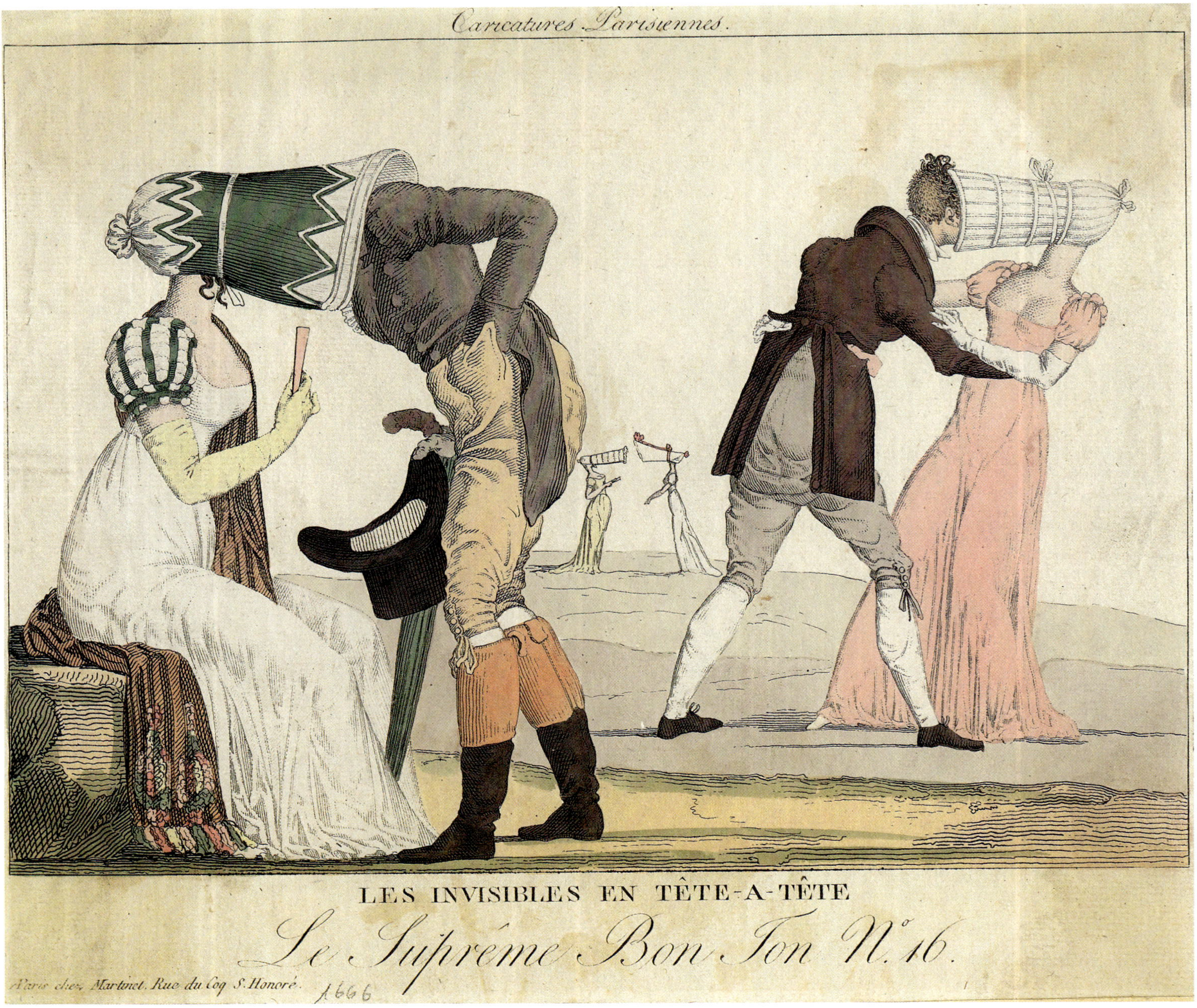

ANONYMER FRANZÖSISCHER KÜNSTLER

194 Le Suprême Bon Ton No. 16: Die Unsichtbaren
(Les invisibles en tête-à-tête)
um 1800

Radierung, koloriert
201 x 242 mm (Blatt beschnitten)
Bez. o. Mi.: Caricatures Parisiennes; u. Mi.: LES INVISIBLES EN TÊTE-A-TÊTE / Le Suprême Bon Ton, N°. 16; u. Mi.: A Paris chez Martinet, Rue du Coq S. Honoré.
Privatbesitz München
Lit.: Eduard Fuchs, Die Karikatur der europäischen Völker vom Altertum bis zur Neuzeit, 2. Aufl., Berlin 1902, Abb. S. 199. – Ausst. Kat. München 1966/67, Stadtmuseum, Populäre Graphik des 19. Jahrhunderts. Sammlung Günter Böhmer, Nr. 107. – Ausst. Kat. Berlin 1970, Akademie der Künste, Populäre Graphik des 19. Jahrhunderts. Sammlung Günter Böhmer, Nr. 141. – Ronald Searle, Claude Roy, Bernd Bornemann, La Caricature, Genève 1974, Abb. S. 78. – Ausst. Kat. Hannover usw. 1984/85, Mittel und Motive der Karikatur in fünf Jahrhunderten. Bild als Waffe, Nr. 216–220.

Wie die unpraktischen Kleiderlängen wurden die sich riesig auswachsenden Krempen der Hauben mehrfach zur Zielscheibe der Karikaturisten. Diese hier natürlich überzeichneten Ungetüme hielten das Gegenüber auf Distanz, zum zärtlichen tête-à-tête mußte der Partner erst in die röhrenförmige Öffnung hineinkriechen. Daß der Herr dabei die Hand in der Tasche behält, paßt zur rowdyhaften Note jener Zeit der schiefsitzenden Fräcke. [MS]

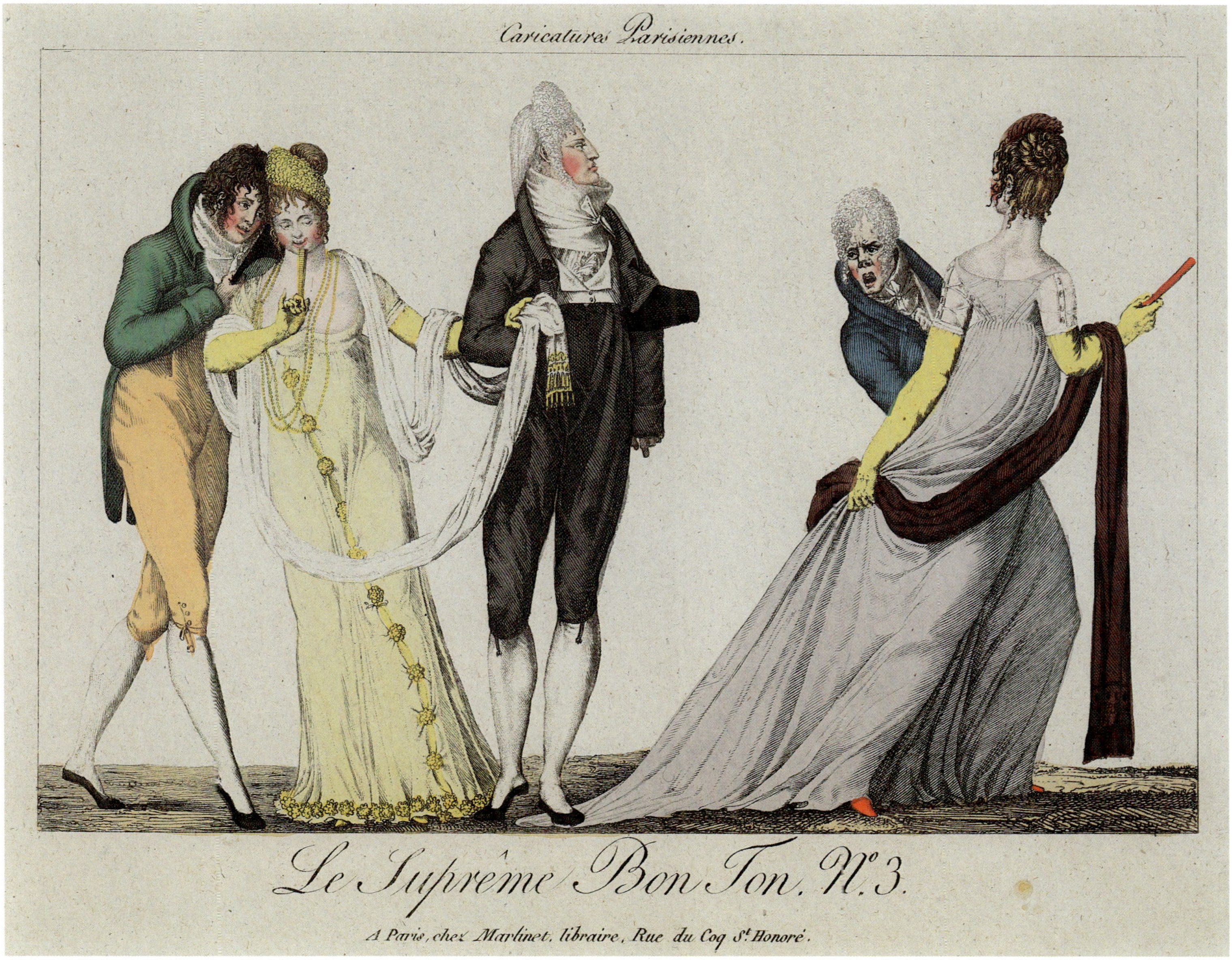

ANONYMER FRANZÖSISCHER KÜNSTLER

195 Le Suprême Bon Ton No. 3: Die Schleppe
um 1800

Radierung, koloriert
205 x 271 mm
Bez. o. Mi.: Caricatures Parisiennes.; u. Mi.: Le Suprême Bon Ton. N° 3. / A Paris, chez Martinet. libraire, Rue du Coq S^t. Honoré.
Privatbesitz München
Lit. Eduard Fuchs, Die Karikatur der europäischen Völker vom Altertum bis zur Neuzeit, 2. Aufl., Berlin 1902, Abb. S. 196 und 199 – Erika Thiel, Geschichte des Kostüms, 5. Aufl., Wilhelmshaven 1980, S. 287–305. – Ausst. Kat. Hannover usw. 1984/85, Mittel und Motive der Karikatur in fünf Jahrhunderten. Bild als Waffe, Nr. 216–220.

Die französische Mode des ausgehenden 18. und beginnenden 19. Jahrhunderts machte wie die Politik einen raschen Wandel durch. Nach dem Ende des Terrors Robespierres traten ab 1794 die Merveilleuses und Incroyables (die Wunderbaren und Unglaublichen) auf den Plan, reiche Bürger, deren extravagante Erscheinung Aufsehen erregen sollte. »Le Suprême Bon Ton« (der Gute Ton) ist eine von vielen Mode-Stichreihen der Zeit. Hier werden die Komplikationen im Umgang mit den langen Schleppen der Kleider demonstriert.

[MS]

JAMES GILLRAY (1757–1815)

196 Eine moderne Schönheit auf dem Weg zum Kurhaus in Bath
(A Modern Belle going to the Rooms at Bath) 1796

Radierung, koloriert, 349 x 249 mm
Bez. in der Platte außerhalb der Darstellung u. re.: Pub^{d} Jany 13th 1796. by H. Humphrey, New Bond Street; Legende: A Modern Belle going to the Rooms at Bath.
Wilhelm-Busch-Museum Hannover, Inv. Nr. KG 2547/87
Lit.: British Museum London. Catalogue of Political and Personal Satires, BM Nr. 8895. – Ausst. Kat. Hannover 1986, Wilhelm-Busch-Museum, James Gillray. Meisterwerke der Karikatur, Nr. 70.

Die ausgefallene Frisurenmode Ende des 18. Jahrhunderts schmückte die Trägerin nicht nur, sie sorgte auch für Unbequemlichkeiten bis hin zu Unfällen. So entzündeten sich hohe Frisuren hin und wieder an Laternen oder Kronleuchtern. Erfindungsreichtum war also auch im täglichen Umgang gefragt, wobei Vorschläge von seiten der Karikaturisten natürlich besonders reizvoll sind – wie Gillrays Konstruktion eines Sonnenschirms für die in der Sänfte reisende Schöne. [GV]

ANONYMER FRANZÖSISCHER KÜNSTLER

197 Le Suprême Bon Ton No. 5: Beim Schuhputzer
(Les Décroteurs en Boutique) um 1800

Radierung, koloriert, 205 x 300 mm
Bez. o. Mi.: Caricatures Parisiennes., u. Mi.: Le Suprême Bon Ton, N°. 5. / Ou les Décroteurs en Boutique. / A Paris chez Martinet, libraire, rue du Coq S^{t}. Honoré.
Privatbesitz München
Lit.: Erika Thiel, Geschichte des Kostüms, 5. Aufl., Wilhelmshaven 1980, S. 287–305. – Ausst. Kat. Hannover usw. 1984/85, Mittel und Motive der Karikatur in fünf Jahrhunderten. Bild als Waffe, Nr. 216–220.

Die Szene im Laden des Schuhputzers läßt gut die Herrenmode jener Zeit studieren. Die Haare trug man struppig oder zu kunstvollen Locken geformt. Die überdimensionalen Halstücher mit der propellerähnlichen Schleife erhielten ihr Volumen oft durch kleine Polster. Die Taillen der Hosen – immer häufiger die langen Pantalons – rutschten stetig höher und betonten die Figur in allen Details; Stiefel kamen in Mode. Der Degen des feudalen Zeitalters wurde zum knorrigen Stock. [MS]

CARLE VERNET (1758–1836)

198 Les Merveilleuses
um 1800

Radierung in Manière criblée (Punktiermanier), 400 x 532 mm
Bez. u. li.: Cle Vernet delt; u. re.: Darcis sculpt; u. Mi.: LES MÉRVEILLIEUSES
Wien, G. S. Albertina, Inv. Nr. 470 b, K 4, 6

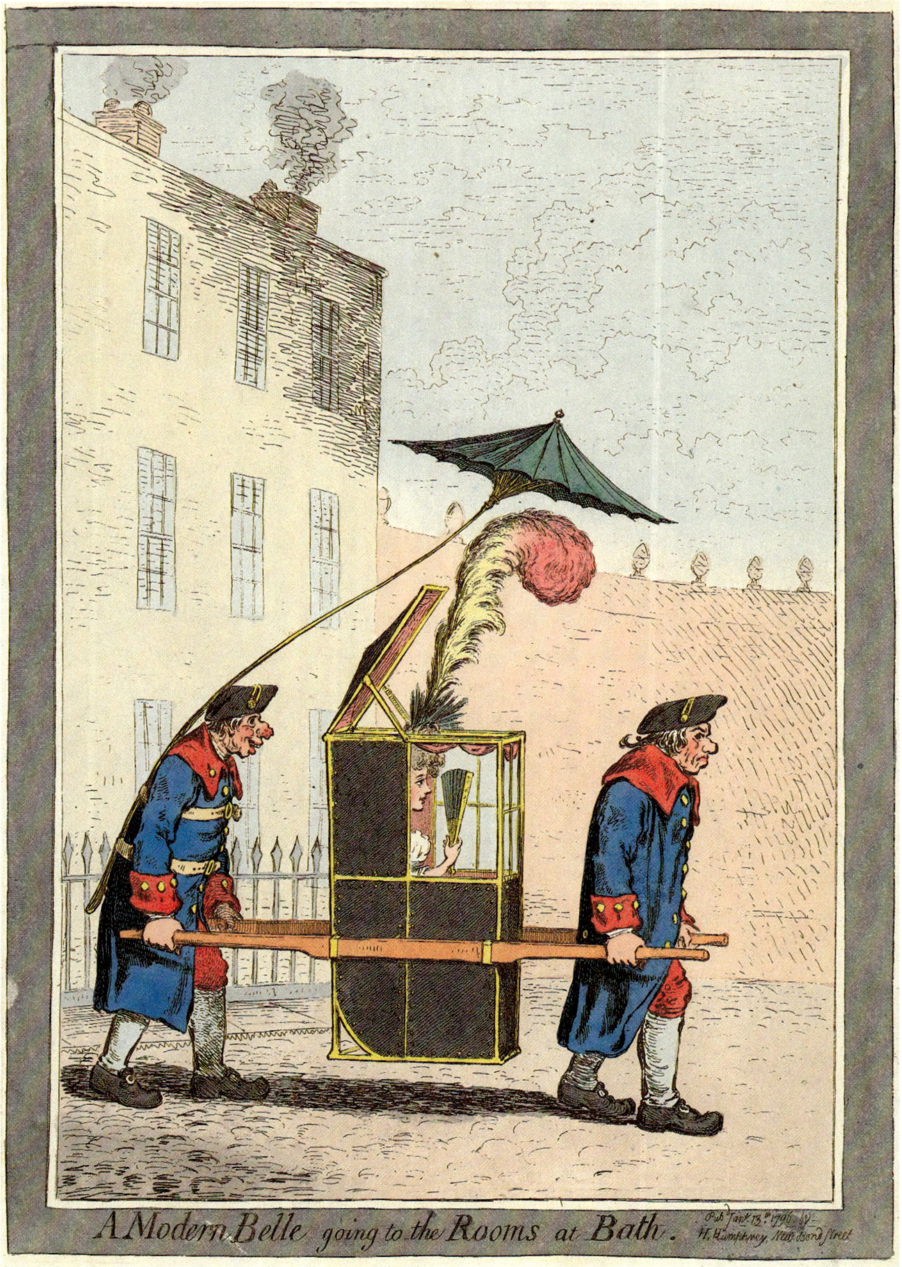

196

Bei Le Blanc werden diese beiden Blätter nach Carle Vernet als diejenigen genannt, denen Louis D'Arcis (geb. s. d. – 1801) seine Popularität verdankte.
Die Übertreibungen der Mode boten immer wieder von neuem den dankbarsten Stoff für satirische Darstellungen. Die zeitlose Lehre: So tiefgreifend können Revolutionen die Gesellschaft gar nicht verändern, daß nicht allsogleich neue Torheiten aufkommen. [WK]

CARLE VERNET (1758–1836)

199 Les Incroyables
um 1800

Radierung in Manière criblée (Punktiermanier), 405 x 545 mm
Bez. u. li.: Cle Vernet delt; u. re. Darcis s; u. Mi. LES INVROYABLES;
Wien, G. S. Albertina, Inv. Nr. K 470 b, K 4, 7

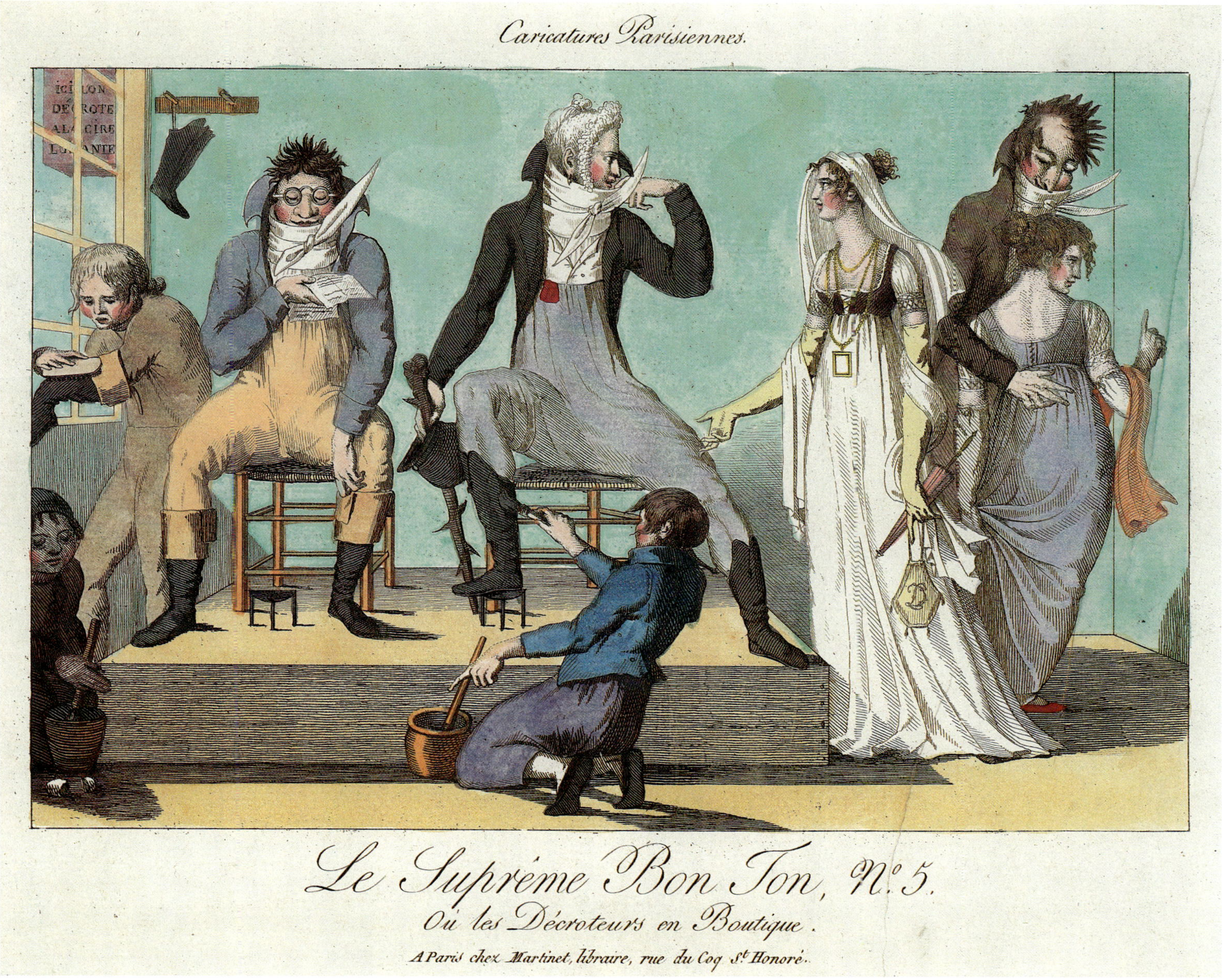
Caricatures Parisiennes.
Le Suprême Bon Ton, N.º 5.
Où les Décroteurs en Boutique.
A Paris chez Martinet, libraire, rue du Coq S.t Honoré.

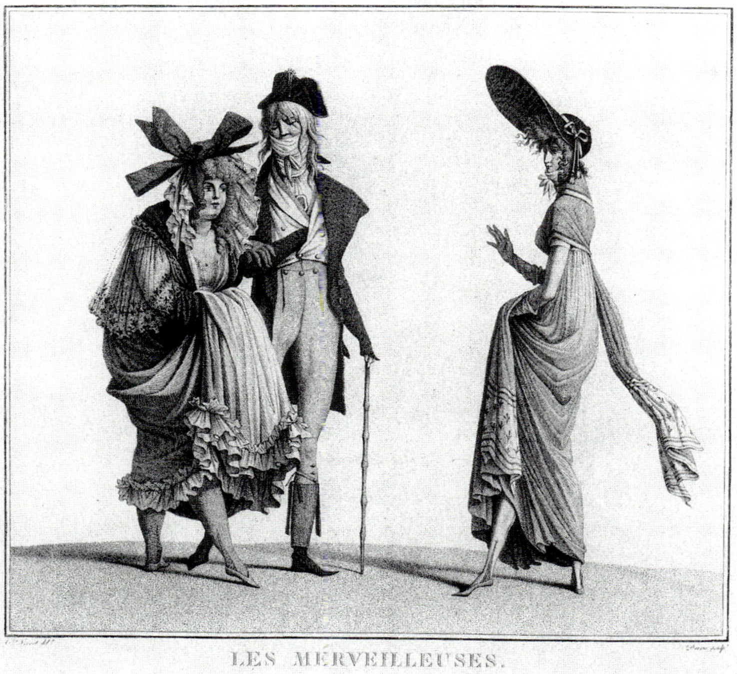
LES MERVEILLEUSES.

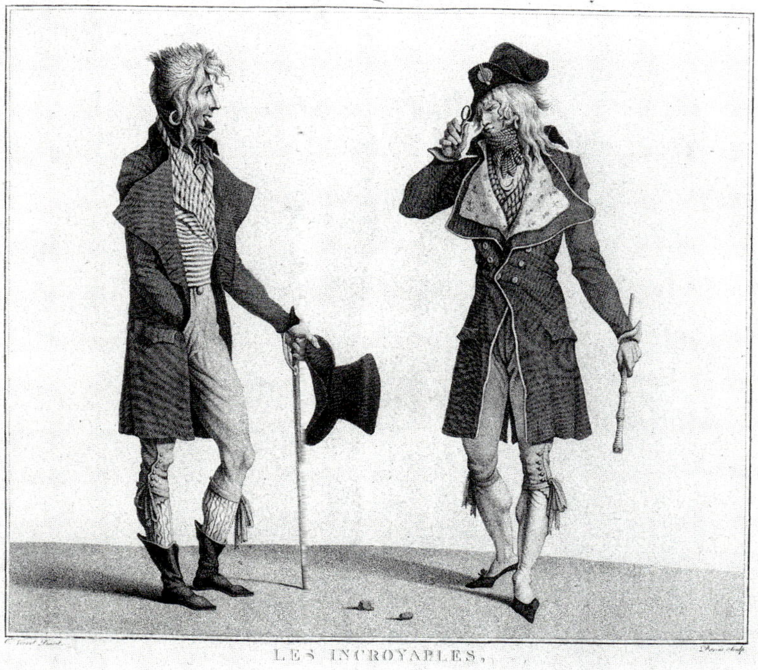
LES INCROYABLES.

Die satirische Interpretation der sich nur allzu schnell zu übertriebener Eleganz neigenden »Sansculottes«-Generation, die sich durch die Revolution zu einer gehobenen Schicht wandelte, zeigt in köstlich kritischer Weise die neureiche Attitüde. [WK]

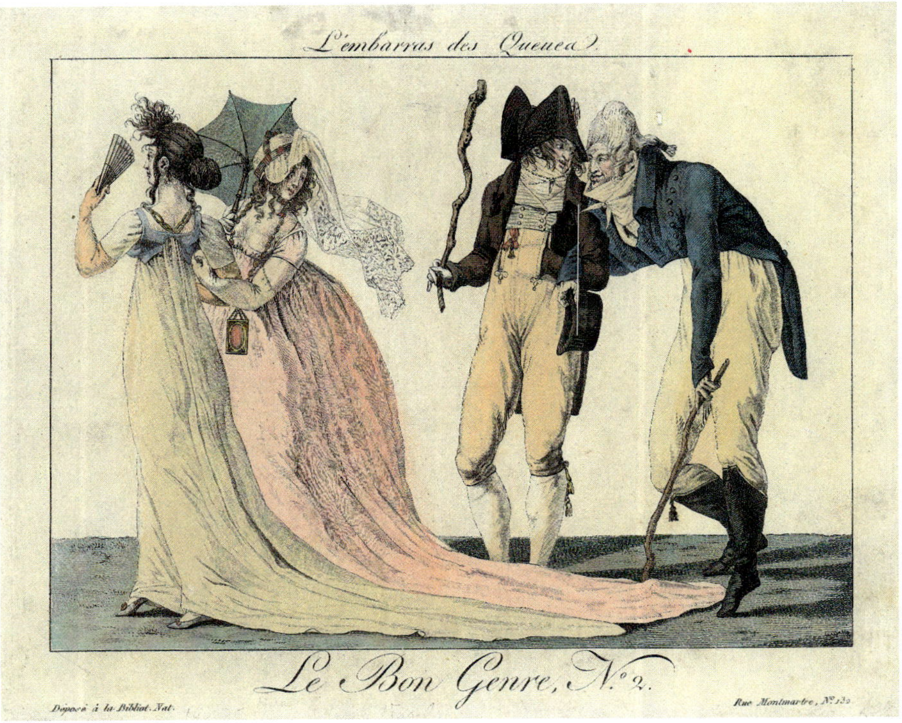

JEAN FULCHRAN HARRIET (1757–1805)

200 Die feine Art: Hinderliche Schleppen
(Le Bon Genre, No. 2:
L'embarras des Queues)
Anfang 19. Jahrhundert

Kupferstich, aquarelliert
207 x 256 mm (Blatt: 212 x 269 mm)
Ohne Künstlerbezeichnung; in der Platte bez. außerhalb der Darstellung u. li.: Déposé à la Bibliot. Nat.; u. re.: Rue Montmartre, N° 132; Überschrift: L'embarras des Queues; Legende (= Serientitel) u. Mi.: Le Bon Genre, N° 2.
Wilhelm-Busch-Museum Hannover (Sammlung Max Hasse), Inv. Nr. KG 3150/87
Lit.: »Aus besten Kreisen«. 110 satirische Bilder aus dem Empire. Nach den kolorierten Kupferstichen des »Bon Genre«. Mit einem Nachwort von Gretel Wagner, Dortmund 1980.

Zwischen 1801 und 1817 erschien in Paris eine Serie von Kupferstichen unter dem Titel »Le Bon Genre«. Modische Extravaganzen, gesellschaftliche Attitüden und Eitelkeiten wurden in ihnen auf ebenso humorvolle wie geistreiche Weise ironisiert. Diese Serie erfreute sich großer Beliebtheit. 1817 wurden die von verschiedenen Künstlern gearbeiteten Blätter als gesammelte Folge veröffentlicht. Sie enthielt Kommentare von Pierre de la Mésangère (1761–1831), einem ehemaligen Abbé (bis 1789), der zum Modekönig in Paris avanciert war. 1822 und 1827 folgte eine um 11 Blätter erweiterte zweite und dritte Auflage. [GV]

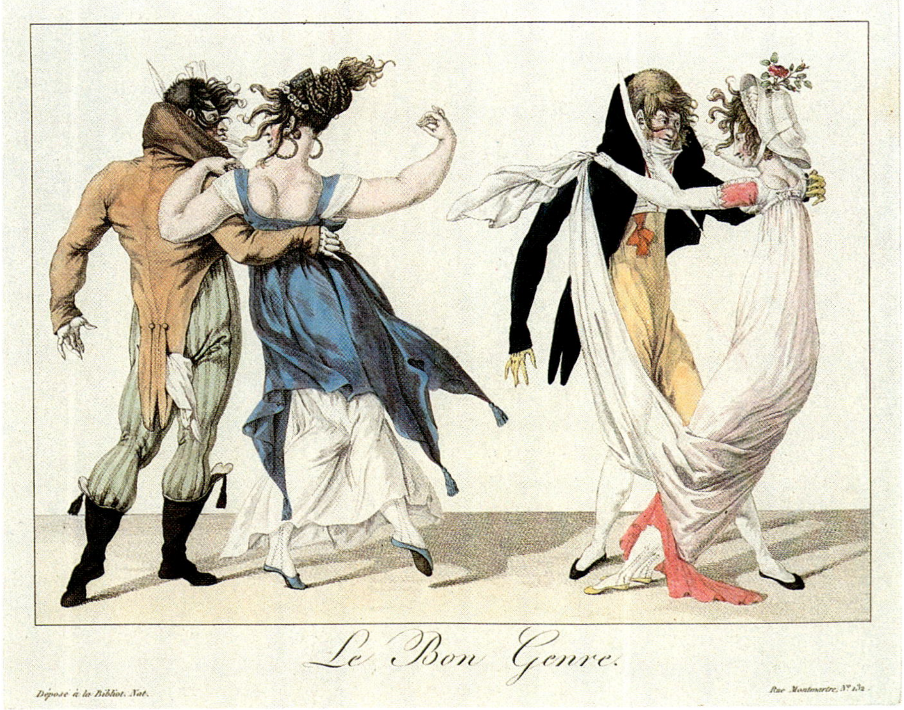

ANONYMER FRANZÖSISCHER KÜNSTLER

201 Die feine Art
(Le Bon Genre)
Anfang 19. Jahrhundert

Radierung, koloriert
232 x 285 mm
Bez. u.: Le Bon Genre; u. li.: Déposé á la Bibliot. Nat.; u. re.: Rue Montmartre, No 132.
Wien, G. S. Albertina, K 470 a, 184

Angeprangert wird neben der übertriebenen Mode die freie Art des Umgangs. [WK]

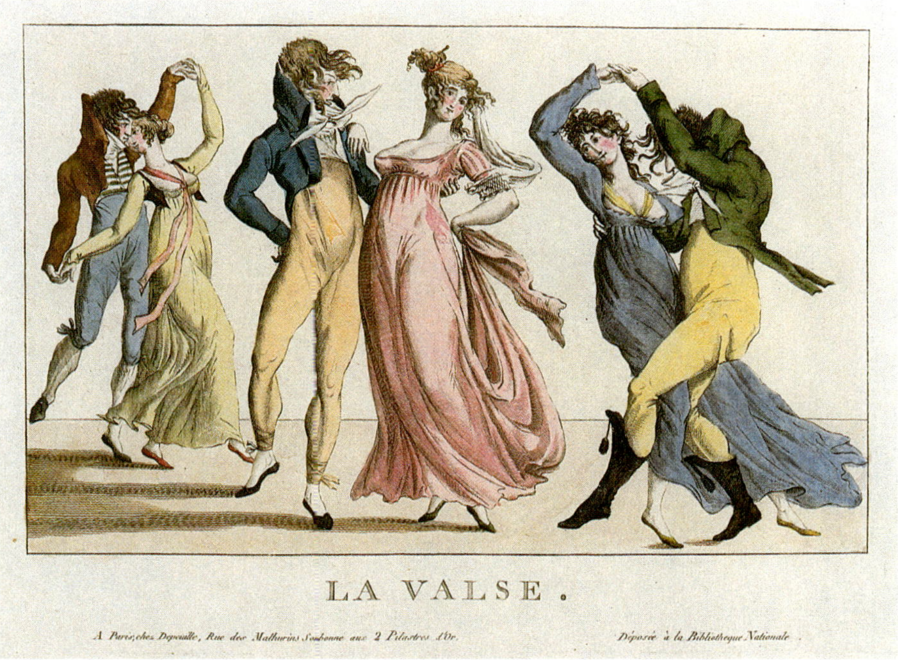

ANONYMER FRANZÖSISCHER KÜNSTLER

202 Der Walzer
(La valse)
um 1800

Radierung, koloriert, 245 x 325 mm
Bez. u. Mi.: LA VALSE; u. li.: A Paris Depeialle, Rue des Mathurins Sorbonne aux 2 Pilastres d'Or.; u. re.: Déposée á la Bibliotheque Nationale
Wien, G. S. Albertina, K 470 a, 182

Der um die Jahrhundertwende von Wien und den Alpenländern ausgegangene Tanz eroberte die Welt, wurde in seinen Auswüchsen jedoch häufig zum Ziel des Spottes. [WK]

GEORGE CRUIKSHANK (1792–1878)

203 Walzerversuche
(Specimens of Waltzing)
1817

Radierung, koloriert, 243 x 347 mm
Bez. u. li.: (etched by G. Cruikshank); u. re.: Pubd June 4th 1817 by H. Humphrey / 27 St James's Street London.; u. Mi.: SPECIMENS of WALTZING
Wien, G. S. Albertina, Inv. Nr. 1912–250.
Lit.: George William Reid, A Descriptive Catalogue of the Works of George Cruikshank, London 1871, Band I, Nr. 676.

Cruikshank verspottet die vom Festland aufgekommene neue Mode des Walzertanzens, die nicht zuletzt durch den Kongreß in Wien den Weg in die Welt nahm. Anstoß nahm man vor allem an der engen Körperhaltung der Paare, was bekanntlich die Fürstin Metternich, als sie zum ersten Mal in Wien Paare Walzer tanzen sah, zu der Bemerkung veranlaßte, man habe das zu ihrer Zeit wohl auch getan, jedoch im Schlafzimmer. [WK]

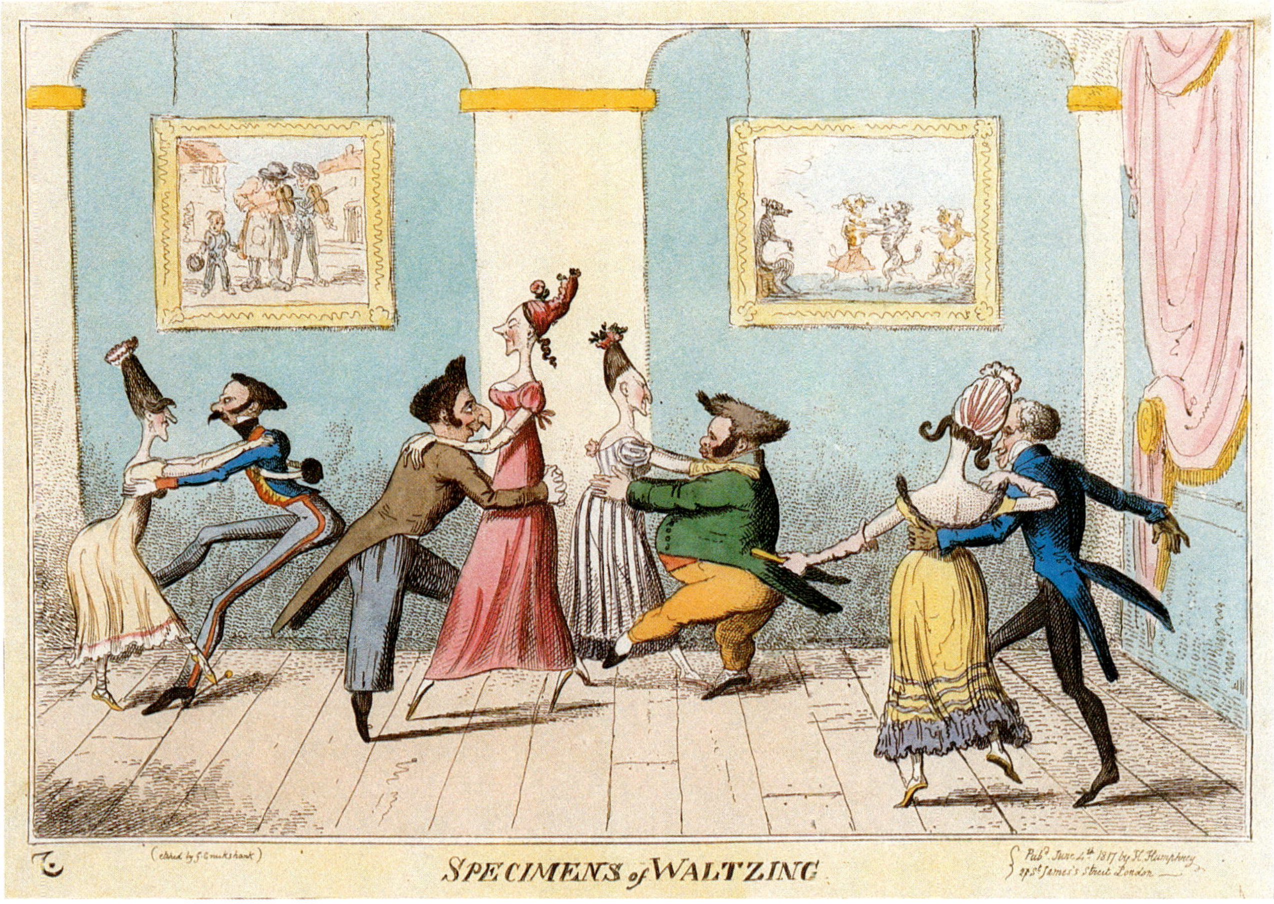

GEORGE CRUIKSHANK (1792–1878)

204 Die Tanzlektion, Erste Position
(The Dancing Lesson)
1822

Radierung, koloriert
144 x 180 mm
Bez. u. li.: Etchd by G Cruikk; u. re.: Pub July 8th 1822 by G Humphrey / 27 St. James's St London; u. Mi.: The Dancing Lesson – Pt 1.
Wien, G. S. Albertina, Inv. Nr. 1912–248
Lit.: George William Reid, A Descriptive Catalogue of the Works of George Cruikshank, London 1871, Band I, Nr. 1082.

Ein manierierter Tanzlehrer erteilt zum eigenen Geigenspiel Unterricht; der Sohn des Hauses lernt an der Türe, sich elegant zu verbeugen, die Tochter in der Fußhaltung der ersten Ballett-Position, sich elegant zu bewegen. [WK]

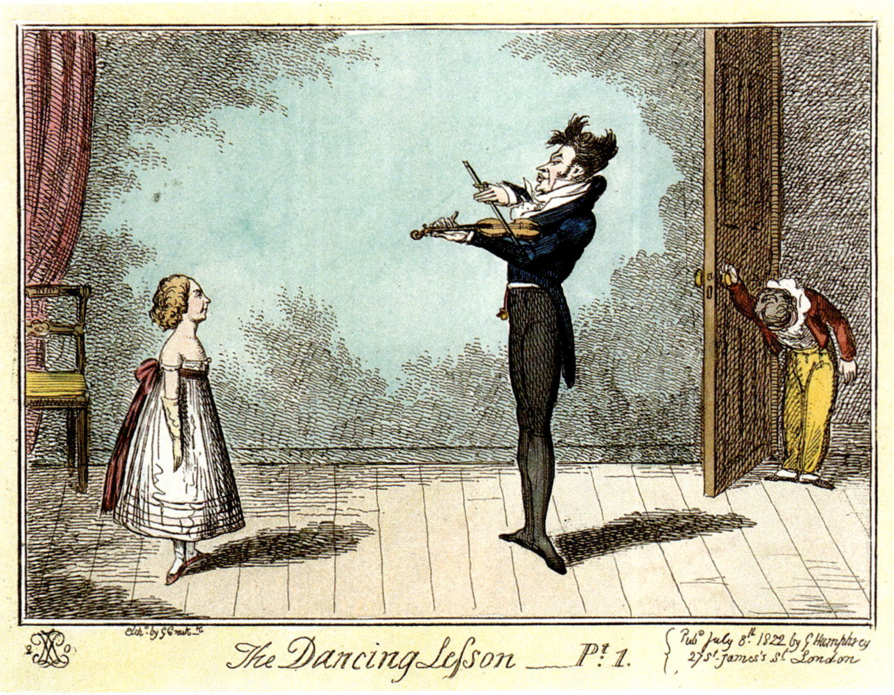

204

GEORGE CRUIKSHANK (1792–1878)

205 Die Tanzlektion, Zweite Position
(The Dancing Lesson)
1824

Radierung, koloriert
144 x 180 mm
Bez. u. li.: G. Cruikshank fect; u. Mi.: The Dancing Lesson – Pt 2.; u. re.: London Pubd March 6th 1824 – / by G. Humphrey St. James's Street
Wien, G. S. Albertina, Inv. Nr. 1912–249

In der zweiten Phase wird die Fußstellung einer kreisförmigen Bewegung mit elegant gedrehter Haltung beim Verbeugen und Knicks geübt: zweite Ballett-Position. [WK]

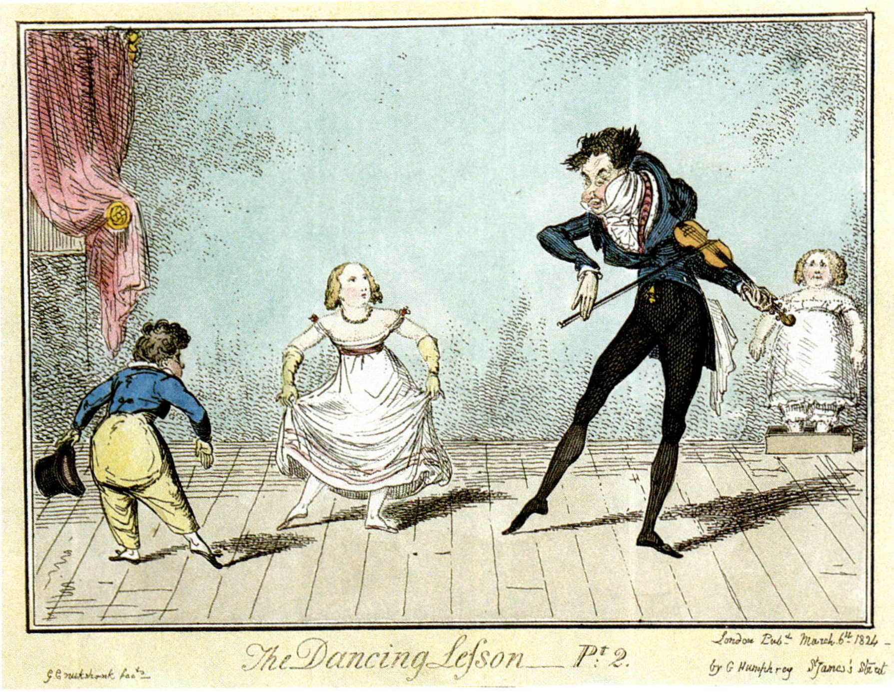

205

GEORGE CRUIKSHANK (1792–1878)

206 Zwitschernde Vögel (Kolibris), oder: Ein Dandy Trio
(Huming-birds or A Dandy Trio)
1819

Radierung, koloriert
250 x 353 mm
Bez. u. li.: J. G. Esqr del. G. Cruikk etch'd; u. re.: Pubd July 15. 1819 by G. Humphrey 27 St. James's Street; u. Mi.: Humming-birds – or. A Dandy Trio!!!
Wien, G. S. Albertina, Inv. Nr. 1912–252
Lit.: George William Reid, A Descriptive Catalogue of the Works of George Cruikshank, London 1871, Band 1, Nr. 895.

Drei dekadente Jünglinge geben sich der Hausmusik hin. Auf einem Kanapé liegend, spielt einer ein elegantes Saiteninstrument, ein aufgeputzter Pudel lauscht, ein zweiter Jüngling singt daneben voll Empfindung mit verdrehten Augen aus den Noten »Love has Eyes« (vgl. Wilhelm-Busch-Museum, Hannover 1983/84, Nr. 150). Am Boden zeugen weitere Notenblätter von der herrschenden Stimmung: »The Love Sick Swain ...« (Der liebeskranke Schwan). Der Dritte spielt mit eleganten Fingern die Blockflöte und blickt sich dabei selbstverliebt im Spiegel an: eine Anspielung darauf das Gemälde an der Wand: »Narcissus«.
Insgesamt verdeutlicht diese Satire die überfeinerte Eleganz der Nachkriegszeit, die in den Dreißigerjahren in dem Begriff »Dandy« einen weltweiten Typus geschaffen hatte. [WK]

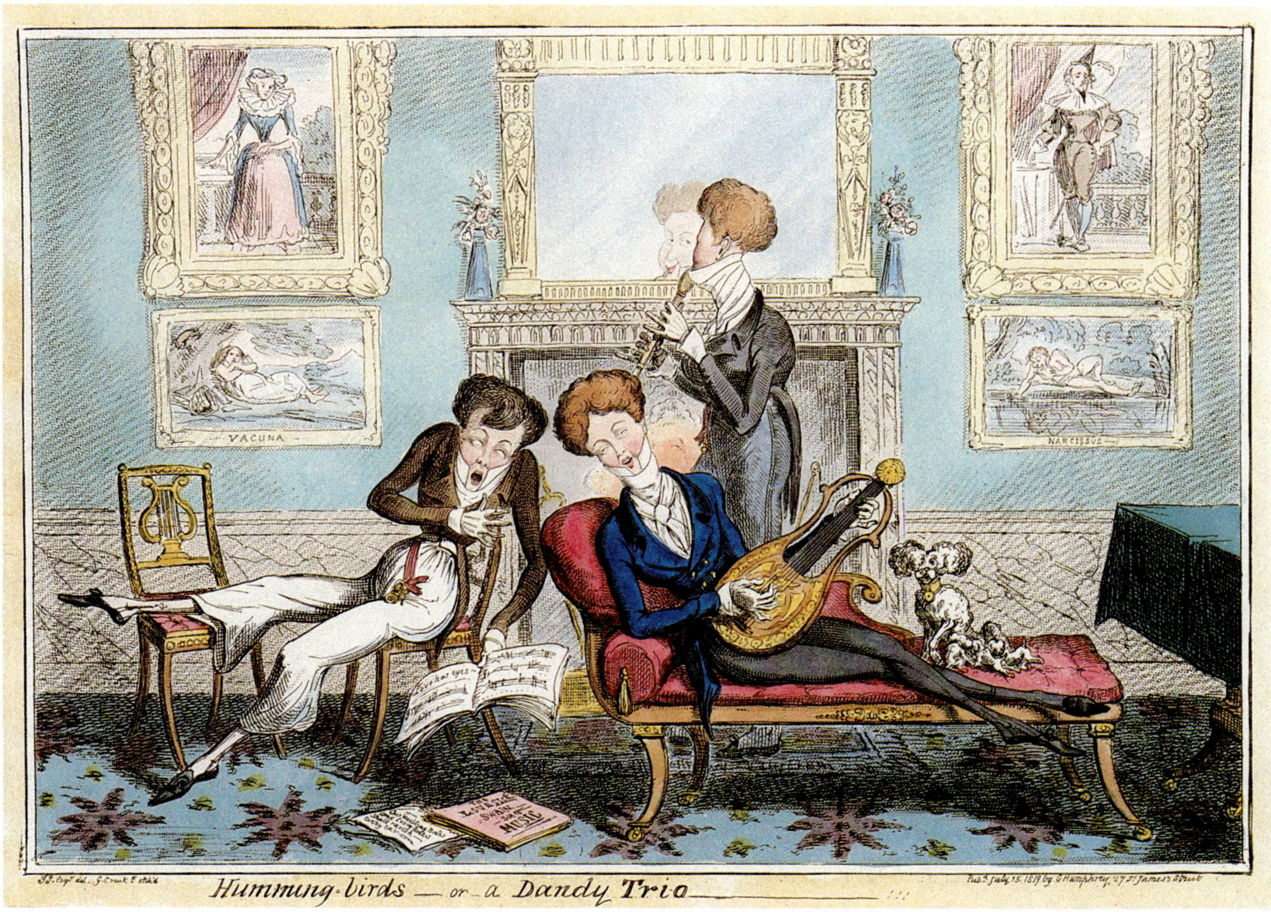
VACUNA
Humming-birds — or — a Dandy Trio
Pub.d July 15. 1819 by G Humphrey, 27 St James's Street

206

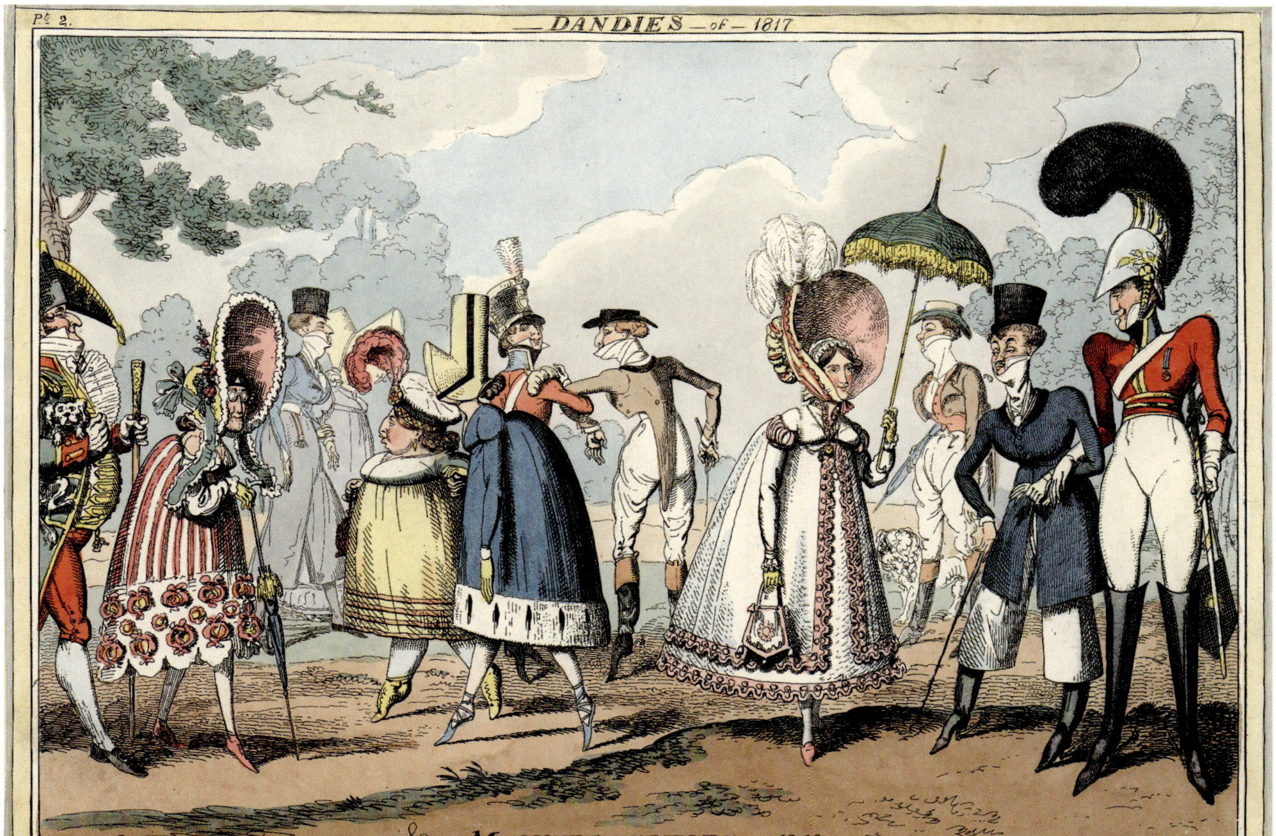
Pl. 2.
DANDIES — of — 1817
Pub.d Oct.r 3.d 1818 by G. Humphrey. 27 St James's Str.t
& — MONSTROSITIES of 1818 —
G. Cruikshank fec.t

207

GEORGE CRUIKSHANK (1792–1878)

207 Dandys von 1817 und Modetorheiten von 1818
(Dandies of 1817 & Monstrosities of 1818)
1818

Radierung, koloriert
247 x 351 mm (Plattenrand beschnitten)
Bez. in der Platte innerhalb der Darstellung u. li.: Pub^{d} Octr 3 1818 by G. Humphrey. 27 S^{t}James's Str.; u. re.: G. Cruikshank fec^{t}; außerhalb der Darstellung o. li.: P^{t}2.; Überschrift und Titel: DANDIES – OF – 1817 / & MONSTROSITIES of 1818.
Wilhelm-Busch-Museum Hannover, Inv. Nr. KG 1553/81
Lit.: George, Mary Dorothy, British Museum Catalogue of Political and Personal Satires, Band IX, London 1949, Nr. 13055. – Reid, George William, Descriptive Catalogue of the Works of George Cruikshank, London 1871, Nr. 780. – Douglas, Richard John Hardy, The Works of George Cruikshank. Classified and Arranged, with References to Reid's Catalogue and their Approximate Values, London 1903, 1165. – Ausst. Kat. Hannover 1984, Wilhelm-Busch-Museum, George Cruikshank. Karikaturist. Karikaturen zur englischen und eropäischen Politik und Gesellschaft im ersten Viertel des 19. Jahrhunderts; Nr. 149.

Unter dem Titel »Monstrosities« veröffentlichte George Cruikshank zwischen 1816 und 1826 eine Serie von acht Blättern, in denen er sich mit Modetorheiten seiner Zeit auseinandersetzte. Besonders genießerisch führt er diejenigen vor, deren Aussehen und Körperstatur die Beteiligung an eigentlich jeder Modelaune verbietet. Doch im Hyde Park sind sie alle zu sehen. Weder Körperfülle noch Alter halten die Damen ab, dem Modediktat von 1818 zu folgen, die Taille hochgeschnürt zu tragen und Bein zu zeigen. Die Hutform kann nicht ausgefallen genug sein, an Schmuck und Zierat scheint alles erlaubt. Auch der Dandy hat die Wahl: zwischen weiten wadenlangen und körperbetonten Hosen und hohen Stiefeln. Obligatorisch dagegen sind für ihn der hohe Kragen und die enggeschnürte Taille. [GV]

MATTHÄUS LODER (1781–1828)

208 Titelseite zu »Zerrbilder menschlicher Thorheiten und Schwächen«
1818

230 x 150 mm
Wien, G. S. Albertina, Inv. Nr. ÖK 19, Loder, S. 38
Lit.: M. Th. v. Wietersheim, M. Loder 1781–1828, ungedr. Diss. München 1982, Werkverz. Nr. 532–561. – Zerrbilder menschlicher Thorheiten und Schwächen, Wien 1818.

Titelseite der Folge von 30 Karikaturen nach Vorzeichnungen des Matthäus Loder, gestochen von Joseph Stöber. [WK]

208

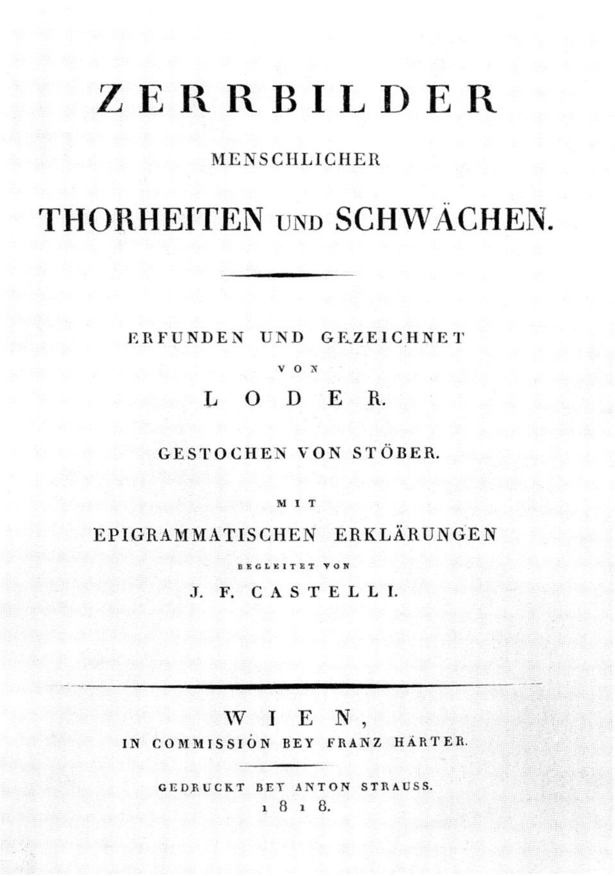
ZERRBILDER
MENSCHLICHER
THORHEITEN UND SCHWÄCHEN.

ERFUNDEN UND GEZEICHNET
VON
LODER.
GESTOCHEN VON STÖBER.
MIT
EPIGRAMMATISCHEN ERKLÄRUNGEN
BEGLEITET VON
J. F. CASTELLI.

WIEN,
IN COMMISSION BEY FRANZ HÄRTER.
GEDRUCKT BEY ANTON STRAUSS.
1818.

209

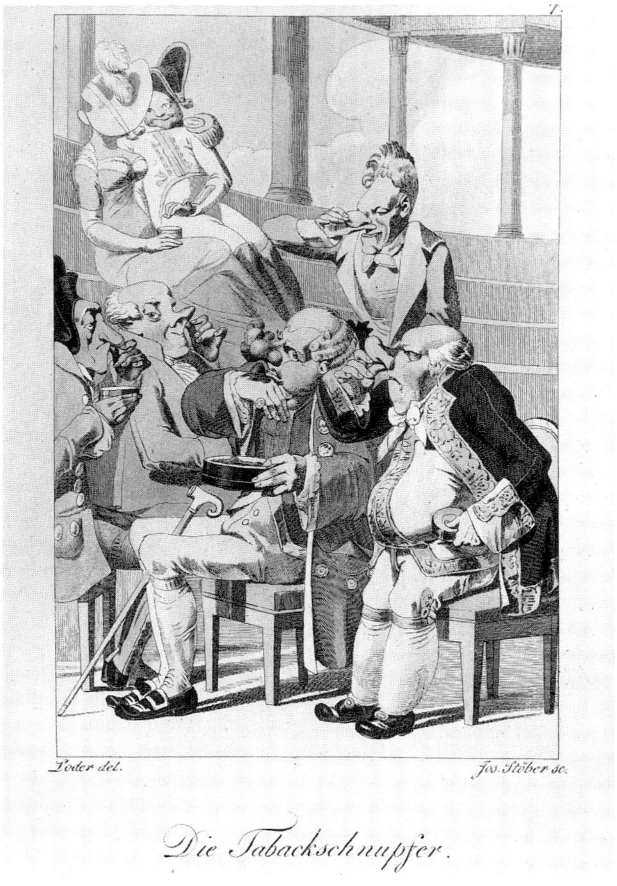

MATTHÄUS LODER (1781–1828)

209 Die Tabakschnupfer
Blatt Nr. 7 der Folge »Zerrbilder menschlicher Thorheiten und Schwächen«
1818

Radierung, koloriert
150 x 132 mm
Bez. u. li.: Loder del.; u. re.: Jos. Stöber sc.; u. Mi.: Die Tabackschnupfer.
Wien, G. S. Albertina, Inv. Nr. ÖK 19, Loder, S. 41
Lit.: M. Th. v. Wietersheim, M. Loder 1781–1828, ungedr. Diss. München 1982, Werkverz. Nr. 538

MATTHÄUS LODER (1781–1828)

210 Der Nimmersatt
Blatt Nr. 9 der Folge »Zerrbilder menschlicher Thorheiten und Schwächen«
1818

Radierung, koloriert
150 x 132 mm
Bez. u. li.: Loder del.; u. re.: Jos. Stöber sc.
Wien, G. S. Albertina, Inv. Nr. ÖK 19, Loder, S. 42
Lit.: M. Th. v. Wietersheim, M. Loder 1781–1828, ungedr. Diss. München 1982, Werkverz. Nr. 540

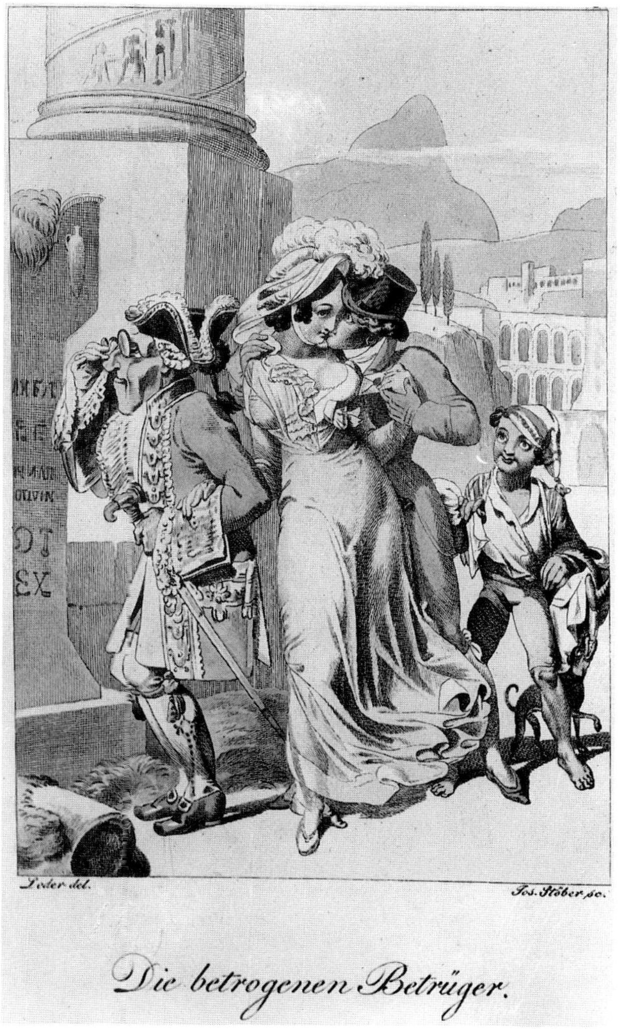

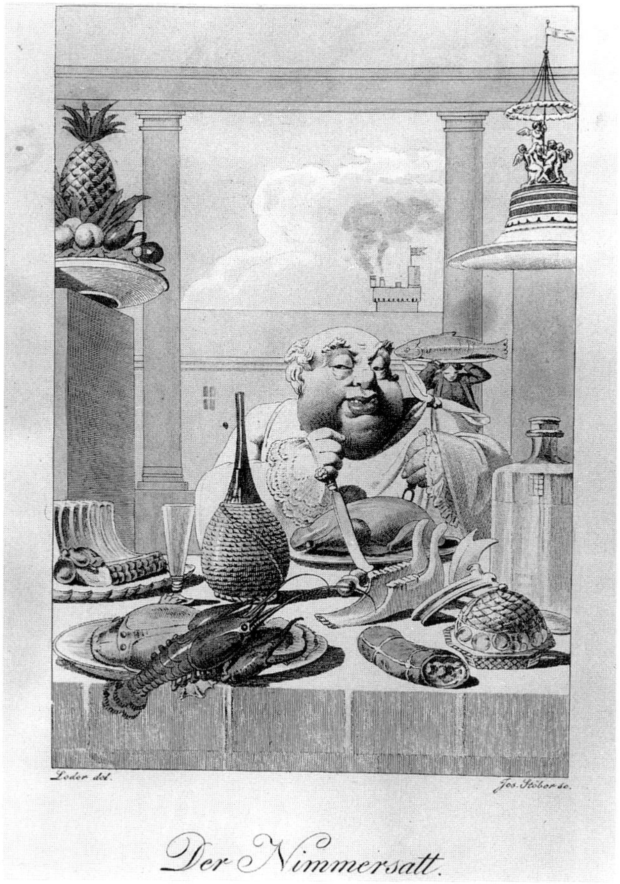

MATTHÄUS LODER (1781–1828)

211 Die betrogenen Betrüger
Blatt Nr. 15 der Folge »Zerrbilder menschlicher Thorheiten und Schwächen«
1818

Radierung, koloriert
150 x 132 mm
Bez. u. li.: Loder del.; u. re.: Jos. Stöber sc.
Wien, G. S. Albertina, Inv. Nr. ÖK 19, Loder, S. 45
Lit.: M. Th. v. Wietersheim, M. Loder 1781–1828, ungedr. Diss. München 1982, Werkverz. Nr. 546.

Vor antiken Ruinen betrachtet ein alter Kavalier angestrengt eine Inschrift durch seine Augengläser. Die junge Dame an seinem Arm dagegen streckt ihrem jugendlichen Liebhaber ein Briefchen zu. Dieser ist so hingerissen, daß er nicht bemerkt, wie ihm ein kleiner Taschendieb die Börse entwendet. Doch auch der Knabe bleibt nicht ungeschoren; ein Straßenköter schnappt die Wurst, die er in seinem Korb trägt. (Wietersheim, II, S. 282) [WK]

ANONYMER DEUTSCHER STECHER

212 Die Schnupfer
um 1820

Radierung, koloriert
256 x 187 mm
Bez. u. Mi.: Die Schnupfer.
Privatbesitz München

Das Tabakschnupfen verbreitete sich wie das Rauchen seit dem 16. Jahrhundert. Laut Zedlers Universallexikon (1743) schnupften sogar Frauen; Mißbrauch, so warnte das Lexikon, könne »Wahnwitz und Fieber verursachen«, nach Ansicht des Karikaturisten auch körperliche Deformierungen. Unsere Helden genießen den Stoff gleich aus hutschachtelgroßen Tabaksdosen, und ihre Nasen haben sich durch die einseitige Beanspruchung zu warzigen Riesenkolben ausgebildet. Im Hintergrund entwickelt sich derweil zarte Liebe: sanft greift der Liebhaber nach ihrer – Tabaksdose. [MS]

ANONYMER DEUTSCHER STECHER

213 Hunde-Liebhaberei
um 1820

Radierung, koloriert
257 x 185 mm
Bez. u. Mi.: Hunde=Liebhaberey.
Privatbesitz München
Lit.. Günter Böhmer, Die Welt des Biedermeier, München 1968, S. 149. – Ausst. Kat. München 1966/67, Stadtmuseum, Populäre Graphik des 19. Jahrhunderts. Sammlung Günter Böhmer, Nr. 209.

Die übertriebene Tierliebe einer älteren Dame nimmt der Karikaturist hier aufs Korn. Die kläffenden Lieblinge tanzen ihr geradezu auf der Nase; sie nährt sie an ihrem Busen und läßt sie in ihrem Bettchen schlafen. Treffend schildert der Zeichner mit Hilfe der scheuklappenartigen Hutkrempe ihre Fixierung auf die Tiere. Die Grenze der Tierquälerei ist fließend: Der fette Mops im Vordergrund kann sich kaum auf den Beinchen halten und muß zum Schutze des Hängebauches eine stützende Binde tragen. [MS]

ANONYMER DEUTSCHER KÜNSTLER

214 Der Hagestolz
um 1820

Radierung, koloriert
254 x 177 mm
Bez. u. Mi.: Der Hagestolz.
Privatbesitz München
Lit.: Ausst. Kat. Amsterdam, Paris usw. 1984–85, Die Verkehrte Welt, Populärgraphik aus vier Jahrhunderten, Sammlung Günter Böhmer, Nr. 63.

Mensch-Tier-Vergleiche haben eine lange Tradition in der Karikatur und dienen stets der Verspottung bestimmter Charaktereigenschaften. Hier handelt es sich um den ewigen Junggesellen, der mit geschwellter Brust und wehenden Rockschößen wichtig einherstolziert, begleitet von seinen Lebensgefährten Mops und Spitz. Die mit einem Pfau verglichene Erscheinung wird konterkariert durch ihr Ziel: ein Wirtshaus mit dem mehr als harmlosen Namen »Zum Maikäfer«. [MS]

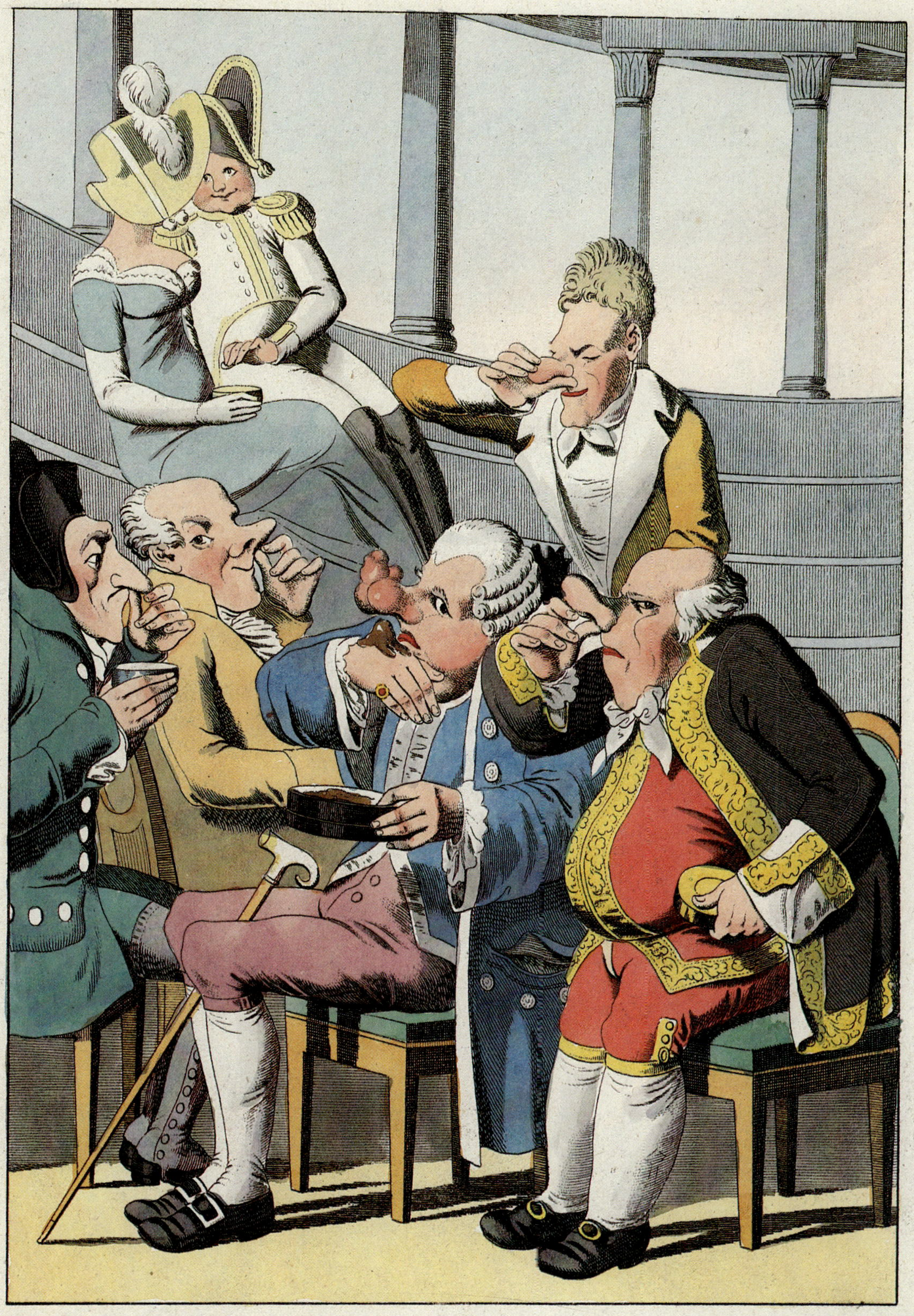

Die Schnupfer.

212

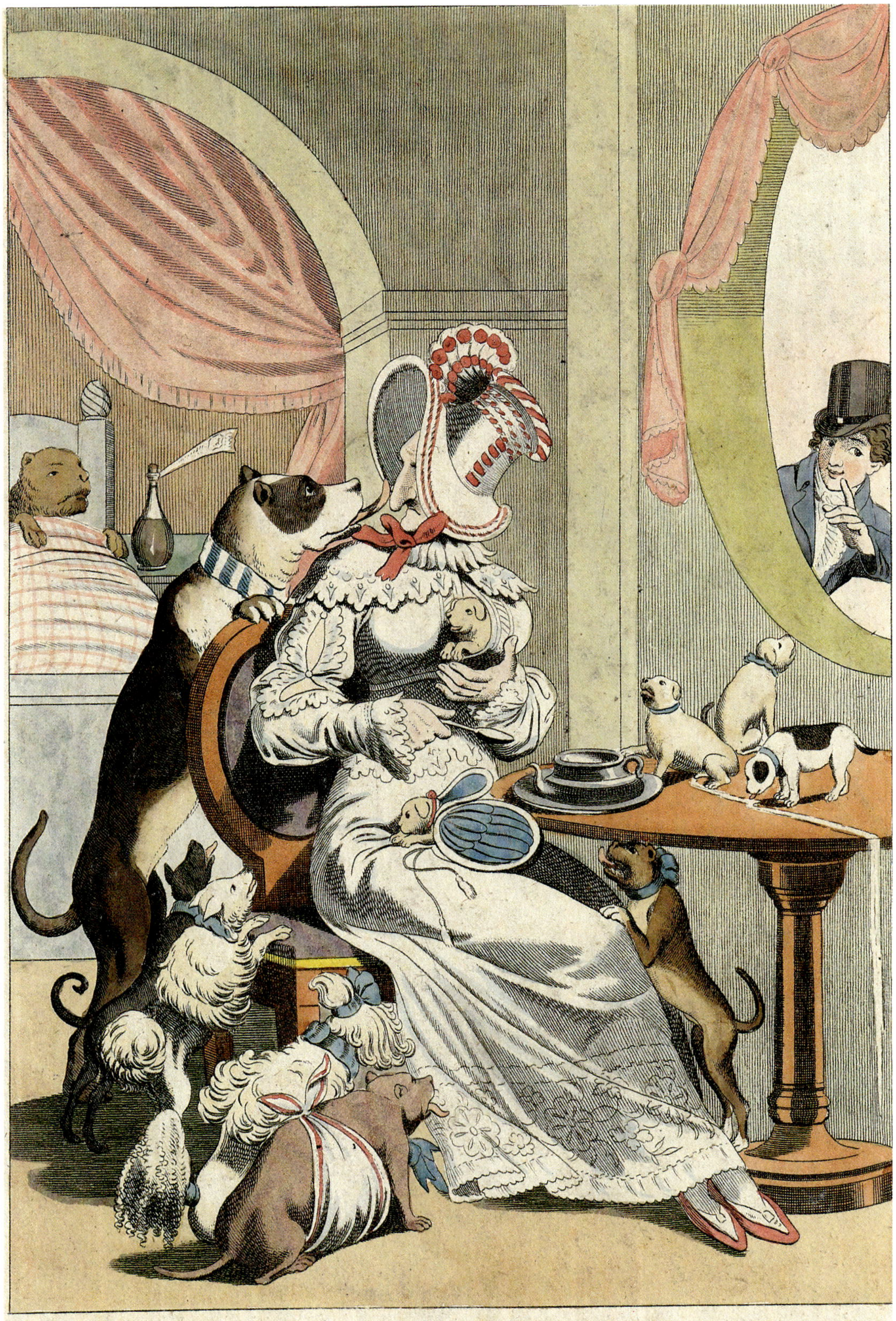

Hunde-Liebhaberey.

213

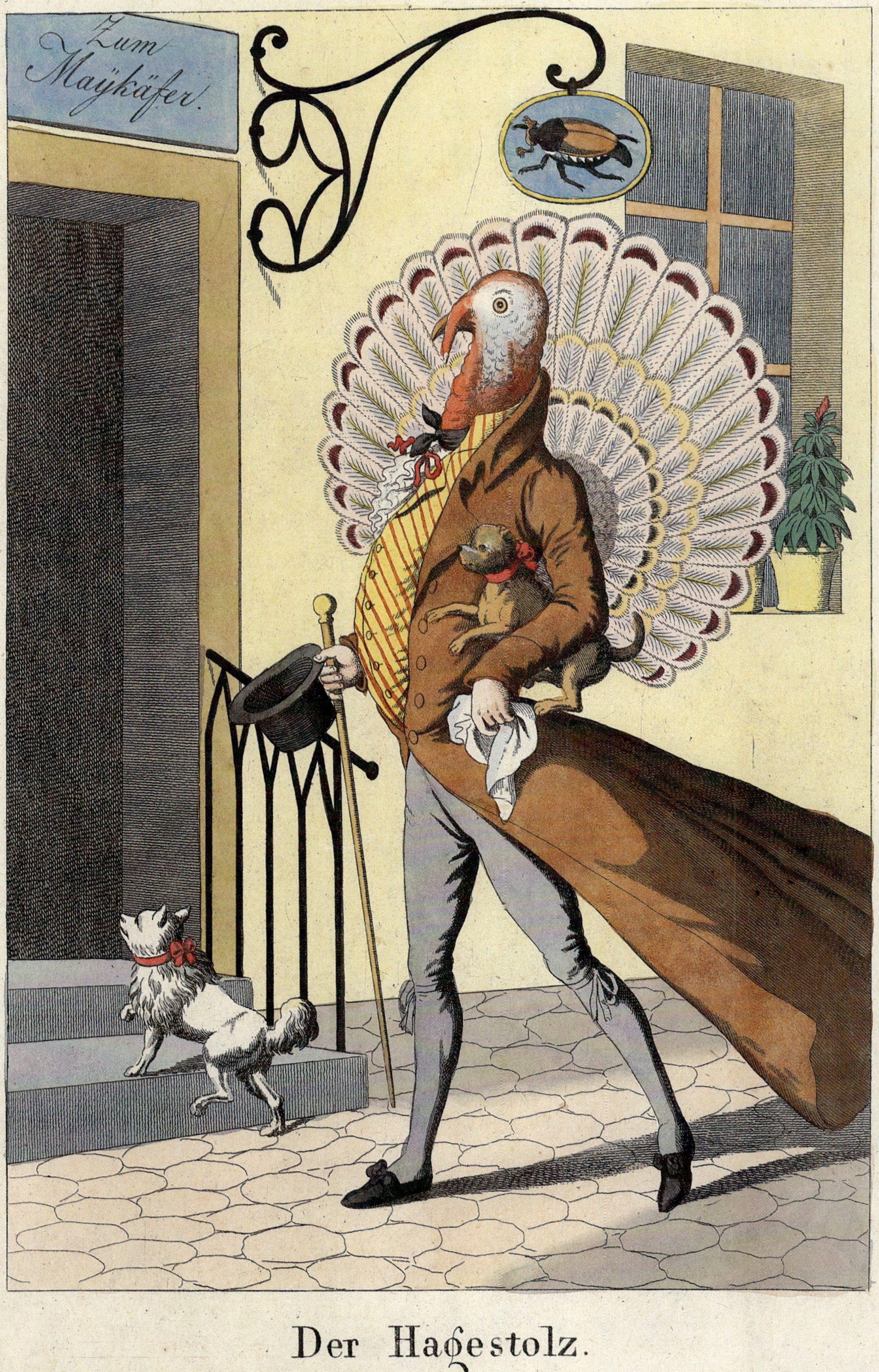

Der Hagestolz.

214

JOHANN MICHAEL VOLTZ (1784–1858)

215 Der Magister von Krähwinkel legt sich auf die Sprachen und Wissenschaften
um 1824–27

Radierung, koloriert
195 x 245 mm (Plattenrand beschnitten)
Ohne Künstlerbezeichnung; in der Platte bez. außerhalb der Darstellung u. Mi. (Legende): Der Magister von Krähwinkel legt sich auf die Sprachen und Wissenschaften; im Bild auf den Buchrücken bez. (von links): Conversationslexikon; Musen Quelle; Anweisung zum Denken; Der gesunde Menschenverstand; Kritik der reinen Vernunft; Logik.
Wilhelm-Busch-Museum Hannover, Inv. Nr. KG 2324/87
Lit.: Karl Hagen, Der Maler Johann Michael Voltz von Nördlingen (1784–1858), Stuttgart 1863 (mit Werkverzeichnis).

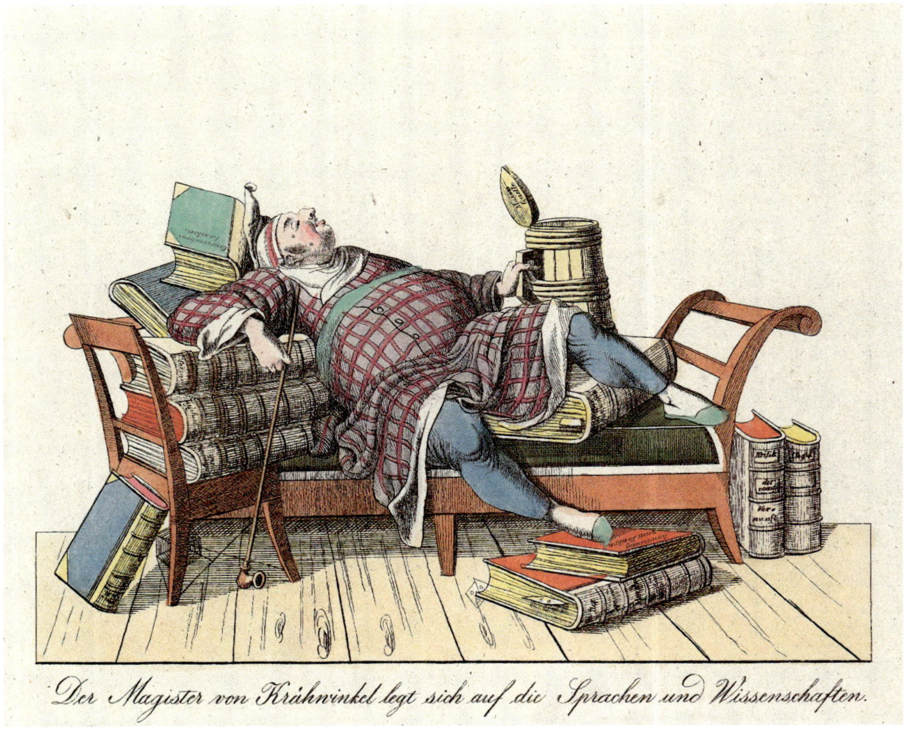

»Krähwinkliaden, oder bildliche Darstellungen doppelsinniger Redensarten« sind eine im deutschen und österreichischen Raum Anfang des 19. Jahrhunderts populäre Form der satirischen Druckgraphik. In ihnen wird der typische Kleinbürger, seine kleingeistige Beschränktheit, seine Wichtigtuerei und selbstgefällige Zufriedenheit verspottet. August von Kotzebues 1802 in Wien uraufgeführtes Lustspiel »Die deutschen Kleinstädter« hatte »Krähwinkel« über Nacht berühmt gemacht. »Krähwinkleriaden« wurden daraufhin gerade in Wien zu einem festen Bestandteil der Bühnenaufführungen. Zu den Verfassern solcher »literarischer Krähwinkliaden« zählt auch Johann Nestroy.
Johann Michael Voltz gehört zu den wenigen namentlich bekannten Zeichnern von »Krähwinkliaden«. Hagen verzeichnet 32 Entwürfe, die künstlerisch sicher zu den besten dieses Genres gehören. [GV]

JOHANN MICHAEL VOLTZ (1784–1858)

216 Die Krähwinkler suchen die Papiere in die Höhe zu treiben
um 1824–27

Radierung, koloriert
200 x 232 mm (Blatt: 250 x 350 mm)
Ohne Künstlerbezeichnung; in der Platte außerhalb der Darstellung bez. u. Mi. (Legende): Die Krähwinkler suchen die Papiere in die Höhe zu treiben; im Bild auf den Papieren bez. (von links): Engl. Fonds à 3%; Holl. Kans. Bill. mit Restanten; Partial; Französische Renten à 5%; Holl. Kans. Bill.; Rotschild Loose; Bank Actien; franz. Renten à 3%; Mexic. Anlehn; Span. Anlehn.
Wilhelm-Busch-Museum Hannover (Sammlung Max Hasse), Inv. Nr. KG 3344/87
Lit.: Karl Hagen, Der Maler Johann Michael Voltz von Nördlingen (1784–1858), Stuttgart 1863 (mit Werkverzeichnis).

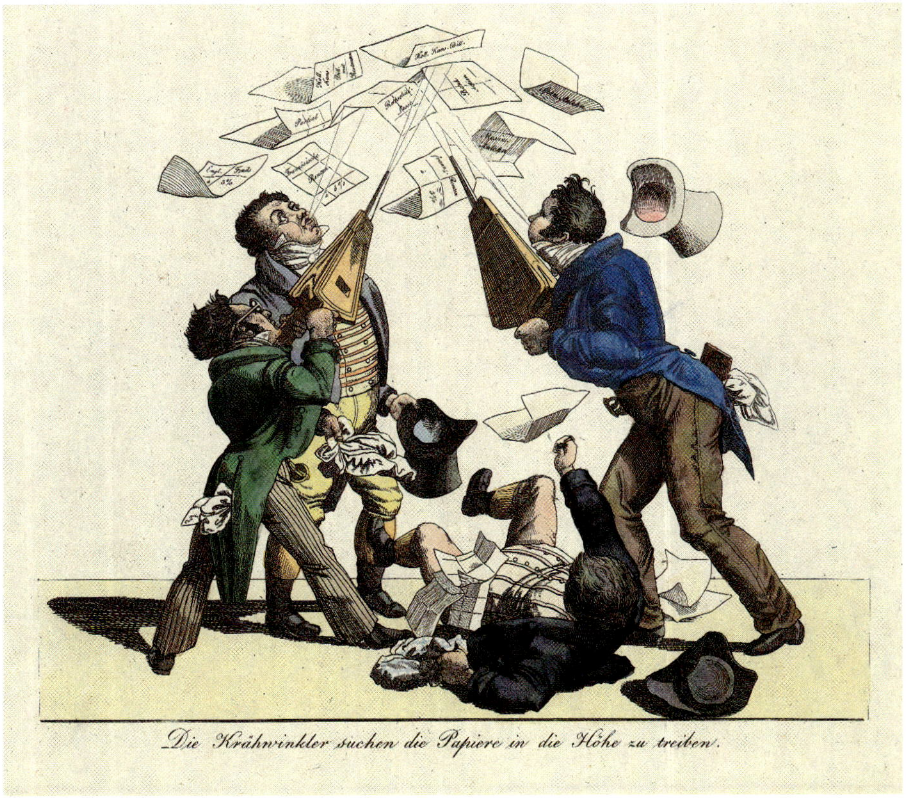

Siehe Kat. 215. [GV]

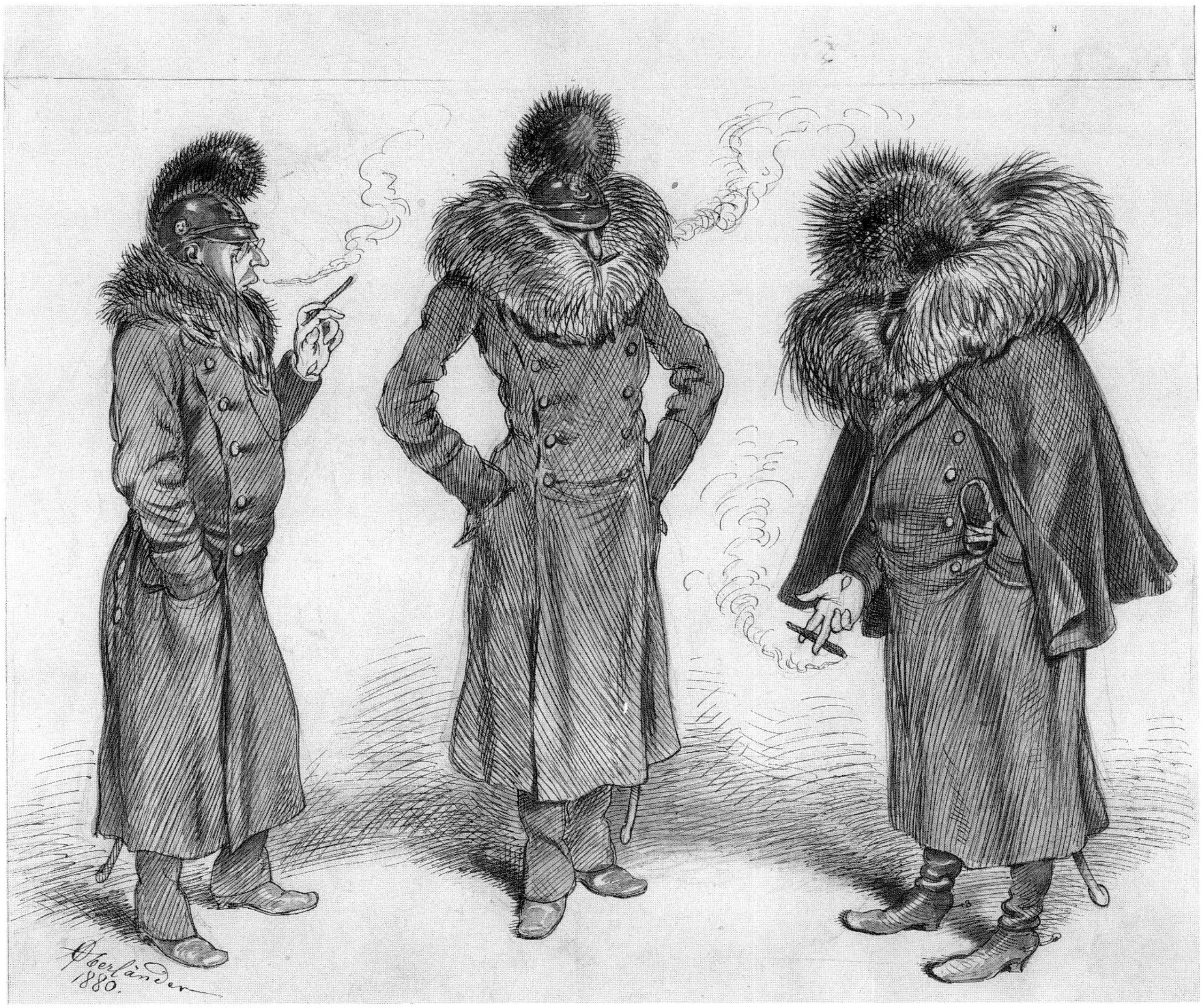

ADOLF OBERLÄNDER (1845–1923)

217 Im Winter 1879/80
1880

Publiziert in: »Fliegende Blätter«, 72. Band, 1880 Nr. 1805, S. 70

Sepia, grau laviert
191 x 228 mm
Sign. und dat. u. li.: Oberländer / 1880.
Außerhalb der Darstellung bez. o. li.: 236; u. re.: 1805; Legende: Im Winter 1879/80; rückseitig von fremder Hand bez. u. re.: 1805 / Im Winter 1879/80
Wilhelm-Busch-Museum Hannover (Rudolf-Ensmann-Sammlung)

Adolf Oberländer gehört zu den populärsten humoristischen Zeichnern des 19. Jahrhunderts. Für die »Fliegenden Blätter« war er fast sechzig Jahre tätig.
1880 entstand das »Militärische Modebild«, so der Untertitel im Druck. Der winterliche Uniformrock des Offiziers im Kaiserreich Wilhelms I. ist von deutlichem Unterschied je nach militärischem Rang: links der Rock für den »Lieutenant«, daneben für den »Major« und schließlich für den »General«. [GV]

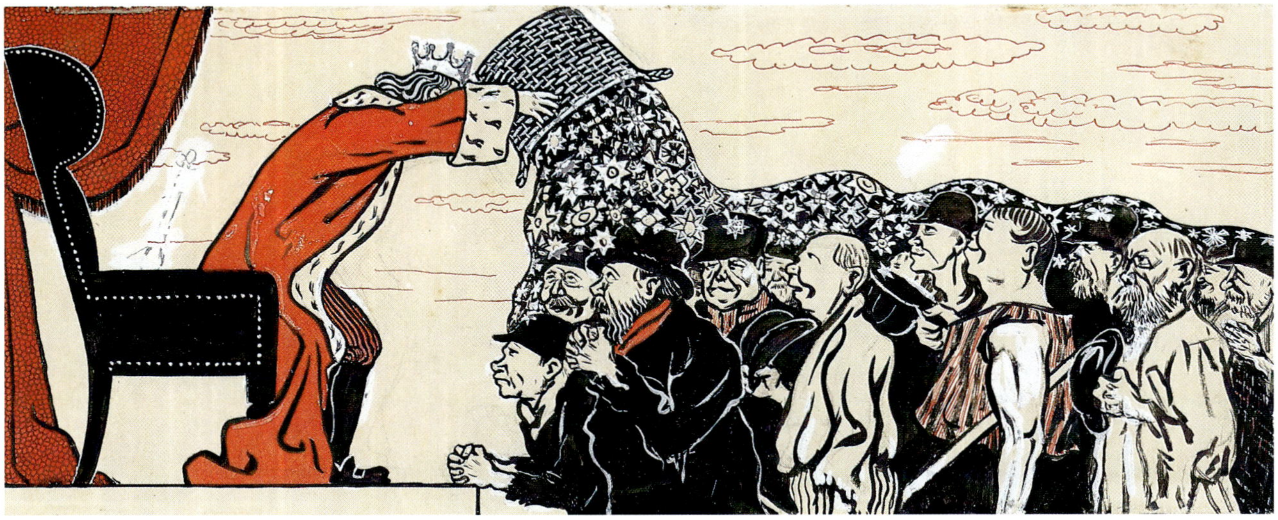

THOMAS THEODOR HEINE (1867–1948)

218 Universalmittel gegen Revolutionäre
1898

Abgedruckt in: »Simplicissimus«, Jg. 3, Nr. 3, S. 20, ganzseitig, Farbe im Druck: Rot

Tusche (Pinsel, Feder), Deckweiß, Gouache, Farbe: Rot
160 x 395 mm (Bild Nr. 2)
München, Städtische Galerie im Lenbachhaus, Inv. Nr. Heine 27

EDMUND HARBURGER (1846–1906)

219 Ein dankbarer Sohn
1893
»...Ja, ja, ich kann meinen Eltern nicht dankbar genug sein, daß sie mir in der Jugend Musik haben lernen lassen!« – »Weshalb?« – »Nun, hätt' ich heute nicht meine Violine versetzt, könnte ich jetzt nicht hier in der Kneipe sitzen!«

Publiziert in: »Fliegende Blätter«, 99. Band, 1893, Nr. 2526, S. 231

Bleistift, 215 x 288 mm
Monogrammiert u. li.: E. H.; bez. o. li.: 300; rückseitig bez. u. re. (von fremder Hand): 2526/Ein dankbarer Sohn
Wilhelm-Busch-Museum Hannover (Rudolf Ensmann-Sammlung)

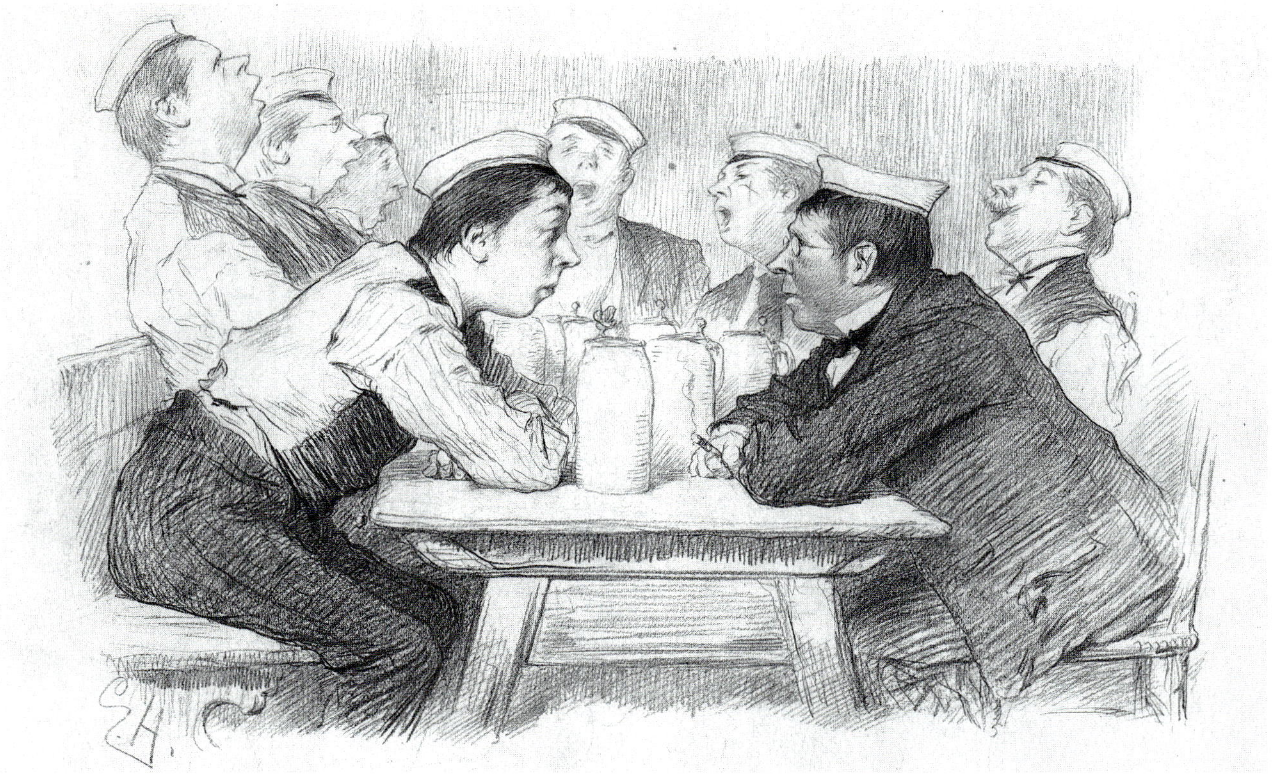

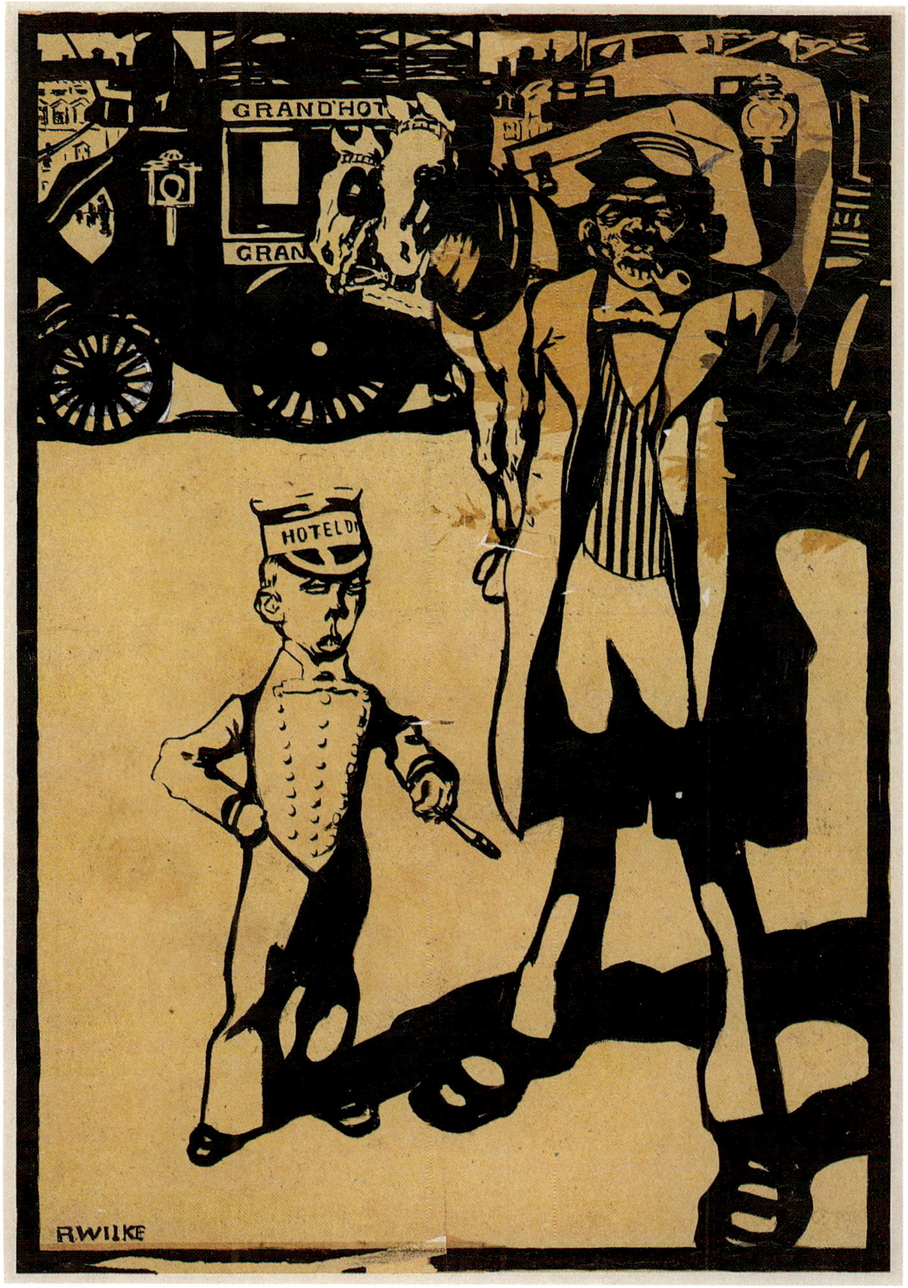

Ein beliebtes Opfer der Karikaturisten in den satirischen Zeitschriften wie den »Fliegenden Blättern« war der Student. Als Burschenschaftler pflegte er eine reaktionäre Gesinnung, verbrachte die meiste Zeit in Kneipen, erprobte seine Trinkfestigkeit und hielt große Reden – so wie Harburgers »dankbarer Sohn«.
Edmund Harburger gehört nach Adolf Oberländer zu den wichtigsten Zeichnern der »Fliegenden Blätter«. Seine bevorzugten Typen sind Bauern, Bettler, Professoren, Studenten, Musiker und brave Bürger. Die den einzelnen Typen zugeschriebenen Charaktereigenschaften und Verhaltensmuster variierte er immer wieder neu. [GV]

RUDOLF WILKE (1873–1908)

220 Praktische Verwendung

1899

»Unsern Lift haben wir jetzt an den Klub der Harmlosen vermietet; wenn die Luft nicht rein ist, wird einfach auf den Knopf gedrückt. Gestern hat Graf X. zwischen dem dritten und vierten Stock fünfzigtausend Mark verloren.«

Abgedruckt in: »Simplicissimus«, Jg. 4, Nr. 31, S. 248, ganzseitig, Farben im Druck: Gelb, Blau

Tusche (Pinsel), Deckweiß, Tempera, Farben: Gelb, Blau
525 x 365 mm
Sign.: R WILKE
München, Staatliche Graphische Sammlung, Simpl. 45613

Der Hotelboy spricht auf verbotene Spielhöllen an, den Trick, dieses Verbot zu umgehen und selbst einen Nebenverdienst herauszuschinden. [CSH]

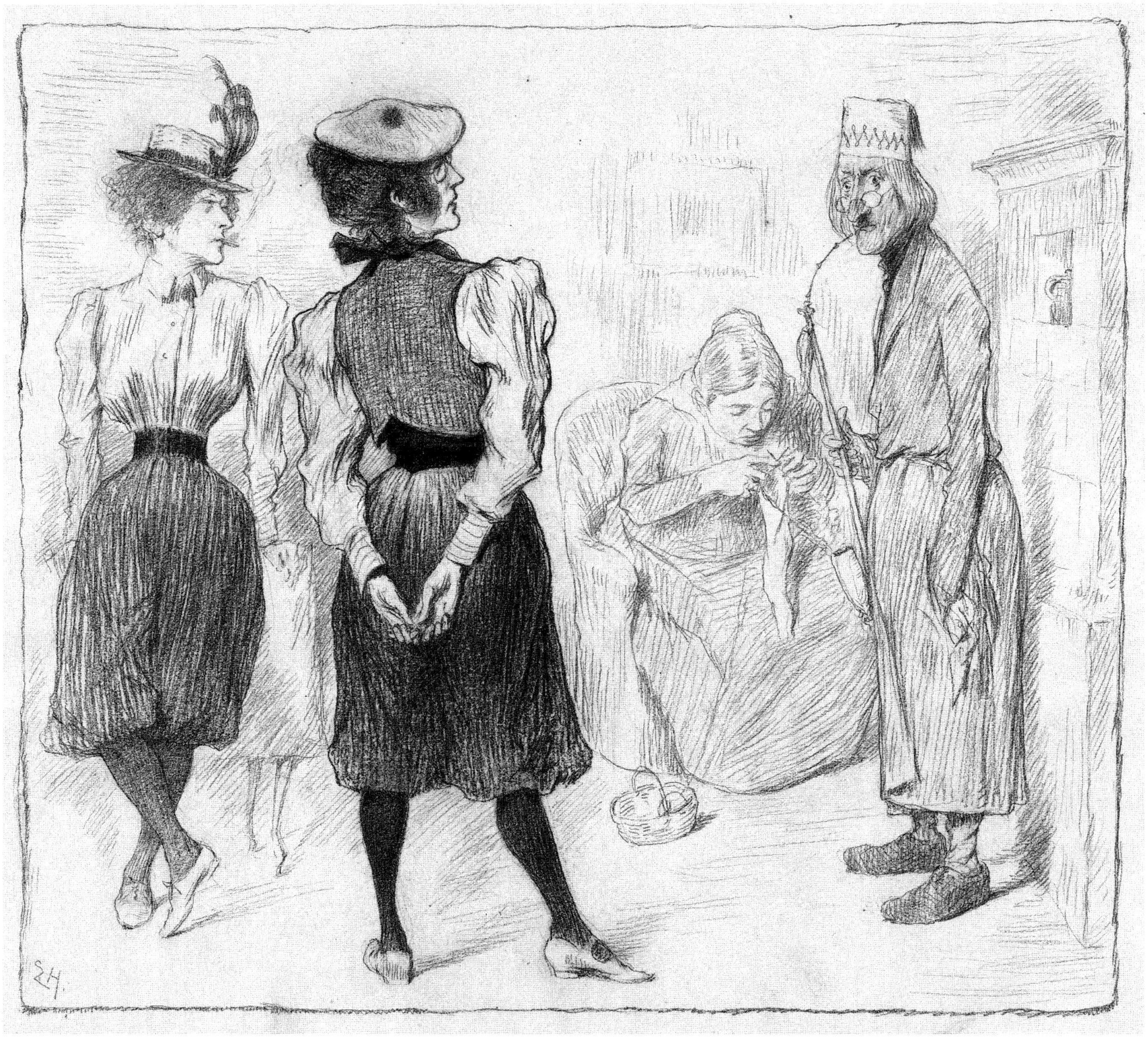

EDMUND HARBURGER (1846–1906)

221 Liebe Kinder

1899

MUTTER: »Schauderhaft, welche Anstrengung Ihr heut zu Tage machen müßt, um einen Mann zu bekommen: Zuerst werdet Ihr halbe Gelehrte, dann müßt Ihr radeln, schwimmen, turnen und was weiß ich noch! Da hatte es Unsereins schon leichter!« – TOCHTER: Hör' doch auf Mama mit Deinen Klagen; wenn wir so Einen wie Papa wollten, brauchten wir uns auch nicht anzustrengen!«

Publiziert in: »Fliegende Blätter«, Nr. 2819, 11. Band, 1899

Bleistift
Bild: 220 x 245 mm; Blatt: 299 x 322 mm
Monogrammiert u. li.: E. H.; außerhalb der Darstellung bez. o. re.: 209; u. Mi.: Breite; rückseitig bez. u. re. (von fremder Hand): 2819 / Liebe Kinder.
Wilhelm-Busch-Museum Hannover (Rudolf-Ensmann-Sammlung)

Die Frauen eroberten sich Ende des 19. Jahrhunderts das Fahrrad als Fortbewegungsmittel. Die passende Kleidung waren kniebedeckte Pumphosen, wie sie die beiden Töchter auf Harburgers Zeichnung tragen. Zahlreiche, nicht unbedingt wohlwollende Karikaturen zeigen solchermaßen gewandete Frauen auf dem Fahrrad.

Der Text zu dieser Zeichnung entstand wahrscheinlich in der Redaktion der »Fliegenden Blätter«. Wie viele andere Zeichner lieferte Harburger in der Regel nur die Zeichnung in der Redaktion ab. Bei näherer Betrachtung erscheint die Wahl des Textes nicht ganz glücklich zu sein: Die Mutter ist als Nebenfigur schweigend in den Hintergrund gesetzt, und die Töchter wirken alles andere als heiratslustig. Gerade die Haltung der links stehenden Tochter mit der Zigarette im Mundwinkel läßt viel eher auf eine männerverachtende Vertreterin der Emanzipation schließen. [GV]

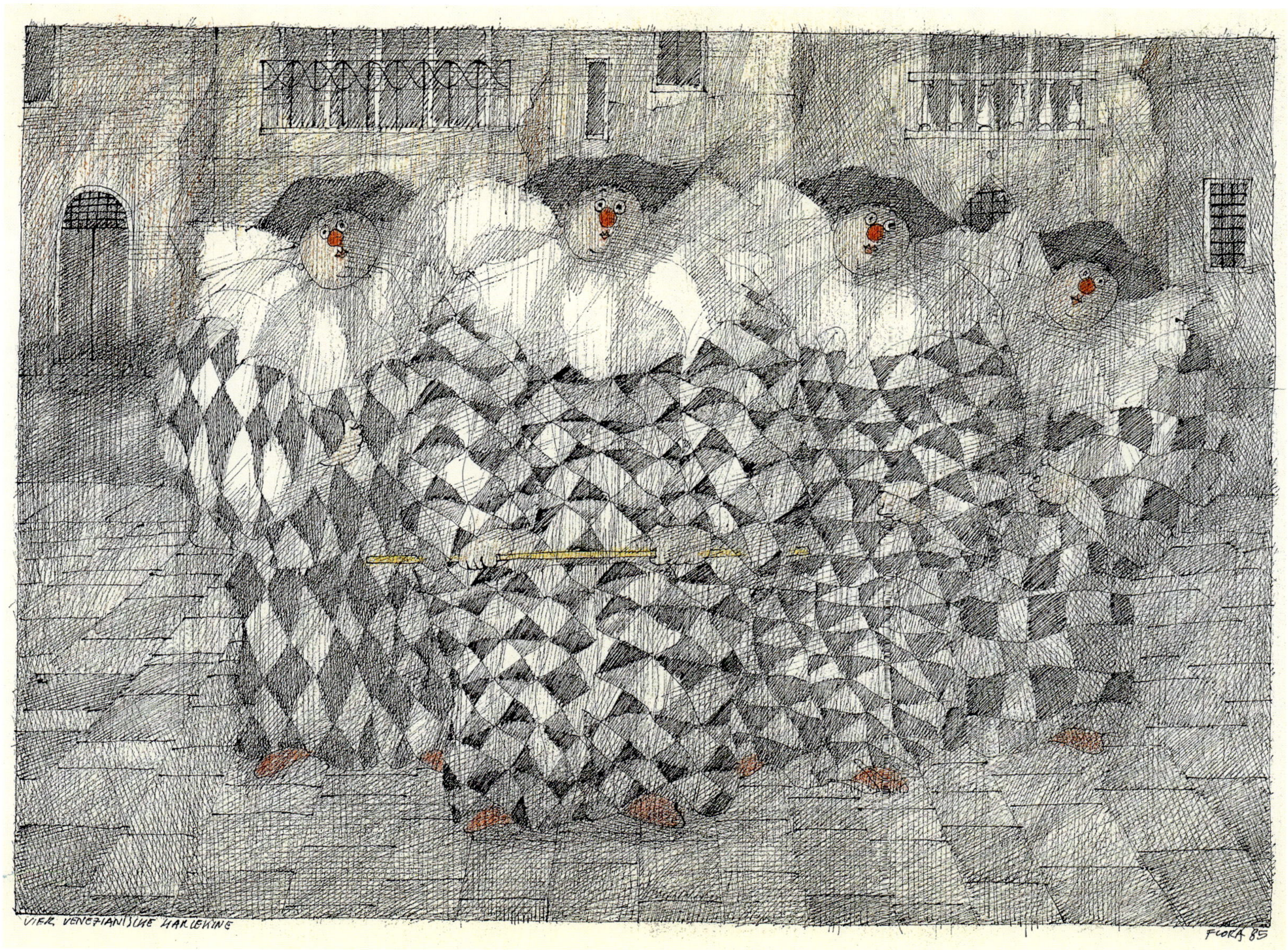

PAUL FLORA (geb. 1922)

222 Vier venezianische Harlekine
1985

Tuschfeder, koloriert
280 x 370 mm
Sign. u. re.: Flora 85
Bez. u. li.: Vier venezianische Harlekine
Privatsammlung

Vier dicke Harlekine vor venezianischer Kulisse posieren für den Beschauer. Ihre schwarz-weiß gerauteten Kostüme fließen ineinander, die Gesichter drücken freudige Unschuld aus. Ein leicht hingehauchtes Tuschfedergemälde für die freudigen Augenblicke auf der Weltenbühne. [HG]

ROLAND TOPOR (geb. 1938)

223 Einzigartige Feige
(Figue unique)
1985

Tuschfeder, koloriert
240 x 200 mm
Sign. u. li.: R. Topor 1985
Privatsammlung

Für eine Ausstellung im Stadtmuseum München und für eine Theaterinszenierung im Werkraumtheater hielt sich Topor 1985 in München auf. Nach einem Einladungsmotiv für die Verkaufsausstellung in der Stuck-Villa befragt, drängte sich ihm das Feigenmotiv mit dazu passendem Gedicht auf (Une Madame de Munich). Roland, das Universalgenie, übergeht souverän die Tagesaktualität und verstört den bürgerlichen Wüstling mit perfekten Ungeheuerlichkeiten. [HG]

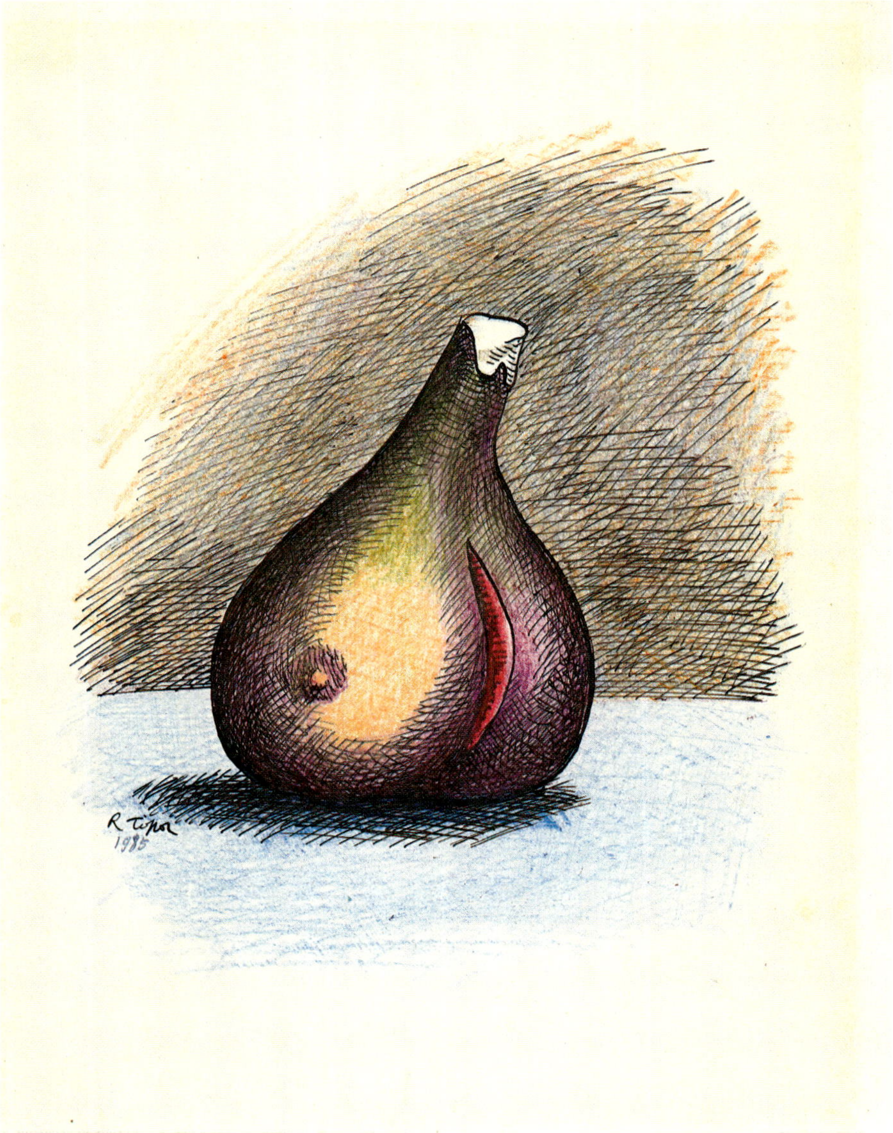

X

Absurdes und Groteskes

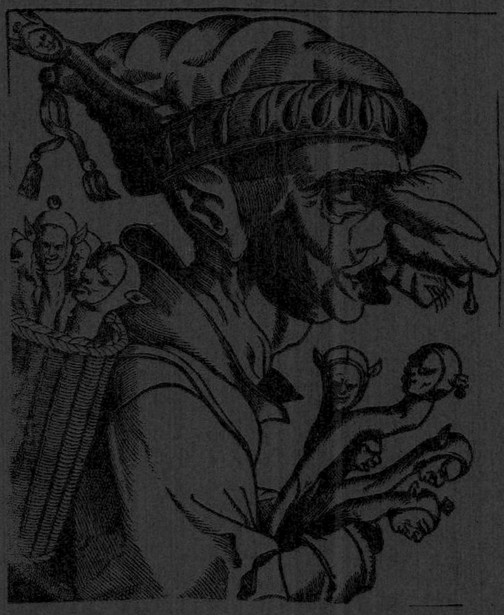

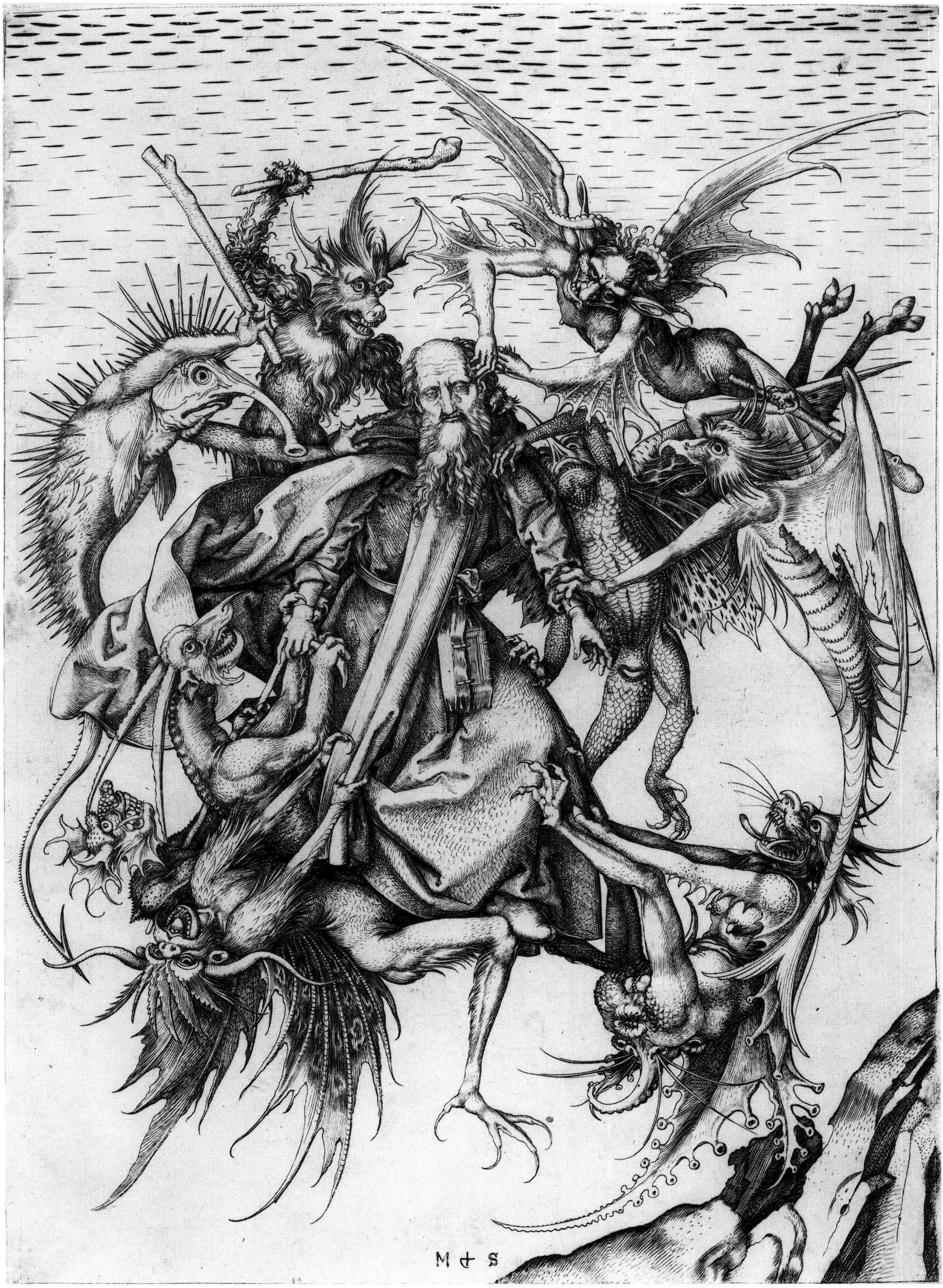
M+S

MARTIN SCHONGAUER (1445/50–1491)

224 Der heilige Antonius, von Dämonen gepeinigt
kurz nach 1470

Kupferstich
317 x 234 mm
München, Staatliche Graphische Sammlung, Inv. Nr. 10975
Lit.: Ausst. Kat. München 1991, Staatl. Graphische Sammlung, Martin Schongauer. Das Kupferstichwerk, bearb. von Tilman Falk und Thomas Hirthe, Nr. 54.

Der hl. Antonius (251/252–356) lebte viele Jahre zurückgezogen in der Wüste, um ein Leben in Entbehrung und Buße zu führen, und war dort vielfachen Versuchungen ausgesetzt. Der Colmarer Stecher zeigt ihn in die Lüfte gehoben, von neun mischgestaltigen Dämonen bedrängt und gepeinigt. All das nimmt der Heilige in vorbildlicher Gelassenheit. Die Widerwärtigkeit der Dämonen hat hier moralische Signifikanz und bezeichnet die Abscheulichkeit der Versuchungen.
[MS]

Werkstatt des MICHAEL WOLGEMUT (1434–1519) und
WILHELM PLEYDENWURFF (gest. 1494)

225 Menschen fremder Länder
Aus der »Weltchronik« des Hartmann Schedel
1493

Holzschnitt
Je 363 x 57 mm
Privatbesitz München
Lit.: Albert Schramm, Der Bilderschmuck der deutschen Frühdrucke, Band XVII, Leipzig 1934, Nr. 418–420. – Adrian Wilson, The Making of the Nuremberg Chronicle, Amsterdam 1976, S. 114. – Ausst. Kat. Amsterdam, Paris usw. 1984–85, Die Verkehrte Welt. Populärgraphik aus vier Jahrhunderten. Sammlung Günter Böhmer, Nr. 77. – Ausst. Kat. Venedig 1987, Effetto Arcimboldo, S. 23. – Elisabeth Rücker, Hartmann Schedels Weltchronik, München 1988, S. 34.

Riesenfüßler, Brustgesichtige, Hundsköpfige, Gehörnte und Zyklopen zeigen die beiden Bildleisten, die aus der Weltchronik (fol. 12 recto) herausgeschnitten wurden. Es handelt sich nicht um Karikaturen, sondern um Darstellungen von Menschen aus fremden Ländern, die zwar nie gesehen, jedoch oft beschrieben wurden; bereits ältere Handschriften bilden sie ab. Hartmann Schedel kann sich auf antike Quellen (u. a. Plinius) berufen. Seine »Weltchronik« ist mit 1809 Illustrationen der bilderreichste Druck der Frühzeit. [MS]

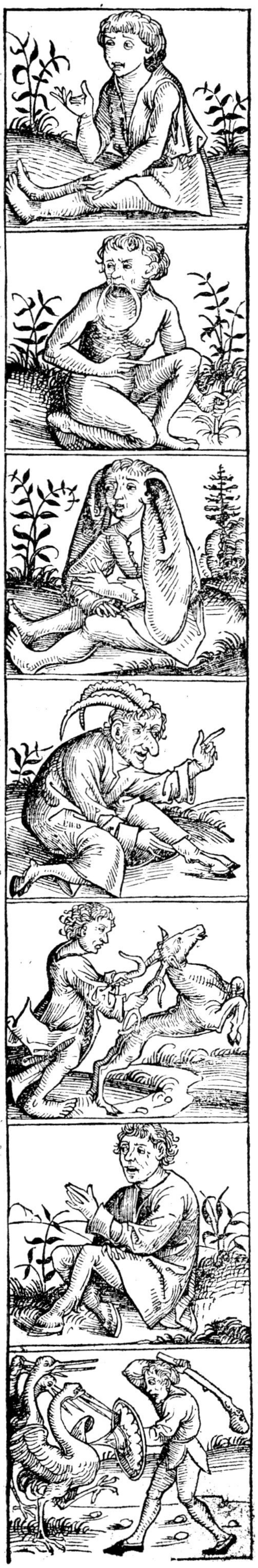

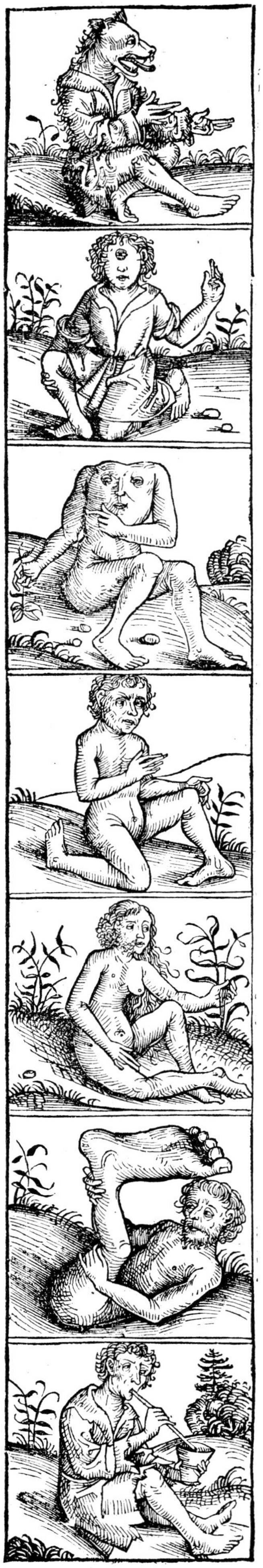

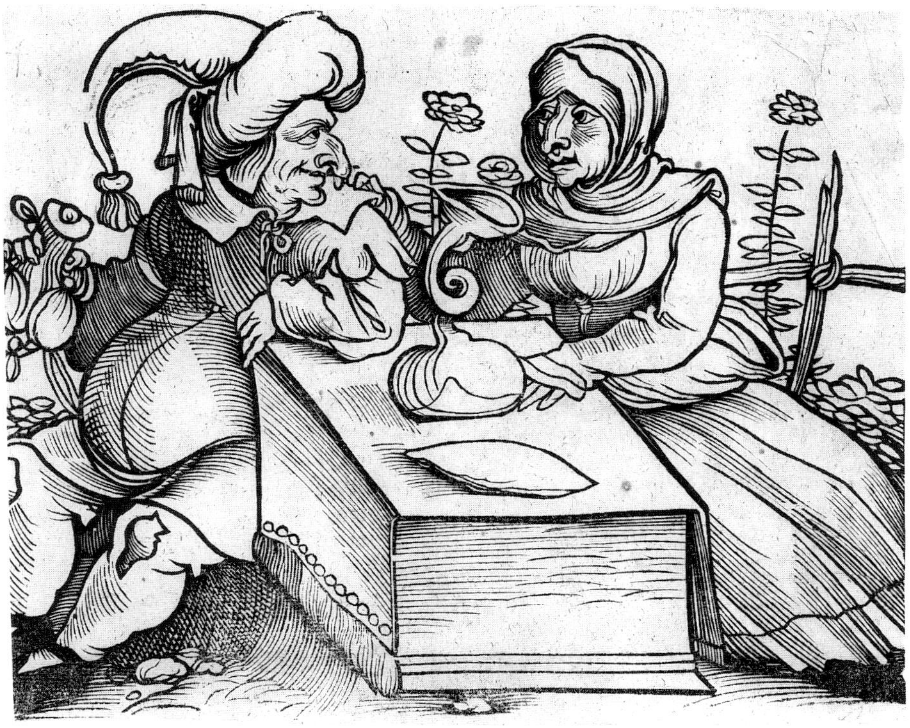

HANS WEIDITZ D. J. (ca. 1495 – ca. 1536)

226 Der Trinker und seine Frau
1521

Holzschnitt, 207 x 257 mm (Blatt beschnitten)
München, Staatliche Graphische Sammlung, Inv. Nr. 207386
Lit.: Max Geisberg, The German Single-Leaf Woodcut 1500–1550, ed. by Walter S. Strauss, New York 1974, Nr. 1515. – Hans-Joachim Raupp, Bauernsatiren, Niederzier 1986, S. 82.

Ein Paar sitzt im Liebesgarten an einem Tisch. Sie faßt ihn an die linke Schulter, er blickt ihr tief in die Augen. Beide sind als Greise dargestellt. Seine zerrissenen Hosen deuten an, daß sie nicht zu den Reichsten gehören, sein Kugelbauch zeigt, daß sie dennoch wohl zu leben wissen. Der obszön geformte Gegenstand in seiner Hand (ein Geldsack?) und das Gefäß mit ovaler Öffnung auf dem Tisch machen auch dem Letzten die Liebessymbolik des Blattes klar. [MS]

HANS WEIDITZ D. J. (ca. 1495 – ca. 1536)

227 Tanzpartner
1522–23

Holzschnitt
288 x 200 mm (Blatt beschnitten)
München, Staatliche Graphische Sammlung, Inv. Nr. 207382
Lit.: Max Geisberg, German Single-Leaf Woodcut 1500–1550, ed. by Walter S. Strauss, New York 1974, Nr. 1519. – Hans-Joachim Raupp, Bauernsatiren, Niederzier 1986, S. 165–190.

Ein altes, abgerissenes Paar geht zum Tanzen. Sie balanciert ein kunstvoll verziertes Gefäß auf dem Kopf. Er, ein feister Kerl, schiebt einen riesigen Bauch vor sich her und trägt stolz einen wild wuchernden Eichenlaubkranz. Die »Kopfbedeckungen« – vielleicht von den antiken Motiven der Mauerkrone und Corona civica abzuleiten? – verleihen dem Paar in Verbindung mit der groben Physiognomie eine groteske Wirkung. Bauerntanz war ein beliebtes Motiv in der Druckgraphik des 16. Jahrhunderts. [MS]

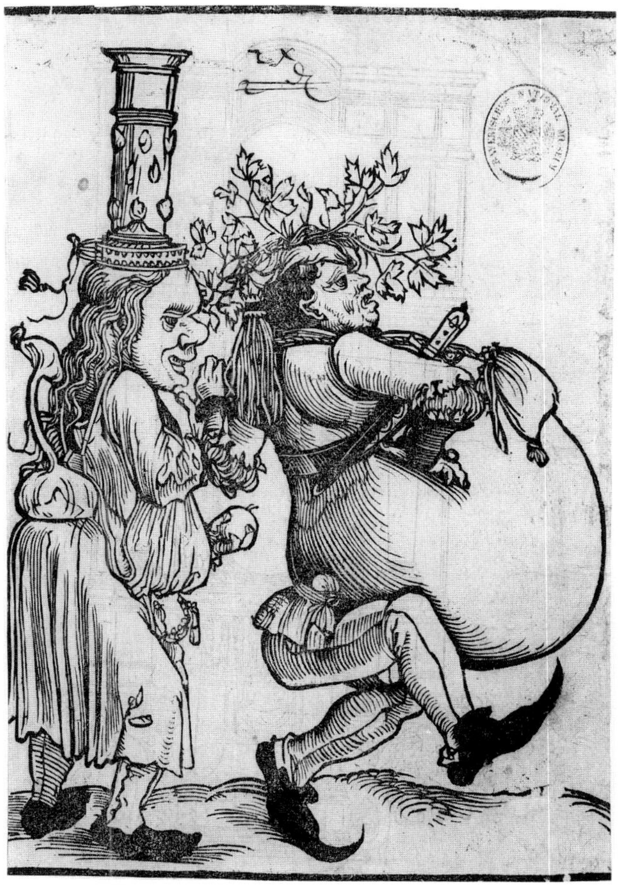

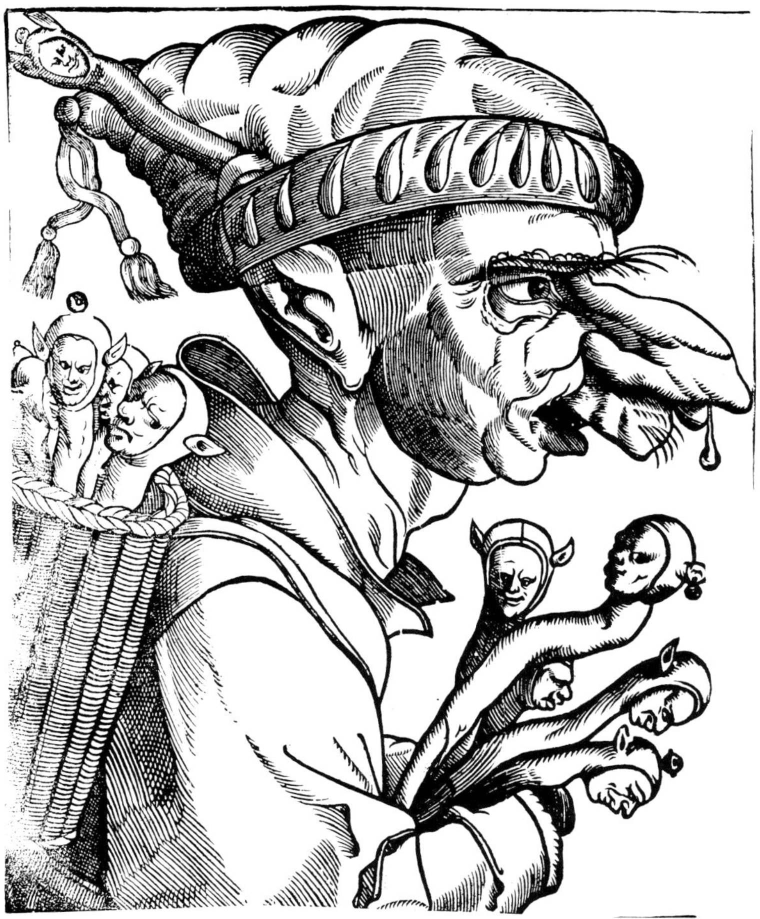

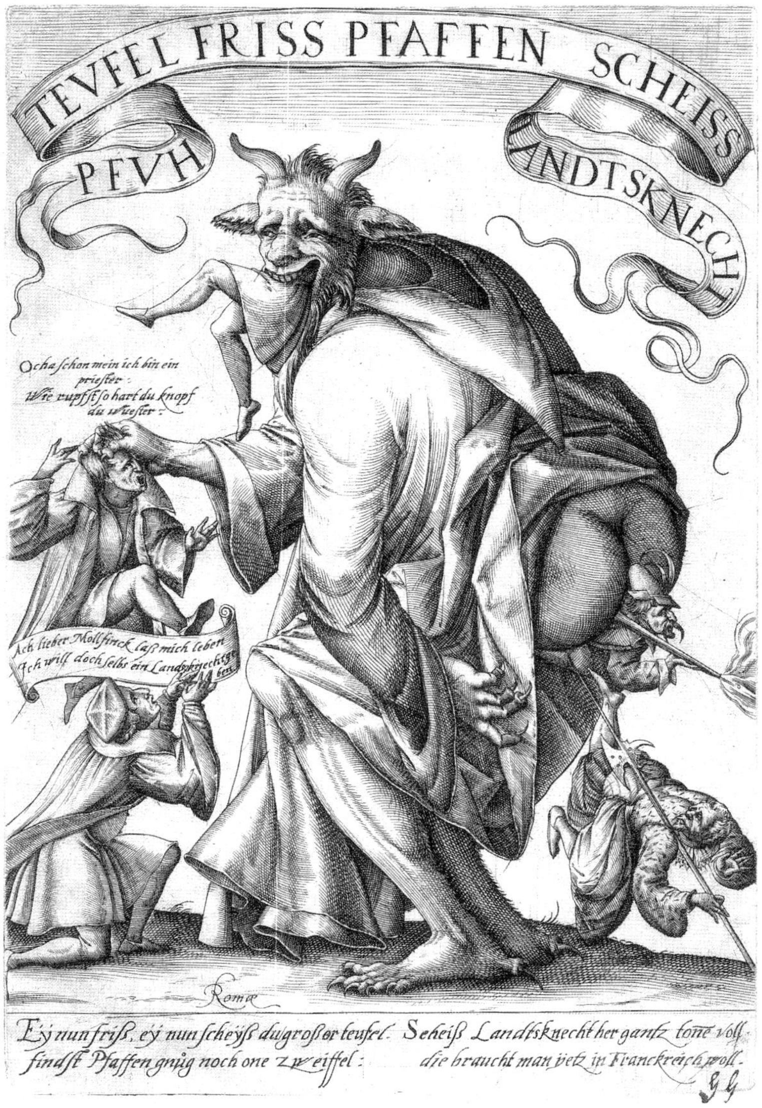

HANS WEIDITZ D. J. (ca. 1495 – ca. 1536)

228 Ein Narr macht ihrer hundert
um 1530

Holzschnitt
283 x 234 mm (Blatt beschnitten)
Privatbesitz München
Lit.: Ausst. Kat. Amsterdam, Paris usw. 1984–85, Die Verkehrte Welt. Populärgraphik aus vier Jahrhunderten. Sammlung Günter Böhmer, Nr. 1.

Ein Narr geht mit Bündeln von Narrenstäben hausieren: Er hat eine ganze Kiepe voll auf dem Rücken, etliche unter dem Arm und einen hinters Ohr geschoben. Mit seiner riesigen, triefenden Nase ist er ein häßlicher Geselle, gleichwohl strahlen seine Augen Zuversicht aus: Wohl weiß er, daß jederman ihm die Waren bereitwillig abkaufen wird. Die Welt ist stets empfänglich für Narrheiten aller Art, lautet die Erkenntnis, die man aus diesem Blatt ziehen kann. [MS]

ANONYMER DEUTSCHER KÜNSTLER

229 Pfui Teufel
(PFVH TEVFEL FRISS PFAFFEN
SCHEISS LANDTSKNECHT)
um 1590

Kupferstich, 286 x 198 mm
Privatbesitz München
Lit.: Eugen Diederichs, Deutsches Leben der Vergangenheit in Bildern, Jena 1908, Abb. 916. – Deutsche illustrierte Flugblätter des 16. und 17. Jahrhunderts, hrsg. von Wolfgang Harms, Band II, München 1980, Nr. 51. – Ausst. Kat. Münster 1983, Ereigniskarikaturen. Geschichte der Spottbilder 1600 bis 1930, Nr. 35 (Neufassung von 1672). – Ausst. Kat. Amsterdam, Paris usw. 1984–85, Die Verkehrte Welt. Populärgraphik aus vier Jahrhunderten. Sammlung Günter Böhmer, Nr. 85.

Der Teufel stopft Jesuiten (»Pfaffen«) in sich hinein und verdaut sie zu schießwütigen Landsknechten. Es handelt sich um eine von protestantischer Seite formulierte ironische Aufforderung an die katholische Kirche, die Mitglieder des erst wenige Jahrzehnte zuvor

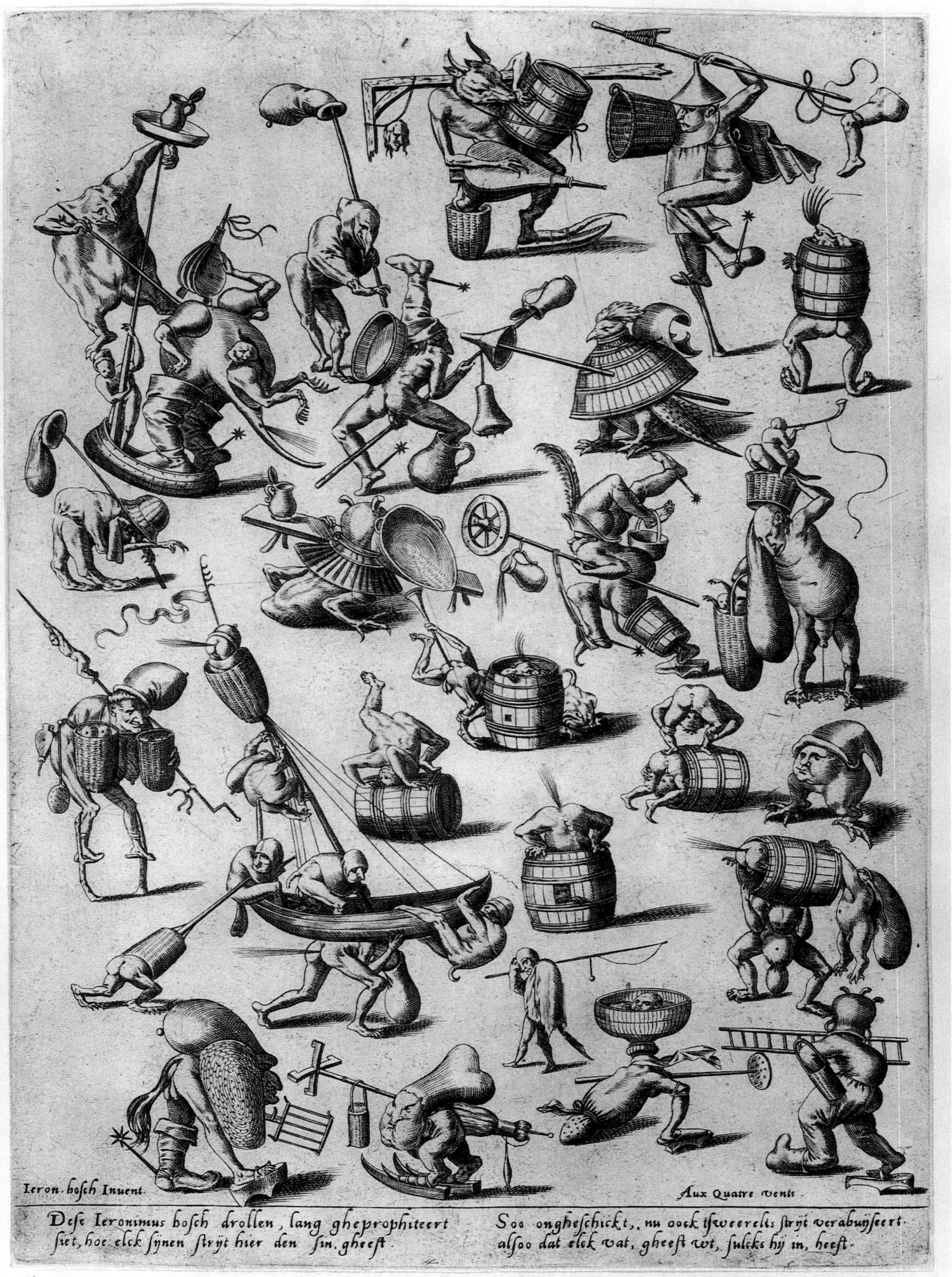

gegründeten Ordens zum Kampf gegen die Calvinisten nach Frankreich zu schicken. Dort lag der calvinistische Heinrich IV. vor den Toren von Paris und hatte soeben die spanischen (katholischen) Truppen vertrieben. [MS]

Nach HIERONYMUS BOSCH (um 1450–1516)

230 Phantastische Figuren (Drollen)
3. Viertel 16. Jahrhundert

Kupferstich, 290 x 212 mm

Bez. u. li.: Ieron. bosch Inuent.; u. re.: Aux Quatre vents.
Bremen, Kunsthalle, Inv. Nr. 36486
Lit.: Hollstein, Dutch and Flemish Etchings, Engravings and Woodcuts, Amsterdam o. J., Band III, 35 I.

In musterblattartiger Anordnung erscheinen grotesk verwachsene, auf mannigfache Weise agierende Gnomen, die auffallend häufig mit Fässern hantieren. Stiche nach Bosch fanden im 16. Jahrhundert weite Verbreitung; einige entstanden noch Jahrzehnte nach dem Tode des Künstlers. So auch dieses Blatt, dessen Bezeichnung auf die Werkstatt des Antwerpener Stechers und Verlegers Hieronymus Cock hinweist. Nicht alle Stiche lassen sich zweifelsfrei auf Entwürfe von Bosch zurückführen. [MS]

MARTIN WEIGEL (tätig um 1553–1580)

231 Allegorie des Ackerbaus nach 1567

Holzschnitt
352 x 243 mm
Sign. u. re.: MW
Privatbesitz München
Lit.: Walter L. Strauss, The German Single-Leaf Woodcut: 1550–1600, New York 1975, S. 1180. – Ausst. Kat. Amsterdam, Paris usw. 1984–85, Die Verkehrte Welt. Populärgraphik aus vier Jahrhunderten. Sammlung Günter Böhmer, Nr. 67 (als M. »Wörle«). – Ausst. Kat. Venedig 1987, Effetto Arcimboldo, S. 115 (als M. »Wörler«).

Die Vorlage zu diesem Holzschnitt ist eine anonyme italienische Radierung, 1567 datiert; eine artgleiche Federzeichnung in der Pariser École Nationale des Beaux-Arts wurde gelegentlich Arcimboldos Hand zugeschrieben. In der Art Arcimboldos wird die allegorische Gestalt des Ackerbaus von allen Geräten gebildet, die für diese Tätigkeit wichtig sind. An diffizilen Körperpartien, wie dem Gesicht, wird das Bestreben des Künstlers deutlich, eine größtmögliche formale Übereinstimmung zwischen Gerät und Physiognomie zu suchen. [MS]

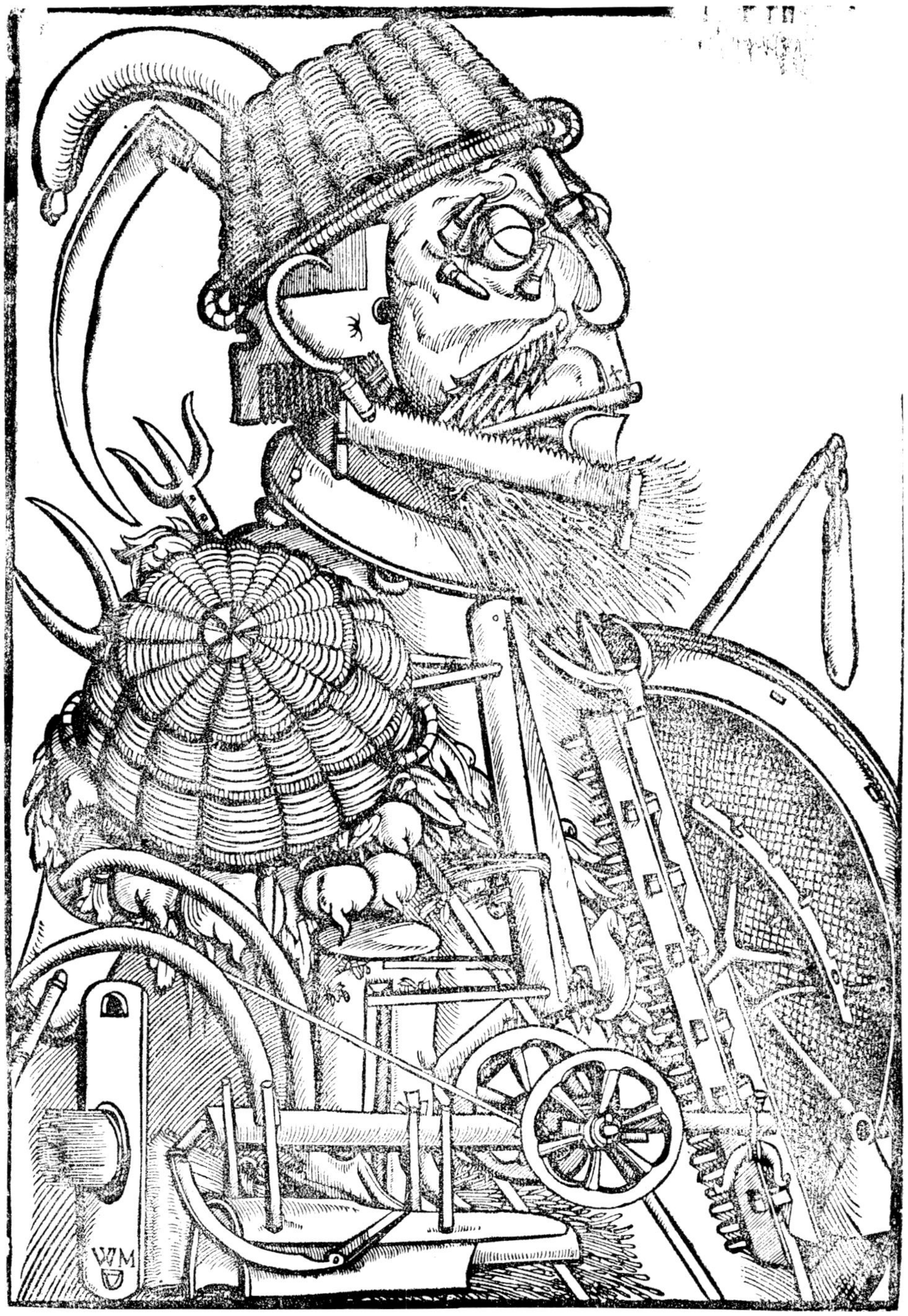

GIUSEPPE ARCIMBOLDO (um 1527–1593)

232 Der Bibliothekar 1566

Öl auf Leinwand
97 x 71 cm
Lit.: Ausst. Kat. Venedig 1987, Palazzo Grassi, Effetto Arcimboldo, Milano 1987, S. 86 mit Bibliographie S. 373 ff.
Skokloster bei Upsala/Schweden, Sammlung Baron von Essen

Der zu den charakteristischen Erscheinungen des Manierismus im ausgehenden 16. Jahrhundert zählende Künstler schuf eine Fülle von Porträts, die er aus den verschiedensten Gegenständen zusammensetzte: aus Früchten, Blumen, Tieren oder Werkzeugen und hier eben dem Dargestellten entsprechend aus Büchern. Er entwickelte seinen originellen, ja bizarren Stil seit 1562 am Prager Kaiserhof, wohin ihn Ferdinand I. berufen hatte. 26 Jahre lang genoß er dort, an dieser einzigartigen Pflegestätte der Künste, als »Hauskonterfetter« hohes Ansehen, wonach er hochgeehrt, vom Kaiser sogar mit der Würde eines Pfalzgrafen ausgezeichnet, nach Mailand zurückkehrte. Der Neigung der Zeit zu phantasievollen, die Welt der Wirklichkeit weit übersteigenden und übersteigernden Kunstwerken brachte ihm den Jubel seiner Zeitgenossen ein. Dennoch blieb offenbar nur ein Bruchteil seines Schaffens erhalten, genügend allerdings, um in den erhaltenen Meisterwerken »seinen Hang zu abseitiger Originalität und raffinierte Karikatur« bewiesen zu sehen. (E. Kroher) [WK]

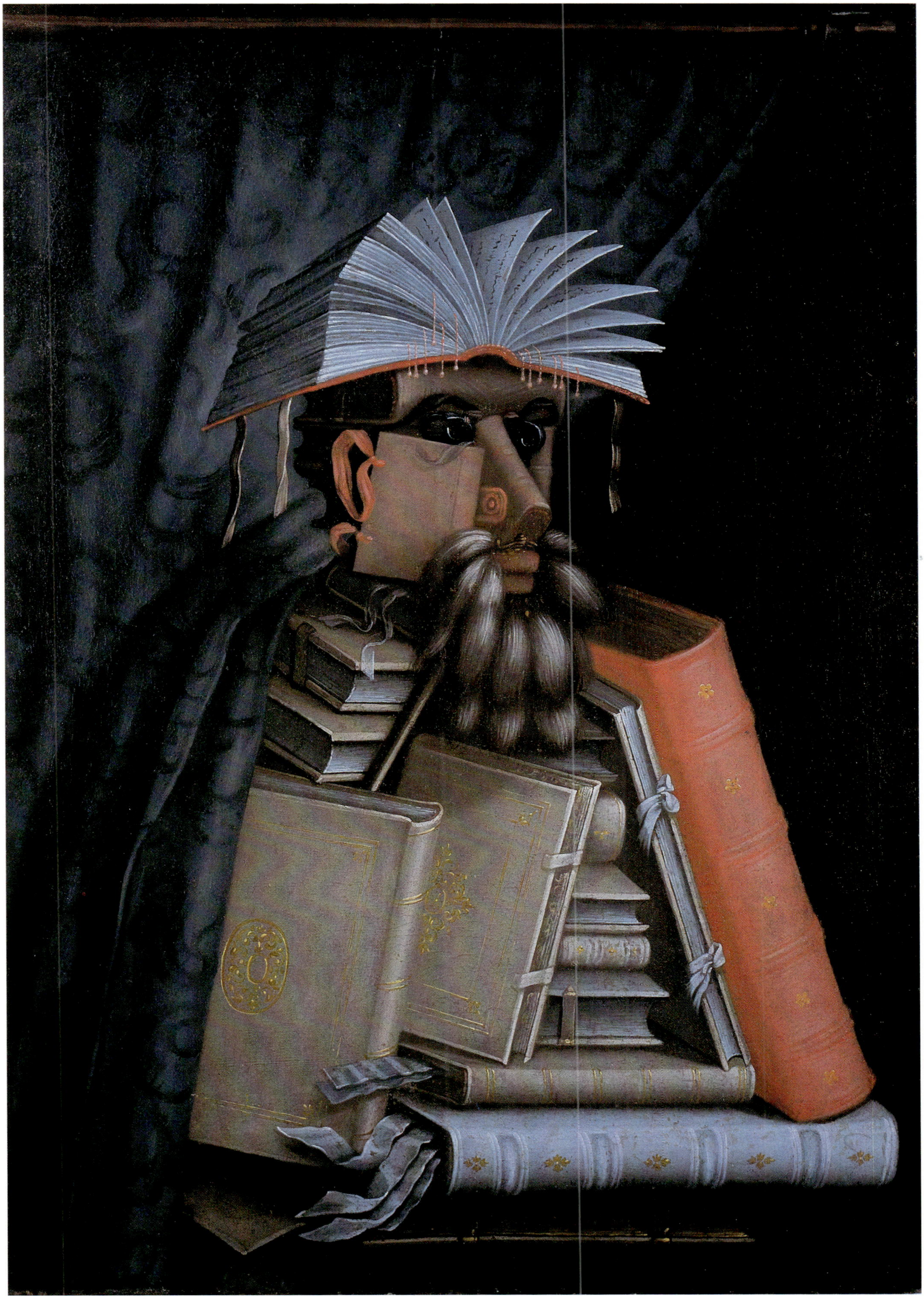

JACQUES CALLOT (1592–1635)

233 Pantalone
(Les Trois Pantalons)
um 1618/20

Radierung
242 x 153 mm
Sign. u. li.: Ia. Callot. fe. firenza
München, Staatliche Graphische Sammlung, Inv. Nr. 9219
Lit.: E. Meaume, Recherches sur la vie et les ouvrages de Jacques Callot, Paris 1860, Nr. 627 I. – J. Lieure, Jacques Callot. La vie artistique, Catalogue de son oeuvre gravé, Paris 1924 ff., Nr. 288 I.

Der Pantalone ist eine Figur aus der italienischen Komödie, die mit festgelegten Gestalttypen, aber improvisierten Dialogen und Bewegungen arbeitet. Er ist der liebestolle und stets betrogene Alte. Die physiognomische Überzeichnung, oft bei Callot zu finden, wird hier in der Maske gegenständlich greifbar. Im Hintergrund erscheint Pantalone vor höfischem Publikum auf der Bühne in einer charakteristischen Szene: er gesteht gerade einer Dame seine Liebe. [MS]

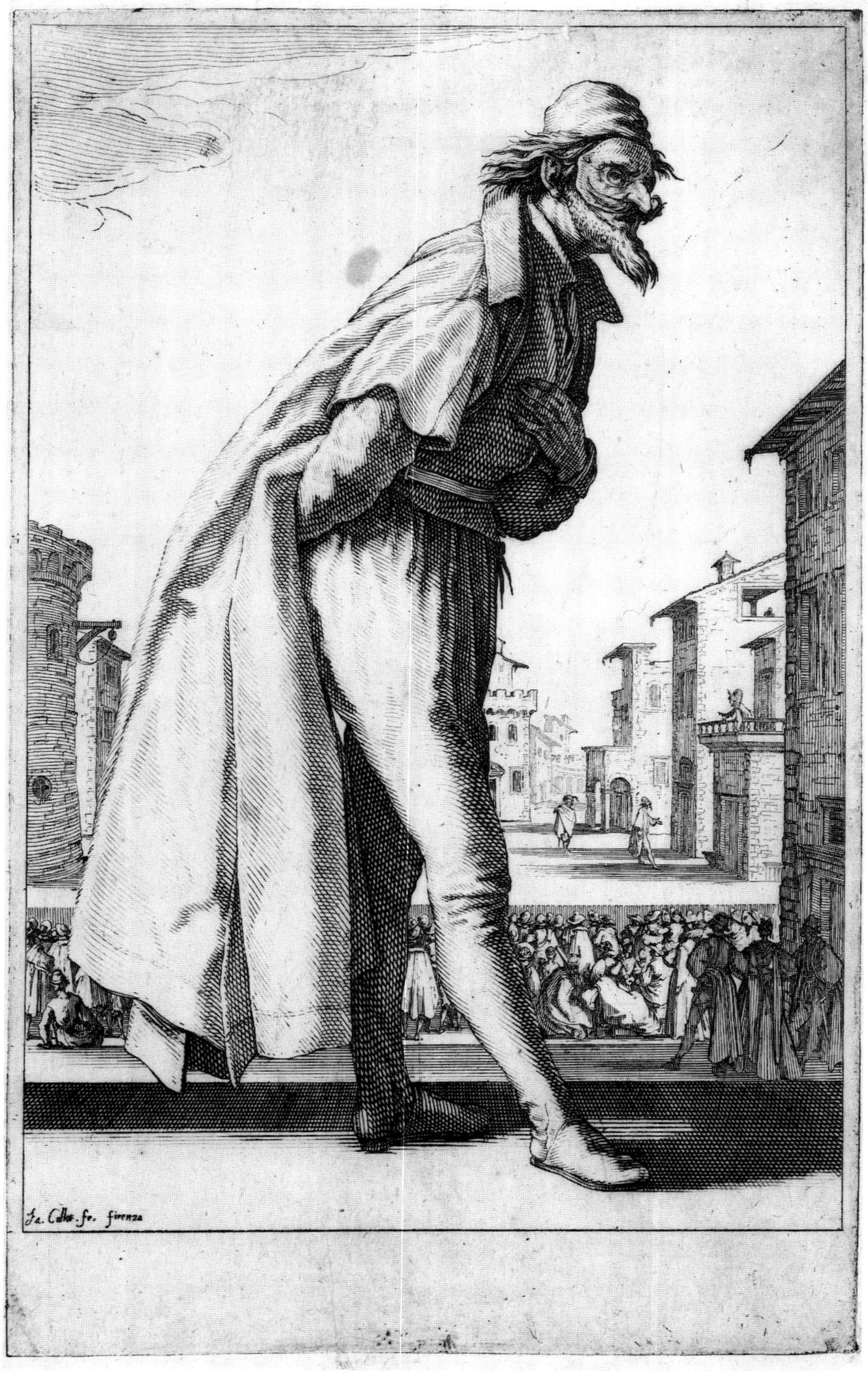

NACH EINEM ANONYMEN KÜNSTLER

234 Die Vier Jahreszeiten
17. Jahrhundert/um 1855

Chromolithographie
340 x 249 mm
Bez. o. re.: Panorama de Strasbourg, Faubourgs. Page 114.; u. li.: Copié et réduit par F Piton.; u. Mi.: Lith.^{e} par J. Bürck / LES QUATRE SAISONS d'après quatre tableaux qui se trouvaient dans l'ancien poële des Jardiniers à Strasbourg.; u. re.: Brev^{t} d'inv.^{n} S.g.d.G. LAVIS-AQUARELLE Litho.^{e} E. SIMON, Strasbourg.
Privatbesitz München
Lit.: Legrand et Sluys, Arcimboldo et les arcimboldesques, Aalter 1955, Taf. 49, S. 97. – Ausst. Kat. Strasbourg 1973, Corporations et Artisans d'Alsace du Moyen Âge à la Revolution, Abb. S. 135. – Ausst. Kat. Amsterdam, Paris usw. 1984–85, Die Verkehrte Welt. Populärgraphik aus vier Jahrhunderten. Sammlung Günter Böhmer, Nr. 70.

Es handelt sich um die Reproduktion von vier Leinwandbildern des 17. Jahrhunderts, die einst in der Zunftstube der Gärtner in Straßburg hingen und heute im dortigen Musée historique aufbewahrt werden. Die Thematik und arcimboldeske Gestaltung erklären sich aus dieser Zweckbindung. Die eher kulturgeschichtlich als künstlerisch interessanten Arbeiten haben kein direktes Vorbild im Werk Arcimboldos. Die Jahreszeitenthematik wurde seit dem Spätmittelalter häufig dargestellt. [MS]

Panorama de Strasbourg, Faubourgs. Page 114.

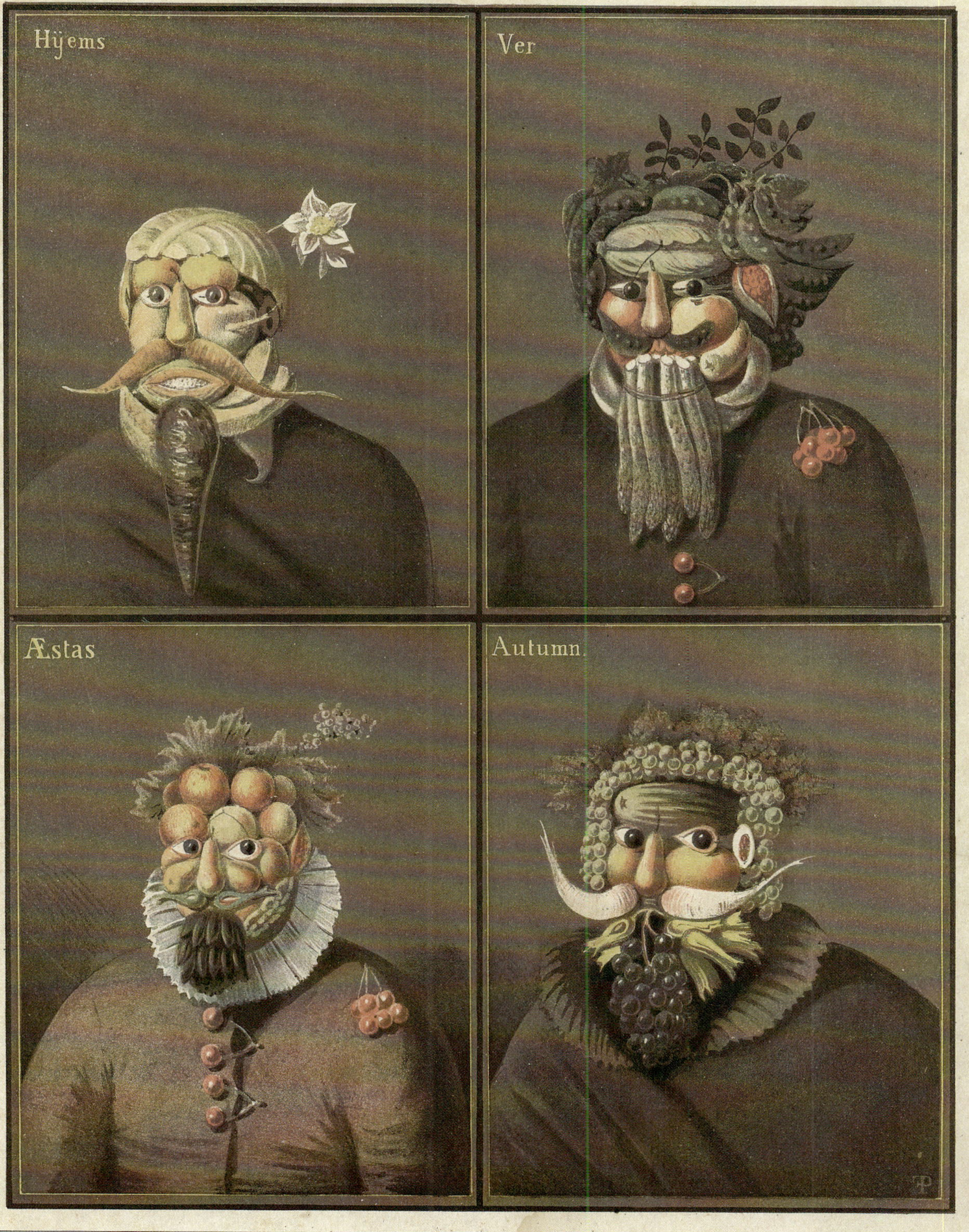

Copié et réduit par F. Piton. Lith. par J. Bürck. Brev. d'inv. S.g.d.G. LAVIS-AQUARELLE Lithog. E. SIMON, Strasbourg.

LES QUATRE SAISONS

d'après quatre tableaux qui se trouvaient dans l'ancien poële des Jardiniers à Strasbourg.

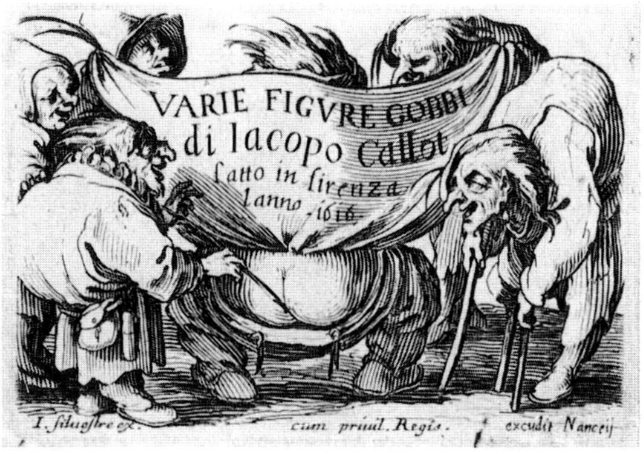

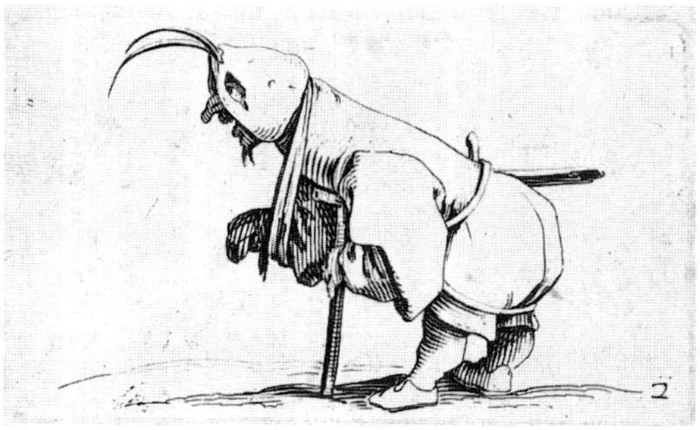

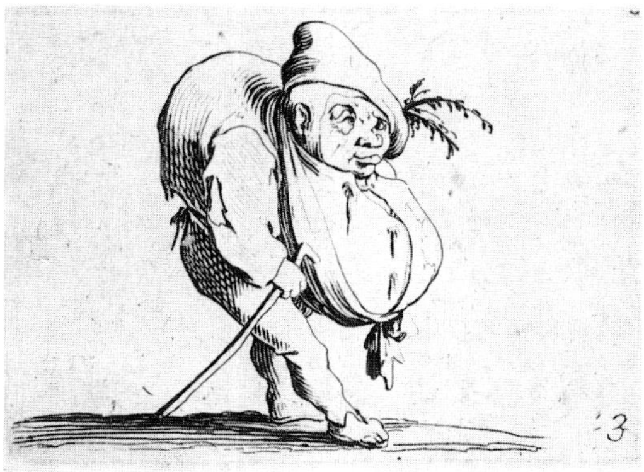

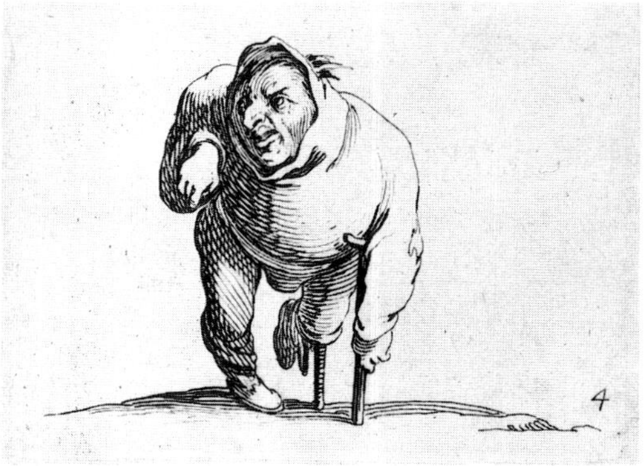

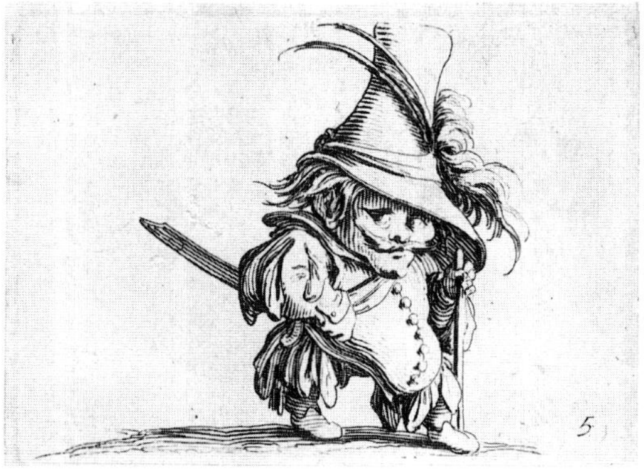

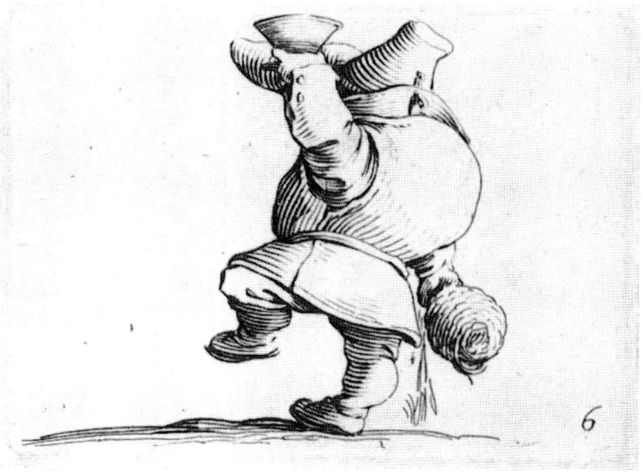

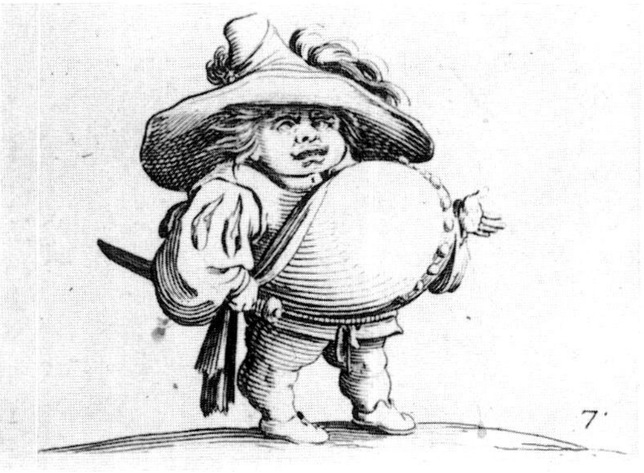

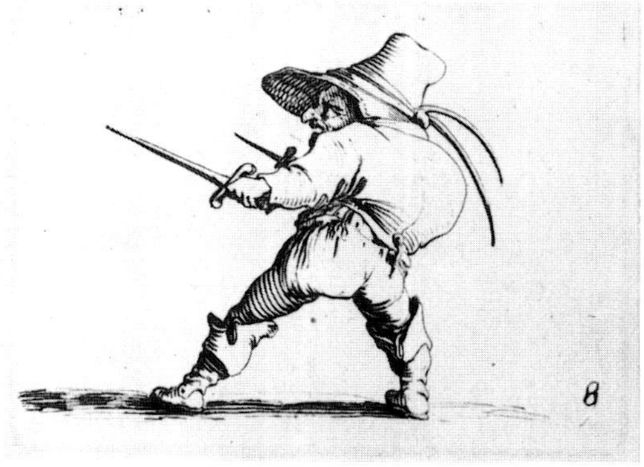

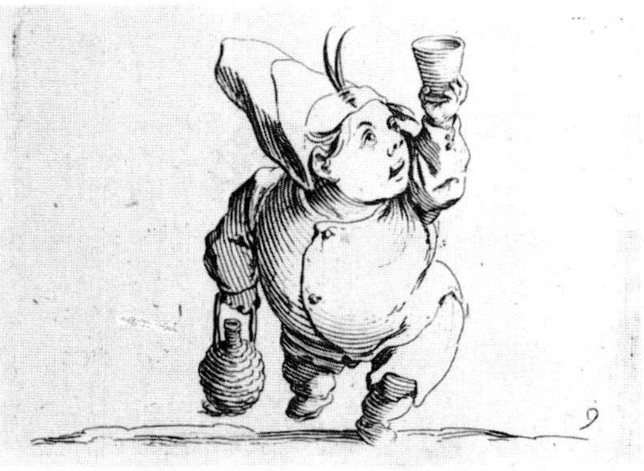

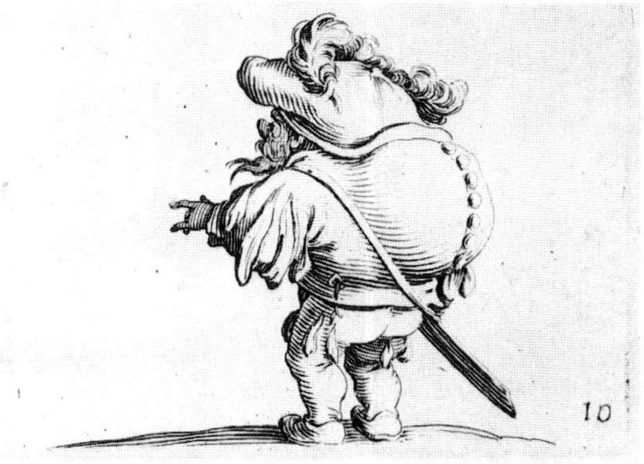

JACQUES CALLOT (1592–1635)

235 Die Buckligen
(Varie figure gobbi)
1616–1622

Radierung, ca. 62 x 87 mm
Bez.: VARIE FIGVRE GOBBI / di Iacopo Callot / fatto in firenza / l'anno .1616.; unten: I. siluestre ex. cum priuil. Regis. excudit Nancey
Bremen, Kunsthalle, Inv. Nr. 19287-19306
Lit.: Edouard Meaume, Recherches sur la vie et les ouvrages de Jacques Callot, Paris 1860, Nr. 747, 749–767. – J. Lieure, Jacques Callot. La vie artistique. Catalogue de son œuvre gravé, Paris 1924 ff., Nr. 279, 408–426.

Die Radierfolge entstand in Italien, wo Callot sich bis

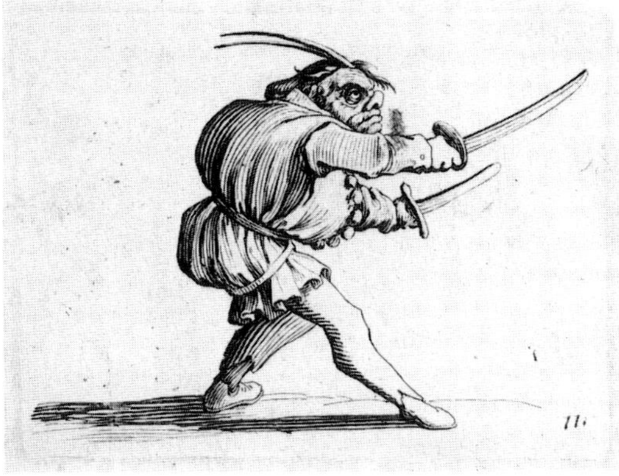

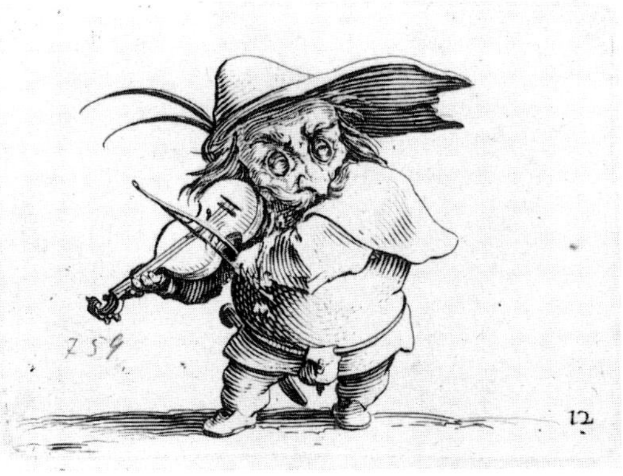

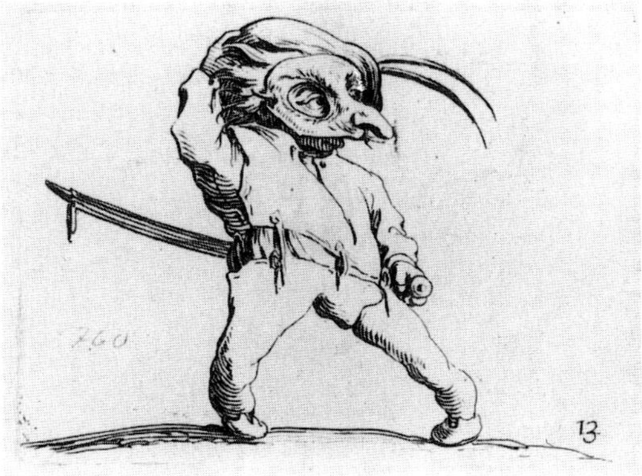

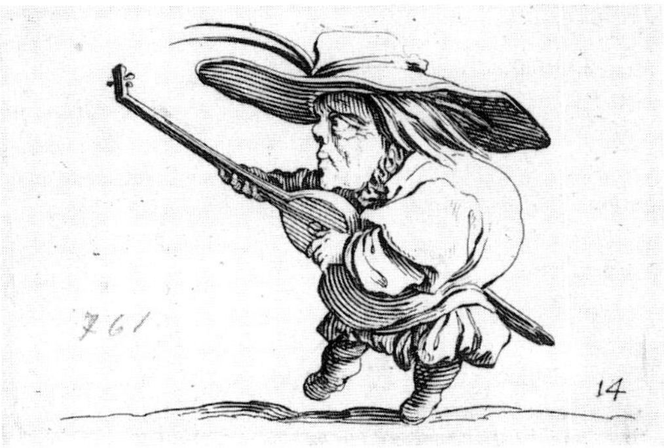

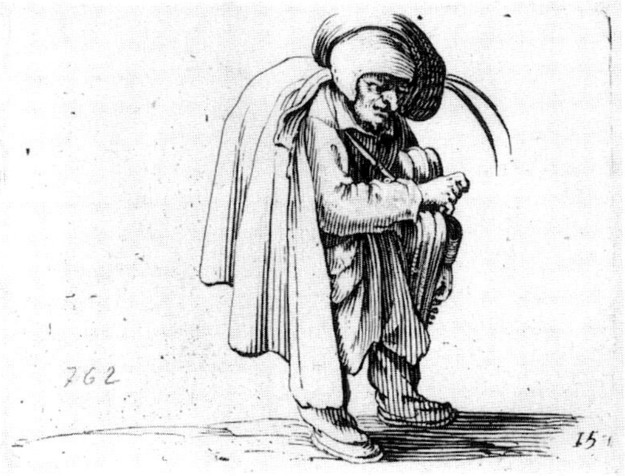

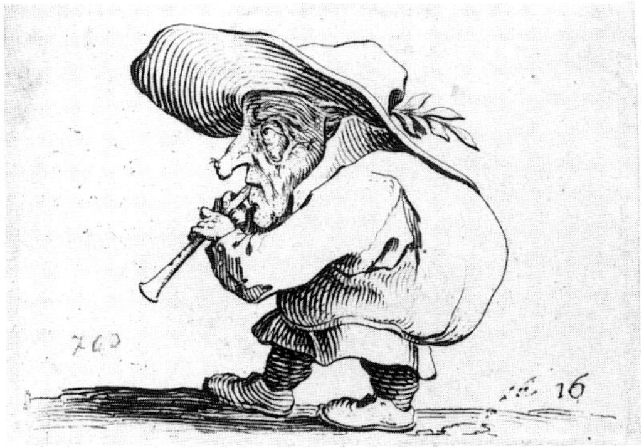

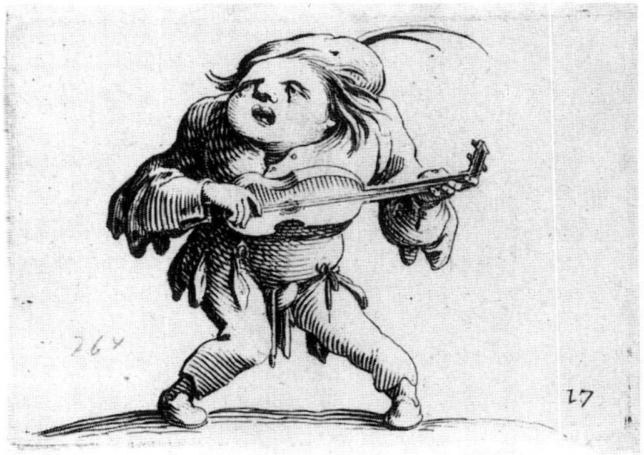

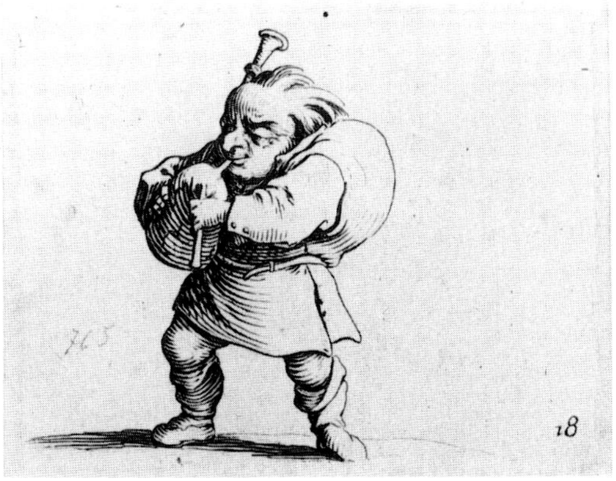

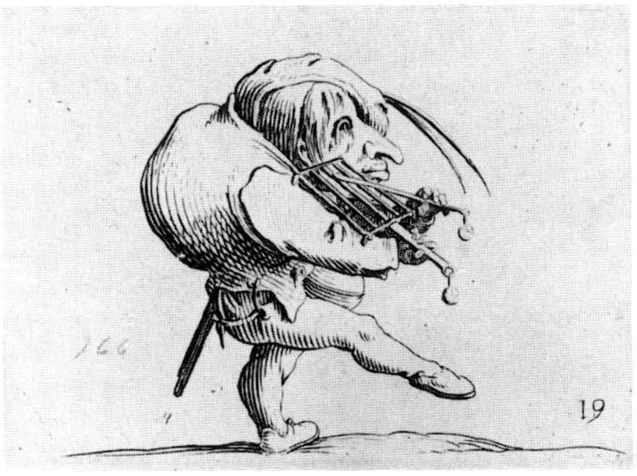

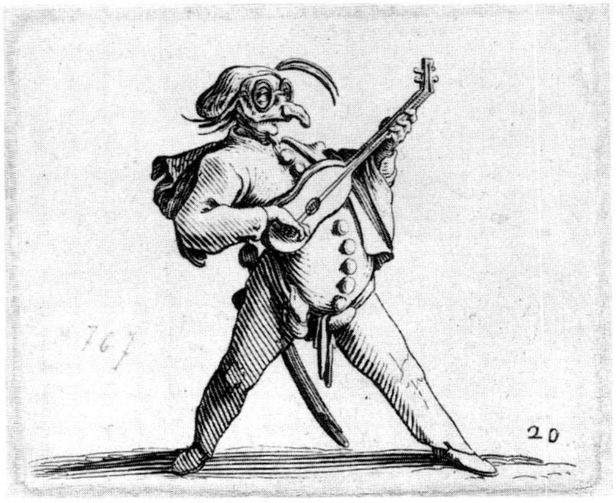

1622 aufhielt. Zwerge gab es an allen europäischen Höfen. Sie traten als Theatertrupps oder einfach als Spaßmacher auf.
Obwohl Callot die körperlichen Deformierungen der Menschen gewiß übertreibt, verleiht er ihnen durch die isolierte Darstellung eine ganz individuelle und ernsthafte Präsenz mit fast tragischer Note. Die Druckfolge Callots fand vielfache Nachahmung in der Graphik, Plastik und im Kunstgewerbe bis ins 18. Jahrhundert: Man findet die Zwerge auf Spielkarten, als Porzellanfiguren und in der barocken Gartenplastik, z. B. im »Zwergerlgarten« bei Schloß Mirabell in Salzburg. Die Druckplatten zu Callots Folge werden im Musée Lorrain in Nancy aufbewahrt. [MS]

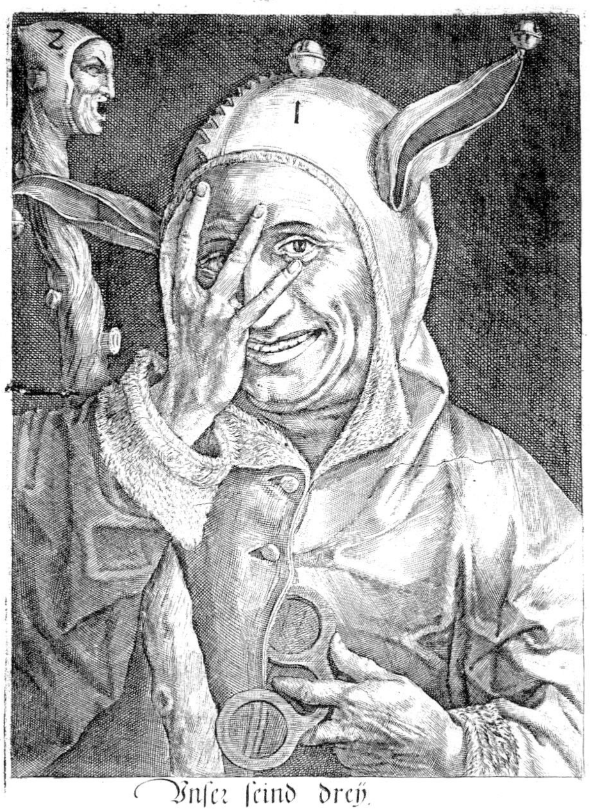

ANONYMER DEUTSCHER KÜNSTLER

236 Drei Narren
17. Jahrhundert

Kupferstich
290 x 212 mm
Bez. u. Mi.: Unser seind drey.
Privatbesitz München

Je länger man sucht, desto peinlicher die Auflösung: der Betrachter ist der dritte. Der Stich kopiert einen Holzschnitt von Heinrich Vogtherr d. J. von ca. 1540, verändert aber die Aussage. Dort steckt der Narr seine lange Nase zwischen die Finger und sagt: »Dero Narren lache Ich Allenn / Denn mir lirn Kolbñ thun gefalleñ«. Hier blickt er durch die Finger hindurch. Narr sein heißt: nicht immer nach den Maßstäben menschlicher Vernunft zu leben, oft gar sündig und unmoralisch zu handeln. Der Narr ist also der Weise, der zur Selbsterkenntnis verhilft. [MS]

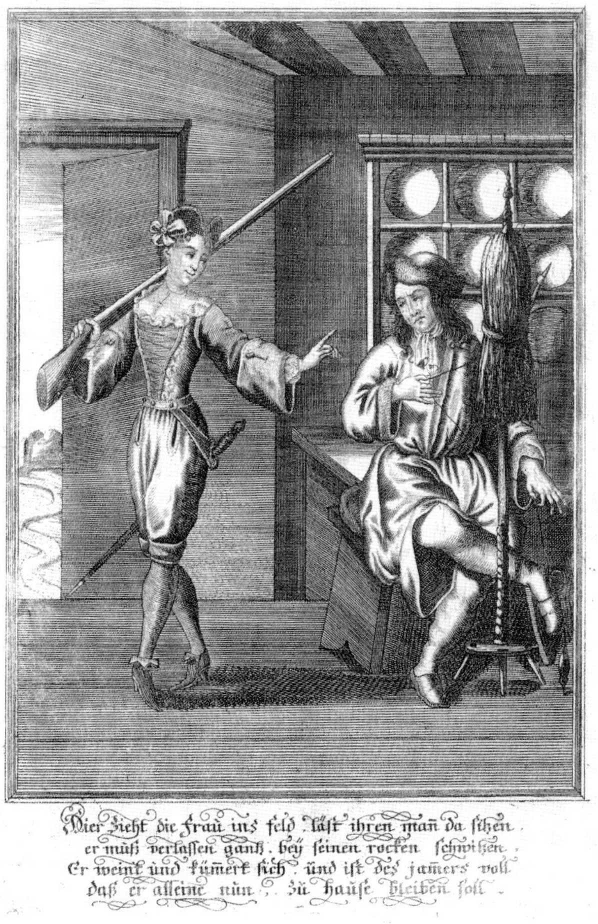

ANONYMER DEUTSCHER KÜNSTLER

237 Vertauschte Rollen
um 1750

Kupferstich
285 x 185 mm
Privatbesitz München
Lit.: Ausst. Kat. Amsterdam, Paris usw. 1984–85, Die Verkehrte Welt. Populärgraphik aus vier Jahrhunderten. Sammlung Günter Böhmer, Nr. 31.

Zum Thema »Verkehrte Welt« gehört auch die Frau als Soldat. Man sieht die Dame hier von ihrem Mann Abschied nehmen, das Gewehr geschultert, den Degen am Gürtel. Der Mann bleibt daheim am Spinnrocken und tut seine Pflicht. Tränenüberströmt blickt er ihr nach – was wird aus ihm, wenn sie nicht aus dem Felde zurückkehrt? Die Anklänge an die antike Geschichte von Herakles und Omphale sind deutlich: Der verliebte Heros kleidet sich weiblich und verrichtet Frauenarbeit, während Omphale sein Löwenfell und die Keule trägt. [MS]

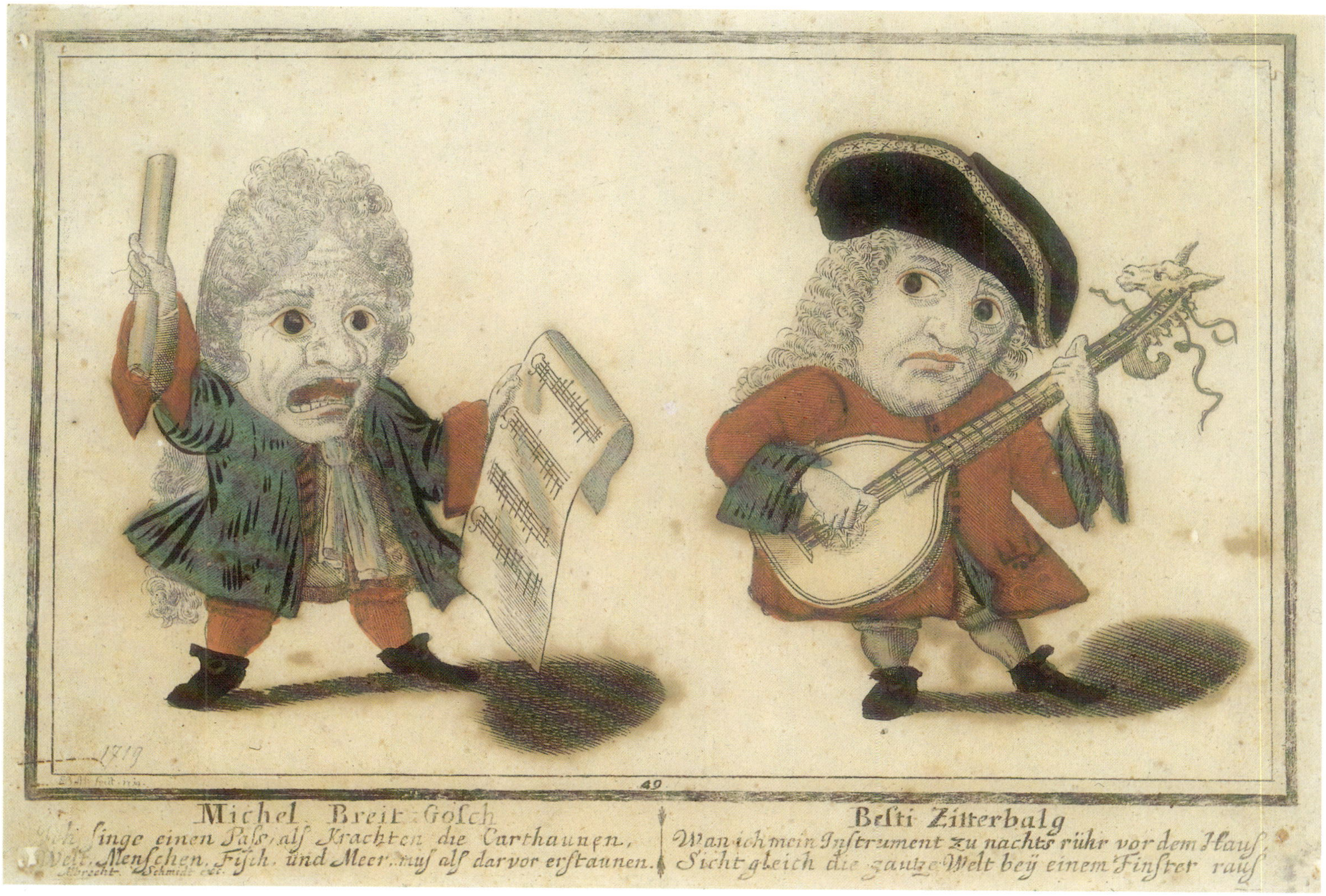

ELIAS BAECK genannt HELDENMUTH
(1679–1747)

238 »Michel Breit Gosch« und »Besti Zitterbalg«
1719

Kupferstich, koloriert
195 x 295 mm (Blatt beschnitten)
Sign. u. li.: EB AH: fecit .1719.
Bez. u. li.: Albrecht. Schmidt exc.
Privatbesitz München

Elias Baeck greift in seiner Stichreihe die beliebte Zwergen-Thematik auf, mit der sich trefflich Witze machen ließ. Anders als im »Callotto resuscitato« mit seinen grotesken Phantasiegestalten und -texten sind auf unserem Blatt mit der Nummer 49 die Kleinwüchsigen wieder in ihr heimisches Metier, die Schauspielerei, zurückverpflanzt. Die Phantasienamen nehmen Bezug auf ihre Tätigkeit: Breit Gosch als Sänger, Zitterbalg als Lautenschläger. [MS]

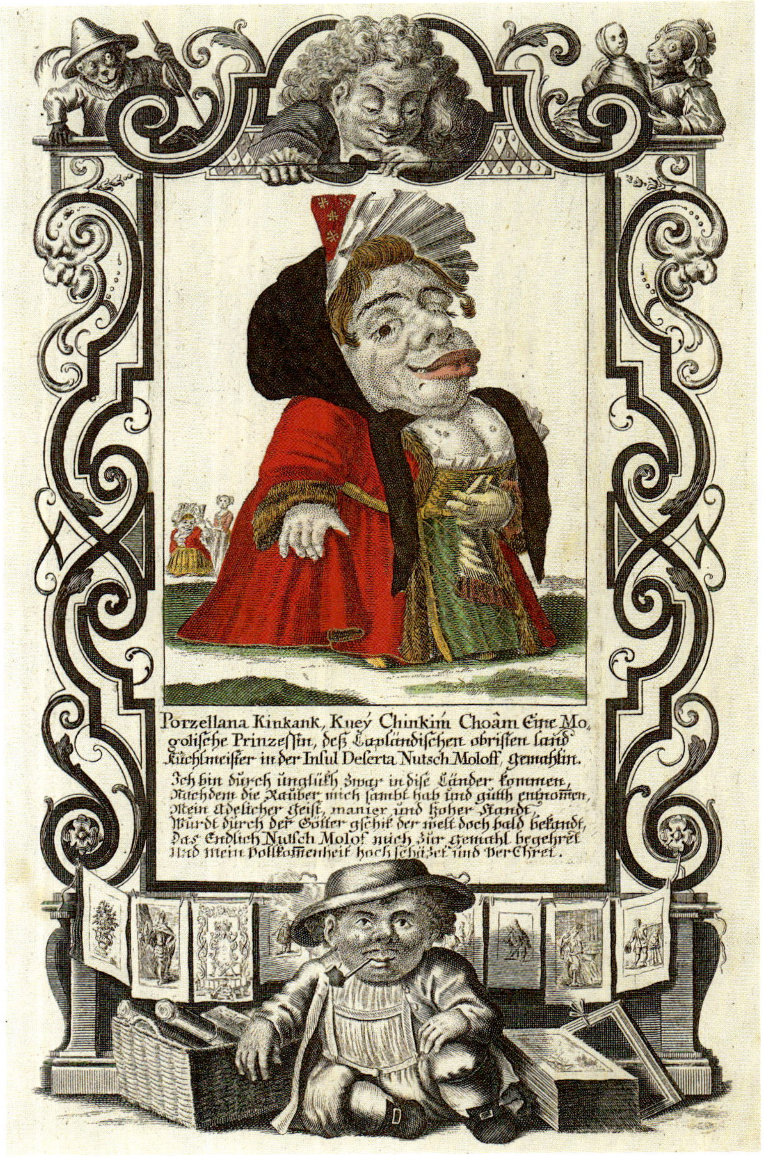

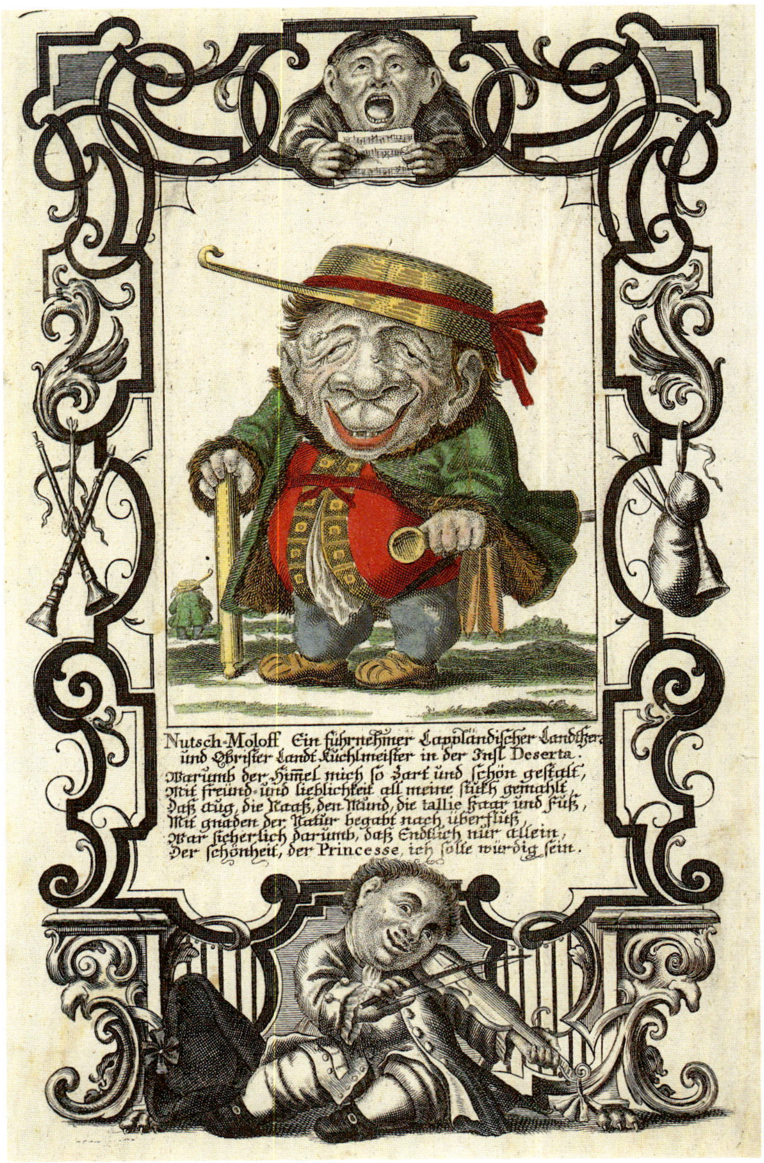

ANONYMER DEUTSCHER KÜNSTLER

239 Porzellana Kinkank, Kueý Chinkim Choâm Eine Mo=golische Prinzessin, deß Lapländischen obristen land Kuchlmeister in der Insul Deserta Nutsch Moloff, gemahlin
Nutsch=Moloff Ein führnehmer Lappländischer Landtherr und Obrister Landt Kuchlmeister in der Insl Deserta
um 1710

Kupferstich, koloriert mit Goldhöhungen
je 271 x 173 mm
Privatbesitz München
Lit.: Callots Neueingerichtetes Zwergenkabinett, hrsg. von Wilhelm Fraenger, München/Leipzig 1922. – Ausst. Kat. Amsterdam, Paris usw. 1984–85, Die Verkehrte Welt. Populärgraphik aus vier Jahrhunderten. Sammlung Günter Böhmer, Nr. 42.

Die Figuren erscheinen als Tafeln 49 und 50 des »Callotto resuscitato oder Neueingerichtetes Zwerchen Cabinett«, allerdings mit anderer (stets getrennt gedruckter) Rahmung und numeriert. Dieses anonyme Stichwerk griff die seit Jacques Callots Zwergen-Serie (1622) beliebte Thematik auf und versah sie mit witzigen Texten. Was aber bei Callot tatsächlich gesehene Jahrmarkts- und Schauspielertrupps waren, wurde hier zur phantasievollen Karikatur. Die Figuren fanden in der Gartenarchitektur wie auch in der Porzellankunst Verbreitung. [MS]

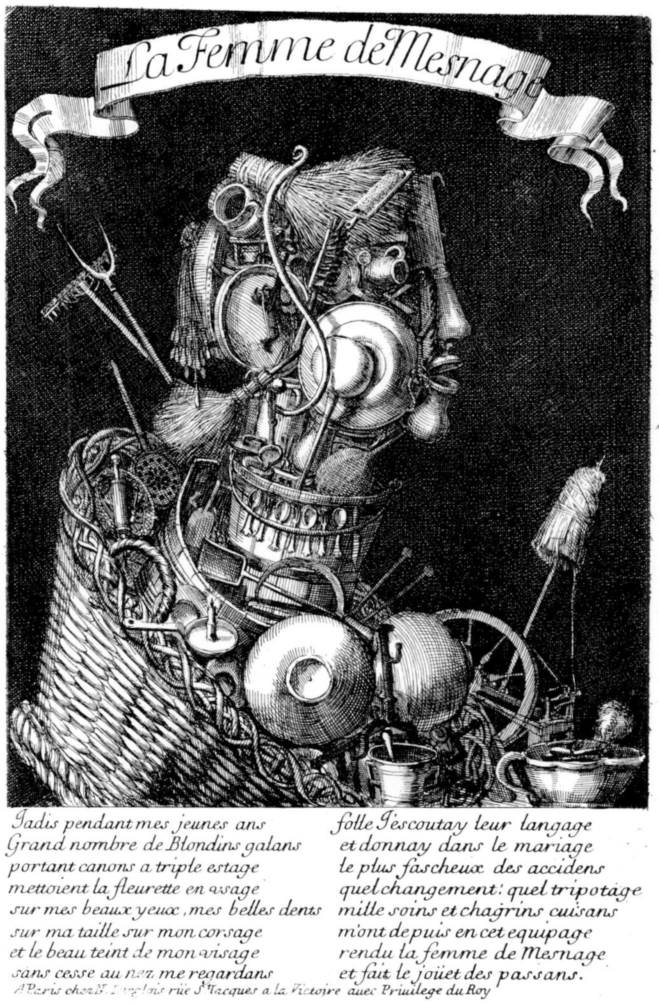

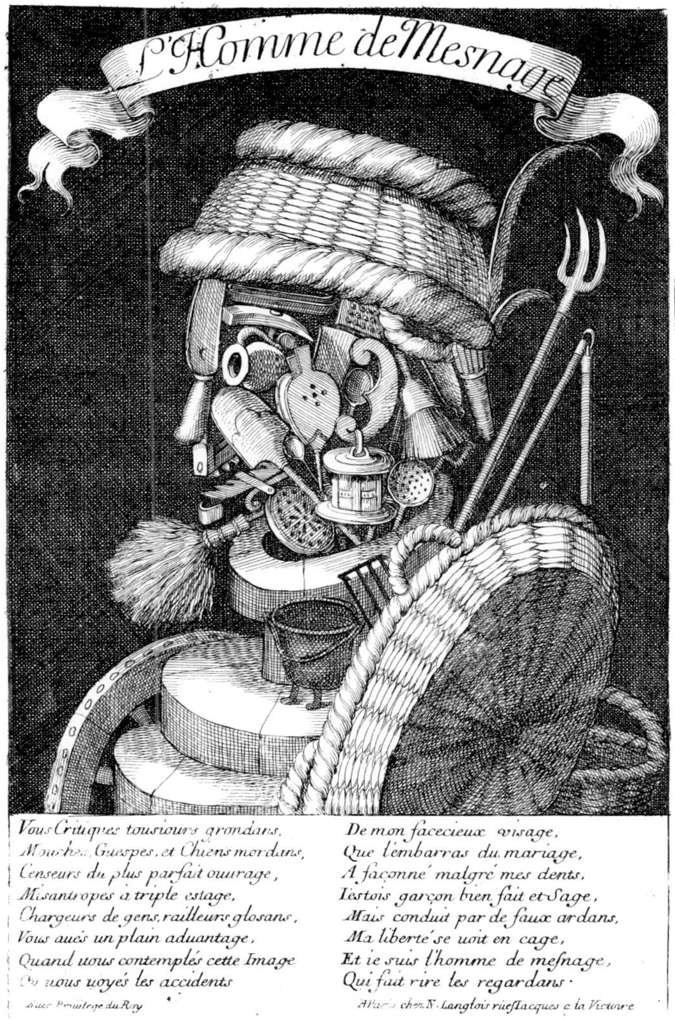

ANONYMER FRANZÖSISCHER KÜNSTLER

240 Die Hausfrau
(La Femme de Mesnage)
2. Hälfte 17. Jahrhundert

Radierung und Kupferstich, 263 x 173 mm (Blatt beschnitten)
Bez.: A Paris chez N. Langlois rue St. Jacques a la Victoire auec Priuilege du Roy
Privatbesitz München

Lit.: Benno Geiger, Die skurrilen Gemälde des Giuseppe Arcimboldi (1527–1593), Wiesbaden 1960, Abb. 43/44. – Ausst. Kat. Amsterdam, Paris usw. 1984–85, Die Verkehrte Welt. Populärgraphik aus vier Jahrhunderten. Sammlung Günter Böhmer, Nr. 68/69. – Kat. Ausst. Venedig 1987, Effetto Arcimboldo, S. 113.

In der Manier Arcimboldos wird hier aus allen Geräten, die im Leben der Hausfrau eine Rolle spielen, ein allegorisch-emblematisches Bild gestaltet. Mit dem Gegenstück des Hausmannes wird ähnlich verfahren; hier sind es primär Handwerks- und Feldarbeitsgeräte. Daher erklärt es sich, daß andere, verwandte Bilderpaare auch als »Küche« und »Ackerbau« bezeichnet werden. Die beigefügten Verse unterstreichen die humoristische Note der Darstellungen. [MS]

ANONYMER FRANZÖSISCHER KÜNSTLER

241 Der Hausmann
(L'Homme de Mesnage)
2. Hälfte 17. Jahrhundert

Radierung und Kupferstich
269 x 178 mm (Blatt beschnitten)
Bez. u. li.: Auec Priuilege du Roy; u. re.: A Paris chez N. Langlois rue S. Iacques a la Victoire
Privatbesitz München

Gegenstück zu Kat. 240.

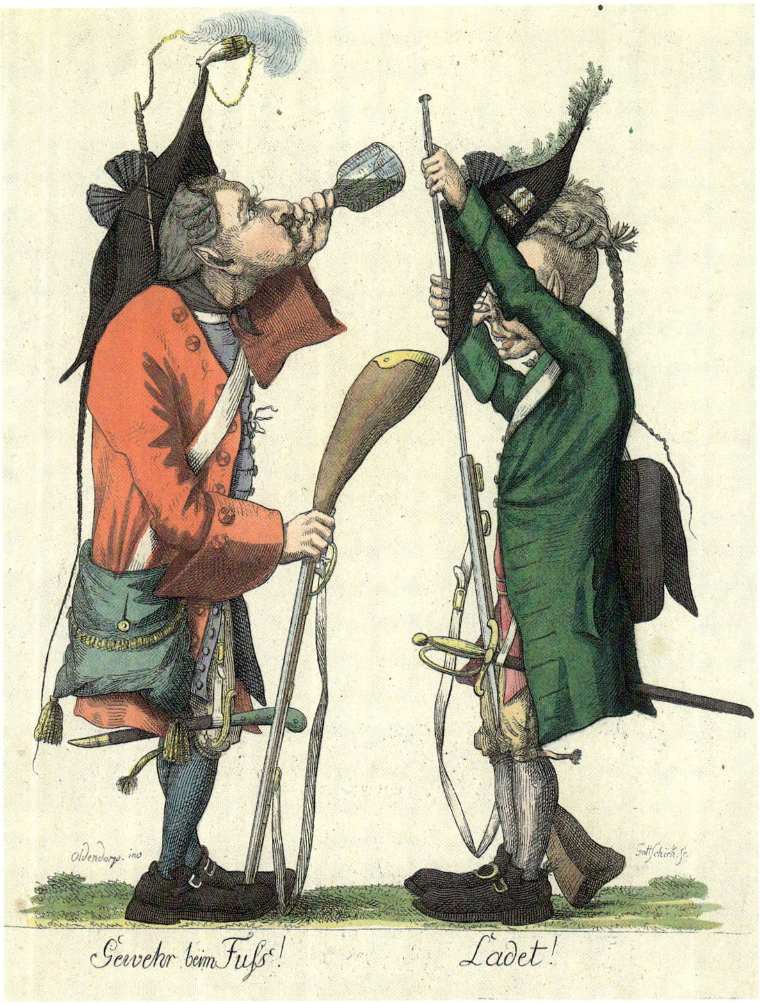

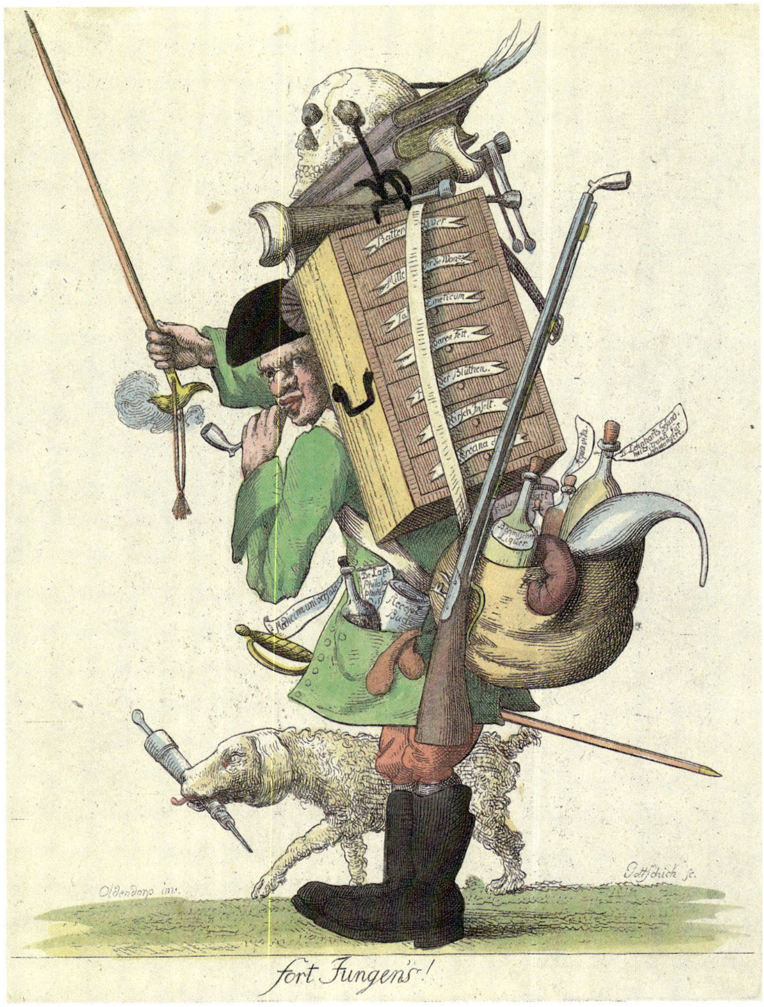

CHRISTIAN JOHANN OLDENDORP (1772–?)

242 Gewehr beim Fuß! – Ladet!
[um 1795]

Radierung, koloriert
227 x 173 mm (Blatt: 230 x 178 mm)
Bez. in der Platte innerhalb der Darstellung u. li.: Oldendorp. inv.; u. re.: Gottschick. sc.; Legende außerhalb der Darstellung: Gewehr beim Fuß! Ladet!.
Wilhelm-Busch-Museum Hannover (Sammlung Max Hasse), Inv. Nr. KG 3237/87

Mit Soldaten, »Feldmusikern«, Quacksalbern und anderen Figuren, die ein Heer begleiten könnten, hat sich Christian Johann Oldendorp, Lehrer in Schulpforta bei Naumburg, in einer Folge beschäftigt. Es ist ein Aufmarsch grotesker Gestalten, die allesamt vollkommen untauglich erscheinen. Die Unterzeile »Fort Jungens!« sollte deshalb durchaus ernst genommen werden! Für die dem Trunk ergebenen Soldaten, die Gewehr beim Fuß nur wörtlich verstehen können, hat der Quacksalber unter seinen Arzneien wohl seine »Medicina universalis«. Doch für besondere Fälle führt er medizinische Lehrbücher und Prothesen mit sich, und für ganz heikle Fälle gibt es »Dr. Lehnhardts Gesundheitstrank für Schwangere«... [GV]

CHRISTIAN JOHANN OLDENDORP (1772–?)

243 Fort Jungen's!
[um 1795]

Radierung, koloriert
226 x 173 mm (Blatt: 235 x 180 mm)
Bez. in der Platte innerhalb der Darstellung u. li.: Oldendorp inv.; u. re.: Gottschick sc.; Legende außerhalb der Darstellung: Fort Jungen's!; Haus- und Arzneimittel im Bild bez. auf Flaschenetiketten und Schubfächern (Schrift teilweise verdeckt), wie: Medicina universalis; Böhmischer Liquer; Aqua vita; Dr. Lehnhardts Gesundheitstrank für Schwangere.
Wilhelm-Busch-Museum Hanover (Sammlung Max Hasse), Inv. Nr. KG 3234/87

Siehe Kat. 242.

ANONYMER DEUTSCHER KÜNSTLER

244 Die Fünf Sinne
Mitte 18. Jahrhundert

Kupferstich, koloriert
257 x 159 mm (Blatt beschnitten und doubliert)
Privatbesitz München
Lit.: Ausst. Kat. Amsterdam, Paris usw. 1984–85, Die Verkehrte Welt. Populärgraphik aus vier Jahrhunderten. Sammlung Günter Böhmer, Nr. 6.

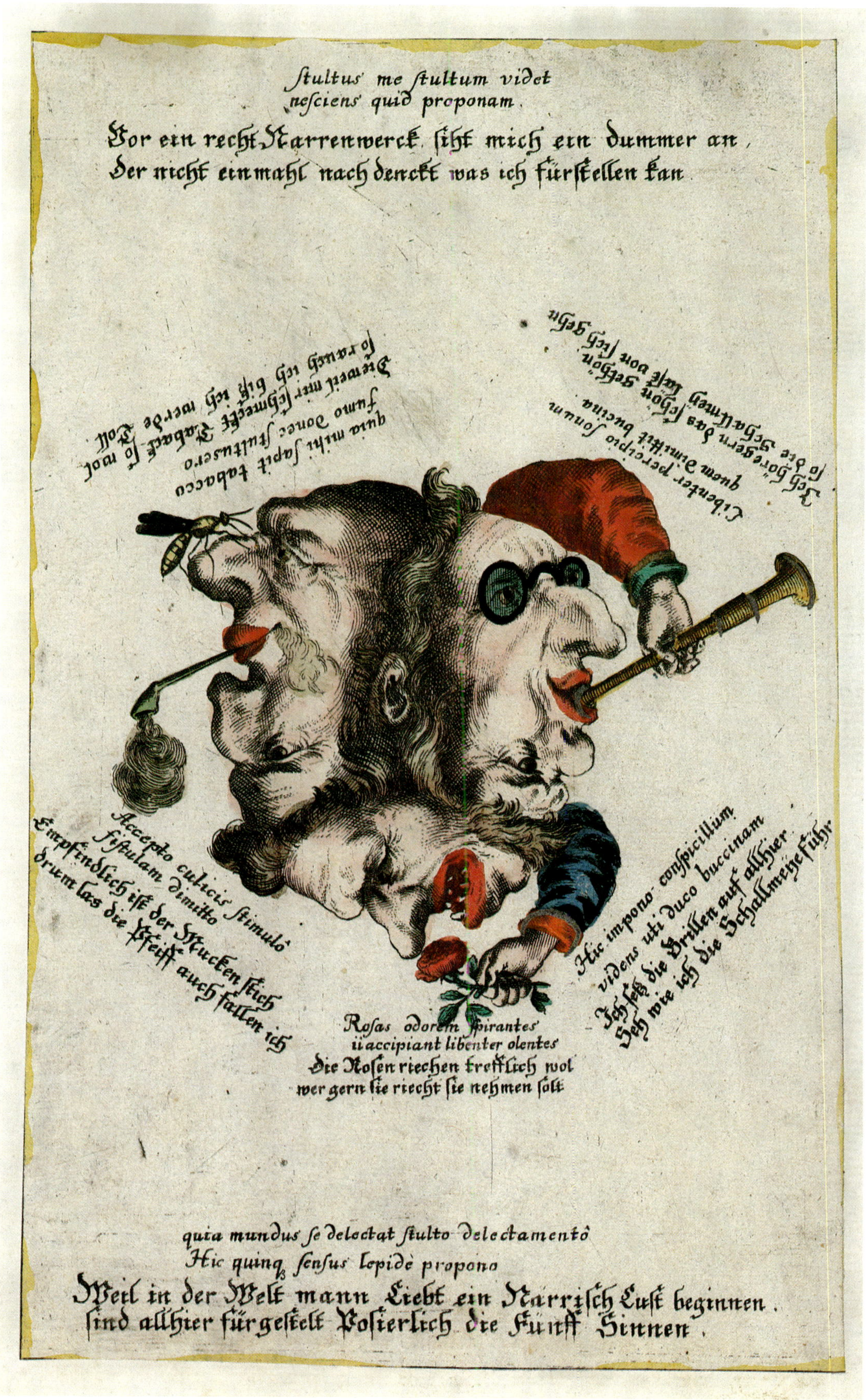

243

Dieses Bilderrätsel mit Sprüchen zeigt fünf in der Mundpartie miteinander verwachsene Gesichter, die beim Drehen des Blattes erkennbar werden. Attribute weisen auf die Fünf Sinne hin: Wespe-Gefühl, Schalmei-Gehör, Brille-Sehen, Rose-Geruch, Tabakspfeife-Geschmack. Sinnesallegorien waren im Barock sehr beliebt und erscheinen auf vielen Stichen und in Gemäldezyklen. Auch das Motiv der verwachsenen

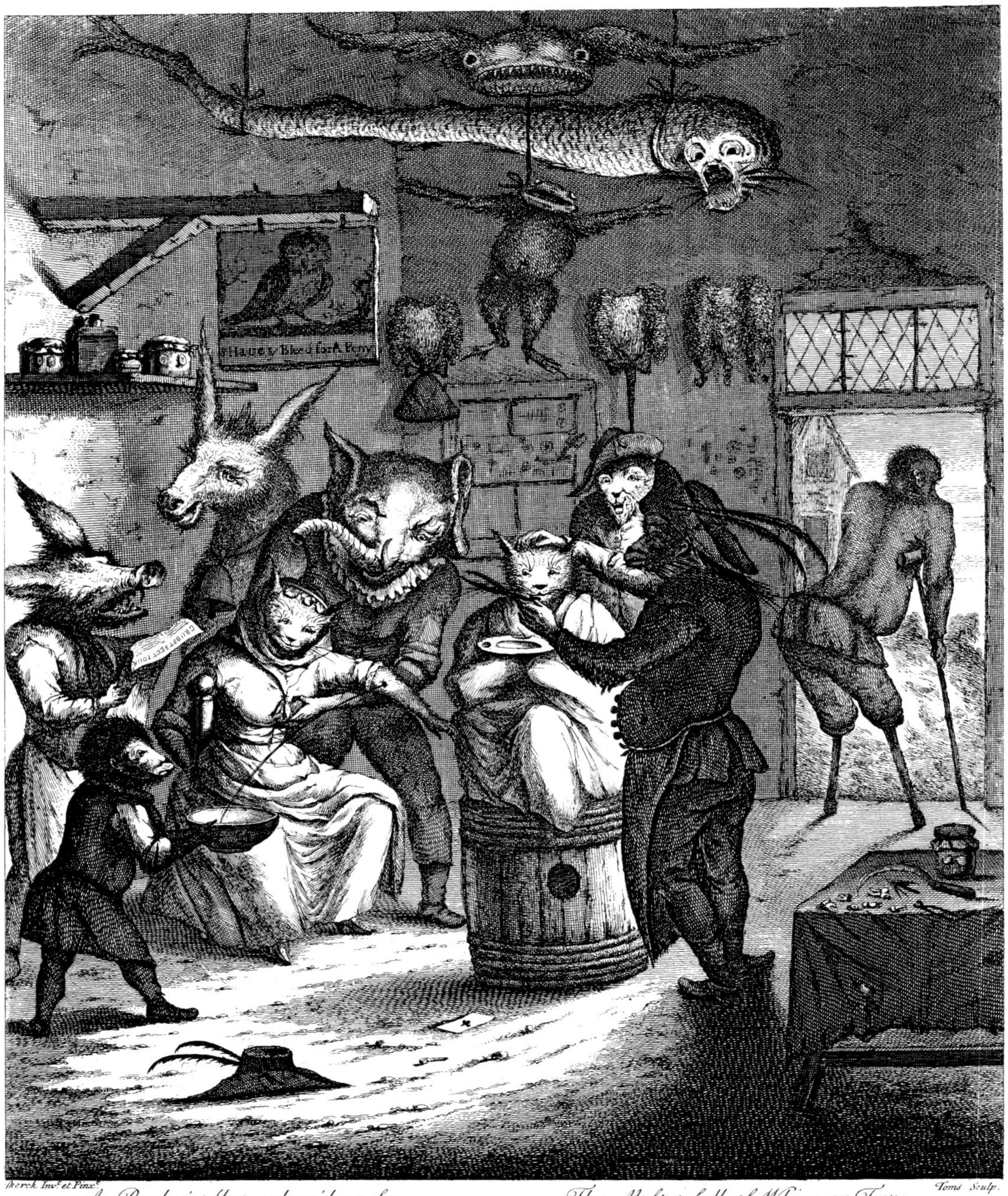

Köpfe hat eine alte Tradition: Es begegnet in Darstellungen der Lebensalter wie auch der Heiligen Dreifaltigkeit. [MS]

WILLIAM HENRY TOMS (ca. 1700 – ca. 1750) nach EGBERT VAN HEEMSKERCK D. J. (gest. 1744)

245 Barbierladen um 1734

Radierung, 364 x 284 mm (Blatt beschnitten)
Bez. u. li.: [Heem]skerck Inv.[t] et Pinx.[t]; u. re.: Toms Sculp.
Privatbesitz München
Lit.: British Museum, Catalogue of Political and Personal Satires, London 1870ff., Nr. 1858–1864. – Jürgen Döring, Eine Kunstgeschichte der frühen englischen Karikatur, Hildesheim 1991, S. 75.

Die Tätigkeit eines Barbiers im 17. und 18. Jahrhundert war wesentlich vielfältiger als heute, wie Bild und Text belehren. Es werden nicht nur Haare geschnitten, Bärte gestutzt, Perücken gekämmt und Rezepte gegen Hämorrhoiden ausgestellt, es wird auch zur Ader gelassen, während die Wartenden Zeitung lesen. Ungewöhnlich allein, daß dies durch Tiere veranschaulicht wird. Der Entwerfer Heemskerck war auf derartige Tiersatiren spezialisiert, die er im Stil niederländischer Genrebilder des 17. Jahrhunderts gestaltete. [MS]

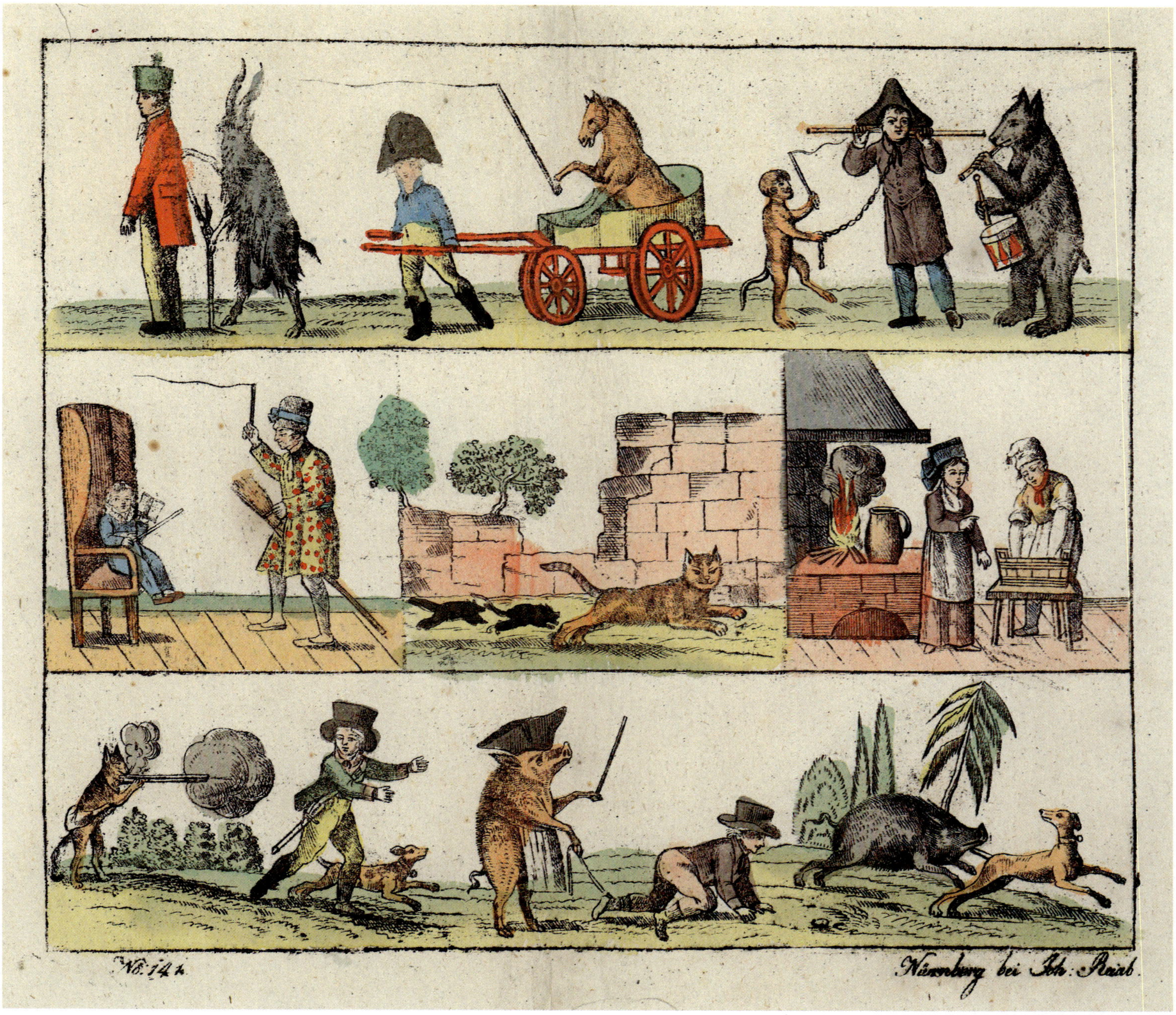

ANONYMER DEUTSCHER KÜNSTLER

246 Die Verkehrte Welt
um 1830

Federlithographie, koloriert
330 x 415 mm
Bez. u. re. Nürnberg bei Joh: Raab.; u. li.: No. 142
Privatbesitz München
Lit.: Michel Melot, L'oeil qui rit. Le pouvoir comique des images, Fribourg 1975, S. 156–165. – The Reversible World. Symbolic Inversion in Art and Society, ed. by Barbara A. Babcock, Ithaca 1978. – Paul Wescher, Die »Verkehrte Welt« im Bild. Ihre Geschichte und Bedeutung, in: Gesammelte Aufsätze zur Kunst, Köln, Wien 1979.

»Verkehrte Welt« ist ein klassisches, zum Teil auf die Antike zurückgehendes Thema der humoristischen Kunst, das seit dem 16. Jahrhundert auf Bilderbögen oder in Einzeldarstellungen begegnet. Sie präsentiert die Umkehrung aller Werte und Verhältnisse: Welt, Natur und Mensch stehen kopf, die Tiere jagen den Jäger, die Mäuse jagen die Katze, der Kutscher zieht das Pferd usw. Der hausarbeitende Mann zeigt, daß nicht alle Sozialutopien derartiger Bilderfolgen Utopien bleiben müssen. [MS]

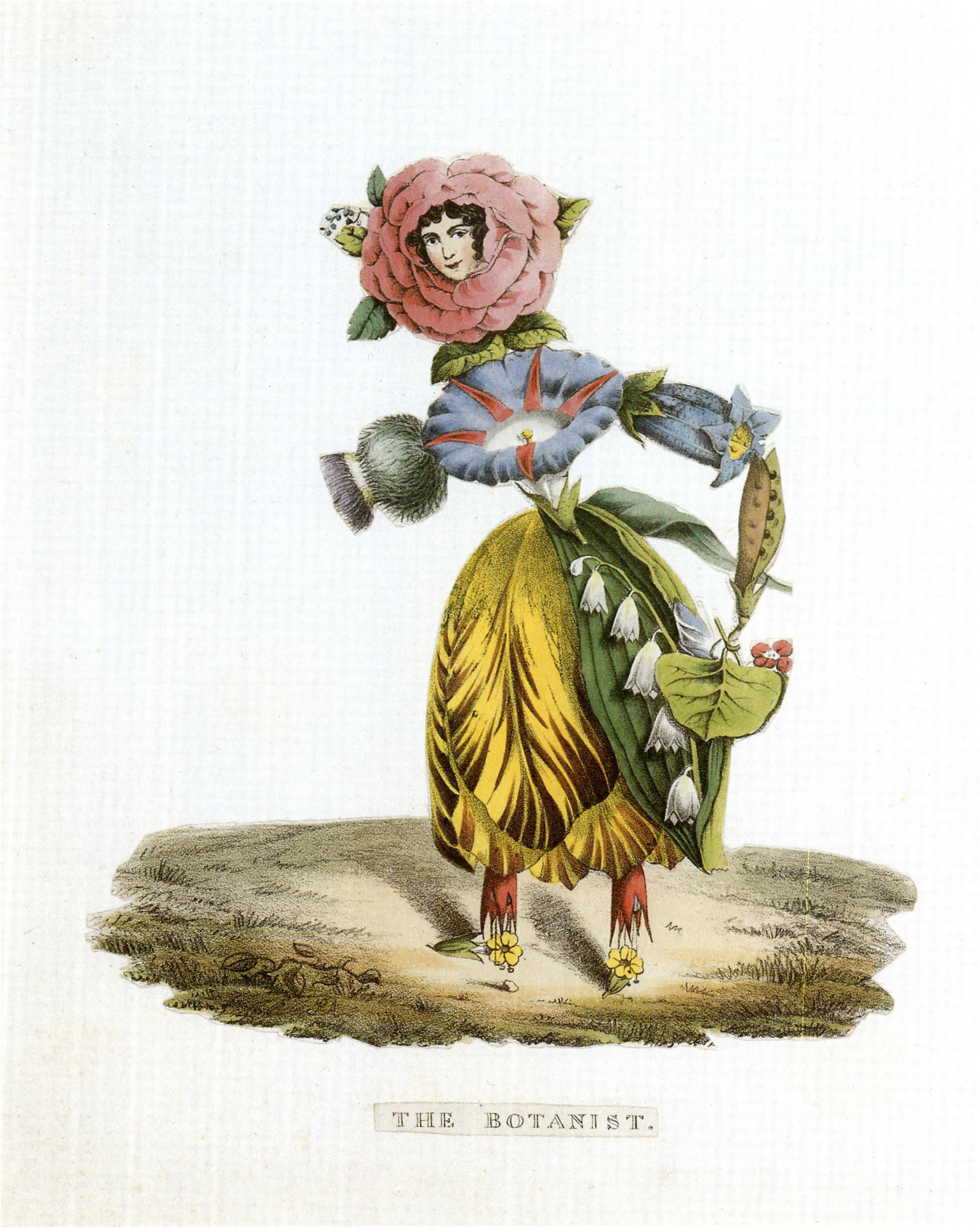

ANONYMER ENGLISCHER KÜNSTLER

247 Blumenhändlerin
(The Botanist)
um 1830

Lithographie, koloriert (Figur ausgeschnitten und aufgeklebt)
264 x 224 mm

Sign. u. li.: S. A.
Bez. u. Mi.: THE BOTANIST.
Privatbesitz München

Die in der Tradition von Arcimboldos emblematisch-allegorischen Figuren stehenden Gestalten sind aus Federvieh bzw. Blumen zusammengesetzt. Ausgespart bleibt stets das Gesicht, das seine Erkennbarkeit behal-

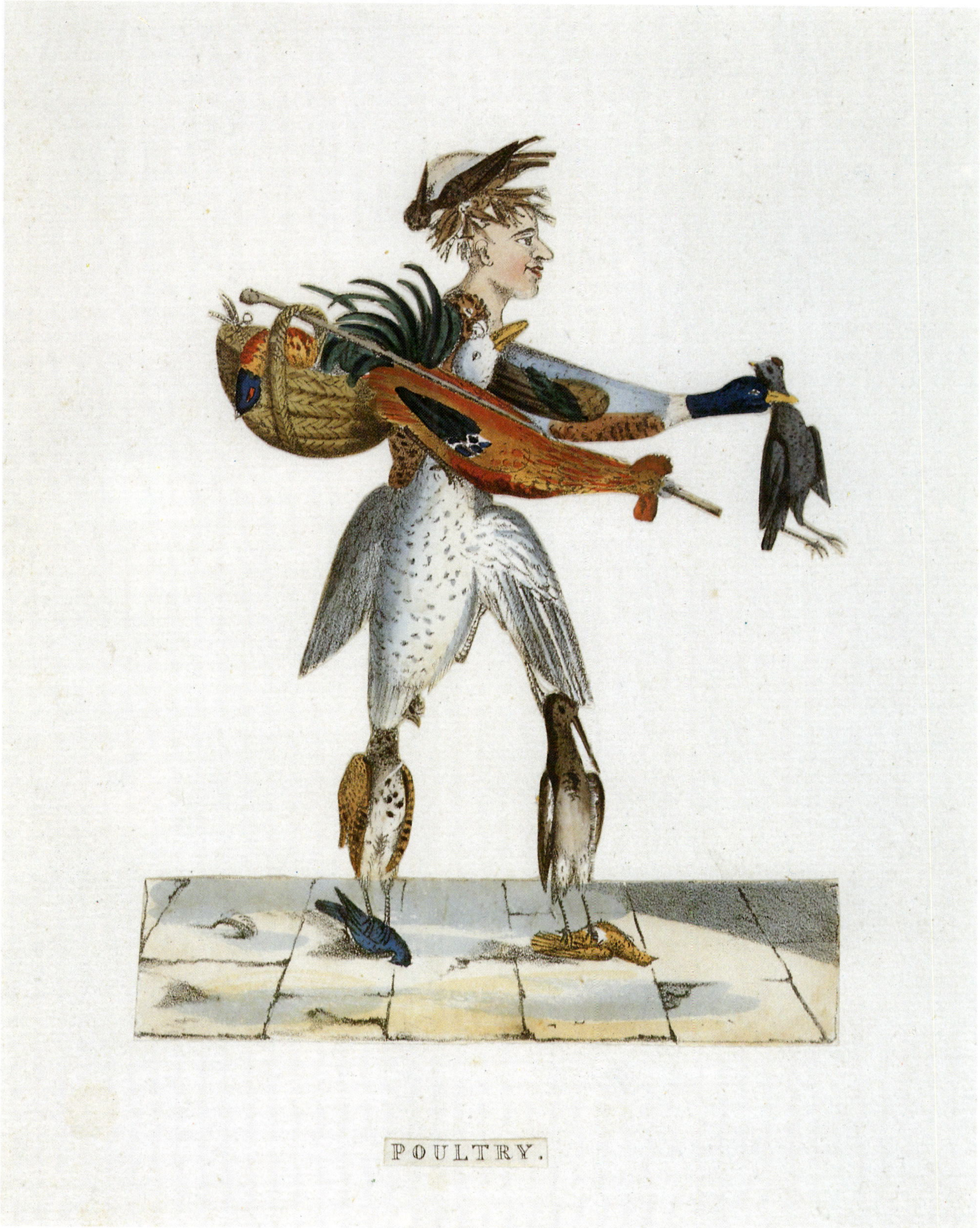

ten sollte. Mehr oder weniger geschickt wird die Anatomie der Motive der menschlichen angepaßt. Ein zweiter Traditionsstrang, der diese Bilder erklärt, sind die Kaufrufe: kultur- und wirtschaftsgeschichtlich interessante Darstellungen von Händlern, die auf Bilderbögen oder auch Spielkarten seit dem 17. Jahrhundert vorkommen. [MS]

ANONYMER ENGLISCHER KÜNSTLER

248 Geflügelhändler
(Poultry) um 1830

Lithographie koloriert (Figur ausgeschnitten und aufgeklebt)
260 x 225 mm. Bez. u. Mi.: POULTRY
Privatbesitz München

Siehe Kat. 247.

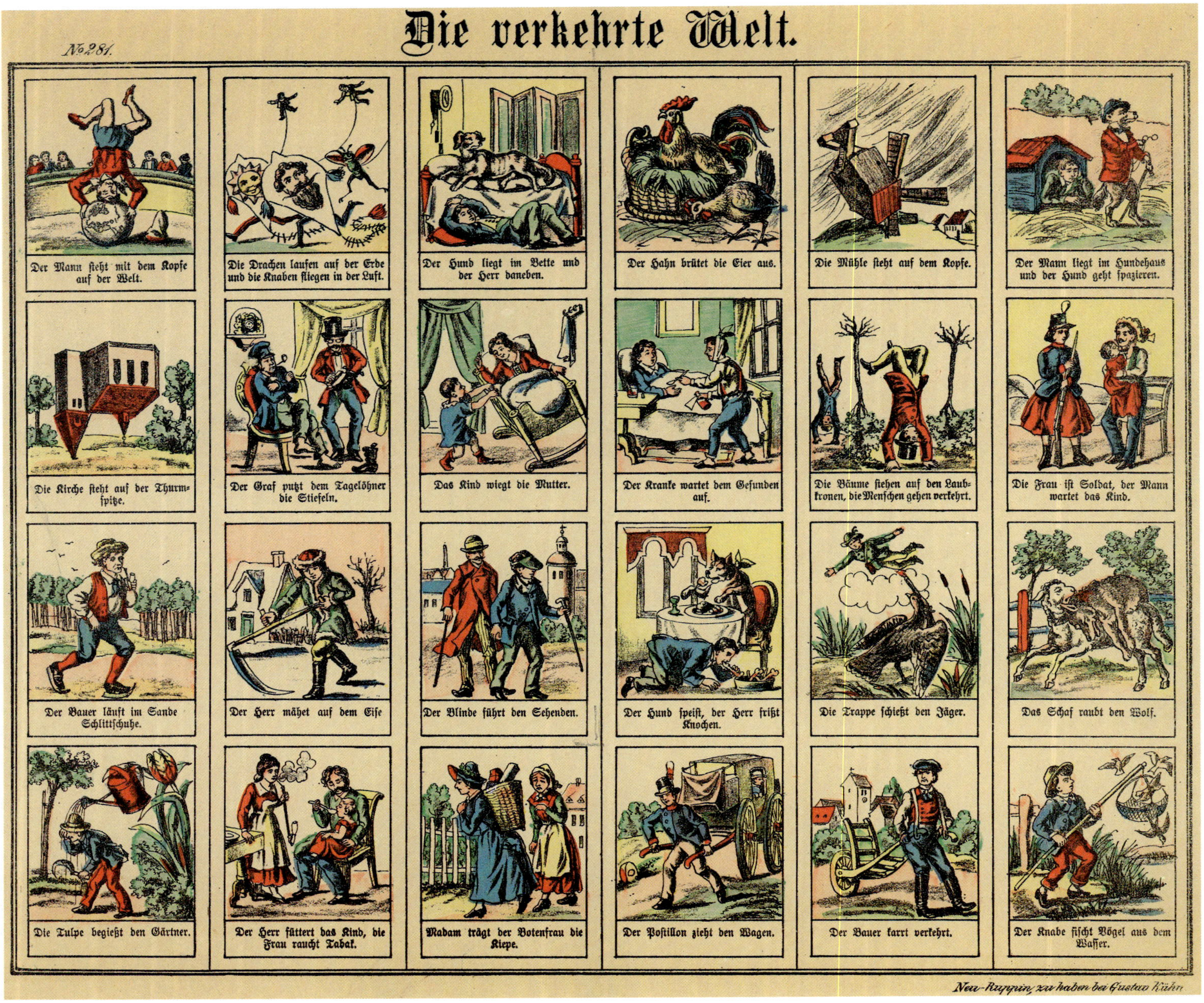

ANONYMER DEUTSCHER KÜNSTLER

249 Die verkehrte Welt
2. Hälfte 19. Jahrhundert

Lithographie, schablonenkoloriert
335 x 420 mm
Bez. u. re.: Neu-Ruppin, zu haben bei Gustav Kühn; o. li.: Nr. 281; o. Mi.: Die verkehrte Welt.
Stadtmuseum München
Lit.: Michel Melot, L'oeil qui rit. Le pouvoir comique des images, Fribourg 1975, S. 156–165. – The Reversible World. Symbolic Inversion in Art and Society, ed. by Barbara A. Babcock, Ithaca 1978. – Paul Wescher, Die »Verkehrte Welt« im Bild. Ihre Geschichte und Bedeutung, in: Gesammelte Aufsätze zur Kunst, Köln, Wien 1979. – Ausst. Kat. Amsterdam, Paris usw. 1984–85, Die Verkehrte Welt. Populärgraphik aus vier Jahrhunderten. Sammlung Günter Böhmer, Nr. 13.

Der volkstümliche Bilderbogen erweitert die klassischen Motive dieser Thematik um solche, die der Welt der Kinder in besonderer Weise entsprechen: Die Drachen lassen Knaben fliegen, das Kind wiegt die Mutter, der Knabe fischt Vögel aus dem Wasser. Daneben finden sich solche, die Abbild kultureller Wandlungen der Zeit sind, so zum Beispiel die Mensch-Haustier-Thematik, die auf einen neuen, gehobenen Stellenwert des Tieres im Leben des Menschen schließen läßt, der in früheren Zeiten wohl nicht hätte ironisiert werden können. [MS]

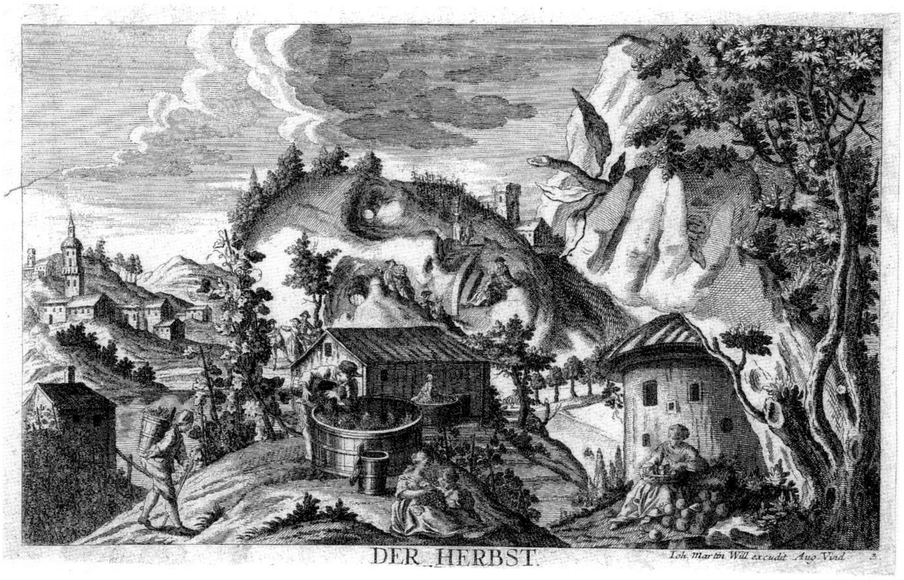

JOHANN MARTIN WILL (1727–1806)

250 Der Herbst
18. Jahrhundert

Radierung und Kupferstich
173 x 278 mm (Blatt beschnitten)
Bez. u. Mi.: DER HERBST; u. re.: Ioh. Martin Will excudit Aug. Vind.
Privatbesitz München
Lit.: Benno Geiger, Die skurrilen Gemälde des Giuseppe Arcimboldi (1527–1593), Wiesbaden 1960, Abb. 19–23. – Ausst. Kat. Venedig 1987, Effetto Arcimboldo, Abb. S. 183–198.

In einer Hügellandschaft sieht man Menschen bei der Obsternte und Weinlese. Das Blatt gehört zu einem jener Bildzyklen, in denen Jahreszeiten mit typischen Arbeiten verbunden werden. Wenn man das Blatt um 90 Grad dreht, sieht man einen Mann, der eine Birne in der Hand hält. Die vexierbildartige Gestaltungsweise geht auf Giuseppe Arcimboldo zurück. Derartige Riesenköpfe in einer Landschaft findet man bereits bei Pieter Brueghel d. Ä. [MS]

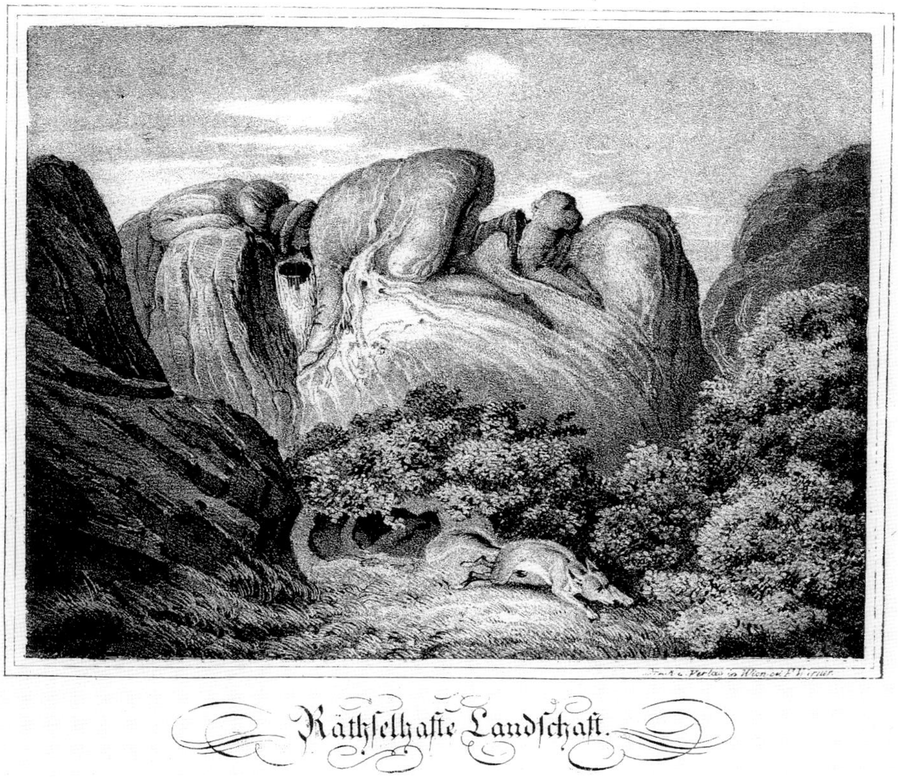

ANONYMER DEUTSCHER KÜNSTLER

251 Rätselhafte Landschaft
1830/40

Kreidelithographie
283 x 373 mm
Bez. u. Mi.: Räthselhafte Landschaft.; u. re.: Druck u. Verlag in Wien bei F. Werner.
Privatbesitz München
Lit.: Benno Geiger, Die skurrilen Gemälde des Giuseppe Arcimboldi (1527–1593), Wiesbaden 1960, Abb. 19–23. – Ausst. Kat. Amsterdam, Paris usw. 1984–85, Die Verkehrte Welt. Populärgrapik aus vier Jahrhunderten. Sammlung Günter Böhmer, Nr. 75. – Kat. Ausst. Venedig 1987, Effetto Arcimboldo, Abb. S. 209.

Auf einem Hügel haben zwei Jäger den Eingang eines Fuchsbaues entdeckt; derweil entwischt der Gejagte durch den Hinterausgang, der sich beim Drehen des Blattes als das Ohr eines riesigen, grimmig blickenden Männerkopfes entpuppt. Die Jäger werden zu Stirn und Nase, der Hund wird zur Unterlippe. Derartige Vexierbilder entwickelten sich in der Nachfolge Arcimboldos; als später Vertreter dieser Tradition ist Salvador Dali zu nennen. [MS]

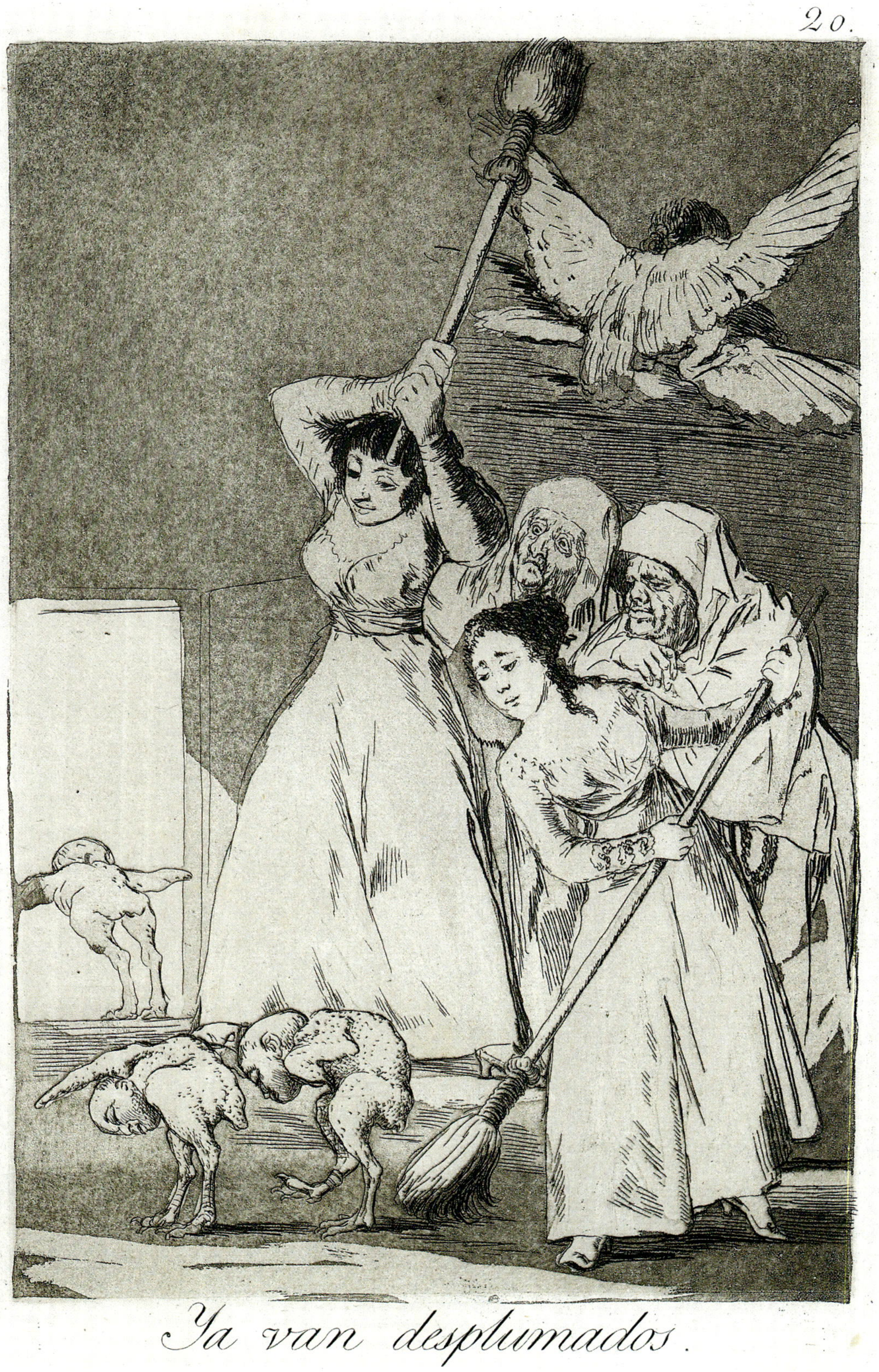

252

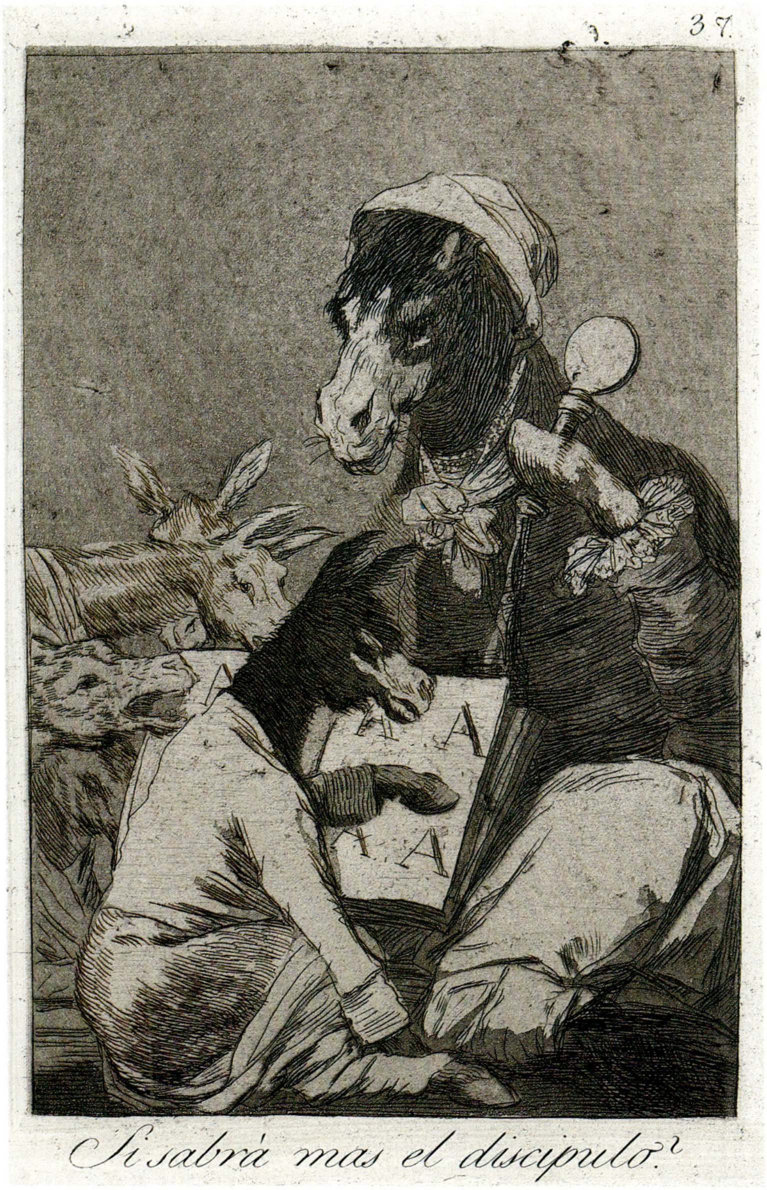

FRANCISCO DE GOYA (1746–1828)

252 Schon gehen sie gerupft davon
(Ya van desplumados)
Los Caprichos, Blatt 20
1797/98

Radierung und Aquatinta mit Polierstahl, Kaltnadel
Platte: 214 x 149 mm; Blatt: 306 x 224 mm
Bez. in der Platte außerhalb der Darstellung u. re.: 20; Legende: Ya van desplumados. – Ausgabe: 2. Auflage von 1855, Calcografia Nacional, Madrid.
Wilhelm-Busch-Museum Hannover, Inv. Nr. KG 1882/84
Lit.: Tomás Harris Goya, Engravings and Lithographs, 2 Bände, Oxford 1964, Nr. 55. – Ausst. Kat. Hamburg 1980, Kunsthalle, Goya. Das Zeitalter der Revolutionen 1789–1830, Nr. 26a.

Am 6. Februar 1799 kündigte Francisco de Goya die Folge der »Los Caprichos« im »Diario de Madrid« an. »Eine Sammlung von Drucken launiger Themen« nennt er die 80 Blätter umfassende Folge. Er ist in dieser Ankündigung bemüht, den Charakter zeitloser Allgemeingültigkeit der Caprichos herauszustreichen, die doch sehr deutliche und kritische Anspielungen auf die spanische Gesellschaft und Politik enthalten.
Nur eine Ausgabe der »Caprichos« wurde zu Goyas Lebzeiten gedruckt; 1803 übergab er die Platten der Real Calcografia in Madrid. Dort wird im Prado als Manuskript ein Kommentar zu den »Caprichos« aufbewahrt, der aus dem Umkreis Goyas stammen dürfte, von ihm vielleicht sogar authorisiert wurde.
Francisco de Goya zeigt sich in den Caprichos als Meister im Umgang mit der Technik der Radierung. In Kombination mit der für ihn noch ungewohnten Aquatinta erzielt er Blätter von fast malerischer Qualität mit reichem Licht- und Schattenspiel.
Der Prado-Kommentar zu Cap. 20 lautet: »Nun, da sie gerupft sind, hinaus mit ihnen. Es werden andere kommen.«
Die Männer, die den weiblichen Verführungskünsten erlegen sind, werden als Opfer dargestellt. Sie werden hinausgetrieben, nachdem sie ihre Federn gelassen haben. Im Hintergrund verfolgen zwei in kuttenartige Gewänder gehüllte Gestalten die Szene. Sie werden abweichend als Mönche oder als Kupplerinnen gedeutet (der Rosenkranz ist kein eindeutiger Hinweis, da er in Cap. 31 von einer zweifelsfrei als Kupplerin zu bezeichnenden Frau getragen wird.) [GV]

FRANCISCO DE GOYA (1746–1828)

253 Und wenn der Schüler mehr weiß?
(Si sabrà mas el discipulo?)
Los Caprichos, Blatt 37
1797/98

Radierung und Aquantinta mit Polierstahl
Platte: 213 x 152 mm
Blatt: 306 x 224 mm
Bez. in der Platte außerhalb der Darstellung o. re.: 37; Legende: Si sabrà mas el discipulo? – Ausgabe: 2. Auflage von 1855, Calcografia Nacional, Madrid.
Wilhelm-Busch-Museum Hannover, Inv. Nr. KG 1899/84
Lit.: Tomás Harris, Goya. Engravings and Lithographs, 2 Bände, Oxford 1964, Nr. 72.

In sechs Blättern der »Los Caprichos« ist der Esel die zentrale Figur. Seine Symbolbedeutung in der Kunst, deren häufige Quelle die Fabelliteratur ist, hat sowohl negativen als auch positiven Charakter. Dummheit, Ignoranz und Trägheit kann er ebenso verkörpern wie Geduld, Beharrlichkeit, Gehorsam und Demut.
Tiere, die menschliches Verhalten im Sinne einer »verkehrten Welt« imitieren, haben eine lange Tradition in der Kunst. Goya greift in seinen Esels-Darstellungen auf diese Tradition zurück, um die Dummheit und Arroganz des Adels anzuprangern. [GV]

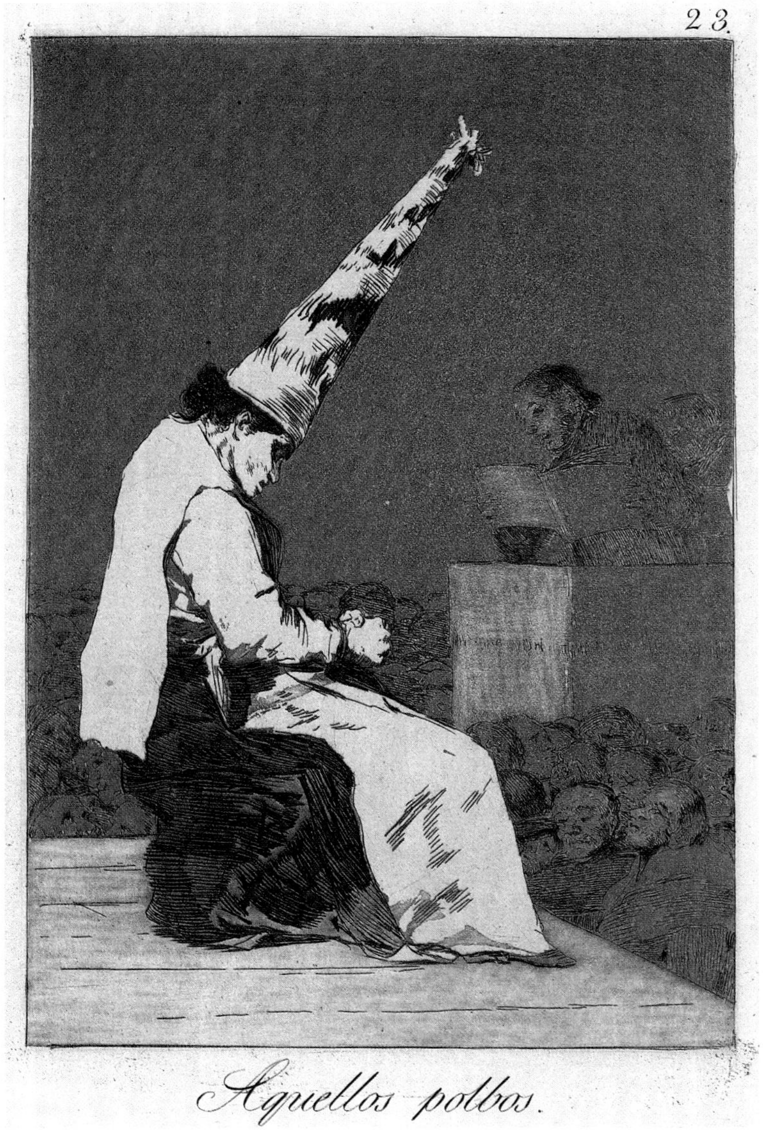

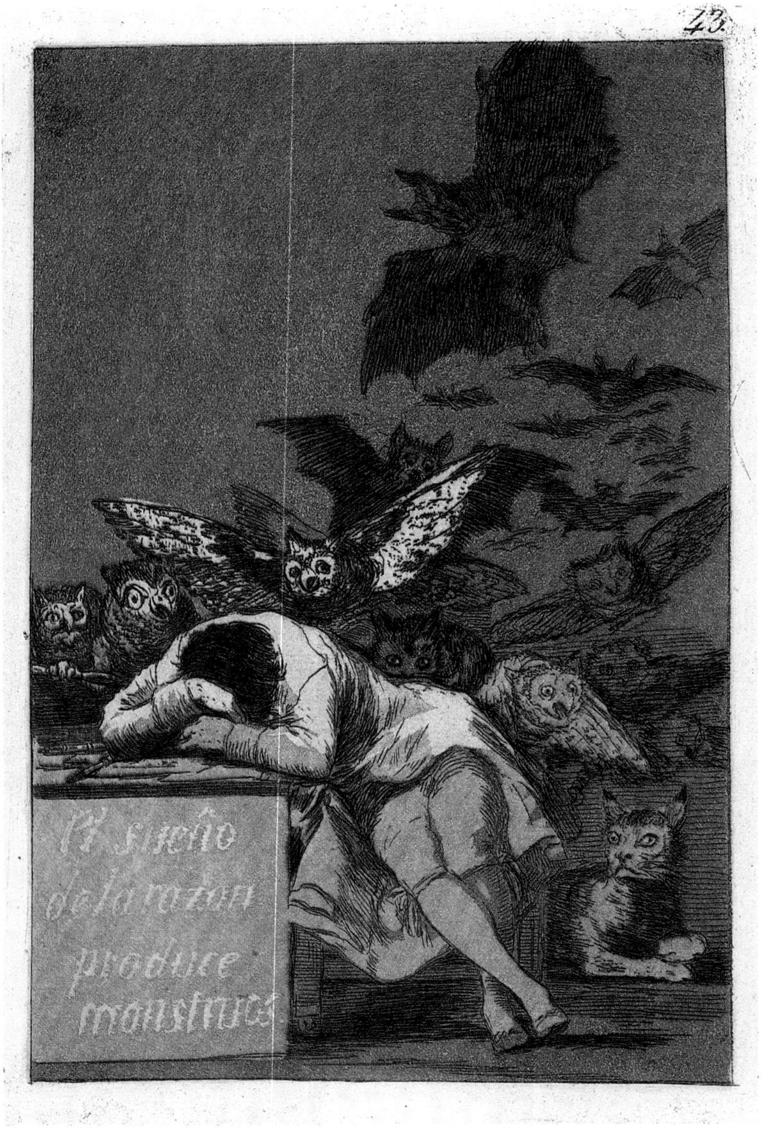

FRANCISCO DE GOYA (1746–1828)

254 Dieser Staub
(Aquellos polbos)
Los Caprichos, Blatt 23
1797/98

Radierung, Aquatinta mit Polierstahl, Kaltnadel und Kupferstich
Platte: 216 x 147 mm
Blatt: 306 x 224 mm
Bez. in der Platte außerhalb der Darstellung o. re.: 23; Legende: Aquellos polbos. Ausgabe: 2. Aufl. von 1855, Calcografia Nacional, Madrid.
Wilhelm-Busch-Museum Hannover, Inv. Nr. KG 1885/84
Lit.: Tomás Harris, Goya. Engravings and Lithographs, 2 Bände, Oxford 1964, Nr. 58. – Ausst. Kat. Hamburg 1980, Kunsthalle, Goya. Das Zeitalter der Revolutionen 1789–1830, Nr. 29.

Die stumme Anklage dieses Blattes aus Francisco de Goyas »Los Caprichos« gilt den Anklägern, der Inquisition. Das Opfer trägt mit dem Kleid und dem Spitzhut deren Schandzeichen. Der Prado-Kommentar nennt eine Dirne als Opfer: »Schande! eine ehrbare Frau, die der ganzen Welt für eine Kleinigkeit so emsig, so nützlich gedient hat, so zu behandelen! Schande!«
Die Vermutung liegt nahe, daß der ironische Prado-Kommentar die tatsächliche Aussage verschleiern möchte. Fast unerheblich scheint es, wer genau das Opfer ist, da sich die Anklage des Blattes gegen den Ankläger richtet. Aber dieser war die mächtige Inquisition! [GV]

FRANCISCO DE GOYA (1746–1828)

255 Der Traum der Vernunft erzeugt Ungeheuer
(El sueno de la razon produce monstruos)
Los Caprichos, Blatt 43
1797/98

Radierung und Aquatinta
Platte: 215 x 151 mm; Blatt: 306 x 223 mm
Bez. in der Platte außerhalb der Darstellung o. re.: 43; Legende

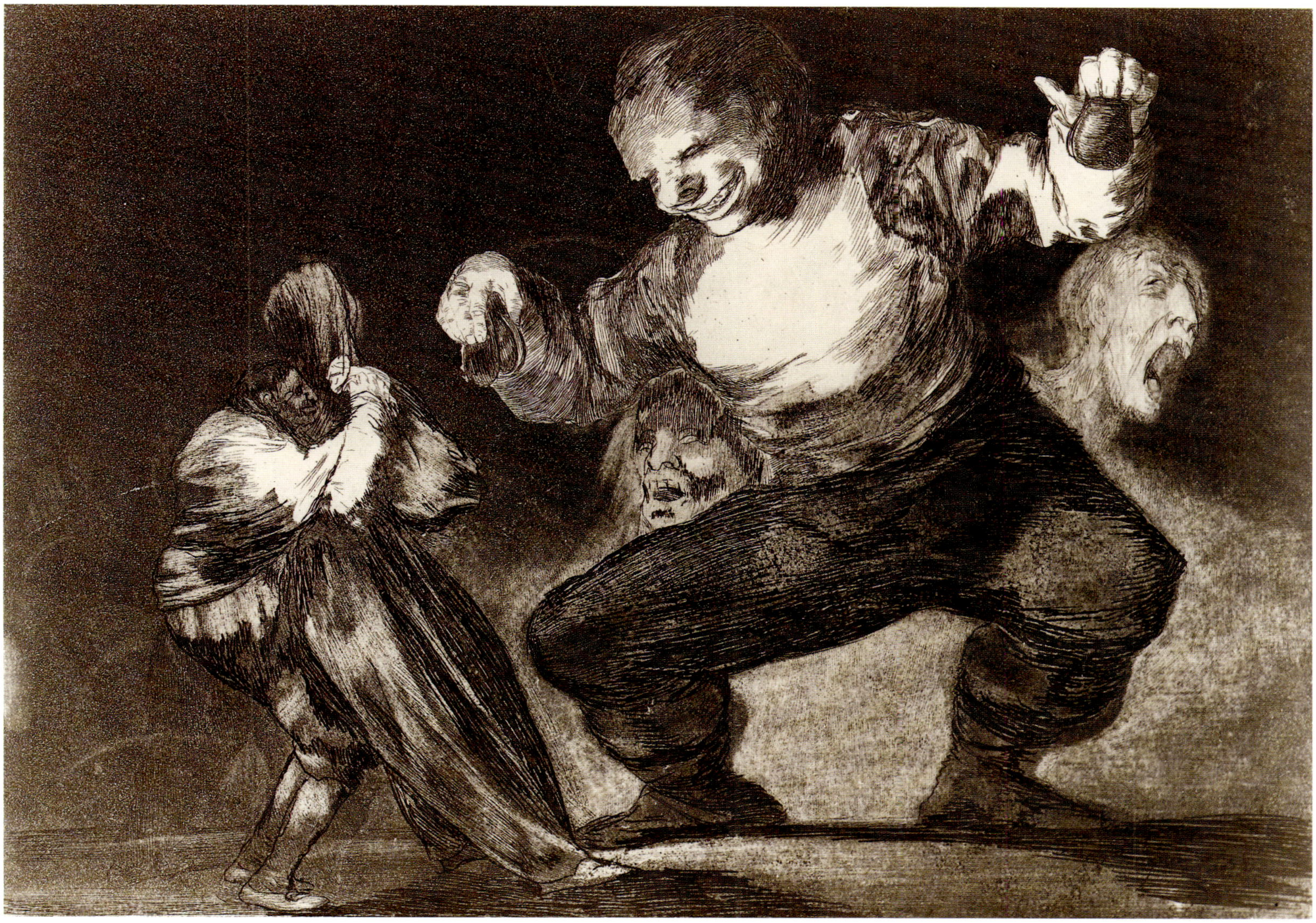

im Bild u. li.: El sueno / de la razon / produce / monstruos. – Ausgabe: 2. Auflage von 1855, Calcografia Nacional, Madrid.
Wilhelm-Busch-Museum Hannover, Inv. Nr. KG 1905/84
Lit.: Tomás Harris, Goya. Engravings and Lithographs, 2 Bände, Oxford 1964, Nr. 78. – Ausst. Kat. Hamburg 1980, Kunsthalle, Goya. Das Zeitalter der Revolutionen 1789–1830, Nr. 3.

Ursprünglich von Goya für den Titel vorgesehen, ist »der Traum der Vernunft« eine zentrale Darstellung des Künstlertums. Dies wird auch im Prado-Kommentar deutlich: »Die von der Vernunft verlassene Phantasie erschafft unmögliche Ungeheuer. Mit ihr vereint, ist sie die Mutter der Künste und der Ursprung der Wunder.« Im Mittelpunkt der Radierung steht der Traum und seine Funktion für den Künstler. Das Erleben aus dem Unterbewußtsein, aus dem Traum heraus, wird vom Künstler auf dem Papier gebannt. Diese Fähigkeit des Schöpfens und des Verarbeitens hat schon Friedrich Schiller als für den »poetischen Künstler« entscheidend herausgestellt (vgl. Katalog Hamburg, S. 55).

[GV]

FRANCISCO DE GOYA

256 Bobalicon

Aus der Serie »Disparates« bzw. »Proverbios«
1810–1829

Radierung, Aquatinta, Kaltnadel, 245 x 355 mm
Bez. u. li.: Goya
Wien, G. S. Albertina, Inv. Nr. 1924/597
Lit.: J. Hofmann, Francisco de Goya, Katalog seines graphischen Werkes, Wien 1907, 127. – T. Harris, Goya, Engravings and Lithographs, 2 Bände, Oxford 1964, Nr. 251.

Goyas Visionen (»lo lo visto«) enthüllen den Konflikt der menschlichen Vernunft, die aller ihr begegnenden Brutalität, den Lastern, Leidenschaften und Lügen sowie sozialen Ungerechtigkeiten ebenso ohnmächtig ausgeliefert ist wie den Ängsten vor nicht meßbaren Gewalten. Dieser riesenhafte, Castagnetten schlagende Tölpel erschreckt in seinem plötzlichen nächtlichen Auftauchen die Menschen. Die Satire wird zur Deutung der existenziellen Not.

[WK]

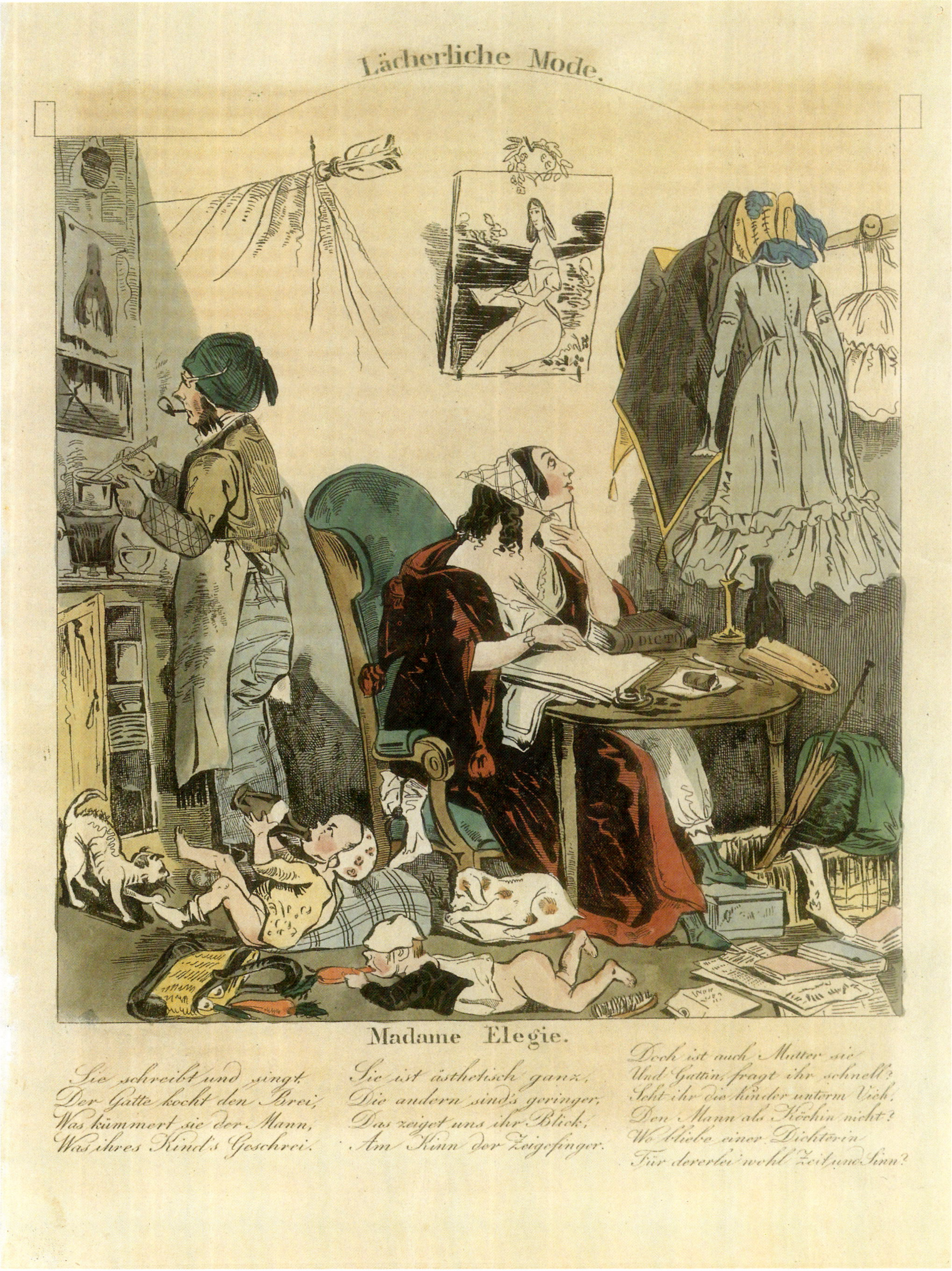
Lächerliche Mode.
DICT
Madame Elegie.
Sie schreibt und singt,
Der Gatte kocht den Brei,
Was kümmert sie der Mann,
Was ihres Kind's Geschrei.
Sie ist ästhetisch ganz,
Die andern sind's geringer,
Das zeiget uns ihr Blick,
Am Kinn der Zeigefinger.
Doch ist auch Mutter sie
Und Gattin, fragt ihr schnell?
Seht ihr die Kinder unterm Vieh,
Den Mann als Köchin nicht?
Wo bliebe einer Dichterin
Für dererlei wohl Zeit und Sinn?

257

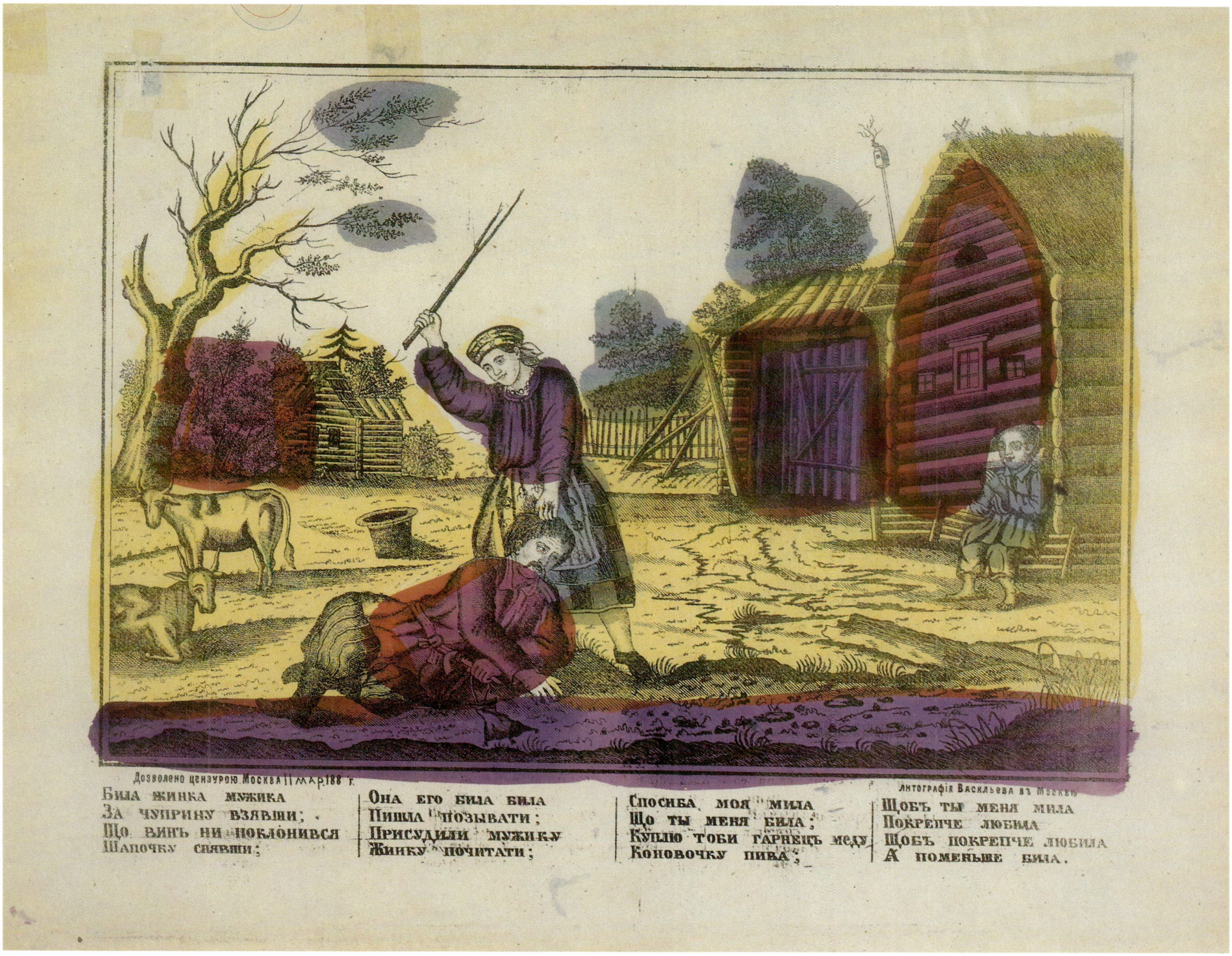

ANONYMER DEUTSCHER KÜNSTLER

257 Madame Elegie
um 1850

Federlithographie, koloriert, 277 x 215 mm
Bez. o. Mi.: Lächerliche Mode.; u. Mi.: Madame Elegie.
Stadtmuseum München
Lit.: Ausst. Kat. Berlin 1970, Akademie der Künste, Populäre Graphik des 19. Jahrhunderts. Sammlung Günter Böhmer, Nr. 310. – Ausst. Kat. Amsterdam usw. 1980, Emancipatie, Emancipation, Emanzipation. Populärgraphik aus vier Jahrhunderten. Sammlung Günter Böhmer, Nr. 74.

Im 19. Jahrhundert mischten sich Frauen verstärkt in Kultur und Wissenschaft ein, die Frauenbewegung entwickelte sich. Die Männerwelt beobachtete dies mit Argwohn – brachte es doch ihre Position ins Wanken – und wehrte sich mit Spott: Zwangsläufig vernachlässigen solchermaßen aktive Frauen ihre »naturgegebenen« Pflichten, meint der Karikaturist: Kinder und Haus verwahrlosen, der Mann ist zu niederer Tätigkeit gezwungen – damals eine »Verkehrte Welt«. [MS]

ANONYMER RUSSISCHER KÜNSTLER

258 Liebe und Hiebe
2. Hälfte 19. Jahrhundert

Federlithographie, koloriert, 336 x 436 mm
Bez. in Kyrillisch u. li.: Freigabevermerk der russischen Zensurbehörde; u. re.: Lithographie Vasiliev in Moskau
Privatbesitz München
Lit.: Catherine Claudon-Adhémar, Populäre Druckgraphik Europas: Rußland, München 1975. – Ausst. Kat. Amsterdam usw. 1980, Emancipatie, Emancipation, Emanzipation. Populärgraphik aus vier Jahrhunderten. Sammlung Günter Böhmer, Nr. 30.

Ein Bauer kommt betrunken nach Hause und wird von seiner Frau verprügelt, weil er unterwegs seine Mütze verloren hat; das Kind, das wohl solche Szenen gewohnt ist, sieht seelenruhig zu. Der Text spricht davon, daß all die Hiebe seiner Liebe zu ihr nichts anhaben können. Die frei, also nicht mit der Schablone vorgenommene, sehr grobe Kolorierung verleiht dem Blatt seinen eigenartigen Reiz. [MS]

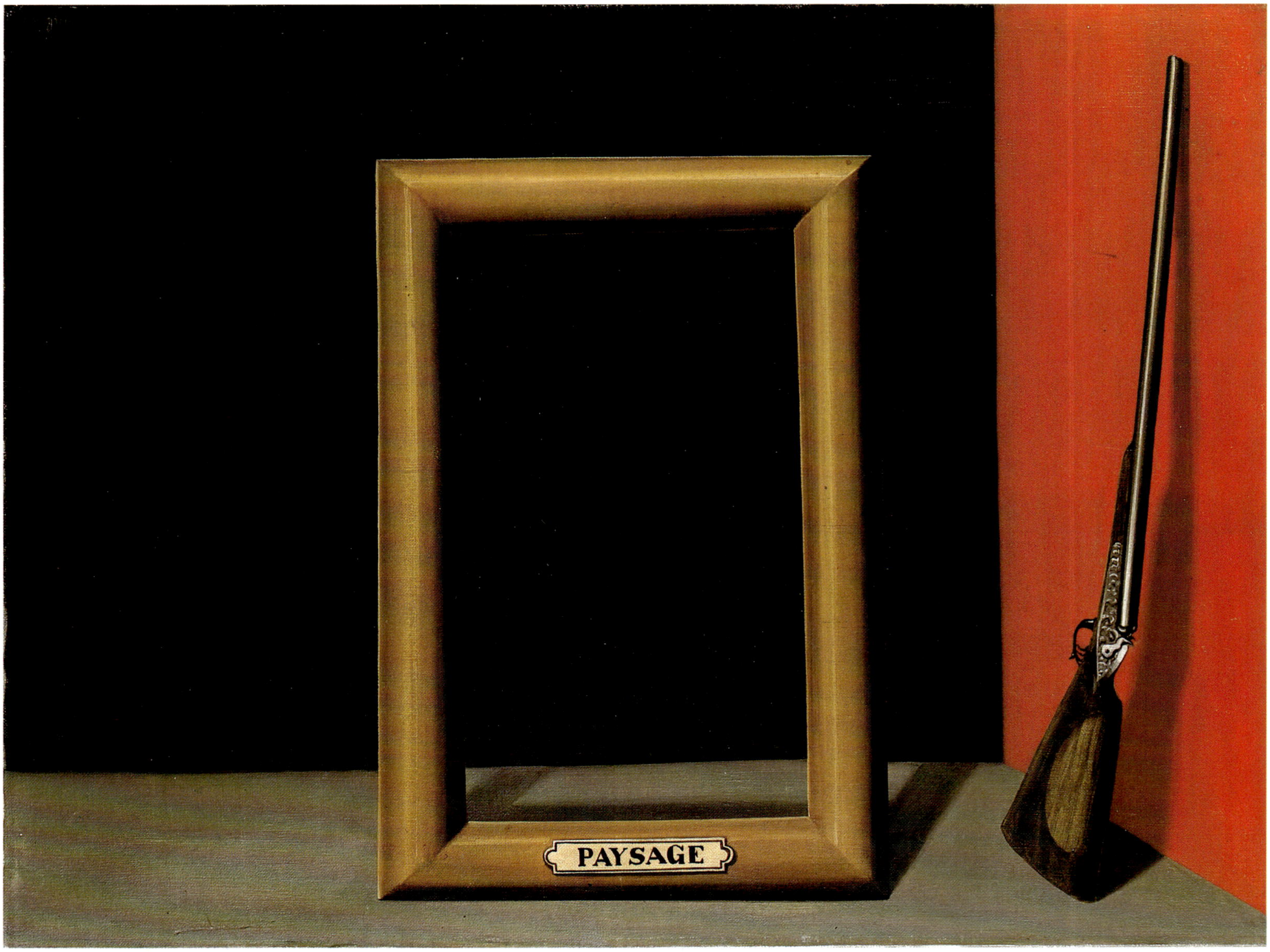

RENÉ MAGRITTE (1898–1967)

259 Les Charmes du Paysage
(Die Reize der Landschaft)
1929

Öl auf Leinwand
53 x 73 cm
Sign. o. li.: Magritte
Privatsammlung
Lit.: L. Scutenaire, René Magritte, Brüssel 1947. – M. Marien, Magritte, Brüssel 1943. – P. Nougé, René Magritte ou les images défendues, Brüssel 1943. – Ausst. Kat. München 1988, Kunsthalle der Hypo-Kulturstiftung, Nr. 31.

Die Suche nach dem Ungewissen hinter den Dingen durchzieht die Jahrhunderte. Hatte man schon seit dem Manierismus, gipfelnd in Arcimboldos Bildnissen, mit dem Absurden und Grotesken die Welt des Scheines zu durchdringen getrachtet und damit mehr an Wahrheit auszusagen geglaubt, so gingen in unserem Jahrhundert die verschiedenen Strömungen des Surrealismus (der Begriff wurde 1917 von Apollinaire geprägt) erst recht an das Problem einer fragwürdig gewordenen Wirklichkeit heran; sie taten dies allerdings in sehr unterschiedlicher Weise. Allen gemeinsam war die dem Begriff der Tiefenpsychologie von einem kollektiven Unbewußten entsprechende Vorstellung der Assoziation. André Breton schrieb 1924: »Die in gewisser Weise zufällige Annäherung zweier Ausdrücke bringt ein besonderes Licht zum Erstrahlen«, und er präformierte damit das malerische Programm. Magritte nimmt im Surrealismus, dem man ihn meist zuzählt, jedoch eine Sonderstellung ein; seine Bilddarstellungen sind in besonderer Weise »literarisch«, zielen mit photographischer Genauigkeit auf das ungewöhnlichste Nebeneinander von Gegenständen, dadurch auf deren Metamorphose zu einer unmittelbaren und überhöhten Realität. So wird die Aussage in einem weiten Sinne wohl satirisch interpretierbar, bleibt allerdings

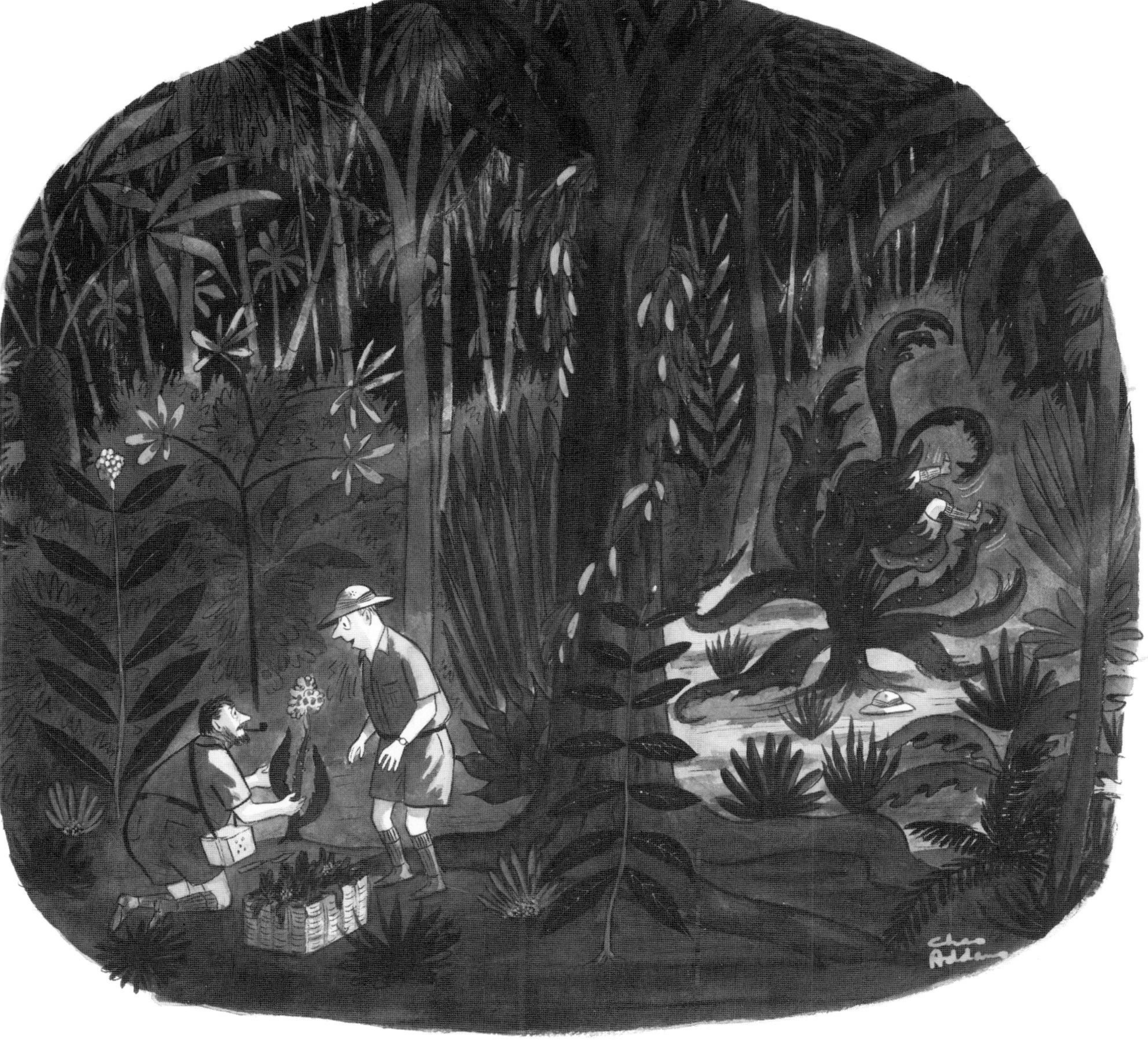

oft auch gar nicht eindeutig aufzulösen. Darum auch Baudelaire schon die Frage stellte: »Was sucht er?«, und antwortet: »... dieser mit lebhafter Imaginationskraft begabte Einzelgänger, immer unterwegs durch die *große menschliche Wüste,* [hat] ein höheres Ziel ..., dem Vorübergehenden das Ewige zu entlocken.« (Kat. München 1988, Nr. 31) [WK]

CHAS ADDAMS (1912–1988)

260 **»Haben Sie eine Minute Zeit, Dr. Headley? Wir glauben, ein neues Exemplar einer fleischfressenden Pflanze gefunden zu haben.«**
(»Have you got a minute, Dr Headley? We think we may have found a new carnivorous specimen.«)
o. J.

Tusche/Pinsel, laviert, Deckweiß auf Karton
510 x 555 mm
Sign. im Bild u. re.: Chas Addams
Bez. unterhalb der Darstellung (Legende): »Have you got a minute, Dr. Headley? We think we may have found a / new carnivorous specimen.«
Wilhelm-Busch-Museum Hannover (Rudolf-Ensmann-Sammlung)

Ein Meister des schwarzen Humors ist Chas Addams. Von 1933 an zeichnete er für den »New Yorker«, zu dessen berühmtesten Mitarbeitern er zählt. Er ist der Schöpfer der »Addams-Family«, deren gruselige Erlebnisse auch verfilmt wurden.
Mit subtiler Boshaftigkeit läßt er seine »Helden« in Fallen laufen, konfrontiert sie mit Makabrem und Absurdem – Bedrohungen, die sie in ihrer Naivität meist nicht erkennen. So auch hier im Urwald, wo die fleischfressende Pflanze ihre soeben entdeckte Existenz äußerst wirkungsvoll demonstriert. [GV]

XI

Humor zum Nachdenken

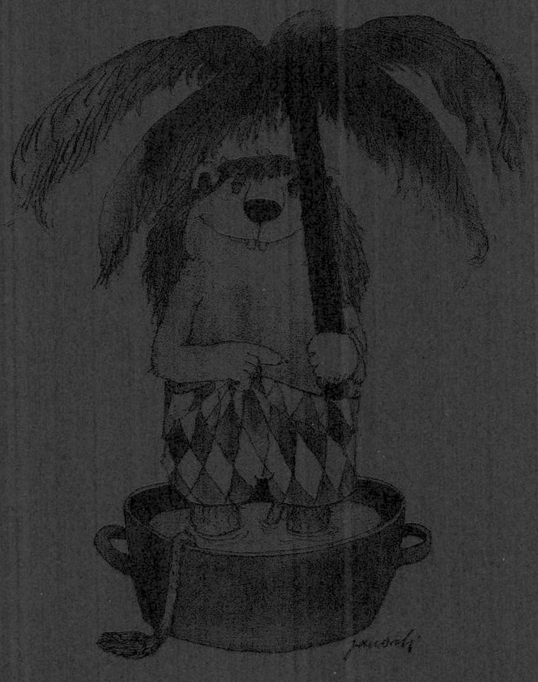

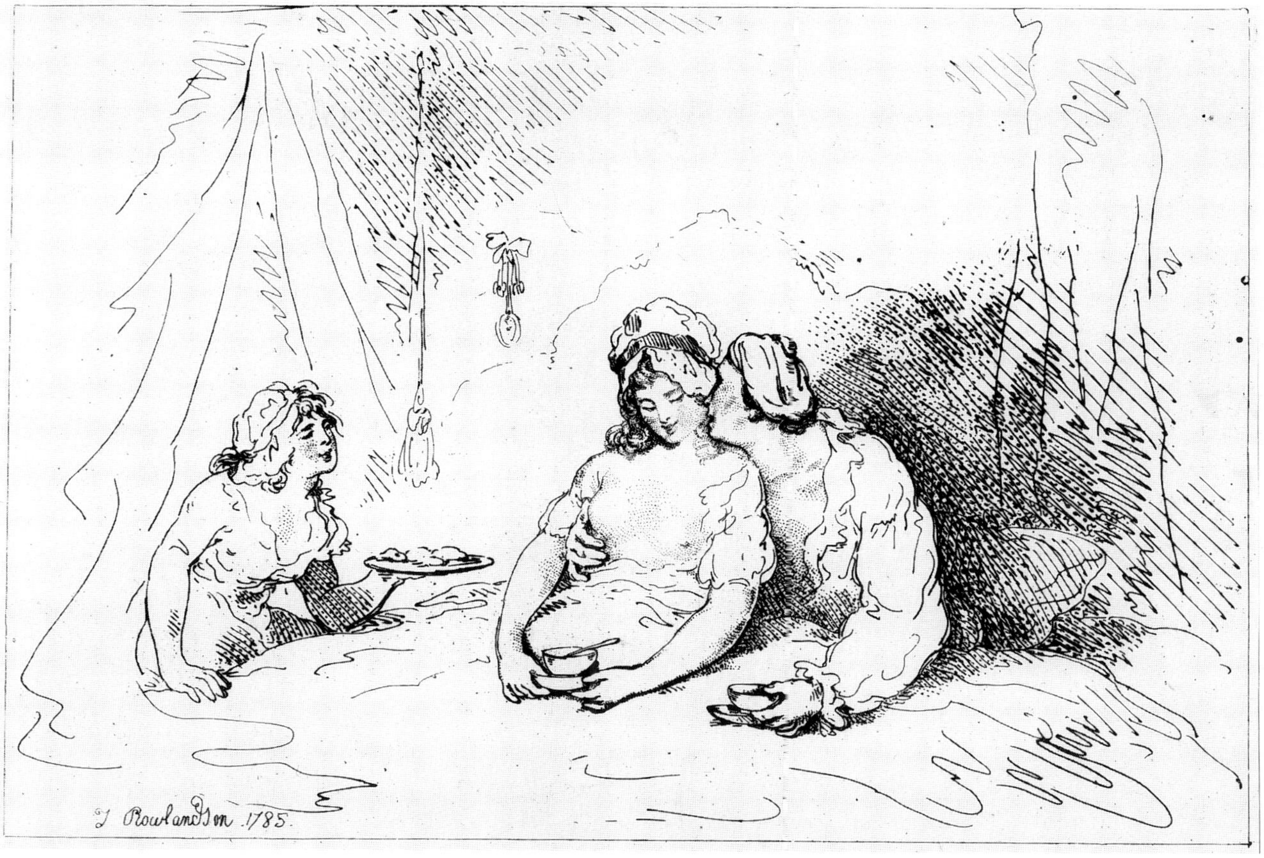

261 a

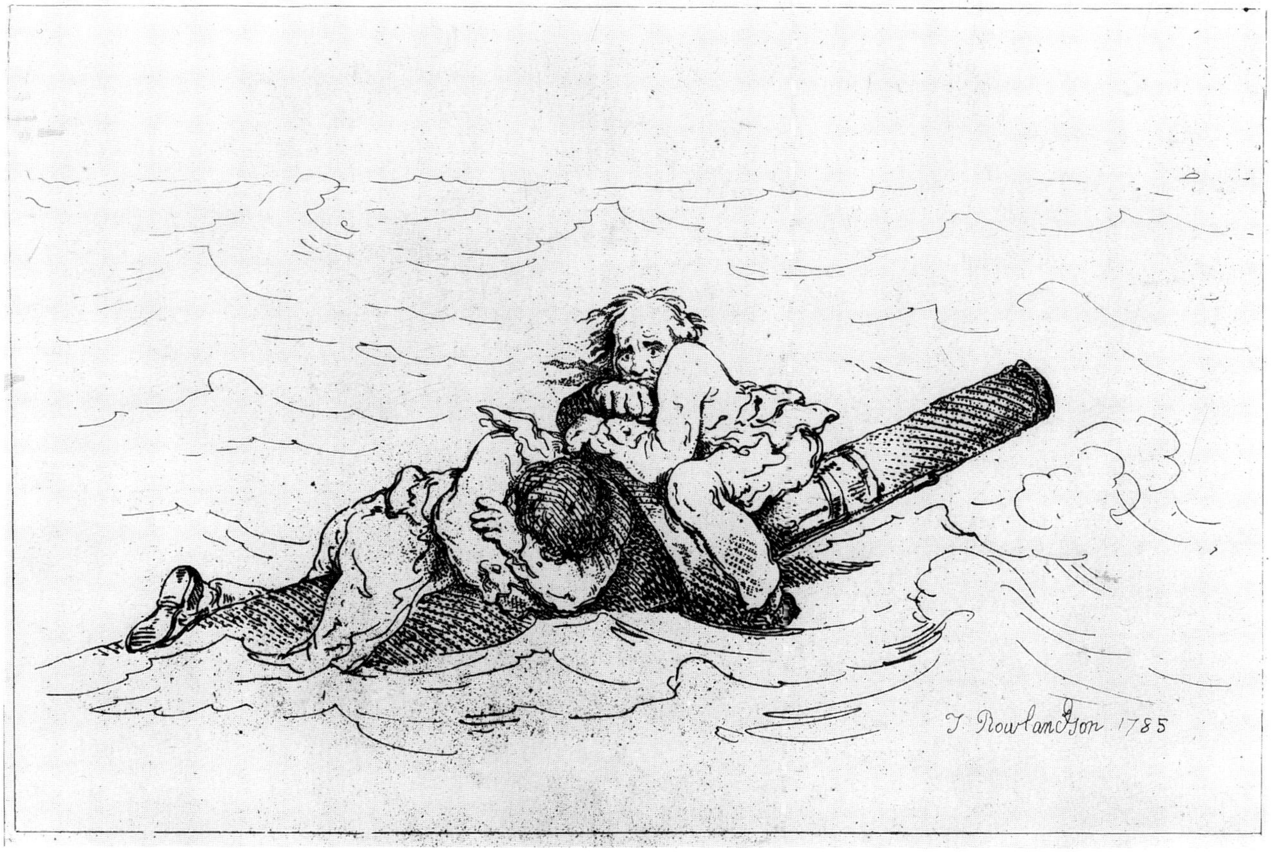

261 b

THOMAS ROWLANDSON (1756–1827)

261 Luxury – Misery
1785

Radierung, 228 x 330 mm
Bez.: Luxury – u. li.: T. Rowlandson 1785; u. Mi.: LUXURY. / pbd 1st October. Misery – u. re.: T. Rowlandson 1785; u. Mi.: MISERY. / pbd 1st October
Wien. G. S. Albertina, Inv. Nr. E II 20, 46

Eine allgemeine satirische Neigung und vor allem die frühen demokratischen Lebensverhältnisse liegen der so reichen Welle kritischer und belehrender Graphik in England zugrunde. Nicht wenig mag dies auch in den moralisierenden, puritanischen Vorstellungen der Religion seinen Grund haben. Mit seinen Zyklen »The Comfort of Bath« (1798) und »Miseries of Human Life« (1808) war Rowlandson der bekannteste Künstler dieses Genres geworden.
Rowlandson, ein Jahr älter als James Gillray, hatte sich weniger auf die politische Kritik als auf Bloßstellung der täglich zu beobachtenden menschlichen Narrheiten und Schwächen verlegt. Er sucht in der Gesellschaftssatire die Beobachtung des Komischen der Situation und bringt dies in weit zarterer Zeichenkunst, als dies bei anderen – also etwa bei Gillray – geschieht.
Die Darstellung »Luxury – Misery« bezieht ihre Wirkung aus dem mehr als deutlichen Kontrast der beiden Situationen: der glückliche Liebhaber und der elende Schiffbrüchige. Man fühlt sich zu dem Wort verleitet: Beides probiert, gar kein Vergleich! [WK]

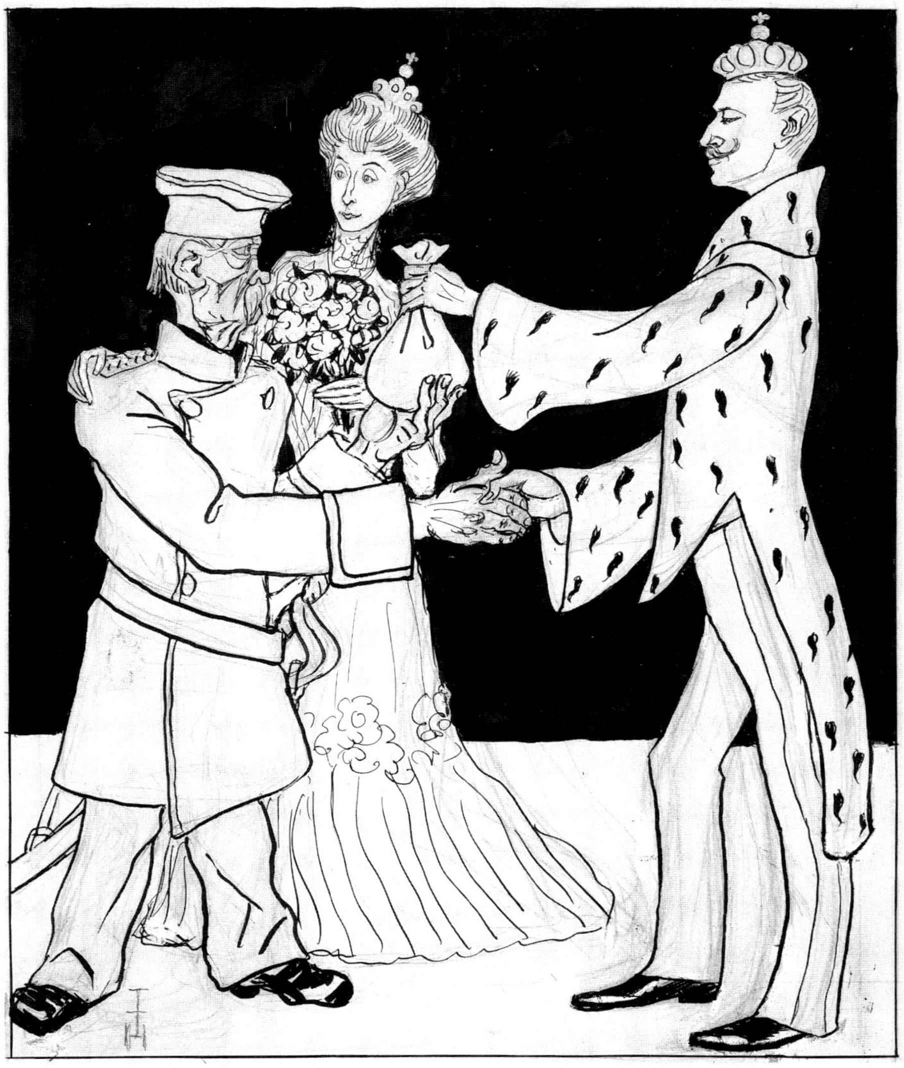

263

262

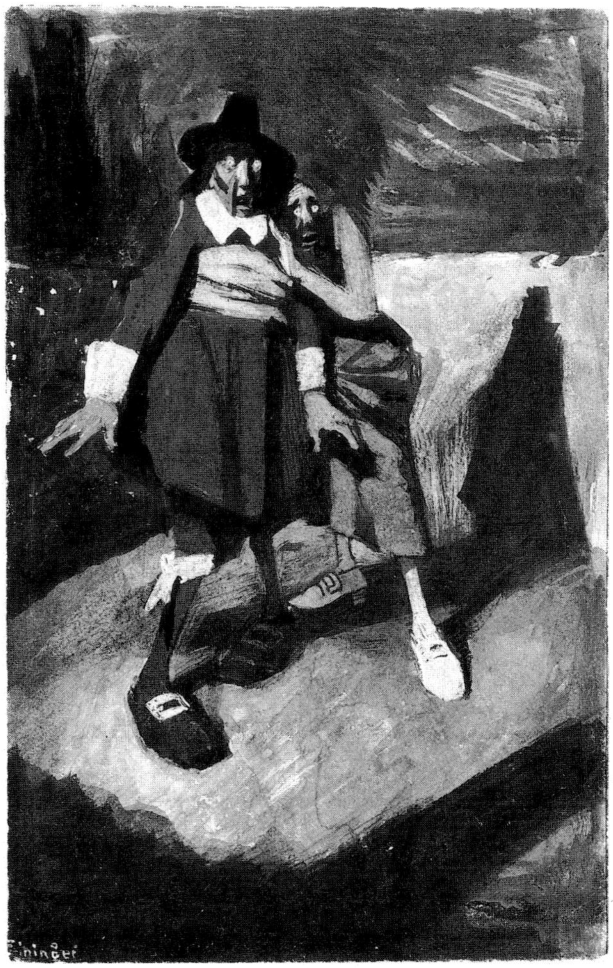

LYONEL FEININGER (1871–1956)

262 Weltuntergang
um 1899

Tusche, Deckweiß, 152 x 95 mm
Sign. u. li.: Feininger
Privatsammlung Düsseldorf

Die Zeichnung erschien 1899 in der Berliner Zeitschrift »Das Narrenschiff« (Jg. II, Nr. 10, S. 7). Der zugehörige Text lautet: »Als um's Jahr Tausend die Geistlichkeit dem Volke eingeredet hatte, die Welt ginge in diesem Jahr unter, da hatte mit vielen anderen auch ein biederes Ehepaar sein ganzes Hab und Gut der Kirche vermacht und war auf einen Berg gestiegen, um von dort das Schauspiel möglichst ungestört und ruhig mit ansehen zu können.« 1906 wiederholte Feininger das Motiv (Ausst. Kat. New South Wales 1974, Nr. 11). [MS]

THOMAS THEODOR HEINE (1867–1948)

263 Dem Verdienste seine Krone
1906
»Der König von Norwegen überreicht dem Hauptmann von Köpenick den Friedenspreis der Nobelstiftung, weil es ihm in unübertrefflicher Weise gelungen ist, den Militarismus lächerlich zu machen.«

Abgedruckt in: »Simplicissimus«, Jg. 11, Nr. 33, S. 513, Titelseite, Farben im Druck: Braun, Orange, Blaugrau

Tusche (Pinsel, Feder), Deckweiß, 300 x 255 mm
Bez. u. li.: TTH
München, Städtische Galerie im Lenbachhaus, Inv. Nr. Heine 120.

Köpenick, eine ehemals selbständige, seit 1920 eingemeindete Stadt, liegt im östlichen Stadtgebiet von Berlin. Am 16. Oktober 1906 leistete sich der Schuhmacher Wilhelm Voigt (gest. 1922), der »Hauptmann von Köpenick«, seine berühmte »Köpenickiade«, indem er in Hauptmannsuniform mit einigen auf der Straße aufgehaltenen Soldaten im Rathaus den Bürgermeister verhaftete und die Stadtkasse beschlagnahmte. Roman von W. Schäfer 1930; Schauspiel von Carl Zuckmayer 1931; mehrfach verfilmt (u. a. mit Heinz Rühmann).
Der »Fall Köpenick« wurde von allen festen Mitarbeitern der Simpl-Redaktion 1906 in einem Heft aufgegriffen. [CSH]

264

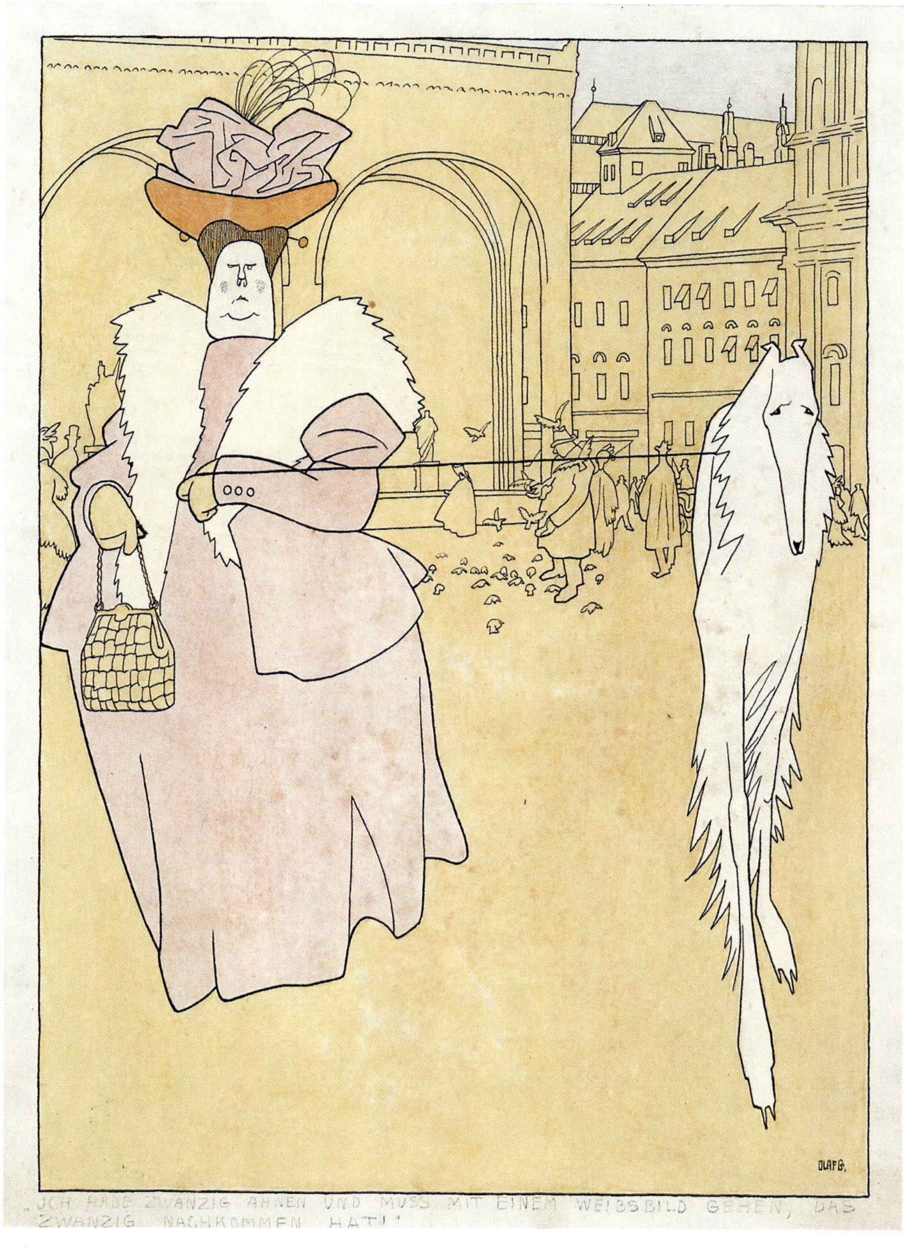

OLAF GULBRANSSON (1873–1958)

264 Der vornehme Hund
1908
»Ich habe zwanzig Ahnen und muß mit einem Weibsbild gehen, das zwanzig Nachkommen hat!«

Abgedruckt in: »Simplicissimus«, Jg. 13, Nr. 16, S. 271, ganzseitig, Farben im Druck: Gelb, Rosa

Tusche (Feder), Bleistift, Aquarell, Farben: Gelb, Rosa, Orange
380 x 290 mm
Bez. u. re.: OLAF G.
München, Bayerische Statsgemäldesammlungen, Inv. Nr. O. G. 133

BRUNO PAUL (1874–1968)

265 Unangenehm
1900
»Platteln Sie auch Schuh, Herr Baron?« – »Nein, bei dem ekligen Getänze platzen einem fortwährend die Nähte an den Glacéhandschuhen.«

Abgedruckt in: »Simplicissimus«, Jg. 5, Nr. 26, S. 209, ganzseitig, Farbe im Druck: Braun

Tusche (Pinsel, Feder), Deckweiß, Kohle
300 x 245 mm
München, Staatliche Graphische Sammlung, ohne Nr.

EDUARD THÖNY (1866–1950)

266 Ein Berufener
1902
»Ich glaube, lieber Graf, aus unserem Dagobertchen wird auch mal ein tüchtiger Leutnant.« – »So, meinen gnädige Frau, daß er das Zeug dazu hat?« – »Ach ja, er hat so gar keine höheren Interessen.«

Abgedruckt in: »Simplicissimus«, Jg. 7, Nr. 1, S. 8, ganzseitig, Farben im Druck: Rotbraun, Braun

Tusche (Pinsel), Deckweiß, Raster, Gouache, Farben: Braun, Rot
360 x 255 mm
Bez. u. re.: E. Th.
Bremen, Kunsthalle

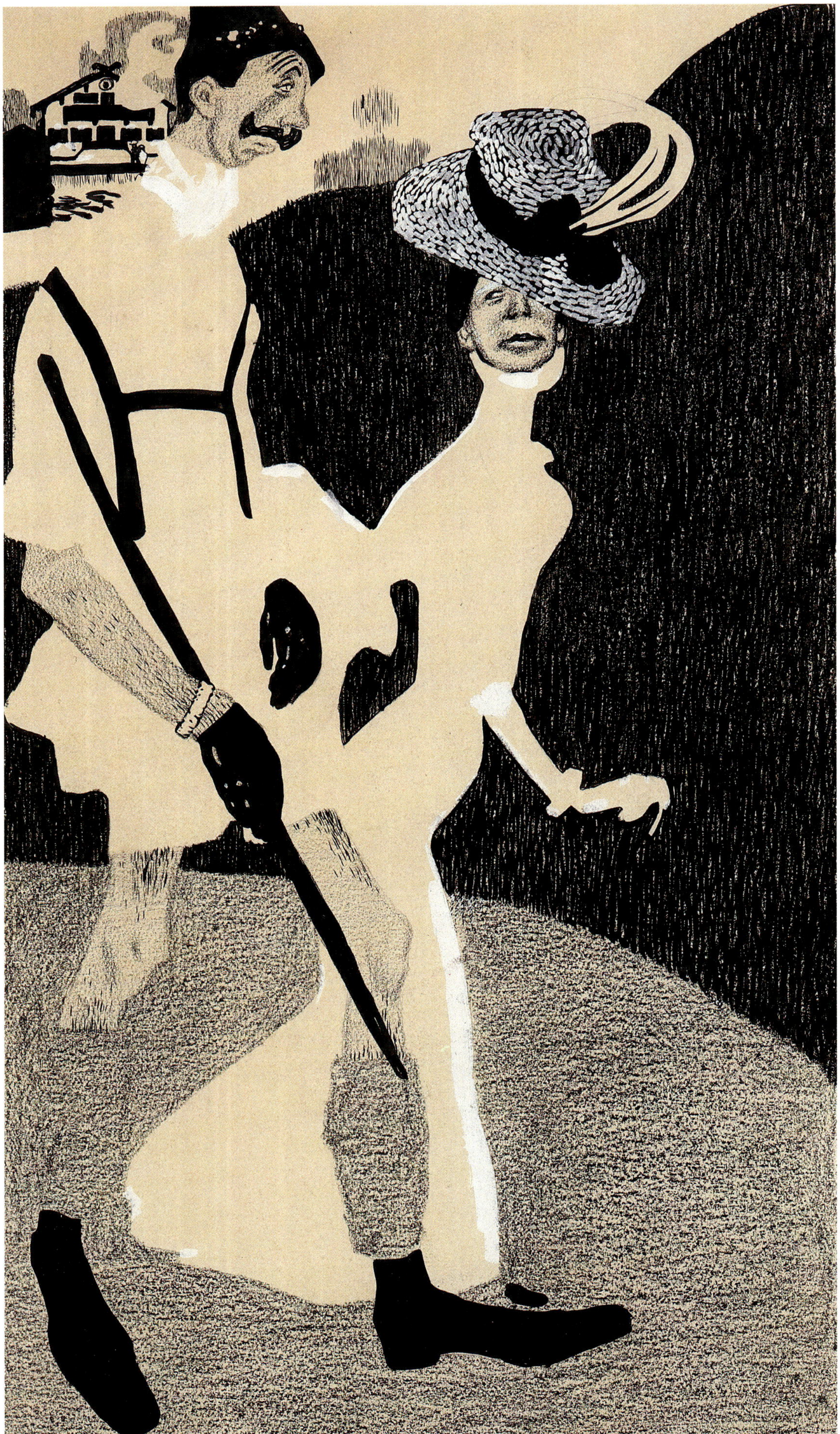

265

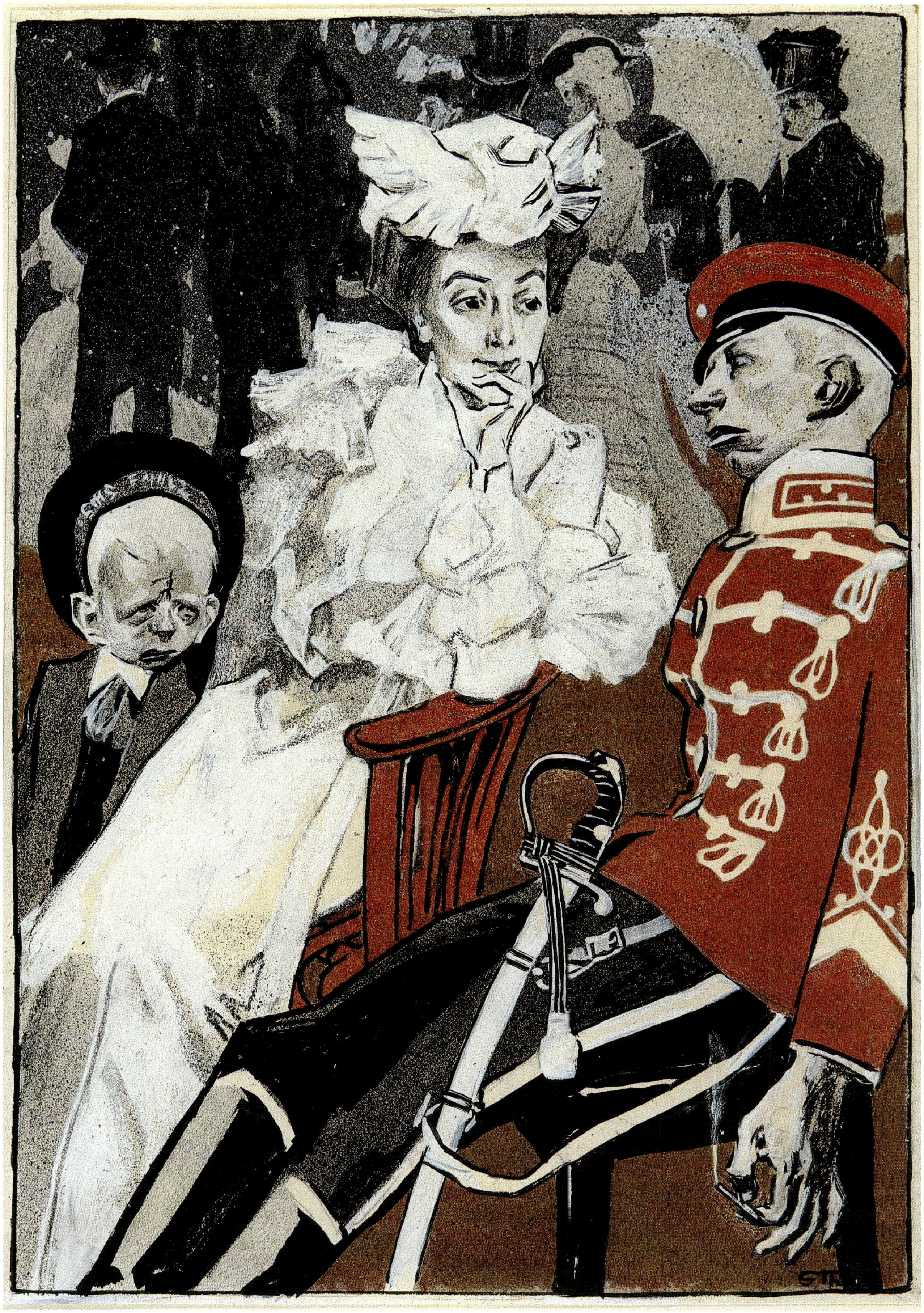

266

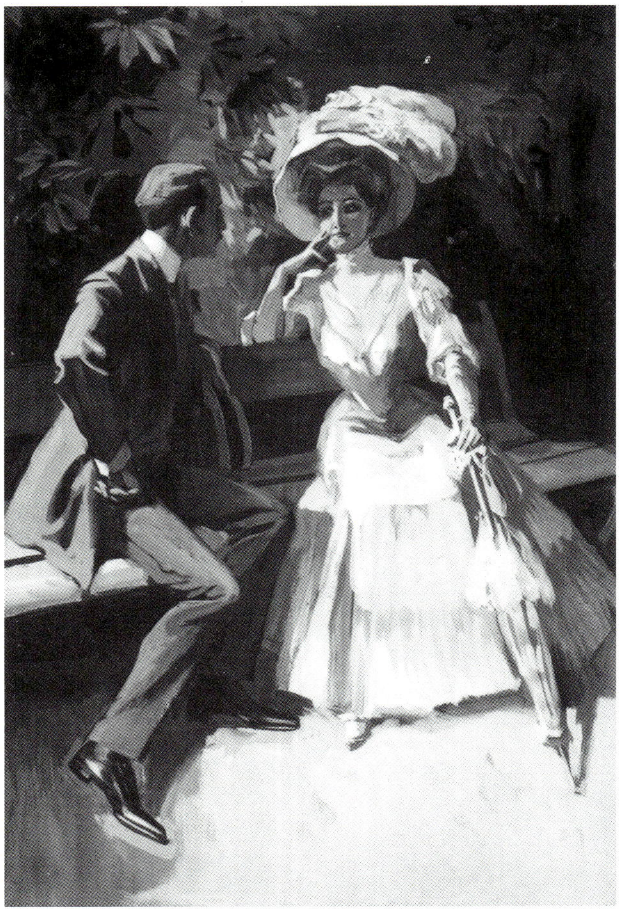

267

FERDINAND VON REZNICEK (1868–1909)

267 Heilige Einfalt!

1908

»Wissen Sie, wir Chemiker haben eigentlich einen sehr gefährlichen Beruf, oft geht's auf Leben und Tod.« – »So? Das ist mir aber ganz neu. Ich dachte immer, auf Nahrungsmittelfälschung steht nur Geldstrafe.«

Abgedruckt in: »Simplicissimus«, Jg. 13, Nr. 17, S. 295, Farbe im Druck: Braun

Tusche (Pinsel), Deckweiß, Farbe: Ocker, 485 x 335 mm
Sign. o. re.: F Reznicek
Emma Wirth, Utting

KARL ARNOLD (1883–1953)

268 Was ist Mode?

1925

»Genug der Revolutionen! Zurück zum Bürgertum!«

Abgedruckt in: »Simplicissimus«, Jg. 30, Nr. 31, S. 437, Titelseite, Farben im Druck: Violett, Orange, Braun

Tusche (Feder), Aquarell, Farben: Grün, Blau, Gelb, Rosa, Braun
275 x 225 mm
Bez. u. re.: KA 25
München, Städtische Galerie im Lenbachhaus, Inv. Nr. Arnold 1970

CHAS ADDAMS (1912–1988)

269 »Bist Du unglücklich Liebling?« – »O ja, ja – sehr!«

1942

Publiziert in: »The Yorker«, 14. 11. 1942

Feder- und Pinselzeichnung in Tusche und Aquarell, teilweise mit Deckweiß gehöht, 477 x 455 mm
Sign. u. li.: Chas Addams; Bez. u.: »Are you unhappy, darling?« – »Oh yes, yes – completely«.
Mit Widmung »For Rosemary with love Charles Sept. 1951«
Galerie Bartsch & Chariau, München
Lit.: Addams and Evil. A Methuen Humour Classic, London 1985. – Häusliche Höllen – Die Welt des Chas Addams, München 1991.

Das 1942 im »New Yorker« erschienene Blatt stellt zwei von sieben Mitgliedern der »Monster Family« dar. »Addams Family«, ein Inbegriff makabrer Häuslichkeit, wurde durch Fernsehen und Kino weltberühmt.

CHAS ADDAMS (1912–1988)

270 Ohne Titel

1955

Publiziert in: »The New Yorker«, 8. 10. 1955

Feder und Pinselzeichnung in Tusche und schwarzer Aquarellfarbe, mit Deckweiß erhöht, 450 x 540 mm

268

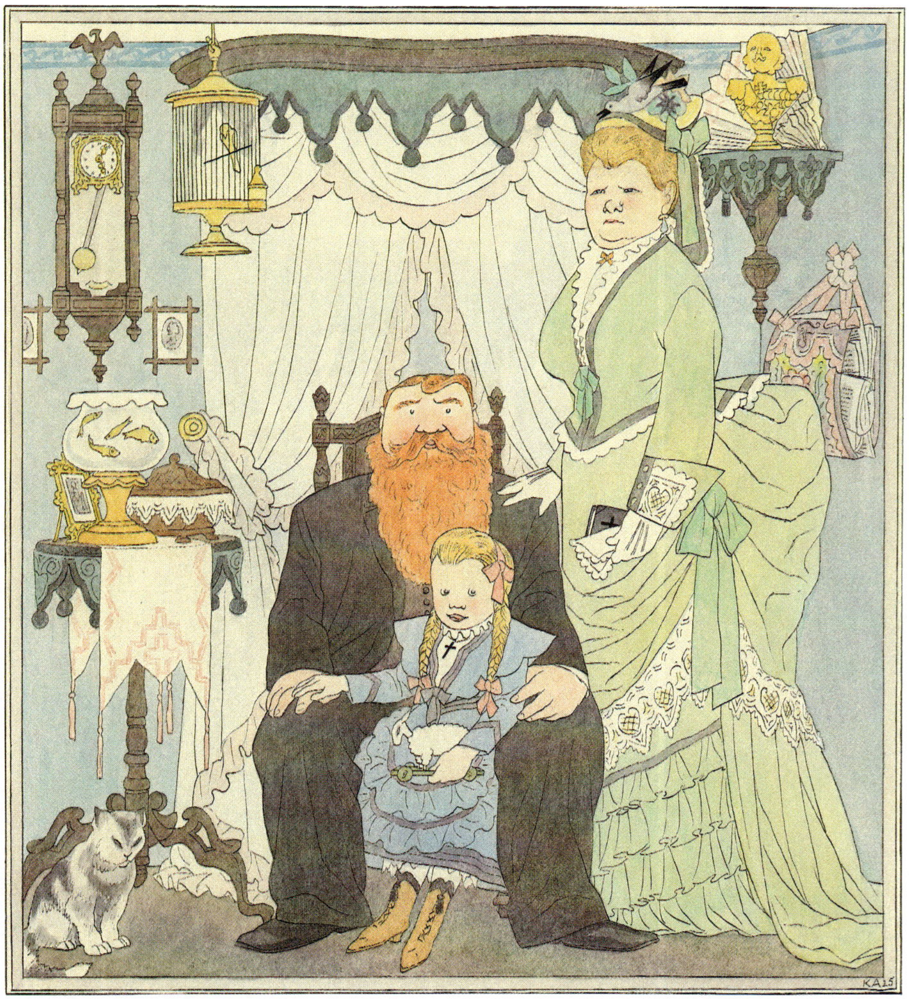

269

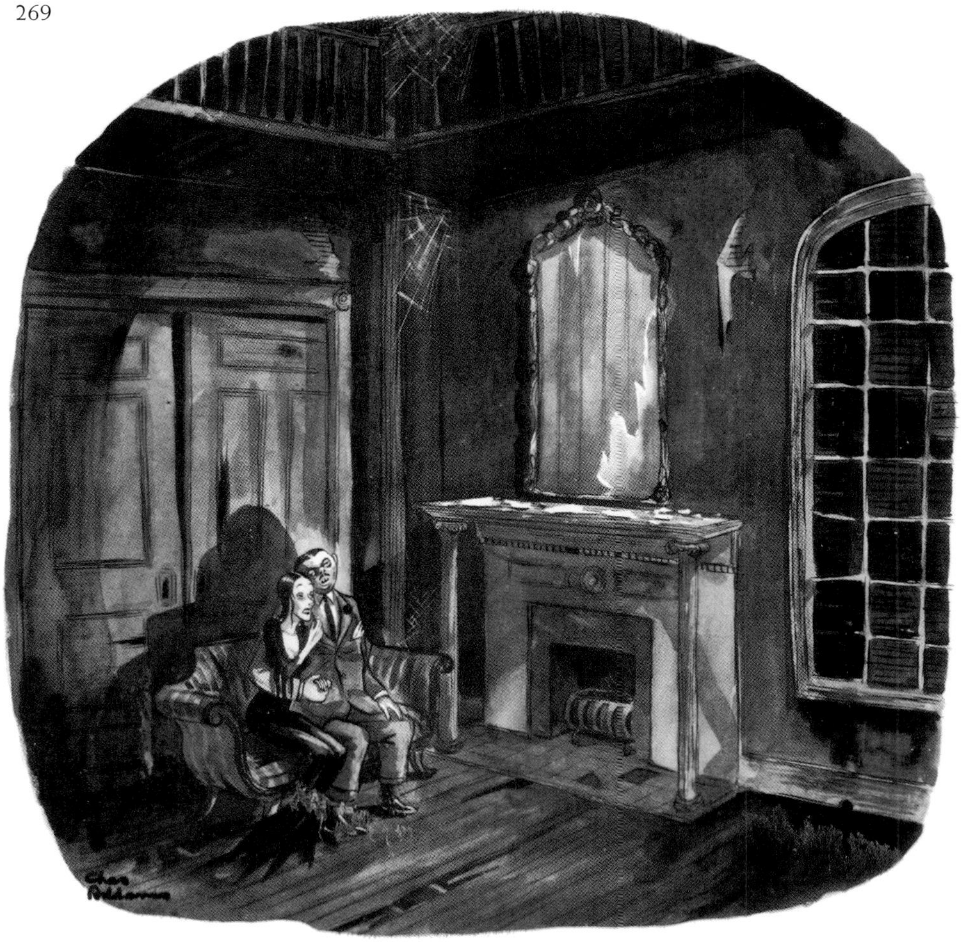

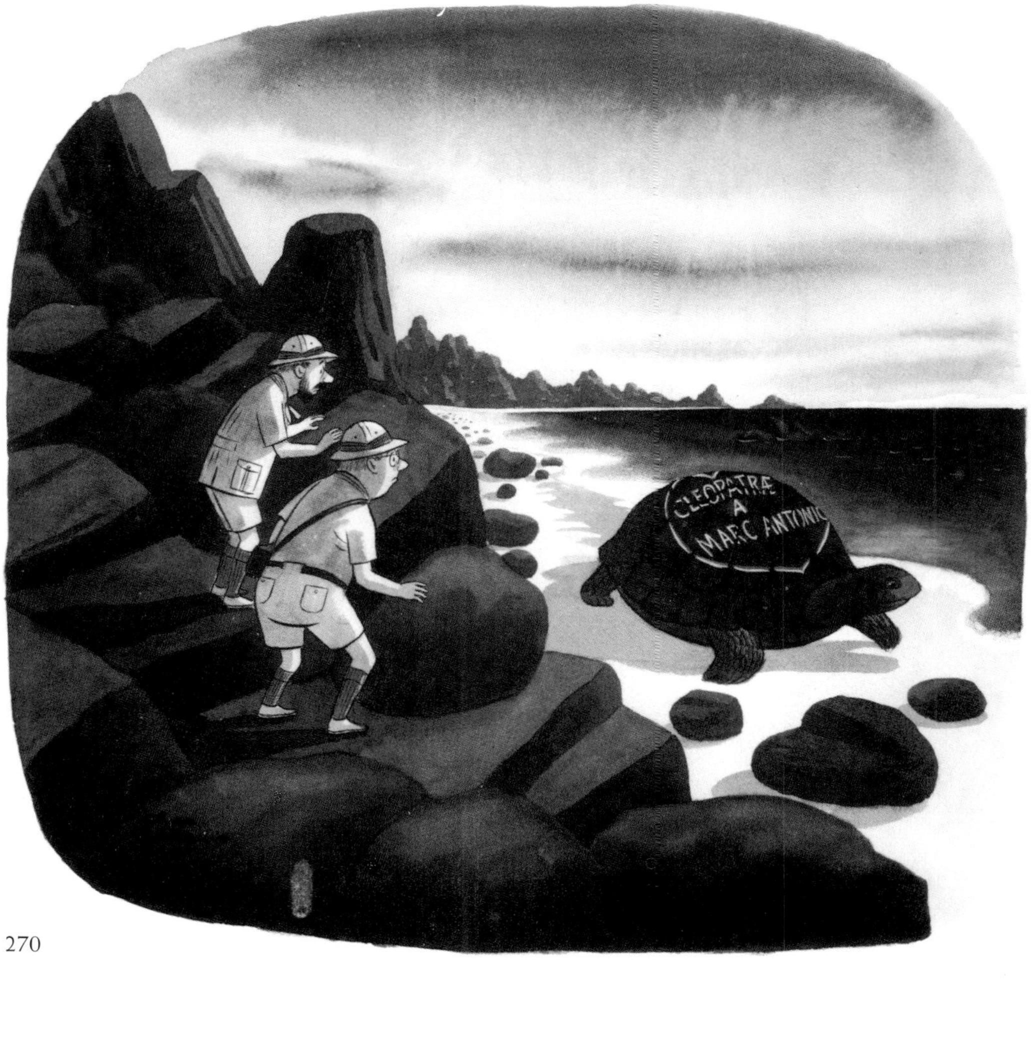

270

Sign. u. li.: Chas Addams
Galerie Bartsch & Chariau, München
Abgebildet in: Nightcrawlers, Simon & Schuster, New York 1957. – Heimliche Höllen. Die Welt des Chas Addams, hrsg. von Tee Addams, München 1991.

Chas Addams, der in fast sechs Jahrzehnten über 1300 Beiträge für den »New Yorker« zeichnete, war unter den brillanten Zeichnern dieser Zeitschrift bisher fast der einzige, der in der Welt so weit herumgekommen ist. Er war bei den Kopfgeldjägern, im Herzen des Regenwaldes, oder – wie in diesem Blatt – bei einer geheimnisvollen Forschungexpedition dabei, wo es noch Riesenschildkröten gab, älter als 2000 Jahre.

EDWARD SOREL (geb. 1929)

271 Freud und Mahler
o. J.

Pastellkreiden
453 x 562 mm
Sign. u. re.: Edward Sorel
Wilhelm-Busch-Museum Hannover (Rudolf-Ensmann-Sammlung)

Die Begegnung der beiden Berühmtheiten der Wiener Kulturszene um 1900 ist historisch. Der in eine psychische und physische Krise geratene geniale Komponist, Dirigent und Direktor der kaiserlichen Hofoper bat den Seelenarzt um eine Unterredung; sie fand im August 1910 im holländischen Leiden statt. Mahler war überanstrengt, psychisch von vorneherein belastet durch eine schwierige Jugend in den kleinen, ländlichen Verhältnissen Mährens seiner jüdischen Herkunft. In seiner Ehe zwar verehrt, fast übertrieben bewundert durch seine junge Frau Alma, die als Tochter des erfolgreichen Malers Emil J. Schindler ein strahlender gesellschaftlicher Mittelpunkt Wiens war, sah sich der sensible Musiker durch übermäßige Erwartungen allzusehr überfordert. Wir kennen durch spätere, sehr offene Schilderungen der Gattin die Zusammenhänge und Ereignisse. Freud jedenfalls empfahl, der legendär schönen und geistig immer übermächtiger werdenden Alma eine gewisse Überlegenheit zuzuerkennen und ihre musikalischen Bemühungen als Komponistin ernst zu nehmen, was alles offenbar dazu beitrug, die letzte Lebensphase Mahlers zu einer schöpferisch reichen, persönlich glücklichen zu machen. Edward Sorel weiß die Situation des Gesprächs treffend zu charakterisieren, unterläßt es dabei allerdings nicht, Deutlichkeiten wie die unterschiedliche Form der Zigarren einzusetzen. [WK]

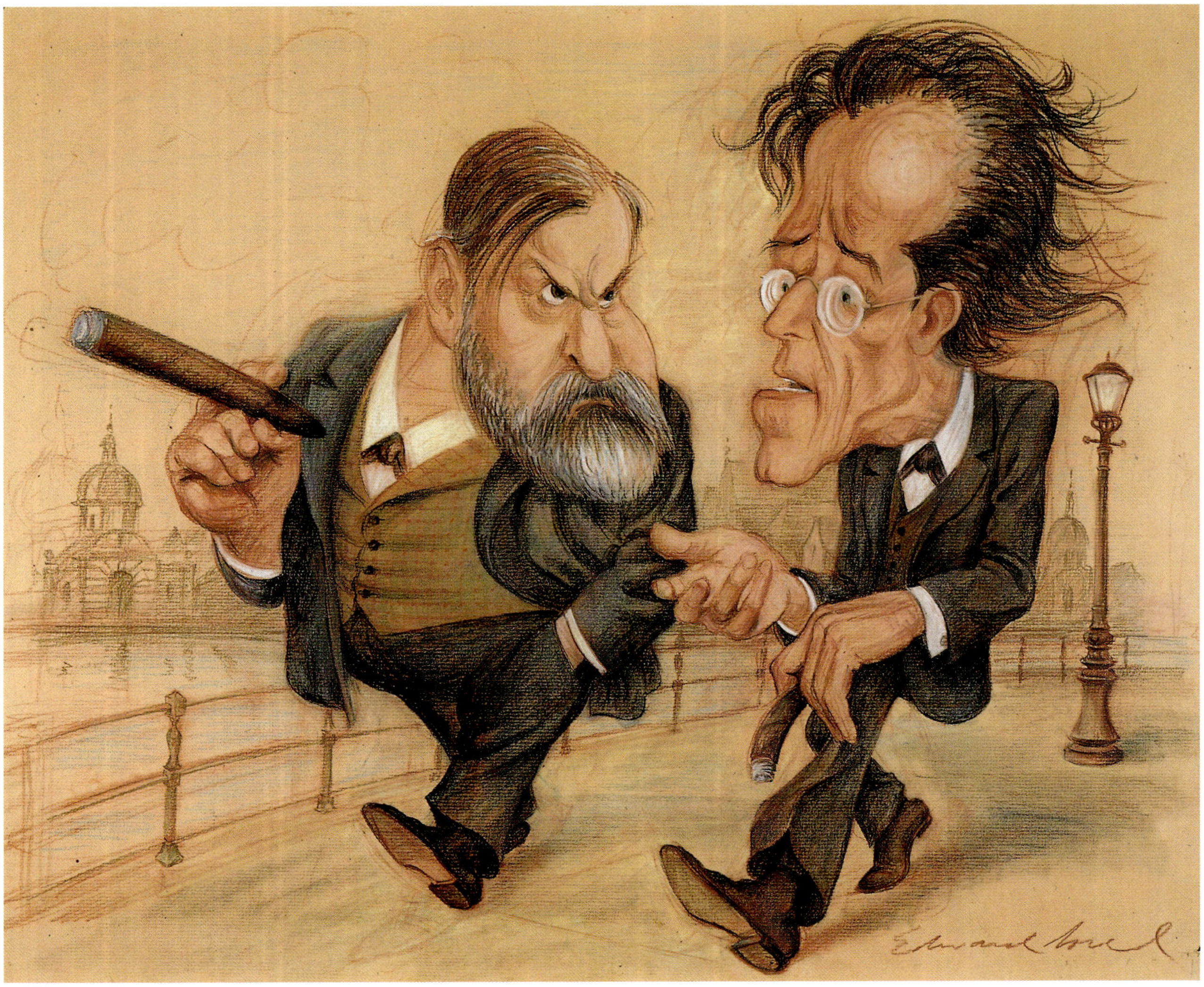

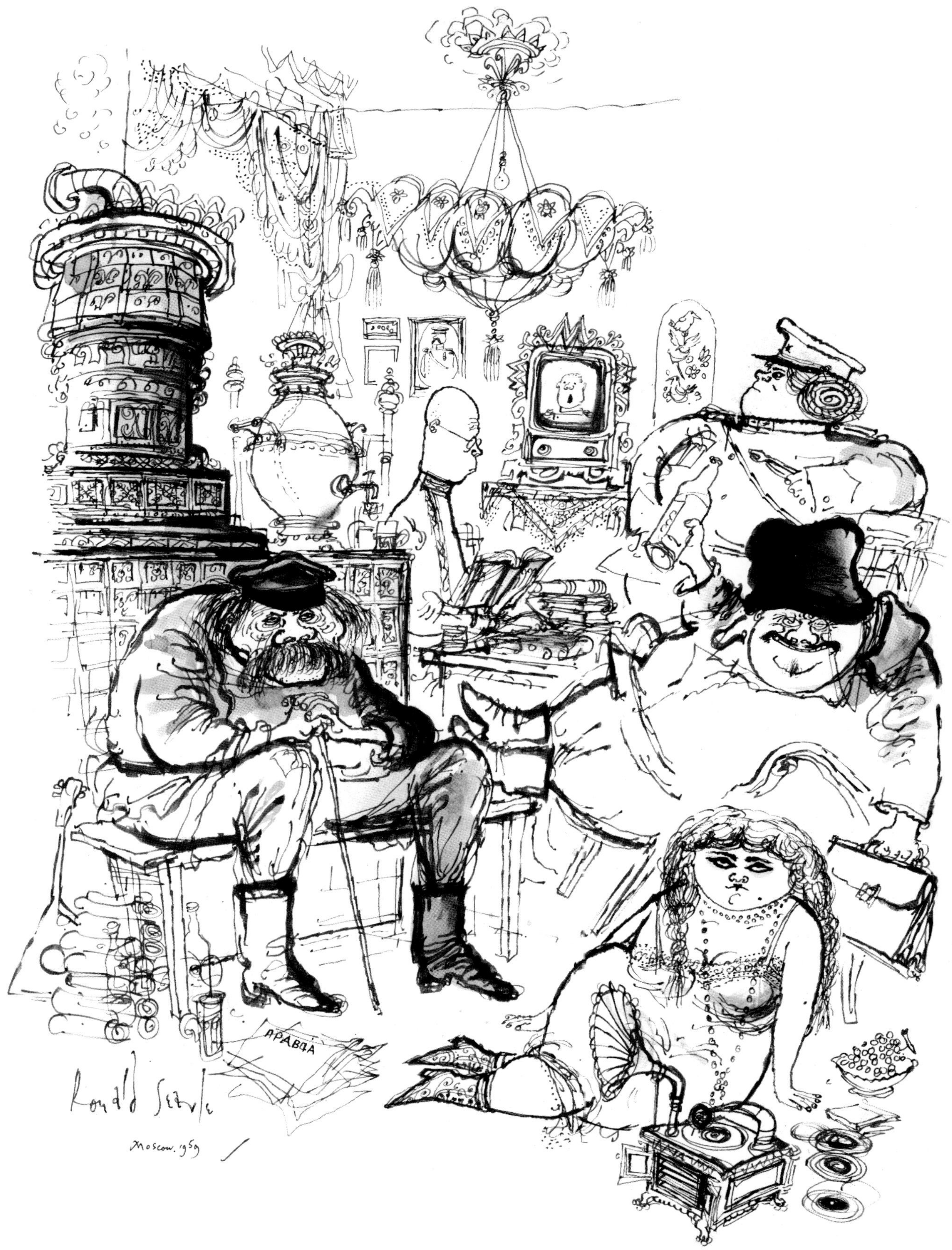

RONALD SEARLE (geb. 1920)

272 Ein Familienabend in Moskau
(A family evening. Moscow)
1959

Sepia, laviert, 500 x 377 mm

Sign. und dat. u. li.: Ronald Searle, Moscow 1959
Bez. rückseitig Mi.: Illustration for the book / RUSSIA FOR BEGINNERS / A family evening. Moscow / PUNCH issue 3 June 1959 / La Russie: En famille, Moscou 1959.
Wilhelm-Busch-Museum Hannover, Inv Nr. KG 1469/79

Eine russische Familienszene, in der Tradition und Gegenwart sich vermischen und brennpunktartig alle

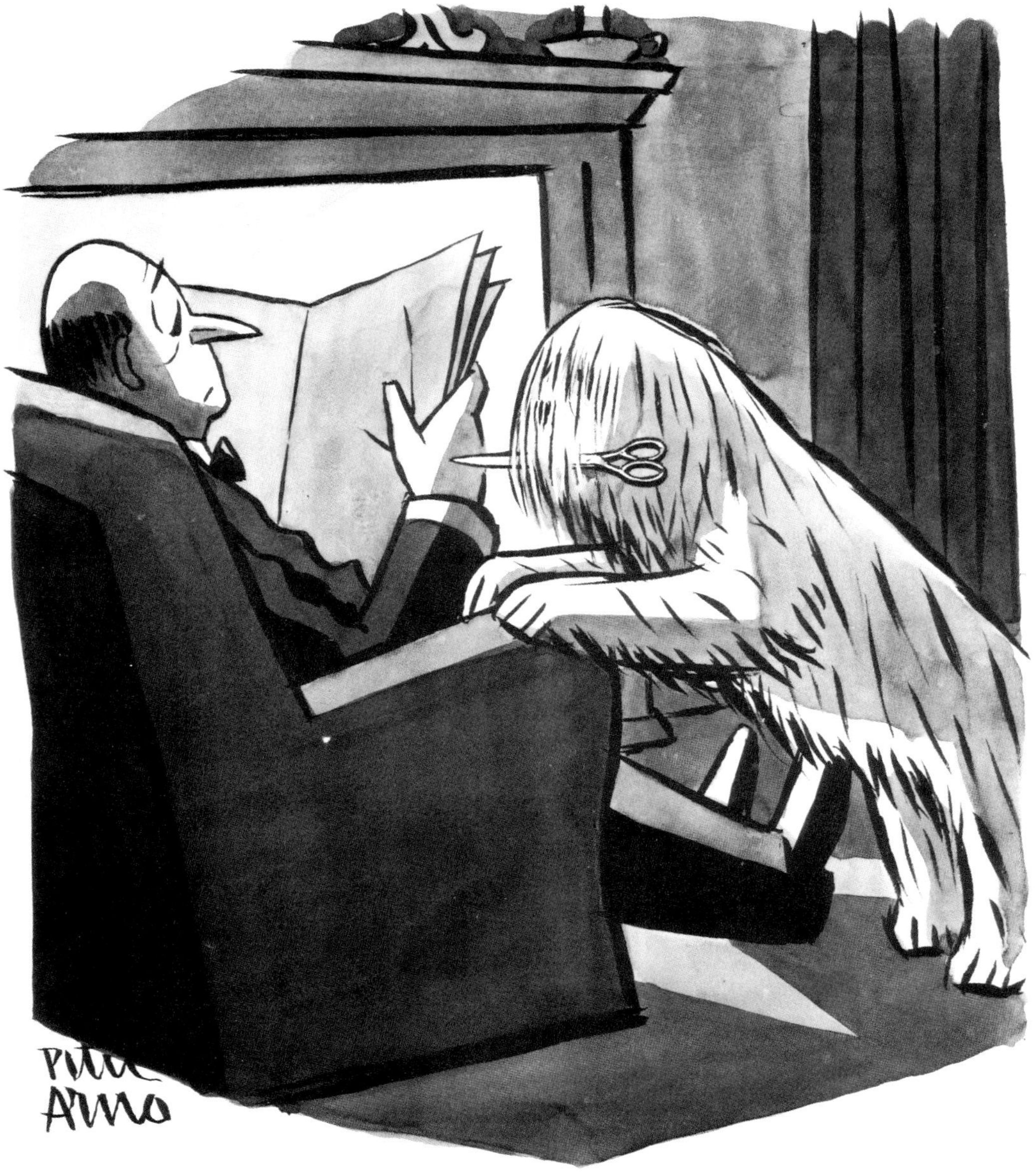

Facetten konzentriert scheinen. In einem Interieur, das noch ganz vom Prunk der Zarenzeit geprägt ist, prallen die Gegensätze alter Kultur, politischer Gegenwart und westlicher Einflüße aufeinander. Ronald Searle entwarf diese Zeichnung als Illustration für ein Buch mit dem Titel »Rußland für Anfänger«. [GV]

PETER ARNO (1904–1968)

273 Ohne Titel
1944

Publiziert in: »The New Yorker«, 1944

Lavierte Pinselzeichnung in schwarzer Aquarellfarbe
550 x 455 mm
Sign. u. li.: Peter Arno
Galerie Bartsch & Chariau, München
Lit.: Peter Arno, Dodd, Mead & Company, New York 1979.

Peter Arnos kompromißlose Schwarzweiß-Darstellungen, die vor allem das Leben der New Yorker Gesellschaft zum Thema haben, waren über Jahrzehnte hinweg ein entscheidender Faktor des »New Yorker«. Ähnlich wie die Zeichnungen von Thurber, Addams, Steinberg u. a. trugen sie neben wichtigen literarischen Beiträgen maßgeblich zur Identität dieser Zeitschrift bei.

PETER ARNO (1904–1968)

274 Titelblatt für »The New Yorker«, 17. 3. 1951

Lavierte Pinselzeichnung mit schwarzer und etwas gelber Aquarellfarbe, 515 x 380 mm
Sign. u. Mi.: Peter Arno
Galerie Bartsch & Chariau, München
Lit.: The Complete Book of Covers from The New Yorker 1925–1989, Alfred A. Knopf, New York 1989.

Eines von über 100 Titelblättern, die Peter Arno für den »New Yorker« zeichnete.

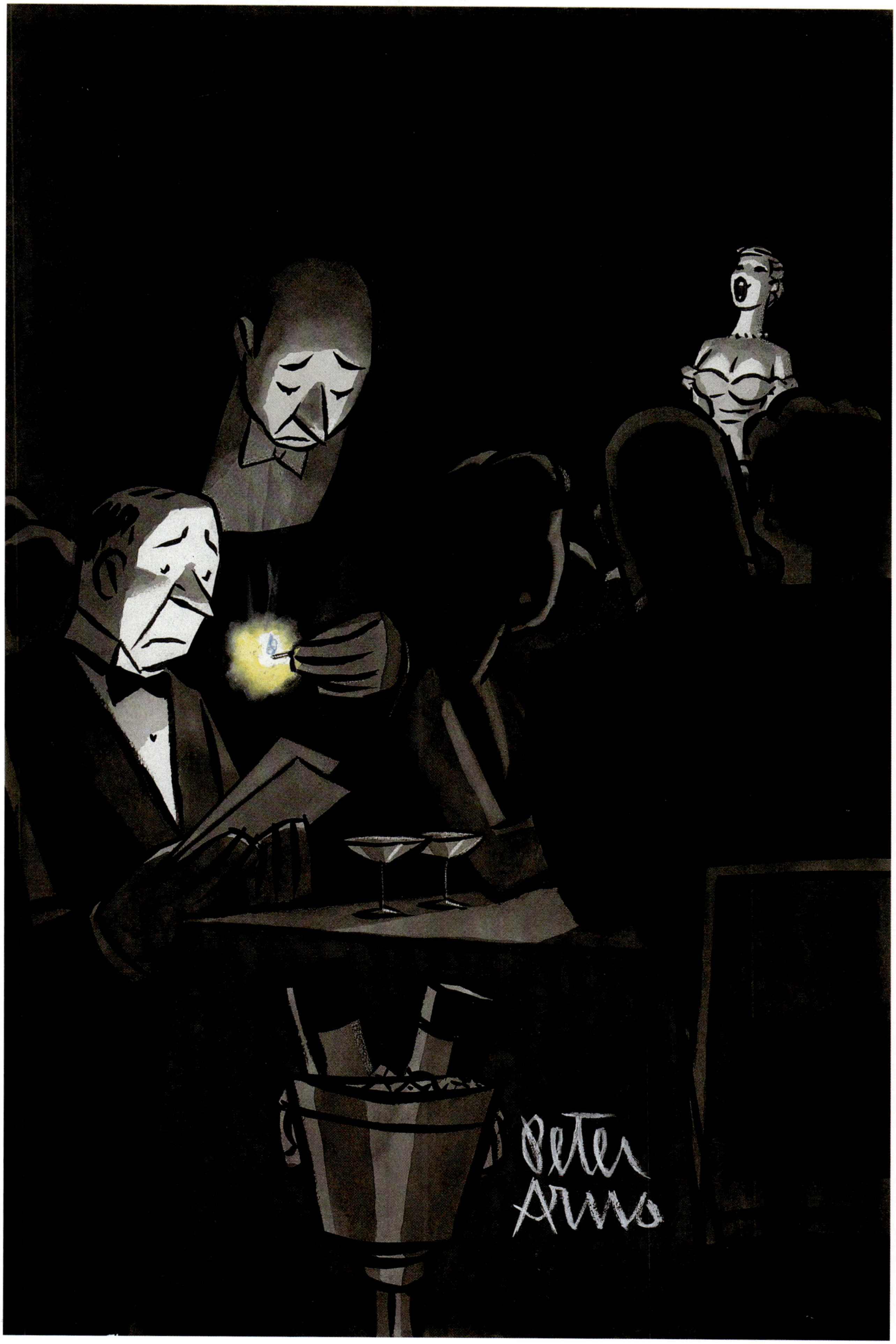
Peter Arno

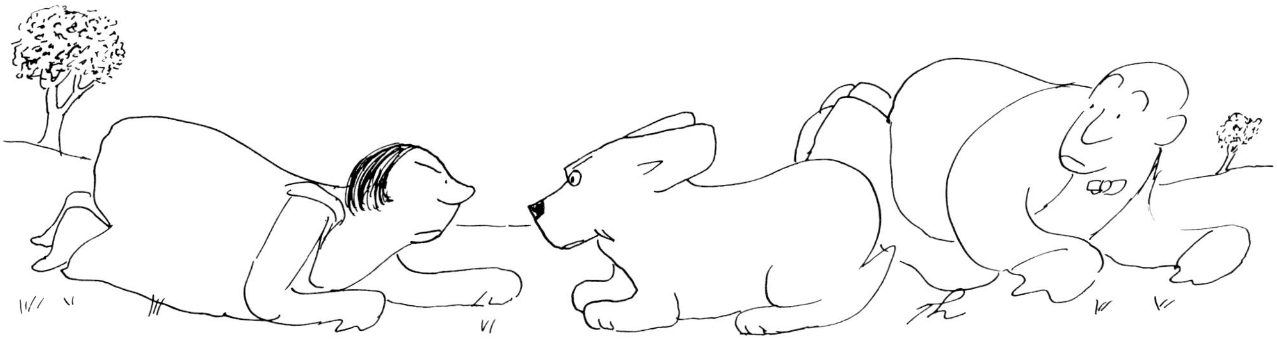

JAMES G. THURBER (1894–1961)

275 Ohne Titel
um 1940

Publiziert in: »The New Yorker«
Federzeichnung, 210 x 280 mm
Sign. u. Mi.: TH
Galerie Bartsch & Chariau, München

James Thurber, der berühmteste Humorist seit Mark Twain, begann 1927 zuerst als Redakteur, später als freier Mitarbeiter für den »New Yorker« zu zeichnen. Im »New Yorker« erschienen zuerst die meisten seiner Stories, Fabeln, Artikel und Zeichnungen, die dann später als Bücher veröffentlicht oftmals zu Klassikern wurden. Sowohl als Schriftsteller wie auch als Zeichner war und ist sein Einfluß, vor allem in Europa nach 1945, ein sehr großer. Seine Cartoons, die Dorothy Parker oft an »ungebackene Plätzchen« erinnerten, sind Vorbild für viele humoristische Zeichner geworden.

ALBERT DUBOUT (1905–1976)

276 Der Maler und seine Muse!
(»Le peintre et sa muse!...«)
1934

Tusche/Feder, laviert, 250 x 320 mm
Sign. o. re.: Dubout
Sammlung Jean Dubout

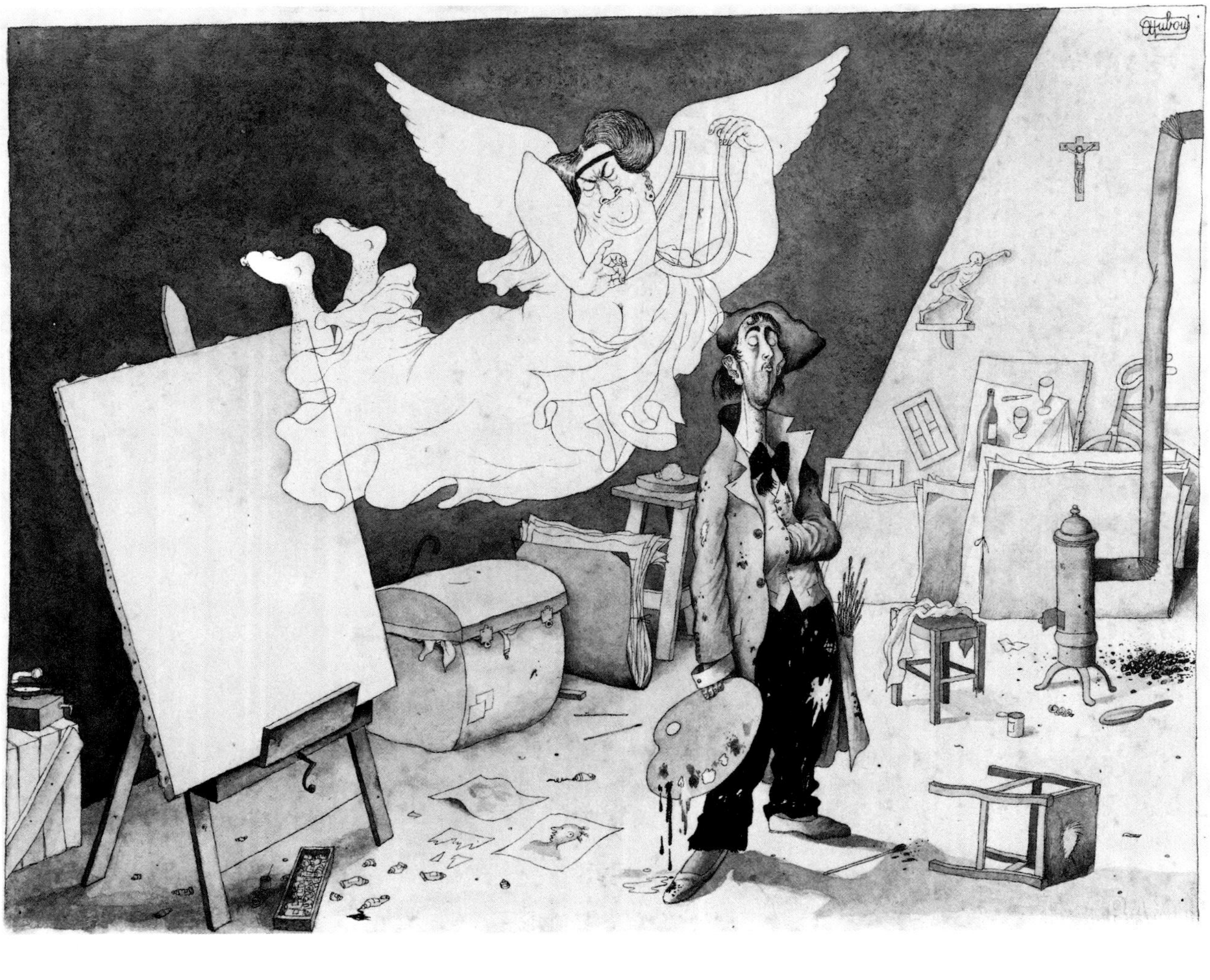

276

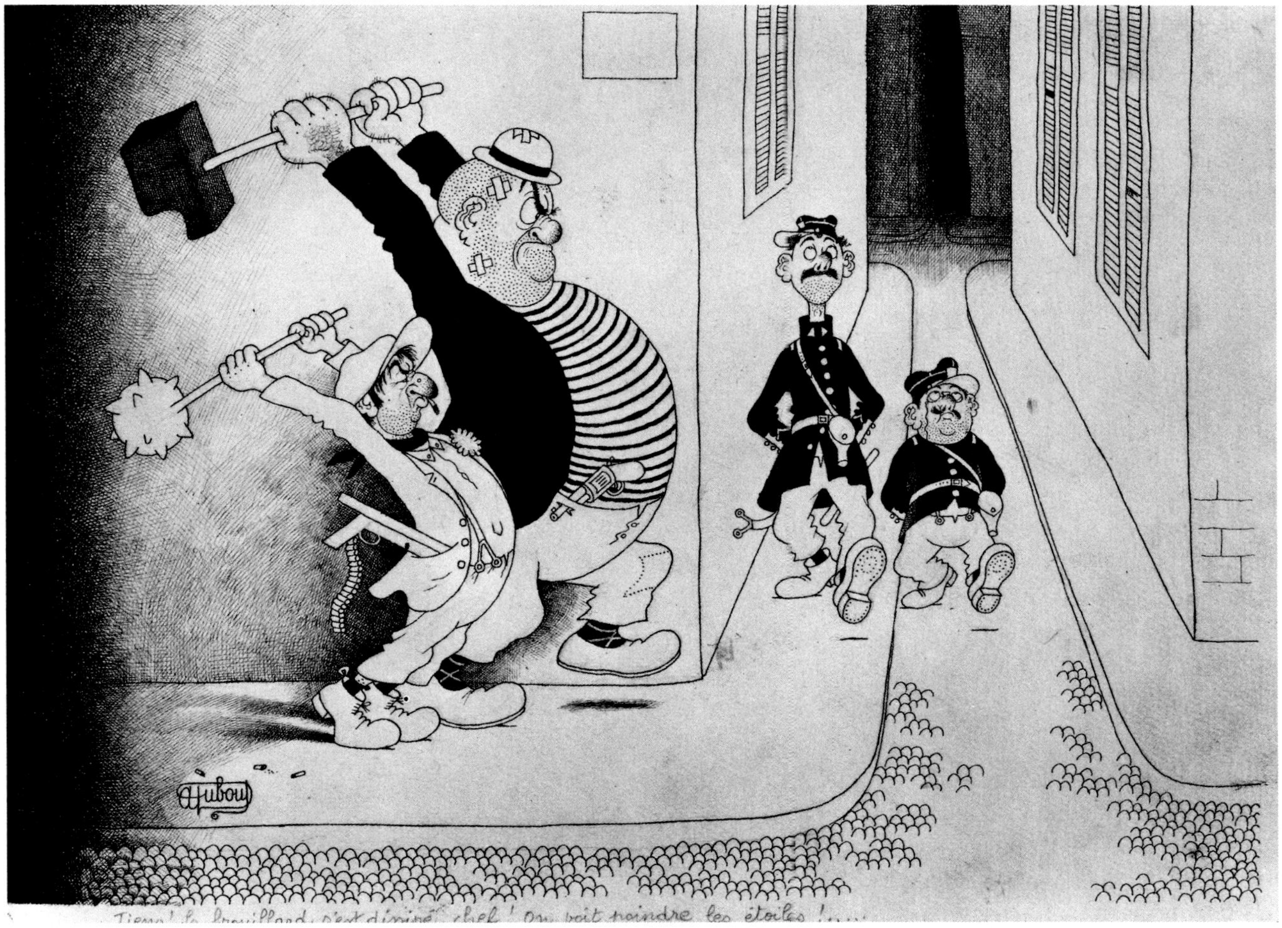
Dubout
On voit poindre les étoiles

277

278

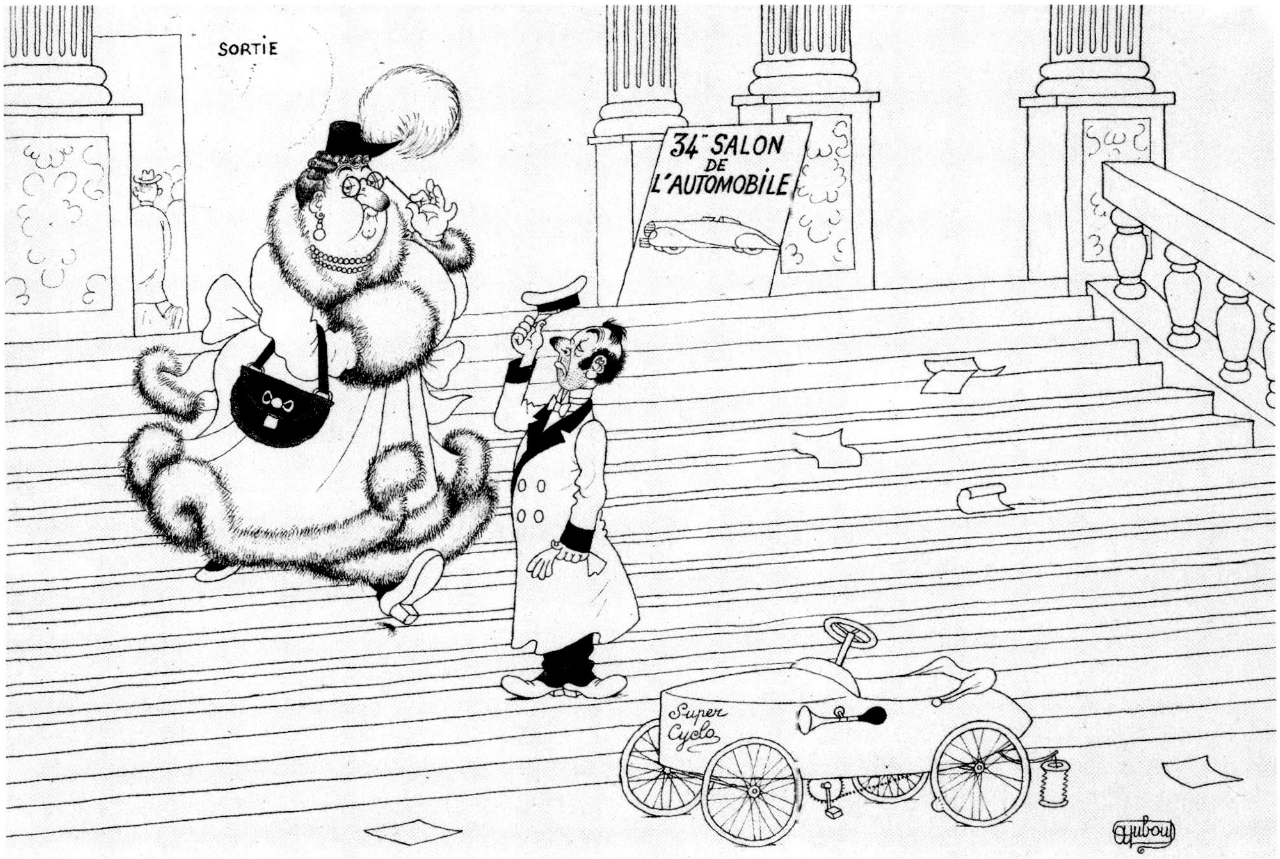
SORTIE
34e SALON DE L'AUTOMOBILE
Super Cyclo
Dubout

Albert Dubout ist als Gesellschaftskarikaturist par excellence der Chronist des französischen Kleinbürgers. Seine unverwechselbaren Figuren – sei es die dicke Madame oder der tpyische Gendarm – durchleben den Alltag mit all seinen Verwicklungen und Verstrickungen, ohne daß die große Weltpolitik sie tangiert. Dabei liebt Albert Dubout die Gegensätze: Genußvoll reizt er die Komik im Aufeinanderprall von Groß und Klein, Dick und Dünn aus, läßt Frau und Mann, Gauner und Gesetzeshüter sich in immer neuen Variationen einander begegnen oder konfrontiert den Betrachter mit der Masse Mensch und dem darin verlorenen Individuum. [GV]

ALBERT DUBOUT (1905–1976)

277 Nachts auf den Straßen
1947
»Tiens! Le brouillard s'est dissipé, Chef! On vois poindre les étoiles!...«

Tusche/Feder, 240 x 320 mm
Sign. u. li.: Dubout
Sammlung Jean Dubout

Siehe Kat. 276.

ALBERT DUBOUT (1905–1976)

278 34. Automobilsalon
1947
»Que voulez-vous, Ernest! En attendant le Super 48, contentons-nous du Super Cyclo!...«

Tusche/Feder, 240 x 320 mm
Sign. u. re.: Dubout
Sammlung Jean Dubout

Siehe Kat. 276.

CHAS ADDAMS (1912–1988)

279 Ohne Titel
1957

Tusche/Pinsel, laviert, Deckweiß auf Karton, 534 x 405 mm
Sign. u. re.: Chas Addams
Wilhelm-Busch-Museum Hannover

Angesichts des Skispringers im Überflug ist das ungläubige Staunen und die völlige Sprachlosigkeit des Skifahrers nur zu gut verständlich. Chas Addams liebte solche absurden Szenen, in denen er seiner Phantasie freien Lauf lassen konnte. Seine Themen ließen keinen Alptraum aus, getreu seiner Überzeugung: »Es gibt *nichts* in dieser oder der nächsten Welt, was so schrecklich wäre, daß man *nicht* darüber lachen könnte.« (Zitiert nach: Häusliche Höllen. Die Welt des Chas Addams, hrsg. von Tee Addams, München 1991) [GV]

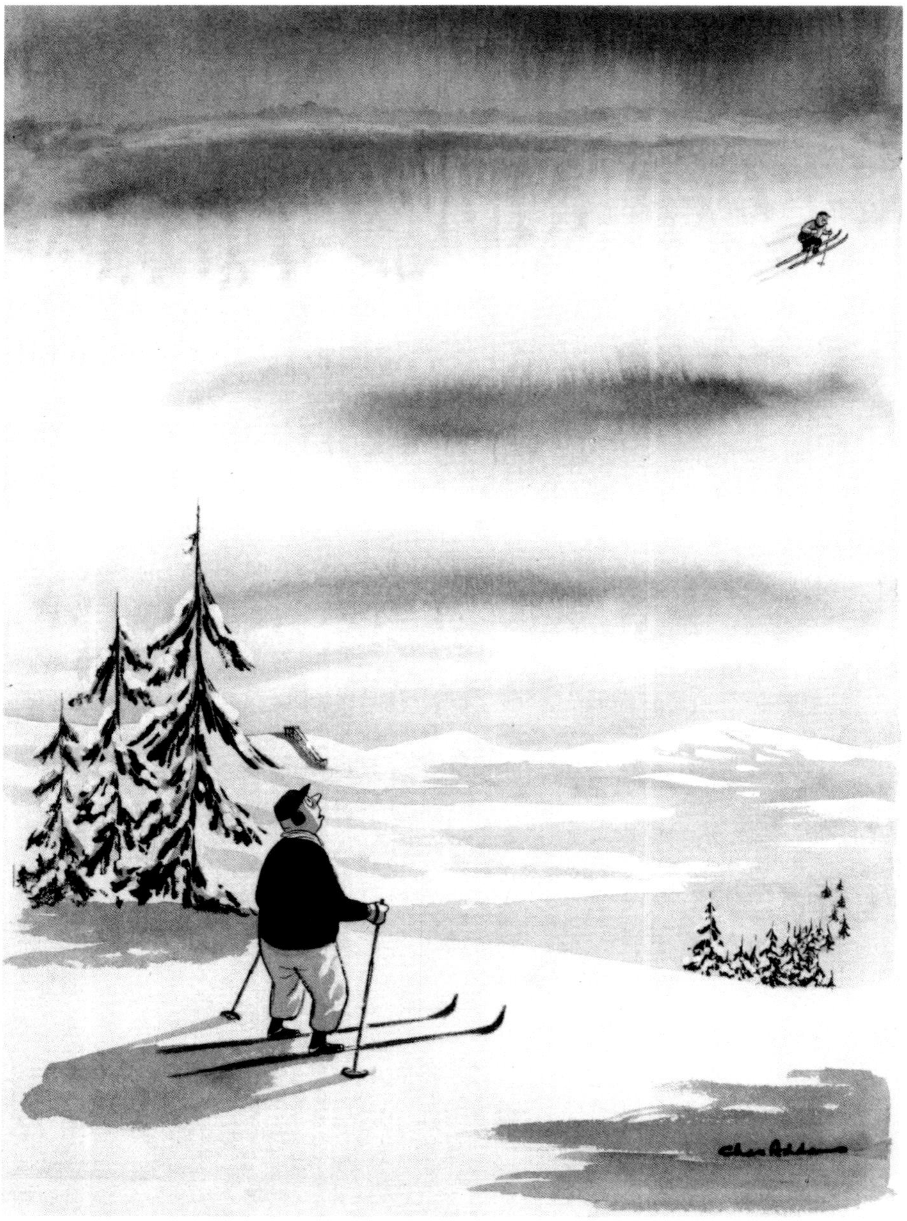

279

GAHAN WILSON (geb. 1930)

280 Ohne Titel
1965

Erschienen in: »Playboy«, September 1965

Feder und Aquarell, gefirnißt, 290 x 225 mm
Sign. unten links: Gahan Wilson
Galerie Bartsch & Chariau, München
Abgebildet in: Gahan Wilson, Playboy Edition

Gahan Wilson, für den das Makabre – sein Leitmotiv – immer komisch ist und das Unfaßbare immer am Horizont, wurde vor allem durch seine unverwechselbaren farbigen Veröffentlichungen im »Playboy« populär. Aus der abwegigen Mischung von Ingredienzien wie Wolfsgift, transsylvanisches Pulver, getrocknetes Blut, Karzinome, einige Seiten von Livecroft, Poe, Shelley und Abbidlungen von Senatoren kocht er ein Gebräu schwärzer als Tinte.

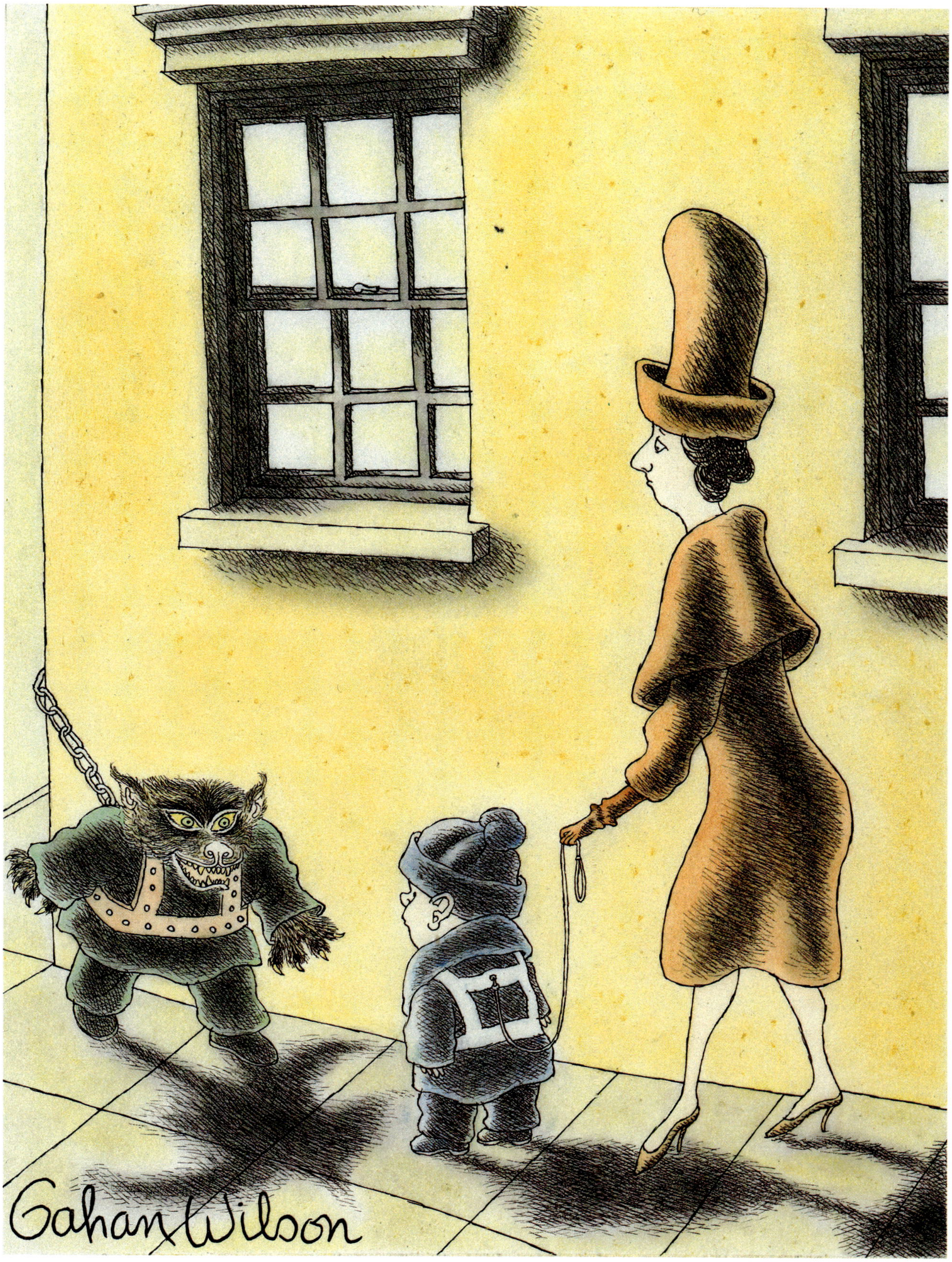

280

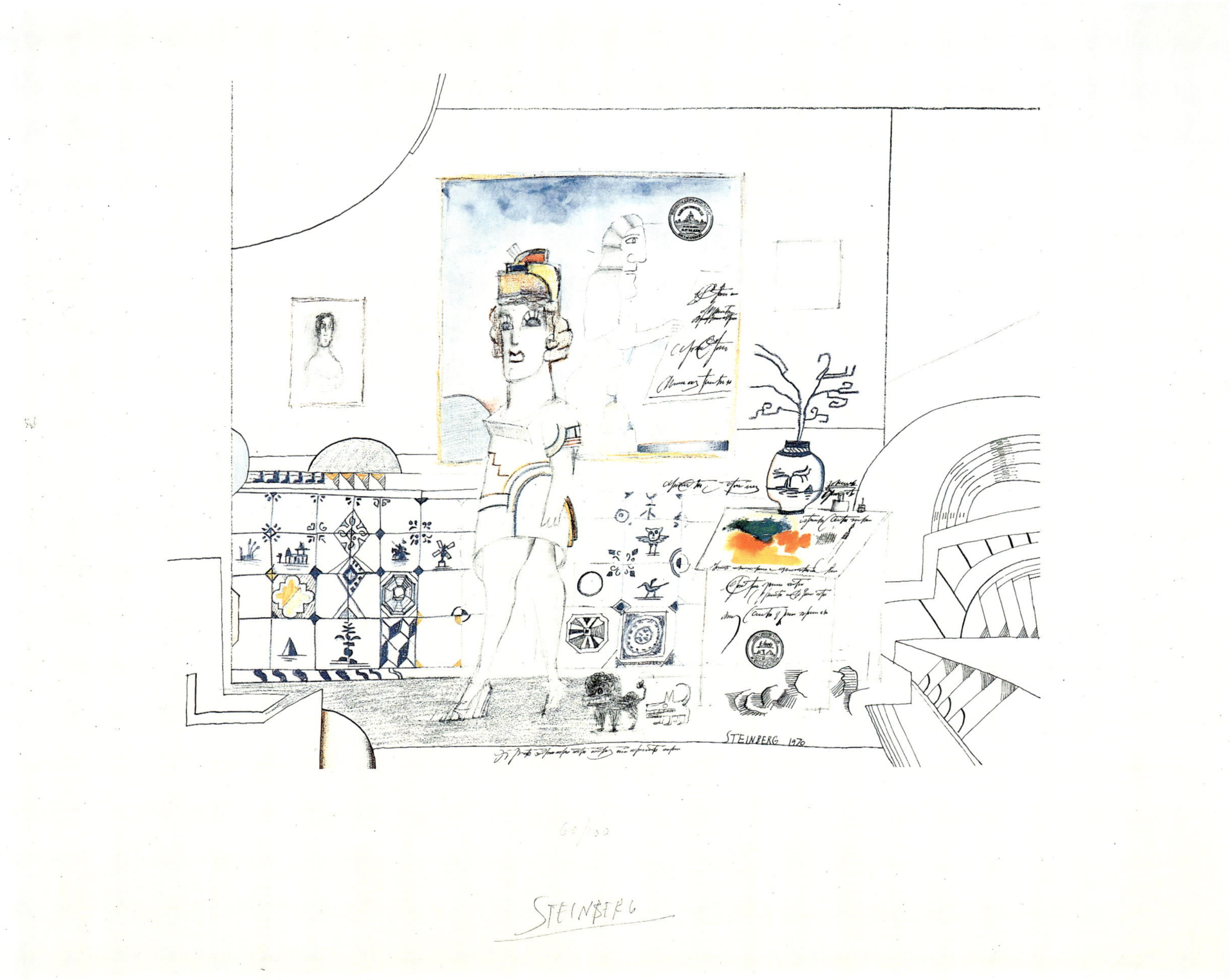

SAUL STEINBERG (geb. 1914)

281 Ohne Titel
1970

Lithographie 60/100
420 x 480 mm
Sign. u. Mi.: Steinberg; in der Platte: Steinberg 1970
Helmut Grill, München

Die farbige Lithographie enthält viele der für Steinberg typischen Symbole wie Hunde, kalligraphische Dekore, Stempel, Symbole auf Fliesen. In der Mitte eine bizarre Art Deco-Frau. Im Fensterausschnitt ein Mann mit Brief. Unsere Zeit, unser Leben nach Steinbergs Art. [HG]

JEAN-PIERRE DESCLOZEAUX (geb. 1938)

282 Nacht
(Nuit)
1970

Tuschfeder, koloriert
120 x 160 mm
Sign. u. re.: Desclozeaux
Helmut Grill, München
Lit.: Ausst. Kat. Hannover 1978, Kestner-Gesellschaft, Bizarr – Grotesk – Monströs, S. 56.

Desclozeaux' Zeichnungen sind leicht wie ein Flügelschlag. Sie sind meistens klein und augenzwinkernd. Aber in der Wirkung sind sie groß wie die seiner Kollegen und Freunde Bosc, Chaval, François, Searle. Das Blatt »Nuit« sieht aus, als hätte es sich ihm bei der Nachtarbeit aufgedrängt, nach einer fertigen Zeichnung oder beim Nachdenken über eine Idee. [HG]

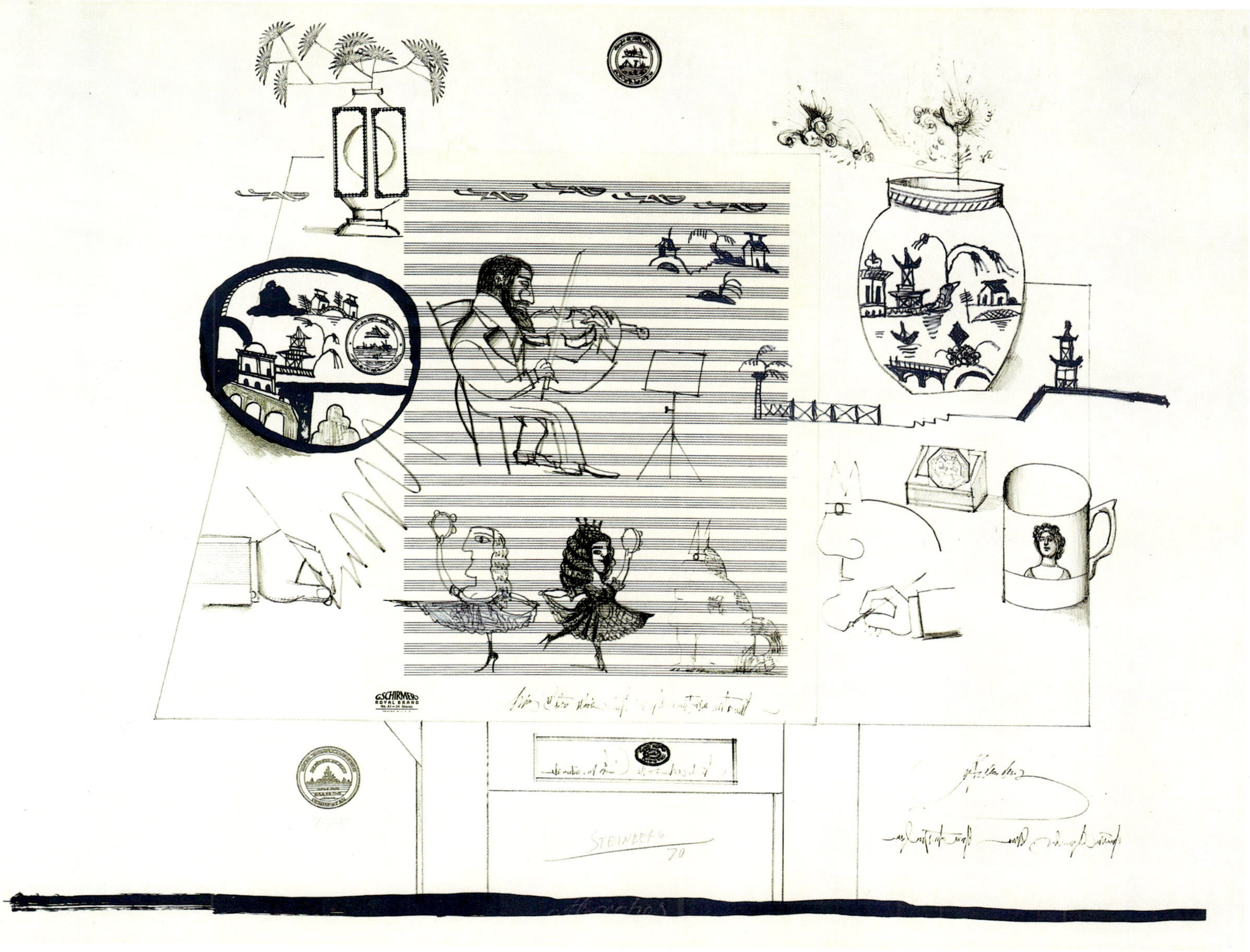

282

283

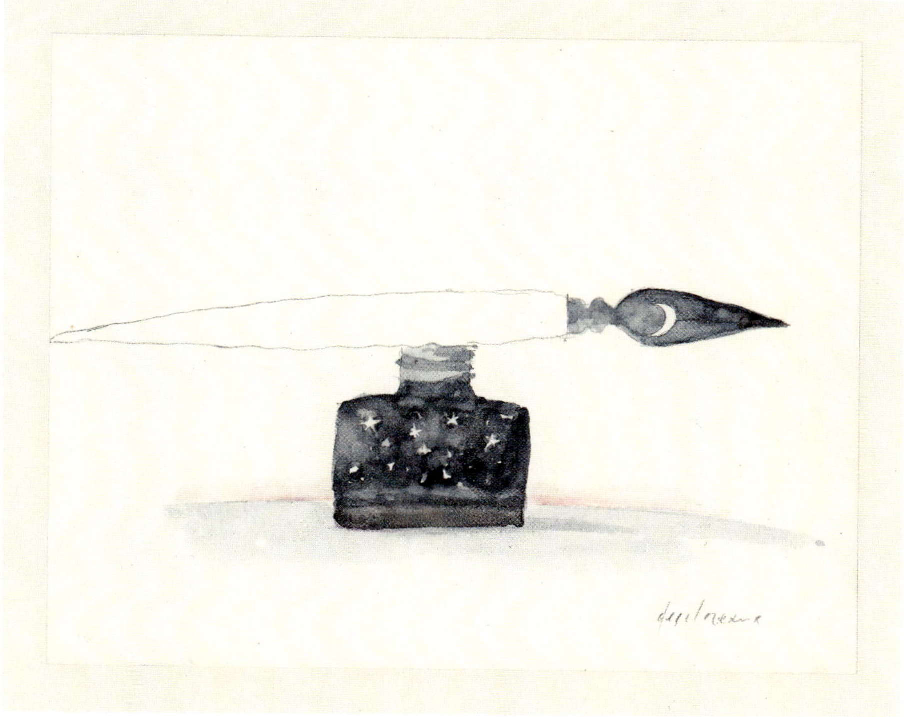

SAUL STEINBERG (geb. 1914)

283 Music and China
1970

Lithographie 75/100
570 x 760 mm
Sign. u. Mi. Steinberg/70; u. li. 75/100
Privatsammlung
Lit.: Ausst. Kat. Hannover 1978, Kestner-Gesellschaft, Bizarr – Grotesk – Monströs, S. 168.

Für den Uneingeweihten ist Steinberg, der sich selbst als Schriftsteller mit dem Zeichenstift bezeichnet, ein Rätsel. Das Rätsel löst sich auf, wenn man weiß, daß Steinberg das zeitgenössische Leben in Symbole zerlegt und diese zu einem vorgegebenen Titel zusammenfügt. So ist die Lithographie »Music and China« eine Ansammlung von Wahrnehmungen, die in unserer multikulturellen Gesellschaft und auf Steinbergs Zeichentisch miteinander korrespondieren dürfen. [HG]

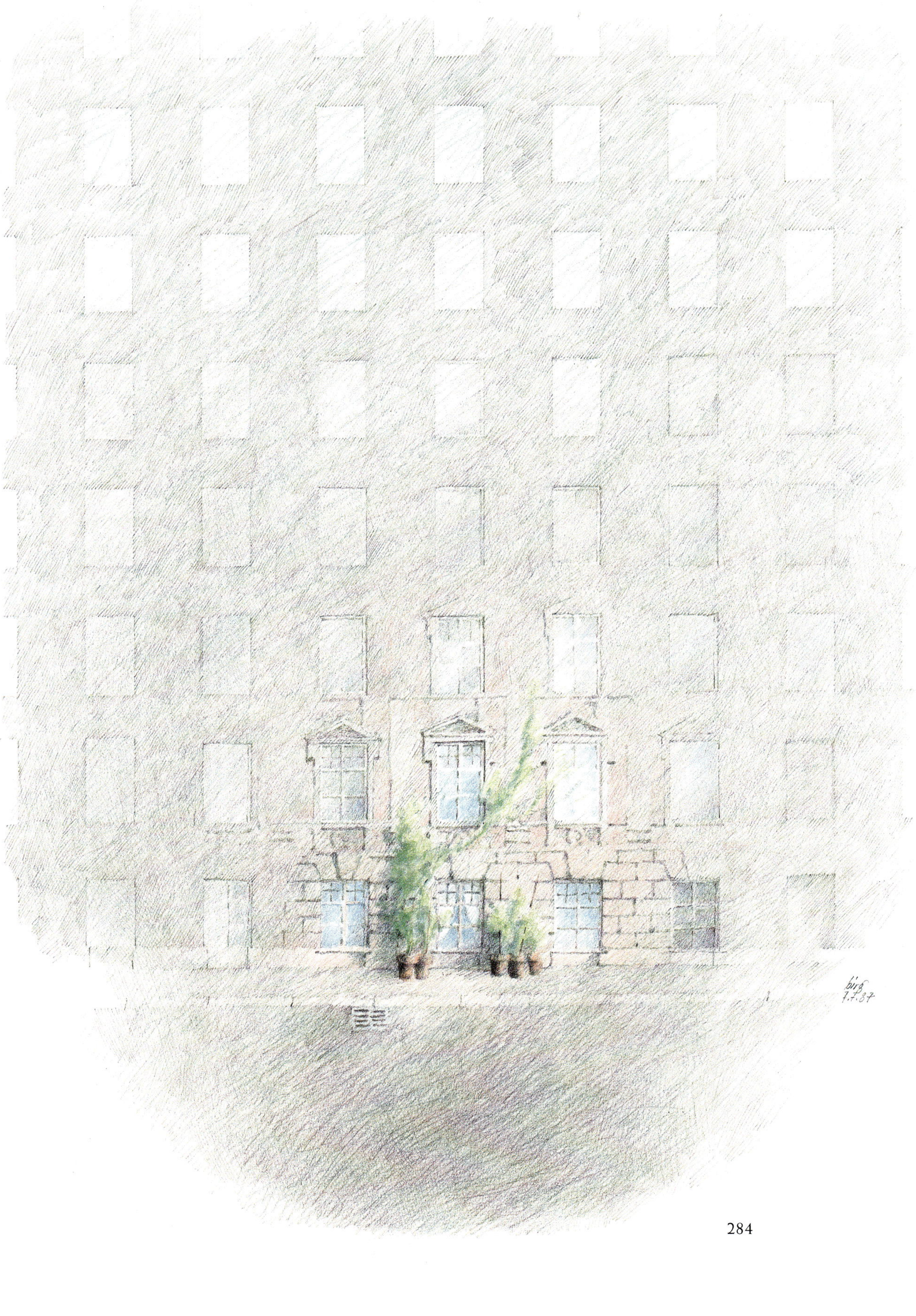

284

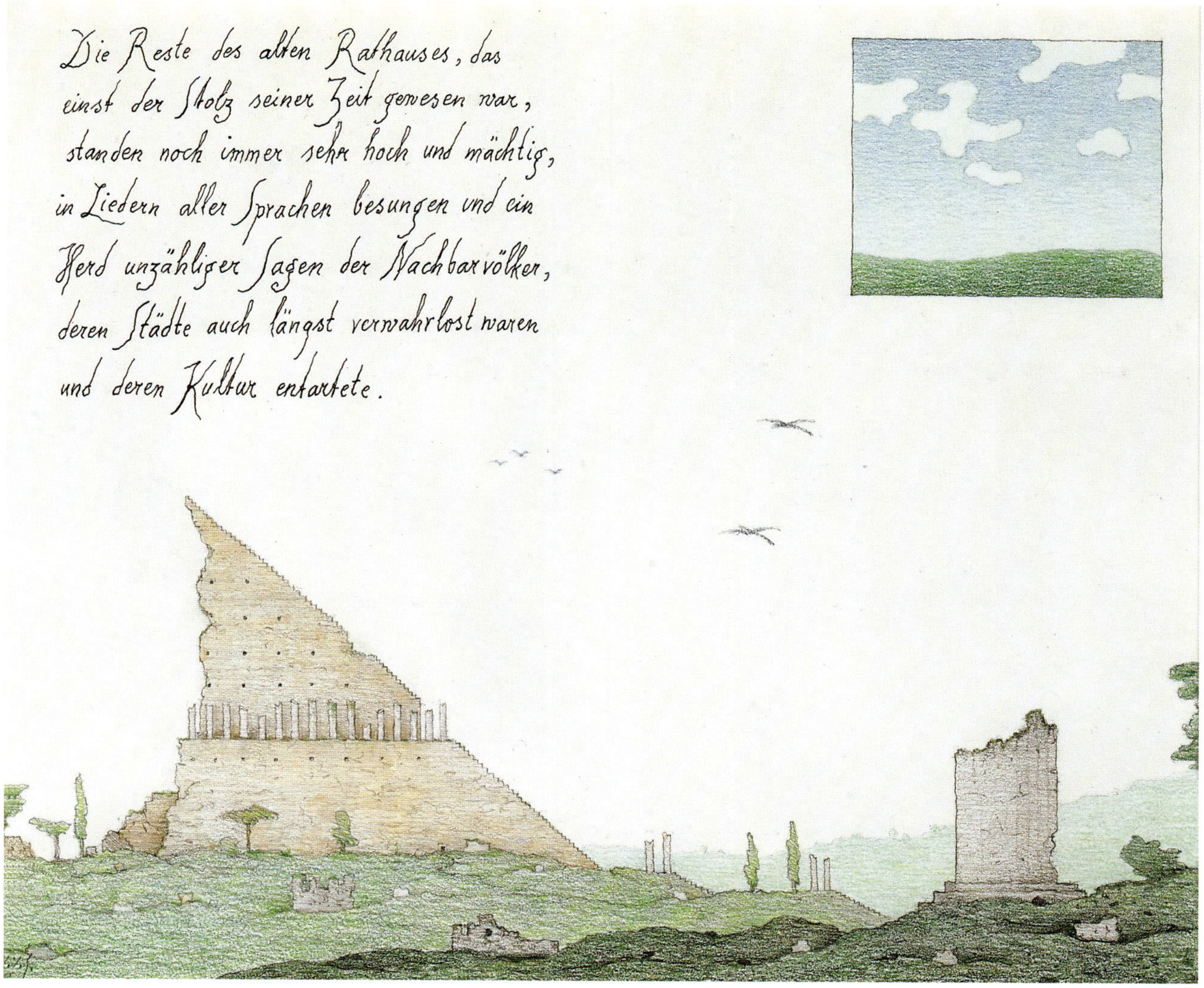

HEINZ BIRG (geb. 1941)

284 Milieubildung
1991

Bleistift/Farbstift
630 x 460 mm
Sign. u. re.: Birg
Privatsammlung

Birg ist hauptberuflich Architekt – wie viele seiner Zeichnerkollegen. Architekturkritik ist ihm deshalb ein Anliegen, wiewohl er sich auch als guter Aktzeichner bewies. Mit der »Milieubildung« will er aufzeigen, was mit der fantasielosen Rasterarchitektur geschieht, wenn erst einmal der Hausmeister eingezogen ist.

[HG]

WALTER SCHMÖGNER (geb. 1943)

285 Die Stadt
1979

Farbstift
175 x 215 mm
Privatsammlung
Lit.: Die Stadt, Frankfurt 1977, S. 53.

Walter Schmögner hat kurze Zeit nach seinem Zyklus »Die Stadt« nach Texten von Hermann Hesse die Stadt verlassen und auch die Satire. Die Geschichte vom Niedergang der Stadt und der Städte überhaupt war ihm ein Anliegen ebenso wie die Umwelt. Schmögner zeigt ein Ruinenfeld, über das schon Gras gewachsen ist, und in einem Kasten reine Natur, wie sie vorher war und wie sie eines Tages wieder sein wird. Sparsame und verhaltene Satire auf unsere Zivilisation. [HG]

JIŘI SLÍVA (geb. 1947)

286 Ohne Titel
o. J.

Tusche/Feder
238 x 320 mm
Sign. Mi. re.: Sliva
Wilhelm-Busch-Museum Hannover (Rudolf-Ensmann-Sammlung)

In den Zeichnungen des Tschechen Slíva agieren die Figuren vor einem luftleeren Raum. Nur die notwendigsten Accessoires sind ihnen bei ihren absurden Begegnungen und Handlungen an die Seite gestellt oder in die Hand gegeben. Es sind Momentaufnahmen, deren Reiz – wie hier bei der Hochseil-Begegnung – für den Betrachter darin liegt, sich den weiteren Verlauf selbst auszumalen.
Jiři Slíva gehört zu den Karikaturisten, deren Zeichnungen durch einen strengen Formalismus charakterisiert sind, was ein sofortiges Erkennen der Handschrift des Künstlers erlaubt. [GV]

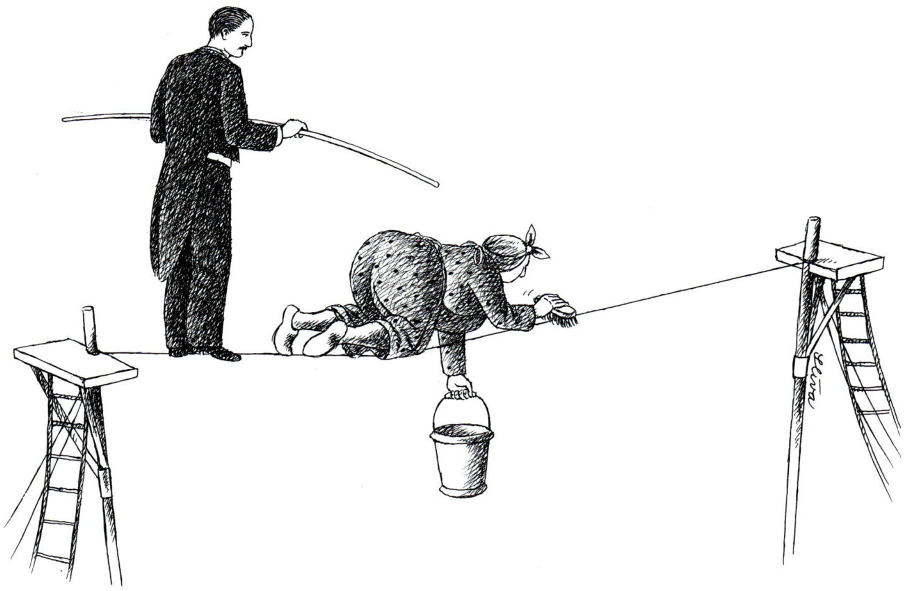

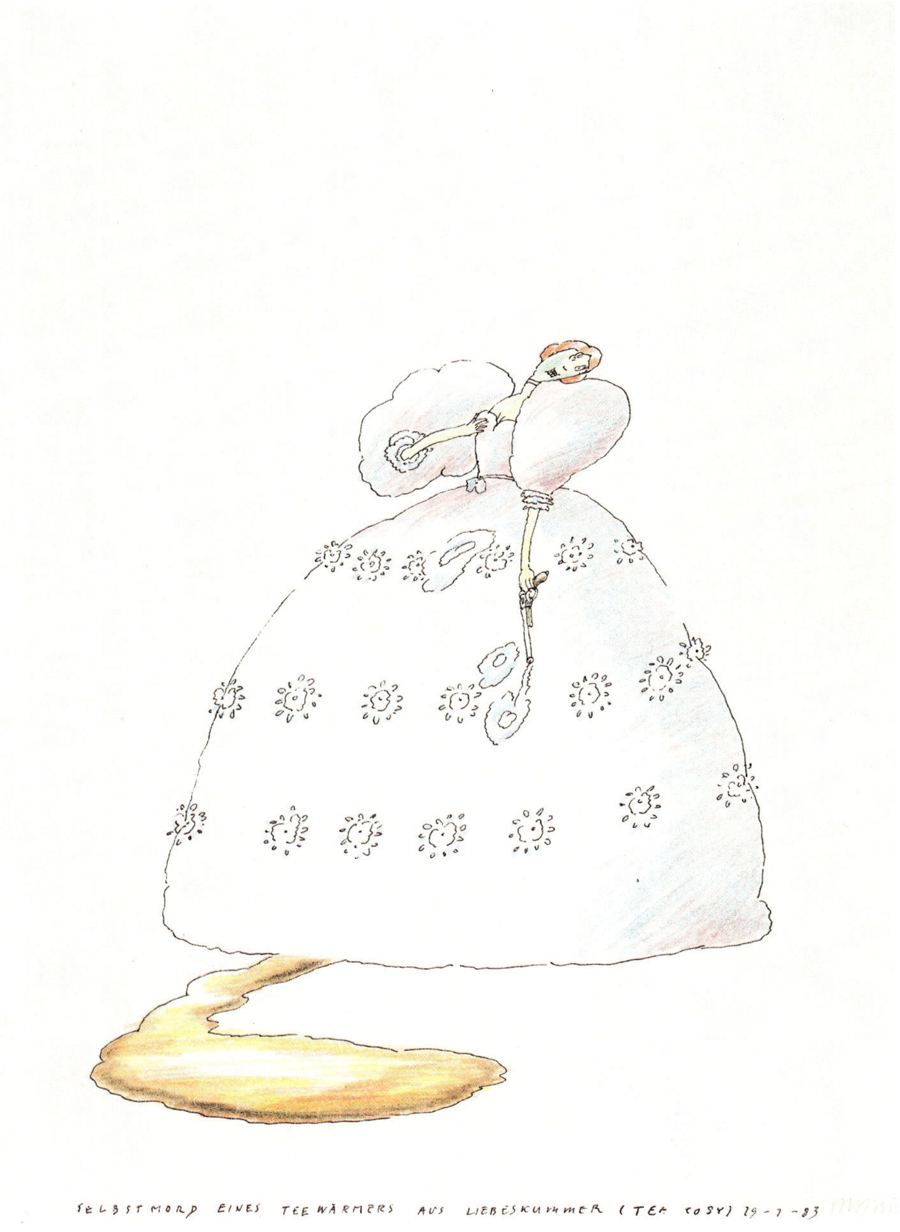

HUGO GÜNTER MAGNUS (1933–1987)

287 Selbstmord eines Teewärmers aus Liebeskummer
1983

Tuschfeder, koloriert
240 x 330 mm
Sign. u. re.: Magnus
Bez.: (Tea cosy) 29-1-83
Privatsammlung

Der Teewärmer in Form einer Dame in großer Robe mit großem Liebeskummer verharrt nach dem Suizid in unverändert dramatischer Pose, während unten anhaltend der Tee verströmt. [HG]

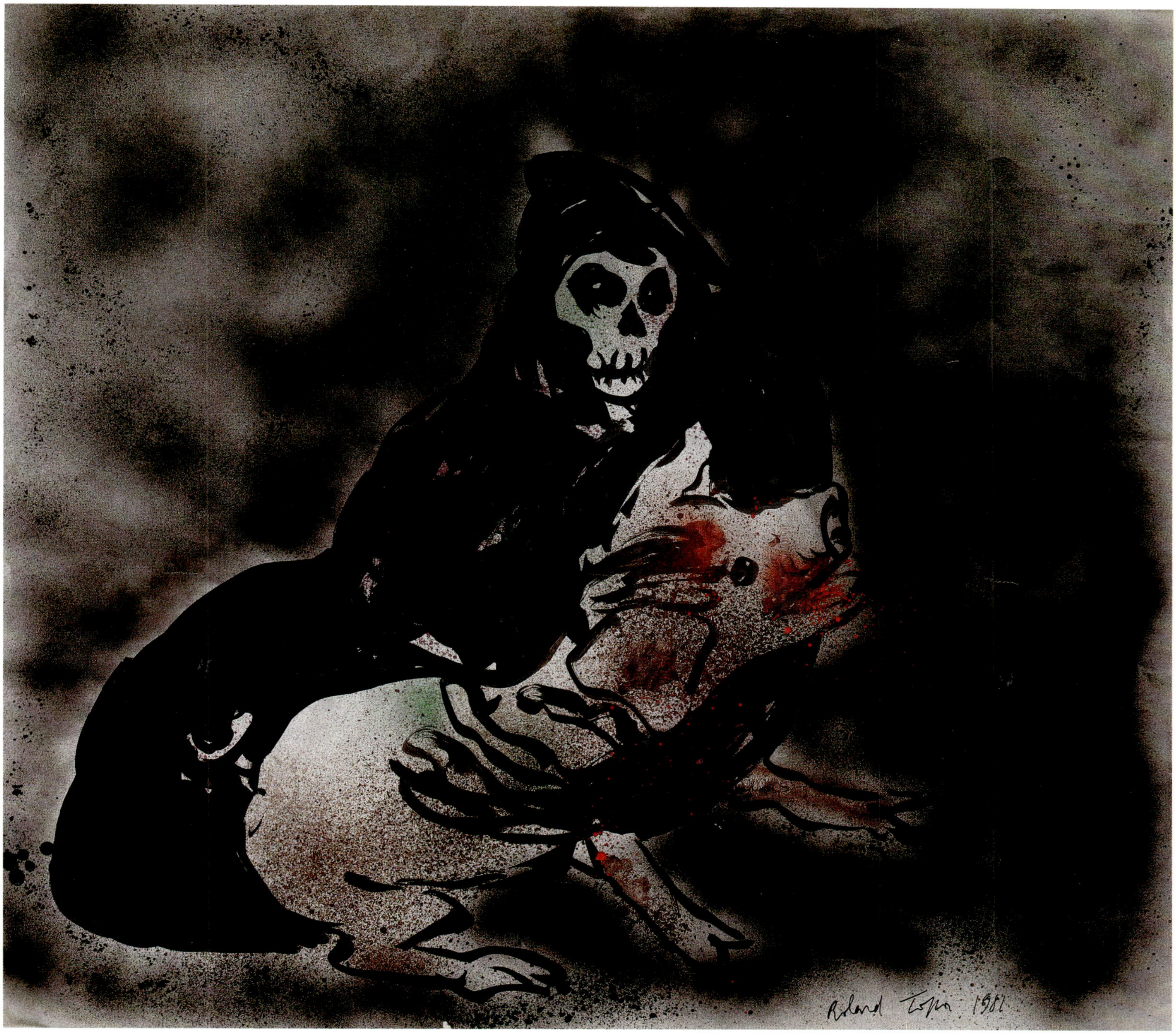

ROLAND TOPOR (geb. 1938)

288 Schöner Tod
1982

Tuschpinsel, Acryl
640x700 mm
Sign. u. re.: Roland Topor 1982
Privatsammlung

Topor, das Enfant terrible der Zeichner, ist in Wahrheit ein Multikünstler. Prosa, Gedicht, Theater, Bühnenbild – nichts läßt er unversucht, und fast immer schockiert er. Der schöne Tod ist ein typisches Topor-Szenarium. Er nannte sie einmal Tagträume, diese »Tröstungen« aus der Unterwelt. [HG]

RALPH STEADMAN (geb. 1936)

289 The Enormous Baby
1972

Tuschfeder
562 x 515 mm (Blatt: 590 x 542 mm)
Sign. o. li.: Ralph Steadman
Ralph Steadman
Lit.: The Tales of the Weirrd, Jonathan Cape, London 1990, S. 73.

Thomas, das Riesenbaby, das 1779 nach einer Überlieferung mit 6 Wochen über alles hinausgewachsen war, was es jemals gab, hat Steadman als Zeichner und Illustrator gereizt. Das Monster neben seiner verzweifelten Mutter ist eine Illustration von erschreckendem Realismus. [HG]

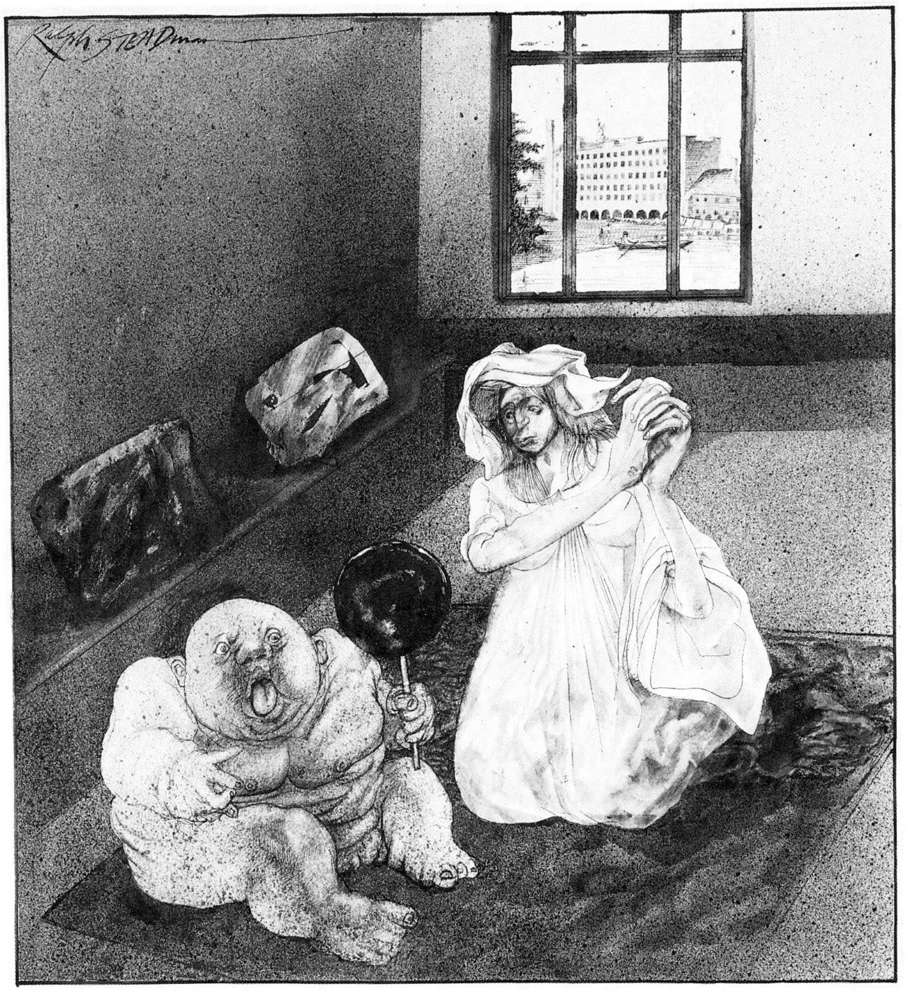

289

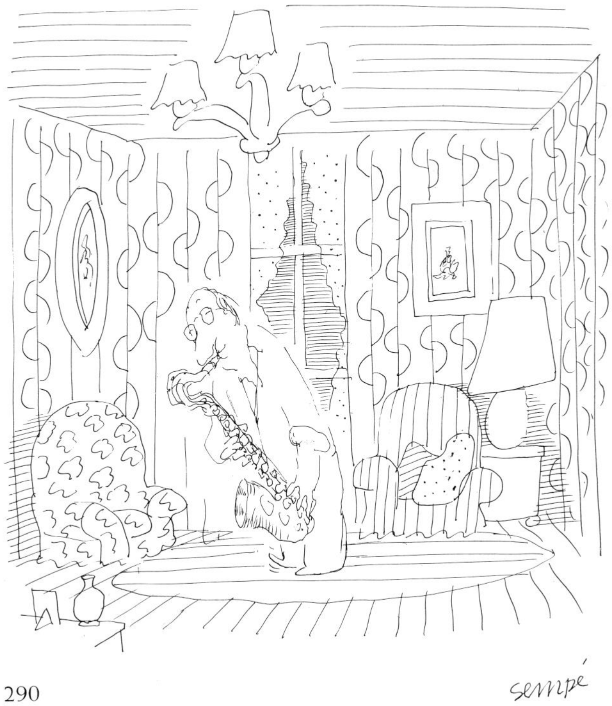

290

JEAN-JACQUES SEMPÉ (geb. 1932)

290 Saxophoniste
1985 (?)

Tuschfeder, 300 x 240 mm
Sign. u. re.: Sempé
Privatsammlung

In einem Wohnzimmer, dessen Einrichtung und Dekor minutiös bis in die kleinsten Details zeichnerisch beschrieben ist, steht genau in der Mitte der Saxophonspieler und wippt mit dem rechten Fuß. Die exakte Spielhaltung gehört bei Sempé genauso zur Situationsbeschreibung wie die Einrichtungsdetails. Man weiß alles über den Mann, die Zeit, die Situation. Ein Psychogramm ohne Worte. [HG]

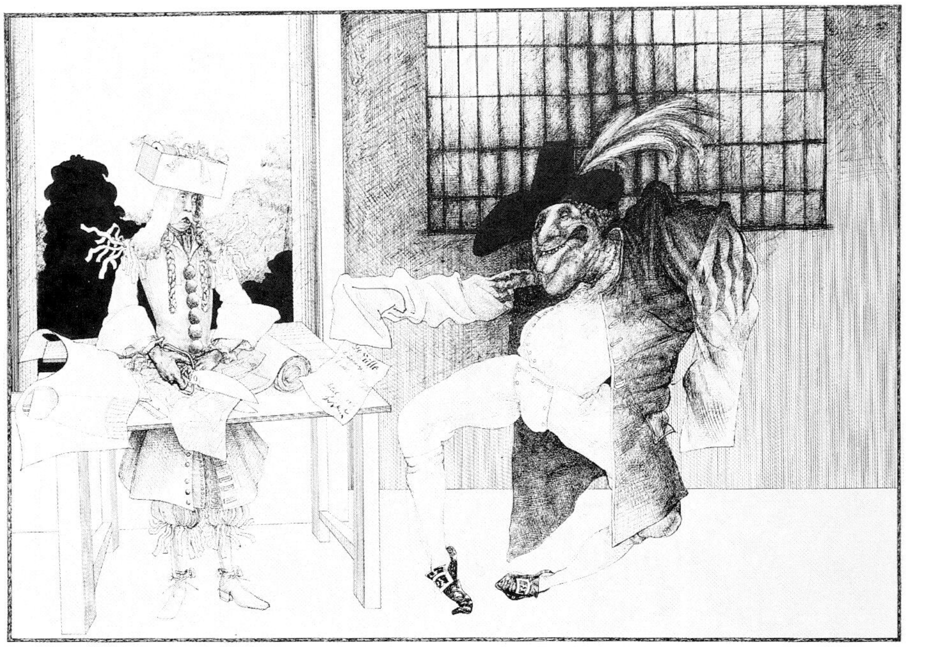

291

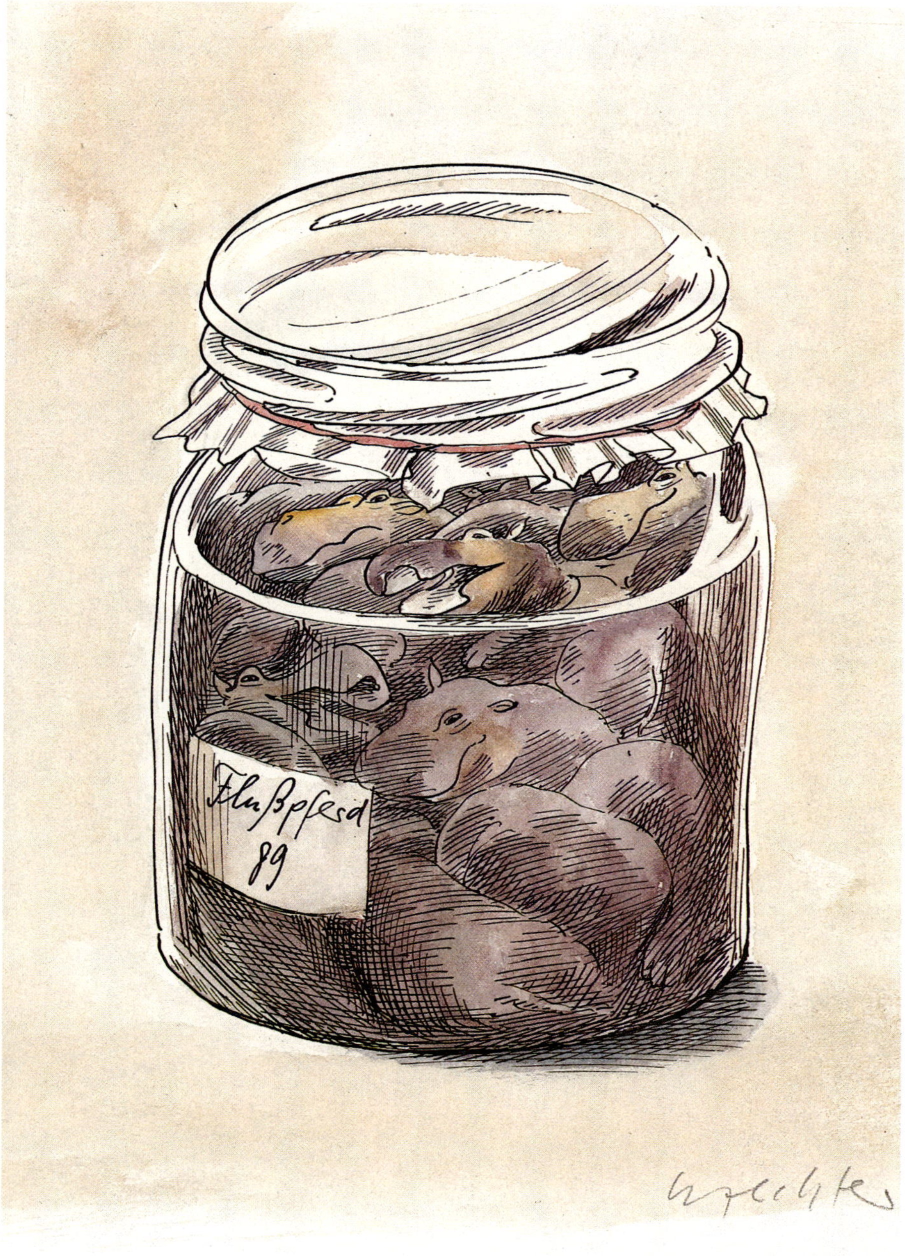

RALPH STEADMAN (geb. 1936)

291 The Posture Master
1972

Tuschfeder
707 x 510 mm (Blatt: 520 x 735 mm)
Sign. u. re.: Ralph Steadman
Ralph Steadman
Lit.: The Tales of the Weirrd, Jonathan Cape, London 1990, S. 23.

Steadman zählt weltweit zu den Ausnahmezeichnern. Technisch ist er in der Lage, von der gekonnten Krakelskizze über die explosive Federschnellzeichnung bis zur altmeisterlichen Arbeit jeder Anforderung gerecht zu werden. Er nimmt sich für seine Buchillustrationen gerne historische Themen vor, wie hier einen grimassierenden Unhold, der einen wandelnden Tumor noch beim Schneider verschieben kann. [HG]

FRIEDRICH KARL WAECHTER (geb. 1937)

292 Flußpferd 89
1990

Tuschfeder, koloriert
190 x 140 mm
Sign. u. re.: Waechter; im Etikett: Flußpferd 89
Privatsammlung

Waechter wurde auch bei diesem Blatt seinem Ruf als Meister (Weltmeister?) des Nonsens gerecht. Ihm fließen Ideen in die Feder, die vor ihm nicht gedacht und nicht visualisiert wurden: Flußpferde in einem Einweckglas mit korrektem Etikett. Ein moralischer WWF-Hintergrund kann hineininterpretiert werden, muß aber nicht. Es darf auch mal gelacht werden. [HG]

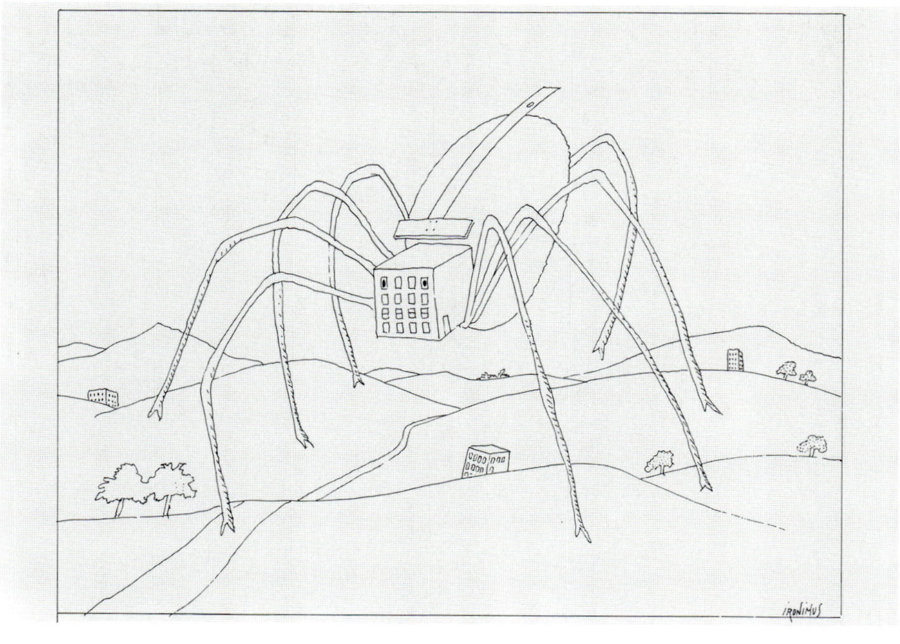

IRONIMUS [GUSTAV PEICHL] (geb. 1928)

293 Das Monster (Architekturspinne)
1980

Tusche
300 x 400 mm
Sign.: IRONIMUS
Prof. Gustav Peichl, Wien
Lit.: IRONIMUS. Architekten sind auch nur Künstler. Architects are only Artists, Berlin 1989. – Ausst. Kat. Salzburg 1983, Museum Carolina Augusteum, IRONIMUS. Zeitgeschehen in Karikaturen.

Die Umweltzerstörung durch haltlose Verbauungen der Landschaft durch Architekten und Städtebauer nimmt bedrohliche Formen an.

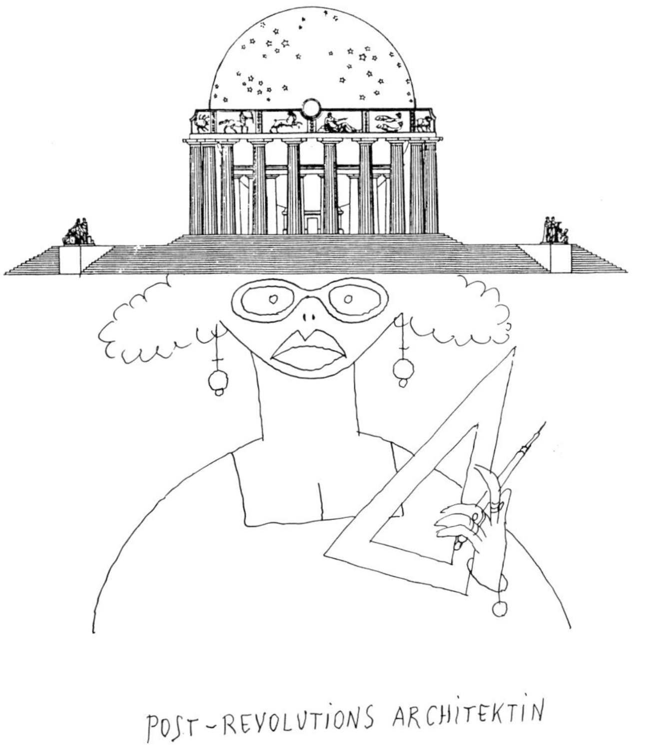

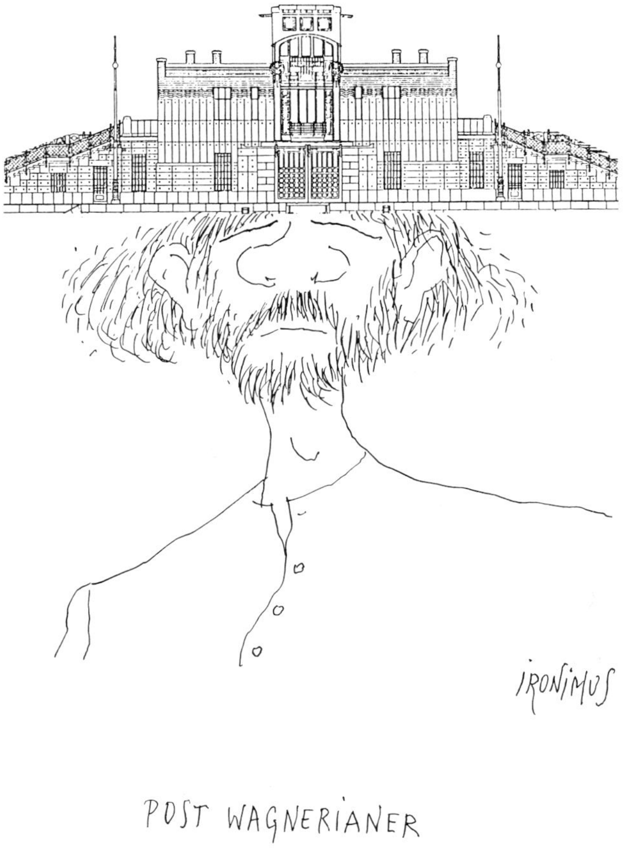

IRONIMUS [GUSTAV PEICHL] (geb. 1928)

294 Post-Revolutions Architektin
1978

Tusche, Collage (nach Architekt Vaudoyer: Maison d'un cosmopolite, 1785)
300 x 210 mm
Bez.: Post-Revolutions Architektin
Prof. Gustav Peichl, Wien
Lit.: IRONIMUS. Architekten sind auch nur Künstler. Architects are only Artists, Berlin 1989.

Die sogenannte »postmoderne Architektur« treibt sonderbare Blüten. Durch Camouflage und Zitatenvielfalt wird Modearchitektur zum Markenzeichen. [WK]

IRONIMUS [GUSTAV PEICHL] (geb. 1928)

295 Post-Wagnerianer
1978

Tusche, Collage (mit Ansichtszeichnung Otto Wagner: Schützenhaus am Donaukanal, 1904)
300 x 210 mm
Sign.: IRONIMUS
Bez.: Post Wagnerianer
Prof. Gustav Peichl, Wien
Lit.: IRONIMUS. Architekten sind auch nur Künstler. Architects are only Artists, Berlin 1989.

IVAN STEIGER (geb. 1939)

296 Ohne Titel
1971

Federzeichnung, 210 x 297 mm
Sign. u. re.: IVAN STEIGER
Ivan Steiger, München

Ivan Steiger bringt Idee und Zeichnung auf den einfachsten Nenner. Die Botschaft ist selten politisch. Der Ex-Prager läßt menschliche Schwächen, persönliche und kollektive Sünden auf subtile Weise aufblitzen. So auch mit der Waage, auf der ein einziges Buch eine Palette von Fernsehern aufwiegt. [HG]

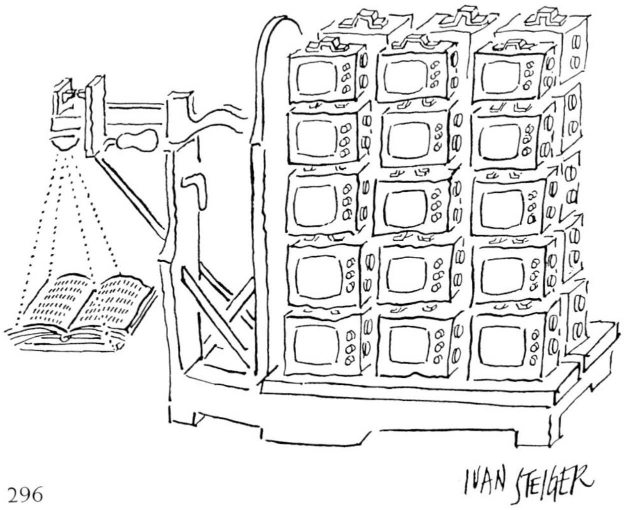

296

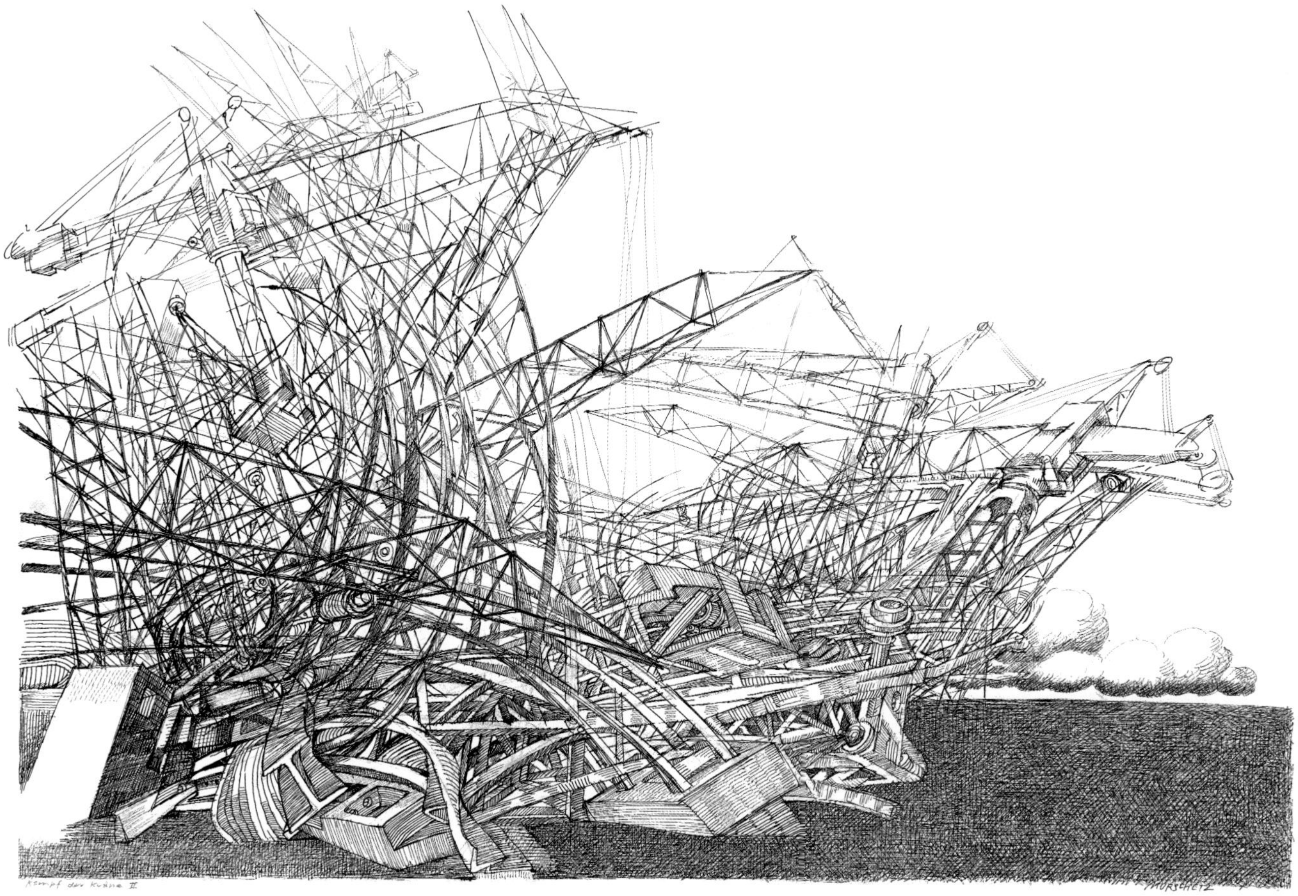

297

LUIS MURSCHETZ (geb. 1936)

297 Kampf der Kräne II
1992

Tuschfeder, 410 x 600 mm
Sign. u. re.: MUR
Privatsammlung

Vor seinem Kunststudium versuchte sich Murschetz am Maschinenbaustudium, daher seine intime Kenntnis von technischen Geräten. Daher auch seine kritische Einstellung zur wütenden Bautätigkeit, die im Kampf der Kräne endet. [HG]

298

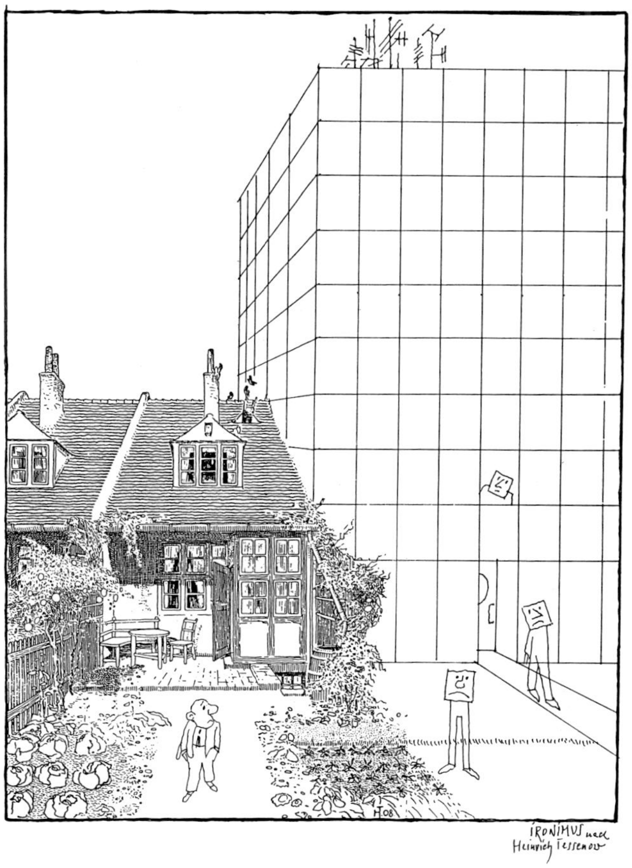

IRONIMUS [GUSTAV PEICHL] (geb. 1928)

298 Hommage à Tessenow
1980

Tusche, Collage (nach einer Perspektivzeichnung von Heinrich Tessenow aus dem Jahr 1911), 400 x 300 mm
Sign.: IRONIMUS
Bez.: IRONIMUS nach Heinrich Tessenow
Prof. Gustav Peichl, Wien
Lit.: IRONIMUS. Architekten sind auch nur Künstler. Architects are only Artists, Berlin 1989. – Ausst. Kat. Salzburg 1983, Museum Carolino Augusteum, IRONIMUS. Zeitgeschehen in Karikaturen. – Ausst. Kat. Berlin 1985, AEDES Galerie für Architektur und Raum. Gustav Peichl. Zeichnungen & Zeichnungen.

Die öden Rasterfassaden der Architekten und Architekturfirmen überwuchern mehr und mehr die maßstäblichen menschbezogenen Bauten.

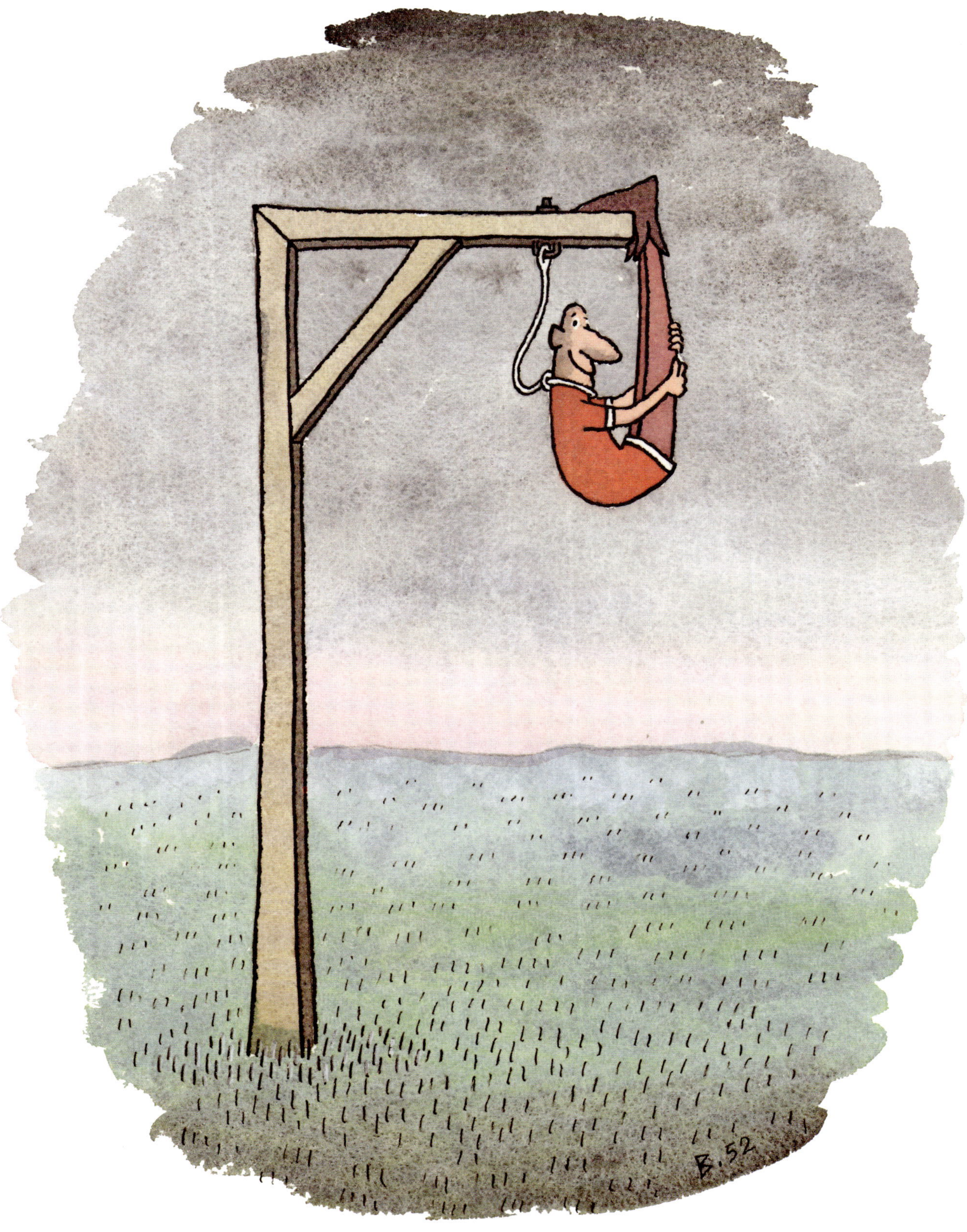

JEAN-MAURICE BOSC (1924–1973)

299 Ohne Titel
1971 (nach einem Entwurf von 1952)

Federzeichnung und Aquarell, 330 x 240 mm
Sign.: B 52
Galerie Bartsch & Chariau, München

Lit.: Bosc, Edition Denoel, Paris 1987, S. 77. – Ausst. Kat. Hannover 1982, Wilhelm-Busch-Museum, Farbabb. (und Ausstellungsplakat). – Ausstellungsplakat Galerie Bartsch & Chariau, München 1982.

Benjamin Henrichs schrieb im Vorwort zum Ausstellungskatalog »Bosc«, Wilhelm-Busch-Museum 1982: »...Bosc wurde 1924 in Nîmes geboren, wurde einer

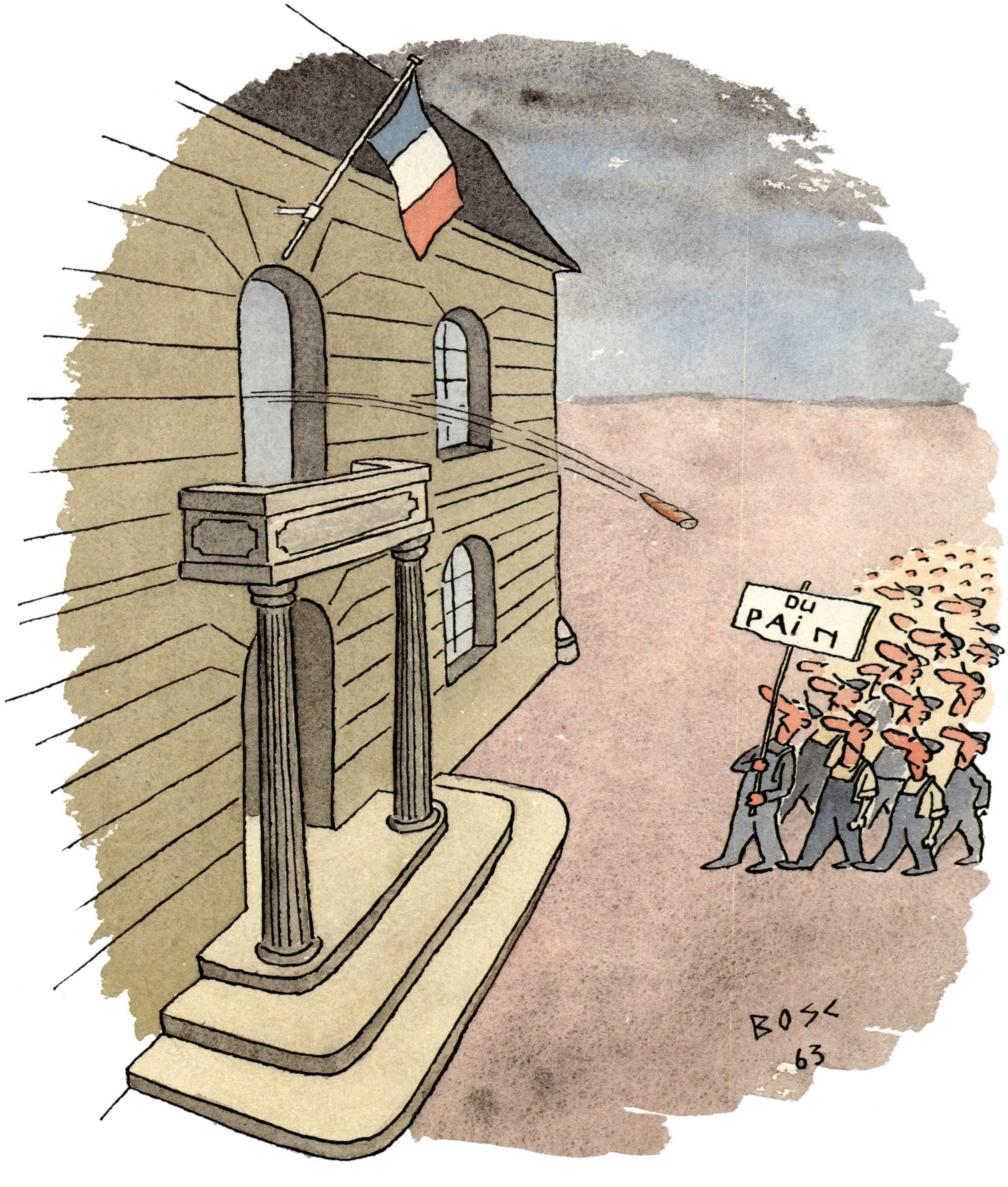

größten Cartoonisten unserer Zeit und starb im Mai 1973 durch Selbstmord. Einer der wenigen kargen Nachrufe damals hieß so: ›Bosc, der sich vor allem durch seine humorvollen und lebensfreudigen Zeichnungen einen Namen gemacht hat, beging die Verzweiflungstat in einem Anfall von Depression als Folge eines Nervenleidens.‹ Kein schlechter Nachruf. Nur vergaß er zu erwähnen, wann der Anfall von Depression vermutlich begann: als Bosc seine erste Zeichnung machte…«

JEAN-MAURICE BOSC (1924–1973)

300 Ohne Titel
1971 (nach einem Entwurf von 1963)

Publiziert in: »Lui«, 8. 7. 1971

Federzeichnung und Aquarell
310 x 265 mm
Sign. u. re.: Bosc 63
Galerie Bartsch & Chariau, München
Lit.: Bosc Edition Denoel, Paris 1987, S. 72 (Farbabb.).

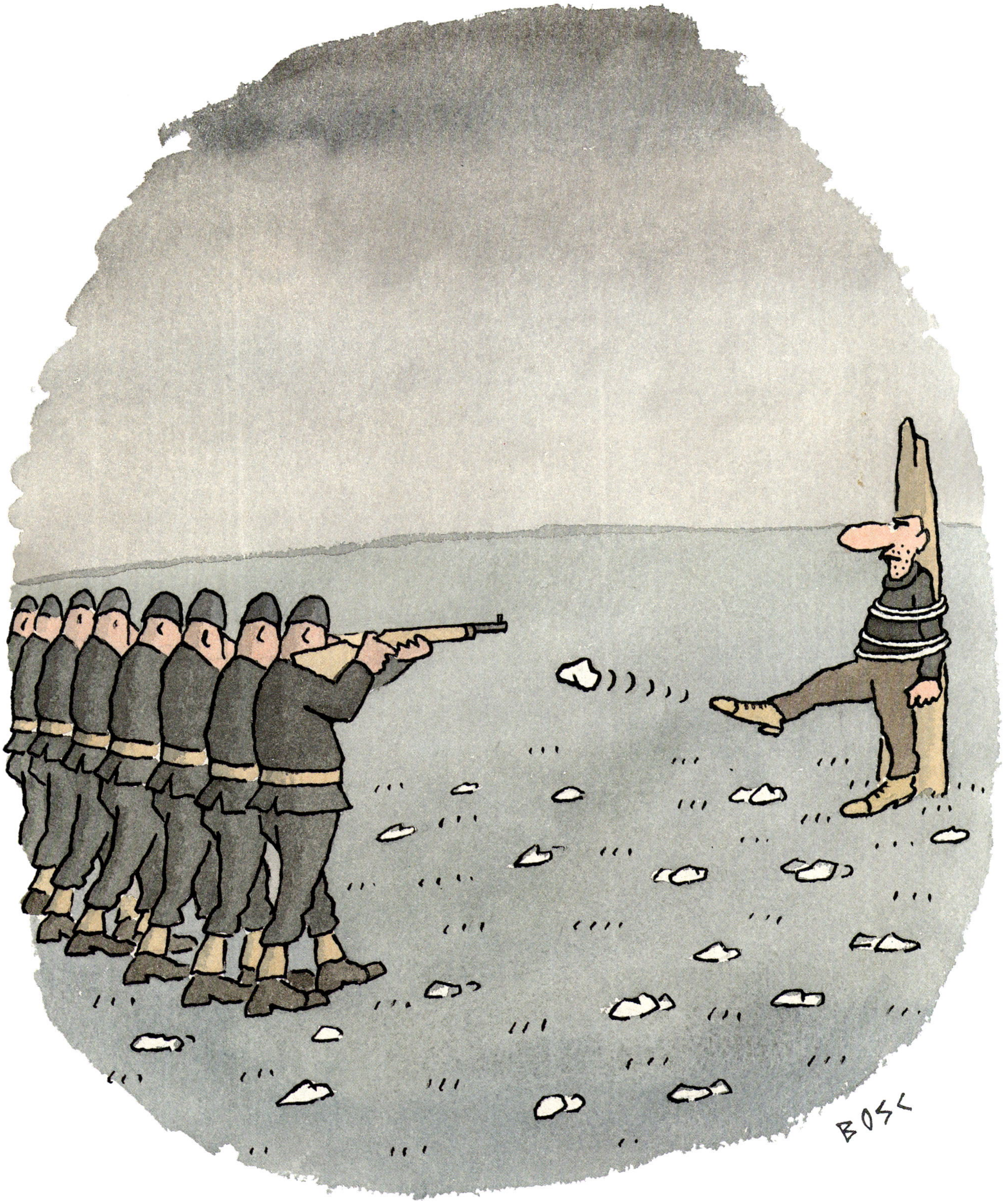

JEAN-MAURICE BOSC (1924–1973)

301 Ohne Titel
1972

Federzeichnung und Aquarell
337 x 270 mm
Sign. u. re.: Bosc
Galerie Bartsch & Chariau, München
Lit.: Ausst. Kat. Hannover 1982, Wilhelm-Busch-Museum, Bosc, Farbabb. – Bosc, Edition Denoel, Paris 1987, Farbabb. S. 42.

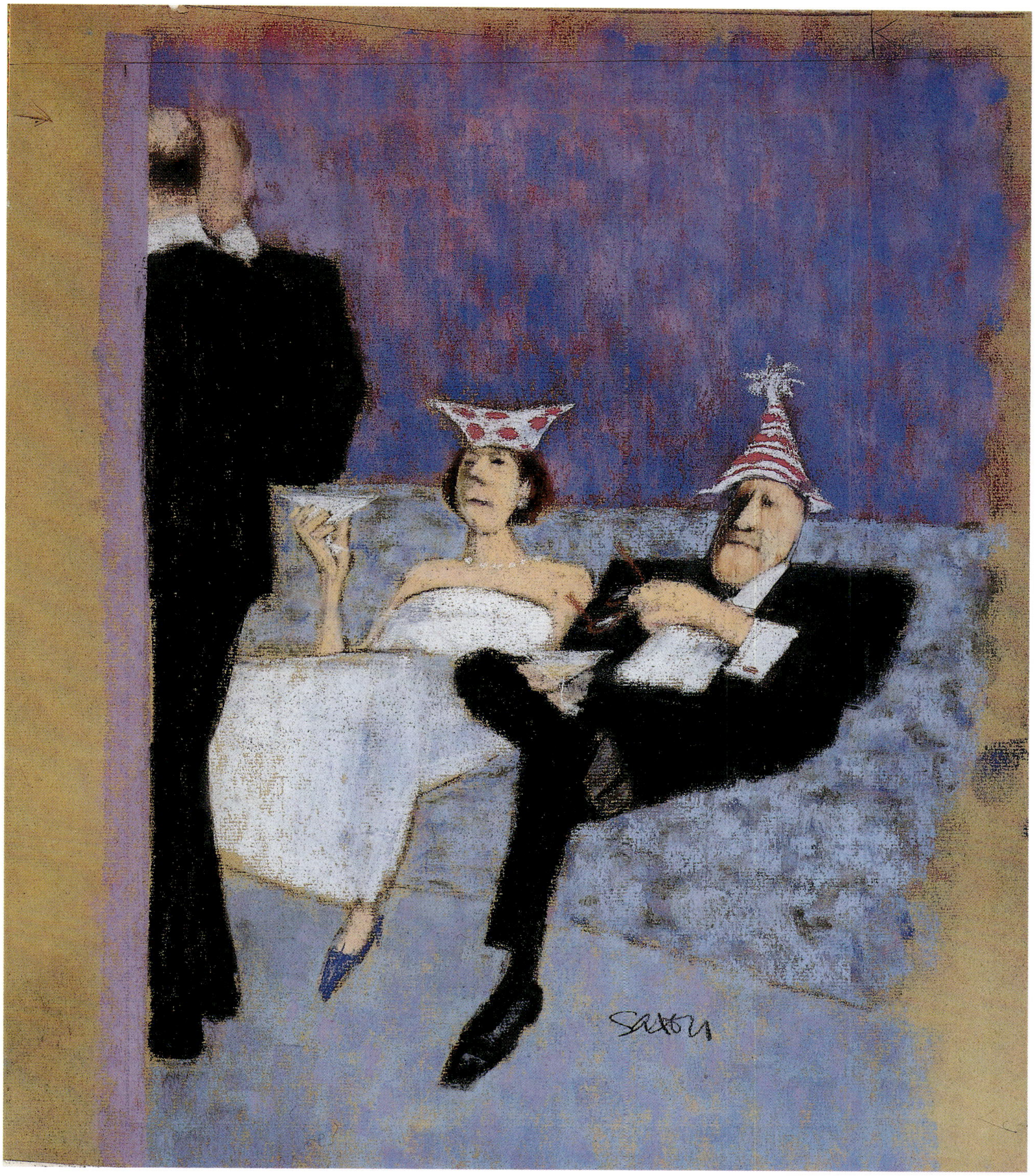

CHARLES SAXON (1920–1988)

302 Titelblatt für »The New Yorker«, 31. 12. 1966

Pastellkreiden
450 x 350 mm
Sign. u. re.: Saxon
Privatsammlung

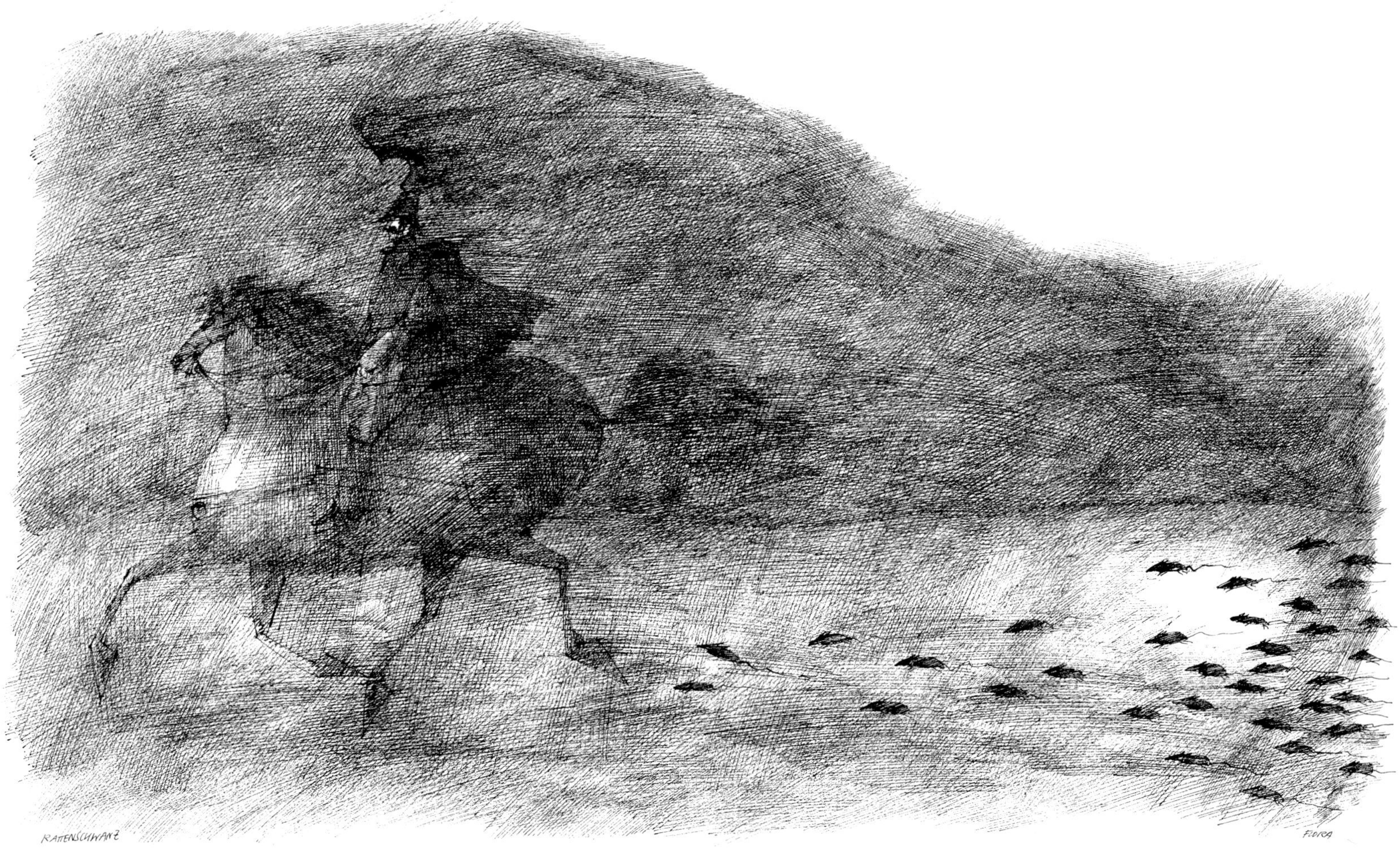

PAUL FLORA (geb. 1922)

303 Rattenschwanz
1977

Tuschfeder
350 x 490 mm
Sign. u. re.: Flora
Bez.: Rattenschwanz
Privatsammlung

Ein militärischer Reiter auf einem dicken Pferd nimmt die Richtung zum linken Bildrand. Ein schwarzer Hintergrund verdüstert die Szene und steigert die Wirkung der den Reiter verfolgenden Ratten. Der Reiter versucht offenbar, den Ratten zu entkommen. Ein Alptraum. [HG]

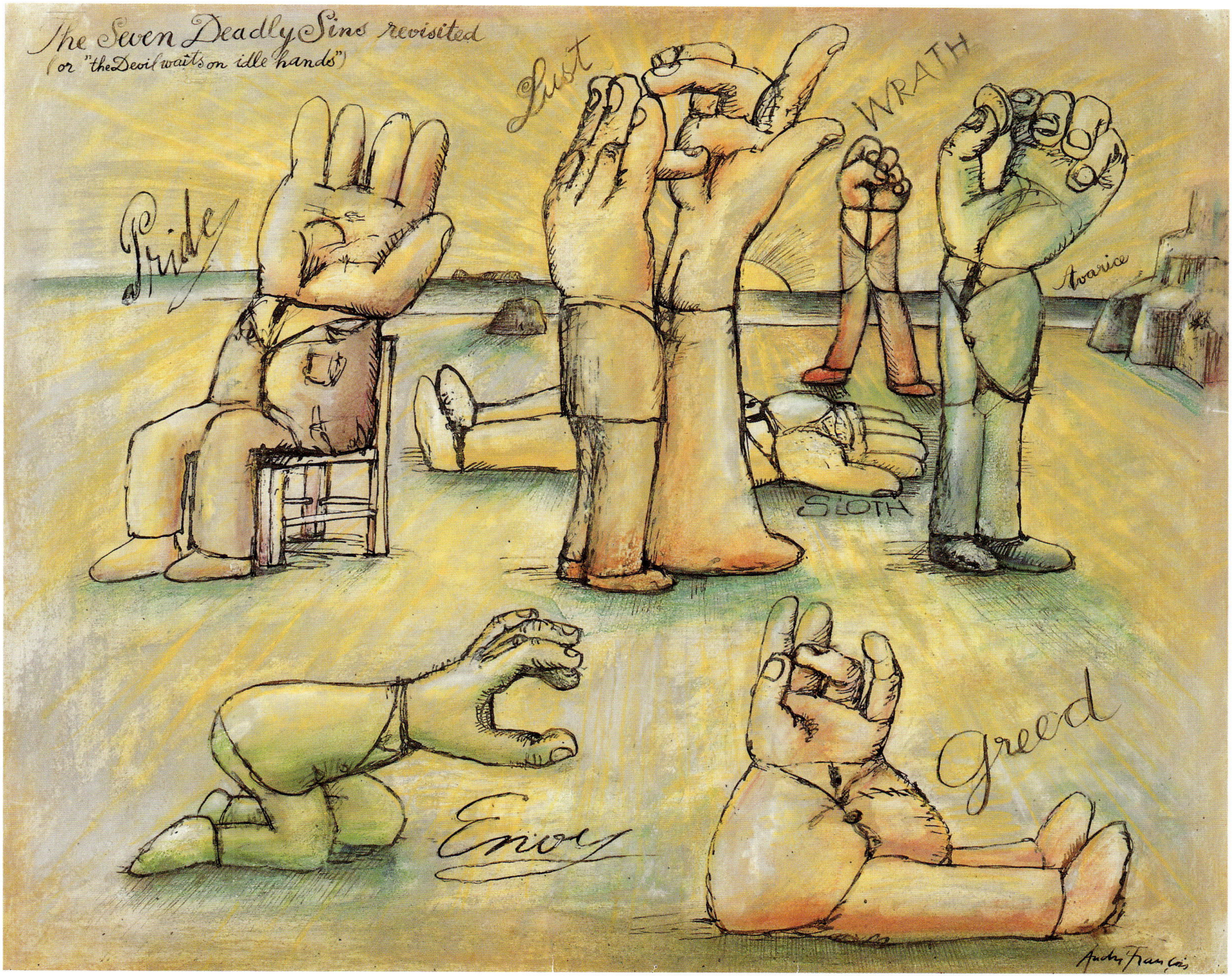

ANDRÉ FRANÇOIS (geb. 1915)

304 Die Sieben Todsünden
(The Seven Deadly Sins revisited)
1975

Mischtechnik – braune Feder, Farbkreiden und Pastell
498 x 632 mm
Sign. u. re.: André François
Bez. o. li.: The Seven Deadly Sins revisited / (or: the devil waits on idle hands)
Galerie Bartsch & Chariau, München

André François, der in den fünfziger und sechziger Jahren als humoristischer Zeichner und Maler durch seine Veröffentlichungen in »Punch« und »New Yorker«, durch Plakate und Bücher zu Weltgeltung kam, behandelt hier mit den künstlerischen Mitteln unserer Zeit, durch glänzende Einfälle und absurde Phantasie ein altbekanntes Bildthema.

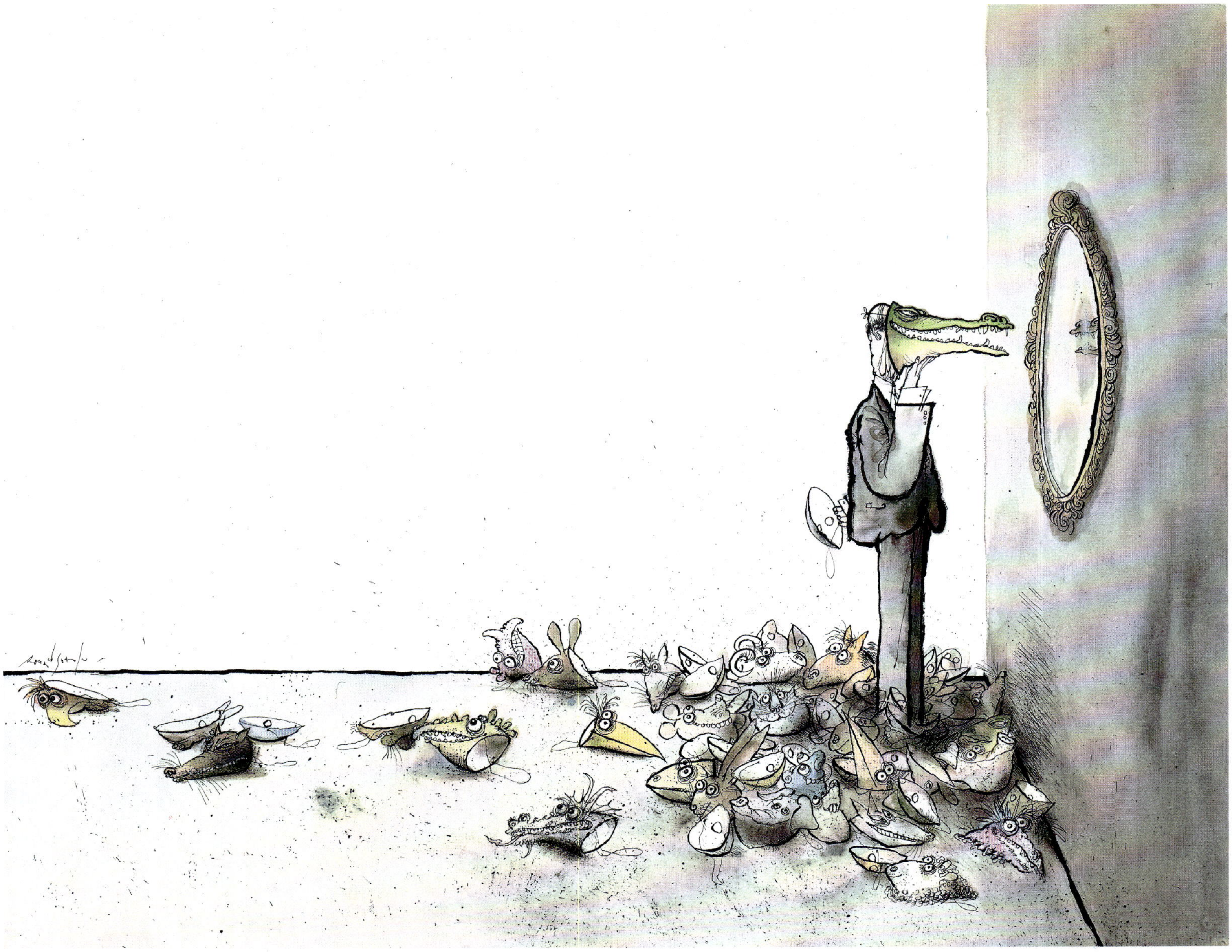

305

RONALD SEARLE (geb. 1920)

305 Jedermann
(Everyman)
1976

Federzeichnung und Aquarell
500 x 650 mm
Sign. u. li.: Ronald Searle
Galerie Bartsch & Chariau, München
Lit.: Ronald Searle, Reinbek 1978, S. 64. – Ronald Searle – Von Katzen und anderen Menschen, Berlin 1980. – Ausst. Kat. Hannover 1978, Kestner-Gesellschaft, Bizarr–Grotesk–Monströs, S. 130. – Ausst. Kat. Hannover 1991, Europäische Karikatur, S. 132. – Ausst. Kat. Innsbruck 1980, Sieben Meister der Karikatur.

JEAN-MICHEL FOLON (geb. 1934)

306 Reizüberflutung
1980

Tuschfeder
480 x 720 mm
Sign. u. re.: FOLON
Privatsammlung

Folon, Belgier wie Magritte, jedoch eine Generation jünger, liebt den subtilen Humor. Landschaften mit Regenbogen, Architektur und schematisierte Menschen sind seine Themen. Sie geraten häufig zur Anklage gegen die Seelenlosigkeit unserer Zeit, so auch diese großformatige Zeichnung [HG]

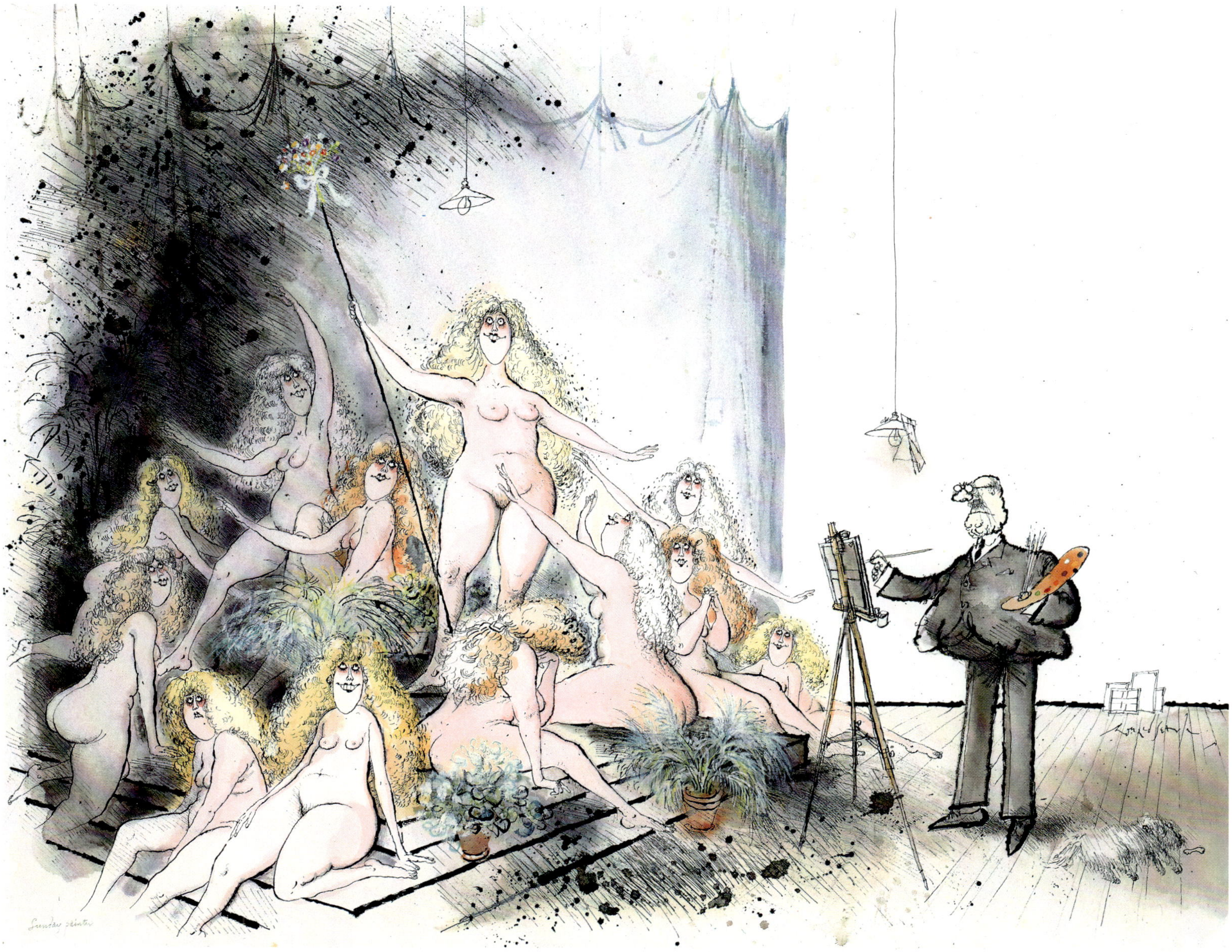

307

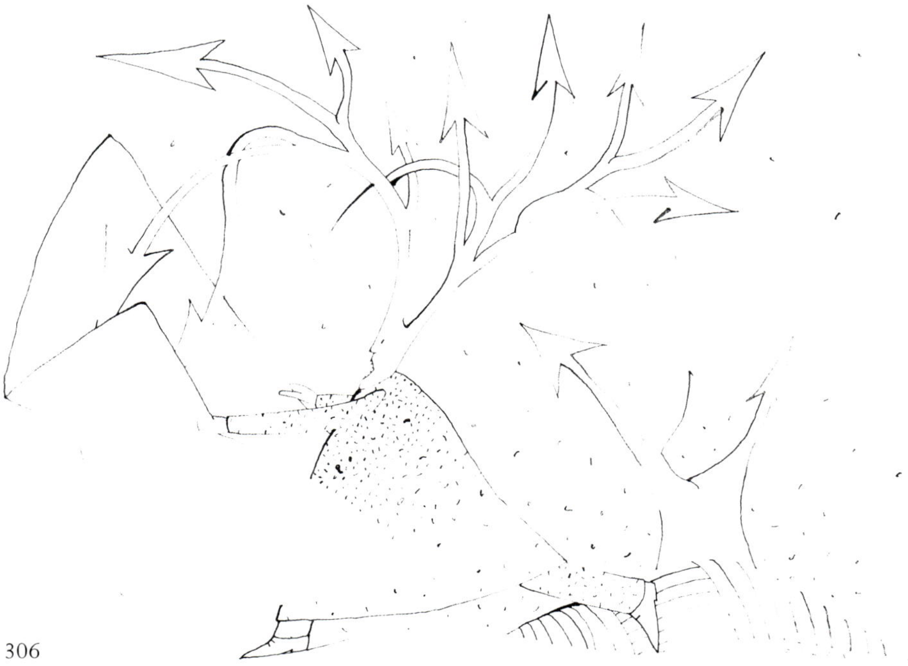

306

RONALD SEARLE (geb. 1920)

307 Der Sonntagsmaler
(Sunday-Painter)
1976

Federzeichnung und Aquarell
500 x 650 mm
Sign. u. re.: Ronald Searle
Galerie Bartsch & Chariau, München
Lit.: Ronald Searle, Reinbek 1978, S. 101. – Ronald Searle – Von Katzen und anderen Menschen, Berlin 1980, S. 82. – Ausst. Kat. Hannover 1978, Kestner-Gesellschaft, Bizarr – Grotesk – Monströs, S. 133. – Ausst. Kat. Innsbruck 1980, Sieben Meister der Karikatur.

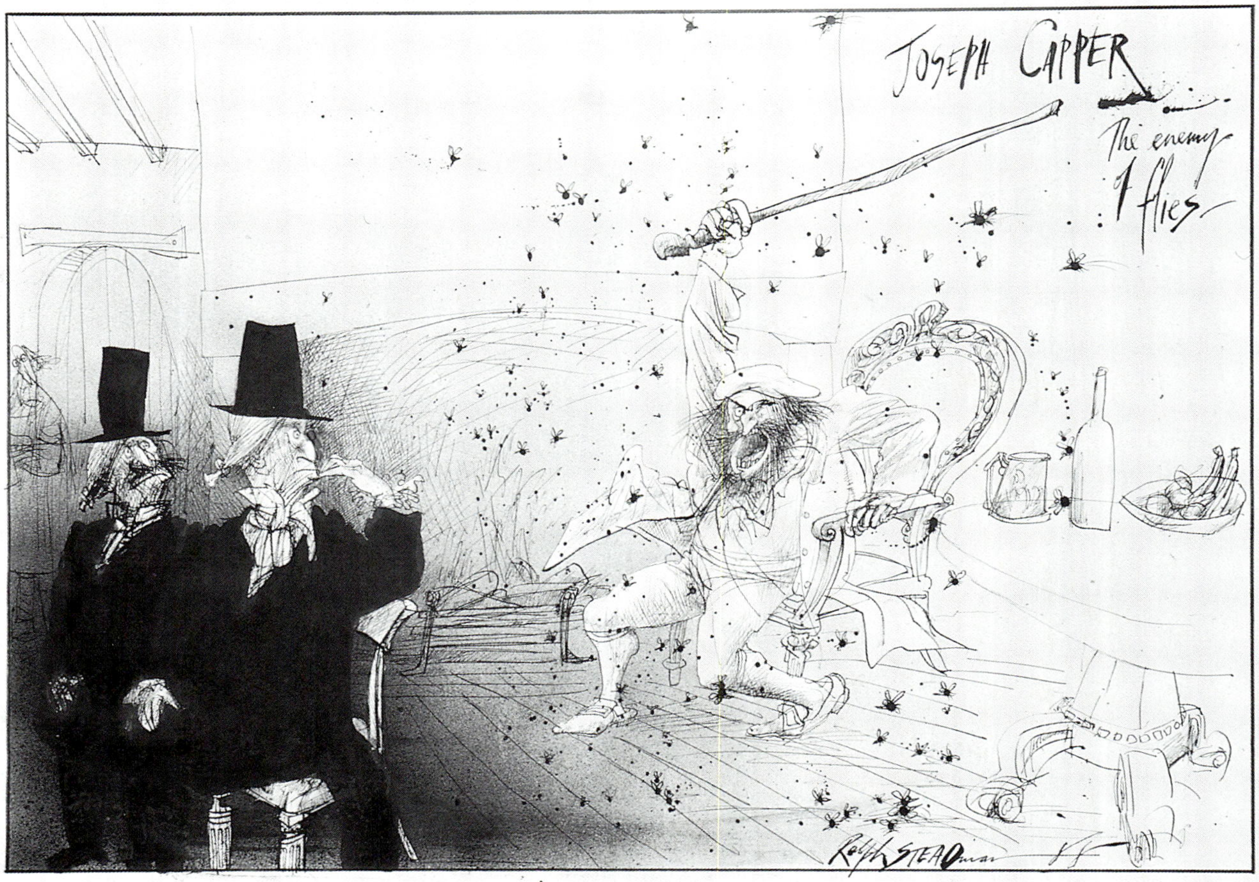

308

RALPH STEADMAN (geb. 1936)

308 The Enemy of Flies
(Der Feind der Fliegen)
1988

Tuschfeder, 561 x 815 mm (Blatt: 593 x 839 mm)
Sign. u. re.: Ralph Steadman
Ralph Steadman
Lit.: The Tales of the Weirrd, Jonathan Cape, London 1990, S. 75.

Auch die Geschichte von Joseph Capper war so recht nach dem Geschmack von Steadman. Da will einer das geschäftliche Leben beenden und wird zum Sonderling. Er lebt 25 Jahre in einem Gasthaus und erhält die Berufung, das Feuer im Parlament zu bewachen. Viel wichtiger aber ist ihm, dort mit dem Schürhaken die Fliegen zu erschlagen. Steadman läßt ihn so richtig schön explodieren in seinem Kampf. [HG]

JOSEF MIKL (geb. 1929)

309 Die Journalistin Gänseleber
1970

Aquarell
645 x 480 mm
Sign. u. li.: Mikl/1970
Josef Mikl, Wien

Mikls erste »Hawranek«-Publikation entstand 1965 (Galerie der Spiegel, Köln) mit dem programmatischen Titel »Einige Untaten der Journalistenfresserin Hawranek«. Diese erfundene Gestalt mit dem wienerisch-

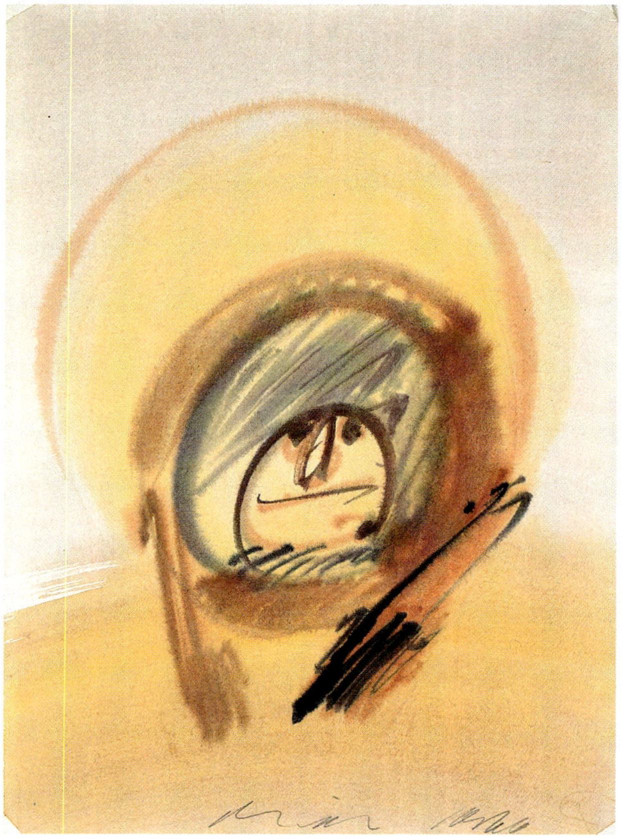

310

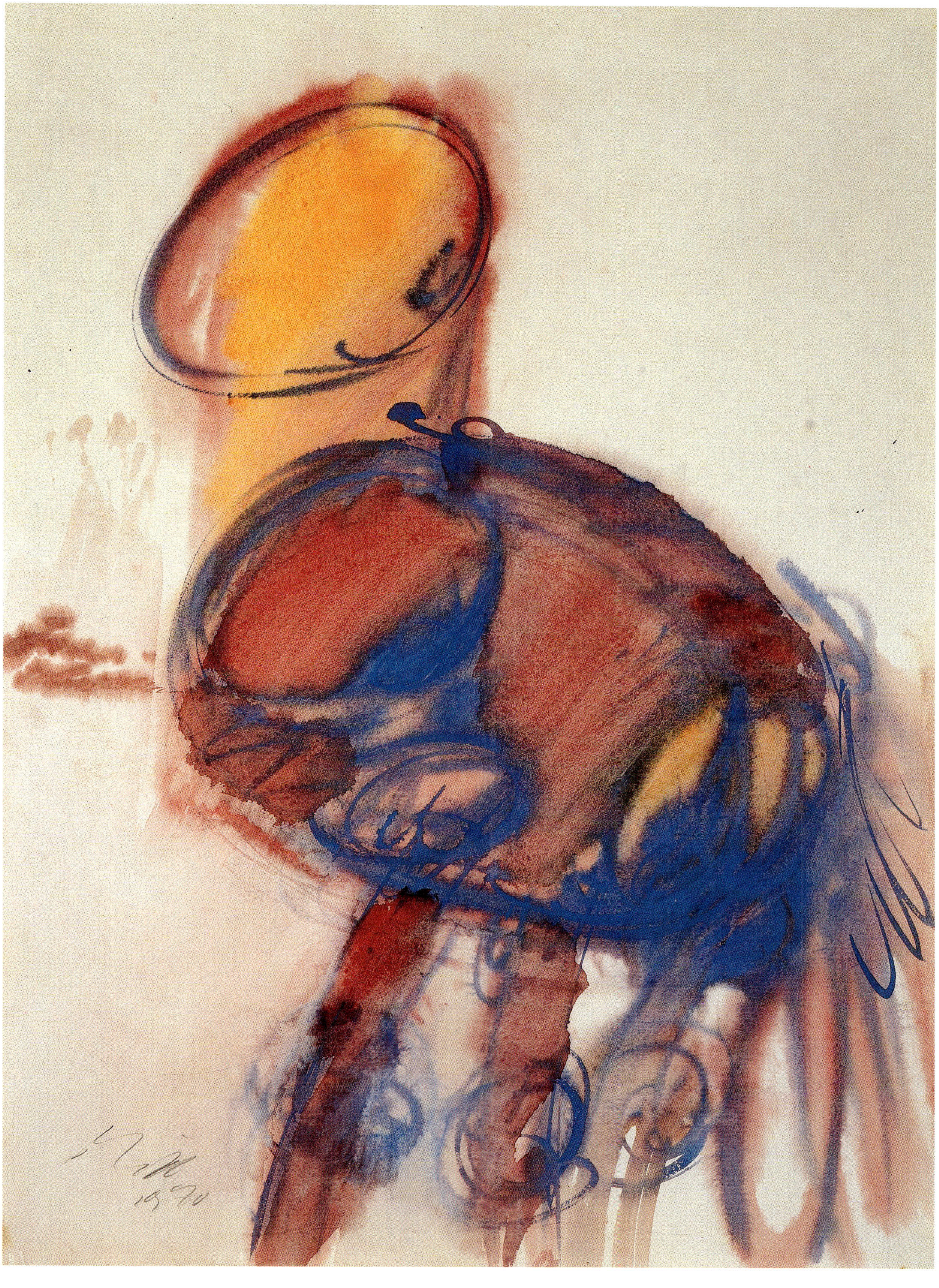

309

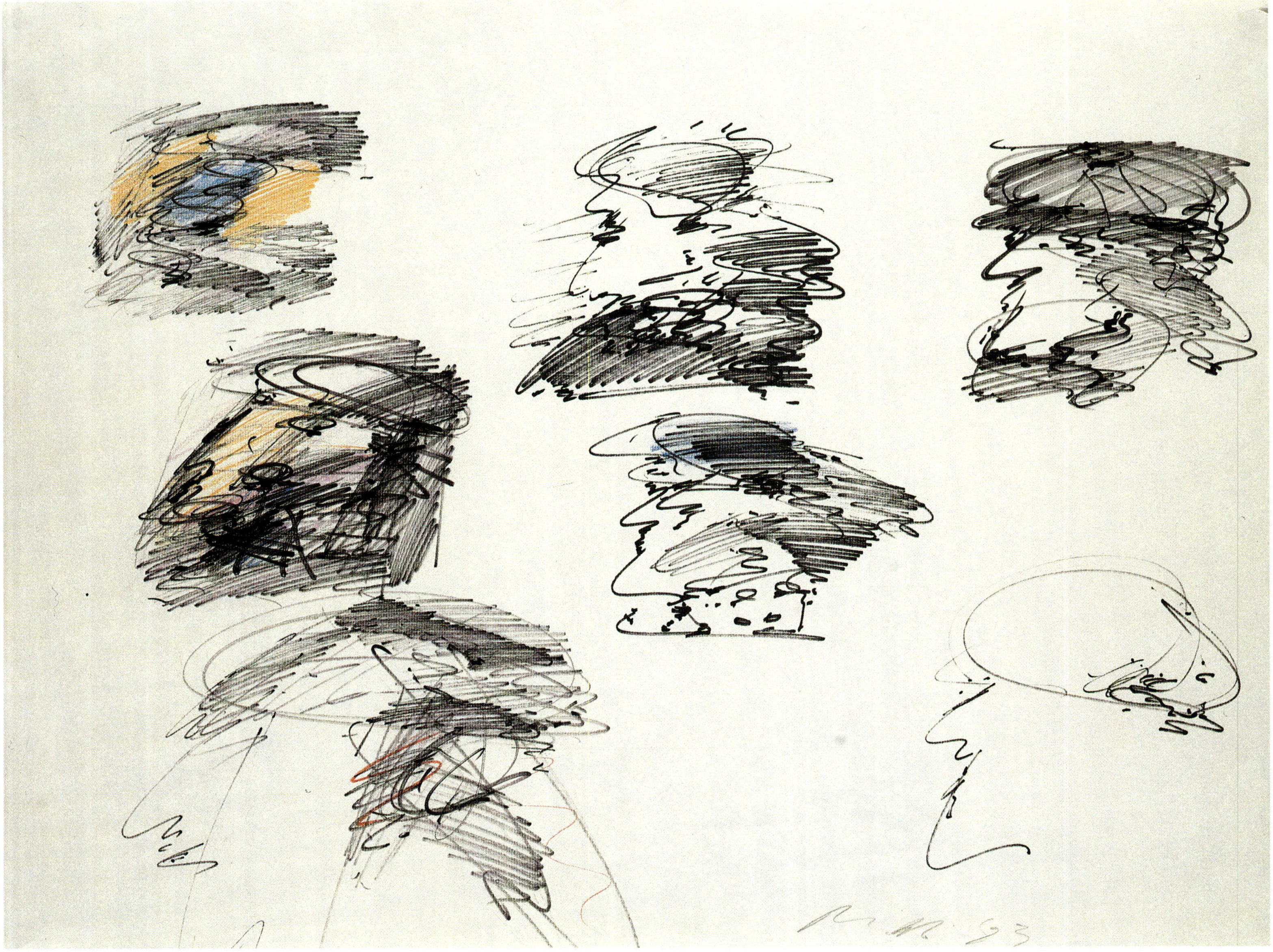

311

böhmischen Namen rächt alle schlimmen Handlungen der Journalisten durch Zerbeißungen und furchtbare Grausamkeiten: »Mit Schwanzquaste und tatzenbeinig lauert sie über einem zur Strecke gebrachten Reporter«, schildert Otto Breicha und setzt fort, daß so in drei Bänden (1969 und 1972) eines der hervorragendsten Beispiele neuerer Künstler-Buchgraphik einer an Karl Kraus orientierten Kritik entstand. Warum die Hawranek erfunden wurde und was die Karikatur als Leistung des bildenden Satirikers von der Arbeit des Tageskarikaturisten trennt, faßte Mikl – gewiß einer der profiliertesten Maler von heute – selbst kurz zusammen. Darin heißt es: »Der Zeitungsschreiber, der Ansager und der Karikaturist werden durch das Ereignis überwältigt – der Dichter oder Satiriker hat neben dem Stil sein Verhältnis mit der Fantasie, seine Wahrheit ist eine höhere.« [WK]

JOSEF MIKL (geb. 1929)

310 Journalist Kugel
1966

Aquarell, 420 x 312 mm
Sign. u. Mi.: Mikl 1966
Josef Mikl, Wien

Siehe Kat. 309.

JOSEF MIKL (geb. 1929)

311 Entwicklung eines Kopfes (Steinmüller)
1983

Filzstift, Buntstifte, 480 x 635 mm
Sign. u. re.: Mikl 83
Josef Mikl, Wien

JANOSCH [HORST ECKERT] (geb. 1931)

312 Bayrisch Südsee
1989

Aquarell
290 x 250 mm
Sign. u. re.: Janosch
Privatsammlung

Janosch kolportiert den Tourismus, indem er »seinen« berühmten Löwen mit der Palme in der Pfote in eine Wanne stellt. »I bin reif für die Insel« wird in dieser Umkehrung zur Frage nach dem Sinn des Reisens.

[HG]

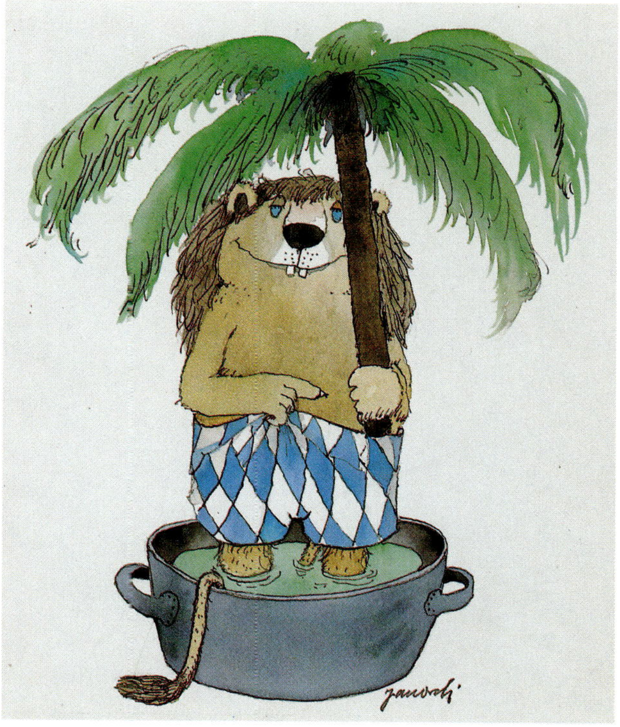

JANOSCH [HORST ECKERT] (geb. 1931)

313 Oh, heißgeliebtes Schweineleben
1990

Aquarell
300 x 400 mm
Sign. u. Mi.: Janosch

Janosch beschreibt das, was wir in unserem täglichen Lebenskampf immer weniger erleben: das einfache Leben. Hier durch Darstellung eines Schweinchens vor dem Zelt, glückselig, das Wetter und die Zivilisation mit ihren Sachzwängen ignorierend. Zum Glücklichsein bedarf es wenig, ist die Botschaft. [HG]

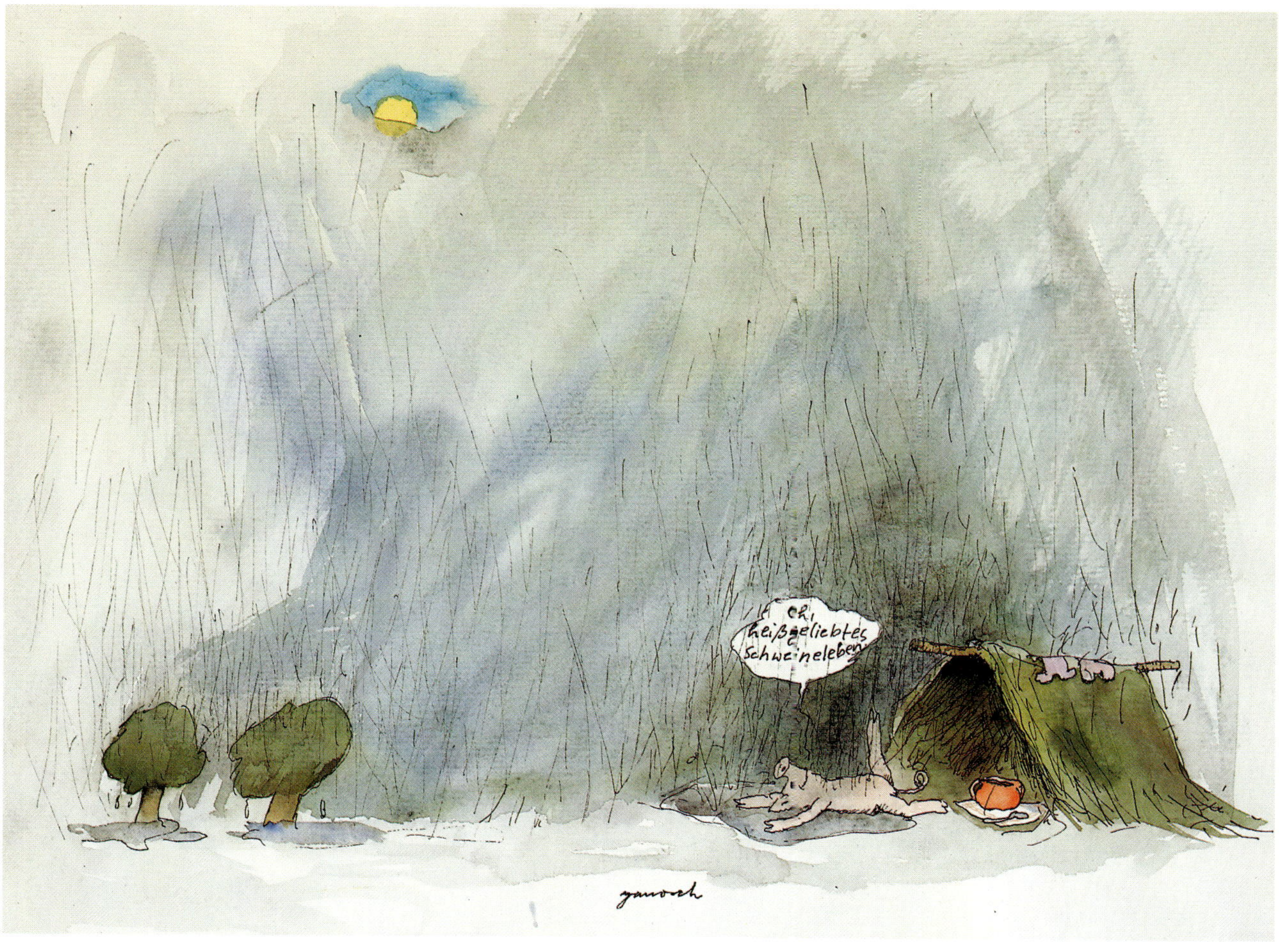

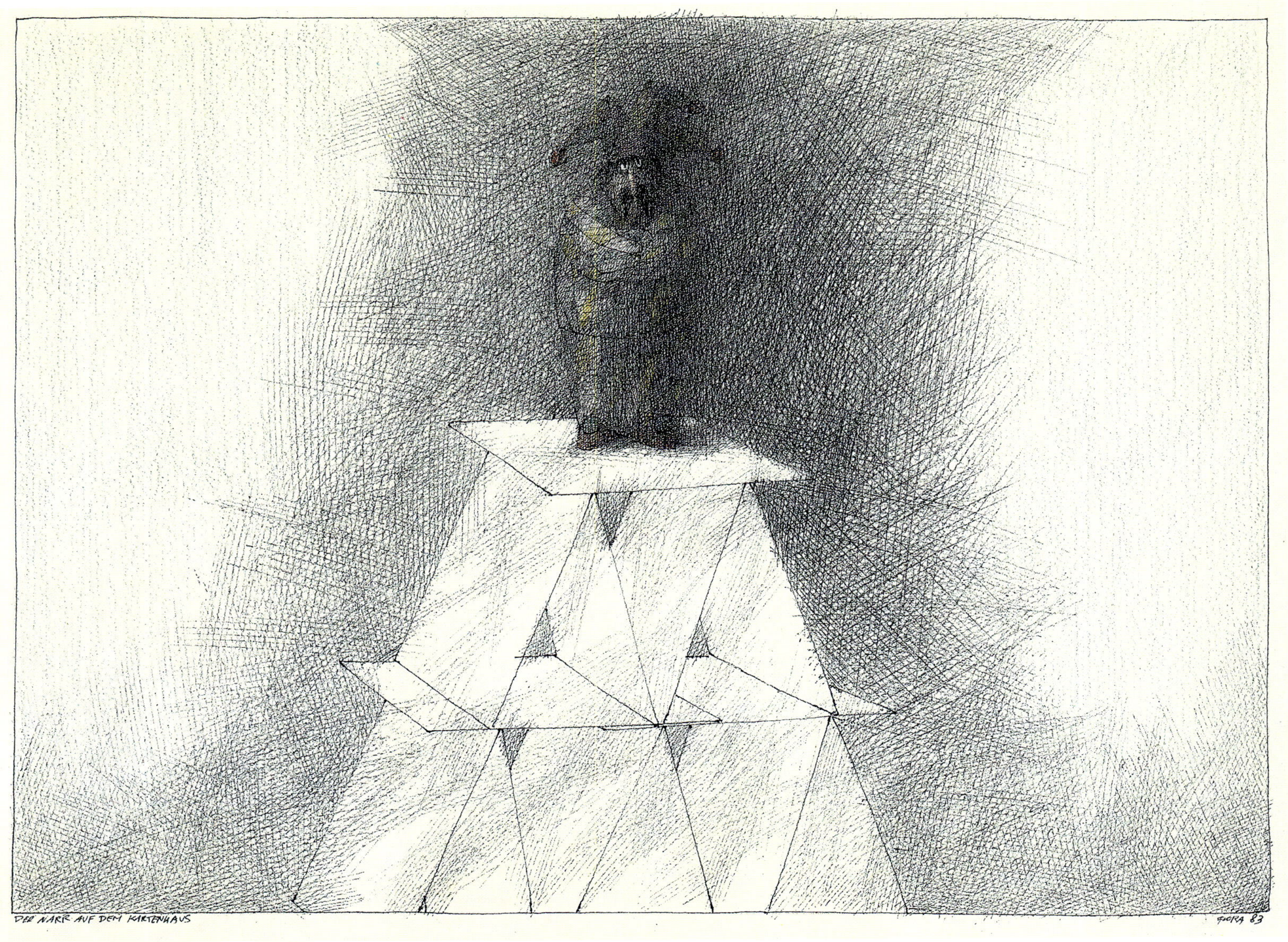

PAUL FLORA (geb. 1922)

314 Ein Narr auf dem Kartenhaus
1983

Tuschfeder, koloriert
280 x 370 mm
Sign. u. re.: Flora 83
Bez. u. li.: Ein Narr auf dem Kartenhaus
Privatsammlung

Der Narr ist eine Art Hofnarr und folglich nicht von der unbedarften Sorte. Man kann hier die Mahnung vor den Schwachstellen unseres Untergrunds herauslesen. Unsere Welt, unser Kartenhaus. [HG]

LUIS MURSCHETZ (geb. 1936)

315 Die Liebe zum Maître
1991

Tuschfeder, koloriert
360 x 240 mm
Luis Murschetz, München

Luis Murschetz lebt seit 20 Jahren mit der Politik. Als wöchentlicher zeichnerischer Kolumnist für »Die Zeit« und die »Süddeutsche Zeitung« erholt er sich gern mit Spaßzeichnungen wie z. B. dem Hummer, der sich an den Maître de Cuisine klammert. [HG]

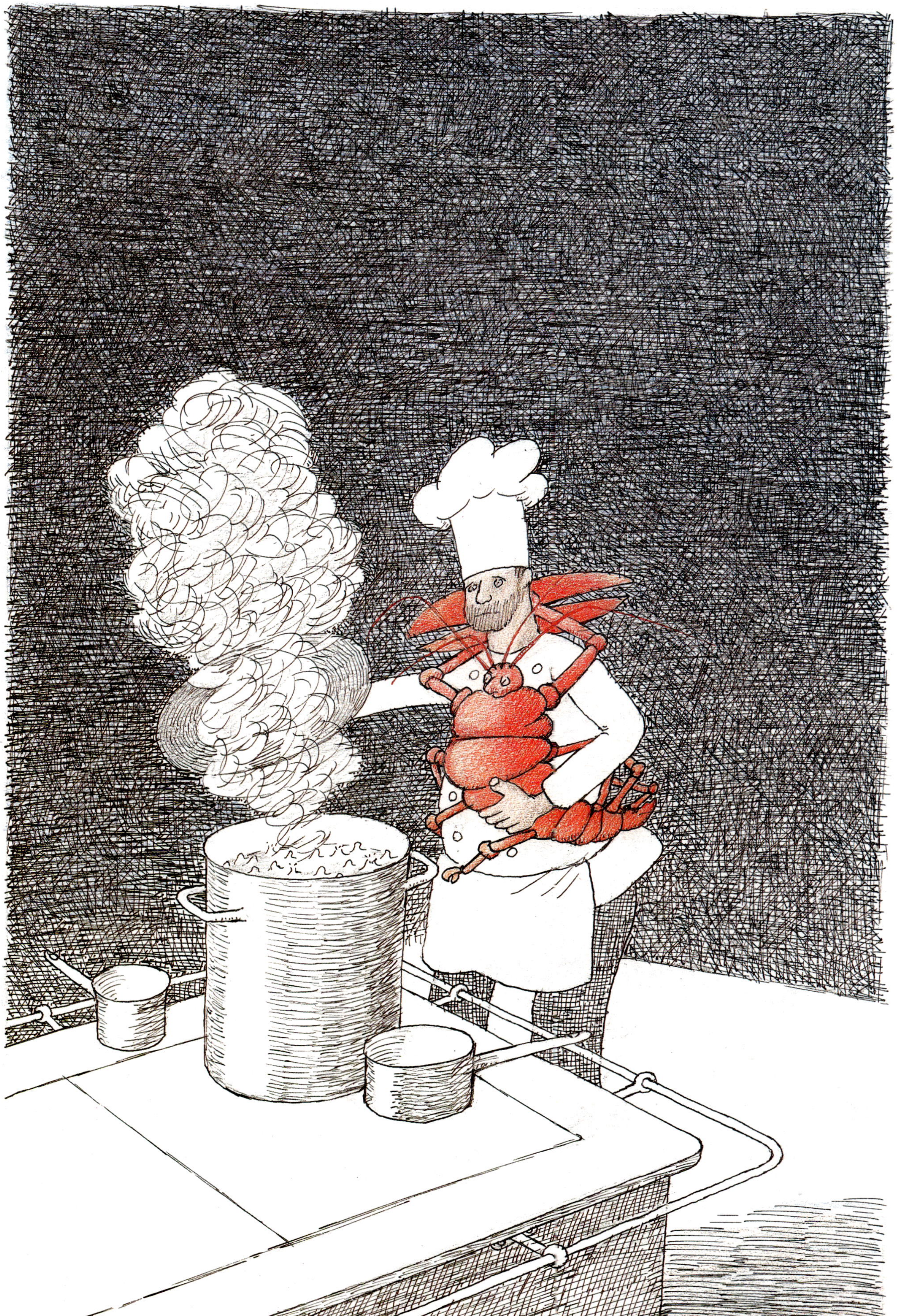
MURSCHETZ '92

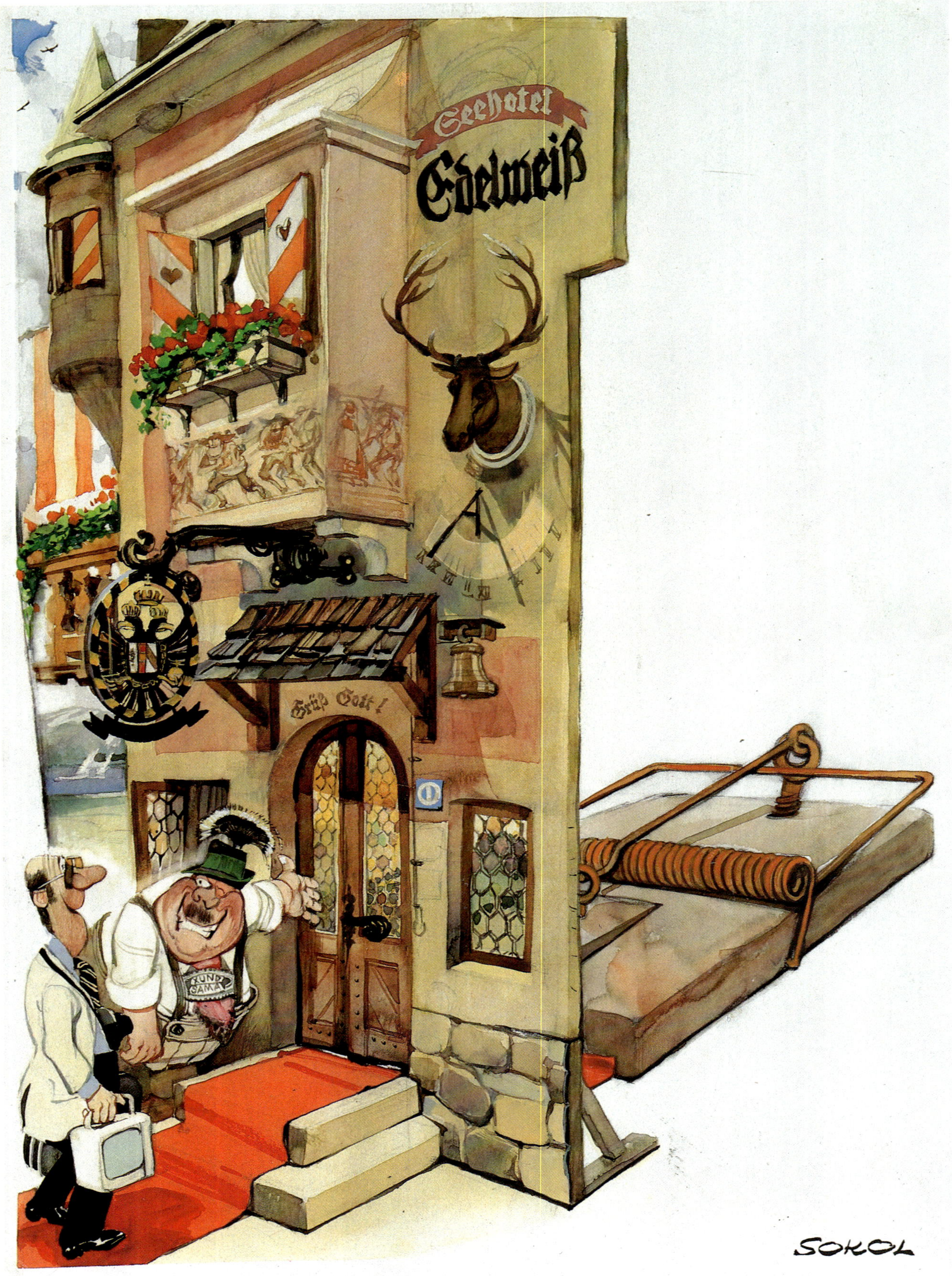

ERICH SOKOL (geb. 1933)

316 Österreichische Fremdenverkehrs-mentalität
1990

Aquarell
475 x 360 mm
Sign. u. re.: Sokol

Kommentar überflüssig! [WK]

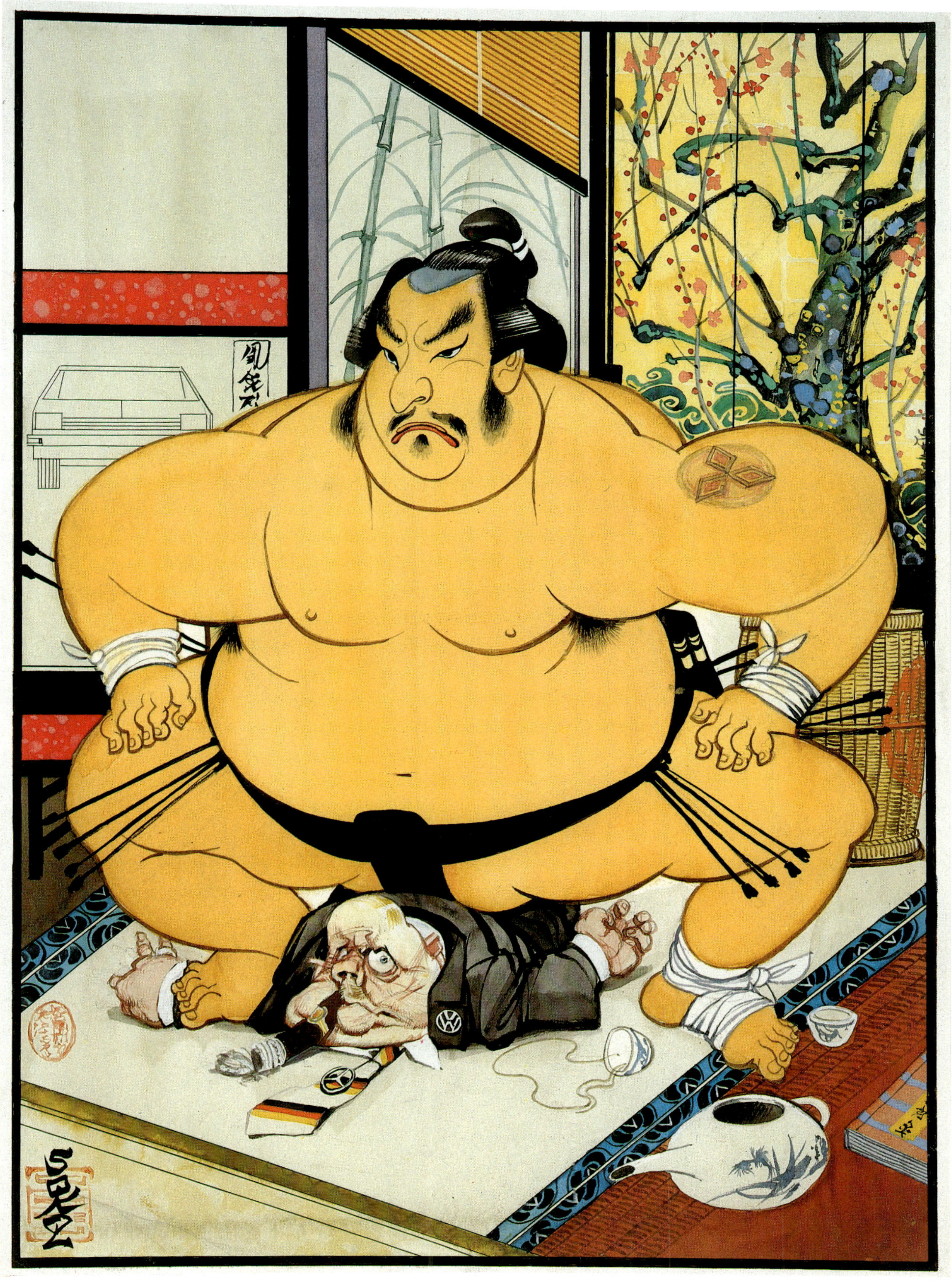

ERICH SOKOL (geb. 1933)

317 Deutschlands Autoindustrie stöhnt unter der japanischen Konkurrenz
1990

Aquarell, Deckfarben
475 x 357 mm
Sign. u. li.: Sokol

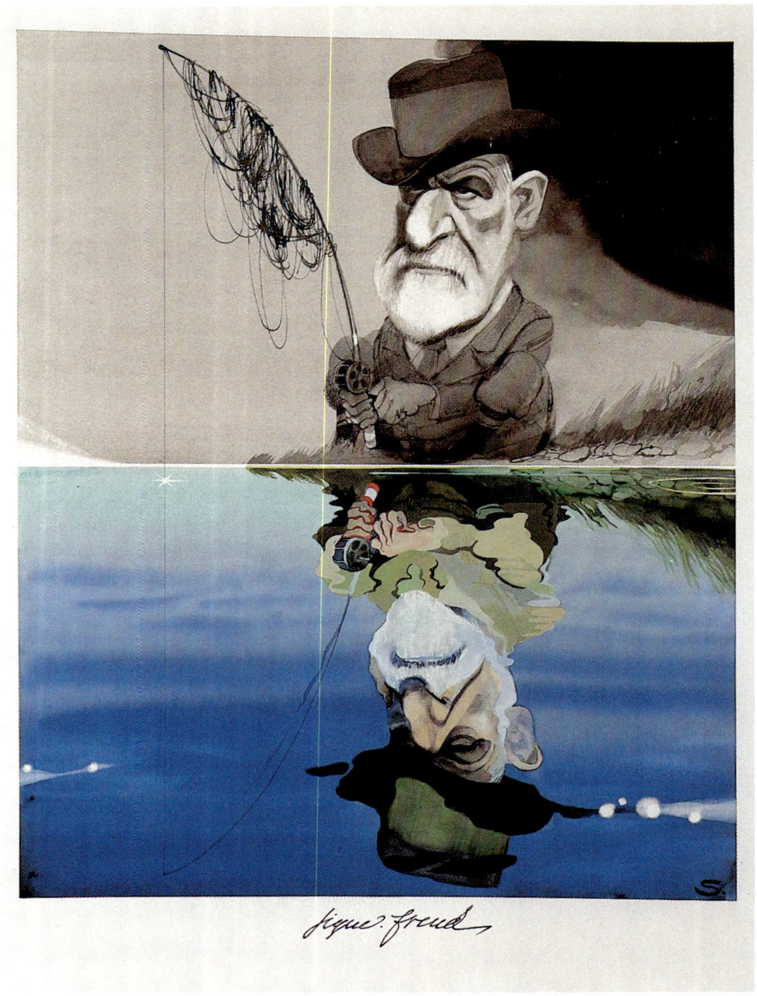

318 a

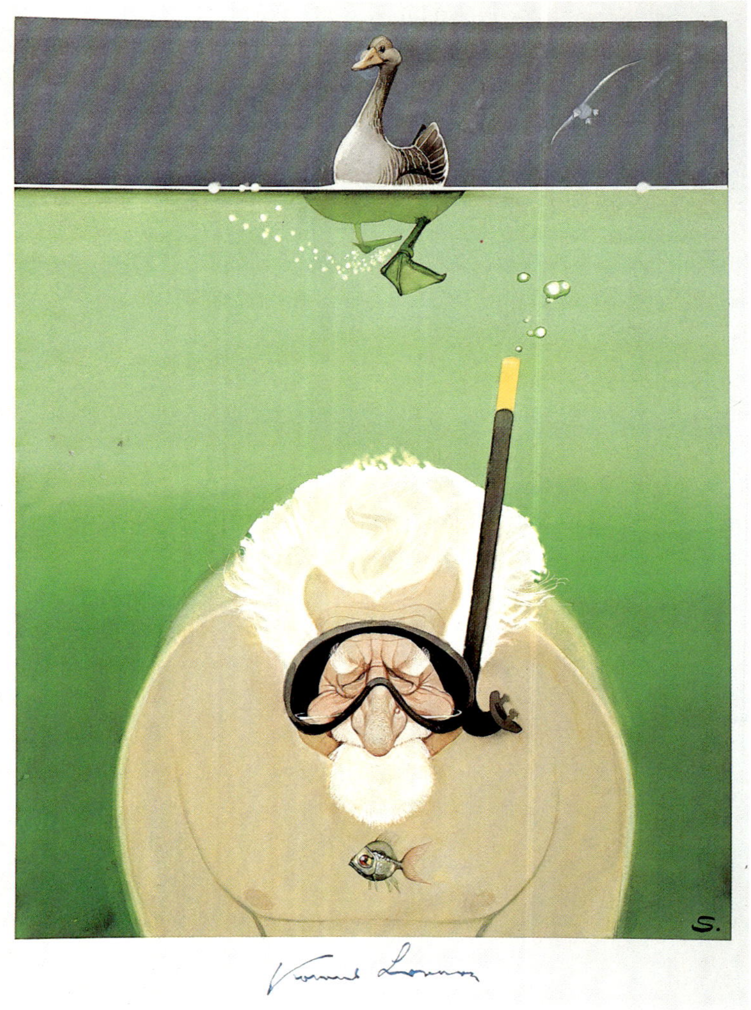

318 b

ERICH SOKOL (geb. 1933)

318 Drei große Österreicher

a) Sigmund Freud
1989

Mischtechnik, Acryl, Ölfarben
700 x 506 mm
Bez. u. Mi.: Sigm. Freud (nach der Originalunterschrift)

b) Konrad Lorenz
1989

Mischtechnik, Acryl, Ölfarben
700 x 506 mm
Bez. u. Mi.: Konrad Lorenz (nach der Originalunterschrift)

c) Oskar Kokoschka
1989

Mischtechnik, Acryl, Ölfarben
700 x 506 mm
Bez. u. Mi.: Oskar Kokoschka (nach der Originalunterschrift)

Aus einer 12 Blätter umfassenden Serie, die berühmte Österreicher, darunter Nestroy und Bernhard, satirisch und kritisch schildert. [WK]

MANFRED DEIX (geb. 1949)

319 Baden in der Nordsee – Sommer 1988
In der Nordsee sterben die Robben
1988

Aquarell, 430 x 295 mm

»Von Husum bis nach Norderney
hört man plötzlich allerlei.
Ein Raunen geht von Boot zu Boot:
die Nordsee sei so gut wie tot,
vergiftet seien ihre Wellen
an seichten wie an tiefen Stellen,
sogar um Ebbe und um Flut
stünde es mehr schlecht als gut;
die Brandung hätte letzte Nacht
bereits ihr Testament gemacht
und selbst die schäumend-frohe Gischt,
die hätte es ganz arg erwischt.
Kurz: unser deutscher Ozean
wäre ganz beschissen dran.
Seit Jahren hab ich hier gebadet
und es hat mir nicht geschadet.
Gift im Wasser? Tote Wogen?
Wer das sagt, der hat gelogen!

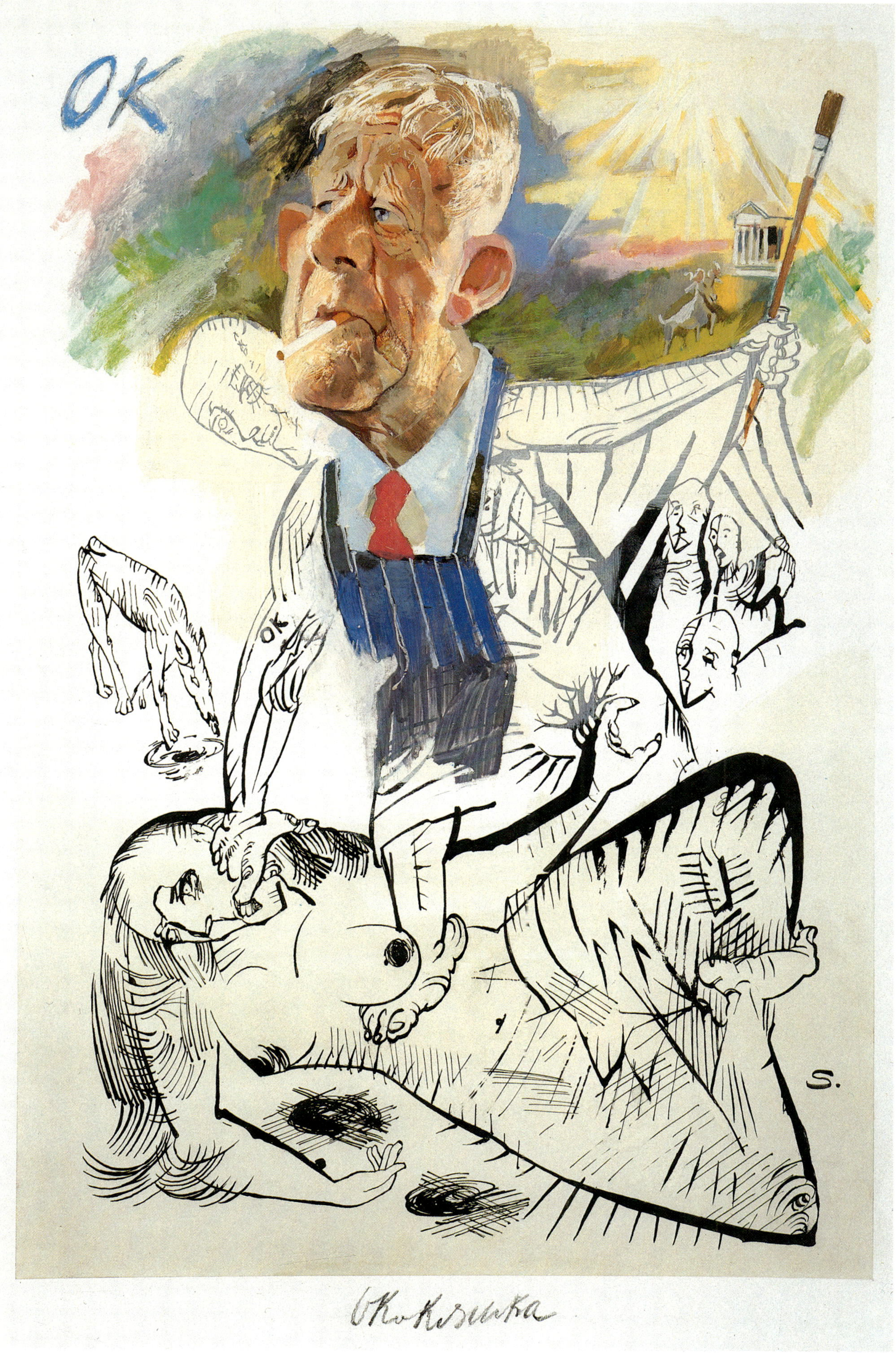

318 c

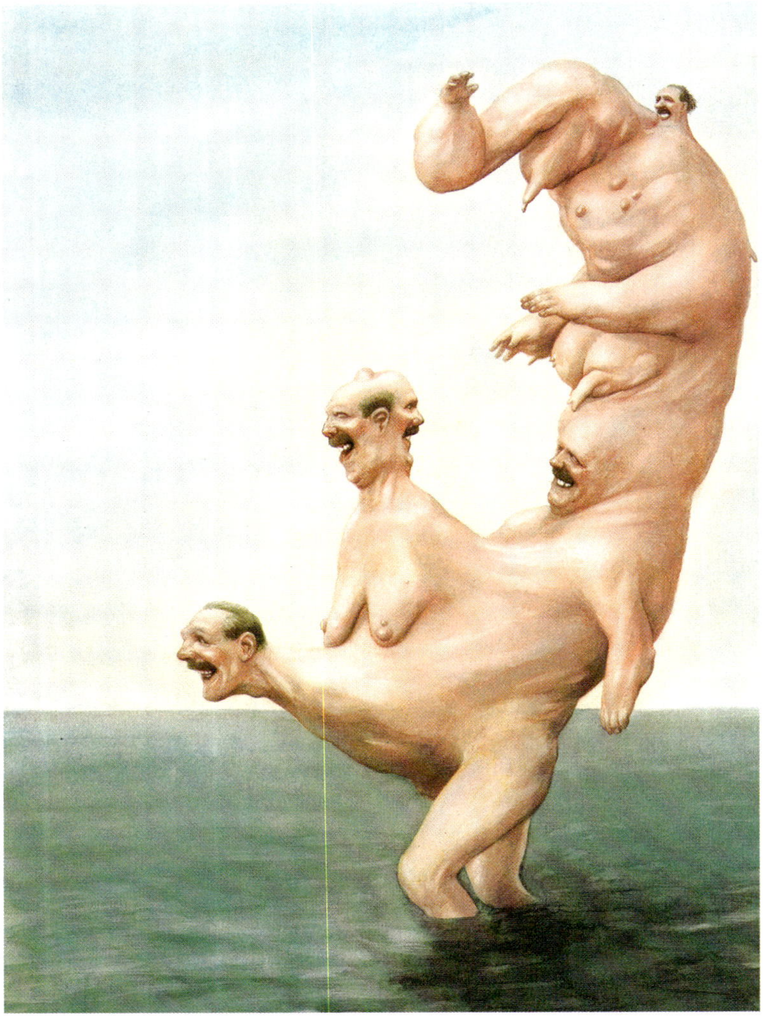

319

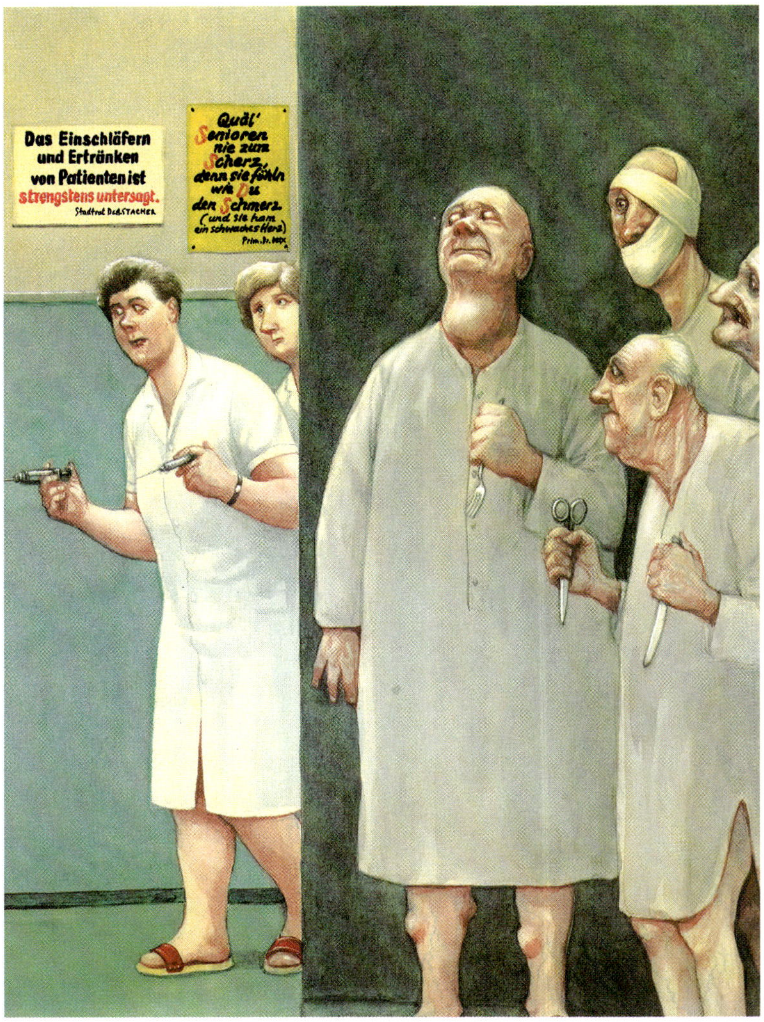

320

Seit Jahren schwimm ich meine Runden,
laß mir das Nordseewasser munden –
– pro Tag zwei Liter oder zwo –
das schmeckt nach was und macht mich froh.
Man darf es nicht so düster seh'n
wenn Robben keinen Spaß versteh'n!«

Manfred Deix

MANFRED DEIX (geb. 1949)

320 Der Aufenthalt im Wiener Krankenhaus Lainz kann mitunter gefährlich werden
1989

Aquarell, 285 x 215 mm

Österreich gerät wieder einmal in die Schlagzeilen der Weltpresse.
Im Krankenhaus Lainz werden alte und schwerkranke Patienten zu Dutzenden aus purem Mitleid der Pflegerinnen von ebendiesen totgespritzt, erstickt und ertränkt. Als noch dazu eine der Täterinnen der Geheimprostitution verdächtigt wird (zu Unrecht, wie sich später herausstellt), ist es mit dem Vertrauen der Patienten zum Pflegepersonal endgültig vorbei.

MANFRED DEIX (geb. 1949)

321 Tirol ist ein erotisches Fremdenverkehrsland und muß als solches beworben werden
1989

Aquarell, 290 x 230 mm

Die österreichischen Fremdenverkehrsmanager müssen dem Land ein erotisches Image verpassen, um in Zukunft mit Bangkok, Kenia und Ibiza mithalten zu können.

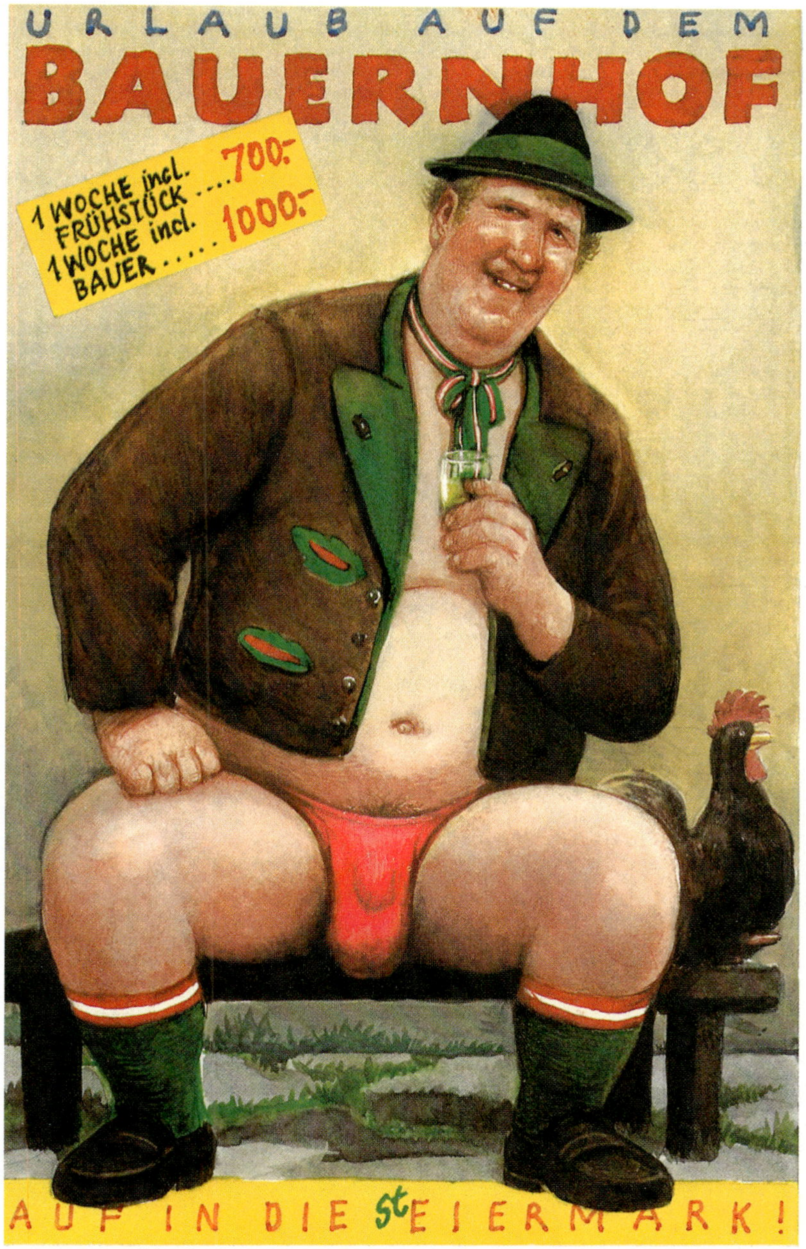
URLAUB AUF DEM
BAUERNHOF
1 WOCHE incl. FRÜHSTÜCK 700:-
1 WOCHE incl. BAUER 1000:-
AUF IN DIE StEIERMARK!

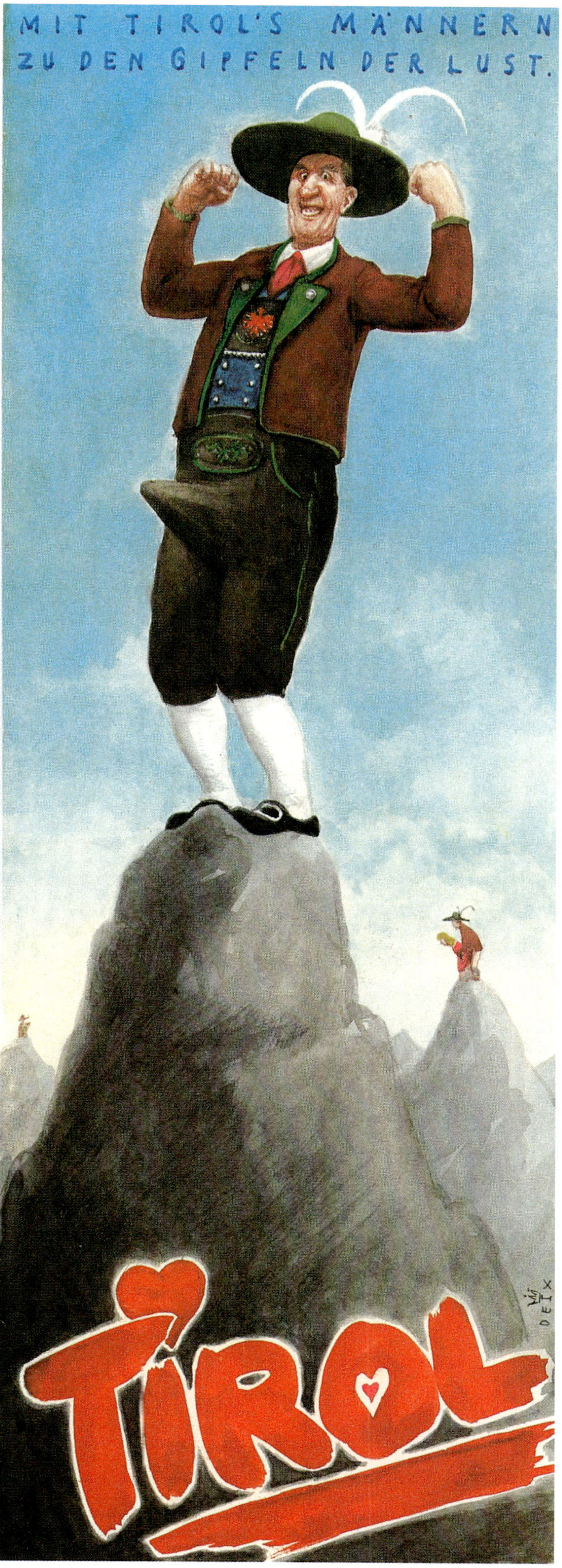
MIT TIROL'S MÄNNERN
ZU DEN GIPFELN DER LUST.
TIROL
DEIX

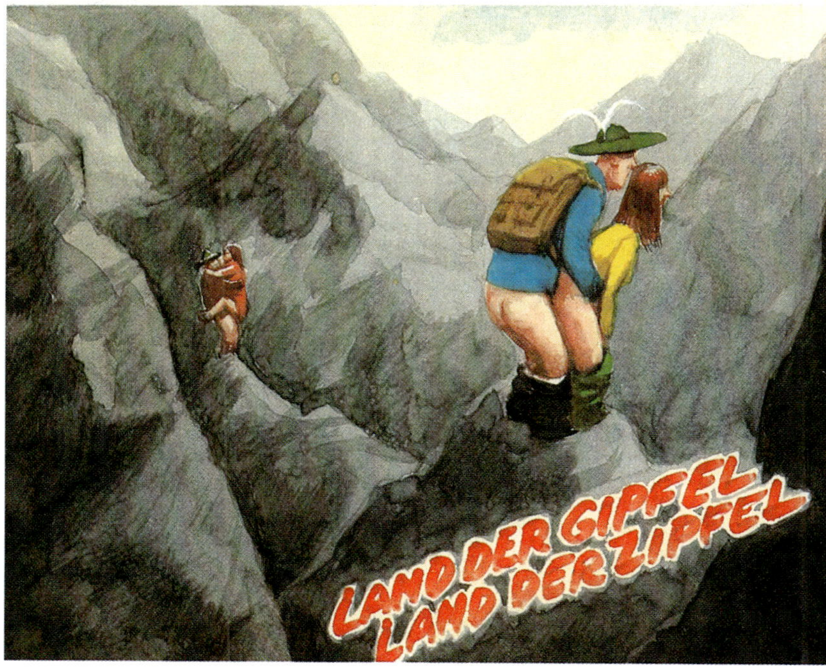
LAND DER GIPFEL
LAND DER ZIPFEL

321

ROBERT O. BLECHMANN (geb. 1930)

322 In – Out
1985

Federzeichnung und Aquarell, 285 x 260 mm
Sign. re.: Blechmann
Galerie Bartsch & Chariau, München

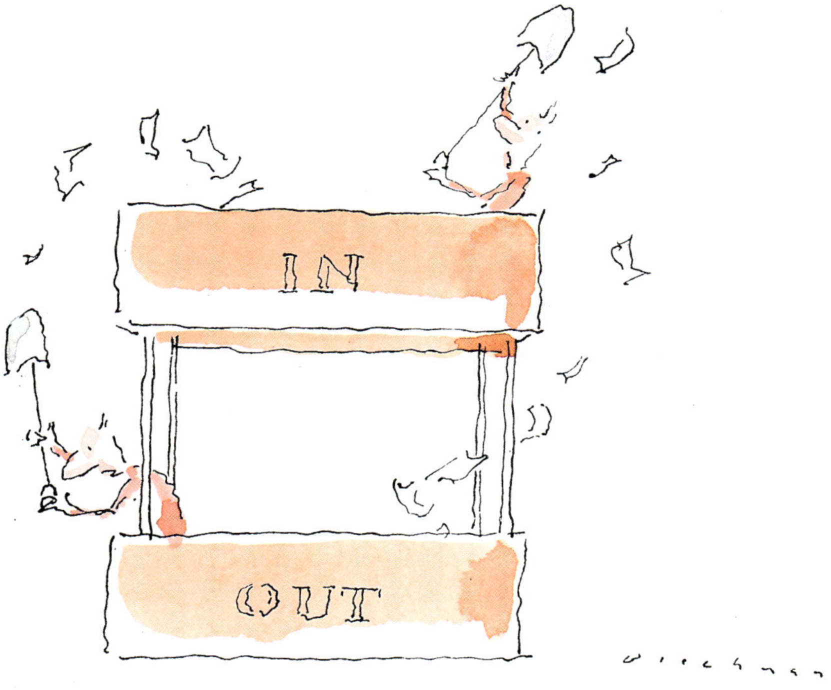

»Ich konnte damals freilich nicht wissen und mir auch nicht vorstellen, wie Blechmann sein graphisches Gewicht Unze für Unze aus diesem zittrig leichten Stil herauszwingen würde. Dieser Stil erschien mir auf den ersten Blick eher verfänglich für einen Künstler. So spezifisch, so ausgefallen – führte er nicht zwangsläufig in eine Sackgasse? Blechmans Verfeinerung dieses Stils, das Paradox einer weiteren Verdichtung seiner Miniaturhieroglyphen mit dem Ziel, noch breitere Bedeutungen zu tragen, ist ein wahres Wunder.
Seine zahllosen Imitatoren beweisen die Torheit des einengenden Stils, dessen Gefangene sie bleiben, hilflos und bis zum Überdruß an leere Wiederholungen gebunden. Bei Blechman dagegen wurde Stil dienstbar gemacht. Statt in unaufhörlichem Zittern zu erstarren, blieb er wunderbar fließend. Jede Nuance, jede Andeutung, ob komisch oder tragisch, erscheint wie auf das Blatt gehaucht. Sein Geschmack, seine Intelligenz und vor allem der unfehlbare Instinkt, niemals auf Formen zu verfallen, die ihn verraten würden, eröffneten Blechman immer neue Wege des Ausdrucks.« (Maurice Sendak)

ROBERT O. BLECHMANN (geb. 1930)

323 Paul Bunyan & Johnny Appleseed
1990

Tusche und Aquarell, 300 x 420 mm, Sign. u. li.: Blechmann
Galerie Bartsch & Chariau, München

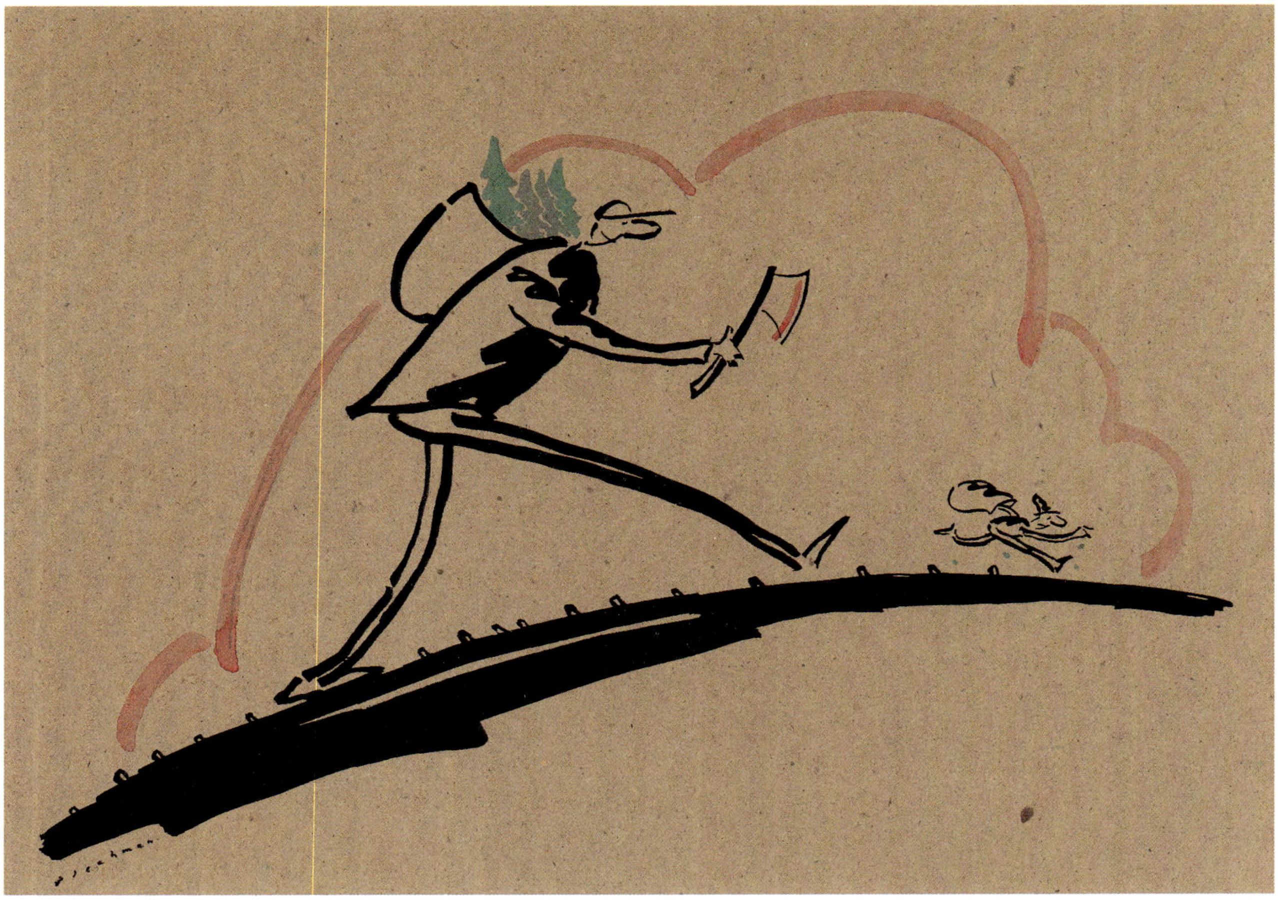

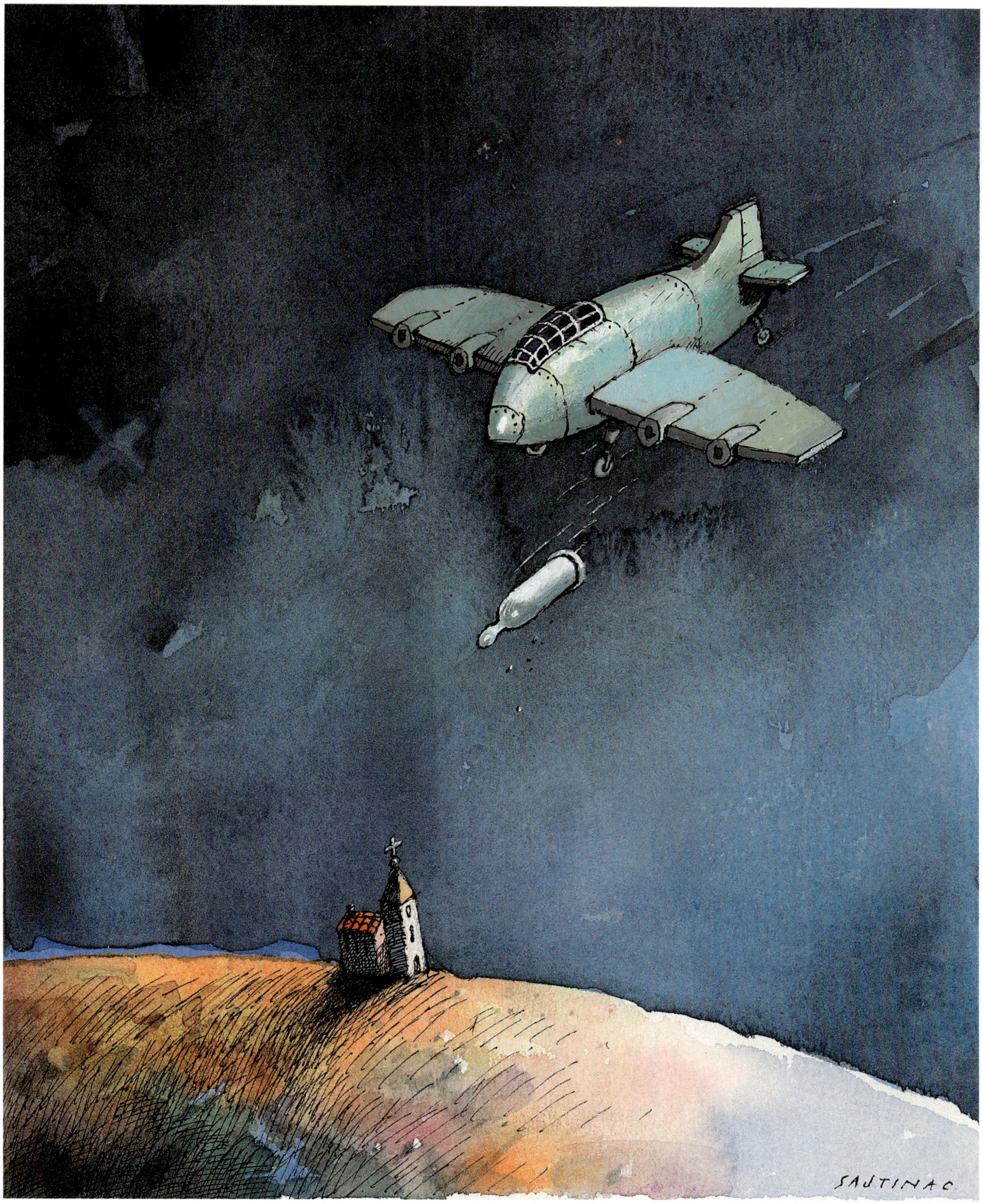

BORISLAV SAJTINAC (geb. 1943)

324 Message
1990

Publiziert in: »Zeitmagazin« Nr. 26 vom 22. 6. 1990

Tusche und Aquarell, 310 x 230 mm
Sign. u. re.: SAJTINAC
Borislav Sajtinac, München

Die Zeichnung entstand als Kommentar zur ablehnenden Haltung der Kirche gegenüber Verhütungsmitteln.
[HG]

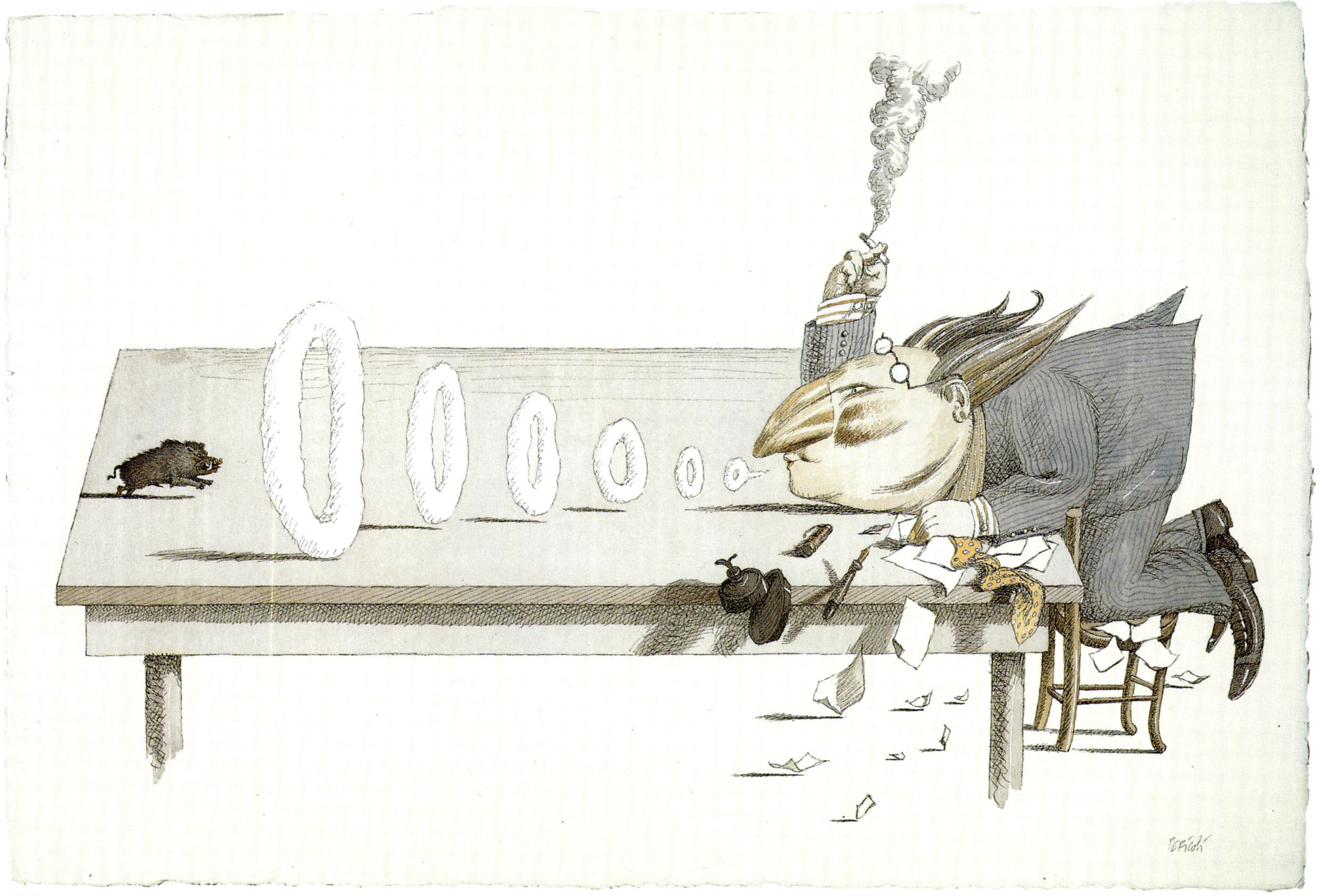

325

TULLIO PERICOLI (geb. 1936)

325 Rauch in den Augen
1986

Federzeichnung und Aquarell
380 x 570 mm
Sign. u. re.: Pericoli
Galerie Bartsch & Chariau, München
Lit.: Tullio Pericoli, Woody, Freud und andere, München 1988, Farbabb. 56.

GERHARD HADERER (geb. 1951)

326 Muttertag
1991

Publiziert in: »Profil«, Mai 1989

Verdünnte Acrylfarbe, 405 x 330 mm
Sign. u. re.: Haderer
Galerie Etcetera, München

Haderer geht einem ausgehöhlten Ritual auf den Grund. Man muß nur genauer hinsehen, dann sieht er so aus, der Muttertag: Hinten im Auto-Mobil die eingepferchten Mütter mit den Kindern/Enkeln. Am Steuer die dankbaren Söhne. Im Stau. Kollektiver Stumpfsinn im Bannkreis des Ausflugslokals. Essen auf Rädern, das offensichtlich schlecht bekommt. [HG]

JEAN-JACQUES SEMPÉ (geb. 1932)

327 Titelblatt für »The New Yorker«, 20. 5. 1985

Federzeichnung und Aquarell
575 x 420 mm
Sign. u. re.: Sempé
Galerie Bartsch & Chariau, München
Lit.: The Complete Book of Covers from the New Yorker 1925–1989, Alfred A. Knopf, New York 1989.

Sempé, einer der bekanntesten zeitgenössischen Zeichner, begann 1978 für den »New Yorker« Cartoons und Titelblätter zu zeichnen. Seit dieser Zeit sind etwa 50 Titelblätter für die Zeitschrift entstanden.

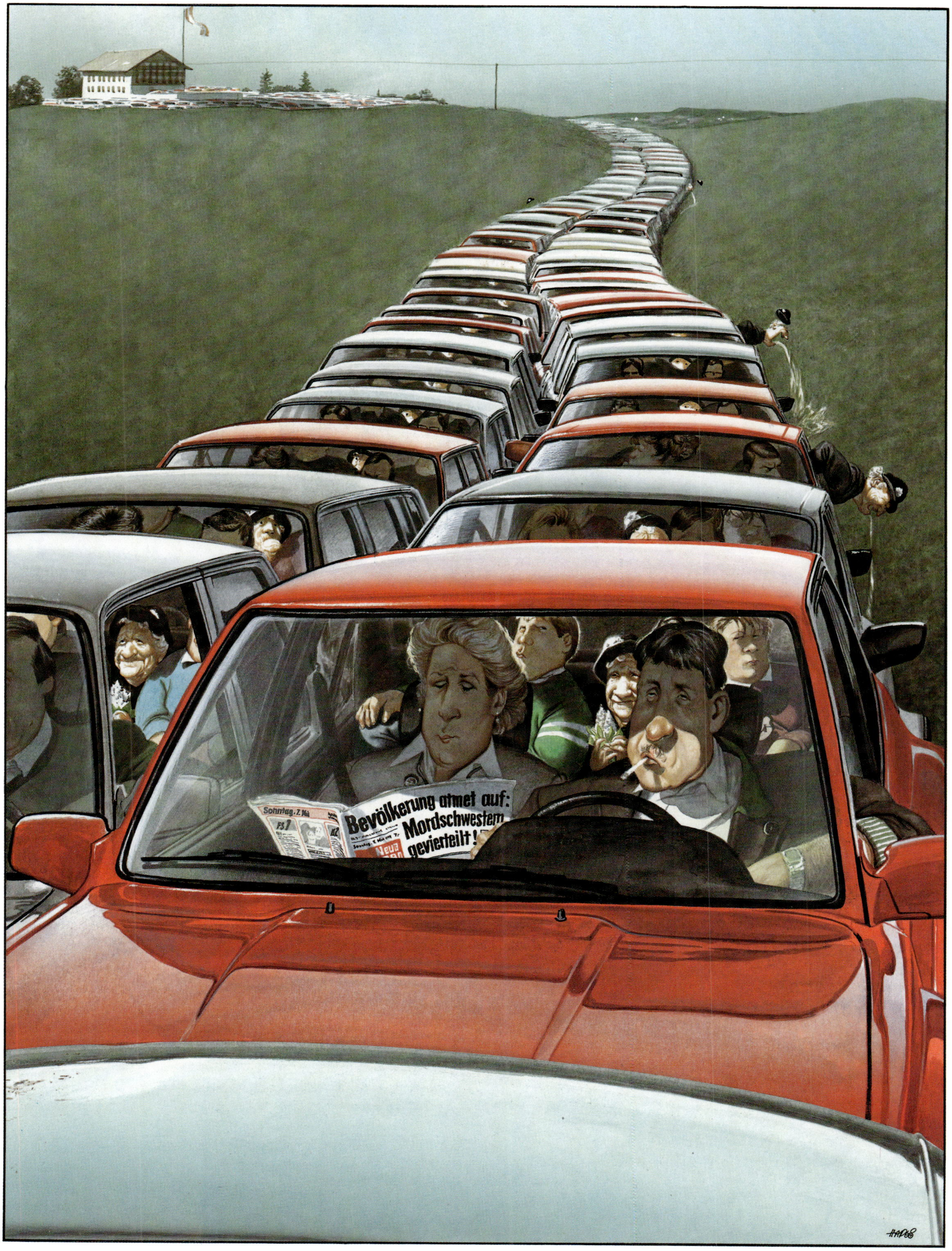

326

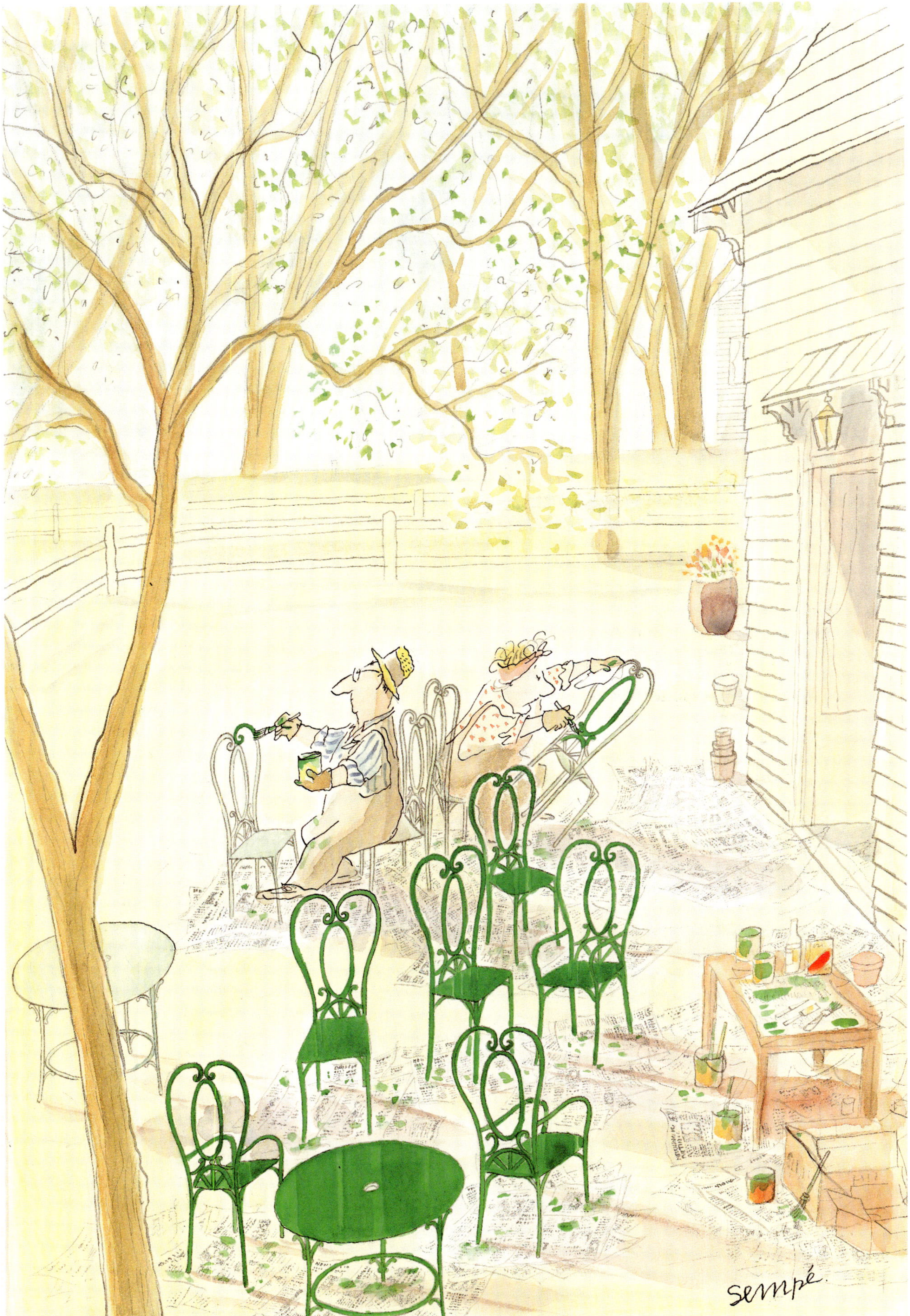
Sempé

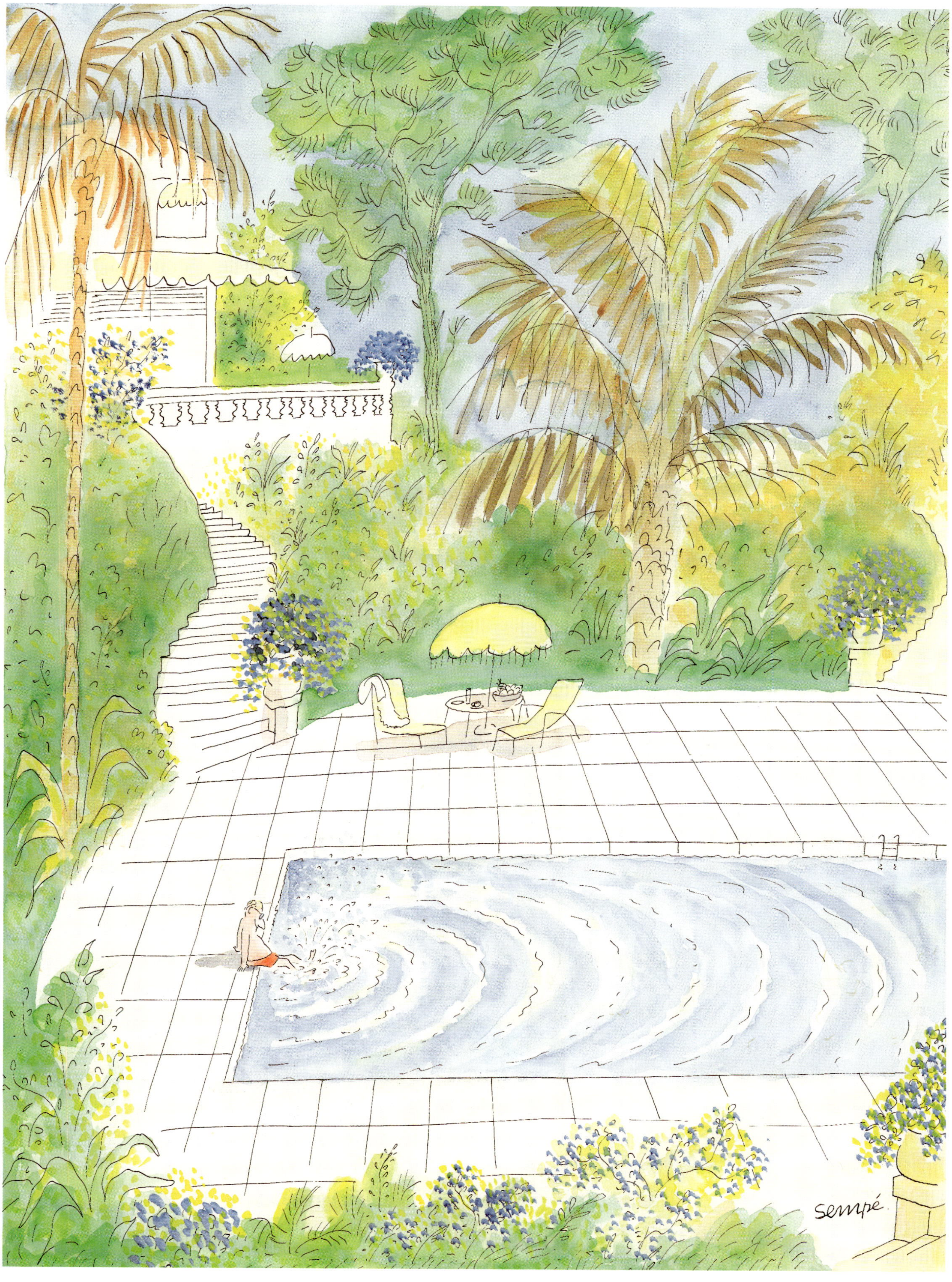
Sempé.

JEAN-JACQUES SEMPÉ (geb. 1932)

328 Titelblatt für »The New Yorker«, 21. 4. 1986

Federzeichnung und Aquarell
615 x 435 mm
Sign. u. re.: Sempé
Galerie Bartsch & Chariau, München
Lit.: Luxe, Calme & Volupté, Edition Denoel, Paris 1987. – The Complete Book of Covers from the New Yorker 1925–1989, Alfred A. Knopf, New York 1989.

Sempé sieht und zeichnet alles auf einmal: die großen Sehnsüchte, die die Natur aufkommen läßt, die eingeengten Möglichkeiten und die naive erstaunte Behauptung einer einzelgängerischen Hartnäckigkeit. Sein Humor entsteht meist aus dem Zusammenprall zwischen einer unpersönlichen Konsumwelt und dem von ihr erfaßten Einzelnen. Dies und manches andere wird uns wortlos begreiflich gemacht – Strich für Strich, strichgenau, bewegt, graziös und distanziert zugleich. Diese Bilder, die keine Botschaft erteilen, keine Moral predigen, stimmen den Zuschauer lächelnd nachdenklich. Bei Sempé lacht eine Hälfte von uns über die andere. Eine gesunde Übung.

XII

Bildergeschichten
Comic und Cartoon

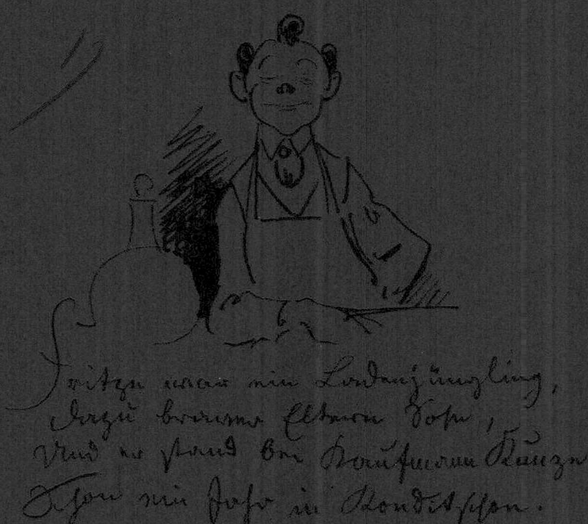

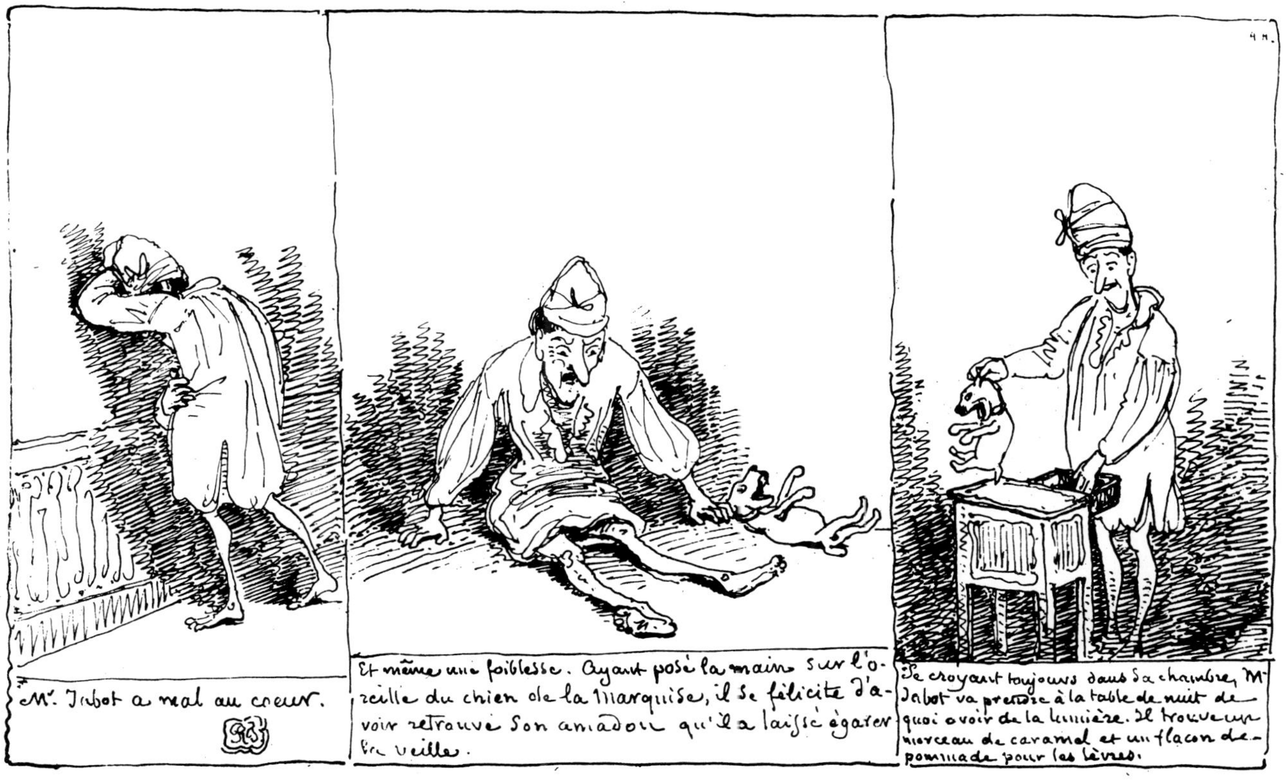

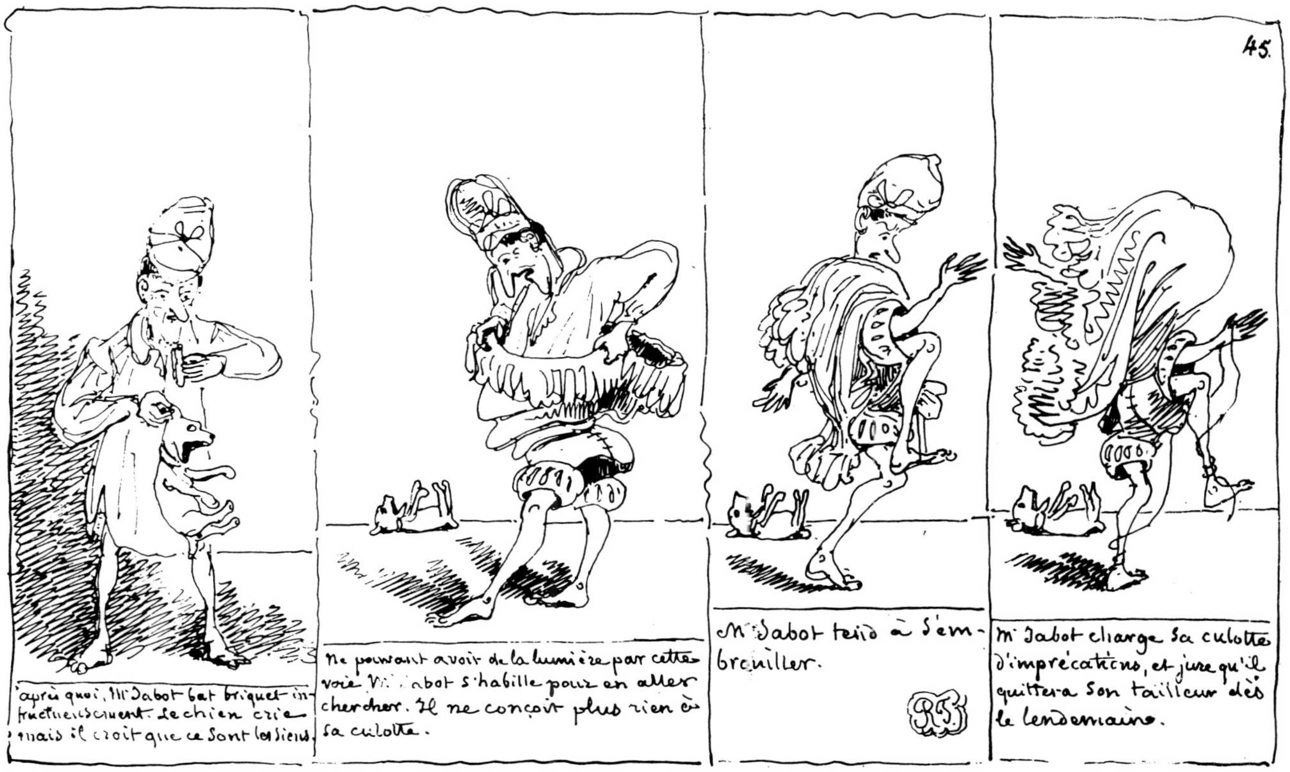

RODOLPHE TOEPFFER (1799–1846)

329 Monsieur Jabot
1833

Autographie, 177 x 260 mm
Bibliothèque Publique et Universitaire de Genève, Coll. Suz. 106 b

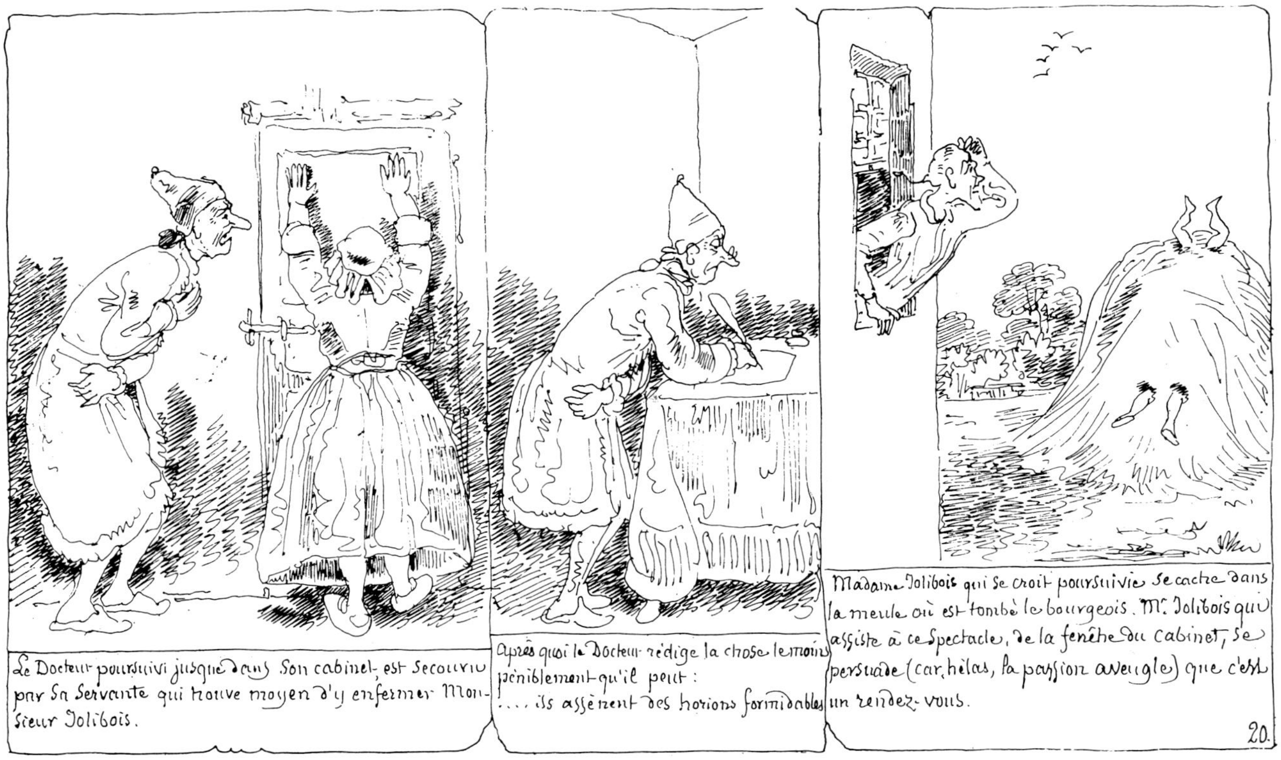

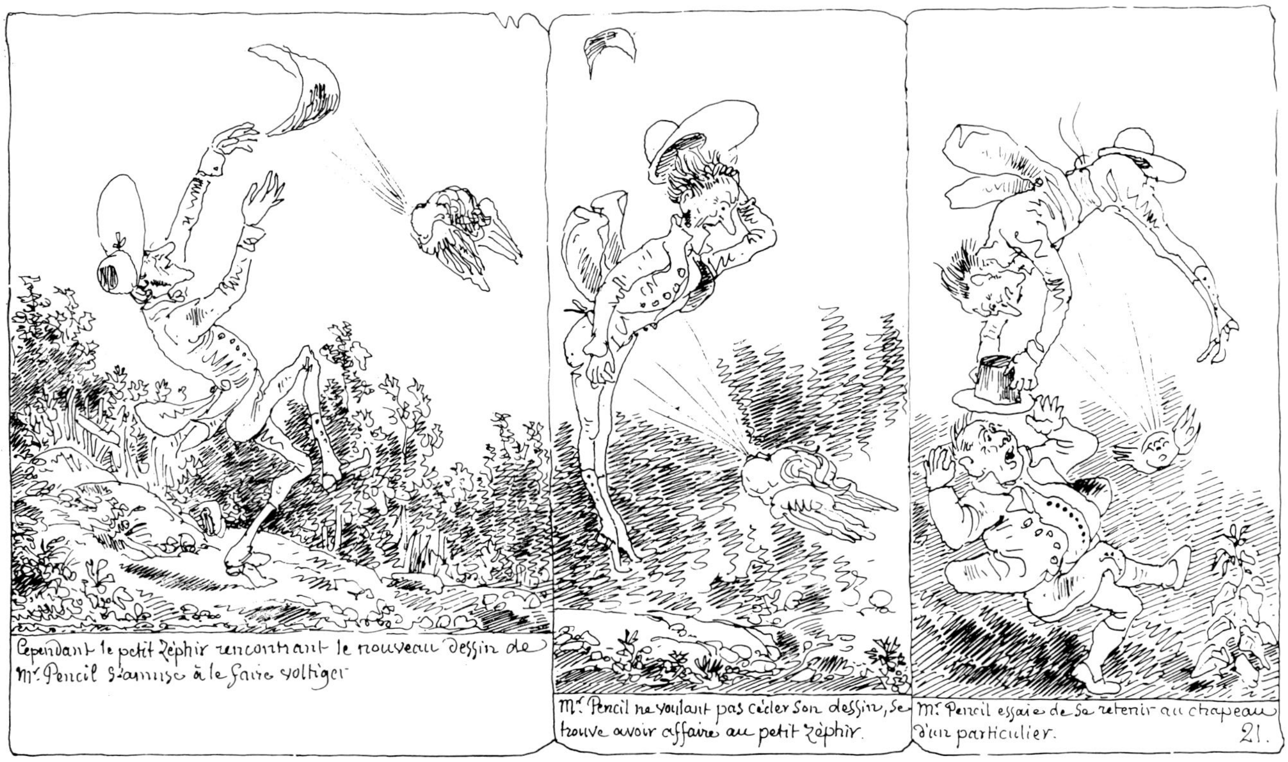

RODOLPHE TOEPFFER (1799–1846)

330 Monsieur Pencil
1840

Autographie
170 x 275 mm
Bibliothèque Publique et Universitaire de Genève, Ia 1311 Rés.

HEINRICH HOFFMANN zugeschrieben
(1809–1894)

331 Hans-Guck-in-die-Luft aus: »Der Struwwelpeter« (Schlußbild)
um 1847

Tusche/Feder, koloriert, 240 x 195 mm
Ohne Künstlerbezeichnung; Titel o. li.; o. re.: 3.;
Text (in Deutscher Schrift) in der linken Bildhälfte
Germanisches Nationalmuseum Nürnberg

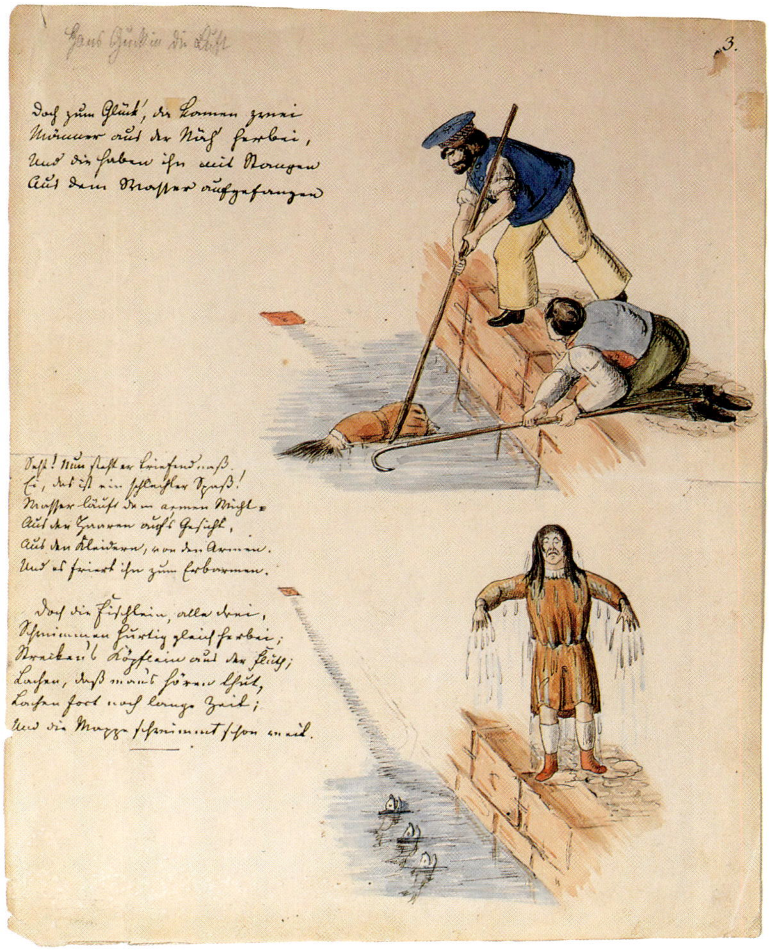

331

Doch zum Glück da kommen zwei
Männer aus der Näh' herbei,
und die haben ihn mit Stangen
aus dem Wasser aufgefangen.

Seht! Nun steht er triefend naß!
Ei! das ist ein schlechter Spaß!
Wasser läuft dem armen Wicht
aus den Haaren ins Gesicht,
aus den Kleidern, von den Armen;
und es friert ihn zum Erbarmen.

Doch die Fischlein alle drei,
schwimmen hurtig gleich herbei;
strecken's Köpflein aus der Flut,
lachen, daß man's hören tut,
lachen fort noch lange Zeit;
und die Mappe schwimmt schon weit.

Die Geschichten vom »Hans-Guck-in-die-Luft« (die nur als Fragment erhalten ist) und vom »Fliegenden Robert« erschienen erstmals in der fünften Auflage (1847) des »Struwwelpeter«, der damit auf die endgültige Anzahl von zehn Geschichten erweitert wurde.

[GV]

332

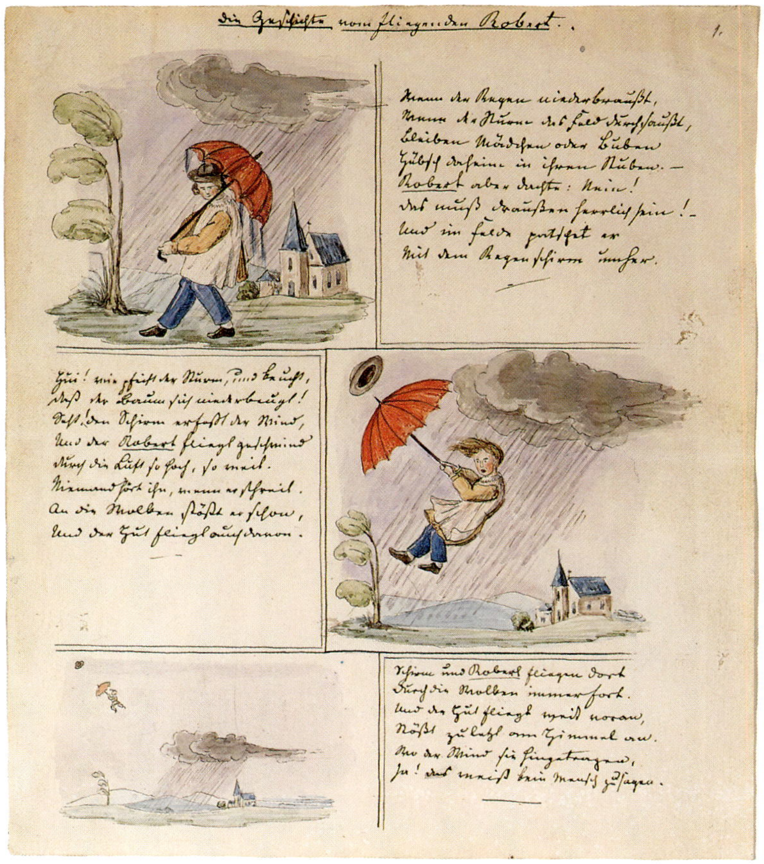

HEINRICH HOFFMANN zugeschrieben
(1809–1894)

332 Die Geschichte vom fliegenden Robert
Aus: »Der Struwwelpeter«
um 1847

Tusche/Feder, koloriert, 218 x 194 mm
Ohne Künstlerbezeichnung; Titel o. Mi.; o. re.: 1.;
Text in Deutscher Schrift
Germanisches Nationalmuseum Nürnberg

Wenn der Regen niederbraust,
wenn der Sturm das Feld durchsaust,
bleiben Mädchen oder Buben
hübsch daheim in ihren Stuben. –
Robert aber dachte: Nein!
Das muß draußen herrlich sein! –
Und im Felde patschet er
mit dem Regenschirm umher.

Hui, wie pfeift der Sturm und keucht,
aß der Baum sich niederbeugt!
Seht! den Schirm erfaßt der Wind,
und der Robert fliegt geschwind
durch die Luft so hoch, so weit;
niemand hört ihn, wenn er schreit.
An die Wolken stößt er schon,
und der Hut fliegt auch davon.

Schirm und Robert fliegen dort
durch die Wolken immer fort.
Und der Hut fliegt weit voran,
stößt zuletzt am Himmel an.
Wo der Wind sie hingetragen,
ja! das weiß kein Mensch zu sagen.

WILHELM BUSCH (1832–1908)

333 Max und Moritz: Vierter Streich
1864

Bleistift, Wasserfarben
Blattgröße jeweils 237 x 149 mm
Ohne Künstlerbezeichnung; Überschrift wie oben. – Blatt 22–28 der 52 Blätter umfassenden Handschrift.
Wilhelm-Busch-Museum Hannover, Inv. Nr. L 3/001

Also lautet ein Beschluss:
Dass der Mensch was lernen muß. –
–. Nicht allein das A.B.C.
Bringt den Menschen in die Höh';
Nicht allein in Schreiben, Lesen,
Übt sich ein vernünftig Wesen;
Nicht allein in Rechnungssachen
Soll der Mensch sich Mühe machen;
Sondern auch der Weisheit Lehren
Muß man mit Vergnügen hören. –.

Daß dies mit Verstand geschah,
War Herr Lehrer Lämpel da. –.
–. Max und Moritz, diese beiden,
Mochten ihn darum nicht leiden;
Denn wer böse Streiche macht
Giebt nicht auf den Lehrer acht. –.

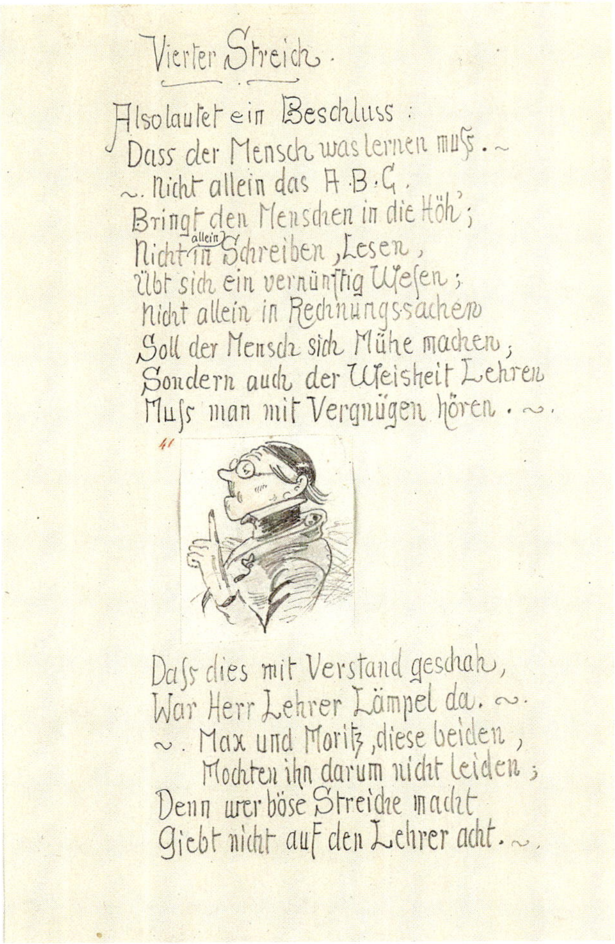

Vierter Streich.
Also lautet ein Beschluss:
Dass der Mensch was lernen muß. ~
~. Nicht allein das A.B.C.
Bringt den Menschen in die Höh';
Nicht allein Schreiben, Lesen,
Übt sich ein vernünftig Wesen;
Nicht allein in Rechnungssachen
Soll der Mensch sich Mühe machen;
Sondern auch der Weisheit Lehren
Muss man mit Vergnügen hören. ~.
41
Dass dies mit Verstand geschah,
War Herr Lehrer Lämpel da. ~.
~. Max und Moritz, diese beiden,
Mochten ihn darum nicht leiden;
Denn wer böse Streiche macht
Giebt nicht auf den Lehrer acht. ~.

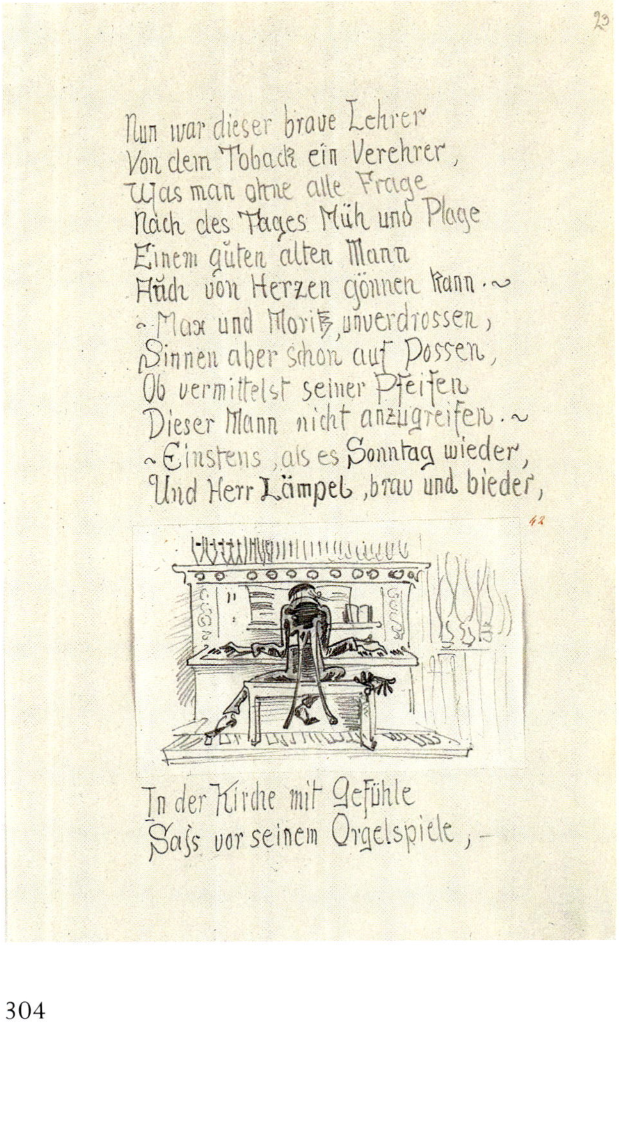

23
Nun war dieser brave Lehrer
Von dem Toback ein Verehrer,
Was man ohne alle Frage
Nach des Tages Müh und Plage
Einem guten alten Mann
Auch von Herzen gönnen kann. ~
~. Max und Moritz, unverdrossen,
Sinnen aber schon auf Possen,
Ob vermittelst seiner Pfeifen
Dieser Mann nicht anzugreifen. ~
~ Einstens, als es Sonntag wieder,
Und Herr Lämpel, brav und bieder,
42
In der Kirche mit Gefühle
Sass vor seinem Orgelspiele, ~

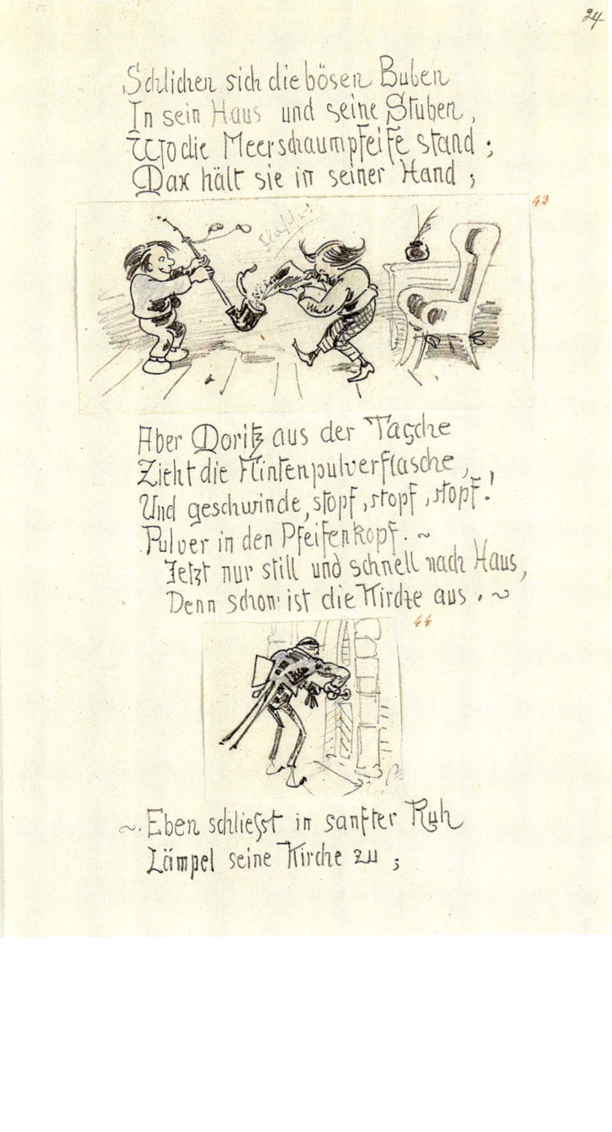

24
Schlichen sich die bösen Buben
In sein Haus und seine Stuben,
Wo die Meerschaumpfeife stand;
Max hält sie in seiner Hand;
43
Aber Moritz aus der Tasche
Zieht die Flintenpulverflasche,
Und geschwinde, stopf, stopf, stopf!
Pulver in den Pfeifenkopf. ~
Jetzt nur still und schnell nach Haus,
Denn schon ist die Kirche aus. ~
44
~. Eben schliesst in sanfter Ruh
Lämpel seine Kirche zu;

25

Und mit Buch und Notenheften,
Nach besorgten Amtsgeschäften

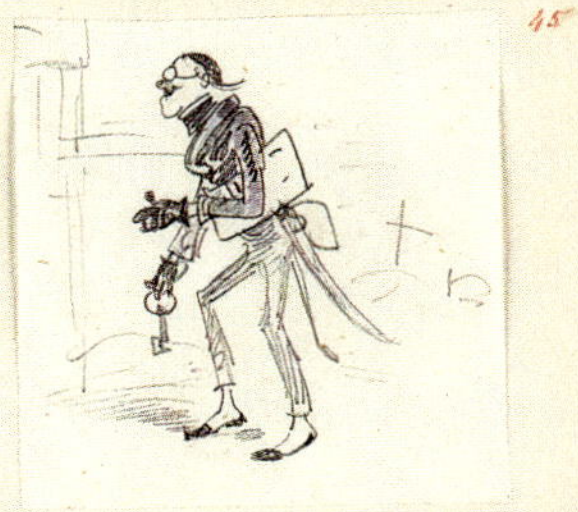

Lenkt er freudig seine Schritte
Zu der heimathlichen Hütte,

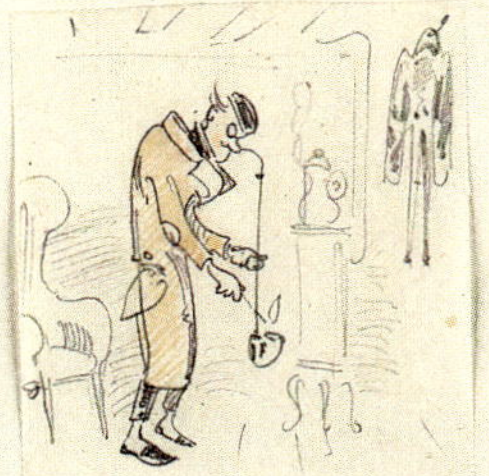

Und voll Dankbarkeit sodann
Zündet er sein Pfeifchen an.

26

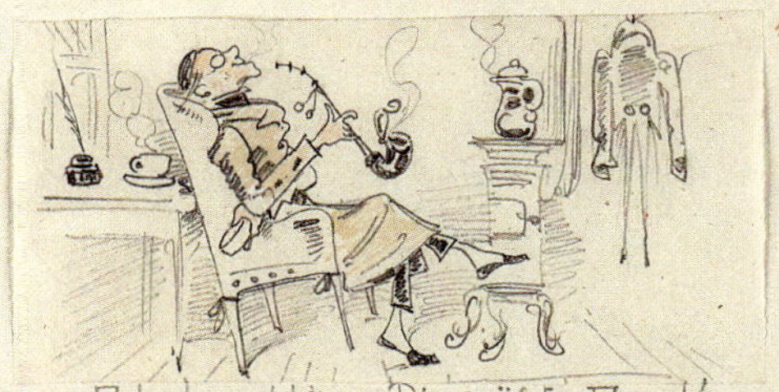

~ Ach! - spricht er - Die grösste Freud'
Ist doch die Zufriedenheit!!! ~.

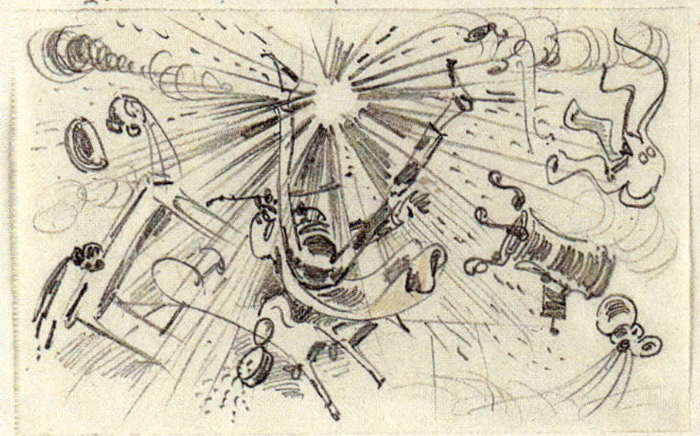

Rums!! - da geht di Pfeife los
Mit Getöse, schrecklich gross.
Kaffetopf und Wasserglas,
Tobacksdose, Dintenfass,
Ofen, Tisch und Sorgensitz -
Alles fliegt im Pulverblitz. ~.

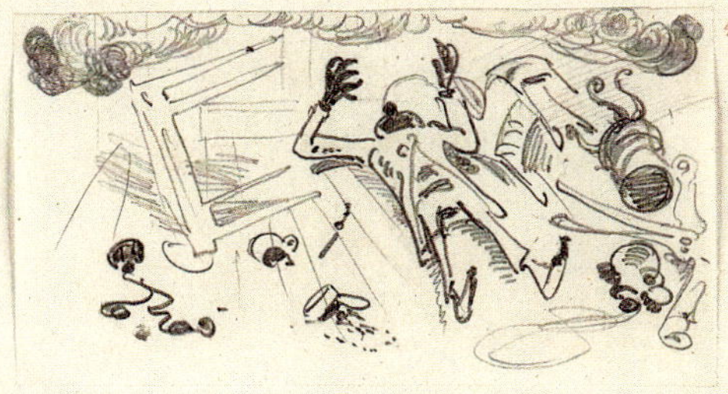

Als der Dampf sich nun erhob,
Sieht man Lämpel, der Gottlob!
Lebend auf dem Rücken liegt;
Doch er hat was abgekriegt.

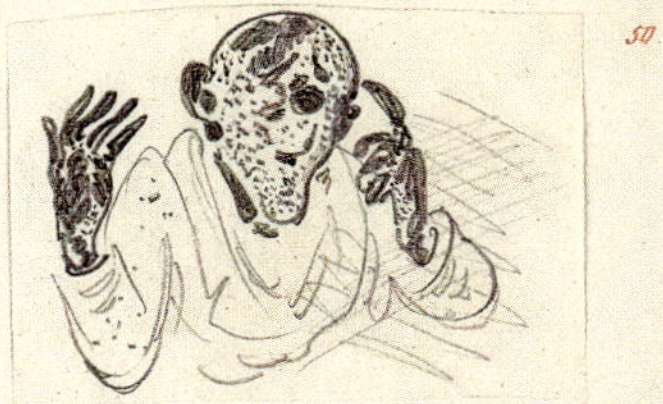

Nase, Hand, Gesicht und Ohren
Sind so schwarz als wie die Mohren,
Und des Haares letzter Schopf
Ist verbrannt bis auf den Kopf. ~

28

Wer soll nun die Kinder lehren
Und die Wissenschaft vermehren?
Wer soll nun für Lämpel leiten
Seine Amtesthätigkeiten?
Woraus soll der Lehrer rauchen,
Wenn die Pfeife nicht zu brauchen??

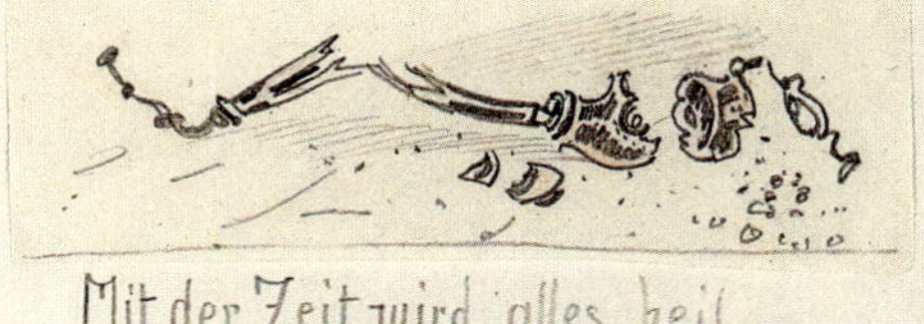

Mit der Zeit wird alles heil,
Nur die Pfeife hat ihr Theil.

Dieses war der vierte Streich,
Doch der fünfte folgt sogleich,

Nun war dieser brave Lehrer
Von dem Toback ein Verehrer,
Was man ohne alle Frage
Nach des Tages Müh und Plage
Einem guten alten Mann
Auch von Herzen gönnen kann. –

– Max und Moritz, unverdrossen,
Sinnen aber schon auf Possen,
Ob vermittelst seiner Pfeifen
Dieser Mann nicht anzugreifen. –
– Einstens, als es Sonntag wieder,
Und Herr Lämpel, brav und bieder,

In der Kirche mit Gefühle
Saß vor seinem Orgelspiele, –

Schlichen sich die bösen Buben
In sein Haus und seine Stuben,
Wo die Meerschaumpfeife stand;
Max hält sie in seiner Hand;

Aber Moritz aus der Tasche
Zieht die Flintenpulverflasche,
Und geschwinde, stopf, stopf, stopf!
Pulver in den Pfeifenkopf. –
Jetzt nur still und schnell nach Haus,
Denn schon ist die Kirche aus. –

–. Eben schließt in sanfter Ruh
Lämpel seine Kirche zu;

Und mit Buch und Notenheften,
Nach besorgten Amtsgeschäften

Lenkt er freudig seine Schritte
Zu der heimathlichen Hütte,

Und voll Dankbarkeit sodann
Zündet er sein Pfeifchen an.

– Ach! – spricht er – Die größte Freud'
Ist doch die Zufriedenheit!!! –.

Rums!! – da geht die Pfeife los
Mit Getöse, schrecklich groß.
Kaffeetopf und Wasserglas,
Tobacksdose, Dintenfass,
Ofen, Tisch und Sorgensitz –
Alles fliegt im Pulverblitz. –

Als der Dampf sich nun erhob,
Sieht man Lämpel, der Gottlob!
Lebend auf dem Rücken liegt;
Doch er hat was abgekriegt.

Nase, Hand, Gesicht und Ohren
Sind so schwarz als wie die Mohren,
Und des Haares letzter Schopf
Ist verbrannt bis auf den Kopf. –

Wer soll nun die Kinder lehren
Und die Wissenschaft vermehren?
Wer soll nun für Lämpel leiten
Seine Amtesthätigkeiten?
Woraus soll der Lehrer rauchen,
Wenn die Pfeife nicht zu brauchen??

Mit der Zeit wird alles heil,
Nur die Pfeife hat ihr Theil.

Dieses war der vierte Strich,
Doch der fünfte folgt sogleich.

WILHELM BUSCH (1832–1908)

334 Die Brille
1870

Bleistift, 9 Blätter, jeweils ca. 223 x 144 mm

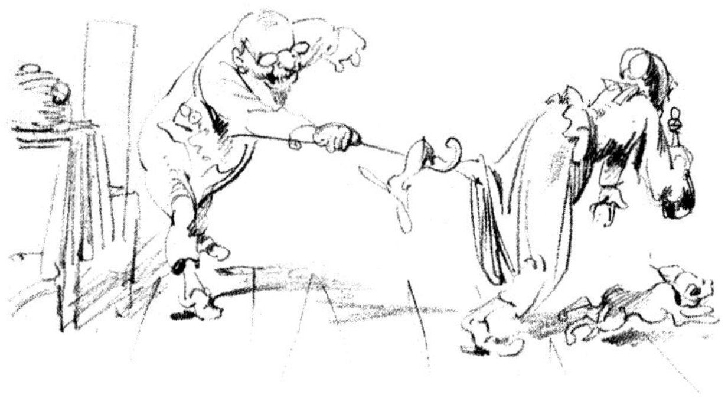

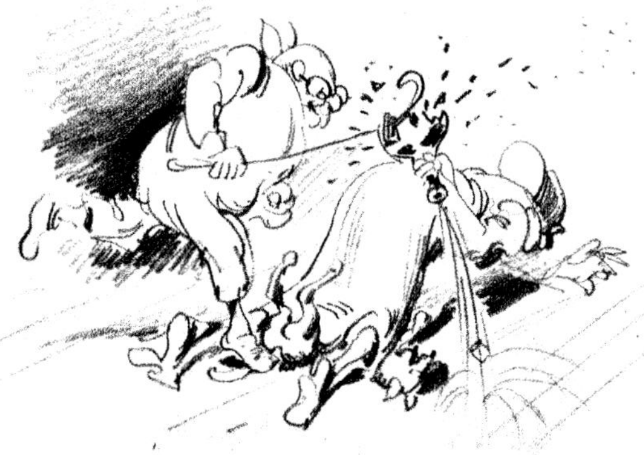

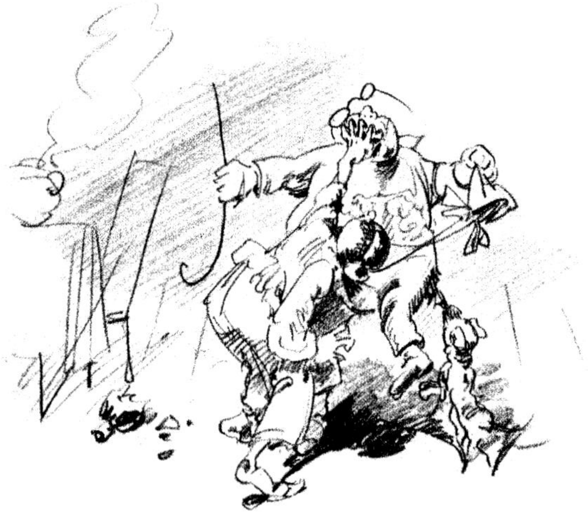

Die Brille.

Erster Bogen.

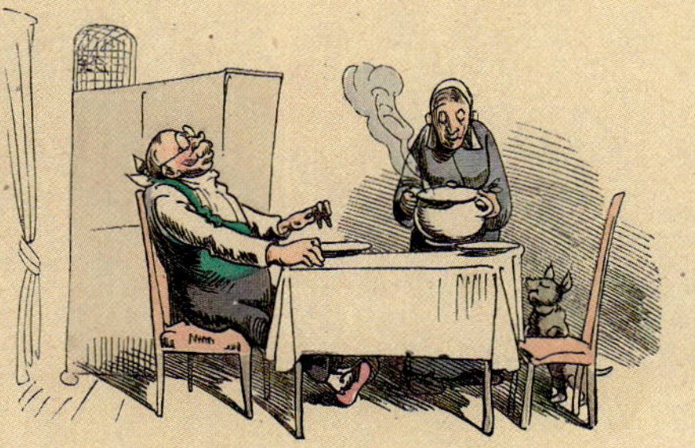

1. Des Mittags, als es zwölfe war,
Setzt sich zu Tisch der Herr Actuar.

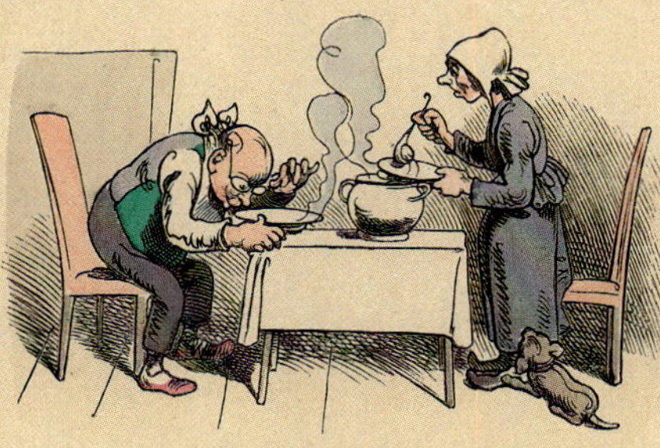

2. Er schaut bedenklich, ernst und stille
Die Suppe an durch seine Brille.

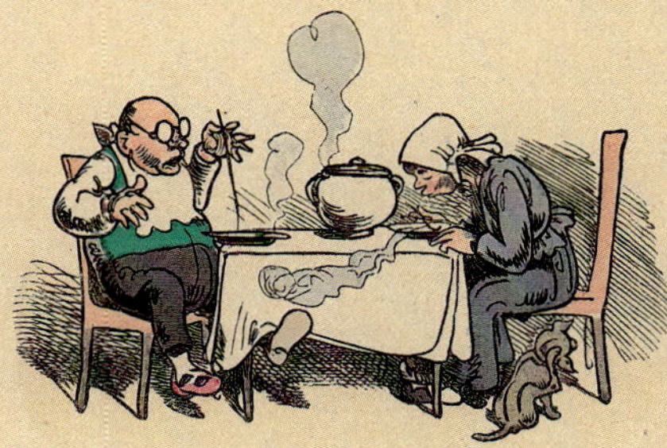

3. Und durch die Brille scharf und klar
Entdeckt er gleich ein langes Haar.

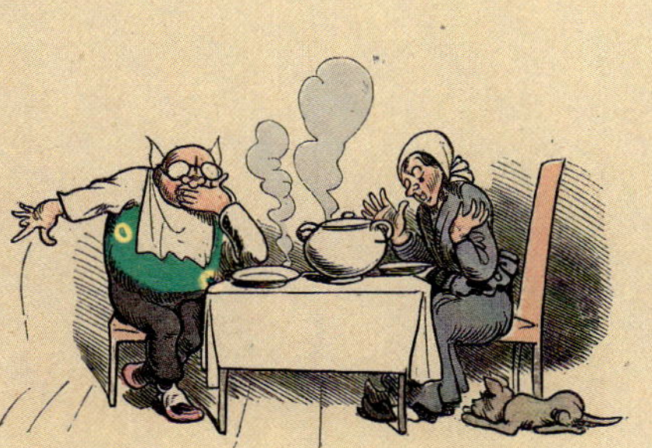

4. „Nun!" — sprach die Frau — „das kann wohl mal passiren!
Hast Du mich lieb, so wird's Dich nicht geniren!"

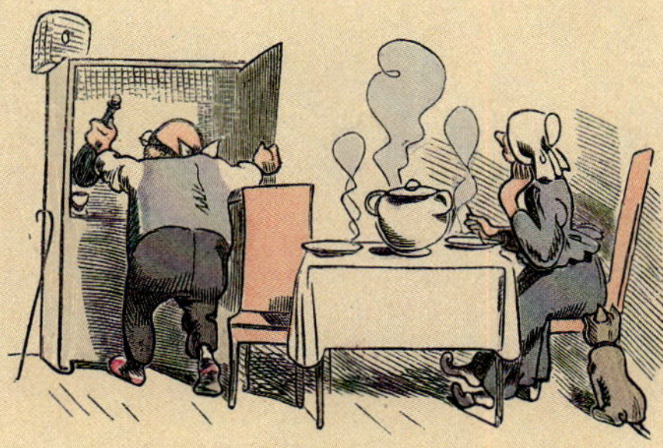

5. Er aber kehrt sich schleunigst um
Und holt die Flasche, die voll Rum.

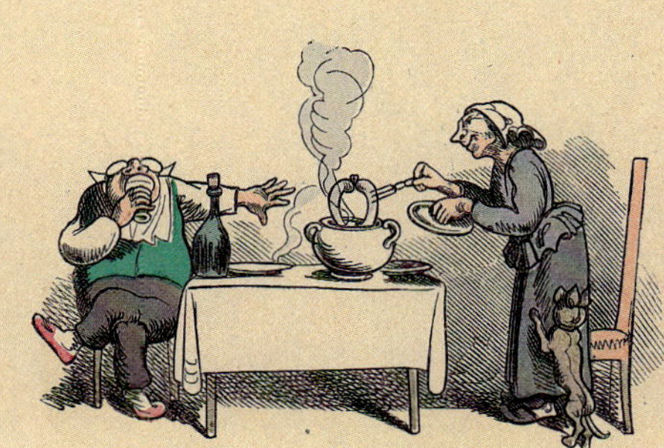

6. Er trinkt und ist so sehr verstockt,
Daß selbst die Wurst ihn nicht verlockt.

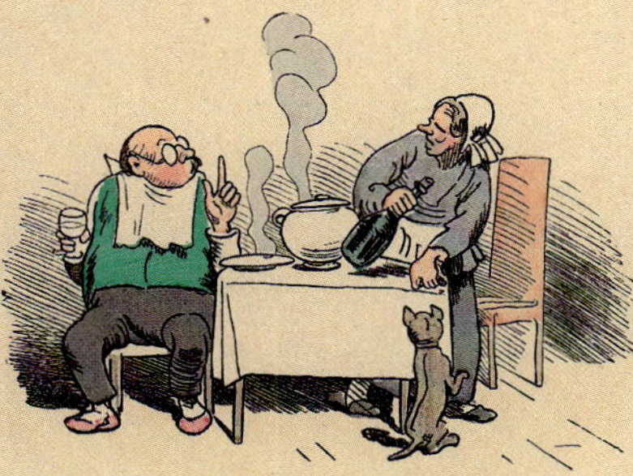

7. „Ach!" denkt die Frau; „wie wird das enden!"
Und sucht die Flasche zu entwenden.

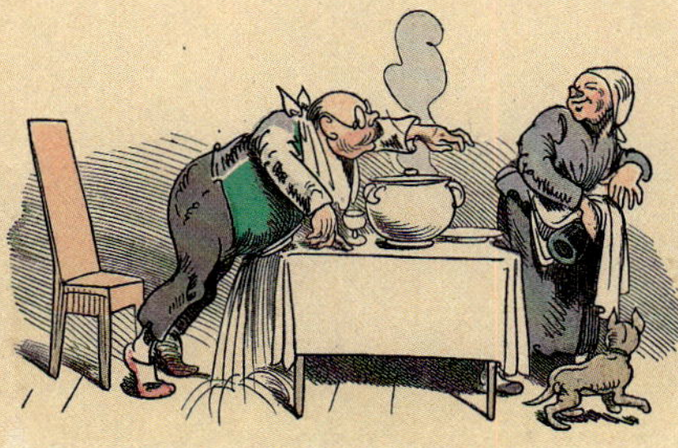

8. Doch hierin kennt er keinen Spaß:
„Gleich stell' sie her! Sonst giebt es was!"

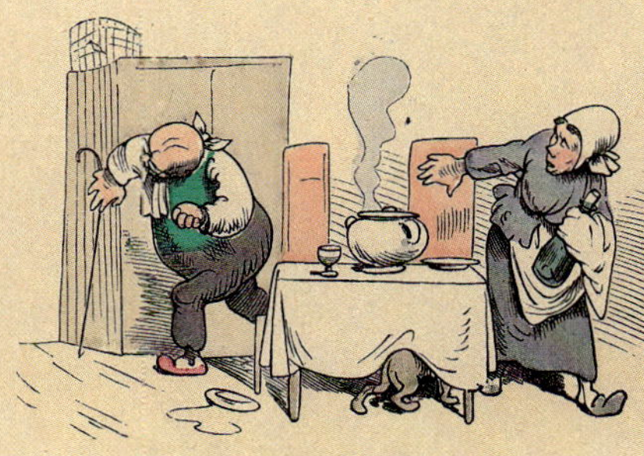

9. Und schon ergreift er mit der Hand
Den Stock, der in der Ecke stand.

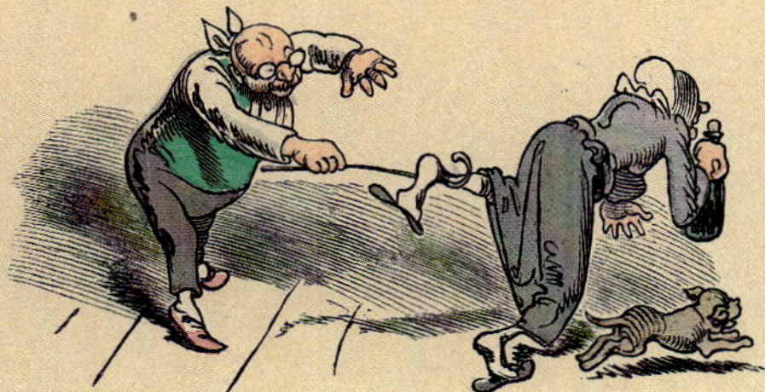

10. Die Frau versucht zu flieh'n; indeß
Der Hakenstock verhindert es.

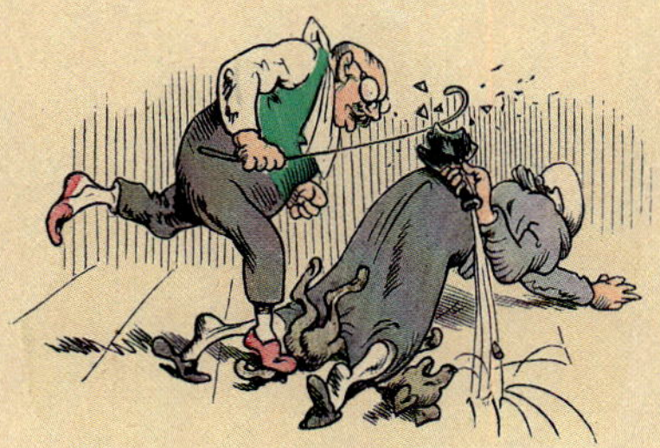

11. Ein Schlag, gar wohl gezielt und tüchtig,
Trifft, und zerbricht die Flasche richtig.

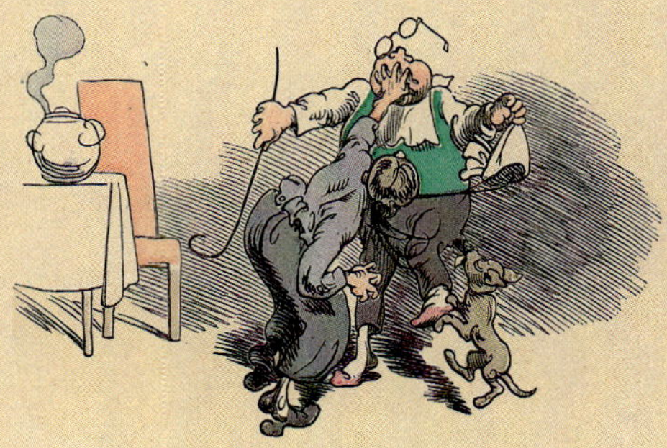

12. Nun nimmt die Frau die Sache krumm
Und kehrt sich zur Attake um.

Münchener Bilderbogen.

Nro. 527.

Herausgegeben und verlegt von **Braun & Schneider** in München.

Kgl. Hofbuchdruckerei von Dr. C. Wolf & Sohn in München.

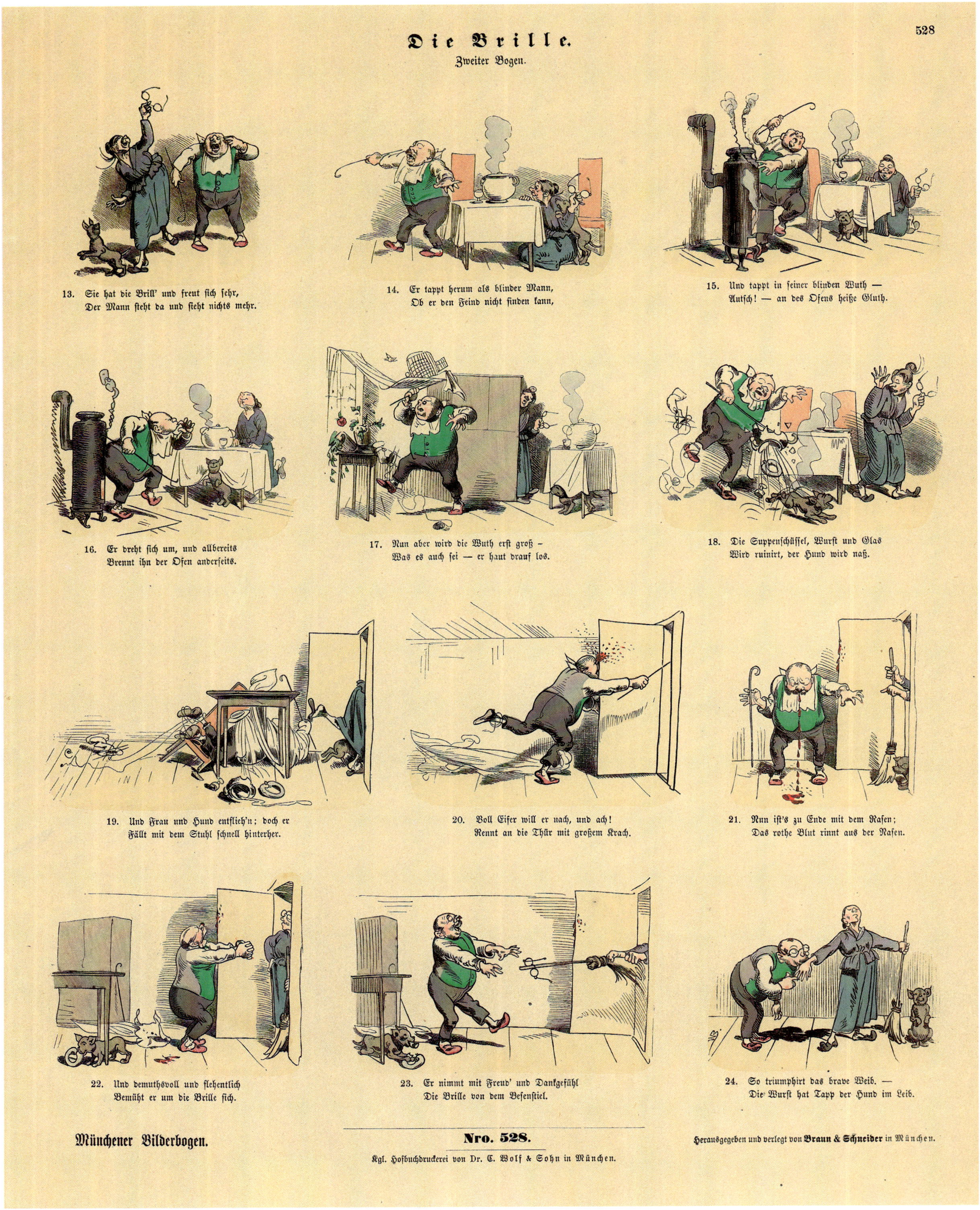
528
Die Brille.
Zweiter Bogen.
13. Sie hat die Brill' und freut sich sehr,
Der Mann steht da und sieht nichts mehr.
14. Er tappt herum als blinder Mann,
Ob er den Feind nicht finden kann,
15. Und tappt in seiner blinden Wuth —
Autsch! — an des Ofens heiße Gluth.
16. Er dreht sich um, und allbereits
Brennt ihn der Ofen anderseits.
17. Nun aber wird die Wuth erst groß –
Was es auch sei — er haut drauf los.
18. Die Suppenschüssel, Wurst und Glas
Wird ruinirt, der Hund wird naß.
19. Und Frau und Hund entflieh'n; doch er
Fällt mit dem Stuhl schnell hinterher.
20. Voll Eifer will er nach, und ach!
Rennt an die Thür mit großem Krach.
21. Nun ist's zu Ende mit dem Rasen;
Das rothe Blut rinnt aus der Nasen.
22. Und demuthsvoll und flehentlich
Bemüht er um die Brille sich.
23. Er nimmt mit Freud' und Dankgefühl
Die Brille von dem Besenstiel.
24. So triumphirt das brave Weib. —
Die Wurst hat Tapp der Hund im Leib.
Münchener Bilderbogen.
Nro. 528.
Kgl. Hofbuchdruckerei von Dr. C. Wolf & Sohn in München.
Herausgegeben und verlegt von Braun & Schneider in München.

Ohne Künstlerbezeichnung; auf dem Titelblatt bez.: Die Brille; Vorrede wie unten (in Deutscher Schrift). Wilhelm-Busch-Museum Hannover, Inv. Nr. 3/047.1

(Vorrede:)
Durch seine Brille groß und klar
Entdeckt Er in der Suppe ein Haar. –

Voll Bosheit will er sich deswegen
Nur ganz allein aufs Trinken verlegen. –

Sie aber hat die Flasche genommen,
Worauf Sie sicherlich Schläge bekommen,

Hätte Sie nicht die Brille entführt:
So stand Er da und war blamiert.

WILHELM BUSCH (1832–1908)

335 Fipps der Affe: Dreizehntes Kapitel
1878

Sepia / Feder und Pinsel, Rotstift, Bleistift
Blatt I: 267 x 191 mm; II: 266 x 191 mm

Ohne Künstlerbezeichnung; Bildtext wie unten. Blatt 83 und 84 der Handschrift; Erstdruck 1879 Wilhelm-Busch-Museum Hannover, Inv Nr. 3/008.1

Da steht auch Dümmels kleiner Sohn
Mit dem Butterbrod. – Fipps hat es schon.
Des kleinen Dümmels durchdringender Schrei
Lockt seine erschrockene Mutter herbei.
Mit den Schreckensworten: da kummt de dübel!
Fällt sie in einen dastehenden Kübel.
Doch Dümmel schreit und kennt ihn gleich wieder:
»Dat is de verdammtige haresnieder!«
Schnell faßt er die Flinte, ein Schießeding,
Was da seit anno funfzehn hing.
Auch sammeln sich eilig von jeglicher Seite
Die Nachbarsleute, gerüstet zum Streite.

Im Spätherbst 1878 entstand die farbige Handschrift von »Fipps der Affe«. Die Idee für diese Bildergeschichte entwickelte Wilhelm Busch seit Ende 1877. Die Vorstufen sind durch verschiedene Studien- bzw. Skizzenblätter belegt.

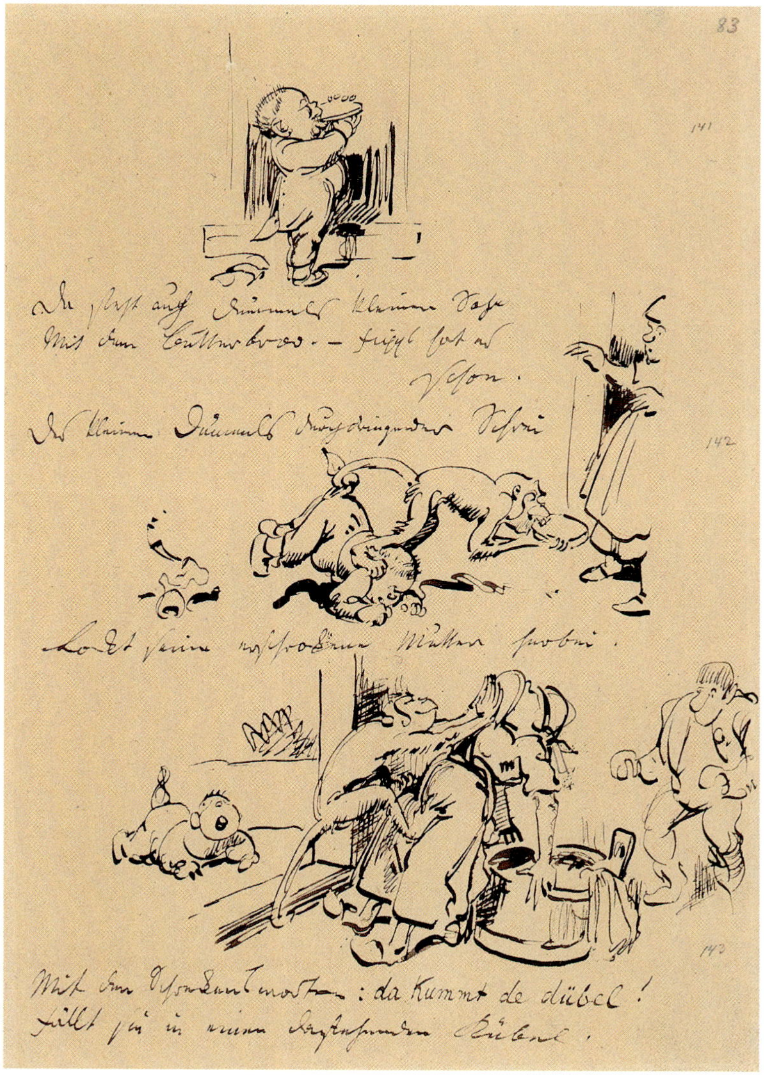

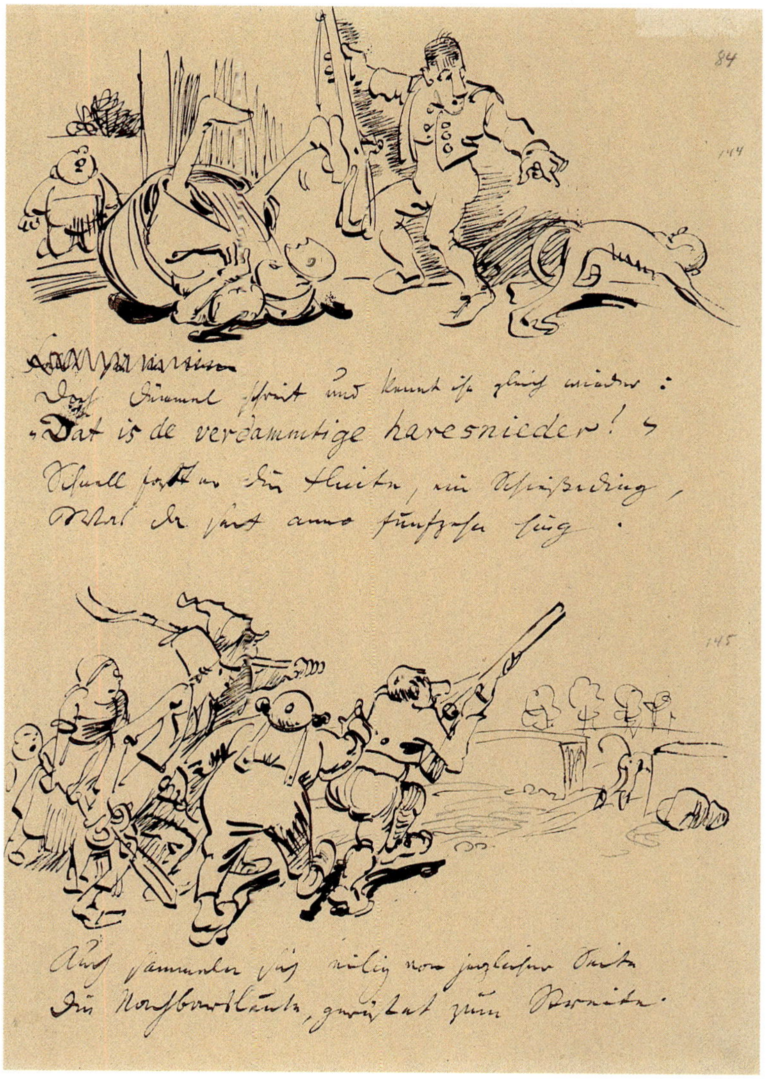

Die Geschichte handelt von dem kleinen Affen Fipps, der »nicht als Schönheit anzusehen. / Was ihm dagegen Werth verleiht, / Ist Rührig- und Betriebsamkeit. / Wann wo Was los, er darf nicht fehlen; / Was ihm beliebt, das muß er stehlen; / Wenn Wer Was macht, er macht es nach; / Und Bosheit ist sein Lieblingsfach.«
Aus Afrika zuerst nach Bremen entführt, sorgt Fipps, wo immer er auftaucht, für schmerzhafte Blessuren und heilloses Durcheinander. Die hier abgebildete Szene aus dem dreizehnten (später 12.) Kapitel leitet das Ende des Übeltäters ein: Auf dem Weg zu neuen Streichen gerät er an den Bauern Dümmel, dem er bereits zu Anfang der Geschichte als vermeintlicher Haarschneider arg mitgespielt hatte. Nun raubt er dem kleinen Sohn Dümmels das Brot, woraufhin die Mutter vor Schreck in einen Kübel fällt. Dümmel und die Nachbarsleute starten eine Verfolgungsjagd, an deren Ende Fipps erschossen wird. [GV]

WILHELM BUSCH (1832–1908)

336 Fritze
aus: »Die Haarbeutel«
1878

Bleistift, Blatt I: 202 x 111 mm; II: 205 x 196 mm; III: 204 x 106 mm; IV: 207 x 110 mm; V: 208 x 109 mm
Ohne Künstlerbezeichnung; Legendenbezeichnung wie unten (in Deutscher Schrift); Bildnummern jeweils o. re. in Rotstift. – 5 Blätter umfassende Handschrift.
Wilhelm-Busch-Museum Hannover, Inv. Nr. 3/007.1

Die Bildergeschichte um das grausame Ende von Fritze und Jungfer Grete stammt aus der 1878 veröffentlichten Sammlung »Die Haarbeutel« (siehe auch Kat. 337): »Nur leise«). Hier führt der Alkoholgenuß zu einem schnellen Ende mit Schrecken: Fritze erstickt in einem Seifenfaß und Grete wird vom Vitriol zernagt.
Unter Buschs gezeichneten Katastrophen ist »Fritze« diejenige, die am schnellsten das Ende bringt. Kein

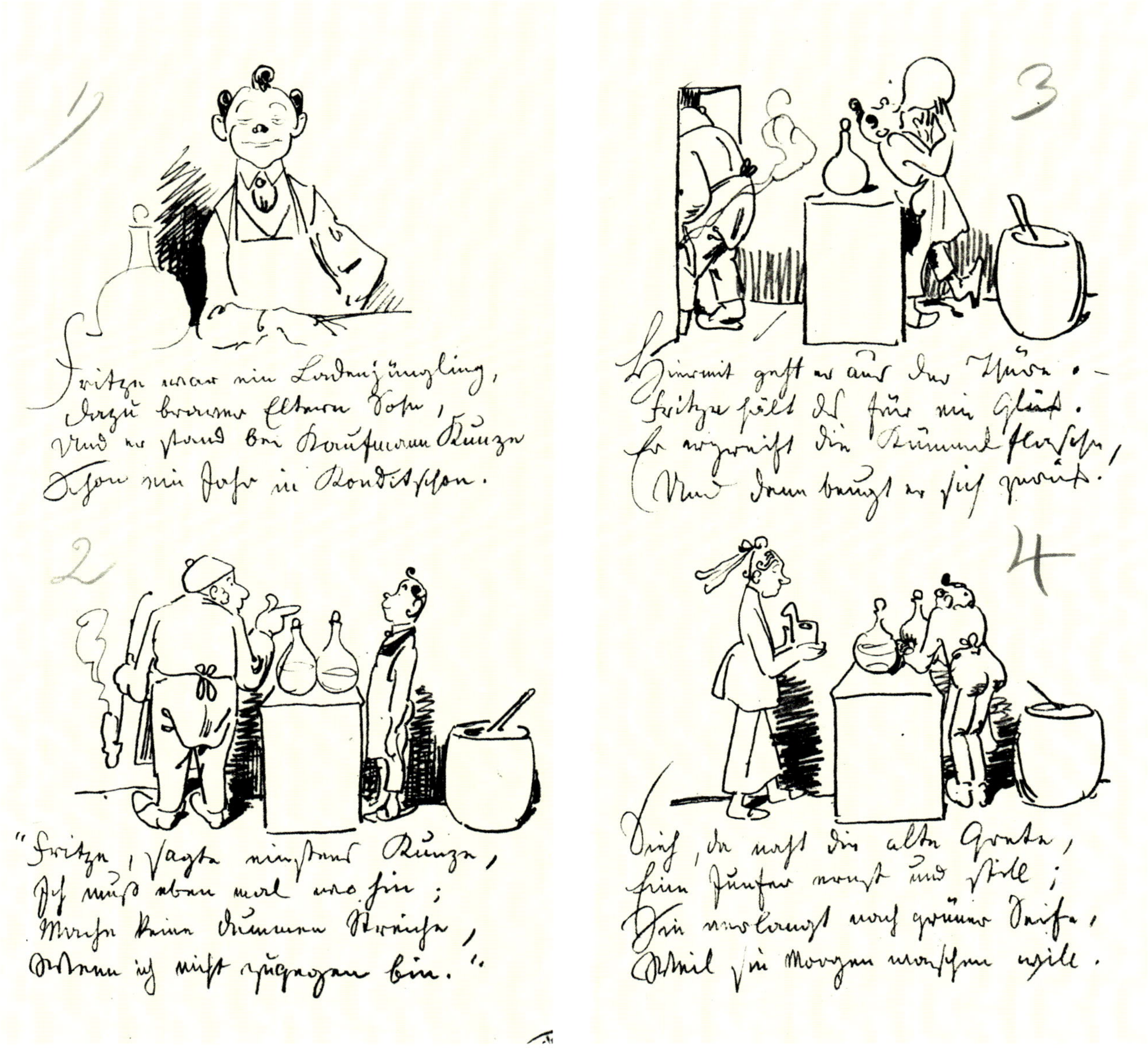

Bedauern mit den beiden Opfern auch im Schlußvers – Wilhelm Busch erweist sich in dieser Bildergeschichte als kühl-distanzierter, ironisch beobachtender Satiriker. [GV]

Fritze war ein Ladenjüngling,
Dazu braver Eltern Sohn,
Und er stand bei Kaufmann Kunze
Schon ein Jahr in Konditschon.

»Fritze, sagte einstens Kunze,
Ich muß eben mal wo hin;
Mache keine dummen Streiche,
Wenn ich nicht zugegen bin.«

Hiermit geht er aus der Thüre. –
Fritze hält das für ein Glück.
Er ergreift die Kümmelflasche,
Und dann beugt er sich zurück.

Sieh, da naht die alte Grete,
Eine Jun[g]fer ernst und still;
Sie verlangt nach grüner Seife,
Weil sie Morgen waschen will.

Auch erhub sie ein Klage,
Daß sie's so im Leibe hat,
Weshalb sie vor allen Dingen
Erst um einen Kümmel bat.

Fritze zeigt sich dienstbeflißen.
Ihm ist recht confus und wohl.
Statt der großen Kümmelflasche
Nimmt er die mit Vitriol.

Jun[g]fer Grete voller Freuden
Greift begierig nach dem Glas;
Fritz, der grünen Seife wegen,
Beugt sich über's Seifenfaß.

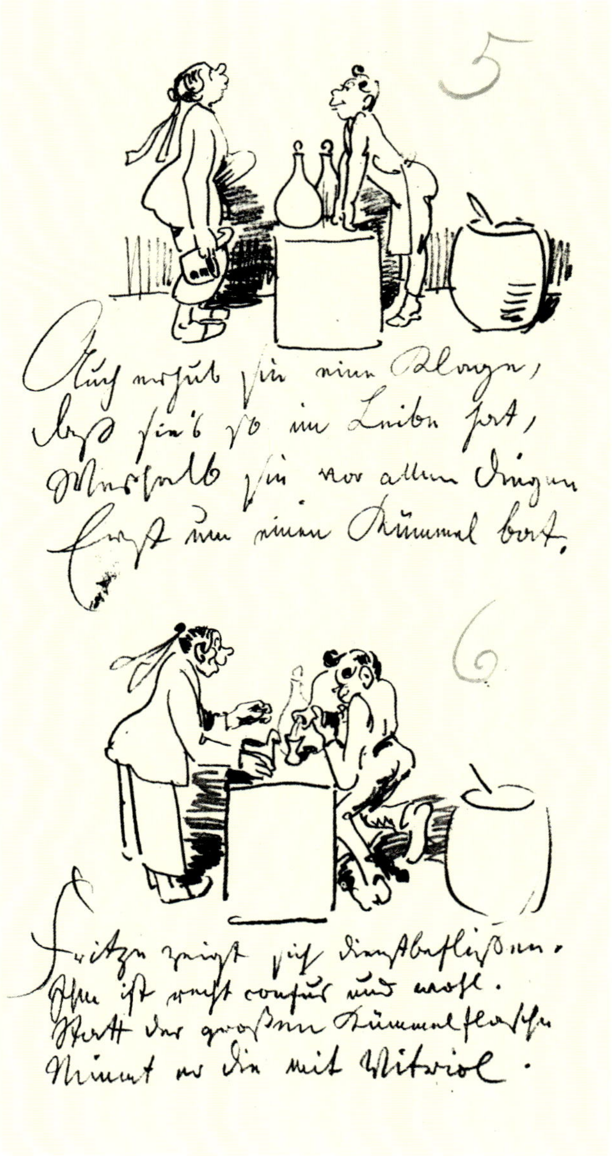

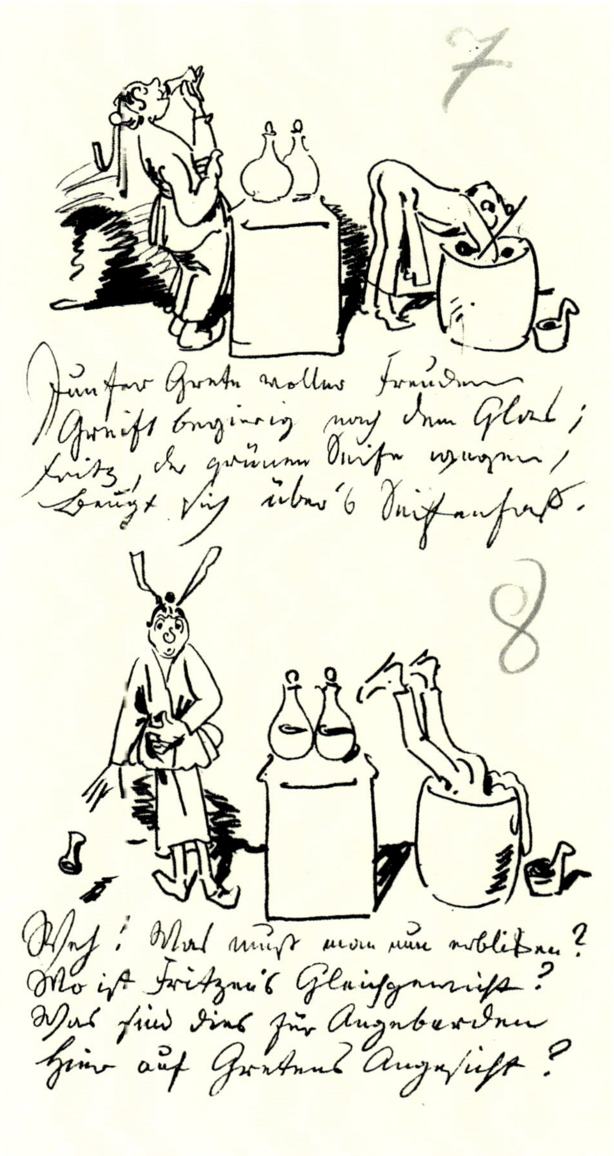

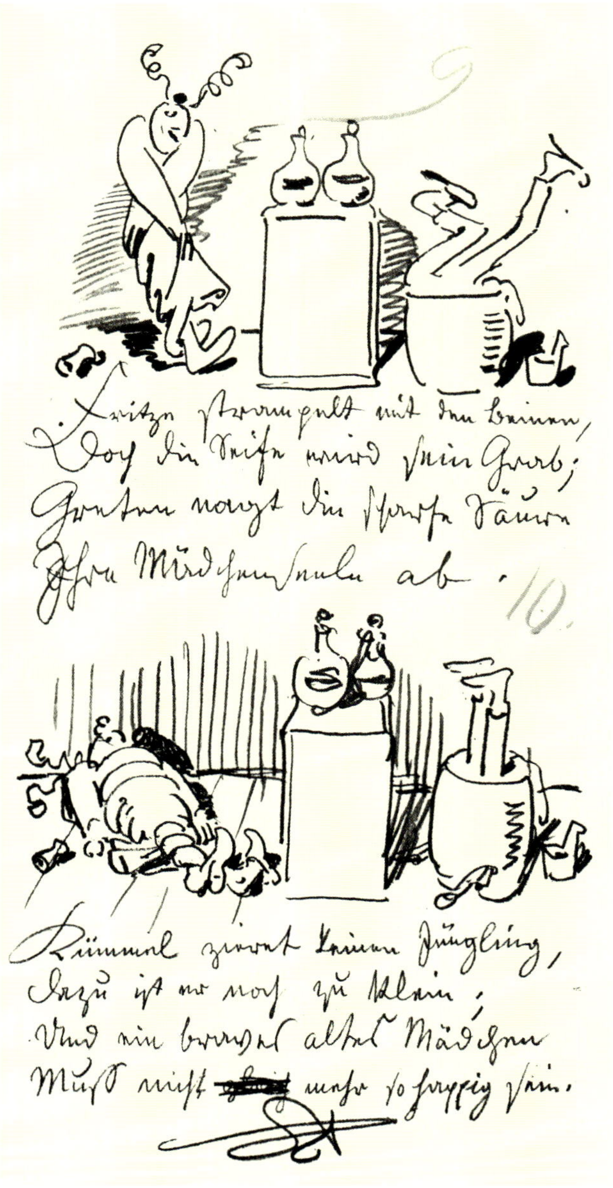

Weh! Was muß man nun erblicken?
Wo ist Fritzen's Gleichgewicht?
Was sind dies für Angeberden
Hier auf Gretens Angesicht?

Fritze strampelt mit den Beinen,
Doch die Seife wird sein Grab;
Greten nagt die scharfe Säure
Ihre Mädchenseele ab.

Kümmel zieret keinen Jüngling,
Dazu ist er noch zu klein;
Und ein braves altes Mädchen
Muß nicht mehr so happig sein.

WILHELM BUSCH (1832–1908)

337 Nur leise aus: »Die Haarbeutel« 1878

Sepia/Feder
Blatt I: 57x77 mm; II: 59x42 mm; III: 58x74 mm; IV: 59x60 mm; V: 73x63 mm; VI: 72x68 mm; VII: 66x95 mm; VIII: 69x93 mm; IX: 65x82 mm
Ohne Künstlerbezeichnung. – 9 Blätter in Reinzeichnung als Druckvorlage
Wilhelm-Busch-Museum Hannover, Inv. Nr. 3/007.4

Im Februar 1878 bietet Wilhelm Busch seinem Verleger Otto Bassermann eine Sammlung von Geschichten unter dem Titel »Die Haarbeutel« an. Im Mittelpunkt steht die Trunksucht. Mit boshaftem Vergnügen schildert Busch die verschiedenen Wirkungen und Folgen des Alkohols. Er läßt seine Helden schwanken, torkeln, stürzen oder erfrieren. Für Studiosus Döppe sind die Folgen seines angetrunkenen Zustandes fatal; bei der Hausbesitzerin und Witwe Pauline hat er sich die Sympathien endgültig verscherzt, und damit ist die behagliche Zukunft in unerreichbare Ferne gerückt.
Mit »Haarbeutel« wählt Wilhelm Busch einen Begriff aus der Zeit, in der die Männer noch den Zopf trugen und es zum Schutz vor dem Puder der Perücke einen schwarzen Samtbeutel gab. Die Bewegungen dieses Beutels erinnerten an den schwankenden Gang Betrunkener. Daher der im Plattdeutschen geläufige Spottruf »Haarbüdel!«.
Ausgestellt ist hier die Reinschrift von »Nur leise«, also die Fassung, die Wilhelm Busch als Vorlage für den Druck zeichnete. [GV]

Sehr häufig traf Studiosus Döppe
Paulinen auf des Hauses Treppe,
Wenn sie als Witwe tugendsam
Des Morgens aus der Stube kam.

Da sie Besitzerin vom Haus,
So sprach sich Döppe schließlich aus
Und bat mit Liebe und Empfindung
Um eine dauernde Verbindung.

»Herr Döppe«, sprach Pauline kühl,
»Ich ehr und achte ihr Gefühl,
Doch dies Gepolter auf der Treppe,
Fast jede Nacht, ist bös, Herr Döppe!«

Worauf denn Döppe fest beschwor,
Die Sache käme nicht mehr vor.

Dies schwören sollte wenig nützen.
nachts hat er wieder einen sitzen.
Er kommt nach Haus in später Stund
Mit Pfeife, Rausch und Pudelhund.

Behutsam zieht er auf dem Gang
Die Stiefel aus, die schwer und lang,

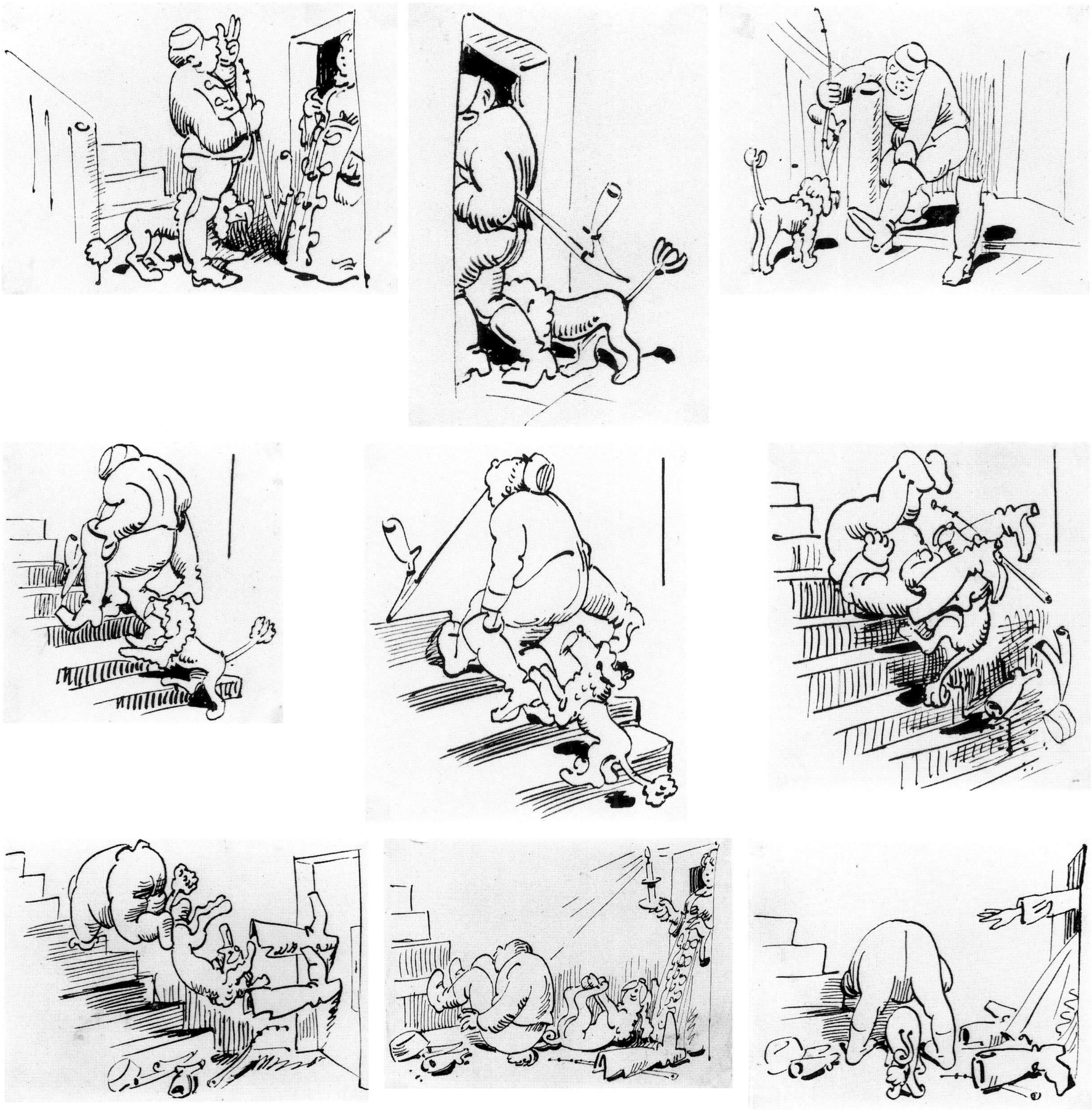

Um auf den Socken, auf den weichen,
Geräuschlos sich emporzuschleichen.
Fast ist er schon dem Gipfel nah
Und denkt, der letzte Tritt ist da.

Dies denkt er aber ohne Grund.
Die Pfeife bohrt sich in den Schlund.

Die alte Treppe knackt und knirrt,
Die Pfeife löst sich auf und klirrt;

Erschrecklich tönt der Stiefel Krach,
Dumpf rumpelt Döppe hinten nach.

Der Pudel heult und ist verletzt,
Weil Döppe seinen Schwanz besetzt.
Pauline kommt mit Kerzenlicht;

Beschämt verbirgt er sein Gesicht.
Man hört nichts weiter von Paulinen
Als: »Döppe, ich verachte Ihnen!«

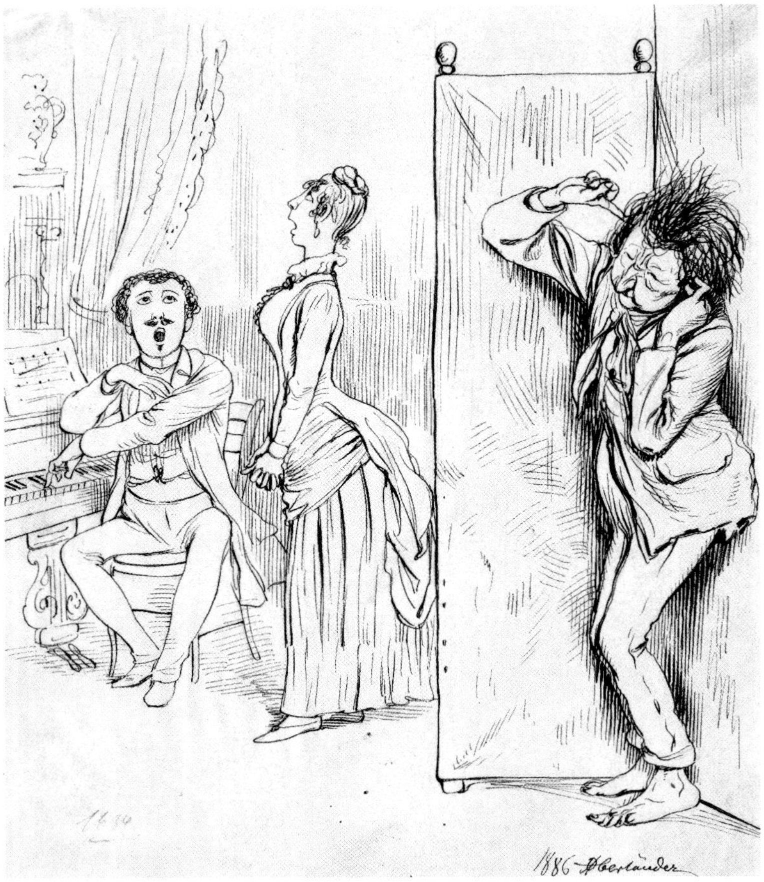

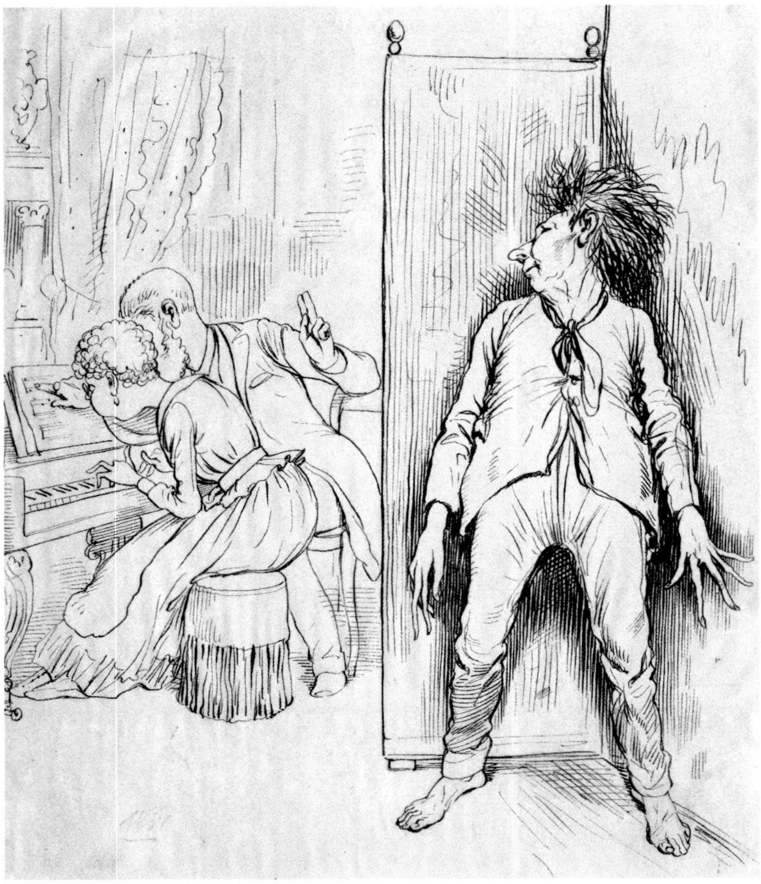

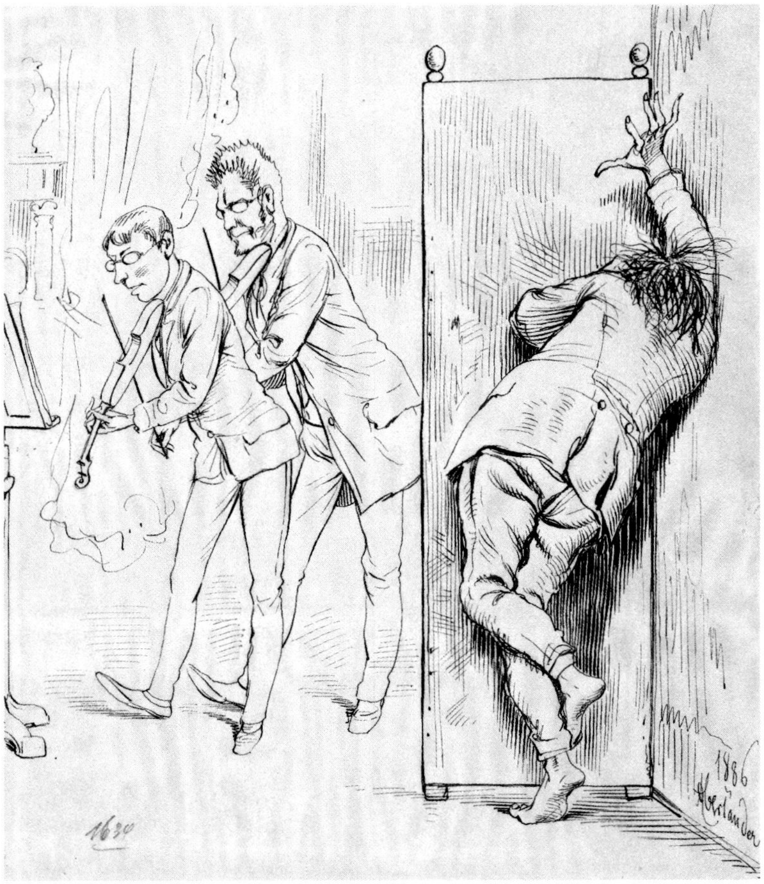

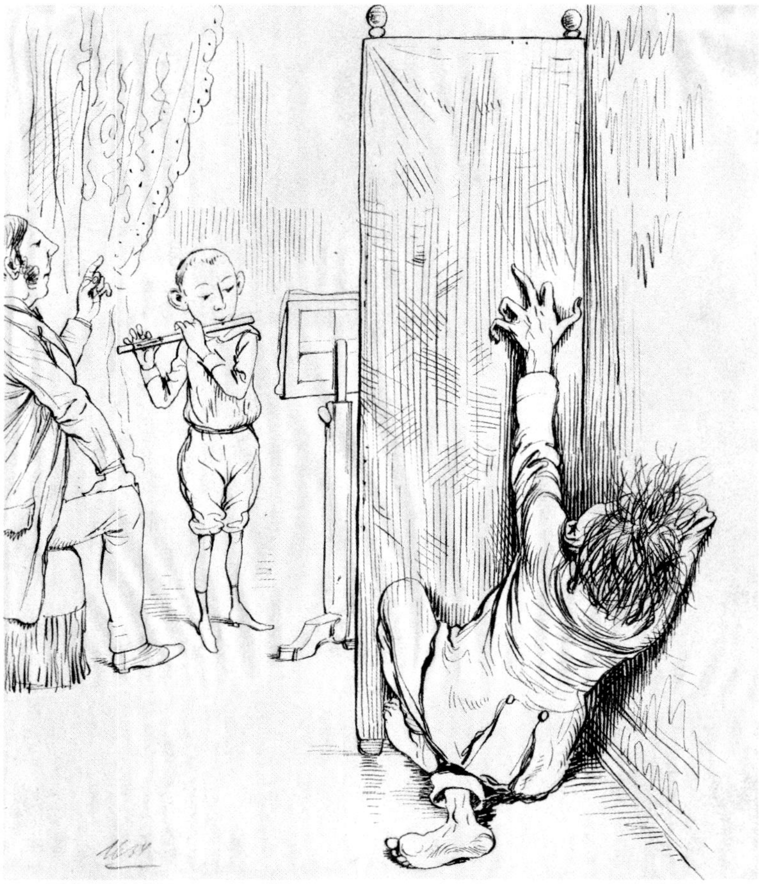

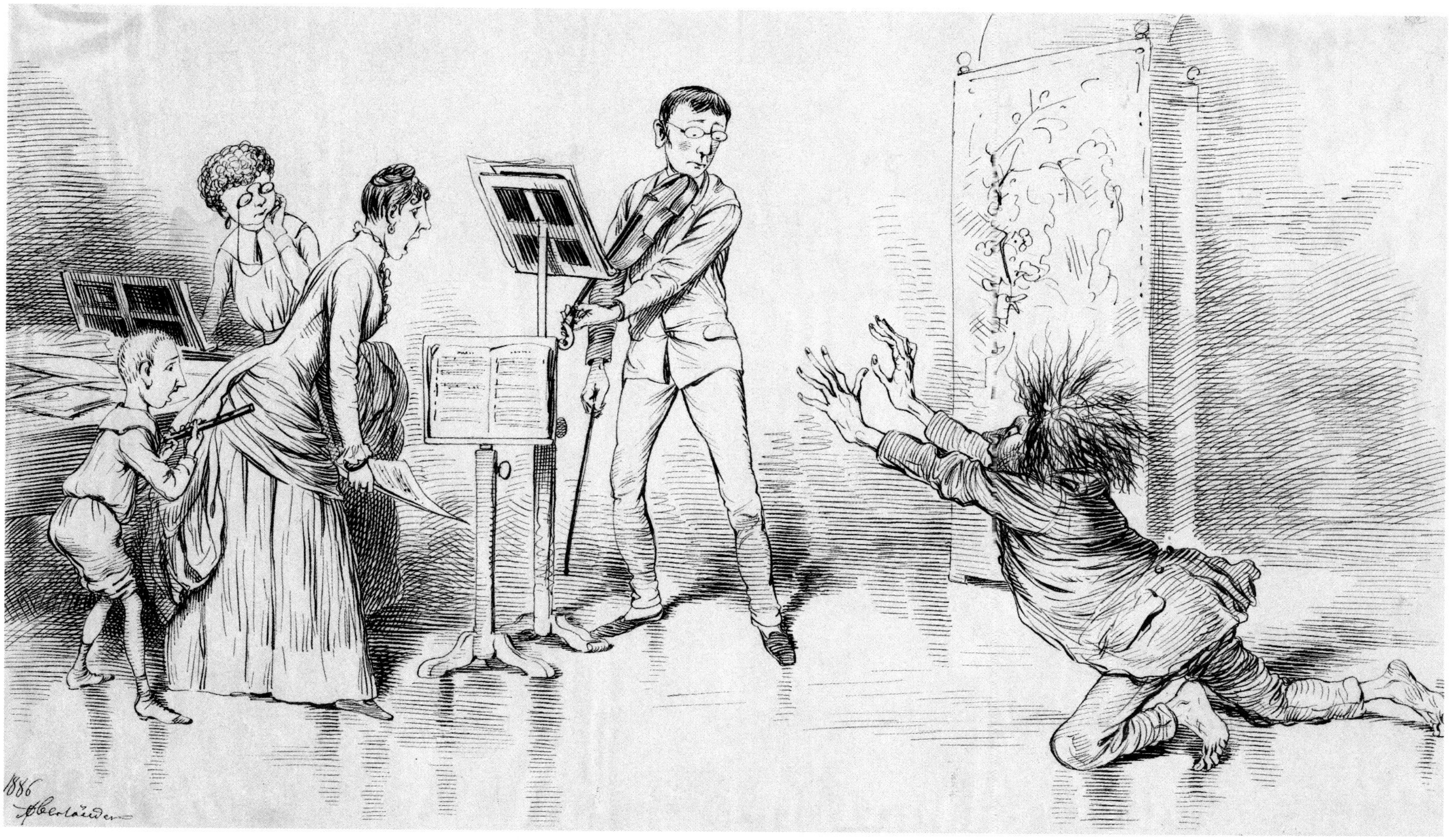

ADOLF OBERLÄNDER (1845–1923)

338 Zu viel (Der aufgesessene Dieb)
1886

Publiziert in: »Fliegende Blätter«, 85. Band, 1886, Nr. 2156, S. 162–163

Sepia/Feder
I–IV: 210 x 163 mm; V: 210 x 326 mm
Bezeichnung auf Bild I: u. li.: No 1. »Der aufgesessene Dieb«; II: sign. u. re.: 1886 A Oberländer; bez. u. li.: No 2. »Der aufgesessene Dieb«; III: sign. u. re.: 1886/A Oberländer; bez. u. li.: No 3. »Der aufgesessene Dieb«; IV: bez. u. li.: No 4. »Der aufgesessene Dieb«; V: sign. u. li.: 1886 A Oberländer /bez. u. li.: No. 5. »Der aufgesessene Dieb«.
Wilhelm-Busch-Museum Hannover (Rudolf-Ensmann-Sammlung)

I: Fräulein Laura hat von 7 bis 8 Uhr Klavierstunde.
II: Von 8 bis 9 Uhr hat die zweite Tochter des Hauses Gesangstunde.
III: Von 9 bis 10 Uhr hat der ältere Sohn Violinstunde.
IV: und von 10 bis 11 Uhr hat der jüngere Sprößling Flötenstunde.
V: Zum Schlusse versammeln sich die Brüder und Schwestern und führen ein ohrenzerreißendes Musikstück für Violine, Klavier, Flöte und eine Gesangsstimme auf. Das hält der Dieb nicht mehr aus. Er stürzt aus seinem Versteck hervor und schreit: »Um Gottes Willen, lassen S'mich arretiren – aber hören S'auf!«

[GV]

LYONEL FEININGER (1871–1956)

339 Der Tümpel
(Wee Willie Winkie's World)
um 1907

Federzeichnung, 375 x 470 mm
Privatsammlung Düsseldorf
Lit.: Ulrich Luckhardt, Lyonel Feininger. Die Karikaturen und das zeichnerische Frühwerk, München 1987 (Beiträge zur Kunstwissenschaft, Band 10), S. 54–57, S. 123, Anm. 220, »Bild 4«.

In den Jahren 1906 und 1907 erschienen in einer Beilage der »Chicago Tribune« 20 Folgen des Comic strip »Wee Willie Winkie's World«. In jeweils abgeschlossenen Geschichten schildert Feininger die Abenteuer des Hauptakteurs Willie Winkie, in dessen kindlich-phantasievoller Erlebniswelt sich stets Natur und Gegenstände beleben und mit ihm kommunizieren. Die hier gezeigte Zeichnung ist keine Vorarbeit zur am 2. 9. 1906 erscheinenden Ausgabe, sondern eine spätere Bearbeitung für ein Kinderbuchprojekt. [MS]

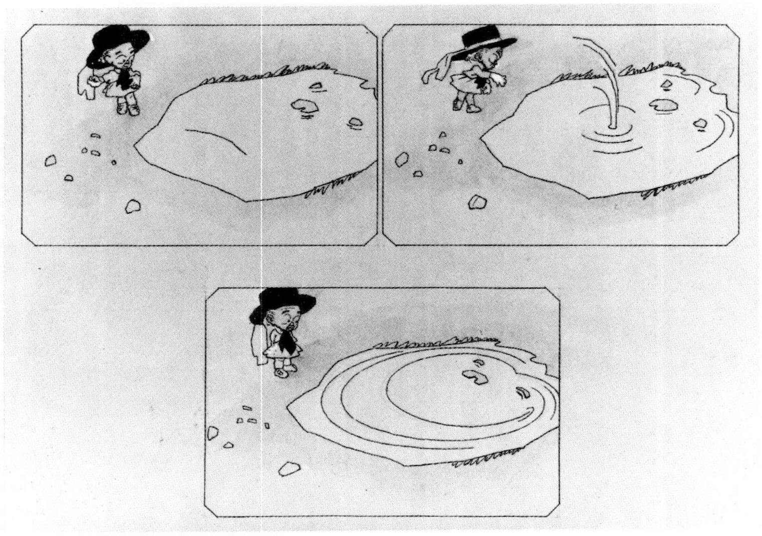

LYONEL FEININGER (1871–1956)

340 Die Sonne geht schlafen
(Wee Willie Winkie's World)
um 1907

Federzeichnung, 383 x 482 mm
Privatsammlung Düsseldorf
Lit.: Ulrich Luckhardt, Lyonel Feininger. Die Karikaturen und das zeichnerische Frühwerk, München 1987 (Beiträge zur Kunstwissenschaft, Band 10), S. 123, Anm. 220, »Bild 1«.

Vom Gipfel eines Berges aus beobachtet Willie die untergehende Sonne: wie sie zunächst etwas griesgrämig dreinschaut, dann herzhaft gähnt, schließlich sanft einschlummert und in einem Kissenberg aus Wolken versinkt (vgl. Chicago Tribune, 16. 9. 1906). Das Motiv des von einem Berg in die Ferne Blickenden ist vermutlich von Caspar David Friedrichs »Wanderer über dem Nebelmeer« von 1818 (Hamburger Kunsthalle) angeregt; ein romantisches Naturerlebnis wird von Feininger in kindliche Sichtweise übertragen. [MS]

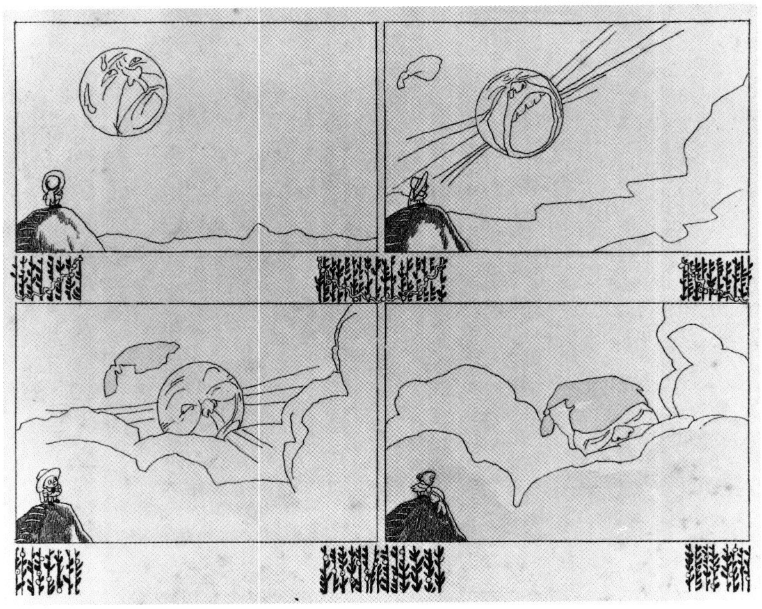

LYONEL FEININGER (1871–1956)

341 Spaziergang durch die Felder
(Wee Willie Winkie's World)
um 1907

Federzeichnung, 380 x 484 mm
Privatsammlung Düsseldorf
Lit. Ulrich Luckhardt, Lyonel Feininger. Die Karikaturen und das zeichnerische Frühwerk, München 1987 (Beiträge zur Kunstwissenschaft, Band 10), S. 124, Anm. 220, »o. Nr.«

Die Zeichnung lehnt sich an den Comic strip an, der am 30. 9. 1906 im Supplement der »Chicago Tribune« erschien, und war ebenfalls für ein Kinderbuch be-

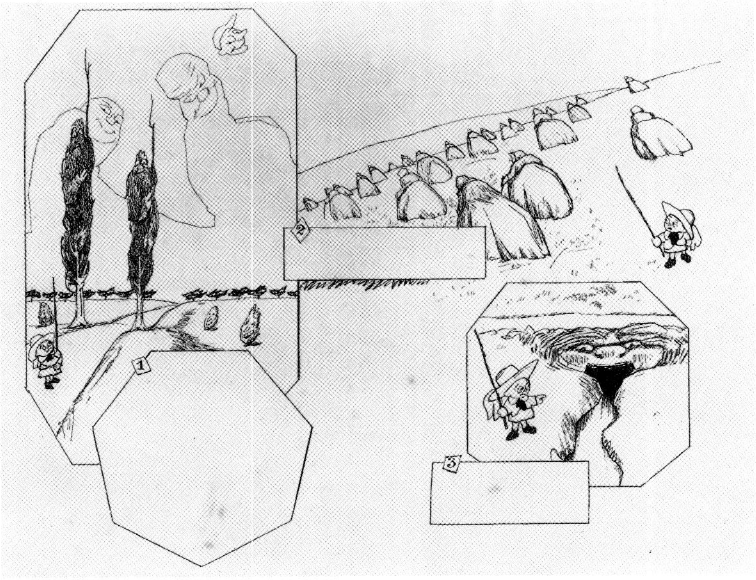

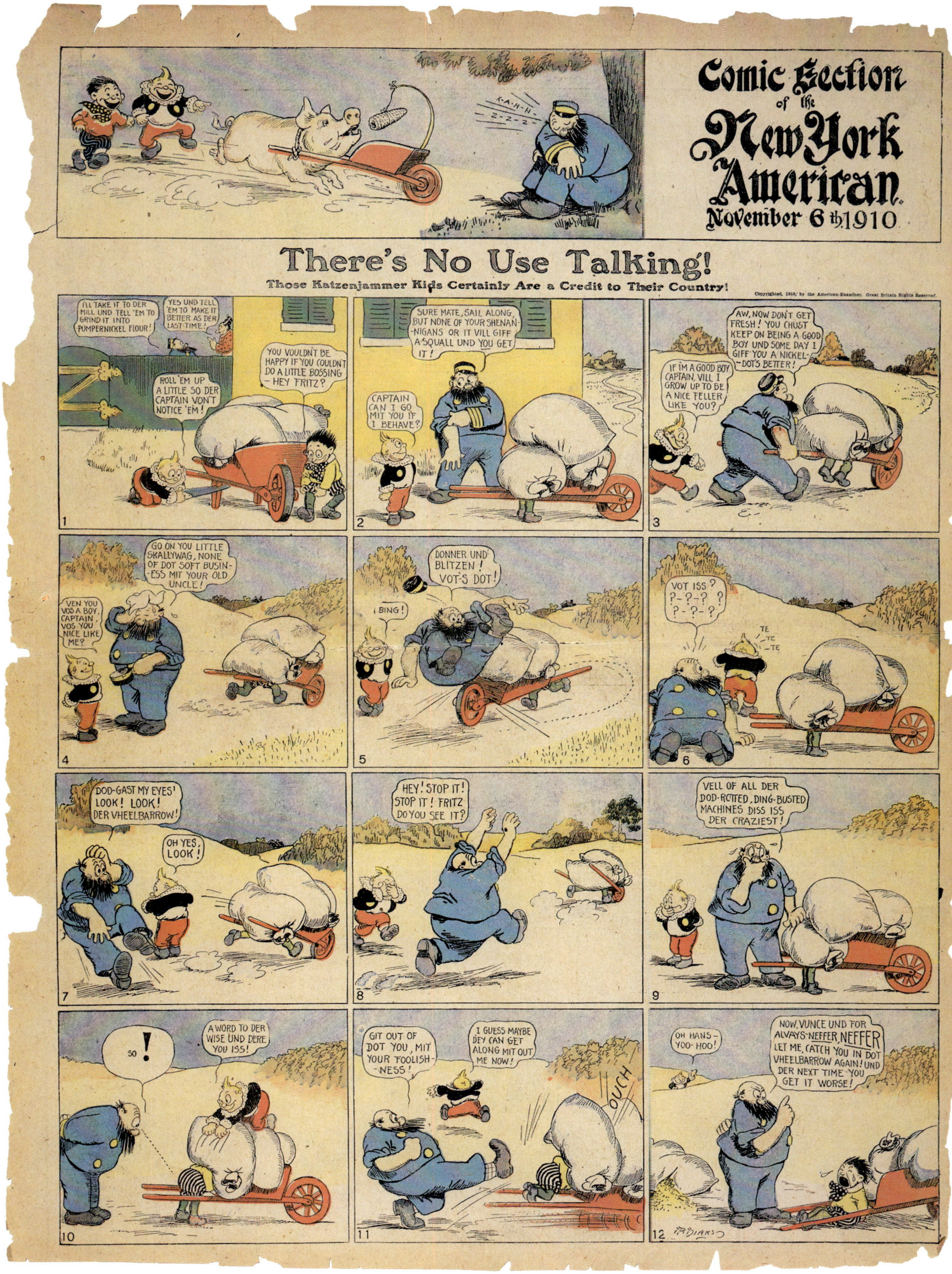
Comic Section of the New York American
November 6th 1910
K-A-H-H-
Z-Z-Z
There's No Use Talking!
Those Katzenjammer Kids Certainly Are a Credit to Their Country!
Copyrighted, 1910, by the American-Examiner. Great Britain Rights Reserved.
I'LL TAKE IT TO DER MILL UND TELL 'EM TO GRIND IT INTO PUMPERNICKEL FLOUR!
YES UND TELL 'EM TO MAKE IT BETTER AS DER LAST TIME!
ROLL 'EM UP A LITTLE SO DER CAPTAIN VON'T NOTICE 'EM!
YOU VOULDN'T BE HAPPY IF YOU COULDN'T DO A LITTLE BOSSING - HEY FRITZ?
1
CAPTAIN CAN I GO MIT YOU IF I BEHAVE?
SURE MATE, SAIL ALONG, BUT NONE OF YOUR SHENAN-NIGANS OR IT VILL GIFF A SQUALL UND YOU GET IT!
2
IF I'M A GOOD BOY CAPTAIN, VILL I GROW UP TO BE A NICE FELLER LIKE YOU?
AW, NOW DON'T GET FRESH! YOU CHUST KEEP ON BEING A GOOD BOY UND SOME DAY I GIFF YOU A NICKEL-DOT'S BETTER!
3
VEN YOU VOS A BOY, CAPTAIN, VOS YOU NICE LIKE ME?
GO ON YOU LITTLE SKALLYWAG, NONE OF DOT SOFT BUSIN-ESS MIT YOUR OLD UNCLE!
4
BING!
DONNER UND BLITZEN! VOT'S DOT!
5
VOT ISS? ?-?-? ? ?-?-?
TE TE TE
6
DOD-GAST MY EYES! LOOK! LOOK! DER VHEELBARROW!
OH YES, LOOK!
7
HEY! STOP IT! STOP IT! FRITZ DO YOU SEE IT?
8
VELL OF ALL DER DOD-ROTTED, DING-BUSTED MACHINES DISS ISS DER CRAZIEST!
9
SO!
A WORD TO DER WISE UND DERE YOU ISS!
10
GIT OUT OF DOT YOU, MIT YOUR FOOLISH-NESS!
I GUESS MAYBE DEY CAN GET ALONG MIT OUT ME NOW!
OUCH
11
OH HANS - YOO-HOO!
NOW, VUNCE UND FOR ALVAYS-NEFFER, NEFFER LET ME, CATCH YOU IN DOT VHEELBARROW AGAIN! UND DER NEXT TIME YOU GET IT WORSE!
12
R Dirks

342

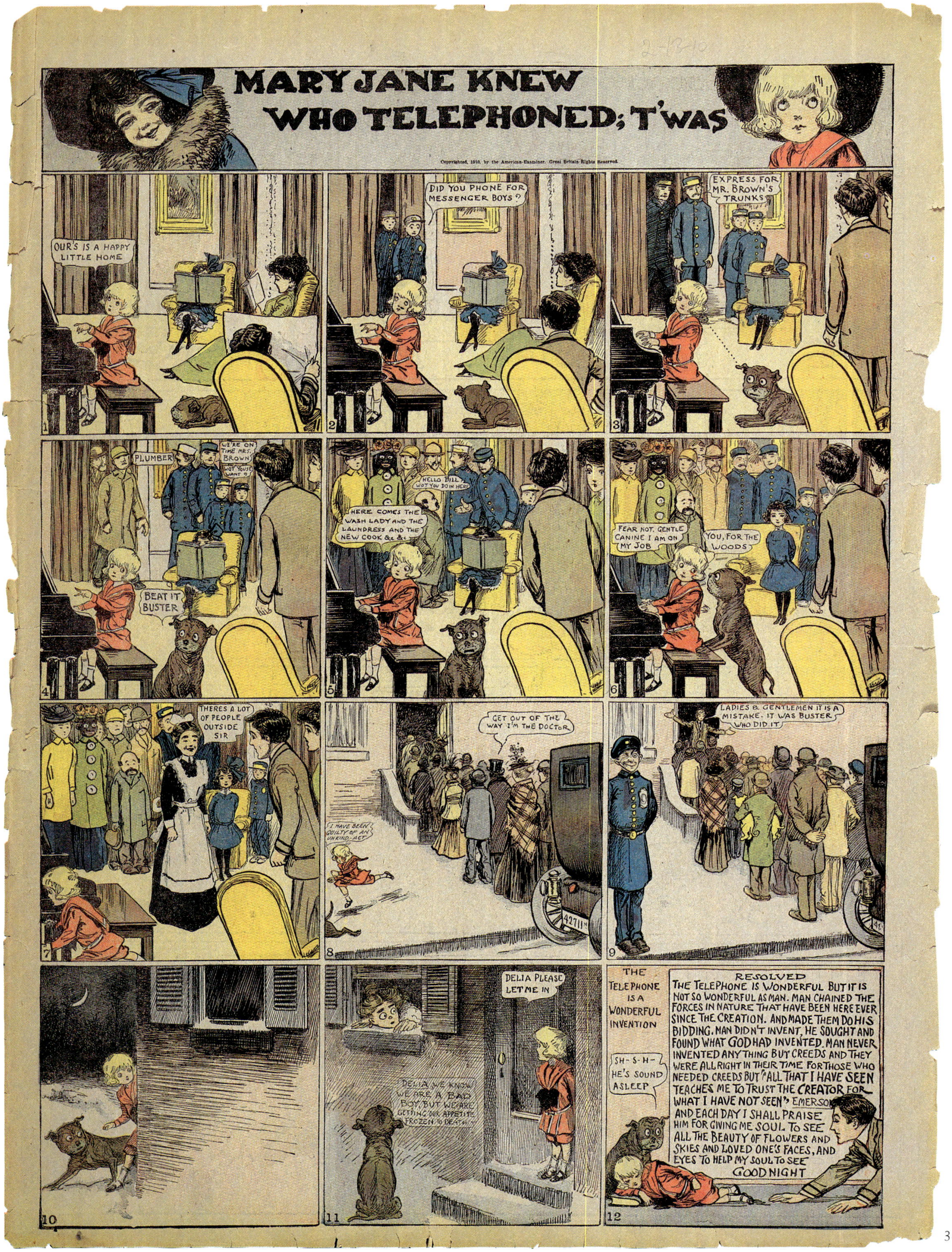
MARY JANE KNEW WHO TELEPHONED; T'WAS
Copyrighted, 1910, by the American-Examiner. Great Britain Rights Reserved.
OUR'S IS A HAPPY LITTLE HOME
DID YOU PHONE FOR MESSENGER BOYS?
EXPRESS FOR MR. BROWN'S TRUNKS
PLUMBER
WE'RE ON TIME MRS. BROWN
WOT YOUSE WANT?
BEAT IT BUSTER
HELLO BILL WOT YOU DOIN HERE
HERE COMES THE WASH LADY AND THE LAUNDRESS AND THE NEW COOK &c &c
FEAR NOT. GENTLE CANINE I AM ON MY JOB
YOU, FOR THE WOODS
THERES A LOT OF PEOPLE OUTSIDE SIR
GET OUT OF THE WAY I'M THE DOCTOR
I HAVE BEEN GUILTY OF AN UNKIND ACT
LADIES & GENTLEMEN IT IS A MISTAKE. IT WAS BUSTER WHO DID IT
DELIA PLEASE LET ME IN
DELIA WE KNOW WE ARE A BAD BOY BUT WE ARE GETTING OUR APPETITE FROZEN TO DEATH
THE TELEPHONE IS A WONDERFUL INVENTION
SH-S-H- HE'S SOUND ASLEEP
RESOLVED
THE TELEPHONE IS WONDERFUL BUT IT IS NOT SO WONDERFUL AS MAN. MAN CHAINED THE FORCES IN NATURE THAT HAVE BEEN HERE EVER SINCE THE CREATION. AND MADE THEM DO HIS BIDDING. MAN DIDN'T INVENT, HE SOUGHT AND FOUND WHAT GOD HAD INVENTED. MAN NEVER INVENTED ANY THING BUT CREEDS AND THEY WERE ALL RIGHT IN THEIR TIME FOR THOSE WHO NEEDED CREEDS BUT "ALL THAT I HAVE SEEN TEACHES ME TO TRUST THE CREATOR FOR WHAT I HAVE NOT SEEN" EMERSON
AND EACH DAY I SHALL PRAISE HIM FOR GIVING ME SOUL TO SEE ALL THE BEAUTY OF FLOWERS AND SKIES AND LOVED ONE'S FACES, AND EYES TO HELP MY SOUL TO SEE
GOOD NIGHT

343

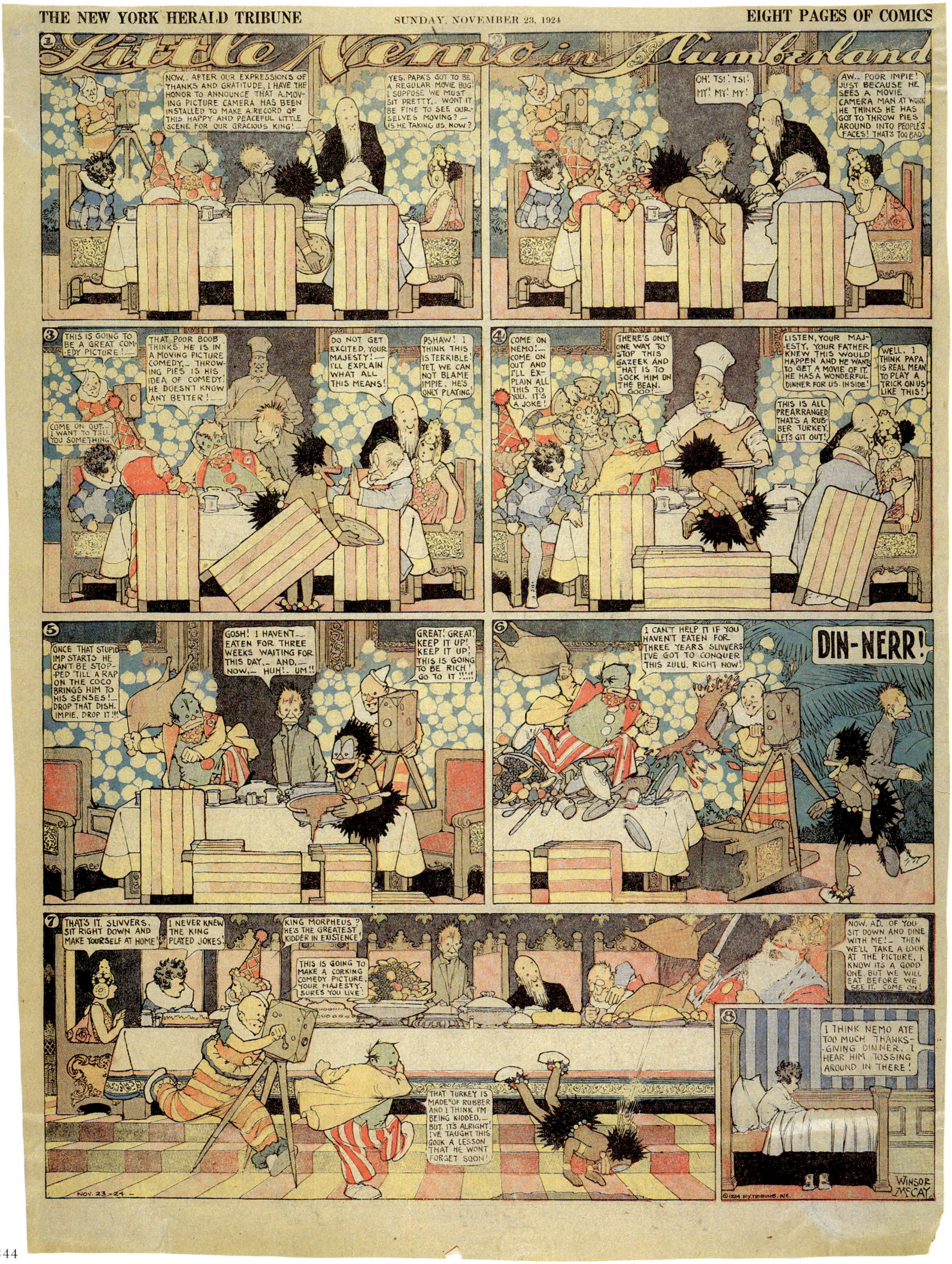
THE NEW YORK HERALD TRIBUNE
SUNDAY, NOVEMBER 23, 1924
EIGHT PAGES OF COMICS
Little Nemo in Slumberland
NOW,_ AFTER OUR EXPRESSIONS OF THANKS AND GRATITUDE, I HAVE THE HONOR TO ANNOUNCE THAT A MOVING PICTURE CAMERA HAS BEEN INSTALLED TO MAKE A RECORD OF THIS HAPPY AND PEACEFUL LITTLE SCENE FOR OUR GRACIOUS KING!_
YES, PAPA'S GOT TO BE A REGULAR MOVIE BUG! I SUPPOSE WE MUST SIT PRETTY,_ WONT IT BE FINE TO SEE OURSELVES MOVING?_ IS HE TAKING US, NOW?
OH! TSI! TSI! MY! MY! MY!
AW.. POOR IMPIE! JUST BECAUSE HE SEES A MOVIE CAMERA MAN AT WORK HE THINKS HE HAS GOT TO THROW PIES AROUND INTO PEOPLE'S FACES! THAT'S TOO BAD!
THIS IS GOING TO BE A GREAT COMEDY PICTURE!_
THAT POOR BOOB THINKS HE IS IN A MOVING PICTURE COMEDY,_ THROWING PIES IS HIS IDEA OF COMEDY! HE DOESN'T KNOW ANY BETTER!_
COME ON OUT._ I WANT TO TELL YOU SOMETHING!
DO NOT GET EXCITED, YOUR MAJESTY!_ I'LL EXPLAIN WHAT ALL THIS MEANS!
PSHAW! I THINK THIS IS TERRIBLE! YET, WE CAN NOT BLAME IMPIE, HE'S ONLY PLAYING!
COME ON NEMO!_ COME ON OUT AND I'LL EXPLAIN ALL THIS TO YOU. IT'S A JOKE!
THERE'S ONLY ONE WAY TO STOP THIS GAZEEK AND THAT IS TO SOCK HIM ON THE BEAN. GOOD!_
LISTEN, YOUR MAJESTY, YOUR FATHER KNEW THIS WOULD HAPPEN AND HE WANTS TO GET A MOVIE OF IT. HE HAS A WONDERFUL DINNER FOR US. INSIDE!
WELL, I THINK PAPA IS REAL MEAN TO PLAY A TRICK ON US LIKE THIS!
THIS IS ALL PREARRANGED, THAT'S A RUBBER TURKEY. LET'S GIT OUT!
ONCE THAT STUPID IMP STARTS HE CAN'T BE STOPPED 'TILL A RAP ON THE COCO BRINGS HIM TO HIS SENSES!_ DROP THAT DISH, IMPIE, DROP IT!!!
GOSH! I HAVENT_ EATEN FOR THREE WEEKS WAITING FOR THIS DAY,_ AND,_ NOW,_ HUH!_ UM!!
GREAT! GREAT! KEEP IT UP! KEEP IT UP! THIS IS GOING TO BE RICH! GO TO IT!!!!!
I CAN'T HELP IT IF YOU HAVEN'T EATEN FOR THREE YEARS SLIVVERS I'VE GOT TO CONQUER THIS ZULU, RIGHT NOW!
DIN-NERR!
THAT'S IT, SLIVVERS, SIT RIGHT DOWN AND MAKE YOURSELF AT HOME!
I NEVER KNEW THE KING PLAYED JOKES!
KING MORPHEUS? HE'S THE GREATEST KIDDER IN EXISTENCE!
THIS IS GOING TO MAKE A CORKING COMEDY PICTURE, YOUR MAJESTY, SURE'S YOU LIVE!
NOW, ALL OF YOU SIT DOWN AND DINE WITH ME!_ THEN WE'LL TAKE A LOOK AT THE PICTURE, I KNOW IT'S A GOOD ONE, BUT WE WILL EAT BEFORE WE SEE IT. COME ON!
THAT TURKEY IS MADE OF RUBBER AND I THINK I'M BEING KIDDED,_ BUT, IT'S ALRIGHT! I'VE TAUGHT THIS GOOK A LESSON THAT HE WONT FORGET SOON!
I THINK NEMO ATE TOO MUCH THANKSGIVING DINNER, I HEAR HIM TOSSING AROUND IN THERE!
NOV. 23-24_
©1924 N.Y. TRIBUNE, INC.
WINSOR McCAY

stimmt. Die freien Felder sollten begleitende Texte aufnehmen. Auf seiner Wanderschaft erlebt Wee Willie Winkie die Wolken als schelmische Gesellen, Heuhaufen als alte Weiber, die Quelle eines Baches als grimmig aufgerissenen Schlund eines Erdungeheuers. [MS]

RODOLPH DIRKS (1877–1968)

342 There's No Use Talking!
(The Katzenjammer Kids) 1910

Publiziert in: Comic Section des »New York American«, 6. 11. 1910

Zeitungsdruck
520 x 400 mm
Im Druck bez. im letzten Bild u. li.: R. DIRKS; Text in Sprechblasen.
Galerie Laqua, Berlin

RICHARD FELTON OUTCAULT (1863–1928)

343 Mary Jane knew who telephoned; T'was
(Buster Brown) 1910

Publiziert in: »American Examiner«, 13. 2. 1910

530 x 405 mm
Ohne Künstlerbezeichnung; Text in Sprechblasen.
Galerie Laqua, Berlin

WINSOR McCAY (1879–1934)

344 Little Nemo in Slumberland
1924

Publiziert in: »The New York Herald Tribune«, 23. 11. 1924

560 x 380 mm
Im Druck bez. im letzten Bild u. re.: WINSOR/McCAY; u. li.: © 1924 N. Y. TRIBUNE. INC.; Text in Sprechblasen.
Galerie Laqua, Berlin

HERGÉ [GEORGES RÉMI] [1907–1983]

345 Tintin in Amerika
(Tintin en Amérique)
1931

Tuschfeder
500 x 350 mm
Sign. u. re.: Hergé
© Fondation Hergé, Brüssel

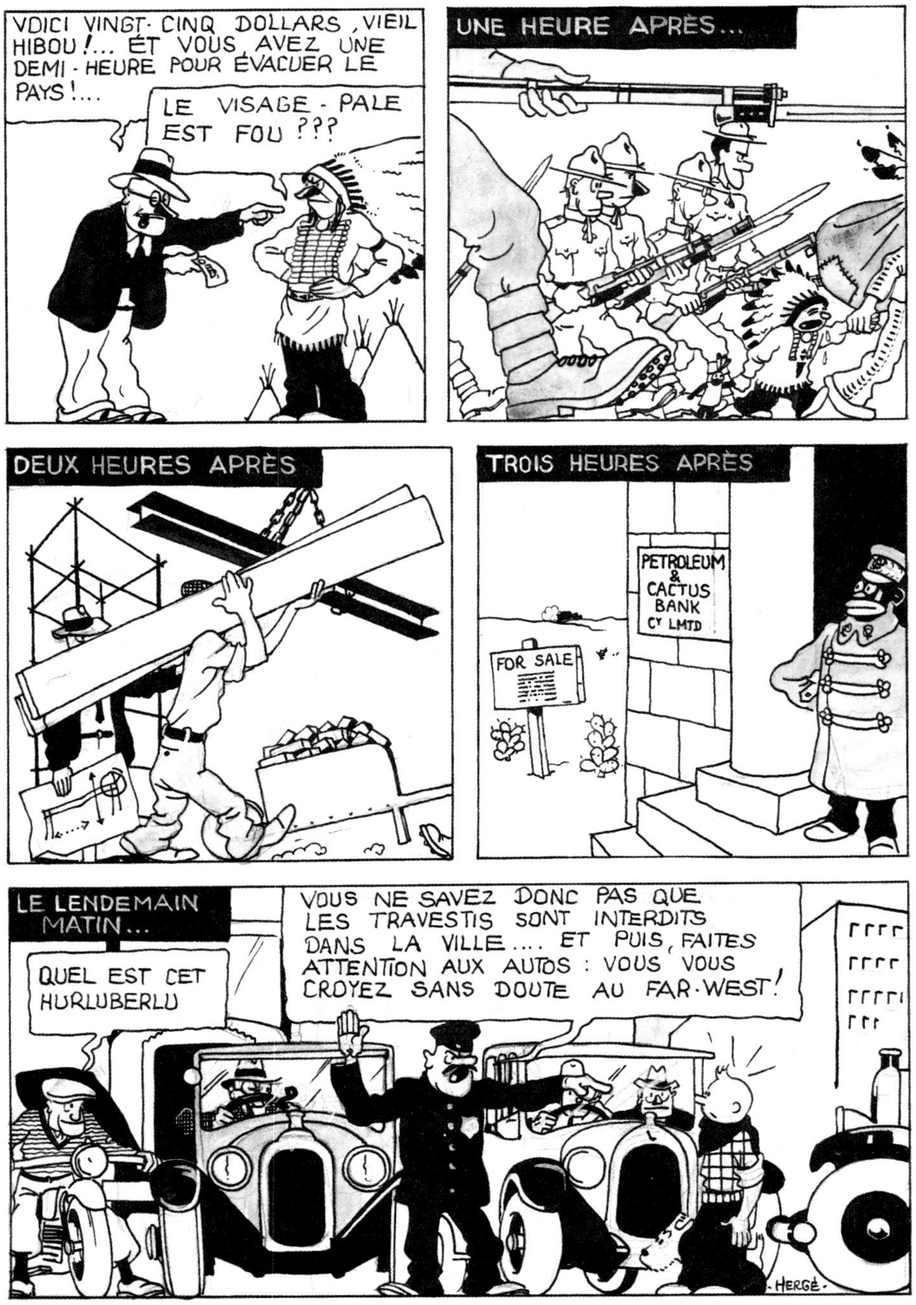

345

ERICH OHSER [E. O. PLAUEN]
(1903–1944)

346 Schadenfreude auf eigene Kosten
um 1934/36

Tusche/Feder
454 x 361 mm
Sign. u. re.: e.o.p.
Innerhalb der Darstellung bez. im Bild: VATER / & / SOHN; außerhalb der Darstellung u. re. (Titel): Schadenfreude auf eigene Kosten!
Wilhelm-Busch-Museum Hannover, Inv. Nr. KG 150/63

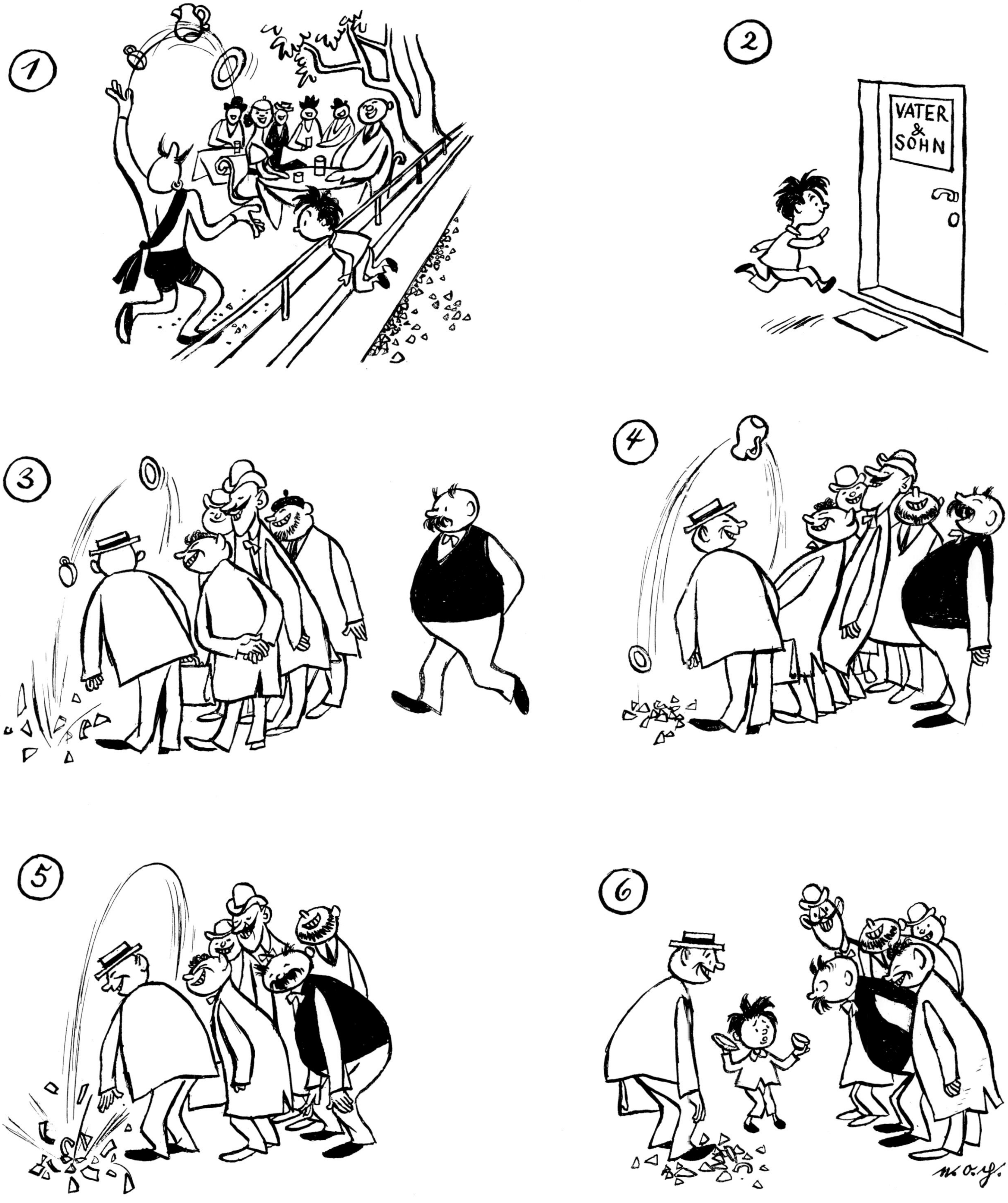
1
2
VATER & SOHN
3
4
5
6

KARL ARNOLD (1883–1953)

347 Gesprächsstörung
1938

Publiziert in: »Berliner Illustrierte Zeitung« 1938, Nr. 15

Tusche/Feder über Bleistift
613 x 297 mm (2 zusammengeklebte Papierbogen)
Ohne Künstlerbezeichnung; Überschrift: Gesprächsstörung; Legende: Wie war das vorhin mit Meier? (in Deutscher Schrift); Originaltext im Druck auf der Rückseite aufgeklebt: Gesprächsstörung / Tatsachenbericht / von Karl Arnold / »Da rief ich Meier an… / … und sagte – – – / Wie war das vorhin mit Meier?«
Wilhelm-Busch-Museum Hannover (erworben mit Unterstützung des Ernst von Siemens-Kunstfonds)

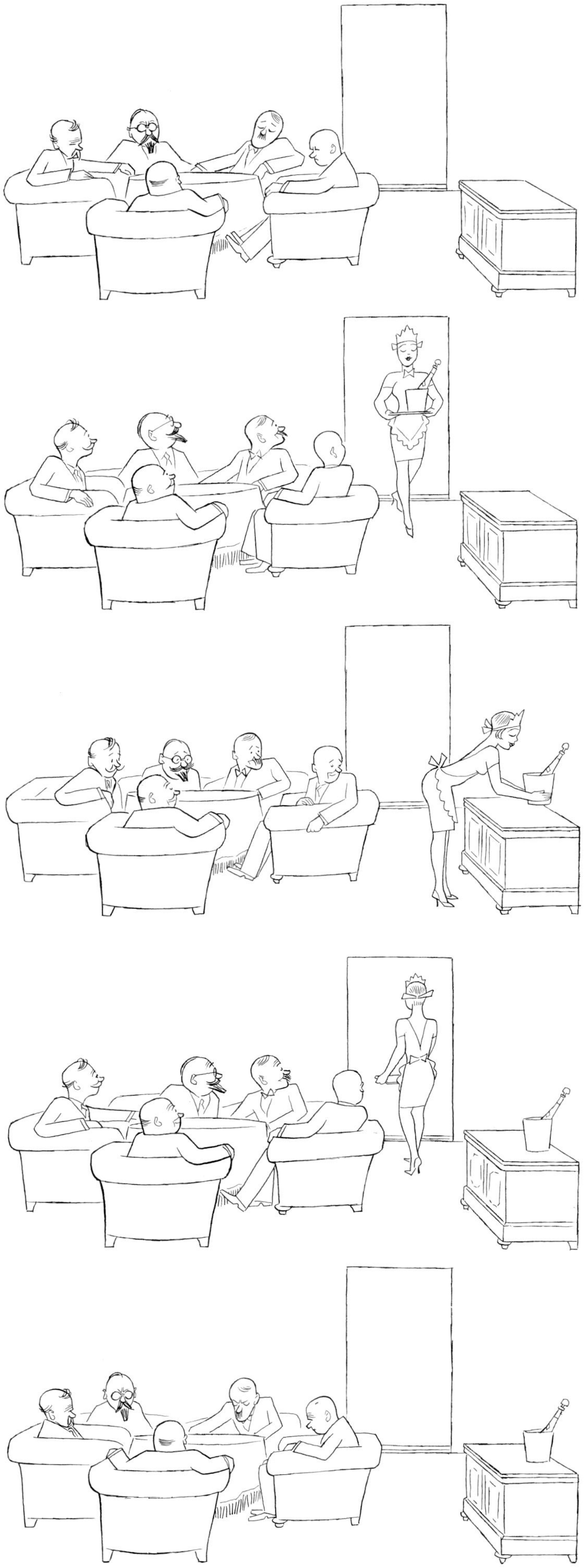

HANS TRAXLER (geb. 1929)

348 Heißer Tag in Cadaquéz
o. J.

Tusche/Pinsel, laviert
Bild: 294 x 220 mm; Blatt: 500 x 350 mm
Ohne Künstlerbezeichnung; Überschrift: Heißer Tag in Cadaquéz; Bildlegenden: Heute geht die Post nicht ab / Herr Dali fühlt sich furchtbar schlapp – Schlapp der Bart / und schlapp die Hände – Schlapp das Kreuz – und schlapp die Wände – Auch seine Uhr ist völlig schlapp – Ja, darauf fährt Herr Dali ab!
Hans Traxler, Frankfurt

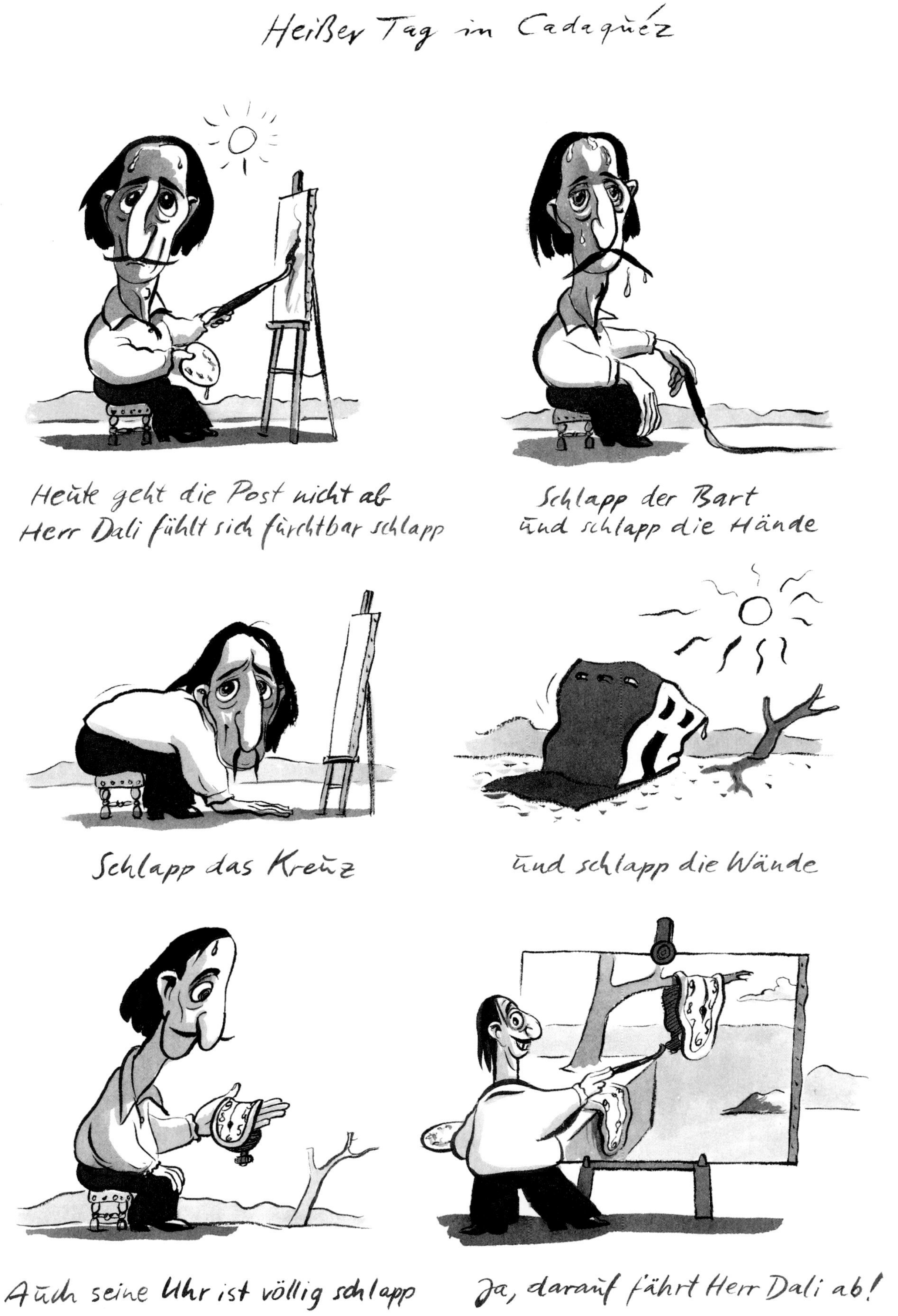
Heißer Tag in Cadaquéz
Heute geht die Post nicht ab
Herr Dali fühlt sich fürchtbar schlapp
Schlapp der Bart
und schlapp die Hände
Schlapp das Kreuz
und schlapp die Wände
Auch seine Uhr ist völlig schlapp
Ja, darauf fährt Herr Dali ab!

348

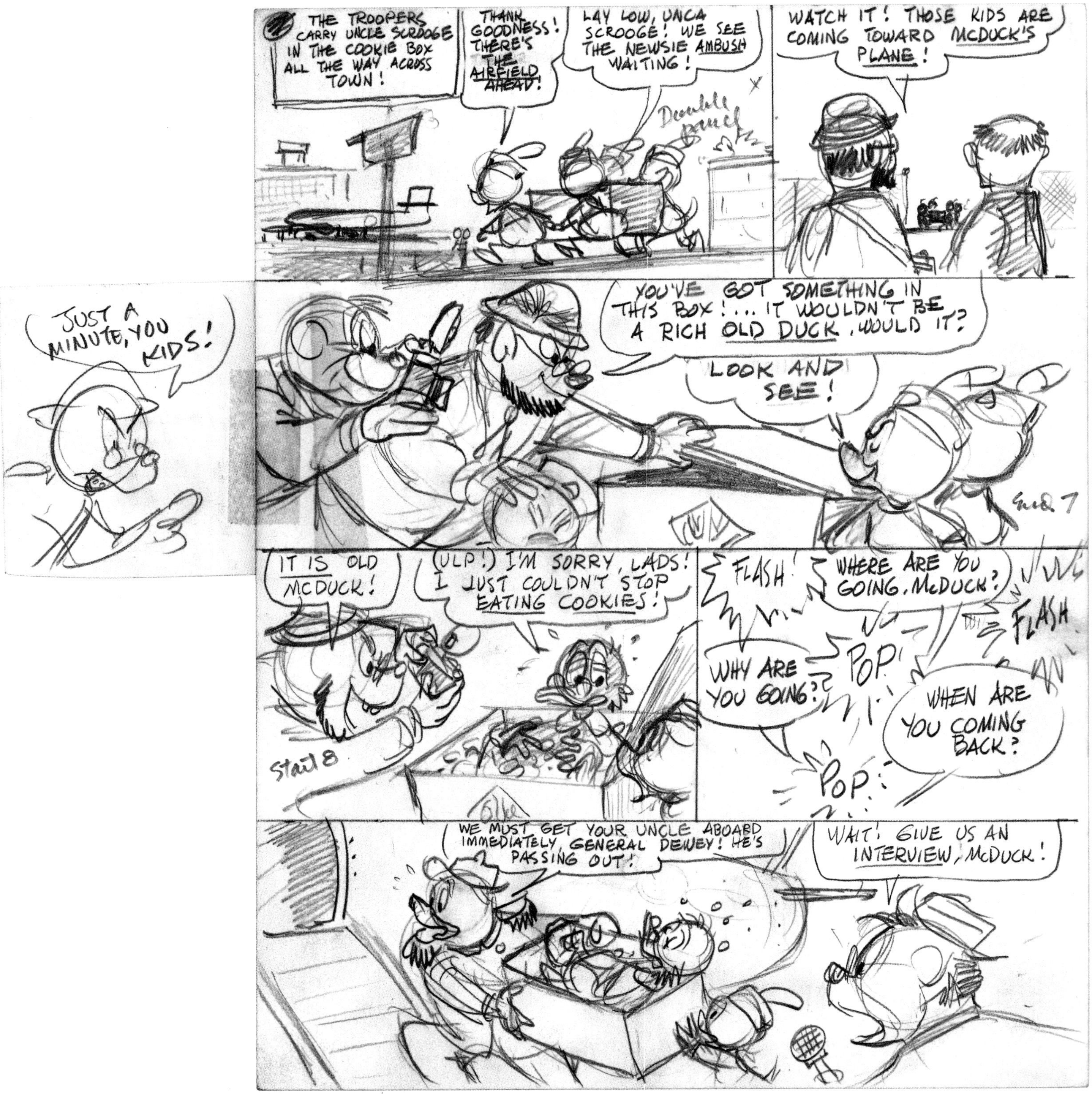

CARL BARKS (geb. 1901)

349 Onkel Dagobert in der Keksdose, Skizze
o. J.

Bleistift
275 x 210 mm
Gottfried Helnwein, Burgbrohl

Onkel Dagobert (Uncle Scrooge) ist eine Erfindung von Carl Barks.

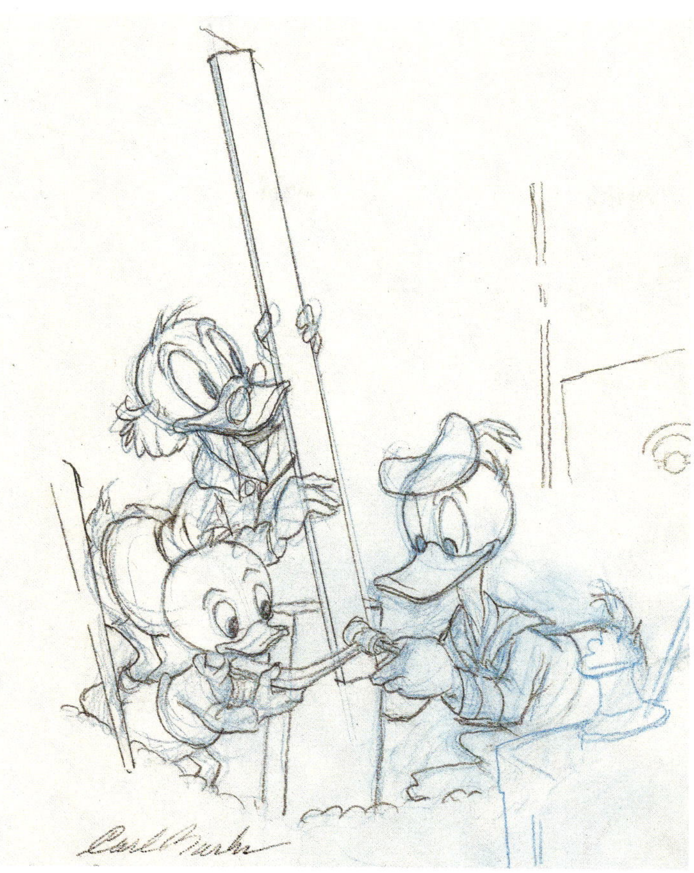

CARL BARKS (geb. 1901)

350 Skizzen zu »An Embarrassment of Riches« o. J.

Bleistift und blauer Buntstift
260 x 190 mm; 320 x 400 mm
Sign. u. Mitte
Gottfried Helnwein, Burgbrohl

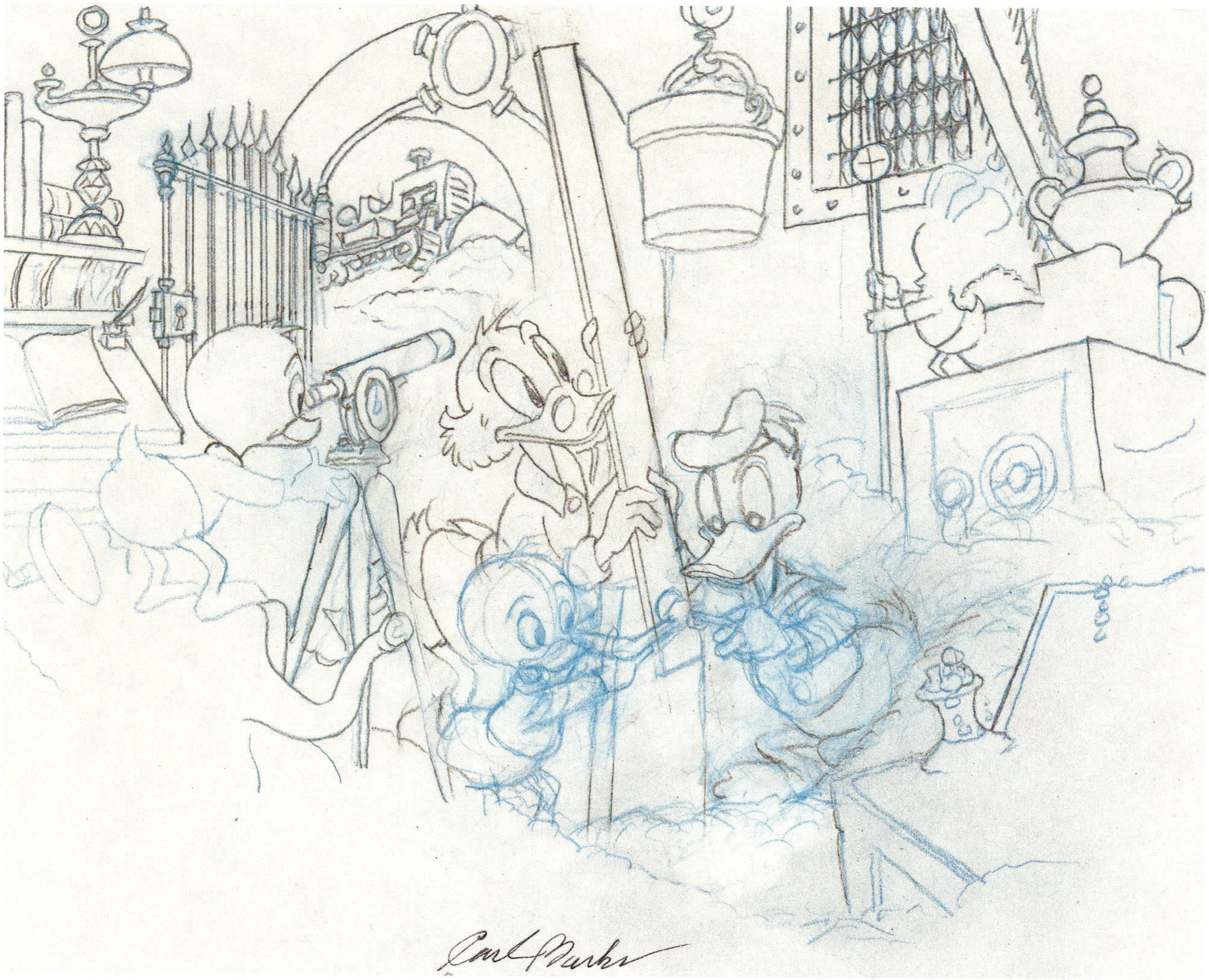

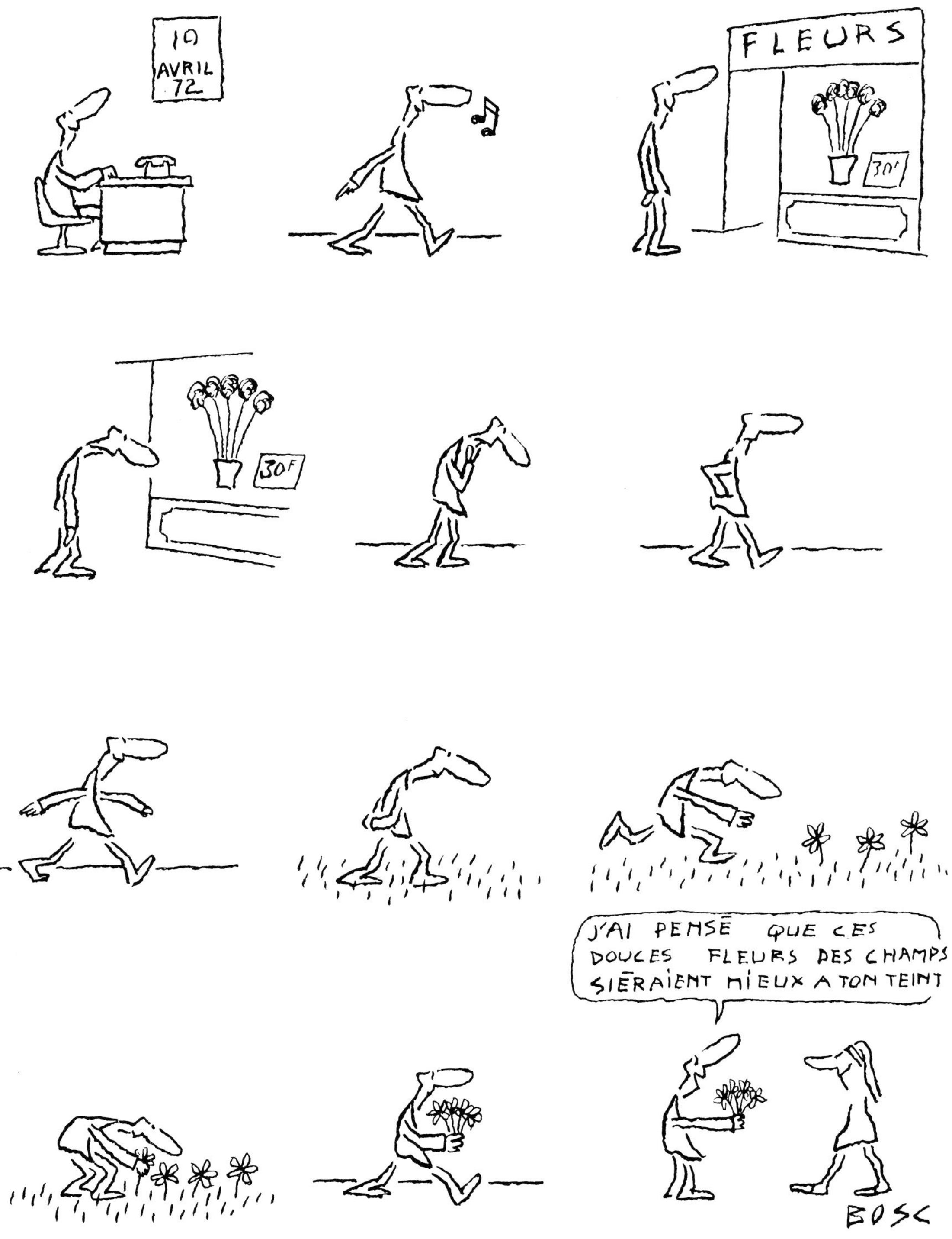

JEAN-MAURICE BOSC (1924–1973)

351 Ich habe gedacht, daß diese zarten Feldblumen besser zu deinem Teint passen
(J'ai pensé que ces douces fleurs des champs siéraient mieux a ton teint)
o. J.

Tusche / Pinsel
380x285 mm
Sign. u. re.: BOSC
Innerhalb der Darstellung bez. o. li.: 19/AVRIL/72; o. re.: FLEURS; u. re.: J'AI PENSÉ QUE CES/DOUCES FLEURS DES CHAMPS/SIERAIENT MIEUX A TON TEINT.
Wilhelm-Busch-Museum Hannover, Inv. Nr. KG 1843/82

FRIEDRICH KARL WAECHTER (geb. 1937)

352 Hilfe, mein Kopf schrumpft!
o. J.

Tusche/Feder
365x255 mm
Sign. u. re.: F. K. Waechter
Bez. Überschrift: Hilfe, mein Kopf schrumpft!; Bildlegenden: Ich glaub,/mein Kopf/schrumpft – Gestern, mein ich,/war er noch/so – Ich bin ganz verzweifelt,/kannst du mir helfen/? – Solche Probleme/meistere ich mit/einem Finger! – ehrlich? – Ja! – angeschmiert! – Mensch,/hast du mir/einen Schreck/eingejagt!; Rückseitig bez.: Heute Nr. 69 / »Hilfe, mein Kopf schrumpft«/ Ungewöhnliche Bildergeschichte von F. K. Waechter.
Wilhelm-Busch-Museum Hannover, Inv. Nr. KG 1460/79

Hilfe, mein Kopf schrumpft!

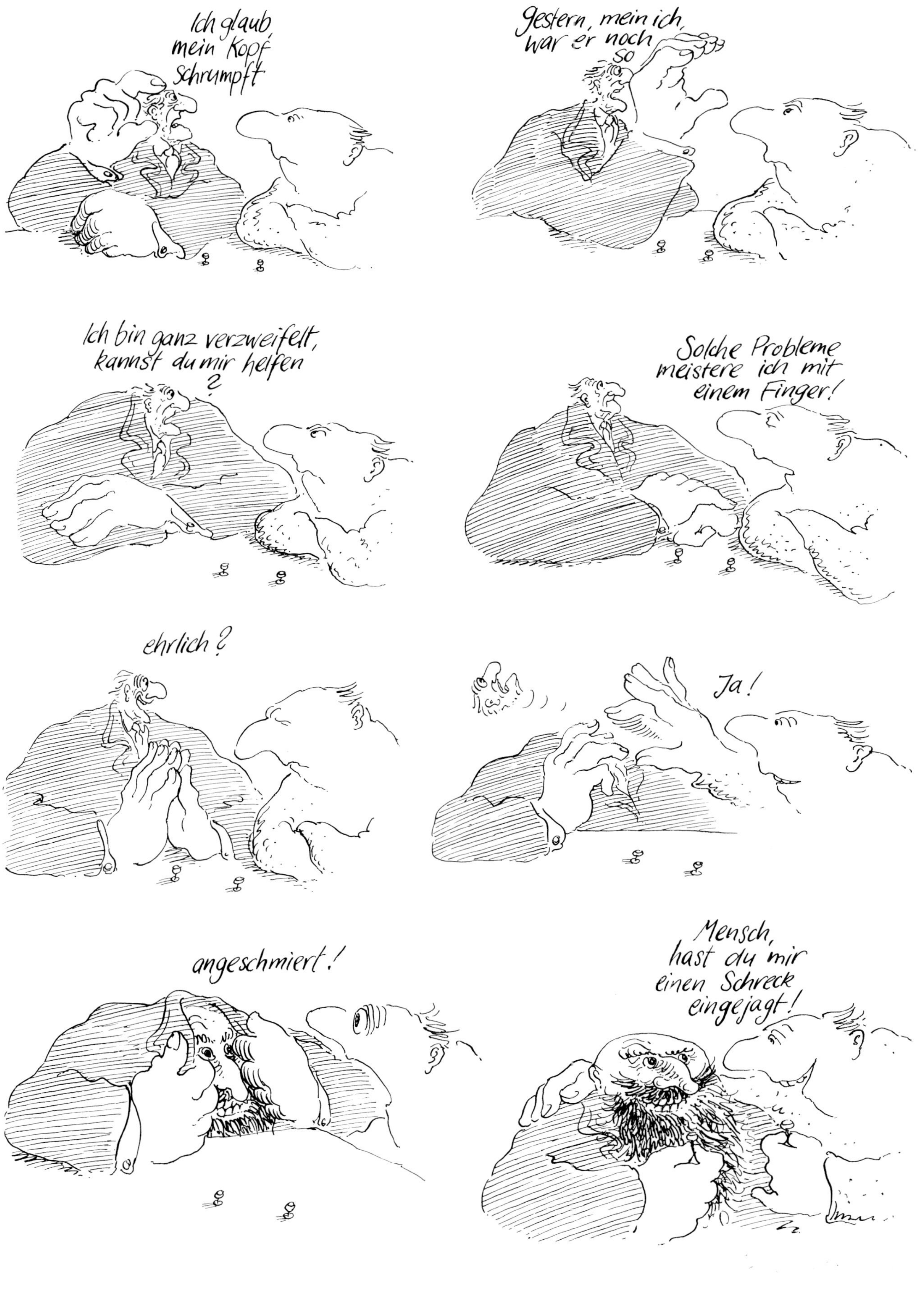

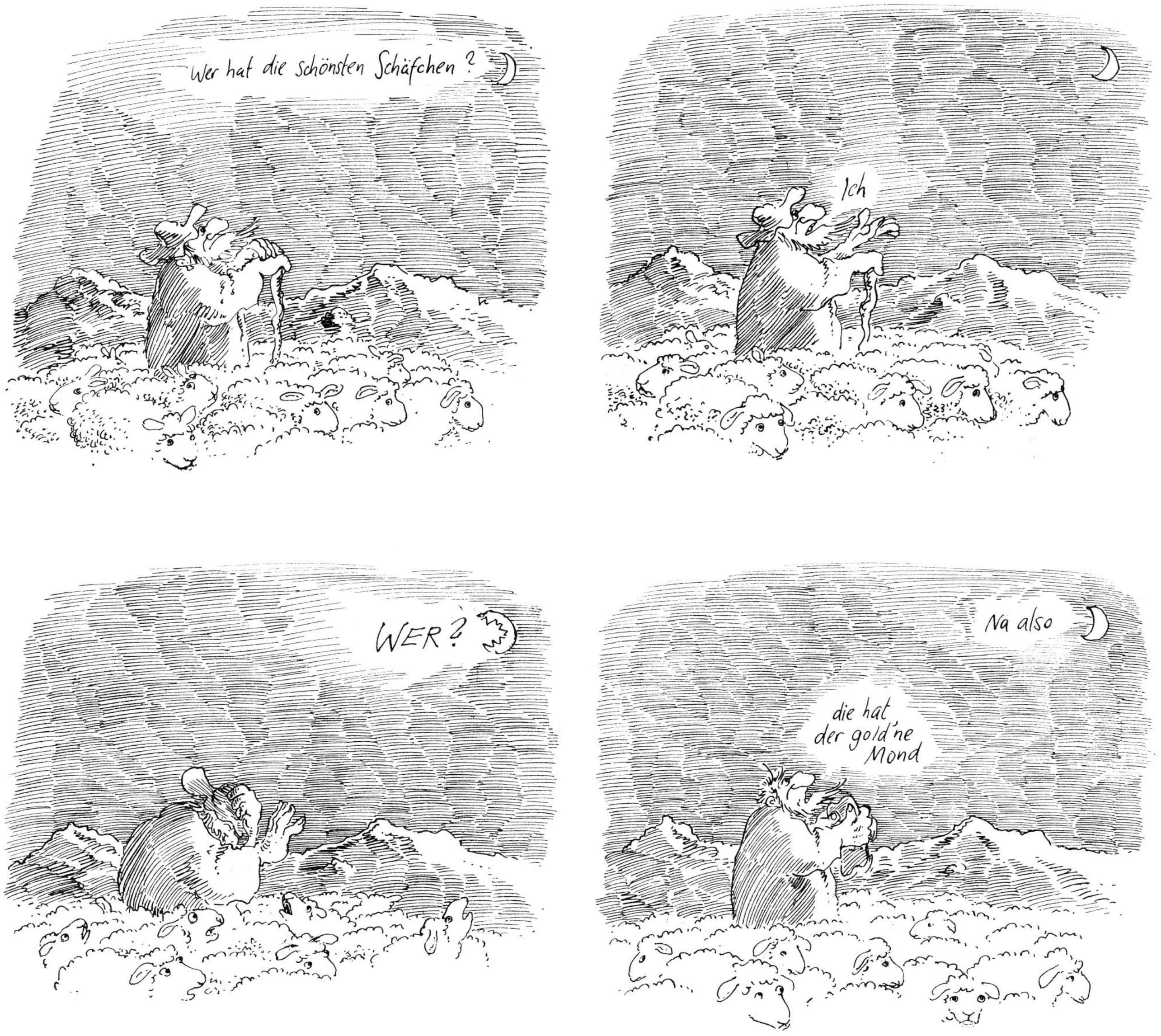

FRIEDRICH KARL WAECHTER (geb. 1937)

353 Wer hat die schönsten Schäfchen?
1977

Tuschfeder
250 x 300 mm
Sign. u. re. auf allen vier Teilbildern, Bleistift
Privatsammlung
Lit.: Wahrscheinlich guckt wieder kein Schwein, Zürich 1978, S. 110/111.

Typische Mehrbildergeschichte von F. K. Waechter über eine Zwiesprache zwischen dem einsamen Schäfer und dem Mond. [HG]

ROBERT GERNHARDT (geb. 1937)

354 Galerie der Meister: Rubens
1978

Federzeichnung, 2 Blatt
265 x 156 und 297 x 210 mm
Sign. rückseitig auf einem der Blätter: R. Gernhardt 78
Galerie Bartsch & Chariau, München
Lit.: Robert Gernhardt, Wörtersee. Frankfurt 1981, S. 118 f.; Haffmans-Verlag, Zürich, TB 44.

Die Bildergeschichten erschienen zuerst im »Zeitmagazin« und wurden 1981 mit Gedichten und Fotos von Robert Gernhardt als Buch unter dem Titel »Wörtersee« herausgegeben.

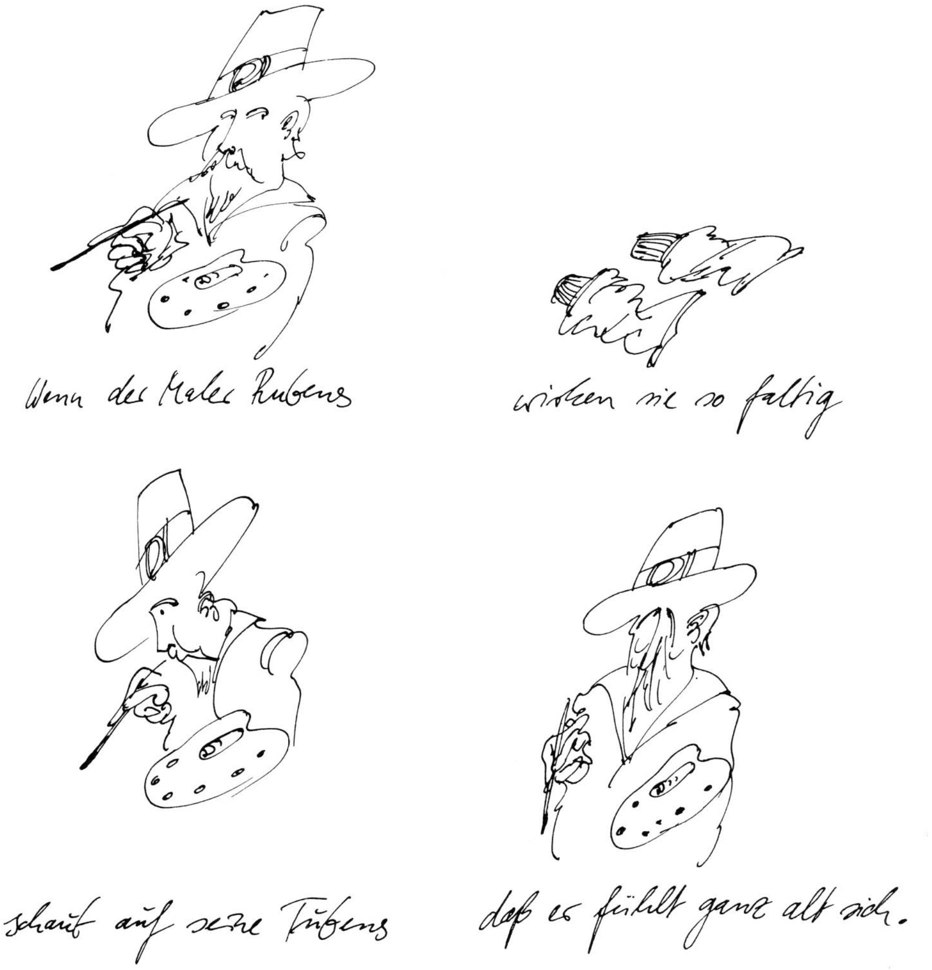

ROBERT GERNHARDT (geb. 1937)

355 Ganz kleiner Versuch über die Angst
1979

Zuerst im Zeitmagazin erschienen
Federzeichnung
367 x 257 mm
Sign. rückseitig: Robert Gernhardt 79
Galerie Bartsch & Chariau, München
Lit.: Robert Gernhardt, Wörtersee, Frankfurt 1981, S. 233; Haffmans-Verlag, Zürich, TB 44.

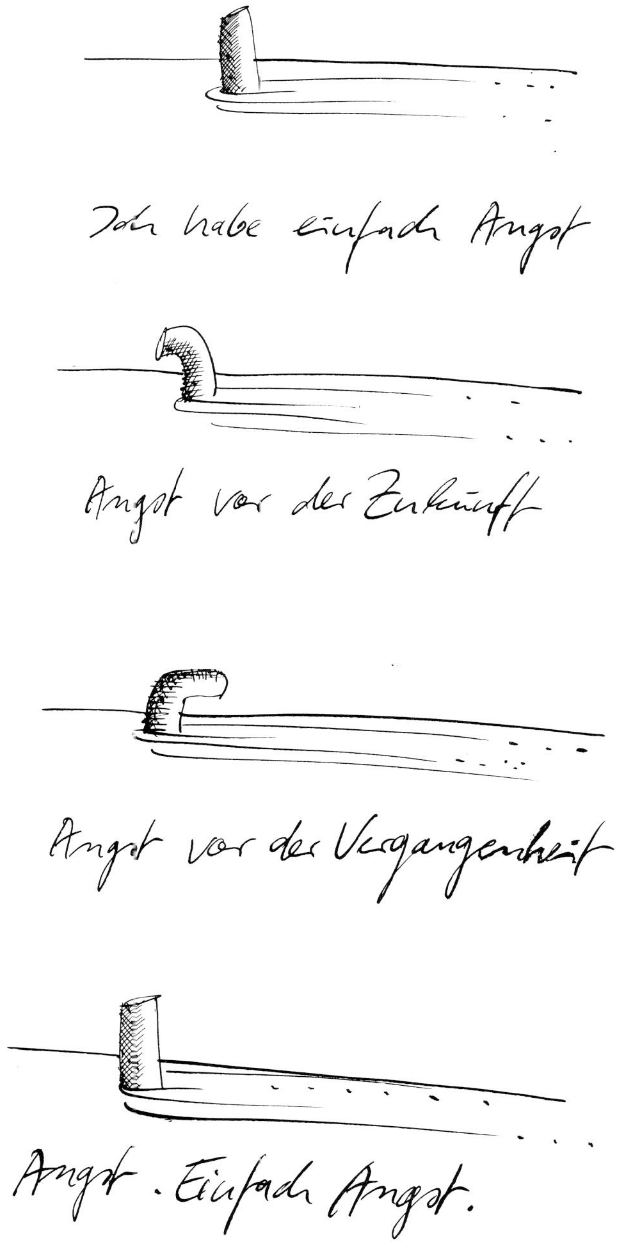

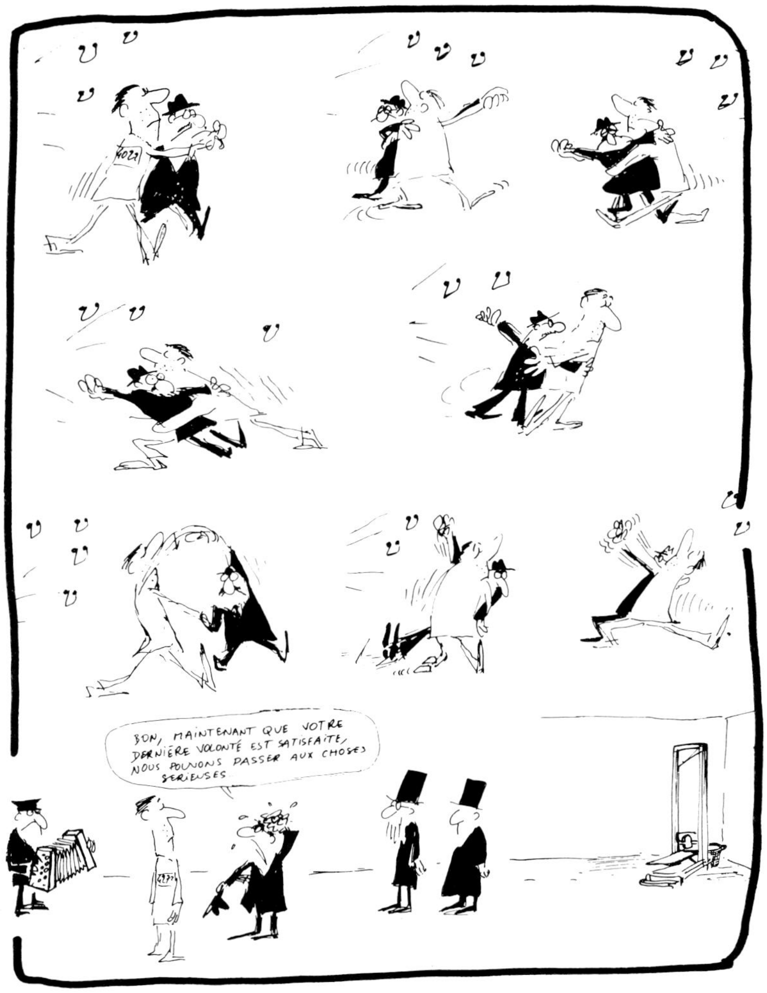

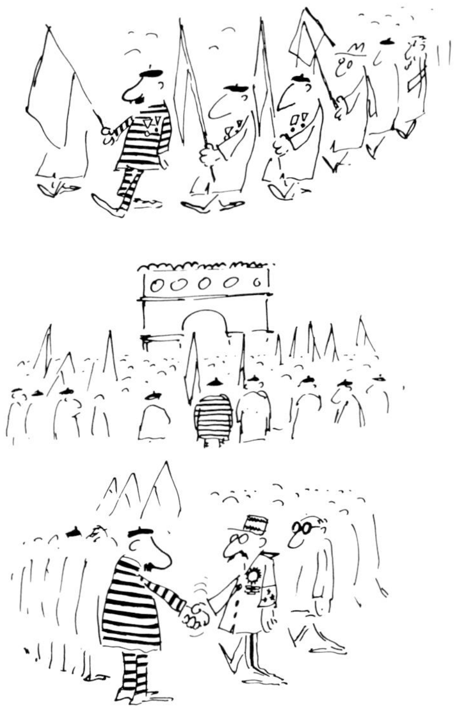

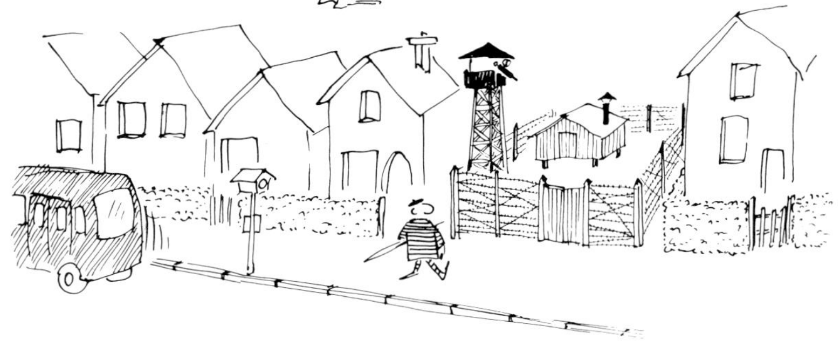

JEAN-MARC REISER (1941–1983)

356 Aus dem Album »Ils sont moches«
(»Seid ihr häßlich«)
1973

Tuschfeder
© Reiser/Editions Albin Michel, Paris

JEAN-MARC REISER (1941–1983)

357 Aus dem Album »Mon Papa«
(»Mein Papa«)
1974

Tuschfeder
© Reiser/Editions Albin Michel, Paris

JEAN-MARC REISER (1941–1983)

358 Aus dem Album »Fous d'amour«
(»Sexdoping«)
1983

Filzstift
© Reiser/Editions Albin Michel, Paris

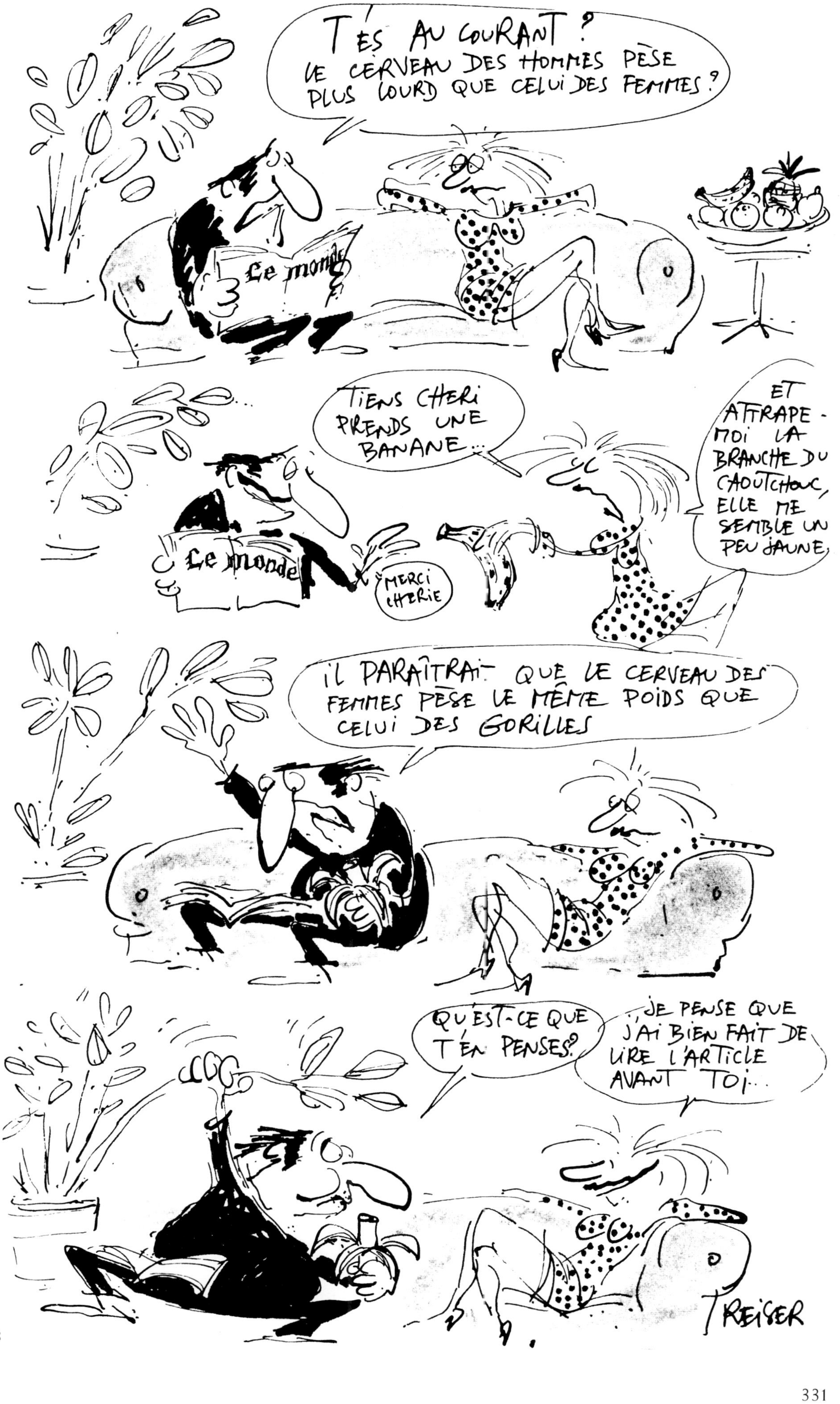
T'ES AU COURANT? LE CERVEAU DES HOMMES PÈSE PLUS LOURD QUE CELUI DES FEMMES?
Le monde
TIENS CHERI PRENDS UNE BANANE...
Le monde
MERCI CHERIE
ET ATTRAPE-MOI LA BRANCHE DU CAOUTCHOUC, ELLE ME SEMBLE UN PEU JAUNE,
IL PARAÎTRAIT QUE LE CERVEAU DES FEMMES PÈSE LE MÊME POIDS QUE CELUI DES GORILLES
QU'EST-CE QUE T'EN PENSES?
JE PENSE QUE J'AI BIEN FAIT DE LIRE L'ARTICLE AVANT TOI...
REISER
358

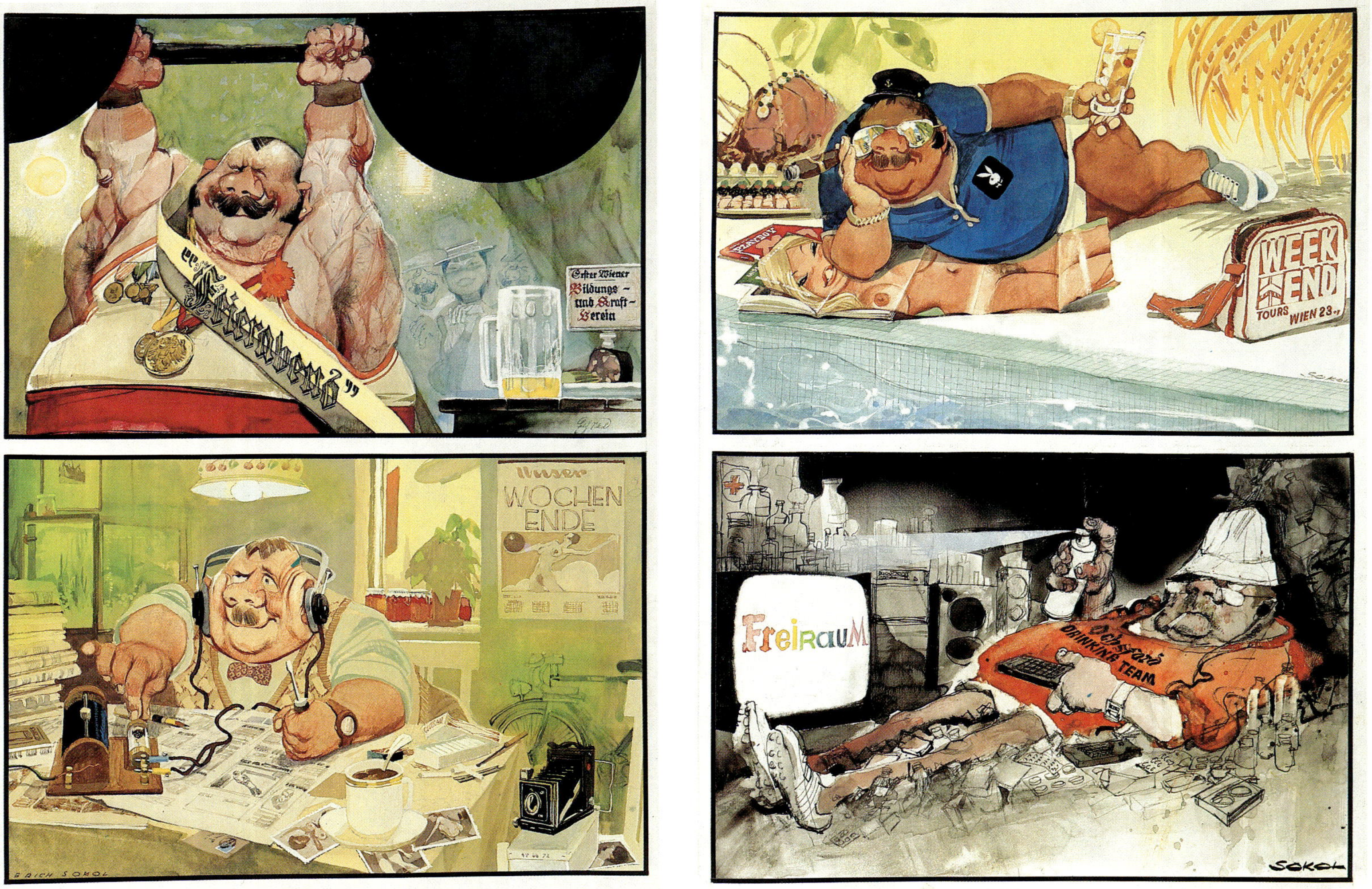

ERICH SOKOL (geb. 1933)

359 Hundert Jahre Freizeitkultur

a) Feierabend um 1880
b) Wochenende um 1930
c) Weekend 1960
d) Freiraum der Gegenwart

Aquarelle
332 x 340 mm
Sign. u. re.: Sokol; u. li.: Erich Sokol

Der Wandel der Zeiten wird kaum so deutlich wie in dem, was die Freizeit bedeutet; ruht man von der Arbeit und erholt sich wieder für diese, geht man Hobbys nach, kann man sich alles das leisten, was der Alltag versagt oder gar – sucht man sich von all den Zwängen zu befreien. Der Verlauf eines Jahrhunderts spiegelt sich eben dann. [WK]

Plakate

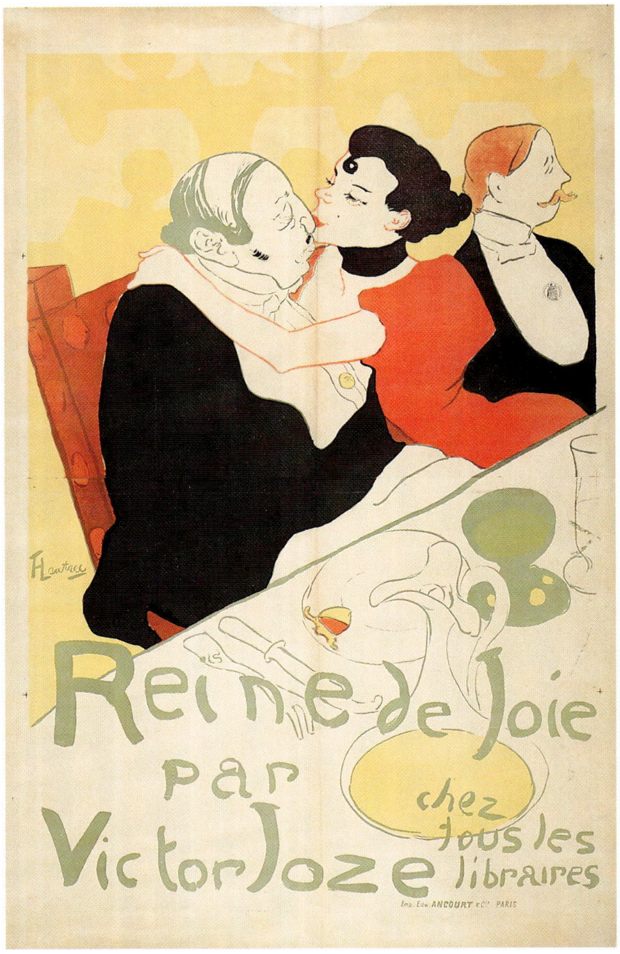

HENRI DE TOULOUSE-LAUTREC (1864–1901)

360 Reine de Joie
1892

Farblithographie, 141 x 92 cm
Sign. Mi.: THLautrec (Ligatur)
Bez. u. re.: Imp. Edw. ANCOURT & Cie, Paris
Deutsches Plakat Museum Essen

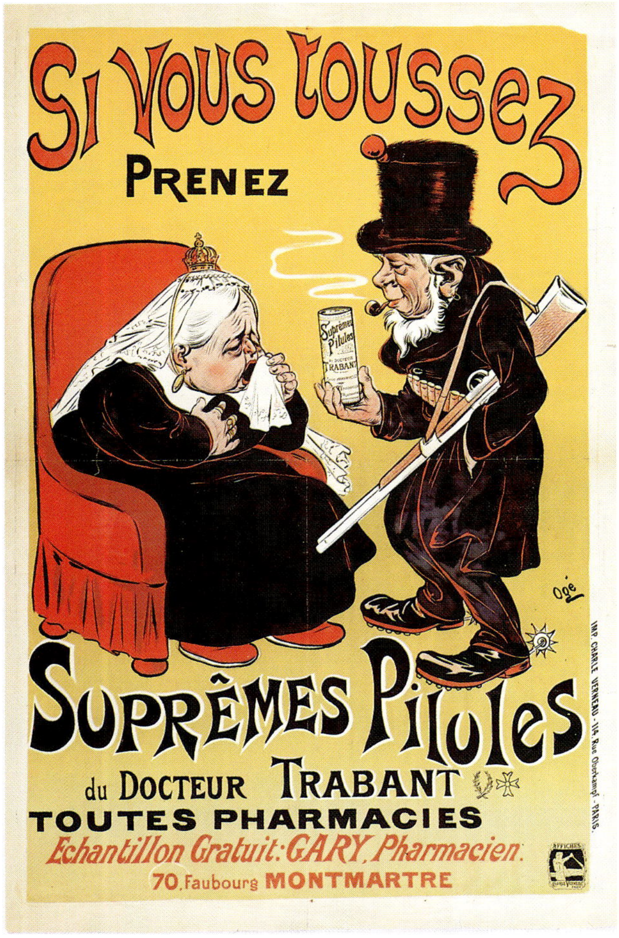

EUGÈNE OGÉ

361 Si vous toussez prenez Suprêmes Pilules du Docteur Trabant
1899

Farblithographie, 119 x 80 cm
Bez. rechter Rand: Imp. Charle Verneau
Deutsches Plakat Museum Essen

GUSTAVE DORÉ (1832–1883)

362 Rabelais: Gargantua
um 1897

Farblithographie, 149 x 110,5 cm
Bez. u. L: d'après G. Doré;
linker Rand: Imp. PAUL DUPONT PARIS
Deutsches Plakat Museum Essen

V. LENEPVEU

363 Le Traître (Alfred Dreyfus)
(Der Verräter)
Nr. 6 der Folge »Musée des Horreurs«
1899

Handkolorierte Lithographie, 64,5 x 49,5 cm
Sign. Mi. re.: V. Lenepveu
Bez. u. re.: Imp. Gérant LENEPVEU, 58, Rue Dulong Paris
Deutsches Plakat Museum Essen
Lit.: Ruth Malhotra, Horror-Galerie, Dortmund 1980

V. LENEPVEU

364 Le Roi des Porcs (Emile Zola)
(Der König der Schweine)
Nr. 4 der Folge »Musée des Horreurs«
1899

Handkolorierte Lithographie, 64,5 x 49,5 cm
Sign. Mi. li.: V. Lenepveu
Bez. u. re.: Imp. LENEPVEU, 58, Rue Dulong Paris
Deutsches Plakat Museum Essen
Lit.: Ruth Malhotra, Horror-Galerie, Dortmund 1980

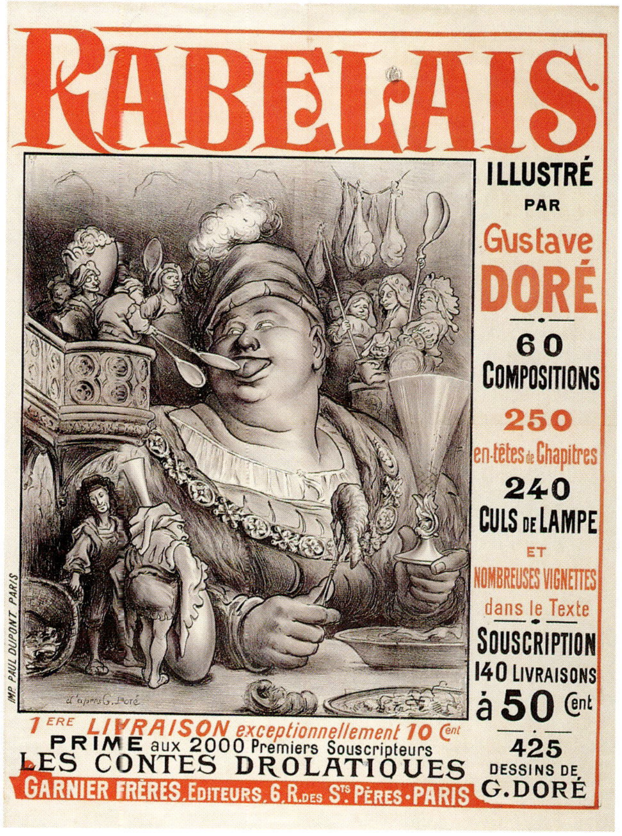

362

364

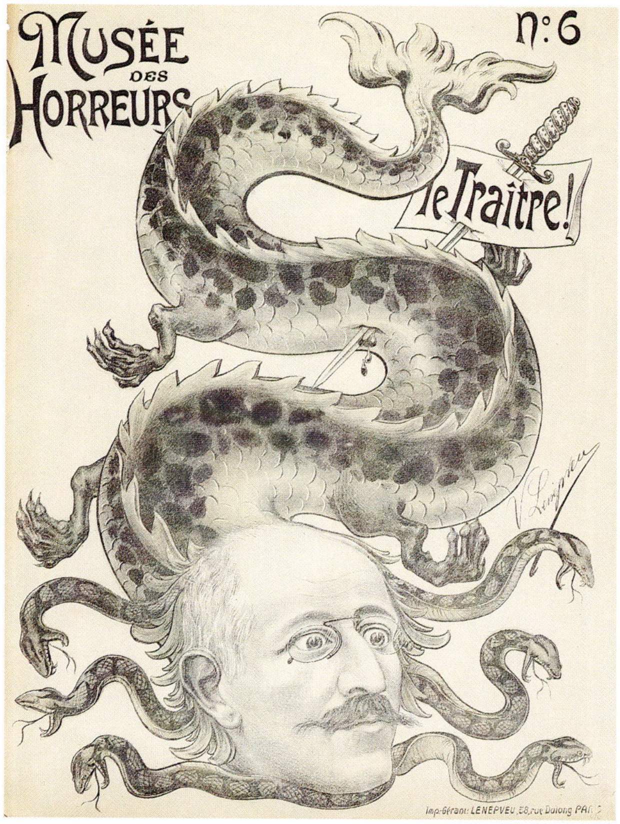

363

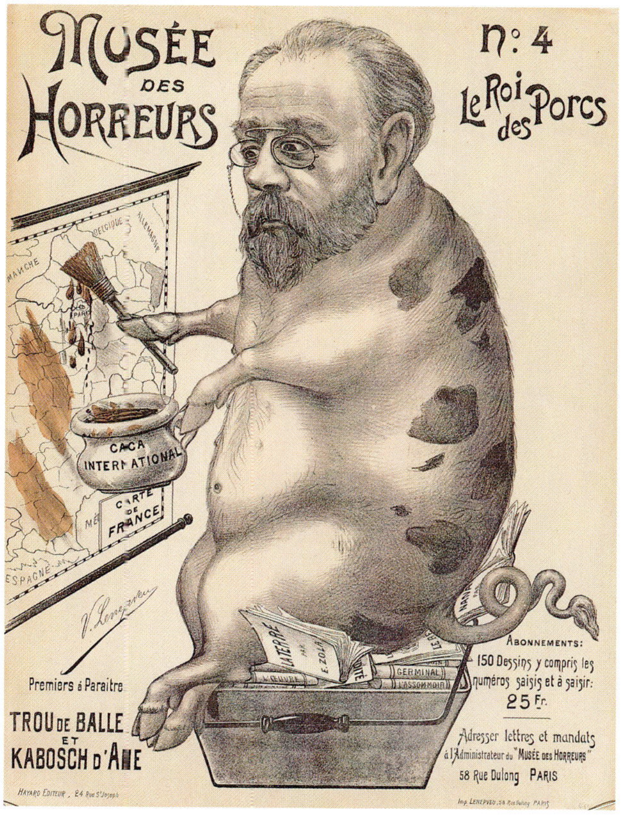

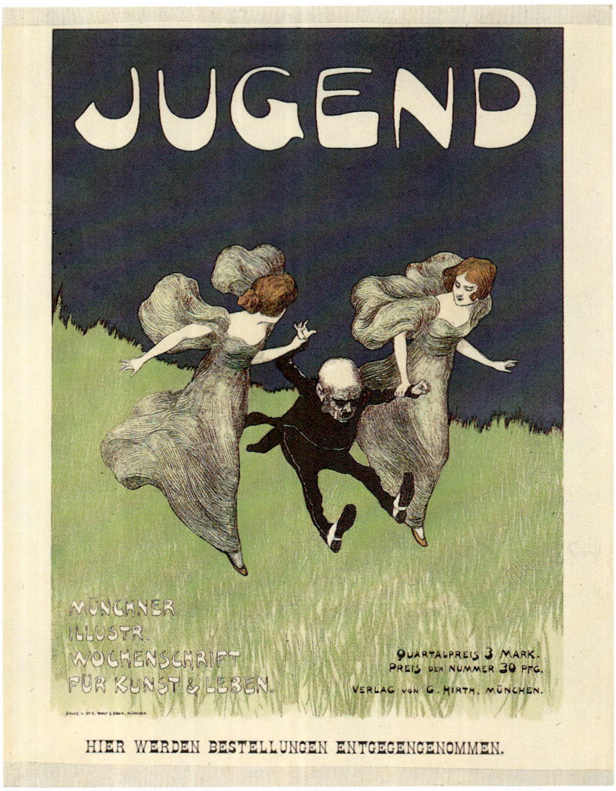

365

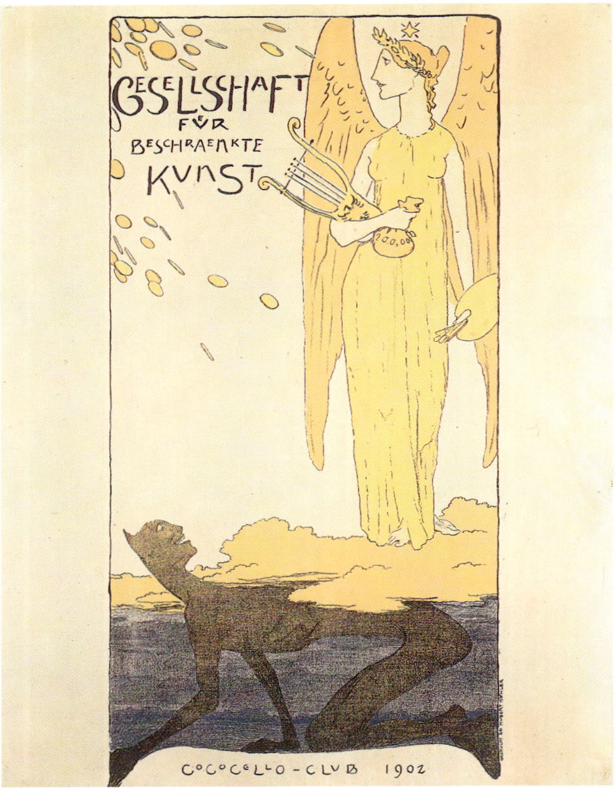

LUDWIG VON ZUMBUSCH (1861–1927)

365 Plakat für »Jugend«
1896

Lithographie, 630 x 450 mm
Bez.: Zumbusch/DRUCK: DR. C. WOLF & SOHN MÜNCHEN / VERLAG von G. HIRTH, MÜNCHEN
Stadtmuseum München
Lit.: Ausst. Kat. München 1975/76, Stadtmuseum, Plakate in München 1840–1940, bearb. von Volker Duvigneau und Gude Suckale-Redlefsen, Nr. 29.

FRITZ ERLER (1868–1940)

366 Plakat für die Gesellschaft für beschränkte Kunst – Cococello-Club
1902

Lithographie, 900 x 645 mm
Bez. li. u.: Erler
Stadtmuseum München
Lit.: Ausst. Kat. München 1975/76, Stadtmuseum, Plakate in München 1840–1940, bearb. von Volker Duvigneau und Gude Suckale-Redlefsen, Nr. 86.

THOMAS THEODOR HEINE (1867–1948)

367 Plakat für »Simplicissimus«
1897

Lithographie, 865 x 595 mm
Bez. u. li.: TTH (Ligatur)
Stadtmuseum München
Lit.: Ausst. Kat. München 1975/76, Stadtmuseum, Plakate in München 1840–1940, bearb. von Volker Duvigneau und Gude Suckale-Redlefsen, Nr. 30b.

367

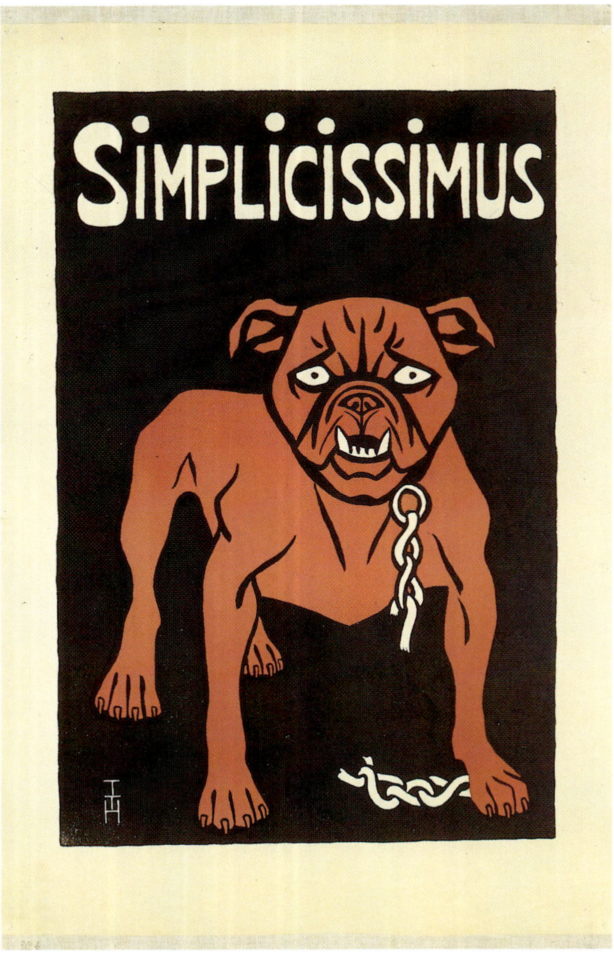

Künstlerbiographien

von MARTIN SCHAWE

ADDAMS, CHAS [CHARLES SAMUEL] (1912–1981)

Amerikanischer Graphiker und Karikaturist, lebt in New York. Seit Mitte der dreißiger Jahre arbeitete er für den »New Yorker« und andere Magazine. Mit seinen düsteren Helldunkel-Zeichnungen und einer spezifischen Art von schwarzem Humor setzte er Maßstäbe. Seine »Addams Family« hatte auch als TV-Serie großen Erfolg.

Kat.: 260, 269, 270, 279

Lit.: Charles Addams, Gespensterparade, Hamburg 1956.

ARCIMBOLDO, GIUSEPPE (um 1527–1593)

Italienischer Maler, lebte in Mailand, Prag und Wien. 1562 rief ihn Kaiser Ferdinand I. an den Prager Hof, wo er als Maler, Musiker, Festdekorateur und Ingenieur arbeitete. Er wurde geadelt und 1591 zum Pfalzgrafen ernannt. Seine Erfindung sind die vielfach nachgeahmten allegorisch-emblematischen Porträtköpfe.

Kat.: 232

Lit.: Benno Geiger, Die skurrilen Gemälde des Giuseppe Arcimboldi (1527–1593), Wiesbaden 1960. – Kat. Ausst. Venedig 1987, Effetto Arcimboldo.

ARNO, PETER (1904–1968)

Amerikanischer Zeichner, lebte in New York. Zahlreiche Veröffentlichungen in »Life«. Seit 1925 ständiger Mitarbeiter beim »New Yorker«, wo er in seinen illusionistischen Helldunkel-Zeichnungen das Leben der Snobs zum Thema machte. Einen spezifisch humoristischen Zeichenstil hat er nicht entwickelt, der Witz liegt stets im Darstellungsinhalt.

Kat.: 94, 273, 274

Lit.: Peter Arno, Cartoons, München 1983.

ARNOLD, KARL (1883–1953)

Deutscher Maler, Zeichner und Karikaturist. Arbeitete seit 1907 für den »Simplicissimus«, ab 1908 auch für die »Jugend« und die »Lustigen Blätter«. Seine wichtigste Schaffensperiode ist die Zeit der Weimarer Republik. Ab 1918 wird sein tonig modellierender Zeichenstil zunehmend linear.

Kat.: 83, 143, 145, 146, 148, 268, 347

Lit.: Fritz Arnold (Hrsg.), Karl Arnold. Leben und Werk, München 1977. – Ausst. Kat. Hannover 1989, Wilhelm-Busch-Museum, Karl Arnold. Typen und Figuren der zwanziger Jahre, hrsg. von Herwig Guratzsch, bearb. von Thomas Matuszak, Stuttgart 1989. – Ausst. Kat. Campione d'Italia 1990, Galleria Henze, Karl Arnold. Werke aus den Jahren 1907–1942, bearb. von Thomas Matuszak (Galleria Henze, Kat. 44).

AUSTIN, WILLIAM (1721–1820)

Englischer Zeichner und Kupferstecher. Der Schüler von George Bickham arbeitete als Zeichenlehrer und Kopist. Mangels Erfolg betrieb er einige Zeit Handel mit Stichen und eigenen politischen Karikaturen.

Kat.: 178

BAECK, ELIAS genannt HELDENMUTH (1679–1747)

Deutscher Maler und Kupferstecher, tätig in Augsburg. Seinen Beinamen erhielt er in Rom, wo er einige Zeit zu Studien weilte. Nach Aufenthalten in Venedig (1705) und Laibach ließ er sich in Augsburg nieder, um hier Porträts, Landschaften, Schlachtenszenen und zeitgeschichtliche Ereignisse zu stechen.

Kat.: 238

BARKS, CARL (geb. 1901)

Amerikanischer Zeichner, lebt in Goleta/Kalifornien. Nach einer Ausbildung als Trickfilmzeichner in den Disney-Studios in Burbank gestaltete er von 1943 bis 1965 anonym, wie üblich bei Disney-Zeichnern, Donald Duck-Geschichten. Onkel Dagobert (»Uncle Scrooge McDuck«) ist seine Schöpfung. Malt Duck-Szenen in Öl.

Kat.: 349, 350

Lit.: Carl Barks, Barks Classics I: Barney Bear und Benny Burro, Stuttgart 1991.

BIRG, HEINZ (geb. 1941)

Deutscher Zeichner und Architekt, lebt in München. Nach dem Studium der Architektur an der TU München 1961–1966 wurde er als Architekt und Zeichner tätig. Ab 1974 erhielt er viele Ausstellungen. Seit 1991 ist er freier Mitarbeiter der Süddeutschen Zeitung.

Kat.: 284

Lit.: Heinz Birg, Münchner Architekturvisionen, München 1987. – Heinz Birg, Bayern vorn, München 1988.

BLECHMANN, ROBERT O. (geb. 1930)

Amerikanischer Maler, Gebrauchsgraphiker und Karikaturist, lebt in New York. Erste politische Karikaturen entstanden auf dem College, bevor er Interesse bei Zeitschriftenredaktionen fand. Seit 1954 ist er Mitarbeiter vieler führender Magazine; seit 1960 lehrt er an der New York School of Visual Arts.

Kat.: 322, 323

BOSC, JEAN-MAURICE (1924–1973)

Französischer Zeichner, lebte in Paris. Entscheidend für den Autodidakten war die Begegnung mit Chaval. Seit 1952 veröffentlichte er satirische und pessimistische Zeichnungen im »Paris Match«, »France Dimanche«, »Punch« u. a. Bosc wurde durch viele Ausstellungen und Preise geehrt. Er starb durch Selbstmord.

Kat.: 175, 299, 300, 301, 351

Lit.: Christian Strich, Jean-Maurice Bosc, Alles, bloß das nicht!, Zürich 1974. – Ausst. Kat. Hannover 1982, Wilhelm-Busch-Museum, Bosc.

BOSCH, HIERONYMUS (um 1450–1516)

Niederländischer Maler, lebte in 's-Hertogenbosch. Seine Vorfahren stammen aus Aachen. 1480 wird er erstmals als Mitglied der Bruderschaft »Unserer Lieben Frau« erwähnt. Berühmtheit erlangte er durch die bizarr-phantastischen Figuren auf seinen allegorischen Tafelbildern, die zahlreiche Nachahmung fanden.

Kat.: 230

Lit.: D. Buzzati/M. Cinotti, L'opera completa di Bosch, Mailand 1967. – R.H. Marijnissen, Hieronymus Bosch, Genf 1972. – Gerd Unverfehrt, Hieronymus Bosch. Die Rezeption seiner Kunst im frühen 16. Jahrhundert, Berlin 1980.

BRICHET, ROBERT (tätig 2. Hälfte 18. Jh.)

Französischer Radierer, tätig in Paris und Petersburg. Fertigte Porträts u. a. von Voltaire und der Zarenfamilie. Er schuf mehrere Stichfolgen, darunter die fünfzig Blatt des »Renversement de la Morale Chrétienne par les désordres du Monachisme« mit Angriffen auf die katholische Kirche.

Kat.: 78, 79

BRUEGHEL D. Ä., PIETER (um 1525/30–1569)

Flämischer Maler, Zeichner und Kupferstecher in Antwerpen und Brüssel, 1551 als Meister in der Lukasgilde eingetragen. Brueghel schuf außergewöhnliche Landschaften, Bauernthemen sowie moralisierende Gemälde und Stiche, in die er oft bizarre Figuren des Vorbildes Hieronymus Bosch einbaute. Eine Italienreise zwischen 1551 und 1555 fand ihren künstlerischen Niederschlag in einer Stichserie Großer Landschaften, herausgegeben von Hieronymus Cock in Atwerpen. Als »Bauernbrueghel« bekannt.

Kat.: 56, 70, 71, 72, 73

Lit.: Louis Lebeer, Catalogue raisonné des estampes de Bruegel l'ancien, Bruxelles 1969. – Roger H. Marijnissen, Bruegel. Het volledig œuvre, Antwerpen 1988.

BUNBURY, HENRY WILLIAM (1750–1811)

Englischer Amateurzeichner. Seine zahllosen Karikaturen auf zeitgenössische Sitten und Ereignisse, die er seit früher Jugend anfertigte, stehen in der Nachfolge von Townshend. Er trieb entscheidend die Entwicklung der Porträtkarikatur voran.

Kat.: 164

BUSCH, WILHELM (1832–1908)

Deutscher Zeichner, Maler und Dichter. Seine Berühmtheit verdankt er den Bildgeschichten, aber zeit seines Lebens betätigte er sich auch als Maler. Er studierte zunächst Maschinenbau in Hannover, ging dann an die Düsseldorfer Akademie; ab 1854 besuchte er die Münchner Akademie. Busch arbeitete für die »Fliegenden Blätter« und den »Münchner Bilderbogen«.

Kat.: 2, 333, 334, 335, 336, 337

Lit.: Friedrich Bohne (Hrsg.), Wilhelm Busch. Historisch-kritische Gesamtausgabe, 4 Bände, Hamburg 1959. – Ausst. Kat. Hannover 1982, Wilhelm Busch. Niedersächsische Landesausstellung zur 150jährigen Wiederkehr des Geburtstages, Berlin 1982. – Ausst. Kat. Hannover 1990, Wilhelm-Busch-Museum, 125 Jahre Max und Moritz. Entstehung und Wirkung des berühmten Buches.

CALLOT, JACQUES (1592–1635)

Lothringischer Radierer. Zwischen 1611 und 1622 lebte er in Florenz, dann kehrte er an seinen Geburtsort Nancy zurück. Callot erhob die Radierung, bis dahin nur als schnellerer Ersatz für den Kupferstich genutzt, zu einer selbständigen Kunst. Den überwiegend profanen Themen treten im Spätwerk religiöse an die Seite.

Kat.: 27, 28, 29, 30, 31, 233, 235

Lit.: Ausst. Kat. Washington 1975, National Gallery of Art, Jacques Callot. Prints and related drawings, by H. Diane Russell, Jeffrey Blanchard, John Krill. – Ausst. Kat. Mainz 1982, Gutenberg-Museum, Jacques Callot 1592–1635. Kupferstiche und Radierungen, von Adolf Wild.

COCTEAU, JEAN (1889–1963)

Französischer Schriftsteller, Dramatiker, Filmregisseur, Maler, Bildhauer und Graphiker, lebte in Paris. Bereits im Alter von 16 Jahren veröffentlichte er seinen ersten Gedichtband. Frühe Karikaturen erschienen vor dem Ersten Weltkrieg unter Pseudonym. Seine Zeichenkunst zeigt den Einfluß Picassos.

Kat.: 99

Lit.: Ausst. Kat. Baden-Baden 1989, Staatliche Kunsthalle, Jean Cocteau. Gemälde, Zeichnungen, Keramik, Tapisserien, Literatur, Theater, Film, Ballett, hrsg. von Jochen Poetter, Köln 1989.

CRUIKSHANK, GEORGE (1792–1878)

Englischer Karikaturenzeichner, Radierer und Maler, tätig in London. Der höchst produktive Sohn des Malers Isaac Cruikshank machte die sozialen und politischen Verhältnisse in England zu seinem Thema. Daneben schuf er zahlreiche Napoleon-Karikaturen. Sein Blatt »Bank Restriction

Note« von 1818 trug zur Abschaffung der Todesstrafe für mindere Delikte bei.

Kat.: 113, 114, 115, 179, 180, 203, 204, 205, 206, 207

Lit.: Ausst. Kat. Hannover etc. 1983/84, Wilhelm-Busch-Museum, George Cruikshank 1792–1978. Karikaturen zur englischen und europäischen Politik und Gesellschaft im 1. Viertel des 19. Jahrhunderts, Stuttgart 1983. – Ausst. Kat. Worcester 1986, Art Museum, Monstrosities and Inconveniences. Works by George Cruikshank.

DAUMIER, HONORÉ (1808–1879)

Französischer Maler, Bildhauer und Karikaturist. Sein Werk umfaßt ca. 4000 Lithographien. Arbeitete seit 1831 für »La Caricature«, nach deren Verbot 1835 für »Le Charivari«. Ab 1848 schuf er wieder politische Satire. Seinen Zeichenstil entwickelte er von toniger Flächigkeit zu einer linearen Skizzenkunst.

Kat.: 57, 59, 92, 93, 134, 135, 166, 167, 168, 183, 184, 185, 186, 187

Lit.: K. E. Maison, Honoré Daumier, Catalogue raisonné of the paintings, watercolors and drawings, 2 Bände, London 1967/68. – Klaus Schrenk (Hrsg.), Honoré Daumier. Das lithographische Werk, 2 Bände, München 1977. – Ausst. Kat. Bielefeld etc. 1985–1986, Kunsthalle, Die Rückkehr der Barbaren. Europäer und »Wilde« in der Karikatur Honoré Daumiers, hrsg. von André Stoll, Hamburg 1985.

DEIX, MANFRED (geb. 1949)

Österreichischer Zeichner. Bereits mit 11 Jahren schuf er Comicstrips für die »Niederösterreichische Kirchenzeitung«. 1965–1975 Graphikstudium in Wien. Ab 1972 veröffentlichte er in »Profil«, »Trend«, später in »Pardon«, »Titanic«, »Spiegel« u. a. Viele Ausstellungen und Bücher. 1988 erhielt er den Nestroy-Ring der Stadt Wien.

Kat.: 319, 320, 321

Lit.: Manfred Deix, Satiren aus Wien, hrsg. von Hans Traxler, 3. Aufl. Frankfurt a. M. 1986.

DESCLOZEAUX, JEAN-PIERRE (geb. 1938)

Französischer Graphiker, lebt in Paris. Seine humoristischen und satirischen Zeichnungen erscheinen in vielen europäischen Magazinen. Der vielseitige Künstler greift soziale Themen auf; oft läßt er auch seine Zeichnungen Kindlich-Phantasievolles erzählen.

Kat.: 282

Lit.: Jean-Pierre Desclozeaux, Feder-Spitzen. Cartoons, Oldenburg/Hamburg 1977.

DIRKS, RUDOLPH (1877–1968)

Amerikanischer Karikaturist deutscher Herkunft. Mit 17 Jahren verkaufte er seine erste Karikatur, 1897 erfand er für das »New York Journal« die »Katzenjammer Kids«. Als er 1912 die Zeitung verließ, wurde er in einem vielbeachteten Rechtsstreit gezwungen, den Namen der Serie zu ändern: Sie erschien danach mit dem Titel »Hans and Fritz« bzw. »The Captain and the Kids«.

Kat.: 342

DORÉ, GUSTAVE (1832–1883)

Französischer Illustrator, Maler und Bildhauer. Bereits im Kindesalter trat er mit künstlerischen Arbeiten hervor. 1845 veröffentlichte er seine erste Lithographie und wurde der erfolgreichste Buchillustrator der zweiten Hälfte des 19. Jahrhunderts. Sein übriges Werk, Malerei und Plastik, fand nicht den gewünschten Erfolg.

Lit.: Ausst. Kat. Hannover 1982/83, Wilhelm-Busch-Museum, Gustave Doré, 2 Bände, hrsg. von Gerd Unverfehrt und Herwig Guratzsch, Dortmund 1982

Kat.: 362

DUBOUT, ALBERT (1905–1976)

Französischer Zeichner, Schöpfer zahlreicher Karikaturen und Illustrator literarischer Stoffe.

Kat.: 276, 277, 278

Lit.: Michel Melot, Dubout, Paris 1979.

EDER, JOSEPH (geb. 1760)

Österreichischer Kupferstecher, Verleger von Druckgraphik, Spielkarten usw., tätig in Wien, heiratete dort 1789.

Kat.: 110

ERLER, FRITZ (1868–1940)

Deutscher Maler und Illustrator, Entwurfszeichner für Kunstgewerbe. Lernte und studierte in Breslau und Paris. Ab 1895 lebte er in München und gestaltete 1896 das erste Titelblatt der »Jugend«. 1899 zählte er zu den Mitbegründern der Künstlervereinigung »Scholle«. Er schuf viele dekorative Gemälde und Porträts.

Kat.: 366

Lit.: Fritz von Ostini, Fritz Erler, Bielefeld/Leipzig 1921.

FEININGER, LYONEL (1871–1956)

Deutsch-amerikanischer Maler und Graphiker. Er zeichnete zwischen 1893 und 1906 für den »Ulk«, die »Lustigen Blätter« und die »Chicago Tribune«. Ab 1907 wandte er sich der Malerei zu. Der von den Nationalsozialisten verfemte Lehrer am Bauhaus (1919–1933) kehrte er 1936 in die USA zurück.

Kat.: 139, 140, 141, 339, 340, 341

Lit.: Ulrich Luckhardt, Lyonel Feininger. Die Karikaturen und das zeichnerische Frühwerk, München 1987 (Beiträge zur Kunstwissenschaft, Band 10).

FLORA, PAUL (geb. 1922)

Österreichischer Graphiker und Karikaturist, lebt in Innsbruck. Der Schüler Gulbranssons zeichnete zwischen 1957 und 1971 für »Die Zeit«. Seither widmet er sich nur noch der freien Graphik und schuf z. B. stimmungsvolle Impressionen von Venedig, mit harter Stahlfeder in dichten Schraffuren und akzentuierenden Linien geschrieben.

Kat.: 14, 44, 64, 154, 190, 222, 303, 314

Lit.: Ausst. Kat. Göttingen etc. 1984/85, Paul Flora. Zeichnunungen, Text von Karl Arndt und Paul Flora, Gifkendorf 1984. – Ausst. Kat. Linz 1987, Neue Galerie der Stadt Linz, Paul Flora. Zeichnungen 1972 bis 1986, Gifkendorf 1987.

FOLON, JEAN-MICHEL (geb. 1934)

Belgischer Zeichner, lebt bei Paris. Brach sein Architekturstudium ab, um sich dem Zeichnen zu widmen. Seine Arbeiten erscheinen u. a. in »Time«, »The New Yorker«, »L'Express«: surrealistische Traumbilder von sanftem Kolorit, in denen Architektur oft eine Rolle spielt. Er schuf Buchillustrationen zu Kafka, Carroll und Borges.

Kat.: 306

Lit.: Ausst. Kat. Paris 1971/72, Musée des Arts décoratifs, Jean-Michel Folon. – Jean-Michel Folon, Je vous écris, Paris 1986.

FRANÇOIS, ANDRÉ (geb. 1915)

Gebürtiger Rumäne, als Maler, Gebrauchsgraphiker, Illustrator, Plakatzeichner, Bühnenbildner und Karikaturist in Paris tätig, wo er nach dem Studium in Bukarest lernte. Seit den vierziger Jahren erscheinen seine Karikaturen u. a. im »Punch«. Seit 1960 widmet er sich nur noch der Bildhauerei und Malerei.

Kat.: 86, 156, 304

Lit.: Ausst. Kat. Amsterdam 1967, Stedelijk Museum, André François. – André François, New York 1986.

FUNCKE

Stecher des 19. Jahrhunderts. Über sein Leben ist wenig bekannt.

Kat.: 165

GAVARNI, PAUL [HIPPOLYTE-GUILLAUME-SULPICE CHEVALIER] (1804–1866)

Französischer Zeichner und Lithograph, Radierer und Schriftsteller, ab 1837 tätig für »Le Charivari« und »La Caricature«. Stellte das Pariser Leben und die Mode dar. Daneben entstanden Buchillustrationen zu Balzac u. a. Auf einer London-Reise entdeckte der unpolitische Zeichner das Proletariat als Thema.

Kat.: 182

Lit.: Armelhaut et Bocher, L'œuvre de Gavarni, Catalogue raisonné, Paris 1873. – E. und J. Goncourt, Gavarni, der Mensch und das Werk, Berlin ca. 1935.

GEHRET, ARMIN (geb. 1923)

Deutscher Maler und Graphiker, lebt in Grönenbach. Der Autodidakt erhielt Ausstellungen in Deutschland, Österreich und Italien. 1986 wurde ihm der Johann-Georg-Fischer-Kunstpreis verliehen.

Kat.: 87

Lit.: Ausst. Kat. Stuttgart 1991, Galerie Döbele, Armin Gehret. Der Zeichner als Provokateur der Neuen Prächtigkeit.

GERNHARDT, ROBERT (geb. 1937)

Deutscher Zeichner, Schriftsteller und Maler, geboren in Reval/Estland, lebt in Frankfurt a. M. und Montaio/Toskana. Nach dem Studium der Malerei und Germanistik in Stuttgart und Berlin arbeitete er für die Monatsschrift »Pardon«; er ist Mitbegründer der »Titanic«. Bild- und Wortwitz gehen in seinen Arbeiten eine enge Verbindung ein.

Kat.: 354, 355

Lit.: Ausst. Kat. Regensburg 1982, Ostdeutsche Galerie, Robert Gernhardt, Humoristische Zeichnungen 1968–1982, bearb. von Rupert Schreiner. – Robert Gernhardt, Innen und außen. Bilder, Zeichnungen über Malerei, Zürich 1988.

GHEZZI, PIER LEONE (1674–1755)

Maler und Graphiker, tätig in Rom. Er schuf Porträts, Buchillustrationen und Spielkarten, Fresken in Palästen und Altarbilder in Kirchen. Sein Ruhm gründet sich nicht zuletzt auf zahlreiche derb-realistische Bildniskarikaturen römischer Zeitgenossen, die er in flotter Federzeichnung aufs Papier brachte.

Kat.: 4, 5

Lit.: Auktionskatalog London 1979, Sotheby Parke Bernet, One hundred and fifty-two caricature drawings by Pier Leone Ghezzi, 10. 12. 1979. – Valentino Martinelli, Giuseppe e Pier Leone Ghezzi, Roma 1990.

GILLRAY, JAMES (1757–1815)

Englischer Zeichner und Radierer. Der Sohn eines Totengräbers in Chelsea schuf ab 1780 nahezu 1500 politische Karikaturen. Oft diente ihm ein Vorgang aus der Geschichte oder eine Fabel als Verpackung für seine Satire. Seine Angriffe galten häufig der königlichen Familie, den Liberalen sowie Napoleon.

Kat.: 6, 7, 8, 9, 32, 33, 90, 91, 177, 196

Lit.: Draper Hill, The satirical etchings of James Gillray, New York 1976. – Ausst. Kat. Hannover etc. 1986, Wilhelm-Busch-Museum, James Gillray 1757–1815, Meisterwerke der Karikatur, hrsg. von Herwig Guratzsch, bearb. von Max Hasse und Gerd Unverfehrt, Stuttgart 1986.

GOYA Y LUCIENTES, FRANCISCO JOSÉ DE (1746–1828)

Spanischer Hofmaler, Radierer und Lithograph. Er lernte 1760–1764 bei José Luzán in Saragossa. Mit der Berufung in die Teppichmanufaktur, für die er Entwürfe lieferte, begann 1775 sein sozialer Aufstieg; 1799 wurde er Hofmaler. Das Werk des ab 1792 völlig tauben Malers nimmt bereits Gestaltungsmittel des 19. und 20. Jahrhunderts vorweg.

Kat.: 34, 35, 36, 37, 38, 252, 253, 254, 255, 256

Lit.: Enrique Lafuente Ferrari, Goya. Sämtliche Radierungen und Lithographien, 2. Aufl., Wien/München 1964. – Pierre Gassier, Les dessins de Goya, 2 Bände, Fribourg 1973–75. – Rita de Angelis, L'opera pittorica completa di Goya, Milano 1974 (Classici dell'arte, 74).

GRANDVILLE [JEAN-IGNACE-ISIDORE GÉRARD] (1803–1847)

Französischer Zeichner und Karikaturist. Arbeitete ab 1830 für »La Caricature« und ab 1832 auch für »Le Charivari«.

Seine politischen Themen gestaltete er häufig mit Hilfe des Mensch-Tier-Vergleiches. Nach dem Verbot von »La Caricature« 1835 entstanden viele Buchillustrationen, u.a. zu »Gullivers Reisen« oder zu den Fabeln Lafontaines.

Kat.: 132

Lit.: Gottfried Sello, Grandville. Das gesamte Werk, München 1969. – Ausst. Kat. Nancy 1986/87, Musée des Beaux-Arts, Cabinet des dessins, Grandville. Dessins originaux, par Clive Frank Getty und Simone Guillaume.

GROSE, FRANCIS (1731–1791)

Englischer Zeichner, Radierer und Altertumsforscher. Veröffentlichte ab 1773 mehrere Stichwerke über die Baukunst Englands. Eigenhändige Radierversuche unternahm er mit seinen Karikaturen englischer Altertumsforscher. 1788 veröffentlichte er die »Rules for Drawing Caricatures«, die 1800 auch in Deutsch erschienen.

Kat.: 1

GROSZ, GEORGE [GEORG EHRENFRIED GROSS] (1893–1959)

Deutscher Maler und Graphiker. Studierte 1909–1917 an der Berliner Kunstgewerbeschule. Ab 1913 arbeitete er für »Ulk« und die »Lustigen Blätter«. 1918 wurde er Mitbegründer der Berliner Dada-Gruppe. Grosz gab mehrere satirische Zeitschriften heraus. Ab 1925 entstanden viele Gemälde. Zu Beginn der Nazizeit emigrierte er in die USA.

Kat.: 62

Lit.: A. Dückers, George Grosz. Das druckgraphische Werk, Frankfurt a.M./Berlin/Wien 1979. – U.M. Schneede, George Grosz. Der Künstler in seiner Gesellschaft, Köln 1975.

GULBRANSSON, OLAF (1873–1958)

Norwegischer Karikaturist und Maler, lebte in Norwegen und München, später am Tegernsee. Bereits als 19jähriger zeichnete er für heimatliche Witzblätter. 1902 holte Albert Langen ihn zum »Simplicissimus«, dem er dann bis zum letzten Jahrgang treu blieb. In seinen späten Jahren kam er zur Malerei.

Kat.: 95, 96, 98, 141, 264

Lit.: Ausst. Kat. Hannover 1979, Wilhelm-Busch-Museum, Olaf Gulbransson. Graphik, Gemälde aus der Privatsammlung Dagny Björnson-Gulbransson und den Bayerischen Staatsgemäldesammlungen. – Kat. der Wanderausstellung 1980/82, Olaf Gulbransson. Werke und Dokumente, Kat. von Ludwig Veit, München 1980. – Ludwig Veit, Olaf Gulbransson in seinem Museum zu Tegernsee, München/Berlin 1986.

HADERER, GERHARD (geb. 1951)

Österreichischer Zeichner, lebt in Linz. Besuchte vier Jahre die Fachschule für Gebrauchsgraphik in Linz und wurde anschließend als freischaffender Illustrator und Werbegraphiker tätig. Seit 1985 arbeitet er für »Profil«, »Trend«, »Wiener«, »Titanic« u.a.

Kat.: 26, 161, 326

Lit.: Gerhard Haderer, Vorsicht Aloisia. Zeichnungen, Wien 1989.

HALBRITTER, KURT (1924–1978)

Deutscher Werbe- und Pressegraphiker und Karikaturist, lebte in Frankfurt a.M. Er studierte an der Werkkunstschule in Offenbach und wurde in den sechziger Jahren mit gesellschaftspolitischen Satiren bekannt, die oft Militarismus und die faschistische Vergangenheit Deutschlands zum Thema haben.

Kat.: 63, 65

Lit.: Ausst. Kat. Hannover 1976, Wilhelm-Busch-Museum, Kurt Halbritter, Zeichnungen 1966–1976. – Kurt Halbritter, Gesellschaftsspiele, mit einem Vorwort von Hartmut von Hentig, München/Wien 1978.

HANITZSCH, DIETER (geb. 1933)

Deutscher Karikaturist und Wirtschaftsjournalist beim Fernsehen, lebt in München. Er zeichnet für verschiedene Münchner Zeitungen und ist Autor zahlreicher Bücher.

Kat.: 150

Lit.: Dieter Hanitzsch, Die ächten Memoiren des Franz Josef Strauß, München 1989. – Dieter Hanitzsch (Hrsg.), Der doppelte Michel. Karikaturisten sehen ein Jahr »deutsche Revolution«, München 1990.

HARBURGER, EDMUND (1846–1906)

Deutscher Maler und Illustrator, studierte in München bei Lindenschmit. Ab 1870 veröffentlichte er erste Zeichnungen in den »Fliegenden Blättern«, insgesamt ca. 1500. Seine Malerei, geschult an den Niederländern des 17. Jahrhunderts, widmet sich der humoristischen Darstellung bayerischen Volkslebens.

Kat.: 219, 221

HARRIET, FULCHRAN JEAN (1757–1805)

Französischer Maler und Zeichner, lebte in Paris und Rom. Der gefeierte Schüler J. L. Davids bekam mehrere Preise für seine Darstellungen aus der antiken Mythologie und Geschichte. Nach seinen Zeichnungen wurden Modeblätter für die Stichfolge »Le Suprême Bon Ton« angefertigt.

Kat.: 163, 200

HEARTFIELD, JOHN [HELMUT HERZFELDE] (1891–1968)

Deutscher Maler und Graphiker, lebte in Berlin. Studierte in München und Berlin (1907–1914). In der Dada-Bewegung entwickelte er die Fotomontage als Mittel politischer Agitation. Das KPD-Mitglied (1918) wurde 1930 als Lehrer in die UdSSR berufen. Aus dem Exil in Prag und London kehrte er 1950 nach Berlin zurück.

Kat.: 45, 46, 47, 48

Lit.: Eckhardt Siepmann, Montage. John Heartfield. Vom Club Dada zur Arbeiter-Illustrierten-Zeitung, 2. Aufl., Berlin 1977. – Roland März (Hrsg.), John Heartfield. Der Schnitt entlang der Zeit, Dresden 1981 (Fundus-Bücher 70–72).

HEEMSKERCK, EGBERT II. VAN (gest. 1744)

Holländisch-englischer Maler und Zeichner, lebte in London. Sein Vater, der Genremaler Egbert I. van Heemskerck

(1634/35–1704), war von Haarlem nach London übergesiedelt.

Kat.: 245

HEINE, THOMAS THEODOR (1867–1948)

Deutscher Graphiker, Karikaturist und Maler. Nach dem Studium in Düsseldorf lebte er seit den neunziger Jahren als Landschaftsmaler in München. 1896 kam er zum neugegründeten »Simplicissimus«. 1933 wurde er aufgrund seiner jüdischen Abstammung zur Emigration gezwungen und ging zunächst nach Oslo, später nach Stockholm.

Kat.: 43, 142, 218, 263, 367

Lit.: Elisabeth Stüwe, Der »Simplicissimus«-Karikaturist Thomas Theodor Heine als Maler, Frankfurt a.M. usw. 1978. – Lothar Lang (Hrsg.), Thomas Theodor Heine, 2. Aufl., Berlin 1984.

HERGÉ [GEORGES RÉMI] (1907–1983)

Belgischer Comiczeichner, lebte in Brüssel. Der Begründer der belgischen Comicschule schuf im Jahre 1929 die Figuren »Tintin et Milou« (Tim und Struppi). Klare Kontur und flächige Kolorierung zeichnen seine Arbeiten aus.

Kat.: 345

Lit.: Thierry Smolderen, Hergé. Portrait biograph, Paris 1988. – Pierre Ajame, Hergé, Paris 1991.

HOFFMANN, HEINRICH (1809–1894)

Deutscher Arzt, Schriftsteller und Zeichner, lebte in Frankfurt. Der Freizeitzeichner schuf die populäre Figur des »Struwwelpeter«, die 1845 veröffentlicht wurde, sowie weitere Kinderbücher (»König Nußknacker und der arme Reinhold« 1851; »Bastian der Faulpelz«).

Kat.: 331, 332

HOGARTH, WILLIAM (1697–1764)

Englischer Maler, Kupferstecher und Radierer, tätig in London. Der ausgebildete Goldschmied schuf ab 1718 satirische Stichfolgen und Einzelblätter sowie Gemäldefolgen (»Moral pictures«), die anschließend gestochen wurden. Bedeutende Leistungen erzielte er auch auf dem Gebiet des Porträts und der religiösen Malerei.

Kat.: 76, 77

Lit.: Robert Paulson, Hogarth's Graphic Works, 3. rev. ed., London 1989. – Ausst. Kat. Hannover etc., 1987, William Hogarth. Der Kupferstich als moralische Schaubühne, hrsg. von Herwig Guratzsch, bearb. von Karl Arndt, Stuttgart 1987.

IRONIMUS [GUSTAV PEICHL] (geb. 1928)

Österreichischer Architekt und Karikaturist, lebt in Wien. Neben vielen namhaften Architekturaufträgen verwirklichte er auch Temporäres wie – mit ironischem Augenzwinkern – die »Fernsehwolke« anläßlich des Papstbesuches in Wien 1984. Das Pseudonym »IRONIMUS« benutzt er als Karikaturist seit 1954.

Kat.: 151, 152, 153, 293, 294, 295, 298

Lit.: IRONIMUS, Mein Österreich. Karikaturen 1955–1975, Wien/München/Zürich 1975. – Franco Fonatti, Gustav Peichl. Opere e progetti 1952–1987, Milano 1988.

JAKOB, WINIFRED (»WIN«)

Österreichische Zeichnerin, lebt in Wien und Salzburg. Seit 1959 ist sie als Chronistin des Musik- und Kulturlebens tätig und erhielt zahlreiche Ausstellungen; ihre Arbeiten erscheinen häufig in der Musikliteratur.

Kat.: 100

Lit.: Ausst. Kat. Wien 1990, Stadt- und Landesbibliothek, Winnie Jakob, Prominentenkarikaturen, hrsg. von Herwig Würtz.

JANOSCH [HORST ECKERT] (geb. 1931)

Deutscher Schriftsteller, Maler und Illustrator. Seine Kinder- und Jugendbücher versieht er mit eigenen Illustrationen.

Kat.: 107, 312, 313

Lit.: Ausst. Kat. Hannover 1980/81, Wilhelm-Busch-Museum, Janosch. Gemälde und Graphik, von Herwig Guratzsch, Gifkendorf 1980. – Janosch, Kunst: gemalt, gezeichnet, gekritzelt, München 1983. – Janosch, Zu allem entschlossen: Postkartenbuch, München 1985.

KLEY, HEINRICH (1863–1945)

Deutscher Maler, Zeichner und Radierer, lebte in Karlsruhe und München. Nach Anfängen in verschiedenen Malereifächern kam er Anfang des Jahrhunderts zu Industriemotiven und Architektur. Seit 1908 arbeitet er für den »Simplicissimus« und die »Jugend«.

Kat.: 174

Lit.: More Drawings by Heinrich Kley, New York 1962. – Heinrich Kley, Scharfe Striche: die Skizzenbücher, Nördlingen 1986.

KOLLWITZ, KÄTHE (1867–1945)

Deutsche Graphikerin, Malerin und Bildhauerin, lebte in Königsberg und Berlin. Sie lernte Malerei in Berlin und München, Zeichnen in Königsberg; Radiertechnik brachte sie sich selbst bei. Bekannt wurde sie durch ihre sozial engagierten druckgraphischen Zyklen. Die Lehrerin für Graphik an der Berliner Akademie der Künste wurde 1933 amtsenthoben.

Kat.: 39, 40, 41

Lit.: August Klipstein, Käthe Kollwitz. Verzeichnis des graphischen Werkes, Bern/New York 1955. – Hans Kollwitz (Hrsg.), Käthe Kollwitz. Das plastische Werk, Hamburg 1967. – Otto Nagel/Werner Timm, Käthe Kollwitz.
Die Handzeichnungen, 2. Aufl., Berlin/Stuttgart 1980. – Ausst. Kat. Hannover 1990, Wilhelm-Busch-Museum, Käthe Kollwitz. Druckgraphik, Handzeichnungen, Plastik.

LANG, ERNST MARIA (geb. 1916)

Deutscher Karikaturist und Architekt. 1938 begann er ein Architekturstudium an der TH München. 1947 wurde er erstmals als Karikaturist für die »Süddeutsche Zeitung« tätig. Ab 1949 arbeitete er als selbständiger Architekt. 1961 wurde er Leiter der Gewerbeschule für Bau- und Kunsthandwerk in München.

Kat.: 49, 155, 158, 160

Lit.: Ausst. Kat. München 1985, Volkshochschule am Gasteig, Ansichtssache... die Zeit in der Karikatur. – Ernst Maria Lang, Bayern und Ereignisse der Welt. Karikaturen der Süddeutschen Zeitung, hrsg. von Hans Wichmann, Basel/Boston/Berlin 1990.

LECOEUR, LOUIS (tätig zwischen 1784 und 1825)

Französischer Kupferstecher und Radierer, tätig in Paris. Der Schüler L.P. Dubucourts stach historische Themen, Genredarstellungen, Stadtansichten und Buchillustrationen.

Kat.: 111

LEONARDO DA VINCI (1452–1519)

Italienischer Maler, Zeichner, Ingenieur und Naturforscher, wurde in Vinci bei Empoli geboren. Er lernte ab 1466 in Florenz bei Verrocchio. Neben einem außergewöhnlich umfangreichen Zeichnungswerk schuf er Tafelbilder und Fresken. Seine letzten Lebensjahre verlebte er auf Einladung König Franz' I. in Schloß Cloux bei Amboise.

Lit.: M. Pompilio, L'opera completa di Leonardo pittore, Mailand 1967. – Leonardo da Vinci, 2 Bände (Kölner medizinhistorische Beiträge, 23), Köln 1984. – Ausst. Kat. London 1989, Hayward Gallery, Leonardo da Vinci.

LODER, MATTHÄUS (1781–1828)

Österreichischer Landschafts- und Porträtmaler, Illustrator. Der Zeichenmeister der Erzherzogin Maria Louise und Kammermaler des Erzherzogs Johann schuf viele Zeichnungen für Almanache und Romane. Von seiner Hand stammen auch die Karikaturen zu den »Zerrbildern menschlicher Thorheiten und Schwächen« (Wien 1818).

Kat.: 208, 209, 210, 211

Lit.: Ausst. Kat. Wien 1978, Albertina, Biedermeier und Vormärz. Die Kammermaler Matthäus Loder (1781–1828) und Eduard Gurk (1801–1841), von Walter Koschatzky. – Maria Theresia von Wietersheim-Meran, Von der Ritteridylle zum Bilddokument, Matthäus Loder, 2 Bände, Köln/Wien 1989.

LORIOT [VICCO VON BÜLOW] (geb. 1923)

Deutscher Schriftsteller, Zeichner, Film- und Fernsehautor. Er studierte 1947/49 in Hamburg an der Staatlichen Hochschule für Bildende Kunst. Markenzeichen seiner graphischen Kunst sind die Knollennasenmännchen, mit denen er Auswüchse spießbürgerlichen Verhaltens karikiert. Populär wurden auch die Figuren Wum und Wendelin.

Kat.: 20, 21, 22, 23, 24, 25

Lit.: Loriot's dramatische Werke, Zürich 1981. – Ausst. Kat. Hannover 1988, Wilhelm-Busch-Museum, Loriot.

MAGNUS, GÜNTER HUGO (1933–1987)

Deutscher Zeichner und Illustrator, lebte in München. Professor an der Fachhochschule Darmstadt, Gastprofessor an der Ohio State University Columbus, Lehrbeauftragter an der Fachhochschule München. Sein vielbachtetes Handbuch für Graphiker wurde in zahlreiche Sprachen übersetzt.

Kat.: 287

Lit.: Ausst. Kat. München 1983, Stadtmuseum, Magnus im Stadtmuseum. Das graphische Werk, Text Georg Ramsegger, Bearbeitung Günter Hugo Magnus.

McCAY, WINSOR (1879–1934)

Amerikanischer Graphiker und Zeichentrickfilmautor. Mit 17 Jahren arbeitete er als Plakatzeichner in Chicago, ab 1897 für Zeitungen in Cincinnati und New York. 1903 schuf er für den »Enquirer« seinen ersten Comic strip, ein Gebiet, auf dem er bahnbrechend wirken sollte. »Little Nemo« ist wohl seine bekannteste Erfindung.

Kat.: 344

MAGRITTE, RENÉ FRANÇOIS GHISLAIN (1898–1967)

Belgischer Maler und Buchillustrator, lebte in Brüssel. Neben Max Ernst und Salvador Dalí wurde er zum Hauptvertreter des veristischen Surrealismus, den er nach einer impressionistischen und fauvistischen Phase während des Zweiten Weltkrieges in den fünfziger und sechziger Jahren zu fast photorealistischer Präzision steigerte.

Kat.: 259

Lit.: Uwe M. Schneede, René Magritte. Leben und Werk, Köln 1984. – René Magritte. Sämtliche Schriften, hrsg. von A. Blavier, Darmstadt 1985. – Ausst. Kat. München 1988, Kunsthalle der Hypo-Kulturstiftung, René Magritte, Katalogredaktion Wieland Schmied.

MESSERSCHMIDT, FRANZ XAVER (1736–1783)

Deutscher Bildhauer. Seit 1752 besuchte er die Wiener Akademie. Zahlreiche Aufträge erhielt er von Hof und Bürgertum. Seine heutige Berühmtheit verdankt er seinen ungewöhnlichen physiognomischen Studien. Am Ende wurde er für geistesgestört erklärt und konnte eine Professur an der Wiener Akademie 1769 nicht antreten.

Kat.: 3

Lit.: Maria Pötzl-Malikova, Franz-Xaver Messerschmidt, Wien/München 1982. – Hans Georg Behr u. a., Charakter-Köpfe. Der Fall F.X. Messerschmidt: Wie verrückt darf Kunst sein, Weinheim/Basel 1983.

MIKL, JOSEF (geb. 1929)

Österreichischer Maler, Graphiker, Entwerfer von Glasgemälden, Kostümzeichner und Bühnenbildner, lebt in Wien und in Wörtherberg (Burgenland). 1946–1948 besuchte er die Graphische Lehr- und Versuchsanstalt, 1948–1955 die Akademie der bildenden Künste Wien. Hier ist er seit 1969 als ordentlicher Professor tätig.

Kat.: 309

Lit.: Ausst. Kat. Kassel 1980, Neue Galerie, Josef Mikl. Arbeiten auf Papier 1947–1980, Text von Bernhard Schnackenburg. – Ausst. Kat. Hamburg 1981, Kunsthalle, Mikl. Farbe und Figur, Texte von Werner Hofmann.

MURSCHETZ, LUIS (geb. 1936)

Deutscher Karikaturist, Kinderbuchautor und Illustrator, lebt seit 1962 in München. Besuchte zunächst eine Maschinenbaufachschule, bevor er sich zum Gebrauchsgraphiker ausbildete. 1961–1962 lebte er als Werbezeichner in Rotterdam. Arbeitet für die »Süddeutsche Zeitung«, für »Die Zeit« u. a.

Kat.: 157, 297, 315

Lit.: Ausst. Kat. München 1985, Münchner Volkshochschule am Gasteig, Ansichtssache: ... die Zeit in der Karikatur, Texte von Barbara Ziegler.

OBERBERGER, JOSEF (geb. 1905)

Deutscher Graphiker, Illustrator und Glasmaler, lebt in Regensburg. Der Meisterschüler Olaf Gulbranssons war ab 1932 fast ununterbrochen in der Lehre tätig, u. a. als Leiter der Glasmalereiwerkstätten in der Akademie der Künste München. 1936–1937 arbeitete er für die »Jugend«. Er entwarf Kirchenfenster, Gobelins u. a.

Kat.: 19

Lit.: Josef Oberberger zum 75. Geburtstag, Regensburg 1981.

OBERLÄNDER, ADOLF (1845–1923)

Deutscher Karikaturist und Maler. Der Schüler der Münchner Akademie arbeitete seit 1863 für die »Fliegenden Blätter« und ab 1869 für den »Münchner Bilderbogen«. Seine Spezialität waren anthropomorphisierende Tierzeichnungen. Nach 1904 widmete er sich verstärkt der Malerei.

Kat.: 217, 338

Lit.: Adolf Oberländer Album. Humor und Satire in über 300 Zeichnungen und Bildgeschichten, hrsg. von Hans Ludwig, Rosenheim 1982. – Adolf Oberländer, hrsg. von Hans Ludwig, 2. Aufl., Berlin 1984 (Klassiker der Karikatur, 13).

OLDENDORP (1772–?)

Wenig bekannter deutscher Stecher.

Kat.: 242, 243

OUTCAULT, RICHARD FELTON (1863–1928)

Amerikanischer Zeichner und Maler, lebte in Flushing/Long Island. Sein größter Erfolg war der Comic strip »Buster Brown«, der ab 1902 im »New York Herald« erschien. Die »Outcault Advertising Company« sorgte für die Vermarktung der Hauptfigur – ein neues Phänomen in diesem Metier. Ab 1920 widmete sich der Autor mehrerer Aufsätze über Karikaturtheorie nur noch der Malerei.

Kat.: 343

PAUL, BRUNO (1874–1968)

Deutscher Zeichner, Designer und Innenarchitekt, lebte in München und Berlin. Zwischen 1896 und 1907 war er fester Mitarbeiter des »Simplicissimus«. Nach seiner Berufung zum Direktor der Unterrichtsanstalt des Berliner Kunstgewerbemuseums veröffentlichte er Karikaturen unter Pseudonym.

Kat.: 60, 61, 137, 138, 171, 265

Lit.: Lothar Lang (Hrsg.), Bruno Paul, München 1974 (Klassiker der Karikatur, 11).

PERICOLI, TULLIO (geb. 1936)

Italienischer Maler, Zeichner und Illustrator, lebt in Mailand. Studierte Jura in Rom und Urbino. Seine Karikaturen erscheinen in »La Repubblica«, »L'Espresso«, und in der Literaturzeitschrift »L'Indice«.

Kat.: 325

Lit.: Ausst. Kat. Parma 1972, Salone dei Contrafforti in Pilotta, Tullio Pericoli. Geologie dell'Io. – Ausst. Kat. Parma 1978, Università, Pericoli-Pirella.

PICASSO, PABLO (1881–1973)

Spanischer Maler, Graphiker, Bildhauer und Dichter. Nach dem Studium in Barcelona und Madrid bezog er 1900 ein Atelier in Paris und erhielt im Jahr darauf seine erste Ausstellung. Der auch politisch engagierte Künstler blieb bis ins hohe Alter von großer Schaffenskraft. Er änderte häufig seinen Stil, verließ aber nie die gegenständliche Kunst.

Kat.: 80, 97, 101

Lit.: C. Zervos, Catalogue de l'œuvre complète, 30 Bände, Paris 1932–75. – G. Bloch, Catalogue de l'œuvre gravé et lithographié, 3 Bände, Bern 1968–79. – W. Spies, Picasso. Das plastische Werk, 2. Aufl., Stuttgart 1983.

PLAUEN, E. O. [ERICH OHSER] (1903–1944)

Deutscher Karikaturist und Zeichner. Arbeitete für die »Neue Leipziger Zeitung«, die »Lustigen Blätter« und »Vorwärts«. Bekannt wurde er durch seine Bildergeschichte »Vater und Sohn«, die ab 1933 in der »Berliner Illustrierten Zeitung« erschien. Beging in Nazi-Haft Selbstmord.

Kat.: 346

Lit.: Ausst. Kat. Stuttgart 1987, Staatsgalerie, Graphische Sammlung, Erich Ohser. E. O. Plauen, Text Andreas Franzke, Kat. und Ausst. Ulrike Gauss und Corinna Höper.

PLEYDENWURFF, WILHELM (gest. 1494)

Deutscher Maler und Formschneider, lebte in Nürnberg. Der Sohn des Malers Hans Pleydenwurff ist ab 1482/83 nachweisbar. Er gehörte zur Werkstatt des Michael Wolgemut und war mit diesem an der Illustrierung der Schedelschen Weltchronik beteiligt (1491/93). Sein Stil ist jedoch nur unzureichend faßbar.

Kat.: 225

PUIG ROSADO, FERNANDO (geb. 1931)

Spanischer Zeichner, lebt in Paris. Nach einem abgeschlossenen Medizinstudium in Spanien zog er 1960 nach Paris, um ausschließlich zu zeichnen. Seine Arbeiten erscheinen in europäischen und amerikanischen Zeitschriften, in Film, Fernsehen und Werbung.

Kat.: 66

Lit.: Ausst. Kat. München 1973, Galerie Wolfgang Gurlitt, Fernando Puig Rosado. Zeichnungen – Collagen.

RAUCH, HANS GEORG (geb. 1939)

Deutscher Zeichner. Nach dem Studium 1961–1963 arbeitete er für mehrere europäische und amerikanische Zeitschriften wie »Spiegel«, »Nebelspalter« und »New York Times«. Seit 1982 veröffentlicht er wöchentlich die »Zeitzeichen« in der »Zeit«.

Kat.: 85, 103

Lit.: Ausst. Kat. Ludwigsburg etc. 1986, Kunstverein, Hans Georg Rauch, Geschmack an der Macht hat nichts mit Geschmack zu tun, bearb. v. Andreas J. Meyer, Gifkendorf 1986.

REISER, JEAN-MARC (1941–1983)

Französischer Zeichner aus Lothringen, lebte in Paris. Der Autor vieler Bücher starb 42jährig an Krebs.

Kat.: 356, 357, 358

Lit.: Jean-Marc Reiser, Von Lust und Liebe, München 1987. – Jean-Marc Reiser, Leben wir nicht in einer herrlichen Zeit?, München 1990.

REZNICEK, FERDINAND VON (1868–1909)

Österreichischer Zeichner, lebte in Wien und München. Nach dem Vorbild des Vaters begann er eine Militärlaufbahn, studierte dann in München Malerei und kam 1896 zum »Simplicissimus«. Gleichzeitig arbeitete er für die »Jugend« und die »Fliegenden Blätter«. Schuf malerisch angelegte Gesellschaftskarikaturen.

Kat.: 81, 82, 188, 267

Lit.: Gerhard Flügge (Hrsg.), Ferdinand von Reznicek, 3. Aufl. Berlin 1984 (Klassiker der Karikatur, 7).

ROWLANDSON, THOMAS (1756–1827)

Englischer Karikaturist, Radierer und Aquarellmaler. War nach dem Studium in Paris und London zunächst als Bildnis- und Landschaftsmaler tätig, kam dann aus Geldnot zur politischen Karikatur. Sein eigentliches Fach aber ist die Gesellschaftssatire: Ohne moralisierende Absicht legt er die Torheiten des Alltags offen.

Kat.: 89, 112, 261

Lit.: Joseph Grego, Rowlandson the Caricaturist, 2 Bände, London 1880 (Reprint New York 1970). – Thomas Rowlandson. Allerlei Liebe. Erotische Graphik, 2. Aufl. mit Anmerkungen von Gerd Unverfehrt, Dortmund 1980.

SAJTINAC, BORISLAV (geb. 1943)

Jugoslawischer Zeichner, Maler und Filmautor, lebt in München. Nach dem Studium in Novi Sad und Belgrad ging er nach Paris; Mitarbeiter des »Hara-Kiri«. Seit 1969 lebt er in Deutschland. Seine Arbeiten erscheinen u. a. im »Zeitmagazin«. Er schuf mehrere Zeichentrickfilme.

Kat.: 16, 147, 159, 162, 324

Lit.: Borislav Sajtinac, Und Narren sind sie alle, hrsg. vom Wilhelm-Busch-Museum Hannover, 1986. – Borislav Sajtinac, Kreuz und quer, Berlin/Bielefeld 1990.

SAXON, CHARLES DAVID (1920–1988)

Amerikanischer Karikaturist, Illustrator und Schriftsteller. Studierte an der Columbia University. 1955 verkaufte er seinen ersten Cartoon an den »New Yorker«, im Jahr darauf trat er als Zeichner in die Dienste des Magazins und gestaltete seitdem viele Titelseiten.

Kat.: 302

Lit.: Charles D. Saxon, Honesty Is One of the Better Policies. Saxon's World of Business, 1984.

SCHILLING, ERICH (1885–1945)

Deutscher Karikaturist. Der Sohn eines Waffenfabrikanten lernte vor dem Besuch der Kunstakademie Graviertechnik. Ab 1907 wurde er für den »Simplicissimus« tätig und fester Mitarbeiter nach seiner Umsiedlung nach München 1918. Am Ende des Zweiten Weltkrieges nahm er sich das Leben.

Kat.: 84, 149, 169, 173

Lit.: Ausst. Kat. München 1977, Galerie Biedermann, Erich Schilling 1885–1945. Zeichnungen für den Simplicissimus.

SCHMÖGNER, WALTER (geb. 1943)

Österreichischer Maler und Zeichner. Nach einem mehrjährigen Spanienaufenthalt besuchte er die Graphische Lehr- und Kunstanstalt in Wien. Seit 1963 erhielt er regelmäßig Ausstellungen, u. a. in Wien, München, Paris.

Kat.: 285

Lit.: Ausst. Kat. München 1974, Galerie Wolfgang Gurlitt, Walter Schmögner. – Ausst. Kat. Frankfurt 1991, Schirn-Kunsthalle, Walter Schmögner, Magische Räume, Arbeiten auf Leinwand und Papier 1981–1990.

SCHONGAUER, MARTIN (1445/50–1491)

Deutscher Kupferstecher und Maler, tätig in Colmar, wo er sich nach seiner Wanderschaft durch die Niederlande und Burgund niederließ. Seine Malerei zeigt den Einfluß Rogier van der Weydens; sie ist nur in Bruchteilen erhalten. Sein Werk von 116 Kupferstichen fand europaweite Verbreitung.

Kat.: 224

Lit.: Franz Winzinger, Die Zeichnungen Martin Schongauers, Berlin 1962. – Ernst Buchner, Martin Schongauer als Maler, Berlin 1941. – A. Shestack, The Complete Engravings of Martin Schongauer, New York 1969. – Viele Ausst. Kat. zum Gedenkjahr 1991.

SEARLE, RONALD (geb. 1920)

Englischer Zeichner, Karikaturist und Gebrauchsgraphiker, lebt in Südfrankreich. Politische Karikaturen zeichnet er seit seinem 15. Lebensjahr. 1938 war er Stipendiat der Cambridge School of Art; 1939–1945 folgten Kriegsdienst und Gefangenschaft in Japan. 1969 erhielt er seine erste Titelseite im »New Yorker«.

Kat.: 12, 106, 272, 305, 307

Lit.: Ausst. Kat. Berlin 1976, Kupferstichkabinett, Ronald Searle. 100 Blätter aus den Jahren 1965–1975, von Alexander Dückers. – Ronald Searle, To the Kwai – and back: war drawings 1939–1945, London 1986.

SEMPÉ, JEAN-JACQUES (geb. 1932)

Französischer Zeichner und Werbegraphiker, lebt in Paris. Der Autodidakt arbeitete in den fünfziger und sechziger Jahren für »Paris Match«, »Punch« und »L'Express«, später fast ausschließlich für den »New Yorker«. Ursprünglich wollte er Jazzmusiker werden.

Kat.: 13, 191, 192, 290, 327, 328

Lit.: Jean-Jacques Sempé, Fenster, Zürich 1987.

SENDAK, MAURICE (geb. 1928)

Amerikanischer Zeichner, Kinderbuch- und Trickfilmautor, lebt in Richfield/Mass. Seit 1950 tritt er als Kinderbuchautor in Erscheinung. Er erhielt mehrere Preise, u.a. 1970 den Hans-Christian-Andersen-Preis.

Kat.: 18

Lit.: Maurice Sendak, Posters, New York 1986. – Reiner Tabbert, Maurice Sendak. Bilderbuchkünstler, Bonn 1987.

SHORTSHANKS

Unbekannter englischer Stecher.

Kat.: 133

SLÍVA, JIŘÍ (geb. 1947)

Tschechischer Zeichner. Der gelernte Ingenieur (Technische Hochschule Pilsen) zeichnete schon während des Studiums in seiner Freizeit für »Dikobraz«, »Eulenspiegel« und »Das Magazin«. Er erhielt viele Ausstellungen, u.a. in Prag, Warschau und Skopje. Seine Arbeiten zeigen Alltagssituationen mit grotesker Note.

Kat.: 286

SOKOL, ERICH (geb. 1933)

Österreichischer Graphiker, lebt in Wien. Nach seinem Studium in Wien und Chicago wurde er 1958 für verschiedene Magazine tätig, u.a. »Punch«, »Stern«, »Observer«. Seit 1967 ist er Chefgraphiker beim Österreichischen Rundfunk, seit 1987 dort Art Director für den gesamten Design-Bereich.

Kat.: 316, 317, 318, 359

Lit.: Erich Sokol, Kopfsalat, Wien/München 1987.

SOREL, EDWARD (geb. 1929)

Amerikanischer Zeichner. Lernte an der Cooper Union School of Art und gründete mit zwei Studienkollegen die »Push Pin Studios«. 1958 machte er sich selbständig. Der wohl prominenteste satirische Zeichner Amerikas publiziert u.a. in »Time« und »Esquire«.

Kat.: 271

Lit.: Edward Sorel, Superpen. The Cartoons and Caricatures, ed. by Lidia Ferrara, New York 1978.

STEADMAN, RALPH (geb. 1936)

Englischer Cartoonist und Illustrator. Er studierte 1959–1966 am East Hampshire Technical College und 1961–1965 am London College of Printing and Graphic Arts. Nach verschiedenen Jobs, u.a. als Flugzeugtechniker, wurde er Mitte der fünfziger Jahre Karikaturist. In der Folge arbeitete er für »Punch«, »Private Eye« und andere.

Kat.: 289, 291, 308

Lit.: Ausst. Kat. Hannover etc. 1988, Wilhelm-Busch-Museum, Ralph Steadman. Visagen und Visionen.

STEIGER, IVAN (geb. 1939)

Zeichner, Film- und Fernsehautor, geboren in Prag, lebt in München. Er studierte an der Filmschule in Cimelice und Prag. Bereits während des Studiums schrieb er Erzählungen für Zeitungen und Zeitschriften, später Drehbücher für Kurzfilme und Werbefilme. Seit 1969 arbeitet er als Karikaturist in Deutschland.

Kat.: 296

Lit.: Ivan Steiger, Kleine Bildstörungen, 138 Cartoons, Frankfurt a.M. 1978. – Ivan Steiger sieht die Bibel, Stuttgart 1989.

STEINBERG, SAUL (geb. 1914)

Amerikanischer Karikaturist rumänischer Herkunft, lebt in New York. Erste Karikaturen veröffentlichte er ab 1936 an seinem Studienort Mailand. Nach seiner Emigration (1941) wurde er Mitarbeiter des »New Yorker«. Steinberg bewegte sich im Kreis der Künstler des Abstrakten Expressionismus.

Kat.: 281, 283

Lit.: Ausst. Kat. New York etc. 1978/79, Whitney Museum of American Art, Saul Steinberg, by Harold Rosenberg. – Ausst. Kat. Nürnberg 1988, Kunsthalle, Steinberg: 4. Internationale Triennale der Zeichnung.

THÖNY, EDUARD (1866–1950)

Österreichischer Karikaturist und Maler, lebte in Brixen, München und am Ammersee. Bereits sein Vater, ein Holzschnitzer und Bildhauer, zog 1873 nach München. Während des Malereistudiums entdeckte Thöny hier sein Karikaturistentalent. Von 1896 bis 1944 arbeitete er für den »Simplicissimus«.

Kat.: 42, 170, 172, 266

Lit.: Ausst. Kat. München etc. 1986/87, Museum Villa Stuck, Eduard Thöny 1866–1950, bearb. von Dagmar von Kessel-Thöny, München 1986.

THÖNY, WILHELM (1888–1949)

Ausbildung als Sänger und Pianist, gleichzeitig Studium der Malerei bei Marussig, 1907 in München Studium der Musik und der Malerei. Thöny lehnt ein Angebot der Münchner Oper ab, um sich endgültig der Malerei zu widmen. Mitglied der Sezession in München. 1914 wird er als Kriegsmaler in den Ersten Weltkrieg eingezogen, lebt nach Kriegsende in der Schweiz. 1923 Rückkehr nach Graz, wo er die Grazer Sezession gründet, 1931 Aufenthalt in Paris, 1933 Reise nach New York, wohin er 1938 ganz übersiedelt. 1948 werden fast tausend seiner Arbeiten bei einem Brand in Browns Warehouse vernichtet.

Kat.: 94 a

Lit.: Bruno Grimschitz, W. Thöny, Salzburg 1950. – W. Thöny,

Zeichnungen und Aquarelle, Salzburg 1963. – Ausst. Kat. W. Thöny, Wien, G. S. Albertina, 1963.

THURBER, JAMES G. (1894–1961)

Amerikanischer Schriftsteller und Zeichner. Arbeitete bereits seit 1917 als Journalist, bevor er 1927 in die Redaktion des »New Yorker« eintrat. Seine erste Zeichnung erschien hier 1931. Er kultivierte einen bewußt laienhaften Zeichenstil von großem Einfluß auf spätere Cartoonisten.

Kat.: 275

Lit.: R. Morsberger, James Thurber, New Haven/Connecticut 1964. – Sarah Eleanor Toombs, James Thurber. An annotated bibliography of criticism, New York 1987.

TOEPFFER, RODOLPHE (1799–1846)

Schweizer Novellist, Karikaturist, Illustrator und Maler. Wegen eines Augenleidens mußte er 1820 die Malerei aufgeben und gründete ein Pensionat. Für die Pensionäre entstanden die ersten Bilderromane und Karikaturen, mit denen er erfolgreich wurde. Ab 1832 lehrte er Rhetorik und Schöne Literatur an der Genfer Akademie.

Kat.: 329, 330

Lit.: Gisela Corleis, Die Bildergeschichten des Genfer Zeichners Rodolphe Töpffer, München 1979.

TOMS, WILLIAM HENRY (ca. 1700–ca. 1750)

Englischer Kupferstecher, tätig in London. Der Vater des Bildnismalers Peter Toms stach in der Regel nach fremden Vorlagen nicht nur Karikaturen, sondern auch Marinemotive, Stadtansichten oder Schlösser.

Kat.: 245

TOPOR, ROLAND (geb. 1938)

Französischer Zeichner, Buchillustrator und Schriftsteller, lebt in Paris. Begründer der »Groupe Panique«. Seine Tuschzeichnungen erschienen in mehreren Alben. In der Tradition des Surrealismus zeichnet er Alptraumvisionen, die häufig auf der Verfremdung des menschlichen Körpers basieren.

Kat.: 17, 104, 223, 288

Lit.: Christian Strich (Hrsg.), Topor. Therapien. Zeichnungen 1970–1981, Zürich 1982. – Gina Kehayoff (Hrsg.), Topor, Tod und Teufel, München 1985.

TOULOUSE-LAUTREC, HENRI-MARIE-RAYMOND DE (1864–1901)

Französischer Maler und Graphiker, lebte in Paris. Der aufgrund zweier Unfälle (1878/79) kleinwüchsige Künstler entstammte einem bedeutenden Adelsgeschlecht. Bekannt wurde er mit seinen Szenen aus den Pariser Tanzsälen und Bordellen. Sein graphisches Werk wirkte prägend auf den Jugendstil.

Kat.: 360

Lit.: Götz Adriani, Toulouse-Lautrec, Das gesamte graphische Werk, Köln 1986. – Ausst. Kat. Paris 1992, Grand Palais, Toulouse-Lautrec.

TRAXLER, HANS (geb. 1929)

Deutscher Zeichner, lebt in Frankfurt. 1962 gehörte er zu den Mitbegründern von »Pardon«, ab 1979 arbeitete er für die »Titanic«. Autor vieler Bücher und Bildergeschichten.

Kat.: 348

Lit.: Hans Traxler, Freud in der Krise. 18 Bildergeschichten, Zürich 1988. – Hans Traxler, Ode an Hemingway. 22 Bildergeschichten, Zürich 1989.

UNGERER, TOMI (geb. 1931)

Französischer Zeichner, Karikaturist, Illustrator und Kinderbuchautor, lebt in Irland. Zwischen 1957 und 1970 hielt er sich in New York auf, danach in Kanada. 1984 ernannte ihn der französische Kulturminister Jack Lang zum Kulturbeauftragten.

Kat.: 50, 51, 52, 102, 105, 176, 189

Lit.: Tomi Ungerer, Heute hier, morgen fort, Zürich 1983. – Tomi Ungerers Fundsachen, photographiert von Barbara Kramp, Hamburg 1987. – Tomi Ungerer, Schnipp schnapp, Zürich 1989.

VERNET, CARLE (1758–1836)

Französischer Maler und Lithograph, Lehrer u.a. von Théodore Géricault. Mehr Zeichner als Maler, war er ab 1816 auf dem Gebiet der Lithographie tätig. Mit geradezu wissenschaftlichem Interesse schuf er zahllose Studien verschiedener Pferderassen. In Napoleons Auftrag entstanden große Schlachtenbilder.

Kat.: 198, 199

Lit.: Armand Dayot, Carle Vernet, étude sur l'artiste, Paris 1935. – Ausst. Kat. London 1987, Wildenstein, Horses, Women and Man. Sketches by Carle Vernet.

VOLTZ, JOHANN MICHAEL (1784–1858)

Deutscher Maler, Radierer, Illustrator und Karikaturist, tätig in München (1808), Nürnberg (F. Campe 1809), Nördlingen (1812) und Augsburg (1824/27). Sein Werk umfaßt nahezu 4000 Blätter, zumeist Zeitbilder aus der Epoche Napoleons und der Freiheitskriege, aber auch Illustrationen zu Klassikern und Kinderbüchern.

Kat.: 215, 216

WAECHTER, FRIEDRICH KARL (geb. 1937)

Deutscher Zeichner, Kinderbuchautor, Theater- und Filmregisseur, lebt in Frankfurt. Nach seiner Ausbildung als Gebrauchsgraphiker in Hamburg arbeitete er seit 1962 bei »Pardon«, 1979 Mitbegründer der »Titanic«.

Kat.: 11, 292, 352, 353

Lit.: Friedrich K. Waechter, Es lebe die Freiheit, Stuttgart/München 1989. – Andreas Verstappen (Hrsg.), Waechters Erzählungen. Bildergeschichten vom 15. Jahrhundert bis zur Gegenwart, Köln 1990.

WEIDITZ, HANS D. J. (ca. 1495–ca. 1536)

Deutscher Zeichner und Formschneider; 1530–1534 ist er im Straßburger Zunftverzeichnis bezeugt. Der Schüler

Hans Burgkmairs d.Ä. schuf zahlreiche Illustrationen zu antiken und religiösen Schriften sowie zu Kräuterbüchern. Als bemerkenswertes Zeichentalent des 16. Jahrhunderts war er von erstaunlicher Schaffenskraft.

Kat.: 226, 227, 228

WEIGEL, MARTIN (tätig um 1553–1580)

Deutscher Briefmaler und Formschneider, tätig in Augsburg, Köln und Nürnberg. Der Kölner (und ab 1568 Nürnberger) Bürger signierte oft mit dem Monogramm MW. Er schuf Einblattdrucke mit Städteansichten aus Nord- und Süddeutschland sowie religiöse Szenen.

Kat.: 231

WILKE, ERICH (1879–1936)

Deutscher Zeichner und Karikaturist, tätig in München. Der Bruder von Rudolf Wilke arbeitete wie dieser für »Jugend«, »Simplicissimus« und die »Lustigen Blätter«.

Kat.: 144

WILKE RUDOLF (1873–1908)

Deutscher Karikaturist. Kam 1896 nach einem Wettbewerb für zeichnerischen Nachwuchs zu einer festen Anstellung bei der »Jugend«, ab 1899 arbeitete er für den »Simplicissimus«. In seinen Arbeiten spricht er soziale Themen an. Seine ganze Sympathie gilt dabei Menschen am Rande der Gesellschaft.

Kat.: 220

Lit.: Peter Lufft, Der Zeichner Rudolf Wilke. Leben und Werk, Braunschweig 1987.

WILL, JOHANN MARTIN (1727–1806)

Deutscher Kupferstecher und Verleger, tätig in Augsburg. Stach und verlegte mit großem Erfolg Bildnisse, Karikaturen, Landschaften, Andachtsbilder und Architekturblätter.

Kat.: 75, 193, 250

WILSON, GAHAN [LUIS WILSON VALERA] (geb. 1930)

Kubanischer Karikaturist. Nach seinem Journalistik-Studium an der Universität von Havanna begann er 1957 als Zeichner bei »Zig-Zag«. 1961 begründete er die Zeitschrift »Palante«, für die er heute noch arbeitet. Der Künstler erhielt mehrere nationale Preise.

Kat.: 280

WOLGEMUT, MICHAEL (1434–1519)

Deutscher Maler und Zeichner, tätig in Nürnberg. Der Lehrer Albrecht Dürers studierte auf seiner Wanderschaft die niederländische Malerei. 1473 übernahm er durch Witwenheirat die Werkstatt Hans Pleydenwurffs. Nur wenige Malereien sind gesichert; Bedeutendes schuf er auf dem Gebiet der Druckgraphik.

Kat.: 225

WOODWARD, GEORGE MURGATROYD (1760–1809)

Englischer Karikaturenzeichner und Schriftsteller, arbeitete in London. Der ideenreiche Zeichner schuf in der Art von Bunbury viele Karikaturenfolgen, die zum Teil von anderen (I. Cruikshank, T. Rowlandson) gestochen wurden.

Kat.: 10

ZIMNIK, REINER (geb. 1930)

Deutscher Schriftsteller und Zeichner, lebt in München. Studierte 1951–1956 an der Kunstakademie München bei Prof. Oberberger. 1958 erhielt er den Kunstpreis der Stadt München, 1961 das Villa-Massimo-Stipendium in Rom. Schreibt Märchenbücher für Kinder und Erwachsene.

Kat.: 15

Lit.: Ausst. Kat. München 1991, Karl & Faber, Reiner Zimnik. Retrospektive zum 60. Geburtstag.

ZUMBUSCH, LUDWIG VON (1861–1927)

Deutscher Maler und Zeichner, Sohn des Bildhauers Kaspar Ritter von Zumbusch. Studierte in Wien, München und Paris. Das Mitglied der Münchner Sezession wurde einer der ersten Mitarbeiter der »Jugend«. Zumbusch schuf Porträts und humorvolle Kinderszenen.

Kat.: 365

Lit.: F. von Ostini, Ludwig von Zumbusch. Fröhliche Kindheit. Ein Bilderbuch, München 1922.

Fotonachweis

Lichtbildwerkstätte Alpenland, Wien
Bålsta, Skoklosters slott
Berlin, Akademie der Künste
Bremen, Kunsthalle
Bildarchiv des Verlags Bruckmann KG München
Coburg, Kunstsammlungen der Veste Coburg
Essen, Deutsches Plakat Museum
Genf, Bibliothèque Publique et Universitaire
Hamburg, Kunsthalle
Hannover, Wilhelm-Busch-Museum
Peter Gauditz, Hannover
Köln, Rheinisches Bildarchiv
Editions Albin Michel, Paris
München, Die Neue Sammlung
München, Bayerische Staatsgemäldesammlungen
München, Staatliche Graphische Sammlung
München, Stadtmuseum
Nürnberg, Germanisches Nationalmuseum
Fotostudio Otto, Wien
Paris, Réunion des Musées Nationaux
Hans Pölkow, Berlin
Foto Reger, München
Elke Walford Fotowerkstatt, Hamburg
Wien, Graphische Sammlung Albertina
Windsor Castle, Royal Library